리 얼 리 티 +

클라우디아에게

목차

제1부　가상세계

제2부　지식

제3부　현실

제4부　실제 가상현실

테크노철학 탐험

내가 컴퓨터를 처음 만난 건 열 살 무렵이었다. 첫 컴퓨터는 아버지가 일하는 병원에 있던 PDP-10 메인프레임 시스템이었다. 나는 베이직 컴퓨터 언어로 간단한 프로그램 사용법을 독학했다. 열 살짜리 아이들이 그렇듯 나 또한 컴퓨터에서 게임을 발견했을 때가 특히 기뻤다. 그중에는 〈어드벤트Advent〉라고만 표시된 게임도 있었다. 게임을 켜니 이런 문구가 나타났다.

당신은 지금 길 끝의 작은 벽돌 건물 앞에 서있습니다.
주변은 사방이 숲입니다.
건물에서 시냇물이 흘러나와 도랑을 따라 흐르고 있습니다.

나는 '북쪽으로 이동', '남쪽으로 이동'과 같은 간단한 명령으로 돌아다닐 수 있다는 점을 눈치챘다. 그래서 건물로 들어가 음식과 물, 열쇠

꾸러미와 램프 하나를 얻었다. 바깥을 돌아다니다 쇠창살 문을 지나 얽히고설킨 지하 동굴에 들어갔다. 곧이어 뱀 떼와 싸우고, 보물을 모으고, 성가신 적들에게 도끼를 던지고 다녔다. 게임은 오직 텍스트만 사용했고 그래픽도 없었지만, 땅속에 이리저리 이어진 동굴을 상상하기는 어렵지 않았다. 게임을 하는 몇 달 동안 더 멀리, 더 깊이 탐험하면서 이 세계를 조금씩 파악해나갔다.

때는 1976년이었고, 이 게임의 이름은 〈콜로설 케이브 어드벤처 Colossal Cave Adventure〉였다. 이곳이 나의 첫 가상세계였다.

이듬해 나는 비디오게임을 발견했다. 가장 먼저 접한 건 〈퐁 Pong〉과 〈브레이크아웃 Breakout〉이었다. 동네 쇼핑몰에 〈스페이스 인베이더 Space Invaders〉가 들어온 다음부터 나와 내 형제들은 그 게임에 집착했다. 마침내 애플 II Apple II 컴퓨터를 가지게 되었고, 집에서 〈아스테로이드 Asteroids〉와 〈팩맨 Pac-Man〉을 원 없이 할 수 있게 되었다.

가상세계는 갈수록 더욱 풍부해졌다. 1990년대에는 〈둠 Doom〉과 〈퀘이크 Quake〉 같은 게임들이 처음으로 일인칭 시점의 게임 환경을 제공했다. 2000년대에는 사람들이 〈세컨드라이프 Second Life〉와 〈월드 오브 워크래프트 World of Warcraft〉를 비롯한 멀티플레이어 가상세계에서 엄청난 시간을 보내기 시작했다. 2010년대에는 오큘러스 리프트 Oculus Rift를 포함해 소비자를 위한 가상현실 헤드셋들이 처음으로 쏟아져 나왔다. 또한 〈포켓몬 GO Pokémon Go〉처럼 게임으로 물리세계에 가상객체를 채우는 증강현실 환경이 처음으로 널리 사용되기도 했다.

요즘 내 서재에는 오큘러스 퀘스트 2 Oculus Quest 2와 HTC 바이브 HTC Vive를 포함한 여러 가상현실 시스템이 있다. 헤드셋을 쓰고 앱을 실행하는 순간 가상세계에 들어간다. 물리세계는 완전히 사라지고, 컴퓨터로 만든 환경이 그 자리를 대신한다. 가상객체들이 나를 둘러싸고, 나는 그 안에서 움직이며 객체들을 조작할 수 있다.

〈퐁〉부터 〈포트나이트Fortnite〉에 이르는 평범한 비디오게임과 마찬가지로 가상현실VR* 또한 가상세계, 즉 컴퓨터로 생성한 양방향 세계를 포함한다. 가상현실의 차이점은 그 가상세계가 '실감형'이라는 점이다. 2차원 화면을 보여주는 대신, 마치 그 안에 존재하는 것처럼 보고 들을 수 있는 3차원 세계로 여러분을 끌어들인다.

나는 가상현실에서 온갖 흥미로운 일들을 경험했다. 여자의 몸으로 지내기도 했고, 암살자와 싸우기도 했다. 새처럼 날기도 했고, 화성으로 여행도 다녀왔다. 몸속으로 들어가 인간의 뇌를 관찰할 때는 내 주변에 뉴런들이 펼쳐져 있었다. 협곡을 가로지르는 외나무다리에도 올라보았다. 겁이 나긴 했지만, 발을 헛디디더라도 바로 아래에 있는 바닥을 딛고 설 수 있단 걸 아주 잘 알고 있었다.

다른 많은 사람과 마찬가지로 나 또한 최근의 팬데믹을 거치며 줌Zoom을 비롯한 화상회의 소프트웨어를 이용해 친구와 가족, 동료들과 이야기를 나누며 많은 시간을 보냈다. 줌은 편리하지만 여러 한계가 있다. 우선 눈을 맞추기 어렵다. 여러 명이 대화할 때는 화합이 잘 된다기보다는 고르지 못한 상태가 된다. 참여자들이 한 공간에 존재한다는 감각도 없다. 근본적인 문제 중 하나는 화상회의가 가상현실이 아니라는 점이다. 양방향이긴 하지만 실감형이 아니고, 공동의 가상세계가 존재하지 않는다.

또 팬데믹 이후로 일주일에 한 번씩 철학자 동료들과 가상현실에서

---

* 이후 문맥에 따라 가상현실과 VR을 혼용했음을 밝혀둔다.

만나 즐거운 시간을 보내고 있다. 우리는 다양한 플랫폼과 활동을 시도한다. 알트스페이스 VR_{Altspace VR}에서 천사 날개를 달고 날아보고, 비트 세이버_{Beat Saber}에서 리듬에 맞춰 큐브를 썰고, 빅스크린_{Bigscreen}의 발코니에서 철학을 이야기하고, 렉 룸_{Rec Room}에서 농구를 하고, 스페이셜_{Spatial}로 강의하고, VR챗_{VRChat}에서 다채로운 아바타를 사용해보기도 한다. VR 기술이 완벽해지려면 아직 멀었지만, 그래도 우리는 공동의 세계에 존재한다는 감각을 느낀다. 짧은 발표가 끝난 후 다섯 사람이 둘러 모여 이야기를 나눌 때는 여느 철학 학회의 쉬는 시간과 똑같다는 말도 나왔다. 앞으로 10~20년 후 다음 팬데믹이 찾아온다면, 그때는 많은 사람이 사회적 상호 작용을 위해 설계된 실감형 가상세계에서 서로를 만날 가능성이 크다.

증강현실_{AR} 시스템도 빠르게 발전하고 있다. 증강현실 시스템은 일부는 가상이고 일부는 물리적인 세계를 제시한다. 평범한 물리세계에 가상객체를 더해 증강한다. 아직 나만의 증강현실 안경은 없지만, 애플_{Apple}이나 페이스북_{Facebook}, 구글_{Google} 등의 기업이 이를 개발하는 중이라고 한다. 증강현실 시스템은 잠재적으로 화면 기반의 컴퓨팅을 완전히 대체하거나, 적어도 물리적 화면을 가상 화면으로 대체할 수 있다. 가상객체와 상호 작용하는 일이 어쩌면 자연스러운 일상으로 자리를 잡을 수도 있다.

오늘날의 VR 시스템 및 AR 시스템은 아직 기초적인 단계다. VR 헤드셋과 안경은 투박하고 가상객체의 화질도 낮다. 가상 환경에서 실감형 시각과 청각을 느낄 수 있지만, 가상의 표면을 만지거나, 가상의 꽃 향기를 맡거나 가상의 와인을 마시고 맛을 느낄 수는 없다.

일시적 한계는 언젠가 극복할 수 있다. VR을 뒷받침하는 물리 엔진은 발전하고 있다. 앞으로 수년간 헤드셋은 더 작아질 테고, 안경과 콘텍트렌즈를 지나 결국 망막이나 뇌에 이식하는 장치로 전환될 것이다. 화질도 더 좋아져서 나중에는 가상세계가 비가상세계와 똑같아 보이게 될 것이다. 촉각, 후각, 미각을 다루는 방법도 개발될 것이다. 어쩌면 우리는 앞으로 살면서 일로든 사회 또는 여가 활동으로든 많은 시간을 이러한 환경에서 보내게 될 수도 있다.

아마 우리는 한 세기 안에 비가상세계와 구별할 수 없는 가상현실을 만나게 될 것이다. 어쩌면 눈과 귀를 비롯한 감각기관을 우회하는 뇌-컴퓨터 인터페이스를 몸에 연결하고 살 수도 있다. 이 기계에는 물리세계를 상세하게 본뜬 시뮬레이션이 포함돼, 해당 현실 내의 모든 객체게 실제처럼 움직일 수 있도록 물리 법칙이 적용될 것이다.

VR은 여러 버전의 평범한 물리현실로 우리를 데려간다. 때로는 완전히 새로운 세계에 몰입시킨다. 사람들은 일이나 재미를 위해 일시적으로 여러 다른 세계에 들어간다. 어쩌면 애플에서 애플만의 워크스페이스 세계를 구축할 수도 있고, 개발 중인 현실 시스템의 유출을 막기 위해 특별한 보호 조치를 취할 수도 있다. 어쩌면 미 항공우주국NASA에서는 사람들이 우주선을 타고 빛보다 빠른 속도로 은하를 탐험할 수 있는 세계를 구축할 수도 있다. 사람이 영원히 살 수 있는 세계도 등장할 것이다. 가상 부동산 개발업자들은 고객의 취향에 따라 기후가 쾌적한 바닷가 세계나 화려한 아파트가 있는 북적거리는 도심 세계를 앞다투어 제공할 것이다.

어쩌면 영화화된 소설 《레디 플레이어 원Ready Player One》처럼 지구가 너무 혼잡하거나 황폐해질 수도 있고, 가상세계에서 새로운 풍경과 가능성을 찾게 될 수도 있다. 지난 수 세기 동안 사람들은 종종 다른 국가로 이주해 새로운 삶을 시작해야 할지 고민했다. 앞으로 이어질 수 세기 동안은 다른 세계로 이주해 새로운 삶을 살아야 할지를 고민하게 될 수도 있다. 이주와 마찬가지로, 대개는 새로운 세계로 가겠다는 결정이 올바른 결정이다.

시뮬레이션 기술이 충분히 발전하면 이러한 환경에는 가상인간이 살 수도 있다. 가상의 뇌와 신체를 가진 이들은 출생과 발달, 노화와 죽음에 이르는 모든 과정을 거칠 수 있다. 많은 비디오게임에서 볼 수 있는 비플레이어 캐릭터NPC처럼, 가상인간은 시뮬레이션의 산물이다.

어떤 세계에는 연구나 미래 예측 목적의 시뮬레이션이 펼쳐질 것이다. 예컨대 TV 드라마 시리즈 〈블랙 미러Black Mirror〉에서처럼 두 사람이 잘 어울리는 한 쌍인지 알아보기 위해 여러 미래를 시뮬레이션하는 소개팅 앱이 등장할 수 있다. 역사학자라면 히틀러Adolf Hitler가 소련을 상대로 전쟁에 나서지 않기로 했다면 어떤 일이 벌어졌을지 연구할 수 있다. 과학자라면 온 우주를 빅뱅부터 시뮬레이션하면서 작은 변수들을 더해 생명체가 발생하는 빈도, 지적 생명체가 발생하는 빈도, 은하 문명이 발생하는 빈도 등의 결과 범위를 연구할 수도 있다.

호기심 많은 23세기 시뮬레이터들이 21세기 초를 들여다본다고 해보자. 이때 이 시뮬레이터들이 2016년 11월에 있었던 미국 대통령 선거에서 힐러리 클린턴Hillary Clinton이 젭 부시Jeb Bush를 이긴 세계에서 살고 있다고 가정해보자. 그렇다면 이들은 클린턴이 패배했을 때 무엇이 달라졌을지를 연구할 것이다. 몇 가지 매개변수를 다르게 하면 이들은 어쩌면 도널드 트럼프Donald Trump가 2016년 대선에서 승리한 세계를 시뮬레이션하기에 이를 수도 있다. 심지어는 영국의 브렉시트와 전 세계적인 팬데믹까지 시뮬레이션할 수도 있다.

시뮬레이션의 역사에 관심이 있는 시뮬레이터들은 시뮬레이션 기술이 진가를 발휘하기 시작한 시기인 21세기에도 흥미를 보일 수 있다. 어쩌면 미래의 시뮬레이션을 주제로 책을 쓰는 사람이나 그 책을 읽는 사람에 관한 시뮬레이션을 해볼지도 모른다. 자아도취에 빠진 시뮬레이터들은 매개변수를 조정해 어느 가상의 21세기 철학자가 23세기에 구축된 시뮬레이션을 추측해보는 상황을 시뮬레이션해볼 수도 있다. 특히 여러분과 같은 21세기 독자들이 23세기 시뮬레이터에 관한 견해를 읽고 어떤 반응을 보일지 시뮬레이션하는 데 특히 관심을 보일 수도 있다.

그 가상세계에 사는 어떤 이들은 자신이 21세기 초의 평범한 세계에 살고 있다고 믿을 수 있다. 트럼프가 대통령으로 선출되고, 영국이 유럽연합을 탈퇴하고, 팬데믹이 찾아온 세계 말이다. 이러한 사건들은 발생 당시에는 충격적일지 몰라도, 어느 정도 시간이 지나면 모든 것이 일반적인 상황으로 자리 잡는다.

시뮬레이터들은 이 사람들이 가상세계에 관한 책을 읽도록 유도했을 테지만, 그들이 보기에는 마치 본인의 자유로운 선택으로 책을 읽는 것처럼 느낀다. 읽는 책에서 그들이 지금 가상세계 속에 살고 있다는 메시지가 노골적으로 드러날 수도 있지만, 그들은 이를 대수롭지 않게 여기면서도 책에 담긴 아이디어에 대해 생각해보기 시작할 수 있다.

이 시점에서 질문을 던져보자. 우리는 지금 컴퓨터 시뮬레이션 속에 살고 있지 않다고 확신할 수 있는가?

＊

이 아이디어는 대개 '시뮬레이션 가설simulation hypothesis'로 알려져 있다. 이를 묘사한 대표적인 영화 〈매트릭스〉에서는 일반적인 물리세계처럼 보였던 것이 알고 보니 거대한 컴퓨터 군단에 연결된 사람들의 뇌가 만들어낸 결과물이었다. 매트릭스에 사는 사람들은 우리와 똑같이 그들의 세계를 경험하지만, 매트릭스는 가상세계다.

그렇다면 지금 우리가 사는 곳이 어딘지 알 수 있을까? 잠시 하던 일을 멈추고 이 질문을 생각해보자. 그렇게 한다면 우리는 철학을 하는 셈이 된다.

철학은 지혜를 사랑하는 학문이라고도 하지만, 나는 철학이 만물의 기반이라 하고 싶다. 철학자들은 어린아이처럼 끊임없이 질문을 던진다. "왜 그럴까? 그건 무엇일까? 어떻게 알 수 있을까? 어떤 의미일까? 왜 그렇게 해야 할까?" 이러한 질문들을 연달아 던지다보면 빠르게 기본에 가까워진다. 우리가 당연하게 여기는 것들의 바탕이 되는 가정을 검토하는 일이기 때문이다.

나는 그런 어린아이였다. 내 관심 분야가 철학이라는 걸 깨닫기까지는 어느 정도 시간이 걸렸다. 나는 가장 먼저 수학, 물리학, 컴퓨터 공학을 공부했다. 이 학문으로도 모든 것의 토대에 상당히 가깝게 다가갈 수 있지만, 그보다 더 깊이 들어가고 싶었다. 그래서 철학으로 전향했고, 저변의 토대를 탐험하는 동안 과학이라는 단단한 지표면에 닻을 걸어두기 위해 인지과학을 함께 공부했다.

처음에는 "의식은 무엇인가?"와 같이 정신과 관련된 질문의 답을 찾고 싶었다. 그래서 이러한 질문들에 초점을 두고 경력을 쌓아왔다. "현실은 무엇인가?"와 같이 세계에 관한 질문은 철학에서 가장 중요한 질문이다. 아마 그중에서도 핵심은 정신과 세계의 관계에 관한 질문, 이를테면 "우리는 현실을 어떻게 알 수 있는가?"일 것이다.

이 마지막 질문은 르네 데카르트René Descartes가 《제일철학에 관한 성찰》을 통해 던지고, 이후 서양 철학에서 수 세기 동안 다룬 의제의 핵심이었다. 여기서 나는 데카르트가 제시한 문제를 외부세계의 문제라고 칭하겠다. "나는 내 외부의 세계를 어떻게 알 수 있는가?"

데카르트는 이 문제에 다음과 같은 질문으로 접근했다. "내가 지각한 세계가 환상이 아님을 어떻게 알 수 있는가? 내가 지금 꿈속이 아님을 어떻게 알 수 있는가? 실제도 아닌 걸 사악한 악마에게 홀려 모두 실제라고 생각하게 된 게 아님을 어떻게 알 수 있는가?" 데카르트가 오늘날을 살았다면 내가 방금 던진 것과 같은 질문으로 접근했을 수도 있다. "지금 내가 가상세계 속에 있지 않다는 걸 어떻게 알 수 있는가?"

오랫동안 나는 데카르트가 던진 외부세계 문제에 관해 할 말이 거의 없다고 생각했다. 그러나 가상현실을 생각하다보니 새로운 관점을 가지게 되었다. 시뮬레이션 가설을 고찰하면서 내가 가상세계를 과소평가했다는 걸 깨달았다. 데카르트를 비롯한 많은 이도 저마다의 방식으로 그러했다. 나는 가상세계에 관해 더 분명히 고찰하면 데카르트의 문제의 답이 보이기 시작할 수도 있다는 결론에 다다랐다.

이 책의 핵심 논제는 이렇다. '가상현실은 진짜 현실이다.' 또는 적어도 '가상현실들은 진짜 현실들이다.' 가상세계라고 반드시 2차 현실second-class realities은 아니다. 가상현실 또한 1차 현실first-class realities이 될 수 있다.

이 논제는 세 부분으로 나눌 수 있다.

▷ 가상세계는 환상이나 허구가 아니다. 또는 반드시 환상이나 허구는 아니다. VR에서 일어나는 일은 실제로 일어나는 일이다. 우리가 VR에서 상호작용하는 객체는 실제다.

▷ 이론적으로 가상세계 속 삶은 가상세계 바깥의 삶만큼 좋을 수 있다. 가상세계에서도 완전히 의미 있는 삶을 살 수 있다.

▷ 우리가 사는 세계는 가상세계일 수 있다. 반드시 그렇다는 말은 아니다. 그러나 가능성을 배제할 수는 없다.

이 논제는 특히 첫 번째와 두 번째 부분에서 VR 기술이 우리의 삶 속에서 담당하는 역할에 실질적인 영향을 미친다. 이론상 VR은 단순한 현실 도피가 아니라 진정한 삶을 사는 활기찬 환경이 될 수 있다.

가상세계가 일종의 유토피아라는 말은 아니다. 인터넷처럼 가상현실 기술도 멋진 일만큼 끔찍한 일을 만들어낼 것이 것이다. 물리현실처럼 가상현실에서도 좋고, 나쁘고, 추악한 인간의 모든 면이 드러날 수 있다.

나는 실용적인 VR보다 이론상의 VR에 초점을 맞추려 한다. 실용적인 면에서 완전한 수준의 가상현실까지는 아직 멀고도 험한 길이 남았다. 기술이 충분히 발달하기까지 앞으로 10~20년은 VR을 폭넓게 적용하지 못한다 하더라도 놀랄 일이 아니다. 내가 예상하지 못한 온갖 방향으로 움직일 게 틀림없다. 그러나 VR 기술은 충분히 발달하기만 한다면 물리현실에서 사는 삶과 동등하거나 그보다 더 나은 삶을 뒷받침할 것이다.

이 책의 제목은 나의 핵심 주장을 담고 있다. 이 제목은 여러 가지로 이해할 수 있다. 각 가상세계는 새로운 현실이므로 '리얼리티 플러스'이 며, 증강현실은 현실에 무언가를 더하므로 '리얼리티 플러스'이다. 어떤 가상세계는 평범한 현실만큼, 또는 그보다 더 좋으므로 '리얼리티 플러스'이다. 우리가 시뮬레이션 속에 살고 있다면 현실은 우리가 생각하는 것 이상이므로 '리얼리티 플러스'이다. 앞으로는 온갖 종류의 여러 현실 이 존재할 테니 '리얼리티 플러스'이다.

내가 하는 이야기가 많은 이의 직관에 반대된다는 건 알고 있다. 어 쩌면 여러분은 VR이 '리얼리티 마이너스Reality-'라고 생각할지도 모른 다. 가상세계들은 진짜 현실이 아니라 가짜 현실이라고 생각할 수도 있 다. 그 어떤 가상세계도 평범한 현실만큼 좋을 수는 없다고도 생각할 수 있다. 이제 나는 이 책으로 '리얼리티 플러스'가 진실에 더 가깝다는 점을 설명해보겠다.

이 책은 이름하여 '테크노철학technophilosophy' 분야의 프로젝트다. 테 크노철학이란 (1) 기술에 대한 철학적 질문을 던지는 한편, (2) 기술을 이용해 기존 철학 질문에 답을 탐구하는 조합이다.

이 명칭은 캐나다 출신의 미국인 철학자 패트리샤 처칠랜드Patricia Churchland가 1987년 펴낸 기념비적인 저서 《신경과학철학Neurophilosophy》 에서 제시한 신경철학 개념에서 영감을 얻었다. 신경철학은 신경과학에 관한 철학적 질문을 던지는 작업과 신경과학을 이용해 기존의 철학적 질문의 답을 찾는 작업을 결합한다. 테크노철학은 기술을 이용해 이와 같은 작업을 한다.

최근 떠오르는 분야인 기술철학philosophy of technology은 첫 번째 부분, 즉 기술에 관한 철학적 질문을 탐구한다. 테크노철학과 특히 다른 점은 두 번째 부분, 즉 기술을 이용해 기존 철학 질문의 답을 찾는 작업이다. 테크노철학의 핵심은 철학과 기술 간의 양방향 상호 작용이다. 철학은 기술과 관련된 새로운 질문의 답을 밝히는 데 도움이 된다. 기술은 철학과 관련된 전통적인 질문의 답을 밝히는 데 도움이 된다. 나는 두 종류의 질문에 대한 답을 한 번에 밝히고자 이 책을 썼다.

우선 나는 기술을 이용해 가장 오래된 철학 질문, 특히 외부세계 문제에 관한 질문의 해답을 찾고 싶다. 아무리 못해도 가상현실 기술은 "우리는 우리 주변의 현실을 어떻게 알 수 있는가? 그 현실이 환상이 아님을 어떻게 알 수 있는가?"와 같은 데카르트 문제를 '설명하는 데' 도움이 된다. 제2장과 제3장에서는 이 질문들을 천천히 살펴보면서 시뮬레이션 가설을 소개하고, 우리가 지금 시뮬레이션 속에 있지 않다는 것을 어떻게 아는지 질문한다.

이 시뮬레이션 개념은 데카르트 문제를 단순히 설명하는 데 그치지 않는다. 사악한 악마가 등장하는 황당한 데카르트의 시나리오를 더 현실적이고 컴퓨터와 관련한, 즉 우리가 진지하게 생각해보아야 하는 시나리오로 바꿈으로써 문제를 더욱 명확히 할 수 있다.

제4장에서는 시뮬레이션 개념이 데카르트 문제에 대한 여러 일반적인 답보다 더 낫다는 점을 증명한다. 제5장에서는 시뮬레이션에 대한 통계적 사고를 이용해 우리가 시뮬레이션 안이 아님을 알 수 없다는 점을 논한다. 이로 인해 데카르트의 문제는 한층 더 까다로워진다.

무엇보다도 가상현실 기술에 대한 고찰은 외부세계 문제에 답하는 데 도움이 된다. 제6장부터 제9장까지는 우리가 시뮬레이션 안에 있다면 테이블과 의자는 환상이 아니라 완벽한 실제객체이자 비트로 이루어진 디지털객체임을 논하겠다. 이는 현대 물리학에서 '잇프롬빗 가설: 비트에서 존재로it-from-bit hypothesis'라고도 부르는 논제, 즉 물리객체는 실제이자 디지털이라는 논제로 이어진다. 현대 컴퓨터가 낳은 두 가지 가설인 시뮬레이션 가설과 잇프롬빗 가설을 고찰하면 데카르트의 고전적인 문제에 답을 찾기 시작할 수 있다.

데카르트의 논증은 다음과 같이 정리할 수 있다. "우리는 우리가 가상세계에 있지 않음을 알 수 없고, 가상세계에서는 그 무엇도 실제가 아니므로, 우리는 그 무엇도 실제임을 알 수 없다." 이 논증은 가상세계가 진짜 현실이 아니라는 가정으로 이어진다. 가상세계가 실제로 진짜 현실임을 증명할 수 있다면, 특히 가상세계 속 객체가 실제임을 증명할 수 있다면 데카르트의 논증에 답할 수 있다.

다만 이를 과장해서는 안 된다. 내 분석은 데카르트의 모든 주장을 다루지는 않고, 우리가 외부세계를 상당히 잘 알고 있음을 입증하지도 않는다. 그러나 분석이 잘 된다면 아마 서양 철학에서 '과연 우리가 외부세계를 무엇이든 알 수 있는가?'를 의심하는 주된 이유를 해소해줄 것이다. 그리고 적어도 우리가 우리 주변의 현실을 알고 있음을 확립하는 발판을 마련해줄 것이다.

또한 기술을 이용해 정신에 관한 기존의 질문을 분명히 한다. '정신과 육체는 어떻게 상호 작용하는가?(제14장), 의식이란 무엇인가?(제15장), 정신은 육체 너머로 확장되는가?(제16장)' 각 경우에서 VR, 인공지능AI, 증강현실 등의 기술을 고려한다면 이러한 질문들을 분명히 할 수 있다. 반대로 이 질문들을 고찰해 기술을 분명히 설명해볼 수도 있다.

한 가지 짚고 넘어가자면 의식과 정신에 관한 견해는 이 책의 주된 논점이 아니다. 나는 다른 많은 저작에서 의식과 정신의 문제를 다루었으나, 이 책은 대부분 이전 논의와는 별개의 논의다. 의식에 관하여 나와 다른 의견을 가진 독자들도 현실에 관해서는 내 견해에 흥미를 느낄 수 있을 것이다. 그렇지만 두 분야 사이에는 여러 연결고리가 있다. 특히 제15장과 제16장에서는 가상현실이 진짜 현실이라는 논제에 '가상 정신과 증강 정신은 진짜 정신'이라는 네 번째 논제를 곁들인다고 생각해도 좋다.

기술은 가치와 윤리에 관한 기존의 질문 또한 분명하게 할 수 있다. 가치란 선과 악, 차선과 차악의 영역이다. 윤리는 옳고 그름의 영역이다. '잘 살려면 무엇이 있어야 하는가?(제17장), 옳고 그름의 차이는 무엇인가?(제18장), 사회는 어떻게 조직되어야 하는가?(제19장)' 나는 이러한 문제에 전문가는 아니지만, 기술은 적어도 이에 대해 흥미로운 관점을 제시할 수 있다.

유서 깊은 다른 철학 질문들도 살펴보려 한다. '신은 존재하는가?(제7장), 우주는 무엇으로 만들어졌는가?(제8장), 언어는 어떻게 현실을 설명하는가?(제20장), 과학은 현실에 관하여 무엇을 말해주는가?(제22장, 제23장)' 가상현실이 진짜 현실임을 보이기 위해서는 전통적인 질문들을 깊이 고찰해보아야 한다. 이번에도 깨달음의 빛은 양방향으로 흐르므로, 반대로 기술을 고찰한다면 옛 질문의 답을 밝힐 수 있다.

✳

기술, 특히 가상세계 기술에 관한 새로운 질문에도 철학을 이용해 답을 찾고자 한다. 여기에는 비디오게임부터 증강현실 안경과 가상현실 헤드셋, 나아가 전 우주의 시뮬레이션까지 모든 것에 관한 질문을 포함한다.

앞서 설명했듯 핵심 논제는 가상현실이 진짜 현실이라는 점이다. 가상현실과 관련해서는 다음과 같은 질문을 던져보겠다. '가상현실은 환상인가?(제6장, 제10장, 제11장), 가상객체란 무엇인가?(제10장), 증강현실은 진짜로 현실을 증강하는가?(제12장), 가상현실 속에서도 잘 살 수 있는가?(제17장), 가상세계에서는 어떻게 행동해야 하는가?(제19장)'

또한, 인공지능, 스마트폰, 인터넷, 딥페이크, 컴퓨터 전반을 비롯한 다른 기술에 대해서도 논하겠다. '우리가 딥페이크에 속고 있지 않다는 걸 어떻게 알 수 있는가?(제13장), 인공지능 시스템은 의식을 가질 수 있는가?(제15장), 스마트폰은 우리의 정신을 확장하고, 인터넷은 우리를 더 똑똑하거나 멍청하게 만드는가?(제16장), 도대체 컴퓨터란 무엇인가?(제21장)'

이러한 질문들은 모두 철학적인 질문이다. 그중 다수는 극도로 실질적인 질문이기도 하다. 비디오게임, 스마트폰과 인터넷을 어떻게 사용해야 하는지 지금 당장 결정해야 한다. 앞으로 수십 년 동안은 우리에게 이처럼 실질적인 질문들이 점점 더 많이 밀려들 것이다. 가상세계에서 보내는 시간이 길어질수록 가상세계 속에서 보내는 삶이 온전히 의미 있는 삶일 수 있는지를 두고 고민하게 될 것이다. 결국에는 우리 자신을 통째로 클라우드에 업로드해야 하는지를 결정해야 할 수도 있다. 철학적인 사고는 삶을 살아가는 방식과 관련된 결정들을 이해하는 데 도움이 될 수 있다.

여러분은 이 책을 읽어나가며 철학의 여러 핵심 질문을 접하게 될 것이다. 이 책은 수 세기 또는 수천 년 전의 역사적 위인들은 물론 최근 수십 년 동안의 인물 및 논증까지 살펴본다. 또 지식, 현실, 정신, 언어, 가치, 윤리, 과학, 종교를 비롯한 철학의 핵심 주제를 다수 다룬다. 철학자들이 지난 수 세기 동안 이러한 문제를 고찰하기 위해 고안한 강력한 도구들도 소개한다. 이 이야기는 하나의 견해에 불과하며 여기에서 다루지 못하는 중요한 철학도 아직 많이 남아있다. 그러나 끝까지 읽다보면 철학의 역사적, 동시대적 풍경에 대해 어느 정도 감이 잡힐 것이다.

여러분이 이러한 개념을 더 잘 이해할 수 있도록 가능한 한 공상과학소설을 비롯한 여러 대중문화와 관련지어 이야기하겠다. 수많은 공상과학소설 작가들은 이러한 문제를 철학자만큼 깊이 고찰한다. 나도 공상과학소설에 관해 생각하다가 새로운 철학적 아이디어를 얻을 때가 종종 있다. 공상과학소설은 이러한 문제를 때로는 제대로 파악하고 때로는 잘못 파악한다고 생각한다. 어느 쪽이든 공상과학소설은 여러 유익한 철학적 분석을 이끌어낸다.

내가 아는 한 철학을 소개하는 가장 좋은 방법은 철학을 '하는' 것이다. 그러므로 각 장의 첫머리에서 가상세계와 관련된 철학적 질문을 던지면서 철학적 배경을 소개한 다음, 관련 주제를 깊게 생각해보는 단계로 빠르게 넘어가도록 하겠다. 그리고 이러한 주제를 가상세계의 내부와 외부 양측에서 분석하면서 '리얼리티 플러스' 관점에서 나의 논증을 전개하는 데 집중하겠다.

이 책에는 내가 쓴 다른 모든 글과 마찬가지로 나 자신의 철학적 논제와 논증이 가득 담겨 있다. 어떤 장에서는 다른 저작에서 이미 논했던 이야기를 다루지만 절반 이상은 완전히 새로운 내용이다. 이미 철학을 잘 아는 분들도 이 책으로 얻어가는 바가 있기를 바란다. 온라인 보충 자료(consc.net/reality)에서는 학술 문헌을 비롯해 이 주제를 더욱 깊이 탐구하는 폭넓은 주석과 부록을 만나볼 수 있다.

이 책은 크게 7부로 나눌 수 있다. 제1부(제1장, 제2장)에서는 책의 핵심 질문들을 소개한 다음, 구심점 역할을 하는 시뮬레이션 가설을 설명한다. 제2부(제3장~제5장)에서는 지식과 관련된 질문에 초점을 맞추며, 특히 외부세계 회의론에 관한 데카르트의 논증을 다룬다. 제3부(제6장~제9장)에서는 현실에 관한 질문에 초점을 맞추고, 가상현실이 진짜 현실이라는 나의 논제를 처음으로 전개한다.

이어지는 3개의 부에서는 이 논제의 다른 여러 측면을 더 자세히 살펴본다. 제4부(제10장~제13장)에서는 가상현실 헤드셋, 증강현실 안경, 딥페이크를 비롯한 실제 가상현실 기술에 관한 질문에 초점을 맞추어 실질적인 요소들을 살펴본다. 제5부(제14장~제16장)에서는 정신에 관한 질문을 주로 다룬다. 제6부(제17장~제19장)에서는 가치와 윤리에 관한 질문에 집중한다.

마지막으로 제7부(제20장~제24장)에서는 '리얼리티 플러스' 비전이 완전히 발달하는 데 필요한 언어, 컴퓨터, 과학에 관한 근본적인 문제들에 초점을 맞춘다. 마지막 장은 조각들을 하나로 모아 지금까지의 이야기가 외부세계에 대한 데카르트의 문제에 관해 어떤 입장을 취하는지 살펴본다.

여러분은 아마 저마다 다른 방식으로 이 책을 읽고자 할 것이다. 제1장은 필독을 권하지만, 나머지는 원하는 바에 따라 여러 방향으로 읽어도 좋다. 책 끝부분의 주석에 관심사에 따라 이 책을 읽는 방식을 몇 가지 제시해두었다. 각 장은 대부분 다른 장과 별개의 이야기이다. 제2장, 제3장, 제6장, 제10장은 특히 뒤이은 장에 대한 배경지식을 파악하는 데 도움이 되지만, 반드시 이 내용을 알아야만 계속 읽을 수 있는 건 아니다.

대부분 각 장의 앞부분은 개략적인 내용으로 시작한다. 때로는 각 장의 뒷부분으로 갈수록, 또 책 뒷부분으로 갈수록 논의가 촘촘해진다. 더 짧은 책이나 가벼운 독서를 원하는 독자라면 각 장의 첫 소단원을 두어 개 읽어보고 나머지는 건너뛰어도 무방하다.

우리는 진실과 현실이 공격당하는 시대에 살고 있다. 진실은 더는 아무래도 상관없는 탈진실 정치의 시대라는 말도 나온다. 절대적 진실이나 객관적 현실은 없다는 말 역시 심심찮게 들을 수 있다. 어떤 이들은 현실이란 모두 정신 안에서 이루어지므로 무엇이 실제인지는 전적으로 우리에게 달려있다고 생각한다. 여러 현실을 논하는 이 책은 처음에는 자칫 어느 진실이나 현실이 조악한지에 관한 관점을 제시하는 것처럼 보일 수 있다. 그러나 이는 나의 견해가 아니다.

이러한 문제에 관한 내 관점은 다음과 같다. 정신은 현실의 일부이지만, 정신 바깥에는 훨씬 더 광대한 현실이 있다. 현실에는 우리의 세계는 물론, 다른 많은 세계도 포함될 수 있다. 우리는 새로운 세계와 현실의 여러 부분을 만들 수 있다. 우리는 현실에 관해 조금밖에 알지 못하지만, 더 많이 알고자 애쓸 수 있다. 그럼에도 그중에는 우리가 절대로 알 수 없는 부분이 있을지도 모른다.

무엇보다도 중요한 점은 현실이 우리와 무관하게 존재한다는 점이다. 진실은 중요하다. 현실에 관한 진실이 있고, 그 진실을 찾기 위해 노력해볼 수 있다. 여러 현실이 존재하는 시대에도 나는 여전히 객관적 현실을 믿는다.

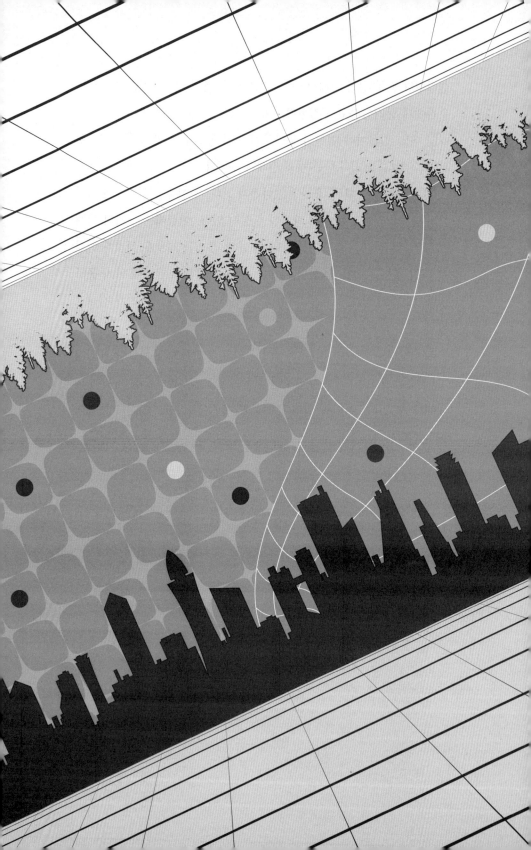

제1부

가상세계

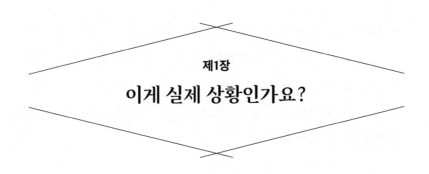

제1장

이게 실제 상황인가요?

1975년, 영국의 록밴드 퀸Queen이 발표한 히트곡 〈보헤미안 랩소디 Bohemian Rhapsody〉에서는 리드싱어 프레디 머큐리Freddie Mercury가 5성부 화음으로 첫 소절을 부른다.

이게 실제 상황인가요? Is this the real life?

혹시 그저 환상인가요? Is this just fantasy?

이는 역사 깊은 질문이기도 하다. 고대 전통 철학에서는 중국, 그리스, 인도의 위대한 철학자 세 명이 저마다 다른 버전으로 머큐리와 같은 질문을 던졌다. 이들의 질문은 여러 버전의 현실과 관련이 있다. 이게 실제 상황일까, 아니면 그저 꿈일까? 실제 상황일까, 아니면 그저 환상일까? 실제 상황일까, 아니면 그저 현실이 드리운 그림자일 뿐일까?

오늘날 우리는 이렇게 물을 수도 있겠다. 이게 실제 상황일까, 아니면 가상현실일까? 꿈과 환상, 그림자는 컴퓨터가 발명되기까지 2000년 도 더 남아있던 고대의 가상세계에 해당한다고 보아도 좋다. 컴퓨터가 있든 없든, 이러한 시나리오는 철학에서 가장 심오한 질문들을 낳았다. 이러한 시나리오로 질문들을 살펴보고, 이를 지침으로 삼아 가상세계 에 관한 생각을 전개해보자.

장자의 호접지몽

기원전 300년경에 살았던 고대 중국의 철학자 장자莊子(장주莊周라고 도 함.)는 도교 전통의 핵심 인물이다. 장자가 남긴 유명한 우화로는 나 비가 되는 꿈을 꾼 호접지몽胡蝶之夢이 있다.

언젠가 장자가 꿈에서 나비가 되었는데, 팔랑팔랑 날아다니는 것이 기뻐 마음 가는 대로 행동했다. 나비는 자기가 장자인 줄 알지 못했다. 그런데 갑자기 깨 어나 보니 틀림없이 장자였다. 그러나 그는 자기가 나비였던 꿈을 꾼 장자인지, 장자인 꿈을 꾸는 나비인지 알 수 없었다.

장자는 자기 자신이 장자로서 경험하는 삶이 실제인지 확신할 수 없 었다. 어쩌면 나비가 실제고 장자가 꿈이었을지도 모른다.

꿈의 세계는 일종의 컴퓨터 없는 가상세계다. 자신이 꿈속일 수도 있 겠다는 장자의 가설은 이제 자신이 지금 가상세계 안에 있다는 가설에 서 컴퓨터를 제외한 버전이다.

워쇼스키Wachowski 자매가 각본을 쓴 1999년 영화 〈매트릭스〉에서도

그림1 장자의 호접지몽. 그는 나비가 되는 꿈을 꾼 장자였을까,
아니면 장자가 되는 꿈을 꾸는 나비였을까?

이와 유사한 이야기가 나온다. 평범하게 살아온 주인공 네오Neo는 빨간 알약을 삼킨 뒤 다른 세계에서 눈을 뜨고, 그가 알던 세계가 시뮬레이션이었다는 말을 듣는다. 네오가 장자만큼 깊이 고찰해보았다면, 어쩌면 옛 삶이 현실이고, 새로운 삶이 시뮬레이션일지도 모른다고 생각했을 것이다. 완벽하게 합리적인 생각이다. 네오가 살던 옛 세계는 고된 일상이 반복되는 세계였지만, 새로운 세계는 전투와 모험이 가득한 데다 그를 구원자로 대접하는 세계다. 어쩌면 빨간 알약으로 오랫동안 잠재운 뒤 시뮬레이션에 연결했을 수도 있다.

　장자의 호접지몽에 관한 어느 해석에서는 지식에 관한 질문을 제기한다. "우리가 지금 꿈을 꾸고 있지 않다는 걸 우리 중 그 누구라도 알 방법이 있는가?" 이 질문은 서론에서 등장했던 질문, 즉 우리가 지금 가상세계 속이 아니라는 걸 우리 중 그 누구라도 알 방법이 있는지를 물었던 질문의 사촌 격이다. 이 질문은 더 기초적인 질문으로 이어진다. "우리는 우리의 경험이 실제라는 것을 어떻게 알 수 있는가?"

나라다의 변신

고대 인도에 살았던 힌두 철학자들은 환상과 현실의 문제에 몰두했다. 핵심 모티프는 민간 설화 〈현자 나라다의 변신The Sage Narada's Transformation〉에서 볼 수 있다. 어느 한 버전에서 나라다는 비슈누Vishnu 신에게 자신이 환상을 정복했다고 말했다. 그러자 비슈누는 나라다에게 환상(또는 마야Maya)의 진정한 힘을 보여주겠다고 했다. 나라다는 이전의 기억을 모두 잃고 여성인 수실라Sushila의 몸으로 깨어났다.

수실라는 왕과 결혼해 임신했으며, 마지막에는 여덟 명의 아들과 수많은 손자를 두었다. 어느 날 적군이 쳐들어와 아들과 손자들이 몰살당했다. 수실라가 크게 슬퍼하자 비슈누가 나타나 말했다. "왜 그리 슬퍼하는가? 모두 환상일 뿐이다." 그 순간 나라다는 다시 원래 몸으로 돌아왔고, 시간도 비슈누와 대화를 나누기 시작한 직후일 뿐이라는 걸 알게 된다. 나라다는 수실라로 살았던 삶이 그러했던 것처럼 자신의 삶도 통째로 환상이라는 결론을 내렸다.

나라다가 수실라로 살았던 삶은 가상세계 속의 삶과 유사하다. 비슈누가 시뮬레이터 역할을 하는 시뮬레이션이나 다름없다는 말이다. 시뮬레이터로서 비슈누는 사실상 나라다의 평범한 세계 또한 가상세계라는 점을 시사한다.

[그림 2] 나라다가 수실라로 변신한 모습을 지켜보는 비슈누, 〈릭 앤 모티〉 스타일로 표현

탁월한 과학자 릭Rick과 그의 손자 모티Morty가 차원을 넘나들며 모험하는 연대기를 담은 TV 시리즈 〈릭 앤 모티Rick and Morty〉 또한 나라다의 변신과 같은 맥락이다. 모티는 가상현실 헬멧을 쓰고 비디오게임 〈로이: 훌륭한 삶Roy: A Life Well Lived〉을 플레이한다. 모티는 로이가 되어 어린 시절을 보내고, 미식축구계의 샛별이 되었다가, 카펫 판매원으로 일하고, 암 환자가 되어 죽음에 이르기까지 55년간의 삶을 산다. 잠시 후 모티가 게임 바깥으로 나오자 릭은 모티가 시뮬레이션 속에서 잘못된 결정을 내렸다고 꾸짖는다.

이 주제는 시리즈에 반복해서 등장한다. 등장인물들은 겉으로 보기에는 평범한 상황에 놓여 있으나 결국 모두 시뮬레이션으로 밝혀지므로 때로는 '그들의 현실도 시뮬레이션이지 않을까?' 하는 질문이 떠오른다.

　나라다의 변신은 현실에 관한 깊이 있는 질문을 던진다. "나라다가 수실라로 살았던 삶은 실제일까 환상일까?" 비슈누는 그 삶이 환상이라 했으나 결코 명백하다고 할 수는 없다. 〈로이: 훌륭한 삶〉을 비롯한 가상세계에 대해서도 비슷한 질문을 던져볼 수 있다. "이러한 세계들은 진짜일까, 환상일까?" 나아가 좀 더 급박한 질문도 떠올려볼 수 있다. 비슈누는 우리의 평범한 삶들이 나라다의 변신한 삶과 마찬가지로 환상이라고 했다. "우리가 사는 세계는 실제일까, 환상일까?"

플라톤의 동굴

　장자와 비슷한 시대, 고대 그리스에서는 철학자 플라톤Plato이 동굴의 우화를 내놓았다. 상당히 긴 대화를 담은 《플라톤 국가》에서 플라톤은 동굴에 사슬로 묶인 사람들의 이야기를 들려준다. 이들은 벽에 드리운 그림자만을 보고 사는데, 그 그림자는 동굴 밖 세계의 만물을 흉내 내는 꼭두각시의 그림자다. 동굴 속 사람들은 그림자밖에 모르고 살았으므로 그림자가 현실이라고 여긴다. 어느 날, 이들 중 한 명이 탈출해 동굴 밖의 찬란한 실제세계를 발견했다. 그는 다시 동굴로 돌아가 바깥세계에 관한 이야기를 들려주었지만, 누구도 믿지 않았다.

　플라톤의 이야기 속에서 그림자만 보는 죄수들은 영화관 속 관람객을 연상시킨다. 마치 영화 말고는 다른 무엇도 본 적 없는 죄수들 또는 최신 기술을 적용해보자면 가상현실 헤드셋을 쓰고 영화만 보며 살아온 죄수들이나 마찬가지인 듯하다.

2016년 어느 모바일 기술 콘퍼런스에서는 페이스북의 CEO 마크 저커버그Mark Zuckerberg가 콘퍼런스에 참석한 관객들을 지나치며 복도를 따라 걸어가는 사진이 유명해진 적이 있었다. 사진 속 관객들은 모두 어두운 콘퍼런스 홀에 앉아 가상현실 헤드셋을 쓰고 있었으며, 저커버그가 곁을 지나쳐 걸어가도 전혀 눈치채지 못했다. 플라톤의 동굴을 현대에 그대로 옮겨놓은 듯한 모습이다.

플라톤은 이 우화를 여러 목적으로 활용했다. 그는 우리의 완벽하지 않은 현실이 어느 정도 동굴과 같음을 시사했다. 또 어떤 종류의 삶을 살고 싶은지 생각해보도록 권할 때도 이 이야기를 이용했다. 어느 중요한 대목에서 플라톤의 대변인 소크라테스Socrates는 우리가 동굴 안의 삶과 동굴 바깥의 삶 중 어느 것을 더 좋아해야 할지에 관한 질문을 던졌다.

소크라테스: 동굴 바깥으로 나갔던 남자는 여전히 동굴 안에 있는 이들을 부러워하고, 존중받고 힘 있는 그 사람들과 함께 경쟁하기를 원하겠는가? 아니면 호메로스Homer의 말대로 사실상 '(동굴 바깥) 땅에서 또 다른 빈곤한 소농민에게 봉급을 받는 하인으로' 사는 편을 훨씬 더 바라겠는가? 동굴 안의 의견들을 가까이하고 그러한 종류의 인간이 되느니 펼대 다른 무엇이라도 참는 편이 더 낫다고 여기지 않겠는가?

글라우콘: 제 생각에는 그러한 종류의 인간이 되느니 무엇이든 참는 편이 더 낫다고 여길 듯합니다.

동굴 우화는 가치, 즉 선과 악 또는 차선과 차악에 관해 깊이 있는 질문을 던진다. "동굴 안의 삶과 동굴 밖의 삶 중 무엇이 더 나을까?" 이에

그림3 21세기 버전 플라톤의 동굴

플라톤은 비천한 노동자로 살더라도 동굴 바깥의 삶이 동굴 안의 삶보다 훨씬 좋다고 명백하게 답했다.

가상세계에 관해서도 똑같은 질문을 던져볼 수 있다. "가상세계에서의 삶과 가상세계 바깥에서의 삶 중 어떤 게 더 좋을까?" 이 질문은 더 근본적인 질문으로 이어진다. "잘 산다는 건 어떤 의미일까?"

세 가지 질문

어느 전통적인 그림에 따르자면, 철학은 지식(우리는 어떻게 세계를 아는가?), 현실(세계의 본질은 무엇일까?), 가치(선과 악의 차이는 무엇일까?)를 연구하는 학문이다. 앞서 살펴본 세 가지 이야기는 이러한 영역에서 각각 질문을 낳는다.

지식: 장자는 어떻게 그가 꿈을 꾸는지 또는 꾸고 있지 않은지 알 수 있을까?

현실: 나라다의 변신은 실제일까, 환상일까?

가치: 플라톤의 동굴 안에서도 잘 살 수 있을까?

세 가지 이야기를 꿈, 변신, 그림자라는 기존의 영역에서 가상의 영역으로 옮겨보면 가상세계에 관한 세 가지 주요 질문이 떠오른다.

첫 번째 질문은 장자의 호접지몽이 낳은 질문으로 지식과 관련 있다. 이를 '지식 질문'이라고 해보자. "우리는 우리가 가상세계에 있는지 아닌지를 알 수 있는가?" 두 번째 질문은 나라다의 변신에서 비롯된 질문으로 현실과 관련 있다. 이를 '현실 질문'이라고 해보자. "가상세계는 실제인가 환상인가?" 세 번째 질문은 플라톤의 동굴에서 비롯된 질문으로 가치와 관련 있다. 이를 '가치 질문'이라고 해보자. "우리는 가상세계에서도 잘 살 수 있는가?"

이러한 세 가지 질문은 차례대로 철학의 핵심에 놓인 더 일반적인 세 가지 질문으로 우리를 인도한다. "우리는 우리 주변의 세계를 알 수 있는가? 우리의 세계는 실제인가 환상인가? 잘 산다는 건 무엇인가?"

지식, 현실, 가치와 관련된 이 질문들은 우리가 이 책 전체에 걸쳐 가상세계를 탐험하고 철학을 탐험하는 동안 중심에 자리할 것이다.

지식 질문: 우리는 가상세계에 있는지, 아닌지 알 수 있는가?

1990년에 처음 개봉하고 2012년 리메이크된 영화 〈토탈 리콜Total Recall〉에서는 어떤 장면이 가상세계에서 일어나는 일이고 어떤 장면이 평범한 세계에서 일어나는 일인지 관객이 명확하게 알 수 없다.

1990년 개봉한 〈토탈 리콜〉에서 아놀드 슈왈제네거Arnold Schwarzenegger가 연기한 주인공인 건설 노동자 더글러스 퀘이드Douglas Quaid는 지구와 화성에서 기이한 모험을 한다. 영화의 마지막에서 퀘이드는 화성 표면을 내다보면서 자신의 모험이 평범한 세계에서 있었던 일인지 아니면 가상현실에서 있었던 일인지 궁금해하기 시작하고, 이를 보는 관객도 의문에 빠진다.

영화는 퀘이드가 정말로 가상세계에 있을 수도 있다는 힌트를 준다. 모험의 기억을 심어주는 가상현실 기술이 줄거리에서 중요한 역할을 차지한다. 화성에서 펼쳐진 영웅적인 모험은 평범한 세계보다 가상세계에서 펼쳐졌을 가능성이 더 크기 때문에, 퀘이드가 곰곰이 생각해보았다면 자기가 아마 가상현실 속에 있다는 결론에 도달했을 것이다.

우리는 어떨까? 지금 우리가 가상세계에 있는지 아니면 비가상세계에 있는지 알 수 있을까? 우리의 삶은 어쩌면 퀘이드의 삶만큼 흥미진진하지 않을 수도 있다. 그렇지만 가상세계에 관한 책을 읽고 있다는 대목에서 잠시 멈춰서 생각해보아야 한다. 나 또한 이러한 글을 쓰고 있다는 대목에서 더욱 곰곰이 생각해볼 만하다. "왜일까?"

내 생각에는 시뮬레이션 기술이 발달한다면 시뮬레이터들은 시뮬레이션에 관해 생각하는 사람들을 시뮬레이션으로 만들고 싶어 할 것 같다. 어쩌면 우리가 인생의 진실을 깨닫는 데 얼마나 가까이 다가가는지 살펴보려는 목적일 수도 있다. 완벽하게 평범한 삶을 사는 듯 보이는 사람일지라도 마찬가지다. 과연 우리의 삶이 가상인지 아닌지 알 방법이 과연 있을까?

내 생각을 밝히자면 이렇다. 나는 우리가 가상세계에 있는지 아닌지 모른다. 여러분도 모르리라고 생각한다. 사실 우리가 가상세계에 있는지 아닌지는 결코 알 수 없다고 생각한다. '정말로' 가상세계 속에 있다면 이론상 그 사실을 확인할 수는 있다. 예컨대 시뮬레이터들이 우리에게 모습을 드러내고 시뮬레이션이 어떻게 작동하는지 보여줄 수 있다. 그러나 가상세계가 '아니라면' 영영 확인할 수 없을 것이다.

이 불확실성의 근거는 앞으로 여러 장에 걸쳐 논하겠다. 우선 제2장에서 설명할 기본 근거는 이렇다. 우리가 컴퓨터 시뮬레이션 속이 아님을 절대로 증명할 수 없는 이유는 장엄한 자연과 집고양이의 장난, 다른 사람들의 행동을 비롯해 평범한 현실을 뒷받침하는 증거까지 모두 시뮬레이션일 수 있기 때문이다.

지난 수 세기 동안 수많은 철학자가 우리가 있는 이곳이 가상세계가 아님을 밝히는 데 사용할 만한 여러 전략을 제시했다. 제4장에서는 이러한 전략들을 살펴보고 이 또한 소용이 없음을 논하겠다. 그 이상으로 넘어간다면 우리는 '정말로' 가상세계 속일 수도 있다는 가능성을 진지하게 생각해보아야 한다.

스웨덴 출신 철학자 닉 보스트롬Nick Bostrom은 통계를 근거로 들면서, 불확실한 가정하에서는 우주에 시뮬레이션이 아닌 사람보다 시뮬레이션인 사람이 훨씬 많을 것이라고 주장했다. 만약 그의 주장이 옳다면 우리가 시뮬레이션 속에 있을 가능성이 크다고 보아야 한다. 제5장에서 이 모든 고찰로 미루어 보았을 때 우리가 시뮬레이션 속이 '아님'을 알 수 없다는 다소 완화된 주장을 펼쳐보겠다.

이러한 결론은 데카르트의 문제, 즉 "우리는 어떻게 외부세계를 알 수 있는가?"에 중대한 영향을 미친다. 우리가 가상세계 속에 있는지 아닌지 알 수 없다면, 가상세계 속 그 무엇도 실제가 아니라면, 외부세계의 그 무엇도 실제인지 알 수 없다는 말이 된다. 외부세계에 대해 그 무엇도 알 수 없다는 것처럼 보이기도 한다.

충격적인 결론이다. 우리는 파리가 프랑스에 있다는 걸 알지 못하는가? 나는 내가 호주에서 태어났다는 걸 나는 알지 못하는가? 눈앞의 책상이 정말 존재하는 물건인지 알 수 없는가?

많은 철학자가 이 충격적인 결론을 피하고자 지식 질문에 긍정적인 답변을 내놓으면서, 우리는 우리가 시뮬레이션 속에 있지 않음을 알 수 있다고 논했다. 시뮬레이션이 아님을 알 수 있다면 어쨌든 외부세계를 알 수 있다는 뜻이다. 그러나 내가 옳다면, 우리는 이 편안한 입장으로 돌아갈 수 없다. 우리는 우리가 시뮬레이션 속에 있는지 아닌지 알 수 없다. 이로 인해 외부세계에 대한 지식 문제는 더욱 까다로워진다.

현실 질문: 가상세계는 실제인가 환상인가?

가상세계를 논할 때마다 듣게 되는 말이 있다. "시뮬레이션은 환상이다. 가상세계는 실제가 아니다. 가상객체는 실제로 존재하지 않는다. 가상현실은 진짜 현실이 아니다."

이 개념은 〈매트릭스〉에서도 찾아볼 수 있다. 네오는 시뮬레이션 속 대기실에서 어느 어린아이가 정신력으로 숟가락을 구부리는 모습을 보고 그 아이와 대화를 나눈다.

어린아이: 숟가락을 구부리려고 애쓰지 마세요. 그건 불가능해요. 그냥 진실을 깨달으려고 하셔야 해요.

네오: 무슨 진실?

어린아이: 숟가락은 없어요.

이 대사는 심오한 진실처럼 등장한다. '숟가락은 없다'. 매트릭스 속 숟가락은 실제가 아니라 환상일 뿐이다. 여기에는 매트릭스에서 경험할 수 있는 모든 것이 환상이라는 암시가 담겨 있다.

미국인 철학자 코넬 웨스트Cornel West는 〈매트릭스 2: 리로디드〉와 〈매트릭스 3: 레볼루션〉 코멘터리에서 이 대사를 한층 더 깊게 고찰했다. 웨스트는 매트릭스 속 각성을 논하면서 "각성했다고 생각한 상태가 사실은 또 다른 종의 환상일 수도 있습니다. 저 아래까지 모두 환상인 겁니다."라고 말했다. 이 말은 비슈누의 말과 같은 맥락이다. 시뮬레이션은 환상이고, 평범한 현실도 환상일 수 있다.

TV 드라마 〈애틀랜타Atlanta〉에서도 비슷한 사고를 엿볼 수 있다. 어느 날 밤 주인공 세 명이 수영장에 둘러앉아 시뮬레이션 가설에 관한 이야기를 나눈다. 나딘Nadine은 확신에 찬 투로 말한다. "우리는 모두 아무것도 아니야. 시뮬레이션일 뿐이라고, 반Van. 우리는 모두 가짜야." 나딘은 '시뮬레이션 속에 살고 있다면 실제가 아니다.'라는 점을 당연하게 여긴다.

그렇지만 이 주장은 틀렸다. 내 생각은 이렇다. '시뮬레이션은 환상이 아니다. 가상세계는 실제다. 가상객체는 실제로 존재한다.' 매트릭

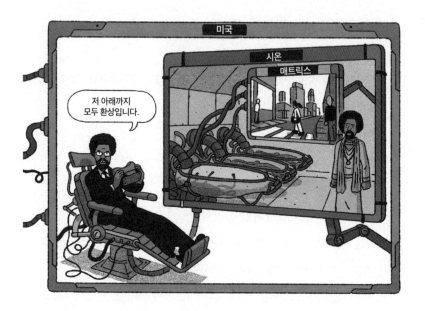

그림 4　시온의 장로 웨스트로 살다가 깨어난 코넬 웨스트, 각각 환상과 현실에서.

스 속 어린아이는 이렇게 말했어야 한다. "진실을 깨달으려고 노력하셔야 해요. 숟가락은 있어요. 디지털 숟가락이요." 네오의 세계는 완벽하게 실제다. 마찬가지로 나딘이 시뮬레이션 속에 산다고 하더라도 그 세계는 완벽하게 실제다.

우리 세계도 마찬가지다. 시뮬레이션 안에 있다고 하더라도 우리의 세계는 실제다. 어쨌든 테이블과 의자와 사람들은 이곳에 있다. 도시도 있고 산과 바다도 있다. 물론 우리 세계에는 환상도 많다. 감각이 우리를 속일 수도 있고 다른 사람들이 우리를 속일 수도 있다. 그러나 주변의 평범한 객체들은 실제다.

여기서 '실제'란 어떤 뜻일까? 간단히 대답하기는 어렵다. '실제'라는 단어의 뜻은 한 가지로 고정되어 있지 않다. 제6장에서는 '실제'에 필요한 다섯 가지 기준을 논하면서, 시뮬레이션 속에 있더라도 지각하는 사물은 이러한 현실 기준에 모두 부합한다는 점을 설명하겠다.

헤드셋을 쓰고 경험하는 평범한 가상세계는 어떨까? 여기에는 종종 환상이 포함될 수 있다. VR 안이라는 걸 모르고 가상객체를 정상적인 물리객체라고 여긴다면 그건 잘못된 생각이다. 제11장에서는 VR에 익숙하면서 자신이 VR을 사용하고 있음을 아는 사용자라면 환상에 빠질 수 없다는 점을 논하겠다. 이러한 사용자는 가상현실 속에서 실제 가상객체를 경험한다.

가상현실은 비가상현실과 다르다. 가상의 가구는 비가상의 가구와 같지 않다. 가상실체와 비가상실체는 다른 방식으로 만들어진다. 가상실체는 '디지털실체'로, 컴퓨팅 및 정보 처리 과정으로 만들어진다. 더 간단하게 말하자면 가상실체는 '비트'로 구성된다. 완벽한 실제객체로, 컴퓨터 내 일정한 패턴의 비트에 근거한다. 가상의 소파와 상호 작용하는 사람은 일정한 패턴의 비트와 상호 작용하는 셈이다. 이 비트 패턴은 완전히 실제고, 가상의 소파도 완전히 실제다.

종종 가상현실이 가짜현실을 의미한다고 여기는 이들이 있다. 그러나 이는 잘못된 정의다. 가상현실은 디지털현실을 가리키는 말에 더 가깝다. 가상의 의자나 테이블은 디지털 처리 과정으로 만들어진다. 물리적 의자나 테이블이 원자와 쿼크, 궁극적으로는 양자 프로세스로써 만들어지는 것과 마찬가지다. 가상객체는 비가상객체와 다르지만, 양쪽 모두 동등하게 실제다.

내 견해가 옳다면, 나라다가 여자로 살았던 삶은 완전히 환상이었다고 할 수 없다. 모티가 미식축구계의 스타이자 카펫 판매원으로 살았던 삶도 마찬가지다. 이들이 경험한 오랜 삶은 실제로 일어난 일이다. 나라다는 실제로 수실라로 살았다. 모티도 실제로 로이의 삶을 살았다. 다만 가상세계에서 살았을 뿐이다.

이러한 시각은 외부세계 문제의 답을 찾는 데 지대한 영향을 미친다. 내 견해가 옳다면, 우리가 시뮬레이션 속에 있는지 밖에 있는지 알지 못한다고 하더라도 주변의 객체가 실제인지 아닌지 알 수 없다는 결론으로 이어지지는 않는다. 시뮬레이션 속이라면 눈앞의 테이블은 실제로 비트 패턴이고, 시뮬레이션 속이 아니라면 테이블은 실제로 다른 무언가다. 어느 쪽이든 테이블은 실제다. 이러한 관점에서 본다면 외부세계 문제에 새로운 방식으로 접근할 수 있다. 앞으로 이 책 전체에 걸쳐 이 방식을 살펴보자.

가치 질문: 가상세계에서도 잘 살 수 있는가?

1954년 제임스 건James Gunn의 공상과학소설 《행복하지 않은 남자The Unhappy Man》 속에서는 헤도닉스Hedonics, Inc.라는 회사가 사람들의 삶을 개선하기 위해 새로운 '행복의 과학'을 사용한다. 이 회사와 계약을 맺은 사람들은 모든 것이 완벽한 일종의 가상세계인 센시스Senseis로 인생을 옮긴다.

무엇이든 저희에게 맡겨주세요. 더는 걱정하지 않아도 될 만큼 인생의 모든 걸 준비해드립니다. 불안의 시대이지만 불안해할 필요가 전혀 없습니다. 두려움의 시대이지만 조금도 두려워할 필요가 없습니다. 언제나 좋은 음식과 옷, 집을 누리며 행복할 수 있습니다. 사랑하고 사랑받을 수 있습니다. 티끌 하나 없이

기쁜 인생을 즐겨보세요.

소설의 주인공은 헤도닉스에 인생을 맡기지 않겠냐는 제안을 거절한다.

미국의 철학자 로버트 노직Robert Nozick은 1974년 저서 《무정부, 국가, 유토피아Anarchy, State, And Utopia》에서 독자에게 이와 비슷한 선택지를 제시했다.

원하는 무슨 일이든 경험할 수 있는 경험 기계가 있다고 해보자. 천재 신경심리학자들이 뇌를 시뮬레이션 속에 넣으면 여러분은 자신이 위대한 소설을 쓰거나, 멋진 친구를 사귀거나, 재미있는 책을 읽고 있다고 생각하고 느낄 수 있다. 이는 모두 여러분이 머리에 전극을 붙이고 물탱크 안에 누워 있는 동안 이루어진다. 여러분은 인생 경험을 미리 프로그래밍해주는 이 기계에 연결된 채로 평생을 살겠는가?

건의 소설 속 센시스와 노직이 말한 경험 기계는 일종의 가상현실 기기다. 두 사람은 질문을 던졌다. 만약 여러분이 선택할 수 있다면 만들어진 현실 속에서 평생을 살겠는가?

건의 소설 속 주인공처럼 노직 또한 자신은 물론 독자도 이렇게 살지는 않으리라고 답했다. 노직은 경험 기계가 2차 현실이라고 보는 듯하다. 경험 기계 속에서는 어떤 행동을 하는 듯 보여도 실제로는 하지 않고 있으며, 기계 속 사람은 진정 자율적인 사람일 수 없다. 노직은 경험 기계 속 삶에 아무런 의미나 가치가 없다고 보았다.

많은 이가 노직과 같은 논리를 펼쳤다. 2020년 전문 철학자를 대상으로 한 설문 조사에서 경험 기계에 들어가서 살겠다는 응답자는 전체 중 13퍼센트였고, 77퍼센트는 살지 않겠다고 답했다. 더 많은 사람을 대상으로 한 여러 설문 조사에서도 대부분 이 기회를 거절했다. 다만 가상세계가 점점 더 우리 일상 속에 자리를 잡으면서 경험 기계 속에서 살겠다는 응답자의 수는 점점 늘어나고 있다.

일반적인 VR에 대해서도 같은 질문을 던져볼 수 있다. "VR 속에서 평생 살 기회가 있다면 그렇게 하겠는가? VR 속에서 살겠다는 선택지가 과연 합리적인 선택지인가?" 또는 곧바로 가치 질문을 던져볼 수도 있다. "VR 속에서도 가치 있고 의미 있는 삶을 살 수 있는가?"

일반적인 VR은 여러 면에서 노직의 경험 기계와 다르다. VR에 들어간 사람은 그곳이 VR이라는 걸 알고, 많은 사람이 한 번에 같은 VR 환경에 들어갈 수 있다. 게다가 일반적인 VR은 완전히 미리 프로그래밍한 현실이 아니다. 양방향 가상세계에서 우리는 단순히 대본에 따라 살기보다는 실제 선택을 내린다.

노직은 2000년 〈포브스Forbes〉에 기고한 글에서 경험 기계를 향한 부정적인 평가가 나아가 일반적인 VR에도 적용된다고 논하며, "모든 사람이 같은 가상현실에 연결되어 있다고 하더라도 그 콘텐츠가 진짜 실제라고 하기에는 충분하지 않다."라고 말했다. 또 VR에 관하여 "어떤 사람들은 여기에서 큰 기쁨을 찾고 하루 중 대부분을 이렇게 살고자 할 수 있다. 그러나 이들을 제외한 나머지 사람들은 이러한 선택지를 매우 불쾌하게 여길 가능성이 크다."라는 말도 남겼다.

제17장에서 VR에 관한 노직의 답변이 틀렸다고 논해보겠다. 전면적인 VR에서 사용자는 자신이 선택한 삶을 꾸려나갈 수 있으며, 다른 주변 사람들과 진짜로 상호 작용하면서 가치 있고 의미 있는 삶을 살 수

있다. 가상현실이 반드시 2차 현실이라고는 할 수 없다.

현존하는 가상세계에서도 상당한 가치를 찾을 수 있다. 예컨대 2003년 설립된 이래 일상생활을 영위할 수 있는 선도적인 가상세계 세컨드 라이프Second Life가 여기에 포함된다. 오늘날의 가상세계에는 적절한 신체, 촉감, 음식 및 음료 섭취, 출생과 사망 등 많은 중요 요소가 빠져 있다. 그래도 많은 사람이 이곳에서 의미 있는 관계를 맺거나 활동하고 있다. 미래의 완전한 실감형 VR은 이러한 한계점 중 다수를 극복할 것이다. 이론적으로 VR 속에서는 그에 상응하는 비가상현실에서와 마찬가지로 잘 살 수도 있고 못 살 수도 있다.

우리는 이미 많은 시간을 여러 가상세계에서 보내고 있다. 미래에는 가상세계에서 더 많은 시간을 보내거나, 나아가 삶의 대부분을 그곳에서 보내게 될 수도 있다. 내 의견을 말하자면, 이는 합리적인 선택이 될 것이다.

이를 디스토피아라고 여기는 사람도 많겠지만, 나는 그렇게 생각하지 않는다. 물론 가상세계는 물리세계만큼 디스토피아가 될 수 있다. 그러나 단지 가상이라는 이유만으로 디스토피아가 되지는 않는다. 상당한 기술을 갖춘다면, 가상현실이 좋은지 나쁜지는 전적으로 그 기술을 쓰는 방식에 달려있다.

핵심 철학 질문

요약하자면 가상세계에 대해 우리가 던져볼 세 가지 질문은 다음과 같다.

현실 질문: 가상세계는 실제인가?

내 대답은 "그렇다."이다.

지식 질문: 우리는 우리가 가상세계에 있는지 아닌지를 알 수 있는가?

내 대답은 "알 수 없다."이다.

가치 질문: 우리는 가상세계에서도 잘 살 수 있는가?

내 대답은 "그렇다."이다.

현실 질문, 지식 질문, 가치 질문은 철학의 핵심 분야 세 가지와 연결된다.

(1) 형이상학: 현실 연구. 형이상학에서는 "현실의 본질은 무엇인가?"와 같은 질문을 던진다.

(2) 인식론: 지식 연구. 인식론에서는 "우리는 세상을 어떻게 알 수 있는가?"와 같은 질문을 던진다.

(3) 가치론: 가치 연구. 가치론에서는 "선과 악의 차이는 무엇인가?"와 같은 질문을 던진다.

간단하게 말하자면 이렇다. "이것은 무엇인가?"를 묻는다면 형이상학이다. "어떻게 아는가?"를 묻는다면 인식론이다. "좋은가 나쁜가?"를 묻는다면 가치론이다. 그러므로 현실 질문, 지식 질문, 가치 질문을 던지는 우리는 가상세계에 대해 형이상학, 인식론, 가치론적 연구를 하는 셈이다.

가상세계에 관하여 다음과 같이 다른 철학 질문도 해보려고 한다.

정신 질문: 가상세계에서 정신의 자리는 어디인가?

신 질문: 우리가 시뮬레이션 속에 있다면 신은 존재하는가?

윤리 질문: 가상세계에서 우리는 어떻게 행동해야 하는가?

정치 질문: 우리는 어떤 가상세계를 건설해야 하는가?

과학 질문: 시뮬레이션 가설은 과학적인 가설인가?

언어 질문: 가상세계에서 언어의 의미는 무엇인가?

세 가지 주요 질문과 마찬가지로, 이 여섯 가지 추가 질문은 정신 철학, 종교 철학, 윤리 철학, 정치 철학, 과학 철학 및 언어 철학까지 각기 다른 철학 분야에 대응된다.

전통적으로 이러한 분야에서는 더 일반적인 질문을 던진다. "현실에서 정신의 자리는 어디인가? 신은 존재하는가? 타인을 어떻게 대해야 하는가? 사회는 어떻게 조직되어야 하는가? 과학은 현실에 관해 무엇을 알려줄 수 있는가? 언어의 의미는 무엇인가?"

앞으로 가상세계에 관한 질문을 살펴보면서 이처럼 더 큰 질문과 어떤 관련이 있는지도 최선을 다해 이야기해보려 한다. 그렇게 한다면 가상세계가 우리의 삶 속에서 어떤 역할을 담당하는지 이해하는 데 그치지 않고, 나아가 현실 그 자체를 더욱 명확하게 이해하는 데에도 도움이 될 것이다.

철학 질문에 답하기

철학자들은 질문을 던지는 데 능숙하다. 그러나 질문에 답하는 솜씨는 그보다 못하다. 2020년, 동료 데이비드 부르제David Bourget와 함께 전문 철학자 2000여 명을 대상으로 100개의 핵심 철학 질문을 던지는 설문 조사를 진행했다. 당연하게도 거의 모든 질문에 서로 반대되는 의견들이 나타났다.

철학자는 언제나 질문에 답한다. 아이작 뉴턴Issac Newton은 자칭 철학자였다. 그는 공간과 시간에 관한 철학 질문을 연구했고, 그중 몇 가지 질문에 답하는 방법을 알아냈다. 그 결과 물리학이라는 새로운 과학이 탄생했다. 뒤이어 경제학, 사회학, 심리학, 현대 논리학, 형식 의미론을 비롯한 다른 학문 분야에서도 이와 비슷한 일이 뒤이어 일어났다. 모두 새로운 분야를 파생하는 데 일조할 만큼 핵심 질문을 밝혀낸 철학자들이 단독 또는 공동으로 만들어낸 분야다.

사실 철학은 다른 학문 분야의 인큐베이터다. 어느 철학자가 엄밀히 철학 질문을 해결할 방법을 찾아내면 우리는 그 방법을 응용해 새로운 분야라고 칭한다. 지난 수 세기 동안 철학자들이 이러한 방식으로 수많은 성공을 거듭한 끝에, 이제 철학에는 아직 아무도 풀지 못한 어려운 질문들만 남아있다. 철학자들이 서로 반대되는 의견을 내놓는 이유도 바로 여기에 있다.

우리는 여전히 질문을 던지고 그 질문에 답하기 위해 최선을 다한다. 때로는 답이 무르익은 질문들도 있고, 운 좋게 그러한 질문을 찾을 수도 있다. 답을 찾지 못하더라도 대개는 시도만으로 가치가 있다. 적어도 질문을 던지고 가능한 답을 탐구하다 보면 그 주제를 더욱 잘 이해하게 된다. 다른 이들이 그 이해를 바탕으로 생각을 쌓아가다 보면 결국 질문에 적절한 답을 찾을 것이다.

이 책에서 나는 내가 던진 질문 중 몇 가지에 답하려 노력하겠다. 내가 제시하는 답에 모두가 동의하리라고는 생각하지 않는다. 그러나 그 시도 속에서 '이해'를 얻기를 바란다. 운이 좋다면 누군가가 생각을 쌓아갈 만한 바탕이 있을 수도 있다. 어느 쪽이든, 가상세계에 관한 이 질문 중 몇 가지가 언젠가 철학을 벗어나 또 다른 새 학문 분야를 열어주길 바란다.

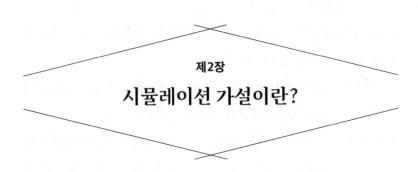

제2장

시뮬레이션 가설이란?

안티키테라 기계Antikythera Mechanism는 1901년 그리스의 섬 안티키테라 해안에 좌초한 선박에서 발견되었다. 2000년 전에 만들어진 이 청동 장치는 본래 너비 약 33센티미터(13인치)의 나무 상자에 들어있었다. 겉보기에 마치 시계처럼 생긴 이 장치는 한때 서른 개 이상의 톱니바퀴로 구성된 복잡한 시스템으로, 바늘과 다이얼을 앞뒤로 움직였을 것이다.

지난 한 세기 동안 분석에 몰두한 끝에 연구자들은 장치의 바늘이 천문학자 히파르코스Hipparchus of Rhodes의 이론을 바탕으로 황도대*에서 움직이는 태양과 달을 일 단위로 시뮬레이션한다는 점을 발견했다. 최근 현존하는 문헌과 톱니바퀴 잔해를 바탕으로 수학적 분석을 진행한 결과, 이 시스템이 잘 알려진 다섯 개 행성의 움직임까지 시뮬레이션했다

＊ 태양이 1년에 걸쳐 하늘을 이동하는 경로인 황도를 중심으로 하는 천구天球의 영역. 태양, 달, 행성은 이 영역 안에서 이동하며, 이를 열두 개로 나눈 것이 별자리다.

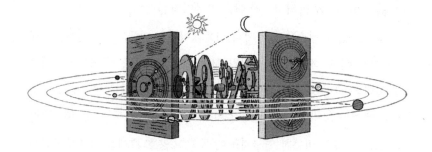

그림 5 재구성한 안티키테라 기계.
태양과 달, 그리고 잘 알려진 다섯 개 행성(추정)의 위치를 시뮬레이션한다.

는 증거가 뚜렷하다는 사실도 밝혀졌다. 안티키테라 기계는 태양계를 시뮬레이션하려던 시도로 보인다. 이는 지금까지 알려진 최초의 우주 시뮬레이션이다.

안티키테라 기계는 '기계적 시뮬레이션'이다. 기계적 시뮬레이션에서 구성 요소의 위치는 그 요소가 시뮬레이션하는 개체의 위치를 반영한다. 안티키테라 기계에서 톱니바퀴의 움직임은 별들을 기준으로 태양과 달의 움직임을 반영하도록 만들어졌다. 이를 이용하면 앞으로 수년간의 일식을 예측할 수 있다.

기계적 시뮬레이션은 오늘날에도 종종 사용된다. 유명한 사례로는 샌프란시스코 외곽의 4047제곱미터(1에이커)가 넘는 거대한 창고에 샌프란시스코만과 주변 지역을 본떠 건설한 기계적 시뮬레이션이 있다. 이 축소 모형은 유압 메커니즘으로 엄청난 양의 물을 움직여 조수, 해류 등의 힘을 시뮬레이션한다. 샌프란시스코만에 댐을 건설하는 계획이 효과가 있을지 알아보려는 목적이었다. 이 기계 시뮬레이션으로 효과가 없으리라는 게 밝혀지면서 댐은 건설되지 않았다.

매우 복잡한 시스템의 기계적 시뮬레이션은 만들기 까다롭다. 20세기 중반 컴퓨터 시대가 시작되기 전까지만 하더라도 시뮬레이션 기술 및 과학은 그다지 발전하지 못했다. 영화 〈이미테이션 게임The Imitation Game〉에서도 그린 블레츨리 공원의 유명한 암호 해독 팀에서는 앨런 튜링Alan Turing을 비롯한 연구자들이 독일의 암호 체계를 시뮬레이션하고 분석하기 위해 최초의 컴퓨터 일부를 만들었다. 전쟁 후에는 수리물리학자 스타니스와프 울람Stanislaw Ulam과 존 폰 노이만John von Neumann이 에니악ENIAC 컴퓨터를 이용해 핵폭발 시 중성자의 움직임을 시뮬레이션했다.

이러한 모형들은 최초의 컴퓨터 시뮬레이션에 속한다. 기계적 시뮬레이션이 물리적 메커니즘으로 움직인다면 컴퓨터 시뮬레이션은 알고리즘으로 움직인다. 현대 컴퓨터 시뮬레이션은 바늘과 톱니바퀴를 사용해 행성의 위치를 나타내는 대신 비트 패턴을 사용한다. 행성의 움직임을 관찰해 도출한 법칙으로 알고리즘 시뮬레이션을 만들면 비트가 행성의 움직임을 반영해 전개된다는 점을 확인할 수 있다. 오늘날에는 이 방법을 사용해 태양계를 정확하게 시뮬레이션하고 무시무시한 정확도로 화성의 위치를 예측할 수 있다.

컴퓨터 시뮬레이션은 과학과 공학에서 폭넓게 사용되고 있다. 물리학과 화학에서는 원자와 분자를 시뮬레이션한다. 생물학에서는 세포와 유기체를 시뮬레이션한다. 신경과학에서는 신경망을 시뮬레이션한다. 공학에서는 자동차, 비행기, 교량, 건물을 시뮬레이션한다. 행성과학에서는 수십 년에 걸친 지구의 기후 변화를 시뮬레이션한다. 우주론에서는 알려진 우주 전체를 시뮬레이션한다.

사회 분야에서는 인간 행동에 관한 컴퓨터 시뮬레이션이 다수 이루어지고 있다. 1955년 초 다니엘 갤로프Daniel Gerlough가 고속도로 교통을 컴퓨터 시뮬레이션으로 제작해 박사 논문을 완성했다.1955년 설립된 시뮬매틱스코퍼레이션Simulmatics Corporation에서는 선거 운동의 메시지가 다양한 유권자 그룹에 미치는 영향을 시뮬레이션하고 예측하기도 했다. 이들의 활동이 1960년 미국 대통령 선거에 지대한 영향을 미쳤다는 설도 있다. 과장된 이야기일 수 있지만, 이때부터 사회 및 정치 시뮬레이션은 주류로 떠올랐다. 광고 회사, SNS 회사와 사회과학자 또한 인간 집단을 향한 여러 모형을 구축하고 시뮬레이션하기 시작했다.

시뮬레이션 기술은 빠르게 개선되고 있으나 아직 완벽하지는 않다. 시뮬레이션은 대개 특정 수준에 집중한다. 개체군 수준의 시뮬레이션은 간단한 심리학 모형으로 인간 행동을 모사하지만, 그 심리학의 기반인 신경망까지 시뮬레이션하는 일은 거의 없다. 여러 수준의 시스템을 동시에 시뮬레이션하는 다중 규모 시뮬레이션이 점차 발전하면서 최대 관심사로 떠오르고 있지만, 여기에도 한계는 있다. 인간 행동과 뇌 속 원자를 동시에 시뮬레이션하는 쓸 만한 모형은 아직 없다. 대부분의 시뮬레이션은 기껏해야 대상 시스템의 행동을 어림잡아 모사하는 데 그친다.

우주 전체 시뮬레이션도 마찬가지다. 현재까지 대부분 우주 시뮬레이션은 은하의 발달에 초점을 맞춘다. 특히 우주의 일정 영역에 그물을 씌워 우주를 거대한 유닛 또는 셀로 나누는 방식이 주를 이룬다. 이 시뮬레이션은 셀이 시간의 흐름에 따라 어떻게 변화하고 상호 작용하는지 나타낸다. 어떤 시스템에서는 그물의 크기를 변경할 수 있어서 특정 영역에서 더 작은 셀을 구성하고 더욱 세밀하게 분석할 수 있다. 그러나 특정 행성이나 그 행성에 있는 유기체는 고사하고 개별 별을 시뮬레이션하는 상세한 수준의 우주 시뮬레이션은 드물다.

수십 년 내로 우리는 인간의 뇌와 행동을 어느 정도 정확하게 시뮬레이션하게 될 것이다. 시간이 더 지나면 인간 사회 전체를 설득력 있게 시뮬레이션할 수도 있을 것이다. 결국에는 태양계나 우주를 원자 수준부터 우주 전체 수준까지 시뮬레이션하게 될 수도 있다. 이러한 시스템에서는 우주 내 모든 개체에 해당하는 비트를 시뮬레이션할 것이다.

인간의 뇌에서 벌어지는 모든 활동을 매우 세밀하게 시뮬레이션할 수 있게 된다면 우리는 시뮬레이션한 뇌 자체에 의식과 지능이 있다는 견해를 진지하게 고려해봐야 한다. 어쨌든 내 뇌와 신체를 완벽하게 시뮬레이션한다면 그 시뮬레이션은 나와 똑같이 행동할 것이다. 어쩌면 그만의 주관적인 관점을 가질 수도 있다. 그 시뮬레이션이 어떤 환경을 경험하는 방식은 내가 그 환경을 경험하는 방식과 똑같을 수 있다. 여기까지 이해했다면 여러분도 곧 우리가 시뮬레이션 속에 살고 있다는 가설을 즐기게 될 것이다.

가능한 세계와 사고 실험

어떤 시뮬레이션은 현실을 바탕으로 하지만, 어떤 시뮬레이션은 그렇지 않다. 프랑스 철학자 장 보드리야르Jean Baudrillard는 1981년 저서 《시뮬라시옹》에서 시뮬레이션이 현실을 얼마나 가깝게 반영하는지에 따라 시뮬레이션의 네 가지 단계를 구분했다. 첫 번째 단계는 '재현representation', 즉 심오한 현실을 재현하는 단계다. 마지막 단계는 '시뮬라크룸simulacrum', 즉 어떤 현실과도 아무런 관계가 없는 단계다. 이는 컴퓨터 시뮬레이션이 아니라 문화적 상징에 대한 논의였으나, 그의 구분법을 응용한다면 컴퓨터 시뮬레이션의 네 가지 유형을 구분하는 데에도 사용할 수 있다.

어떤 시뮬레이션은 보드리야르의 재현과 유사하게 현실의 특정 측면을 가능한 한 가까이 시뮬레이션하려 한다. 이는 지도를 그릴 때 특정 지역을 가능한 한 가까이 재현하는 방식과 비슷하다. 우주 대폭발 또는 제2차 세계대전 등의 역사 시뮬레이션은 과거의 사건을 더욱 자세히 모사하려 한다. 끓는 물을 대상으로 하는 과학적 시뮬레이션은 물이 정말 끓어오를 때 어떤 일이 발생하는지 시뮬레이션하려 한다.

일부 시뮬레이션은 현실에서 '일어날 수도 있는' 일을 시뮬레이션한다. 항공 시뮬레이션은 대개 이미 지나간 비행을 시뮬레이션하기보다는 앞으로 일어날 수 있는 비행을 시뮬레이션한다. 군사 시뮬레이션은 핵전쟁이 일어난다면 미국에 어떤 일이 발생할지를 시뮬레이션한다.

어떤 시뮬레이션은 일어날 수도 있었으나 일어나지 않은 일을 시뮬레이션한다. 진화론 시뮬레이션에서는 대규모 소행성 충돌 이후에도 공룡이 멸종하지 않았다면 어떤 일이 일어났을지 시뮬레이션할 수 있다. 스포츠 시뮬레이션에서는 미국이 1980년 모스크바 올림픽에 불참하지 않았다면 어떤 일이 일어났을지 시뮬레이션할 수 있다.

마지막으로 보드리야르의 시뮬라크룸과 유사한 시뮬레이션에서는 현실을 전혀 닮지 않은 세계를 시뮬레이션한다. 과학적 시뮬레이션에서는 중력이 없는 세계를 시뮬레이션하거나, 시공간이 7차원으로 구성된 우주를 시뮬레이션해볼 수도 있다.

이처럼 시뮬레이션은 우리가 경험하는 실제 우주를 알아보는 데 그치지 않는다. 오히려 '가능한 우주들'이라는 드넓은 코스모스를 알아볼 수 있게 도와준다. 철학자들은 이를 '가능한 세계possible worlds'라고 부른다.

우리가 사는 세계, 즉 이 우주에서 나는 전문 철학자가 되었다. 그렇지만 어느 가까운 가능한 세계에서는 전문 수학자가 되었다. 훨씬 더 먼 어느 가능한 세계에서 나는 운동선수가 되었다. 실제세계에서 히틀러는 독일의 지도자가 되었고 제2차 세계대전이 벌어졌다. 그렇지만 어딘가에는 히틀러가 집권하지 못하고 제2차 세계대전도 벌어지지 않은 세계들이 있다. 실제세계에서는 지구에서 생명이 자라난다. 그렇지만 태양계도 형성되지 않거나, 심지어 빅뱅조차 일어나지 않은 세계들도 있다.

컴퓨터 시뮬레이션은 이러한 가능한 세계들을 모두 탐험하도록 돕는다. 우주 시뮬레이션으로는 우리가 사는 은하가 애초에 탄생하지 않은 우주를 시뮬레이션할 수 있다. 진화 시뮬레이션으로는 인간이 진화하지 않은 지구를 시뮬레이션할 수 있다. 군사 시뮬레이션으로는 히틀러가 소련을 침공하지 않은 세계를 시뮬레이션할 수 있다. 결국에는 개인적인 시뮬레이션으로 내가 수학에서 철학으로 전공을 바꾸지 않았다면 어떤 일이 일어났을지 시뮬레이션해볼 수도 있다.

가능한 세계들을 탐험하는 또 다른 장치는 바로 사고 실험이다. 사고 실험은 간단하게 생각만으로 진행할 수 있다. 가능한 세계 또는 그 세계의 일부를 설명한 다음, 어떤 일이 뒤이어 일어나는지 보는 방법이다. 플라톤의 동굴은 사고 실험의 일종이다. 플라톤은 죄수들이 동굴 벽에 드리운 그림자밖에 볼 수 없는 세계를 상상한 다음, 그 죄수들의 삶과 동굴 바깥에 사는 사람들의 삶을 비교하면 어떤지 물었다. 장자의 호접지몽도 사고 실험이다. 장자는 나비가 되는 꿈을 꾸고 그 꿈을 기억하는 세계를 이야기한 다음, 자신이 장자가 되는 꿈을 꾼 나비가 아니라는 걸 어떻게 알 수 있는지 물었다.

사고 실험은 공상과학소설에 활기를 불어넣는다. 철학과 마찬가지로, 공상과학소설은 존재할 수도 있는 세계를 탐험한다. 모든 공상과학소설은 사고 실험이다. 작가가 시나리오를 만들어내고 어떤 일이 뒤이어 일어나는지를 보기 때문이다. 허버트 조지 웰스H. G. Wells의 《타임머신》에서는 타임머신이 존재하는 세계를 구상하고 그에 따라 일어나는 일들을 이야기한다. 아이작 아시모프Isaac Asimov의 《아이, 로봇》 속 이야기에서는 지능을 가진 로봇이 존재하는 세계를 구상한 다음, 그 로봇들과 우리가 어떻게 상호 작용해야 하는지를 생각한다.

어슐러 K. 르 귄Ursula K. Le Guin이 1969년 펴낸 명작 《어둠의 왼손》에 묘사된 가능한 세계에서는 행성 게텐Gethen에 성별이 정해지지 않은 인간이 산다. 르 귄은 1976년 글 〈젠더는 필수인가? Is Gender Necessary?〉에서 '젠더를 제외하면 무엇이 남는지 보기 위해 젠더를 제거했다.'라고 말했다. 소설의 도입부에는 다음과 같은 구절이 나온다.

원한다면 (이 책을 비롯한) 많은 공상과학소설을 사고 실험으로 여기며 읽어도 좋다. 메리 셸리Mary Shelley가 이야기했듯, 어느 젊은 의사가 실험실에서 인간을 만들어냈다고 해보자. 필립 K. 딕Philips K. Dick이 이야기했듯, 제2차 세계대전에서 연합군이 패배했다고 해보자. 이렇게도 되고 저렇게도 되었다고 했을 때 어떤 일이 일어나는지 보자. (…) 그토록 만들어진 이야기에서는 현대 소설이라면 갖춰야 할 복잡한 도덕성을 버릴 필요도 없고, 막다른 길에 가로막힐 일도 없다. 생각과 직감은 오로지 해당 실험의 조건을 테두리 삼아 자유롭게 뻗어

그림6 어슐러 K. 르 귄의 사고 실험
: '젠더를 제외하면 무엇이 남는지 보기 위해 젠더를 제거했다.'

나갈 수 있고, 그 테두리는 얼마든지 넓을 수 있다.

사고 실험은 많은 통찰을 낳는다. 르 귄의 사고 실험은 우리에게 가능성에 대한 통찰을 안겨준다. 가정으로 젠더에 관한 새로운 이야기를 들려주기 때문이다. 노직의 사고 실험은 가치에 대한 통찰을 안겨준다. 어떤 일이 가치 있는 일이고 어떤 것이 그렇지 않은지를 밝히는 데 도움이 되기 때문이다. 장자의 호접지몽은 지식에 관한 통찰을 안겨준다. 우리는 무엇을 알 수 있고, 무엇을 알 수 없는가?

사고 실험은 특정 개념의 영역을 넓혀 다른 개념의 한계를 지우는 데에도 도움이 된다. 예컨대 시간과 지능의 영역을 넓혀 지식과 가치의 한계를 무너뜨리는 식이다. 이렇게 확장된 영역을 탐구하다 보면 때로는 '시간의 본질'이나 '안다는 것의 의미' 등을 우리에게 가르쳐줄 수도 있다.

사고 실험은 억지스러울 때도 있지만, 현실에 대한 가르침을 줄 때도 많다. 르 귄은 젠더에 관한 글을 쓸 때 자신이 '소설가의 방식, 즉 공들인 거짓말로 상황을 만들어내면서 심리적 현실의 특정 측면을 묘사'한다고 말했다. 르 귄의 행성 게텐이 존재하지 않을 수는 있지만, 논바이너리를 비롯한 어떤 사람들은 게텐 행성 주민들의 몇몇 특징을 보고 자신 또한 살면서 비슷한 경험을 해보았다고 느낄 수 있다. 인공지능을 갖춘 로봇에 대한 아시모프의 탐구는 실제로 인공지능 시스템이 완전히 발달했을 때 우리가 그들과 어떻게 상호 작용해야 하는지에 관한 조언을 줄 수 있다. 플라톤의 동굴은 현상과 현실 간의 복잡한 관계를 분석하는 데 도움이 된다. 이는 사고 실험이 철학, 과학, 문학에서 핵심 역할을 담당하는 이유 중 하나다.

공상과학소설 속 시뮬레이션

공상과학소설과 철학에서 특히 강력한 사고 실험이 있다면 시뮬레이션 우주라는 개념을 꼽을 수 있다. 우리의 우주가 시뮬레이션이라면 어떨까? 어떤 일이 뒤이어 벌어질까?

1955년 제임스 건이 쓴 《벌거벗은 하늘The Naked Sky》은 제1장에서 언급했던 기업 헤도닉스에 관한 후속작이다. 이후 두 소설 모두 1961년 《기쁨을 만드는 자들The Joy Makers》에 수록되었다. '하늘이 거대한 푸른 덩어리로 녹아내리기 시작했다.'라며 헤도닉스 이사회의 꿈 기계를 파괴했음을 암시한 주인공들은 그들이 여전히 기계 속에 있는 것인지 아니면 현실인지 궁금해한다.

> 이것이 소원을 이루어주는 꿈 기계가 만들어낸 또 다른 꿈이 아니라 현실이라는 걸 어떻게 확신할 수 있을까? 아직도 물로 가득 찬 방 안에서 환상에 빠져 사는 것이 아니라 정말로 기계를 정복했다고 어떻게 확신할 수 있을까? 답은 명확했다. 그들은 결코 확신할 수 없었다.

이 구절은 시뮬레이션 가설의 첫 번째 명시적 선언, 즉 우리가 컴퓨터 시뮬레이션 속에 살고 있다는 가설을 향한 도전이다. 확실히 당시 컴퓨터는 신문물이었고, 건의 기계가 컴퓨터 시뮬레이션이라고 명시되지는 않았다. 건이 첫 번째 소설에서 묘사한 '센시스sensies'는 고도의 실감형 영화와 유사하며, 이후의 이야기에서는 완벽한 현실처럼 느끼게 하는 '리얼리스realies'로 발전한다. 아서 C. 클라크Arthur C. Clarke의 1956년 작 《도시와 별The City and the Stars》에서는 컴퓨터 시뮬레이션이 작게나마 등장하지만, 시뮬레이션 가설과 연관되지는 않았다.

컴퓨터 시뮬레이션과 시뮬레이션 가설이라는 두 가지 개념이 처음으로 한데 합쳐진 건 데이비드 던컨David Duncan의 오묘하지만 정교한 1960년 작 단편 《죽지 않는 사람들The Immortals》에서다. 소설 속에서는 로저 스태그혼Roger Staghorn이 가상 사건의 미래 결과를 예측하기 위해 휴마낙Humanac이라는 컴퓨터 시뮬레이션 시스템을 고안한다.

스태그혼과 동료 페커리Peccary 박사는 사람들이 100세까지 살 것이라고 예측되는 미래의 시뮬레이션으로 들어가 그 사람들과 상호 작용한다. 여러 모험을 겪은 이들은 가까스로 그곳에서 탈출하고, 평범한 세계로 돌아온 이들은 시뮬레이션을 끈다. 이야기는 다음과 같이 마무리된다.

> "지금 저희가 누군가의 컴퓨터 속에 있지는 않을까 하는 생각을 지울 수가 없네요." 생각에 잠긴 스태그혼이 말했다. "사소한 요소들이 줄줄이 엮인 이 인과관계가 언제 시작되었고 언제 끝날지는 아무도 모를 겁니다…."
> "누군가 스위치를 끌 때겠죠." 페커리 박사가 말했다.

이러한 초기 작품 중 가장 고도로 발달한 컴퓨터 시뮬레이션이 등장하는 소설은 '가짜 세계Counterfeit World'라는 제목으로도 알려진 다니엘 F. 갈로예Daniel F. Galouye의 1964년 작 《시뮬라크론-3 Simulacron-3》이다. 시뮬레이션 세계 속 시뮬레이션 세계들이 등장하는 이 복잡한 작품은 독일 감독 라이너 베르너 파스빈더Rainer Werner Fassbinder의 각색을 거쳐 〈선 위의 세상Welt am Draht〉라는 독일 TV 시리즈로 방영되었고, 이후 영어 자막과 함께 동명의 영화로 개봉했다.

이 작품이 바로 시뮬레이션 가설이 영화나 TV에 처음 등장한 데뷔 무대였던 것으로 보인다. 파스빈더 감독의 영화는 이후 1999년 〈13층 The Thirteenth Floor〉이라는 제목의 할리우드 영화로 리메이크되었으며 시뮬레이션 장르의 수많은 영화에 영감을 준 것으로 널리 알려져 있다.

라나 워쇼스키Lana Wachowski와 릴리 워쇼스키Lilly Wachowski가 각본과 감독을 맡아 같은 해에 개봉한 〈매트릭스〉는 시뮬레이션 개념을 묘사한 영화 중 가장 잘 알려져 있다. 키아누 리브스Keanu Reeves의 명연기가 돋보였던 주인공 네오는 평범한 세계를 경험한다. 그는 우리와 마찬가지로 일을 하고, 책을 읽고, 파티에서 사람들과 어울린다. 그렇지만 무언가 이상하다는 낌새를 조금씩 느낀다. 세계가 희미하게 녹색으로 물들어 있었고, 항상 불편한 느낌이 들었다. 의미심장하게도 그는 보드리야르의 《시뮬라시옹》을 읽었다. 결국 그는 빨간 알약을 삼킨 후 지금까지 컴퓨터 시뮬레이션 속에서 살아왔다는 걸 알게 된다.

〈매트릭스〉는 내가 시뮬레이션 분야에 뛰어든 이유 중 하나이기도 하다. 〈매트릭스〉의 감독과 연출진은 철학에 상당한 관심을 두고 있었으며, 다수의 철학자에게 철학적 개념에 관한 글을 청탁해 공식 홈페이지에 게시했다. 2003년 이 청탁을 받은 나는 〈형이상학으로써의 매트릭스The Matrix as Metaphysics〉라는 글로 매트릭스가 실제로 환상이라고 할 수는 없음을 설명했다. 이 책의 제3장은 이 글을 바탕으로 썼다.

〈형이상학으로써의 매트릭스〉에서 나는 시뮬레이션 가설에 '매트릭스 가설'이라는 나만의 이름을 붙이고 내가 언제나 매트릭스 안에 있었고 지금도 그러하다는 가설이라고 설명했다. 또한 매트릭스는 인위적으로 설계한 컴퓨터 시뮬레이션 세계라고 정의했다.

같은 해에 닉 보스트롬이 저작 〈당신은 컴퓨터 시뮬레이션 안에 살고 있는가?Are you Living in a Computer Simulation〉에서 시뮬레이션 개념을 진지하게 받아들여야 하는 이유를 통계를 기반으로 논했다. 이 논증은 제5장에서 더욱 자세하게 살펴보겠다.

2003년 또 다른 글에서 보스트롬은 이 개념에 '시뮬레이션 가설'이라는 이름을 붙였다. 시뮬레이션 가설은 보편적이지만 영화는 일시적이므로 이 이름이 내가 지은 이름보다 널리 사용되기 시작했다. 이 책에서 시뮬레이션 가설을 논할 때는 현재의 표준 관행을 따르겠다.

시뮬레이션 가설

시뮬레이션 가설이란 정확히 무엇일까? 보스트롬은 단순하게 "우리가 컴퓨터 시뮬레이션 안에 살고 있다는 가설"이라고 설명했다. 나는 '우리가 언제나 인위적으로 설계한 컴퓨터 시뮬레이션 세계 안에 있었고, 지금도 그러하다는 가설'이라고 설명하겠다.

보스트롬과는 다르게 내 정의에서는 몇 가지 요소를 명시한다. 첫째, 시뮬레이션은 평생 또는 적어도 우리가 기억하는 기간 내내 계속되어야만 한다. 어제 시뮬레이션 속에 들어왔을 때는 여기에 해당하지 않는다. 둘째, 시뮬레이션을 설계한 시뮬레이터가 있어야 한다. 시뮬레이터 없이 무작위로 생겨난 컴퓨터 프로그램은 여기에 해당하지 않는다. 두 가지 모두 사람들이 일반적으로 생각하는 시뮬레이션 가설의 요건이다.

시뮬레이션 안에 있다는 건 어떤 개념일까? 내가 이해하기로는 시뮬레이션과 상호 작용한다는 뜻이다. 시뮬레이션 안에 있다면 우리가 받아들이는 감각 입력은 시뮬레이션에서 오고, 우리가 내보내는 운동 출력은 시뮬레이션에 영향을 미친다. 이러한 상호 작용으로써 우리는 시뮬레이션을 완전히 실감한다.

〈매트릭스〉 초반부에서 네오의 생물학적 신체와 뇌는 시뮬레이션이 아닌 세계에서 통 안에 담긴 채 또 다른 시뮬레이션에 연결되어 있었다. 평범한 공간 감각적 '안'이라고 한다면 네오는 시뮬레이션 안에 있지 않았다. 그러나 그가 느끼는 모든 감각 입력이 그 시뮬레이션에서 왔고 출력은 시뮬레이션으로 전달되었으므로, 이러한 관점에서 네오는 시뮬레이션 안에 있었다. 빨간 알약을 먹은 이후로는 네오의 감각이 시뮬레이션이 아닌 세계에 반응하게 되었으므로 더는 시뮬레이션 안이 아니었다.

나는 시뮬레이션 안에 있는 사람을 가리켜 '심sim'이라고 부르겠다. 심에는 적어도 두 종류가 있다. 첫 번째는 바이오 심bio-sim이다. 공간 감각 면에서는 생물학적으로 시뮬레이션 바깥에 존재하면서 시뮬레이션에 연결된 심이다. 네오는 바이오 심이다. 컴퓨터에 연결된 채 통 안에 들어 있는 뇌도 마찬가지다. 바이오 심을 포함한 시뮬레이션은 '비순수 시뮬레이션impure simulation'이다. 시뮬레이션이 아닌 요소, 즉 바이오 심을 포함하기 때문이다.

그림 7 뇌가 통제하는 바이오 심과 컴퓨터가 통제하는 순수 심을 포함한 시뮬레이션 세계. 〈매트릭스〉의 트리니티Trinity와 오라클Oracle을 본뜸.

두 번째는 '순수 심pure sim'이다. 시뮬레이션한 존재 중 완전히 시뮬레이션 안에 있는 존재를 말한다. 갈로예의 소설 《시뮬라크론-3》 속 등장인물은 대부분 순수 심이다. 이들은 시뮬레이션의 일부이므로 시뮬레이션에서 직접 감각 입력을 받는다. 무엇보다도 이들의 뇌 또한 시뮬레이션이다. 순수 심만 포함하는 시뮬레이션은 그 안에서 일어나는 모든 일이 시뮬레이션이므로 '순수 시뮬레이션pure simulation'이라고 할 수 있겠다.

바이오 심과 순수 심을 모두 포함하는 '혼합 시뮬레이션mixed simulation'도 있을 수 있다. 〈매트릭스〉에서 주인공 레오와 트리니티는 바이오 심이지만, 기계 캐릭터인 스미스Smith 요원과 오라클은 순수 심이다. 2021년 영화 〈프리 가이Free Guy〉에서 라이언 레이놀즈Ryan Reynolds가 연기한 주인공 가이Guy는 비디오게임 속에 존재하는 완전한 디지털 NPC인 반면, 조디 코머Jodie Comer가 연기한 게임 속 파트너 몰로토프 걸Molotov Girl은 게임 플레이어이며 게임 밖에서 설계자로서 평범한 삶을 산다. 그러므로 가이는 순수 심인 반면, 몰로토프 걸은 바이오 심이다.

시뮬레이션 가설은 순수, 비순수, 혼합 시뮬레이션에 모두 동등하게 적용된다. 공상과학소설과 철학에서는 세 종류의 시뮬레이션 개념이 고루 등장한다. 단기적으로는 비순수 시뮬레이션이 순수 시뮬레이션보다 더 일반적일 것이다. 우리는 사람을 시뮬레이션에 연결하는 방법을 알지만, 사람을 시뮬레이션하는 방법은 모르기 때문이다. 그러나 장기적으로는 순수 시뮬레이션이 더 흔해질 수도 있다. 비순수 시뮬레이션용 뇌의 공급에는 한계가 있으며, 어쨌든 이를 시뮬레이션에 연결하기란 까다로울 것이다. 반면 순수 시뮬레이션은 장기적으로 보자면 쉬운 일이 될 것이다. 올바른 시뮬레이션 프로그램을 설정한 다음 어떻게 흘러가는지 지켜보기만 하면 되기 때문이다.

또 다른 구분법도 있다. '전체global 시뮬레이션 가설'은 시뮬레이션이 온 우주를 상세하게 시뮬레이션한다고 가정한다. 예컨대 우리 우주로 전체 시뮬레이션을 만든다면 나와 여러분을 비롯해 지구상의 모든 이들과 지구 그 자체, 나아가 태양계 전체와 은하와 그 너머의 모든 것까지 시뮬레이션할 것이다. '부분local 시뮬레이션 가설'은 시뮬레이션이 우주의 일정 부분만 상세하게 시뮬레이션한다고 가정한다. 나 혼자만을 시뮬레이션하거나 뉴욕(제24장의 그림 57을 참고하라.), 또는 지구와 지구상의 모든 것, 또는 은하수 은하만을 시뮬레이션할 수 있다.

단기적으로 보자면 부분 시뮬레이션을 만들기가 더 쉬울 것이다. 부분 시뮬레이션에는 훨씬 낮은 수준의 '컴퓨팅파워'가 필요하다. 그러나 부분 시뮬레이션은 세계의 나머지 부분과도 상호 작용해야 하며 여기에서 문제가 발생할 수도 있다.

영화 〈13층〉에서 시뮬레이터들은 남부 캘리포니아만을 시뮬레이션했다. 주인공들이 차를 타고 네바다로 넘어가려 하자 '도로 폐쇄'라는 표지판이 앞을 가로막는다. 계속 전진하려고 하자 눈앞의 산이 가느다란 초록색 선으로 바뀐다. 설득력 있는 시뮬레이션을 만들려면 이렇게 설계해서는 안 될 것이다. 부분 시뮬레이션이 일정 지역에 완전히 국한된다면 나머지 세계와의 상호 작용을 제대로 시뮬레이션할 수 없다.

부분 시뮬레이션이 제대로 작동하려면 유연해야만 한다. 나를 시뮬레이션으로 만들려면 시뮬레이터는 내 주변 환경도 대부분 시뮬레이션해야만 한다. 나는 이곳저곳의 사람들과 이야기를 나누고, 전 세계에서 일어나는 사건 사고를 TV로 접하고, 자주 여행을 다닌다. 내가 만나는 사람들 또한 다른 많은 이와 상호 작용한다. 그러므로 내 주변 환경에 괜찮은 시뮬레이션을 만들려면 나머지 세계 또한 상당히 세밀하게 시뮬레이션해야만 한다.

시뮬레이터들은 시뮬레이션이 진행될수록 더 많은 세부 사항을 채워 넣어야 한다. 예컨대 달의 뒷면을 우주선으로 탐사하고 그 사진을 지구로 보낼 수 있게 된다면, 달의 뒷면 시뮬레이션을 수정해야 한다. 자연스럽게 멈추는 지점도 있을 것이다. 어쩌면 시뮬레이터들은 지구와 태양계는 필요한 만큼 상세하게 렌더링(그림자나 농도의 변화를 추가해 물체에 입체감을 부여하는 컴퓨터그래픽 기술)해도, 그 너머의 우주는 제대로 시뮬레이션하지 못할 수 있다.

철학자들은 구분하기를 즐긴다. 다른 구분법도 얼마든지 있다. 사람들이 짧은 기간에만 시뮬레이션에 들어가 지내는지, 또는 시뮬레이션 속에서 평생 사는지에 따라 '일시적 시뮬레이션'과 '영구적 시뮬레이션'을 구분할 수 있다. 또한 모든 물리 법칙을 충실하게 시뮬레이션하는지, 또는 근삿값과 예외를 허용하는지에 따라 '완벽한 시뮬레이션'과 '완벽하지 않은 시뮬레이션'으로 구분할 수도 있다. 일련의 사건들이 미리 프로그래밍되는지, 또는 초기 상태를 바탕으로 심의 선택에 따라 여러 사건이 일어날 수 있는지에 따라 '미리 프로그래밍된 시뮬레이션'과 '열린 결말 시뮬레이션'으로 나눌 수도 있다. 다른 구분법도 생각해볼 수 있겠지만 이쯤 살펴보고 다음으로 넘어가도록 하자.

시뮬레이션 안이 아님을 증명할 수 있는가?

여러분은 시뮬레이션 안에 있지 않음을 증명할 수 있는가? 어쩌면 시뮬레이션 안이 아니라는 확실한 증거가 있다고 생각할 수도 있다. 그렇지만 나는 그럴 수 없다고 생각한다. 어떤 증거든 그 또한 시뮬레이션일 수 있기 때문이다.

어쩌면 여러분은 장엄한 숲을 보고 이 세계가 시뮬레이션이 아니라는 증거라고 생각할 수 있다. 그러나 이론상 그 숲은 미세한 부분 하나까지도 모두 시뮬레이션일 수 있으며, 그 숲에 반사되어 눈에 닿는 빛까지도 모두 시뮬레이션일 수 있다. 뇌는 시뮬레이션이 아닌 세계에 있을 때와 똑같이 반응할 테니 시뮬레이션 숲이 평범한 숲과 똑같아 보일 것이다. 여러분은 눈앞의 숲이 시뮬레이션 숲이 아님을 정말로 증명할 수 있는가?

어쩌면 사랑하는 반려묘마저 시뮬레이션일 수는 없다고 생각할 수 있다. 그러나 고양이는 생물학적 시스템이고, 생물학적 메커니즘은 충분히 시뮬레이션할 수 있다. 기술력만 있다면 진짜 고양이와 구분할 수 없을 정도의 시뮬레이션 고양이를 만들 수도 있다. 여러분의 고양이가 시뮬레이션이 아니라고 정말 확신할 수 있는가?

어쩌면 주변 사람들의 창의적인 행동이나 사랑스러운 행동은 결코 시뮬레이션일 수 없다고 생각할 수도 있다. 그러나 사람 또한 고양이와 마찬가지다. 인간의 생물학은 충분히 시뮬레이션할 수 있다. 인간의 행동은 인간의 뇌가 유발하는데, 뇌는 복잡한 기계라고 볼 수 있다. 여러분은 정말 뇌를 완전히 시뮬레이션한다고 하더라도 그 모든 행동을 상세하게 재현할 수 없다고 확신할 수 있는가?

어쩌면 신체만큼은 시뮬레이션일 수 없다고 생각할 수도 있다. 진짜일 수밖에 없을 것 같은 방식으로 배고픔과 고통을 느끼고, 이리저리 돌아다니고, 손으로 물건을 만지고, 먹고 생각하고, 자기 자신의 무게를 인지한다. 그러나 인체는 생물학적 시스템이므로 시뮬레이션할 수 있다. 신체를 시뮬레이션할 수 있다면 뇌에 똑같은 신호를 보내는 것도 가능하므로 뇌는 아무런 차이도 구별하지 못할 것이다.

어쩌면 의식이 시뮬레이션일 수는 없다고 생각할 수도 있다. 여러분은 일인칭 관점으로써 세계를 주관적으로 경험한다. 색깔과 고통과 생각과 기억을 경험한다. 나다움이 무엇인지를 느낀다. 단순히 뇌를 시뮬레이션한다고 해서 이런 의식을 경험할 수는 없다고 여긴다. 의식에 관한 문제와 시뮬레이션에 의식이 있을 수 있는지에 관한 문제는 다른 문제보다도 특히 까다로우므로 이 책의 후반부에서 조금 더 상세하게 살펴보겠다. 여기에서는 의식에 관한 문제를 잠시 제쳐두고 비순수 시뮬레이션에 집중해보자.

이곳은 〈매트릭스〉 스타일의 시뮬레이션이고, 여러분은 시뮬레이션에 연결된 바이오 심이다. 바이오 심 자체는 시뮬레이션이 아니다. 바이오 심에는 평범한 생물학적 뇌가 있고, 추정컨대 우리의 뇌와 마찬가지로 의식이 있다. 여러분은 평범한 사람일 수도 있고 그 사람과 똑같은 상태의 뇌를 가진 바이오 심일 수도 있지만, 어느 쪽이든 같은 것을 보고 느낄 것이다.

시뮬레이션 세계 속 모두가 시뮬레이션인 순수 시뮬레이션에서는 시뮬레이션한 존재가 의식을 가질 수 있는지에 관한 문제가 대두된다. 시뮬레이션한 존재가 의식을 가질 수 없음을 증명한다면, 우리에게 의식이 있다고 확신할 수 있는 한 순수 시뮬레이션 안에 있지 않음을 증명할 수 있다. 제15장에서 시뮬레이션한 존재에 의식이 있을 수 있음을 논하려 한다.

시뮬레이션 뇌가 생물학적 뇌를 정확하게 반영한다면 두 개의 뇌는 똑같은 의식을 경험할 것이다. 만약 그렇다면 우리는 비순수 시뮬레이션 안에 있지 않음을 영원히 증명할 수 없듯, 순수 시뮬레이션 안에 있지 않다는 점도 영원히 증명할 수 없을 것이다.

시뮬레이션 안에 있음을 증명할 수 있는가?

지금까지 나는 시뮬레이션 안에 있지 않음을 결코 증명할 수 없다고 논했다. 그렇다면 반대는 어떨까? 우리가 시뮬레이션 안에 있다는 점을 증명할 수 있을까?

〈매트릭스〉에서 네오는 빨간 알약을 먹고 다른 현실에서 깨어나면서 자신이 지금까지 시뮬레이션 안에서 살아왔음을 깨닫는다. 앞서 말했듯, 네오는 그렇게 확신해서는 안 됐다. 그가 아는 바로 미루어보자면, 옛 세계가 시뮬레이션이 아니라 빨간 알약을 먹은 이후 시뮬레이션에 빠졌다고 보아야 했다.

그래도 우리가 시뮬레이션 안에 있다는 강력한 증거를 포착할 수 있다는 건 분명하다. 어쩌면 시뮬레이터가 시드니 하버 브리지Sydney Harbour Bridge를 공중에 던지거나 거꾸로 뒤집어버릴지도 모른다. 어쩌면 우리에게 시뮬레이션의 소스코드를 보여줄지도 모른다. 나만 아는 어린 시절의 사건을 보여주면서 그 사건을 만들어낸 시뮬레이션 기술을 알려줄지도 모른다. 다음 현실에 연결된 나의 뇌를 영화로 보여주면서 그 영화에 관한 내 생각과 감정이 담긴 판독 데이터를 함께 줄지도 모른다. 어쩌면 시뮬레이터가 내게 시뮬레이션 통제권을 줘서 버튼 몇 개만으로 주변 세계의 산을 옮기게 될지도 모른다.

이러한 증거가 있다 해도 시뮬레이션 안에 있음을 완전히 입증할 수는 없다. 어쩌면 우리는 시뮬레이션이 아니라 마법의 세계에 살고 있을지도 모른다. 마치 〈해리 포터〉의 세계처럼 강력한 마법사들이 주문을 걸어 우리가 시뮬레이션 안에 살고 있다고 믿게 만들었을 수도 있다.

어쩌면 나는 대체로 시뮬레이션이 아닌 곳에서 살아왔으나 시뮬레이터가 내게 혼란을 주기 위해 일시적 시뮬레이션 복사본에 나를 집어넣었을지도 모른다. 또는 어쩌면 모든 게 내가 약물에 취한 채 보는 환상일지도 모른다. 그렇지만 이러한 증거를 포착할 수 있다면 아마 나는 내가 시뮬레이션 안에 있다고 확신할 듯하다.

시뮬레이션 가설은 과학적 가설인가?

종종 시뮬레이션 가설을 이론상 관찰 또는 실험으로 검증할 수 있는 과학적 가설이라 여기는 경우가 있다. 우리가 시뮬레이션 안에 있다는 과학적 증거가 과연 존재할 수 있을까?

물리학자 실라스 빈Silas Beane, 조흐레 다보디Zohreh Davoudi와 마틴 세비지Martin Savage는 2012년 이론상 언젠가는 시뮬레이션 가설에 대한 과학적 증거를 포착할 수 있으리라고 주장했다. 핵심은 우주를 시뮬레이션하다 보면 언젠가는 원칙을 무시하고 근삿값을 구하는 데 그치는 부분이 있을 것이고, 이러한 근삿값이 증거로 나타날 수 있다는 것이다.

저자들은 수학적 분석으로 초입방체 시공간 격자를 이용한 특정한 물리적 근삿값이 표준 물리학에서 벗어나며, 이를 검증할 수 있다는 점을 보였다. 시뮬레이터가 특정한 규모의 격자형 공간을 만들었다면 고

에너지 우주선에서 독특한 패턴이 나타날 것이다. 저자들은 아직 우리에게 이러한 증거가 없으나 미래에는 이러한 방식으로 시뮬레이션 가설을 검증하게 될 수 있음을 시사했다.

이러한 잠재 증거는 시뮬레이션이 '완벽하지 않다.'는 전제를 바탕으로 한다. 앞서 두 파트에서 다루었던 잠재 증거 또한 마찬가지다. 빨간 알약, 시뮬레이터와의 소통, 근삿값은 모두 일종의 결함이다. 다시 말하자면 시뮬레이션이 그 세계의 법칙에서 벗어나는 지점이라는 뜻이다. 〈매트릭스〉에서는 프로그램에 작은 결함이 있을 때 검은 고양이가 길을 지나는 모습이 두 번씩 보이는 등의 데자뷔를 경험하게 된다고 했다. 완벽한 시뮬레이션이라면 이러한 결함이 없을 것이다.

완벽한 시뮬레이션이란 시뮬레이션하려는 세계를 정확하게 반영하는 것이라고 정의할 수 있다. 시뮬레이션하려는 세계가 정확한 물리 법칙을 따를 때, 완벽한 시뮬레이션이라면 똑같은 물리 법칙을 정확하게 시뮬레이션하고 그 법칙에서 절대로 벗어나지 않을 것이다. 빨간 알약, 시뮬레이터와의 소통, 근삿값 따위는 배제된다.

지속되는 물리 법칙을 완벽하게 시뮬레이션하려면 연속체continuum에 정확한 양을 포함해야 하는데, 디지털 컴퓨터로는 이를 달성할 수 없다는 주장이 있다. 그러나 디지털 시뮬레이션 또한 알려진 물리 법칙을 어느 정도 정확한 수준으로 모사할 수 있을 것이다. 게다가 이론상 알려진 물리 법칙은 연속적인 양을 다루는 아날로그 컴퓨터(아마 아날로그 양자 컴퓨터)로 완벽하게 시뮬레이션할 수 있다.

우리가 완벽한 시뮬레이션 안에 있다면 그 사실을 밝힐 증거를 찾을 길은 까마득해 보인다. 시뮬레이션 안에서 찾은 증거가 시뮬레이션이 아닌 세계에서 찾은 증거와 언제나 정확하게 일치할 것이기 때문이다.

우리가 완벽한 시뮬레이션 안이 아니라는 증거를 찾기도 그만큼 어렵다. 전자와 마찬가지로 어떤 증거가 있다고 하더라도 이론상 모두 시뮬레이션일 수 있다. 완벽한 시뮬레이션 안에서라면 같은 증거가 시뮬레이션으로 존재할 것이다. 시뮬레이션 뇌와 그 시뮬레이션의 대상인 뇌가 같은 의식을 경험한다고 가정하는 한, 시뮬레이션이 아닌 우주와 완벽하게 시뮬레이션된 우주를 내부에서 구분할 방법은 없다.

때로는 유명 언론에서 우리가 시뮬레이션 안에 살고 있지 않음을 과학자들이 입증했다고 보도할 때도 있다. 한 사례는 2017년 〈사이언스 어드밴시스Science Advances〉에 게재된 어느 연구 논문에서 비롯되었다. 일반 컴퓨터로는 양자 프로세스를 효율적으로 시뮬레이션할 수 없다는 게 논문의 요지였다.

논문을 저술한 물리학자 조하르 린겔Zohar Ringel과 드미트리 코프리진 Dmitry Kovrizhin이 시뮬레이션 가설을 배제해야 한다고 주장하지는 않았다. 하지만 몇몇 기자들은 이 논문을 읽고 그러한 결론을 도출했다. 물론 일반 컴퓨터로는 우리 우주를 효율적으로 시뮬레이션할 수 없다는 단순한 사실이 우리가 시뮬레이션 안에 있지 않다는 증거라고 볼 수는 없다.

컴퓨터과학자 스콧 애론슨Scott Aaronson이 지적했듯, 그저 양자 컴퓨터를 사용해 시뮬레이션한다고만 해도 이 문제를 피할 수 있다. 또는 느리고 비효율적이더라도 일반 컴퓨터를 이용해 양자 프로세스를 시뮬레이션한다고 가정할 수도 있다. 어느 쪽이든 시뮬레이션 내부에서는 그 차이를 알아차릴 수 없을 것이다.

때로는 어떤 우주도 그 우주를 대상으로 하는 완벽한 시뮬레이션을 품을 수는 없다고 주장하는 사람들이 있다. 이렇게 하려면 그 시뮬레이션에 대한 시뮬레이션이 있어야 하고, 그 시뮬레이션에 대한 또 다른 시뮬레이션이 있어야 하며, 이런 식으로 계속해서 무한한 수의 시뮬레이션을 쌓아야 하기 때문이다.

그러나 이를 당연히 불가능하리라 생각할 필요는 없다. 어쩌면 어느 무한한 우주에서는 소량의 자원만 들어도 여전히 무한한 자체 시뮬레이션을 만들 수 있을지 모른다. 그렇게 시뮬레이션이 쌓여가더라도 무한한 우주에서는 아무런 문제도 되지 않을 것이다. 심지어 유한하지만 팽창하는 우주에서도 현실보다 조금 뒤처진 과거를 대상으로 시뮬레이션을 만들 수 있을 것이다.

만약 '그 어떤 우주에서도 그 우주를 시뮬레이션으로 만들 수 없다.'는 말이 사실이더라도 이를 근거로 시뮬레이션 가설을 배제할 수는 없다. 시뮬레이션의 대상이 되는 우주와 시뮬레이션으로 만든 우주가 똑같아야 한다고 가정할 이유는 없다. 우리가 시뮬레이션 안에 있더라도, 시뮬레이션 우주는 우리 우주와 완전히 다른 물리가 적용될 수 있고, 규모가 훨씬 클 수도 있다. 대상 우주가 무한하며 무한한 자원이 있다면 유한한 우주 하나쯤은 손쉽게 시뮬레이션할 수 있을 것이다.

한마디로 이론상 우리가 완벽하지 않은 시뮬레이션 가설을 뒷받침하거나 반박하는 증거를 발견할 수 있으며, 검증할 수 있는 실증적 결과가 생기리라고 말하고 싶다. 그러므로 완벽하지 않은 시뮬레이션 가설은 과학적 가설로 보아야 한다. 지금은 이를 뒷받침하는 과학적 증거가 없으므로 아직 중대한 과학적 가설은 아닐지 모르지만, 적어도 이 가설은 이론상 검증할 수 있다.

그러나 완벽한 시뮬레이션 가설을 증명하거나 반증하는 실험적 증거는 결코 발견할 수 없다. 시뮬레이션이 아닌 세계와 완벽한 시뮬레이션은 완전히 똑같아 보이기 때문이다. 그러므로 검증할 수 있는지를 기준으로 따져보자면 우리가 완벽한 시뮬레이션 안에 있다는 가설은 과학적 가설이 아니다. 대신 이를 우리 세계의 본질에 관한 철학적 가설로 볼 수 있다.

몇몇 엄격한 과학자와 철학자들은 완벽한 시뮬레이션 가설을 검증할 수 없으므로 아무런 의미도 없는 가설이라고 논한다. 나는 제4장에서 이러한 주장이 틀렸음을 논하겠다. 이론상 우리는 완벽한 시뮬레이션 세계를 구축하는 동시에 그 시뮬레이션 안에서 살 수 있다. 이러한 존재들이 시뮬레이션 안에 있음을 자각할 방법은 없다. 시뮬레이션 가설은 이러한 존재들에게도 명백하게 적용된다. 같은 이유로 이 가설은 의미가 있다. 이는 우리에게도 적용될 수 있고, 그렇지 않을 수도 있다. 이 질문의 답은 아마 영원히 찾지 못할 테지만, 어쨌든 이 가설은 참이거나 거짓일 것이다.

우리의 세계가 컴퓨터 시뮬레이션이라는 기존의 시뮬레이션 가설은 어떨까? 이 가설은 과학적 가설일까, 철학적 가설일까? 과학철학자 칼 포퍼Karl Popper는 과학적 가설의 기준이 반증 가능성, 즉 과학적 증거를 사용해 거짓으로 판명할 수 있는지에 있다고 주장했다. 앞서 살펴보았듯 시뮬레이션 가설은 어떤 증거든 시뮬레이션일 수 있으므로 반증할 수 없다. 그러므로 포퍼라면 시뮬레이션 가설은 과학적 가설이 아니라고 말했을 것이다.

현대의 많은 철학자와 마찬가지로 나 역시 포퍼의 기준이 너무 엄격하다고 생각한다. 예컨대 초기 우주에 관한 가설처럼 절대 반증할 수 없는 과학적 가설도 있을 수 있다. 그러나 시뮬레이션 가설이 완전히 과학적 가설은 아니며, 어느 정도는 과학적이고 어느 정도는 철학적이라고 말하고 싶다. 어떤 버전의 시뮬레이션 가설은 검증의 대상이 될 수 있으나 검증할 수 없는 버전의 시뮬레이션 가설도 있다. 그러나 검증할 수 있든 없든, 시뮬레이션 가설은 우리 세계에 관하여 완벽하게 유의미한 가설이다.

시뮬레이션 가설과 가상세계 가설

컴퓨터 시뮬레이션과 가상세계 간에는 어떤 관계가 있을까? 가상세계란 컴퓨터로 만든 양방향 공간임을 기억해보자. 모든 가상세계는 시뮬레이션일까? 모든 시뮬레이션은 가상세계일까?

비디오게임 속 가상세계는 대부분 시뮬레이션으로 볼 수 있다. 낚시나 비행 또는 농구처럼 물리세계의 활동을 시뮬레이션한 게임이라면 두말할 필요도 없다. 이러한 게임들은 보드리야르의 재현에 가장 가깝다. 완벽하게 현실처럼 만들려고 하지는 않더라도 어쨌든 실제세계를 반영하려 한다.

〈스페이스 인베이더스〉나 〈월드 오브 워크래프트〉처럼 더 색다른 게임은 보드리야르의 시뮬라크룸에 더 가깝다. 실제세계를 재현하려는 의도는 없지만, 가능한 세계 중 하나의 시뮬레이션이다. 〈스페이스 인베이더스〉는 외계인이 침공한 지구를 토대로 한 시뮬레이션이고, 〈월드 오브 워크래프트〉는 괴물과 퀘스트, 전투가 있는 물리적 환경을 시뮬레이션한다.

〈테트리스Tetris〉나 〈팩맨Pac-Man〉처럼 물리적 환경을 시뮬레이션하지 않은 게 분명한 게임도 잘 생각해보면 시뮬레이션으로 간주할 수 있다. 〈테트리스〉는 하늘에서 벽돌이 떨어지는 2차원 또는 3차원 세계의 시뮬레이션으로 볼 수 있다. 〈팩맨〉은 물리적 미로 안에서 쫓고 쫓기는 포식자와 먹잇감을 시뮬레이션했다고 볼 수 있다.

어쩌면 이를 시뮬레이션으로 본다는 건 확대해석일 수 있다. 게임을 하는 사람들이 그렇게 느끼지 않을 수 있고, 게임을 만든 사람들도 무언가를 시뮬레이션하겠다는 의도가 없었을 수 있다. 그러나 내가 이해하기로 시뮬레이션 가설에서는 사용자 또는 설계자가 시뮬레이션을 시뮬레이션으로 여기는지, 또는 그렇지 않은지가 중요하지 않다. 그러므로 이러한 가상세계 또한 우리가 논하려는 시뮬레이션에 해당한다. 이러한 논리는 모든 가상세계에 적용된다. 모든 가상세계에는 공간이 있고, 그 공간은 이론상 가상의 물리공간을 시뮬레이션했다고 해석할 수 있다. 넓은 의미에서 보자면 모든 가상세계에는 컴퓨터 시뮬레이션이 포함되어 있다.

그렇다면 반대는 어떨까? 엄밀히 말하자면, 컴퓨터 시뮬레이션이라고 해서 모두 가상세계는 아니다. 은하계 형성에 관한 일반적인 시뮬레이션처럼 사용자와 전혀 상호 작용하지 않는 비양방향 시뮬레이션도 있다. 이러한 시뮬레이션은 양방향이 아니므로 가상세계의 요건을 충족하지 못한다. 그러나 내가 컴퓨터 시뮬레이션 '안에' 있다는 가설에는 내가 감각 입력과 운동 출력으로써 컴퓨터로 만든 세계와 상호 작용하고 있다는 요건이 포함되어야 한다. 이 가설은 내가 가상세계 안에 있다는 가설과 동등하다.

그 결과 시뮬레이션 가설은 다시 말하자면 '나는 가상세계 안에 있다.'라는 가상세계 가설로도 볼 수 있다. 더 구체적으로 설명하자면 시뮬레이션 가설은 우리가 '완전한 실감형' 가상세계에 살고 있다고 가정한다. 실감형 가상세계는 오늘날의 일반적인 가상현실 헤드셋과 마찬가지로 주변의 모든 사물이 마치 실제로 존재하는 듯 경험할 수 있는 가상세계를 말한다.

서문에서 정의했듯, VR은 실감형 가상세계다. '완전한' 실감형 가상세계란 모든 감각으로 마치 물리세계를 경험하는 것과 똑같이 실감하고 경험할 수 있는 가상세계를 말한다. 우리는 우리가 사는 이 세계를 완전히 실감하며 경험하고 있다. 그러므로 애초에 가상세계 안에 있다고 한다면, 우리는 완전한 실감형 VR 속에 있다.

시뮬레이션 가설은 가상세계 가설과 마찬가지이지만, 앞으로의 논의에서는 표준 용어인 '시뮬레이션 가설'을 사용하려 한다. 같은 맥락에서 시뮬레이션 가설과 관련된 〈매트릭스〉 스타일의 시뮬레이션 우주, 즉 평생에 걸쳐 완전히 실감할 수 있으며 사용자가 시뮬레이션 안에 있음을 자각하지 못할 수 있는 시뮬레이션 세계를 '시뮬레이션'이라는 단어로 통칭하겠다.

'가상세계'와 '가상현실'은 사용자가 시뮬레이션임을 알고 한정된 기간에 걸쳐 들어오는, 좀 더 현실적인 가상 환경을 가리키는 말로 사용하겠다. 여기에는 비디오게임과 현존하는 VR 헤드셋부터 〈레디 플레이어 원〉 시나리오처럼 그러한 기술의 연장으로 사람들이 주기적으로 완전한 몰입형 가상세계에 접속하는 것까지 모든 것을 포함한다.

세계의 스펙트럼은 현존하는 가상세계부터 〈매트릭스〉처럼 전면적인 시뮬레이션까지 다양하다. 엄밀히 말하자면 이들 모두가 가상세계에 해당하며, 스펙트럼의 양 끝단 모두 '가상현실은 진짜 현실'이라는 나의 핵심 주장과 관련된다. 그렇지만 좀 더 현실적인 가상세계들과 시뮬레이션 우주들을 보면 사뭇 다른 질문이 떠오른다. 다음 몇 장에서는 시뮬레이션 우주를 중심으로 논의해보겠다.

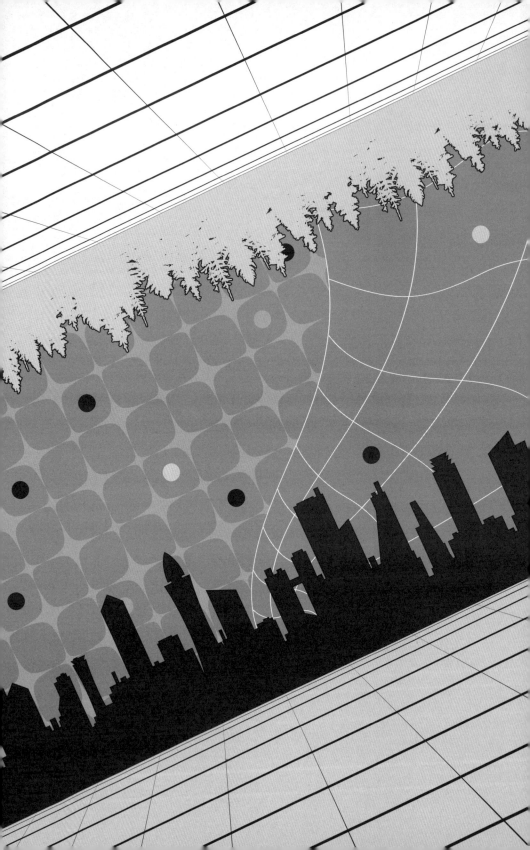

제2부

지식

제3장

무엇이라도 알기는 하는가?

애니메이션 시리즈 〈보잭 홀스맨Bojack Horseman〉에는 〈할리우 스타와 셀레브리티Hollywoo Stars and Celebrities〉라는 TV 프로그램이 등장한다. '할리우드'에서 마지막 글자가 사라진 '할리우'라는 또 다른 현실에 사는 애니메이션 속 영화배우들에 대해 맞추는 퀴즈 쇼다.

이 애니메이션이 전반적으로 그러하듯, 이 퀴즈쇼 또한 철학적으로 논할 여지가 있다. 조지타운대학교의 철학자 퀼 쿠클라Quill Kukla는 '보잭 홀스맨과 철학'이라는 이름의 수업을 하면서 '그들은 무엇을 알까요? 무엇이라도 알기는 할까요? 이제 알아봅시다!'라는 부제를 달았다. 이 부제는 사실상 서양 철학에서 지식에 관련한 이론인 인식론의 역사를 한 줄로 요약하는 것이나 다름없다.

"우리는 무엇을 아는가?" 사람들은 대부분 우리가 많이 안다고 생각한다. 우리는 어제 어떤 일이 일어났는지 알고, 내일 어떤 일이 일어날지도 대체로 안다. 우리는 가족들과 친구들에 대해 안다. 어느 정도의 역사와 과학, 철학도 안다. 심지어는 우리 자신에 대해서도 조금은 안다.

철학자들은 이러한 종류의 지식에 각각 질문을 던져왔다. 고대 그리스의 철학자 섹스투스 엠피리쿠스Sextus Empiricus(기원후 2세기 또는 3세기)는 과학 지식에 관해 질문을 던졌다. 동시대에 인도의 승려 나가르주나Nāgārjuna는 철학으로써 지식을 얻을 수 있는지를 물었다. 11세기 페르시아의 철학자 알 가잘리Al-Ghazali는 보고 들어 습득한 지식에 관해 질문을 던졌다. 18세기 스코틀랜드의 철학자 데이비드 흄David Hume은 미래의 지식에 관해 질문하기도 했다. 현대 미국의 철학자 그레이스 헬튼Grace Helton과 에릭 슈비츠게벨Eric Schwitzgebel은 각각 다른 사람의 마음을 알 수 있는지와 자신의 마음을 알 수 있는지 문제를 제기했다.

"무엇이라도 알기는 하는가?" 어떤 철학자들은 우리가 무엇이라도 알기는 하는지를 의심했다. 고대의 회의론자 피론Pyrrho과 그 추종자들은 우리가 우리의 지각이나 믿음을 신뢰해서는 안 된다고 말했다. 지각과 믿음을 신뢰한다고 해서 지식이나 행복을 구할 수 없고, 그 무엇도 믿지 않는다면 걱정에서 벗어날 수 있다는 말이다. 우리는 대부분 피론의 조언을 듣지 않고 많은 것을 믿으며 산다. 그런데 과연 우리는 무엇이라도 알기는 할까?

"이제 알아보자!" 우리가 무언가를 아는지를 알아보려면 우선 지식이 무엇인지 그리고 지식을 가져본 적이 있는지를 밝혀야 한다. 그리고 지난 수 세기 동안 철학자들이 지식에 대해 던진 수많은 질문을 검토해 보아야 한다.

플라톤부터 이어지는 일반적인 견해에 따르자면 지식이란 정당화된 진실한 믿음이다. 무언가를 알려면 그것이 진실이라고 '생각해야' 하고 (믿음), 그에 대해 '옳아야' 하며(진실), 그것을 믿는 정당한 '근거가' 있어야 한다(정당화).

누군가가 힐러리 클린턴Hillary Clinton이 아동 성 착취 조직을 운영한다는 잘못된 믿음을 가지고 있다면 그건 지식이 아니다. 옳지 않고, 그저 잘못된 믿음일 뿐이다. 누군가의 생일을 순전히 운으로 맞췄더라도 그건 지식이 아니다. 정당한 근거가 없으므로 정당하지 않은 믿음일 뿐이다. 지식에는 정당화된 진실한 믿음이라는 정의로는 담을 수 없는 더 많은 요소가 있을 수 있지만, 철학자들은 대부분 이 세 가지 요건이 지식의 핵심이라고 여긴다.

우리가 지식을 원한다는 데에는 거의 모든 이들이 동의한다. 16세기 영국의 과학철학자 프랜시스 베이컨Francis Bacon은 "지식이 곧 힘"이라고 말했다. 미국 대통령 토마스 제퍼슨Thomas Jefferson은 여기에 더해 "지식이 곧 행복이자 안보"라고 말했다. 자넷 잭슨Janet Jackson은 〈더 놀리지The Knowledge〉라는 곡에서 "몰라서 큰코다칠 수 있다. … 알아야 한다."라고 노래했다.

그렇지만 무언가를 안다는 건 까다로운 일이다. 지식은 틀리기 쉽다. 믿음을 뒷받침하는 근거가 생각만큼 튼튼한 경우는 드물다. 그 결과 우리가 무엇이라도 알 수 있는지를 의심하는 사상가가 많아졌다.

외부세계를 향한 회의론

〈내일을 향해 쏴라Butch Cassidy and the Sundance Kid〉, 〈모두가 대통령의 사람들All the President's Men〉 등의 극작가인 윌리엄 골드먼William Goldman은 1983년 저서 《스크린 트레이드에서의 모험Adventures in the Screen Trade》에서 '모두 아무것도 모른다.'라고 선언하면서 지식에 대해 의문을 제기했다. 영화 산업에 관한 이야기였지만, 여기에서도 그 답은 한층 더 깊은 곳까지 뻗어나간다.

골드먼의 명언은 그야말로 모두가 아무것도 알지 못한다는 '회의론'의 한 표현이다. 회의론에는 오랜 역사가 있다. 철학에서 회의론자는 특정 영역에 대한 믿음에 의구심을 던지는 사람이다. 골드먼은 영화 산업의 회의론자였다. 그는 성공적인 영화를 만드는 방법에 대한 우리의 믿음이 지식에 미치지 못한다고 생각했다. 초자연현상 회의론자는 유령이나 텔레파시에 대한 믿음에 의문을 던진다. 뉴스 미디어 회의론자는 뉴스 미디어로 얻는 믿음에 의문을 던진다.

뉴스 미디어와 초자연현상에 관한 회의론은 특정 영역에 대한 우리의 믿음에 의문을 던지는 부분local 회의론에 해당한다. 부분 회의론에는 다양한 형태가 있다. 내일 어떤 일이 일어날지에 관한 우리의 믿음에 의문을 제기하는 미래 회의론도 있고, 과학적 발견에 의문을 제기하는 과학 회의론도 있고, 우리가 다른 사람들의 생각을 알 수 있는지에 대해 의문을 제기하는 회의론도 있다.

회의론 중 가장 치명적인 형태는 우리의 믿음 그 자체에 의문을 제기하는 '전체global 회의론'이다. 전체 회의론은 우리 모두 애초에 아무것도 알지 못한다고 말한다. 세계에 대해 다양한 믿음을 가질 수는 있지만,

그중 어떤 믿음도 지식에는 미치지 못한다는 뜻이다.

가장 잘 알려진 형태의 회의론은 아마 외부세계에 관한 회의론일 것이다. 주변을 둘러싼 세계에 관한 믿음에 의문을 제기하는 회의론이다. 이 견해를 주장한 이들 중 가장 유명한 르네 데카르트의 이름을 따 데카르트 회의론이라고도 한다. 엄밀하게 말하자면 데카르트 회의론은 우리가 논리와 자기 마음을 비롯한 몇몇 요소를 안다는 말도 되므로 완전한 전체 회의론은 아니다. 그렇지만 너무나도 포괄적인 회의론이라 여기에서는 전체 회의론의 일종으로 간주하겠다.

외부세계에 관한 데카르트 회의론에 반박하는 일은 현대 철학에서 가장 까다로운 문제 중 하나다. 많은 철학자가 반박을 시도했으나 그중 어떤 반박도 합의를 이끌지는 못했다. 이 책에서는 특히 제6장, 제9장, 제22장, 제24장에서 내가 보기에 데카르트 회의론에 가장 잘 반박할 수 있는 방식을 설명하려 한다. 나 또한 실패할 수 있으나 적어도 어느 정도의 지혜를 남길 수 있기를 바란다.

내 야심에는 한계가 있다. 나는 외부세계에 관한 전체 회의론을 뒷받침하는 몇 가지 데카르트 논증이 틀렸음을 논할 것이다. 그러나 뉴스 미디어 회의론(이 문제는 제13장에서 더 자세히 살펴보겠다)과 같은 부분 회의론에 반박하려는 의도는 없다. 내가 반박할 대상은 급진적인 가설을 이용해 외부세계에 대한 우리의 모든 믿음을 한꺼번에 의심하는 고전 데카르트 회의론이다.

감각에 속고 있지 않음을 알 수 있는가?

1641년, 데카르트는 《제일철학에 관한 성찰》을 펴냈다. 그는 안다는 것의 기초를 다지려 했다. 그러기 위해서는 우선 우리가 아는 모든 것을 무너뜨려야만 했다. 이를 위해 데카르트는 여러 가지 방식을 동원했는데, 그중에는 각각 환상, 꿈, 악마와 관련해 외부세계에 대한 우리의 지식에 의문을 제기하는 세 가지 고전 논증이 있다.

당시에도 아주 새로운 논증은 아니었다. 환상과 꿈은 회의론에서 등장하는 단골 요소였다. 고대에는 섹스투스 엠피리쿠스와 로마의 웅변가 키케로Cicero가 있었고, 5세기 북아프리카의 성 아우구스티누스Saint Augustine와 페르시아의 알 가잘리를 비롯한 중세의 사상가들도 마찬가지였다. 데카르트와 동시대를 살았던 사상가들이 악마를 이용해 펼친 논증도 곧 살펴볼 것이다.

그렇지만 이러한 논증을 가장 영향력 있는 형태로 정리한 사람은 데카르트였다. 데카르트의 첫 번째 논증은 환상을 바탕으로 한다. "우리의 감각은 우리를 속인 적이 있다. 지금도 감각에 속고 있지 않음을 어떻게 아는가?"

우리는 대부분 현실과 다른 현상이 보이는 시각적 환상을 경험해 본적이 있다. 눈속임에 깜빡 넘어간 적이 한 번쯤은 있기 마련이다. 우리의 감각이 지금까지 우리를 속인 적이 있다면, 감각은 지금도 우리를 속이고 있을지 모른다. 그러므로 우리가 관찰한 외부세계가 모두 보이는 그대로라고 확신할 수는 없다.

데카르트는 감각 환상에 한계가 있음을 인정했다. 감각 환상만으로는 완전히 다른 신체에 들어간다거나 완전히 다른 환경에서 산다는 감

그림 8 VR 안에서 데카르트가 난롯가에 앉아 겨울 가운을 입고 손에 종이 몇 장을 들고 있다는 감각을 느끼고 있다.

각을 줄 수 없다. 데카르트의 말을 그대로 옮기자면, "감각은 종종 매우 작거나 멀리 떨어진 객체와 관련해 우리를 속일 수는 있다. 하지만 세상에는 감각에서 비롯되었으나 사실상 의심할 수 없는 다른 믿음들도 많다. 예컨대 내가 여기 난롯가에 앉아 겨울 가운을 입고 손에 종이 몇 장을 들고 있다는 것이 그러하다."

21세기 독자라면 속단하기에는 이르다고 말할 것이다. VR 연구자들은 데카르트가 불가능하다고 생각한 종류의 '전신 환상'을 주제로 자주 논의를 벌인다. 나는 내 생물학적 신체가 아닌 다른 신체를 보고 제어할 수 있으며, 그 몸이 나의 몸이라고 느낄 수 있다.

VR 안에서도 데카르트는 난롯가에 앉아 겨울 가운을 입고 손에 종이 몇 장을 들고 있다는 감각을 느낄 수 있다. 그러므로 VR은 환상을 바탕으로 한 데카르트의 기존 논증을 강화한다. 기술은 우리가 지금 환상을 경험하는지 그렇지 않은지를 더욱 알기 어렵게 만든다.

나아가 가상현실을 바탕으로 한 21세기형 데카르트의 환상 논증 또한 살펴볼 수 있겠다. "VR 기기는 이전에도 사람들을 속인 적이 있다. 지금 우리가 VR 기기에 속고 있지 않다는 걸 어떻게 알 수 있는가?" 이론상 우리가 보고 듣는 모든 것이 VR 기기의 산물일 수 있다. 지금 그러한 기기를 사용하고 있지 않다고 정말로 확신할 수 있는가?

물론 우리를 완전히 속이려면 오늘날의 기술이 더욱 발전해야겠지만, 언젠가는 VR 콘택트렌즈나 다른 알아차릴 수 없는 장비가 모든 감각을 제어하는 날이 올 것이다. 이론상으로는 여러분이 잠든 동안 누군가가 발달한 VR 기기를 입혔을 수도 있다.

아침이 밝으면 여러분은 가상 침대에서 일어나 가상의 하루를 시작하러 간다. 화성처럼 평소와 다른 배경의 가상현실에 떨어졌다면 뭔가 잘못되었다는 것을 느낄 수 있을 것이다. 물론 여러분의 기억이 조작되지 않았다면 말이다. 이 논의는 지금 내가 설명하려는 논의에서 한 발짝 더 나아간 이야기이므로 여기에서는 평상시와 같은 집, 또는 원래 있었던 곳과 똑같은 VR 환경에 들어갔다고 해보자. 이렇게 된다면 크게 이상한 점을 발견하지 못할 것이다.

여러분은 지금 VR 기기를 사용하고 있지 않다고 정말 확신할 수 있을까? 만약 확신한다면 어떻게 해야 가상현실 가설을 완전히 배제할 수 있을까? 만약 확신하지 못한다면 지각하는 주변 세계 전부를 어떻게 확신할 수 있을까? 여러분이 정말로 진짜 책을 읽고 있고, 진짜 의자에 앉아 있다고 확신할 수 있을까? 지금 보는 것, 또는 잠시 뒤 보게 될 것이 진짜로 눈앞에 있다고 확신할 수 있을까?

이러한 가상현실 논증은 우리가 지금 보고 들으며 습득한 모든 지식에 의문을 제기한다. 가까운 과거에 습득한 지식 또한 마찬가지다. 그러나 여러분이 아는 모든 것이 의문의 대상이 되지는 않는다. VR 자체는 기억을 조작하지 않으므로 어린 시절 자라오며 쌓았던 추억들은 건드리지 않을 것이다. 일반적인 과학 또는 문화 지식 또한 조작하지 않을 테니, 파리가 프랑스에 있다는 지식 또한 안전하다고 봐도 좋을 것이다.

가상현실 논증을 확장해 VR이 이러한 영역까지 위협할 수 있다고 생각해볼 수도 있을 것이다. 어쩌면 기억 조작 기기가 여러분의 뇌에 접근해 기억을 바꿔놓았을 수도 있다. 어쩌면 영구적인 VR 기기를 사용해 모든 기억과 과학적 지식을 VR에서 얻도록 만들었을 수도 있다. 이렇게 이야기를 확장하면 기본적인 VR을 넘어 시뮬레이션 가설의 영역으로 들어서게 된다. 이 부분은 잠시 후 다시 살펴보겠다.

꿈속이 아님을 알 수 있는가?

데카르트의 두 번째 논증은 꿈과 관련이 있다. "꿈은 마치 현실 같다. 지금 이곳이 꿈속이 아님을 어떻게 알 수 있는가?"

우리는 대개 꿈꾸고 있다는 자각 없이 꿈을 꾼다. 꿈을 꿀 때면 일반적으로 꿈속 세계가 실제라고 생각한다. 자기가 꿈꾼다는 걸 아는 자각몽도 종종 있으나 이는 예외일 뿐이다. 꿈은 대개 현실보다 더 이상하고 덜 안정적이지만, 이론상 현실과 구별할 수 없는 꿈들도 있을 수 있다.

지금 그러한 꿈을 꾸고 있지 않다는 걸 어떻게 알 수 있을까? 볼을 꼬집어보거나 다른 실험을 해볼 수도 있을 것이다. 그러나 그 결과 또한 이론상 꿈에서 비롯될 수 있으므로 설득력은 떨어질 것이다. 게다가 지금 꿈속이 아님을 알 수 없다면 주변의 모든 사물이 실제인지도 알 수 없는 듯하다.

2010년 영화 〈인셉션〉에서 주인공들은 잠들며 꿈속 세계로 들어가고, 꿈속에서 또 다른 꿈의 세계로 들어간다. 레오나르도 디카프리오Leonardo DiCaprio가 연기한 주인공 도미닉 콥Dominick Cobb은 영화 대부분에 걸쳐 자신이 꿈속 세계에 있으며 평범한 현실에서는 잠들어 있음을 알고 있다. 그러나 킬리언 머피Cillian Murphy가 연기한 로버트 피셔Robert Fischer를 비롯한 다른 주인공들은 이를 알지 못한다.

피셔는 꿈속에서 또 다른 꿈을 꾸는 인물로, 그 꿈속 세계를 마치 현실처럼 대한다. 영화 막바지에는 콥을 비롯한 주인공들이 평범한 세계로 돌아온 것처럼 보이는데, 여기에서 질문이 떠오른다. 이들은 그곳이 또 다른 꿈속 세계가 아님을 어떻게 알 수 있을까? 어떤 방식으로든 확신할 수는 없어 보인다.

데카르트는 꿈 논증이 환상 논증보다 더 강력하다고 생각했다. 시각적인 환상과는 달리, 꿈속에서는 실제로 그렇지 않더라도 그가 겨울 가운을 입고 난롯가에 서있다는 확신을 쉽게 안겨줄 수 있다. 어쩌면 꿈속에서는 또 다른 몸을 가지게 될 수도 있다. 그렇지만 데카르트는 이 논증에도 한계가 있다고 보았다.

꿈속에서는 절대로 완전히 새로운 요소가 등장하지 않는다. 어떤 얼굴이나 몸에 대해 꿈을 꾼다면 그건 실제세계에서 지각한 얼굴과 몸을 바탕으로 했을 것이다. 적어도 꿈속의 형태와 색감은 실제세계의 형태와 색감을 바탕으로 할 수밖에 없다.

꿈과 관련한 기술은 오늘날의 VR 기술과는 달리 집중적으로 개발되지 않았으므로 기술의 발전이 데카르트의 꿈 논증에 미친 영향은 환상 논증에 미친 영향보다는 작다. 그러나 꿈 과학 분야에서는 지금까지 우리가 꿈을 꾸고 있음을 알 수 있는 몇 가지 괜찮은 방법을 밝혀냈다.

종이에 적힌 글을 두 번 쳐다보았을 때 꿈속이라면 대개 글이 바뀌겠지만, 꿈 바깥이라면 대개는 바뀌지 않을 것이다. 현실에서는 결코 경험할 수 없는 색감을 꿈속에서는 경험할 수 있다는 점도 과학적 근거 중 하나다. 예컨대 어떤 색을 쳐다본 후 남은 잔상이 평범한 지각으로는 볼 수 없는 어두운 노란색일 수 있다.

꿈 논증은 환상 논증이나 가상현실 논증과 마찬가지로 주변 세계에 대한 우리의 현재 및 최근 지식에 의문을 던진다. 우리가 보는 것, 또는 조금 전에 보았던 것이 실제인지 어떻게 알 수 있는가? 이미 존재하는 지식이라면 더욱 까다롭다. 꿈속에서는 다른 기억이나 다른 문화적 믿음을 가질 수도 있다.

예컨대 다른 어린 시절을 보냈다고 기억할 수도 있고, 비틀즈Beatles가 여전히 함께 공연하고 있다고 꿈꿀 수도 있다. 그렇지만 꿈은 대개 기억을 통째로 바꿔버리지는 않는다. 평생 꿈에서 사느라 현실의 모든 요소가 꿈에서 비롯된 경우를 가정할 수도 있겠지만, 마찬가지로 이는 시뮬레이션 공상과학소설의 영역이다.

데카르트의 환상 논증과 꿈 논증은 모두 외부세계에 대한 우리의 지식 중 일부에 의문을 제기하면서도 전체를 통째로 의심하지는 않는 부분 회의론을 뒷받침하기에 가장 좋다. 그러나 데카르트는 이에 만족하지 않고 전체 회의론, 즉 외부세계 전체에 대한 우리의 모든 지식을 한꺼번에 의심하는 회의론에 관심을 보였다. 이를 뒷받침하려면 데카르트에게는 더 강한 논증이 필요했다.

데카르트의 사악한 악마

가장 악명 높은 데카르트의 세 번째 논증은 속임수에 관한 논증이다. '모든 강력한 존재는 실제로 존재하지 않는 세계를 나에게 경험시키면서 나를 완전히 속일 수 있다. 지금 내가 그러한 상태가 아니라는 걸 어떻게 알 수 있는가?'

《제일철학에 관한 성찰》에서 본래 데카르트가 내놓은 주요 기만자는 모든 것을 속일 수 있는 전능한 신이었다. 신이 무엇이든 할 수 있다면 당연히 우리를 완전히 속일 힘도 가지고 있을 것이기 때문이다. 그러나 모두가 기억하는 기만자는 데카르트의 사악한 악마다.

데카르트는 고대 라틴어로 이를 'genium malignum'이라 했는데, 직역하자면 '나쁜 정령'이라고 할 수 있으며 프랑스 철학자들도 대개 이를 직역해 'malin génie'라고 부르나 영어로는 '사악한 악마evil demon'라고 하는 편이 일반적이다. 자애로운 신은 우리를 속이지 않을 수 있지만, 사악한 악마는 우리를 속여도 아무런 가책을 느끼지 않는다. 데카르트는 이 악마를 다음과 같이 소개했다.

그러므로 최고선이자 모든 진실의 원천인 신이 아니라, 극한의 힘을 가진 어느 교활하고 사악한 악마가 모든 원기를 끌어모아 나를 속이는 데 쓴다고 가정하겠다. 하늘, 공기, 땅, 색, 모양, 소리와 모든 외부 요소가 그저 이 악마가 나의 판단을 사로잡기 위해 고안한 꿈의 현혹이라고 생각해야 하겠다.

사악한 악마는 여러분을 속이는 데 헌신하고, 평생에 걸쳐 마치 외부 세계와 같은 감각과 지각을 여러분에게 주입한다. 나는 호주에서 자랐던 어린 시절을 기억하고 있으며 지금은 뉴욕시에서 철학 교수로서 즐거운 삶을 사는 듯 보인다. 그러나 데카르트의 사악한 악마 가설이 옳다면 모든 것은 악마가 내게 주입한 감각과 지각을 바탕으로 생겨났을 것이다. 현실에서는 내가 평생을 악마의 소굴에서 보내며, 악마에게 감각을 조종당해왔다는 말이다.

사악한 악마 사고 실험은 완전히 새로운 견해가 아니다. 컬럼비아대학교Columbia University의 철학사학자 크리스티아 머서Christia Mercer가 최근 상세히 정리했듯, 16세기의 신학자 성녀 테레사Teresa of Ávila는 자신을 속이려는 악마를 중심으로 명상하고 그 방식을 글로 남겼다. 테레사에게는 신에 대한 믿음이 문제였고, 악마들은 그를 속이고 신심을 무너뜨리려 했다.

테레사의 저서 《영혼의 성》은 데카르트의 시대에 엄청난 부수가 판매되었으며 분명 데카르트도 읽었을 것이다. 데카르트를 읽은 이들이라면 아마 16세기 프랑스 수필가 미셸 드 몽테뉴Michel de Montaigne의 유명한 글에서도 환상과 꿈에 관한 논증을 접했을 것이다. 그러므로 데카르트의 《제일철학에 관한 성찰》은 분명 진일보하긴 했으나 그 또한 주변 여러 사상가의 글을 바탕으로 구축한 것이었다.

사악한 악마 이야기의 이면 면은 1998년 영화 〈트루먼 쇼〉에서도 나타난다. 영화에서 짐 캐리Jim Carrey가 연기한 트루먼 버뱅크Truman Burbank는 연기자들로 가득한 세트장 안에 산다. 에드 해리스Ed Harris가 연기한 TV 프로그램 PD 크리스토프Christof는 세트장을 지휘하면서 트루먼에게 평범한 삶을 살고 있다는 감각을 불어넣는다.

여기에서 크리스토프는 사악한 악마 역할을 담당한다. 다만 트루먼의 세계에서 어떤 면은 실제다. 트루먼은 실제 몸을 가지고 있고, 실제로 지구에 살고 있으며, 실제로 다른 사람들과 상호 작용한다. 크리스토퍼는 이런 점에서는 트루먼을 속이지 않았다. 사악한 악마의 속임수에 당한 자들은 트루먼과 비슷하나 몸도 없고 다른 사람과 상호 작용하지도 않는다고 볼 수 있다. 이 사람이 경험하는 모든 것은 사악한 악마가 만들어낸 산물이다.

지금 사악한 악마가 여러분을 조종하고 있지 않다는 걸 어떻게 알 수 있을까? 아마 알 수 없을 것이다. 어쩌면 악마의 손재주를 암시하는 증거가 있을지도 모른다. 예컨대 여러분이 지금 사악한 악마에 관한 글을 읽고 있다는 것도 하나의 증거일 수 있다. 어쩌면 유머 감각을 아는 사악한 악마라면 사람들이 사악한 악마에 대해 생각해보게끔 만들기를 좋아할 수 있다. 이러한 낌새가 없더라도 사악한 악마 가설을 완전히 배제하기란 불가능해 보인다. 그런데 지금 사악한 악마에게 조종당하고 있지 않음을 확실히 알 수 없다면, 하나라도 실제인 게 있다는 확신은 어떻게 가질 수 있을까?

사악한 악마 논증은 우리가 외부세계에 대해 아는 모든 것에 의문을 제기한다. 이 논증의 힘은 여기에서 나온다. 지금까지 살펴보았듯, 평범한 환상과 꿈은 내가 호주에서 보낸 어린 시절의 기억이나 아인슈타인Albert Einstein이 상대성 이론을 발견했다는 지식에는 아무런 영향을 미치지 않는다. 그러나 사악한 악마는 우리의 삶을 통째로 속이기 때문에 모든 것에 영향을 미칠 수 있다. 호주에서 보낸 나의 어린 시절이 허구일 수도 있다. 내가 읽은 아인슈타인의 상대성 이론이 순전히 만들어낸 이야기일 수도 있다. 이처럼 사악한 악마 가설을 완전히 배제할 수 없다면, 우리는 전체 회의론의 위협 앞에 놓이게 된다.

사악한 악마는 어떻게 우리를 속일까? 데카르트는 자세한 사항을 명확하게 설명하지 않았다. 추정컨대 악마는 속임수에 빠진 대상이 오랜 시간에 걸쳐 알맞은 경험을 할 수 있도록 머릿속으로 복잡한 가상세계를 계속 관리해야 할 것이다. 내가 호주를 다시 방문하거나 옛 친구를 만날 때마다 지난번 방문했을 때와 일관된 경험을 할 수 있어야 하기 때문이다.

또한 악마는 내가 글로만 접한 장소와 언젠가는 방문할 장소들은 물론 내가 신문이나 TV로 접하는 모든 것에 대해서도 모델링을 만들어야 할 것이다. 이 모델링은 계속 업데이트되어야 한다. 작업량이 어마어마하겠지만, 어쩌면 전능한 악마에게는 식은 죽 먹기일 수도 있겠다.

유달리 교활한 데카르트의 사악한 악마라면 사람들의 마음속에 들어가 생각을 직접 조작할 수도 있을 것이다. 현대 버전이라면 이 악마는 사악한 신경과학자일 수도 있다. 어쩌면 악마가 여러분의 뇌를 조작해 마치 남극에 있다고 믿게 만들 수도 있다. 데카르트는 기만자가 자기 생각까지 조작하므로 "나조차도 2 더하기 3이 무엇인지 매번 틀리게 계산할 수 있다."라고 말했다. 악마는 여러분에게 2 더하기 3이 6이라는 믿음을 심어줄 수도 있고, 여러분은 이것이 완전히 옳다고 생각하게 될 수도 있다.

마음을 주무르는 악마는 자칫 우리가 자신의 이성이나 논리까지도 더는 믿을 수 없다는 일종의 '내부세계 회의론'으로 연결될 수 있다. 이러한 유형의 사악한 악마도 매우 흥미롭지만 여기서 살펴볼 논의의 범주에는 속하지 않는다. 여기에서는 내부세계가 직접 조종당하는 경우보다는 외부세계가 조종당하는 경우를 살펴보고자 한다. 마음을 조작하는 시나리오는 이 책의 마지막 장에서 다시 한번 살펴보겠다.

사악한 악마부터 시뮬레이션 가설까지

데카르트의 사악한 악마가 컴퓨터 시대에 살았다면 악마는 훨씬 더 수월하게 작업할 수 있었을 것이다. 모델링 작업을 컴퓨터에 떠넘기기만 하면 되기 때문이다. 해당 세계에 대한 컴퓨터 시뮬레이션을 작동시킨 다음 대상을 시뮬레이션에 연결하면 그 대상은 발전해나가는 세계를 경험할 수 있을 것이다. 〈매트릭스〉의 설정이 바로 이런 경우였다. 전능한 기계가 사악한 악마 역할을 담당하고, 까다로운 작업은 컴퓨터 시뮬레이션이 맡는다.

20세기 미국의 철학자 힐러리 퍼트넘Hilary Putnam을 비롯한 몇몇 이들은 현대 과학의 장비를 동원해 데카르트의 아이디어를 발전시켰다. 사악한 악마를 대신해 사악한 과학자가 등장하고, 사악한 악마에게 속는 사람 대신 '통 속의 뇌'가 등장한다. 스티브 마틴Steve Martin의 영화 〈전자두뇌 인간The Man with Two Brains〉에서 통 안에 둥둥 떠 있는 뇌들처럼, 뇌는 섬세하게 조합한 영양액 속에서 산 채로 보관된다. 퍼트넘의 말에 따르자면 이 뇌의 신경 말단은 슈퍼 과학 컴퓨터에 연결되어 있다. 컴퓨터는 뇌에 전류 신호를 보내 모든 것이 정상이라는 환상을 만들어낸다. 뇌는 매우 상세하고 잘 구성된 세계를 경험하지만, 실제로는 실험실 안에 홀로 존재한다.

퍼트넘의 통 속의 뇌 시나리오는 〈매트릭스〉의 시나리오와 매우 유사하나, 다른 점이 있다면 영화에서는 온몸을 기계에 두고 컴퓨터에 연결한다는 점이 있다. 〈매트릭스〉는 물론 퍼트넘 또한 컴퓨터가 정확히 어떤 일을 하는지 자세히 설명하지 않았지만, 확실히 이 컴퓨터는 〈매트릭스〉에서와 마찬가지로 뇌가 경험하는 세계의 시뮬레이션을 운영한다.

21세기 철학자들의 관심사는 통 속의 뇌에서 시뮬레이션 가설로 점차 옮겨가고 있다. 시뮬레이션 아이디어는 모든 거대한 데카르트 시나리오의 핵심 요소, 즉 사악한 악마가 세계를 시뮬레이션해 술수를 부린다는 개념을 담고 있다. 평생에 걸쳐 꾸는 꿈은 일종의 시뮬레이션 세계로 볼 수 있다. 통 속의 뇌는 시뮬레이션에 연결되어 있다. 다른 경우도 마찬가지다. 이러한 시뮬레이션을 컴퓨터 시뮬레이션으로 가정한다면, 시나리오의 핵심 요소를 모두 그대로 둔 채 더욱 구체적인 용어로 설명하는 데 도움이 된다.

통 속의 뇌 시나리오는 시뮬레이션 가설의 일종이다. 여기에서 뇌는 외부에서 만든 시뮬레이션에 연결되므로 비순수 시뮬레이션과 관련된다. 시뮬레이션 가설에는 뇌가 시뮬레이션 내부에 존재하는 순수 시뮬레이션 버전처럼 다른 버전들도 포함된다. 이 모든 시나리오는 회의론에 대한 데카르트의 논증을 설명하는 데 사용할 수 있다.

사악한 악마를 통 속의 뇌 또는 시뮬레이션으로 바꾸어보았자 단순히 겉껍데기만 바뀐다고 생각할 수 있겠지만, 현대 기술을 사용하면 어떤 면에서는 이 논증이 한층 강화된다. 사악한 악마 가설은 공상처럼 들리기 때문에 데카르트는 여기에 큰 비중을 두려 하지 않았다. 데카르트로서는 자신의 회의론이 자기가 믿는 바에 따라 진지하게 고려할 만한 합리적인 의구심을 바탕으로 한다는 점이 중요했다.

신이 속임수를 쓴다는 가설에 더욱 비중을 두었던 이유도 그가 전능한 신을 믿었으며 신에게 우리를 속일 만한 힘이 있다는 설이 합리적이라고 생각했기 때문이었다. 이것이 실재론적인 가설이었기 때문에 데카르트는 의구심을 가질 만한 더욱 강력한 근거가 있다고 보았다.

시뮬레이션 가설은 한때 공상과도 같은 가설이었으나 최근 들어 진지한 가설로 빠르게 자리를 잡고 있다. 퍼트넘은 통 속의 뇌 시나리오를 공상과학소설의 일종으로 제시했다. 그러나 그 이후로 시뮬레이션과 VR 기술이 빠르게 발전하면서 몇몇 사람들이 평생을 보낼 수 있는 전면적인 시뮬레이션 세계를 만드는 길도 그다지 어려워 보이지 않게 되었다.

그 결과 시뮬레이션 가설은 이제 사악한 악마 가설보다 더 실재론적인 가설이 되었다. 영국의 철학자 배리 데인튼Barry Dainton이 말했듯, "시뮬레이션 회의론이 제시하는 위협은 그 이전의 가설들이 제시하는 위협보다 훨씬 실제". 데카르트는 바로 이러한 이유만으로도 자신의 사악한 악마 가설보다 오늘날의 시뮬레이션 가설을 더욱 진지하게 여겼을 게 분명하다. 우리 또한 이 가설을 진지하게 고려해보아야 한다.

회의론의 대가 논증

철학자들은 논증을 사랑한다. 철학자들이 다른 철학자들과 논쟁을 벌이길 좋아한다는 뜻은 아니지만, 많은 철학자가 논쟁까지 사랑한다. 철학에서 논증은 결론을 뒷받침하는 일련의 논리적 사고를 말한다. 예를 들어, 나는 신이 존재한다고 주장하면서 몇 가지 근거를 제시하고, 그 근거가 나의 결론을 어떻게 뒷받침하는지 보일 수 있다.

어떤 논증은 비형식적이다. 내가 여러분에게 함께 영화를 보러 가야 한다고 주장하면서 몇 가지 근거를 댈 때 우리 모두 시간이 있고, 재미있는 영화이며, 오늘 밤만 상영한다는 식으로 이야기할 수 있다.

철학에서도 마찬가지로 논할 수 있다. 예컨대, 주변 세계를 확신해서는 안 된다고 주장하면서 몇 가지 근거를 대는 것이다. 앞서 감각으로 환상을 느껴본 적이 있으므로, 지금의 상황 또한 환상이 아니라고 확신할 수 없다고도 말할 수 있다. 내가 근거를 제대로 제시한다면 여러분은 나의 결론에 설득되거나, 적어도 그 결론을 진지하게 생각해보게 될 것이다.

어떤 논증은 형식을 갖추고 있다. 이렇게 말하면 자칫 멀게 느껴질 수 있겠지만, 형식적 논증은 대개 단순하다. 몇 가지 주장을 '전제'로 제시한 다음, 그에 따른 '결론'을 제시하는 식이다. 보통 이러한 전제는 사람들이 받아들이기 쉽게 충분히 설득력 있는 경우가 많고, 이러한 전제를 바탕으로 하는 결론은 흥미로울 만큼 대범한 경우가 많다.

외부세계 회의론에 대한 형식적 논증은 다음과 같다.

1. 당신은 시뮬레이션 안에 있지 않음을 알 수 없다.
2. 시뮬레이션 안에 있지 않음을 알 수 없다면, 외부세계에 대해서 아무것도 알 수 없다.

---

3. 그러므로 당신은 외부세계에 대해 아무것도 알 수 없다.

여기에서는 처음 두 가지 주장이 전제고, 세 번째 주장이 결론이다. 결론은 두 전제를 통해 논리적으로 도출된다. 전제가 참이라면 결론은 반드시 참이다. 결론이 전제를 바탕으로 도출된다면 철학자들은 이 논증이 '타당하다valid.'고 한다. 여기에 더해 전제가 모두 참이라면 이 논증은 '건전하다sound.' 논증이 타당한 것만으로 결론이 참이 되지는 않는다. 어쨌든 두 전제 중 하나라도 거짓일 수 있기 때문이다. 그러나 건전한 논증이라면 결론은 반드시 참이다. 위의 논증에서 두 전제가 옳다고 생각한다면 결론까지 옳다고 여길 수밖에 없다.

버트런드 러셀Bertrand Russell이 말했듯, "철학의 요점은 이야기할 가치도 없어 보일 만큼 단순한 요소에서 시작해 그 누구도 믿지 않을 만큼 역설적인 요소로 끝나는 것이다." 위의 논증은 적어도 러셀의 이상에 부합할 만한 여지가 있다. 두 가지 전제 모두 적어도 한눈에 보기에는 어느 정도 설득력이 있으며, 결론은 상당히 놀라워 보인다. 이는 이 논증이 이토록 흥미로운 이유 중 하나다.

사실 이는 매우 흥미로운 논증이기 때문에 최근 철학에서 회의론의 '대가 논증master argument'으로 여기는 경우가 종종 있다. 세부 요소는 조금씩 바뀌어도 괜찮다. 예컨대 시뮬레이션 대신 사악한 악마나 통 속의 뇌를 두고 생각해볼 수도 있지만, 기본적인 아이디어는 변하지 않는다.

첫 번째 전제를 믿는 이유는 무엇일까? 이는 제2장에서 처음 설명한 바와 같다. 충분히 좋은 시뮬레이션이라면 그 세계는 지금 여러분이 보고 느끼는 세계와 똑같이 보이고 똑같이 느껴질 것이다. 게다가 시뮬레이션 세계가 현실과 똑같이 보이고 느껴진다면, 우리가 현실이 아니라 시뮬레이션에 있음을 파악하기란 어려워 보인다.

두 번째 전제를 믿는 이유는 무엇일까? 외부세계에 대해 알고 있다고 생각하는 요소를 무엇이든 대보라. 파리가 프랑스에 있다는 사실을 안다고 생각할 수도 있고, 여러분 앞에 숟가락이 놓여 있다는 사실을 안다고 생각할 수도 있다. 그러나 만약 시뮬레이션 안에 있다면 파리나 숟가락에 대한 믿음은 현실이 아니라 시뮬레이션에서 비롯된 것이다.

시뮬레이션 바깥의 세계는 여러분이 아는 것과 완전히 다를 수 있다.

시뮬레이션 바깥의 현실에서는 파리도, 숟가락도 없을 수 있다. 그러므로 파리가 프랑스에 있다는 사실이나 눈앞에 숟가락이 정말로 있다는 사실을 알려면 우선 우리가 시뮬레이션 안에 있을 수도 있다는 가능성을 배제해야 한다.

논리는 다음과 같다. 만약 모조 아이폰을 샀다면 실제로 아이폰을 가지고 있다고 할 수는 없다. 그러므로 핸드폰이 모조인지 아닌지 알 수 없다면, 여러분은 아이폰을 가지고 있다고 확신할 수 없다. 이처럼 논리는 그럴듯한 주장으로 시작한다. 여러분이 시뮬레이션 안에 있다면, 눈앞의 숟가락은 실제로 존재하지 않는다. 이제 아이폰 사례와 같은 논리를 따라가보자. 여러분이 시뮬레이션 안에 있지 않음을 확신할 수 없다면, 눈앞의 숟가락도 실제로 존재한다고 확신할 수 없다. 외부세계의 모든 사물에 대해서도 마찬가지 논리가 적용된다.

앞서 우리는 가상세계에 대한 현실 질문 "가상세계는 실제인가?"를 살펴보았다. 이에 대해 "가상세계는 환상이다."라고 답한다면 아마 두 번째 전제를 받아들인 경우일 것이다. 그 이유를 살펴보자. 이렇게 답하는 사람이라면 '시뮬레이션은 환상이다.'라는 전제 또한 받아들였을 것이다. 시뮬레이션은 넓은 의미에서 일종의 가상현실이기 때문이다.

나아가 '우리가 시뮬레이션 안에 있다면 외부세계에서 경험하는 모든 것이 환상일 것이다.'라는 전제 또한 받아들였을 것이다. 그러므로 시뮬레이션 가설을 배제할 수 없다면, 외부세계에서 경험하는 모든 것이 환상일 수 있다는 가능성 또한 배제할 수 없다. 나아가 외부세계에 대해서 아무것도 알 수 없다는 점도 뒤따를 것으로 보인다.

이 결론은 매우 놀랍다. 사람들은 대개 자신이 많은 걸 알고 있다고 생각한다. 파리가 프랑스에 있음을 안다고 생각하고, 눈앞에 사물이 물리적으로 존재한다는 걸 알고 있다고 생각한다. 그런데 그게 사실이 아니라는 말이다. 이 논증은 사물이나 도시에 그치지 않고 더 넓은 범위에 적용된다. 여러분의 어린 시절 추억에도 적용될 수 있다. 이 논증에 따르자면, 우리가 시뮬레이션 안에 있다면 기억 속 학창 시절은 실제가 아니며 학교를 다녔는지조차 확실히 알 수 없다. 외부세계와 그 안에서 살았던 삶에 대해 알고 있다고 생각한 거의 모든 것에도 같은 논리가 적용된다.

엄밀히 말하자면 이 논증에서도 우리가 외부세계에 대해 몇 가지 정도는 알고 있다고 가정할 수 있다. 어떤 것은 논리나 수학 면에서 참일 수밖에 없다. 예컨대 개는 모두 개일 수밖에 없다. 이쪽에 테이블이 하나 있고 저쪽에도 테이블이 하나 있다면 두 개의 테이블이 있을 수밖에 없다. 그러나 이러한 지식은 모두 사소하다. 그러므로 우리는 외부세계에 대해 실질적인 그 무엇도 알 수 없다는 게 가장 정확한 결론이겠다.

이러한 전제들을 받아들인다면 이 논증은 이제 외부세계에 대한 전체 회의론, 즉 우리가 외부세계에 대해 실질적인 그 무엇도 알 수 없다는 견해로 이어진다. 어쩌면 2 더하기 2가 4라는 점 정도는 여전히 알 수 있겠으나 그것만으로는 별다른 위로가 되지 않는다.

이처럼 충격적인 결론에 이르지 않는 방법은 무엇이 있을까?

나는 생각한다, 고로 존재한다

사실 데카르트는 회의론을 펼치려던 게 아니었다. 다만 그는 모든 지식의 토대를 밝히고자 했다. 회의론 논증으로 우리가 아는 모든 바

를 향해 의구심을 던진 다음 하나씩 하나씩 다시 지식을 쌓아 올리고자
했다.

이를 시작하려면 데카르트에게는 의심할 수 없는 한 조각의 지식이
필요했다. 그는 오감으로 환상을 겪고 있다고 하더라도, 꿈을 꾸고 있
더라도, 사악한 악마에게 속은 채로 살더라도 여전히 진실일 한 조각의
현실이 무엇인지 밝혀내야만 했다. 그렇게 그가 찾아낸 후보는 바로 자
기 자신의 존재였다. 자기 자신의 존재에 관한 데카르트의 유명한 논증
은 《방법서설》에 가장 명확하게 표현되어 있다. 이를 그대로 옮기자면
"나는 생각한다, 고로 존재한다Cogito, ergo sum"이다.

철학자들은 데카르트의 명언을 여러 가지 다른 방식으로 해석했다.
그러나 적어도 표면상으로 이 명언은 논증의 형태를 띠고 있다. 조금만
풀어보자면 이 논증의 전제는 '나는 생각하다.'이고, 결론은 '나는 존재
한다.'이다. 대부분의 논증과 마찬가지로 중요한 것은 전제다. 전제를
당연하게 여긴다면 '나는 존재한다.'라는 결론은 논리대로 자연스럽게
자리를 잡는 듯 보인다.

그림 9 사악한 악마가 통 속에 든 뇌에 감각을 입력하고 있더라도
그 뇌는 여전히 '나는 생각한다, 고로 존재한다.'고 추론할 수 있다.

데카르트는 자신이 생각하고 있음을 어떻게 알 수 있을까? 우선 이 지식은 회의론 논증으로는 약해지지 않는 듯 보인다. 감각 환상에 빠진 사람도 여전히 생각할 수 있다. 꿈을 꾸는 중에도 여전히 생각할 수 있다. 사악한 악마에게 속고 있더라도 여전히 생각할 수 있다. 통 속에 든 뇌도 여전히 생각할 수 있다. 시뮬레이션 안에 있더라도 여러분은 여전히 생각할 수 있다.

더 깊게 들어가자면 데카르트는 자신이 생각하고 있음을 의심할 수 없다고 추론했다. 생각하고 있음을 의심한다고 하더라도 그 의구심 또한 일종의 생각이다. 자신이 생각하고 있음을 의심한다는 건 내부적으로 일관되지 않고, 의구심 자체가 그 의구심이 틀렸음을 증명한다. 데카르트가 자신이 생각하고 있음을 알았다는 건 자기 존재를 아는 데 한 발짝 가까워졌다는 뜻이었다. 생각이 존재하므로 그 생각을 하는 사람도 존재할 수밖에 없다. 그러므로 데카르트는 자신이 존재한다는 결론을 내렸다.

많은 철학자가 데카르트의 "나는 생각한다, 고로 존재한다."의 논리적 구멍을 공략하려 했다. 어떤 이들은 '나는 생각한다.' 부분에 의구심을 던졌다. 데카르트는 자신이 의구심까지 제어할 수 있다는 걸 어떻게 알 수 있는가? 다시 말하자면, 데카르트는 자신이 의식도 없이 자동으로 동작하는 게 아님을 어떻게 알 수 있는가? 다른 이들은 '고로 존재한다.' 부분에 의문을 제기했다. "생각하는 데 꼭 생각하는 사람이 있어야만 하는가?"

18세기 독일의 철학자 게오르크 리히텐베르크Georg Lichtenberg는 데카르트가 "생각이 있다, 고로 생각이 존재한다."고 말했어야 한다고 주장했다. 이런 식이라면 데카르트는 생각이 존재함을 알 수는 있었겠으나 자기 자신에 대해서는 그만큼 확신할 수 없었을 것이다.

그렇지만 많은 사람이 데카르트의 "나는 생각한다, 고로 존재한다."를 인정한다. 나 자신이 생각하고 있음을 의심하기는 어렵다. 사악한 악마 시나리오를 따르더라도 내 정신 자체를 의심하게 되지는 않고, 그처럼 의심하게 되는 시나리오를 만들기도 쉽지 않다. 그 결과 일부 회의론 철학자조차도 우리가 생각하고 있음을 알기 때문에 우리가 존재한다는 걸 알 수 있다고 주장할 태세를 갖추게 되었다.

내 의견을 말하자면, 나는 생각 그 자체가 그다지 특별하다고 생각하지는 않는다. 데카르트는 "나는 느낀다, 고로 존재한다." 또는 "나는 본다, 고로 존재한다.", "나는 걱정한다, 고로 존재한다."고 주장했을 수도 있다. 이 주장들은 모두 자신이 확신을 가질 수 있고 사악한 악마의 마수도 닿지 않는 정신과 관련되어 있다.

적어도 이러한 주장을 의식 또는 주관적인 경험에 관한 말로 이해한다면 데카르트는 이러한 주장에 대해 확신을 가질 수 있다. '본다'를 단순히 본다는 주관적인 경험으로 이해한다면, 데카르트는 자신이 본다는 확신을 가질 수 있다.

내가 보기에는 '나는 생각한다.' 대신 "나는 의식이 있다, 고로 나는 존재한다."는 말이 가장 좋은 진술인 듯하다. 의식에 관해 생각하는 게 나의 주된 일과이므로 내가 이렇게 주장한다고 해도 특이한 일은 아니다. 글쓰기를 주로 하는 사람이라면 "나는 쓴다, 고로 존재한다."고 했을 것이다. 그러나 데카르트가 정말 이러한 뜻으로 주장한 것인지는 논의해볼 여지가 있다. 데카르트는 우리가 의식하는 모든 게 생각에 포함된다고 분명하게 정의했으며, 감각과 상상은 물론 지성과 의지까지도 포함된다고 말했다.

어떤 이론가들은 회의론을 외부세계뿐만 아니라 의식 그 자체에까지 적용하여 의식 또한 환상일 수 있다고 주장했다. 이 견해는 제15장에서 다시 살펴보겠다. 대개는 극단적인 견해로 여겨지지만, 어쨌든 철학에서는 모든 것이 의구심의 대상이라는 점을 잘 보여주는 견해다.

우리가 "나는 생각한다, 고로 나는 존재한다."를 당연하게 받아들인다면 데카르트로서는 이제 토대를 마련한 셈이 된다. 까다로운 부분은 그다음이다. 우리는 우리 자신과 의식에 대한 지식을 바탕으로 어떻게 외부세계에 대한 지식을 얻을 수 있을까?

제4장

외부세계의 존재를 증명할 수 있는가?

지금까지 수많은 철학자가 데카르트의 문제를 해결하고 우리가 외부세계를 알고 있음을 증명하려 애써왔다. 이번 장에서는 이들이 내놓은 답변 중 몇 가지를 살펴보려 한다. 그 전에 우선 재미있는 이야기를 하나 살펴보자. 레이먼드 스멀리언Raymond Smullyan의 책《기원전 5000년과 여러 철학적 환상들5000 B.C. and Other Philosophical Fantasies》에 나오는 이야기다.

어느 철학자가 이런 꿈을 꾸었다.

먼저 아리스토텔레스Aristotle가 등장했기에 철학자는 그에게 말했다. "당신의 철학을 15분짜리 연설로 설명해주실 수 있나요?" 놀랍게도 아리스토텔레스는 방대한 내용을 단 15분 만에 훌륭하게 설명해주었다. 그런데 여기서 철학자가 어떠한 반문을 제기했고, 아리스토텔레스는 이에 답하지 못했다. 아리스토텔레스는 당황한 채로 사라졌다.

다음으로 플라톤이 나타났다. 똑같은 상황이 펼쳐졌고, 철학자는 아리스토텔레스에게 던졌던 반문을 플라톤에게도 똑같이 던졌다. 플라톤 역시 답하지 못한 채 사라졌다. 이후로 역사 속에서 이름을 떨쳤던 철학자들이 하나씩 등장했고, 철학자는 똑같은 반문으로 이들 모두에게 논박했다.

마지막 철학자가 사라진 이후, 우리의 철학자는 혼잣말을 되뇌었다. "나는 지금 잠들어 있고 이 모든 것은 꿈이야. 그렇지만 모든 철학 체계에 반박할 수 있는 보편적인 반론을 찾아냈어! 내일 아침에 일어나면 아마 무엇이었는지 잊어버릴 텐데, 세상이 아쉬워할 만한 발견을 이대로 놓칠 순 없지!"

철학자는 필사적으로 잠을 떨쳐내고 일어나 책상으로 달려가 자신이 발견한 보편적 반론을 적어두었다. 그리고는 안도의 한숨을 내쉬며 다시 침대로 돌아가 잠에 빠져들었다. 다음 날 아침 잠에서 깬 철학자는 책상으로 다가가 자신이 적어둔 글을 보았다. 거기엔 이렇게 적혀 있었다. "당신이나 그렇게 말하겠죠."

외부세계의 수수께끼에 답을 제시했던 지난날의 수많은 위대한 철학자들을 생각하다 보면 스멀리언의 이 반격이 떠오르곤 한다. 누구나 회의론이 거짓이기를 바란다.

2020년 전문 철학자를 대상으로 한 설문 조사에서는 회의론을 인정하거나 회의론에 의견이 기울었다고 답변한 참가자가 고작 5퍼센트에 불과했는데, 이는 이 설문 조사 전체를 통틀어 답변율이 가장 낮은 선택지 중 하나였다. 그러나 한편으로는 회의론에 그럴듯하게 반박할 만한 답을 찾기는 어렵고, 대다수가 합의할 만한 답변은 아직 등장하지 않았다.

회의론에 대한 모든 반박을 뛰어넘을 수 있는 보편적인 철학적 반론이 과연 존재할까? 개인적으로는 없었으면 한다. 왜냐하면 앞으로 회의론에 대응하는 전략을 제시할 예정이기 때문이다. 그렇지만 회의론을 반박하는 답변 중 다수를 격추할 만한 사고방식이 하나 있다.

이 사고방식은 1967년 영국의 철학자 조나단 해리슨Jonathan Harrison 의 놀랍지만 오래도록 평가절하된 소설 〈어느 철학자의 악몽 A Philosopher's Nightmare〉에서 비롯되었다. 소설의 배경은 '생리학, 심리학, 의학, 인공 두뇌 연구 및 커뮤니케이션 이론 등의 분야가 이전과 비교할 수 없을 만큼 발전한' 2167년이다. 간단하게 말하자면 이 이야기는 시뮬레이션 안에서 회의론에 대해 생각하는 어느 철학자에 관한 우화다.

신경과학자 스미손Smythson 박사는 온갖 세계를 환각으로 만들어 낼 수 있는 일종의 시뮬레이터인 '두부頭部 내 전류 환각 생성기'를 발명했다. 박사는 갓난아이의 뇌를 머리에서 꺼내 전류 환각 생성기에 넣었다. 그리고는 이 아이에게 오스트리아 철학자 루트비히 비트겐슈타인Ludwig Wittgenstein의 이름을 따 알프레드 루트비히 길버트 로빈슨Alfred Ludwig Gilbert Robinson이라는 이름을 붙이고 짧게 루트비히라고 불렀다.

스미손 박사는 루트비히가 일관적이고 행복한 인생을 경험할 수 있도록 만들어주었다. 루트비히는 수준 높은 교육을 받았으며 특히 철학 연구를 많이 접했다. 루트비히는 그중에서도 르네 데카르트의 사상에 푹 빠졌고, 자신이 사악한 악마가 만들어낸 감각을 느끼면서 환각 속 세계에 살고 있지는 않을지 걱정했다.

다행히도 루트비히는 이러한 회의론이 거짓임을 증명하려 애쓰는 후대 철학자들의 연구를 접했다. 그는 조지 버클리Goerge Berkely의 연구를 읽고 현상이 곧 현실이므로 자신이 지각하는 외부세계가 진짜라고 확신하게 되었다. 이후 그는 G. E. 무어G. E. Moore의 연구를 읽고 자신에게 두 손이 있으므로 외부세계는 존재한다고 확신하게 되었다(버클리와

그림 10 루트비히가 전류 환각 생성기로 살았던 삶의 4단계

무어의 사상은 이번 장의 뒷부분에서 더 자세하게 다루겠다).

다음으로는 20세기 중반 철학자들의 연구를 읽고 전체 환상이라는 개념 자체가 무의미하다고 확신하게 되었다. 스미손 박사는 친절하게도 루트비히에게 진짜 상황을 알려주지 않았다. 루트비히는 계속해서 행복한 삶을 살았으나, 마침내 뇌를 기계에서 꺼내 진짜 몸에 이식한 이후 철학에 대한 흥미를 잃고 말았다.

해리슨은 이 글의 결론이 무엇인지 명확하게 알려주지 않았다. 다른 철학자들이 이 이야기를 잘 인용하지 않는 데에는 아마 이 또한 영향을 미쳤을 것이다. 추정컨대 해리슨은 다양한 반회의론적 견해를 조롱하면서 이러한 견해들이 단지 논리적 모순에 지나지 않는다고 주장하는 듯하다. 해리슨의 글을 읽은 사람이라면 환각 기계 안에 갇혀서도 외부세계의 지식에 관한 논증을 펼칠 수 있는데 이러한 논증이 얼마나 탄탄할 수 있겠냐는 의심이 들기 쉽다.

해리슨의 이야기는 다양한 반회의론적 견해에 대응하는 한 가지 전략을 제시한다. 이 전략을 가리켜 '시뮬레이션 반격Simulation Riposte'이라고 하겠다. 우리가 외부세계를 알고 있다는 논증을 마주하면 시뮬레이션 반격은 이렇게 외친다. "시뮬레이션 안에 있는 사람이나 그렇게 말하겠죠."

나는 해리슨의 반격이 무척이나 마음에 든다. 회의론에 대응하는 보편적인 반론은 아니지만, 다수의 회의론이 이 반격에 제대로 대응하지 못한다. 특히 우리가 시뮬레이션 안에 있지 않음을 결정적으로 증명하려는 반론들은 이 반격에 속수무책이다.

앞서 살펴본 회의론의 대가 논증도 이러한 식으로 전개되었다는 점을 떠올려보자. 첫째, 우리는 우리가 시뮬레이션 안에 있지 않음을 알 수 없다. 이는 지식 질문에 "아니다."라고 답하는 것과 같다. 둘째, 우리가 시뮬레이션 안에 있지 않음을 알 수 없다면, 우리는 외부세계에 대해 실질적으로 그 무엇도 알 수 없다. 결론적으로 우리는 외부세계에 대해 실질적으로 그 무엇도 알지 못한다. 두 가지 전제를 모두 인정한다면 결론 또한 인정하고 외부세계에 대한 전체 회의론을 인정할 수밖에 없다.

역사적으로 보자면 지금까지는 첫 번째 전제에 반박하는 대응이 가장 일반적이었다. 다시 말하자면 지식 질문에 "그렇다."라고 답하면서 우리가 시뮬레이션 안에 있지 않음을 알 수 있다, 또는 우리가 통 속의 뇌가 아니고 사악한 악마에게 속지도 않았음을 알 수 있다고 주장하는 식이었다.

이번 장에서 나는 몇 가지 대응을 살펴보고 이들이 반박에 실패했음을 논하겠다. 이는 지식 질문에 "그렇지 않다."라고 대답하고 우리가 시뮬레이션 안에 있지 않음을 알 수 없다고 주장하게 될 또 다른 이유가 될 것이다.

신은 문제를 해결할 수 있는가?

자기 정신에 대한 지식을 바탕으로 외부세계에 대한 지식을 얻으려면 거대한 다리를 건너야만 한다. 데카르트는 이 다리를 건널 방법이 있다고 생각했다. 바로 신을 거치는 방법이었다. 데카르트는 신이 완벽한 존재라는 개념을 자신이 알고 있다고 논했다. 그가 아는 신이라는 개념은 완벽하게 선하고 완벽하게 현명한 존재의 개념이다.

나아가 데카르트는 이 개념 자체가 완벽한 개념이며, 그러한 만큼 완벽한 존재에게서만 얻을 수 있는 개념이라고 생각했다. 즉, 신이라는 개념은 신에게서 비롯된 게 분명하다. 이 논증이 옳다면, 우리는 우리 정신에 대한 지식을 바탕으로 우리 외부의 무언가, 또는 우리보다 훨씬 큰 무언가에 대한 지식을 얻을 수 있다. 다시 말하자면 우리는 신을 알 수 있다.

신에게 닿았다면 외부세계에는 쉽게 닿을 수 있다. 신은 완벽한 존재이므로 우리가 속임수에 빠지게 두지 않을 것이다. 그러므로 신이 존재한다면 사악한 악마는 존재할 수 없고 평생에 걸쳐 이어지는 꿈이나 감각 환상도 존재할 수 없다. 신이 있는 한, 우리가 느끼는 외부세계는 대부분 정확할 것이다. 그렇지 않다면 신이 완벽하지 않다는 말이 된다.

그러므로 외부세계는 존재하며 우리가 생각하는 것과 대체로 같다. 할 렐루야!

이 논증은 데카르트의 "나는 생각한다, 고로 존재한다."는 논증에 비해 많은 철학자에게 별다른 인상을 남기지 못했다. 여러분 또한 이미 이 논증에서 몇 가지 허점을 발견했을 것이다. 한 가지 명백한 문제부터 짚어보자. 완벽한 존재라는 개념을 완벽한 존재가 아닌 다른 출처에서 얻을 수 없는 이유는 무엇일까? 나는 완벽한 원이라는 개념을 알고 있으며, 완벽하지 않고도 그러한 개념을 만들 수 있다. 사실 사악한 악마조차 누군가에게 완벽한 존재라는 개념을 심어줄 수 있지 않을까?

또 다른 문제도 있다. 완벽한 존재가 있다고 한들 우리가 속고 있지 않다고 확신할 방법이 있을까? 어쩌면 속임수 또한 완벽한 존재의 계획은 아닐까? 예컨대 사람이라면 현실을 깨닫기에 앞서 반드시 일정 기간의 속임수를 거쳐야 할지도 모른다. 어쨌든 우리는 완벽하지 않으므로 완벽한 존재가 어떤 존재인지 제대로 알지 못한다.

시뮬레이션 반격 또한 생각해볼 수 있다. 머지않아 우리는 시뮬레이션을 만들 수 있게 될 것이다. 이러한 시뮬레이션에는 완벽한 존재를 믿는 피조물이 가득할 수도 있다. 어쩌면 데카르트의 시뮬레이션 버전도 존재할 수 있는데, 이를 심 데카르트라고 해보자. 심 데카르트는 "우리의 창조자는 완벽하며 절대 우리를 속이지 않는다."라고 말할 것이다.

사실 심 데카르트의 창조자는 우리고, 우리는 완벽하지 않다. 그러므로 완벽이라는 개념을 만들기 위해 완벽할 필요는 없다. 우리는 완벽하지 않고 시뮬레이션이 아닌 세계에서 심 데카르트를 만들기에는 역부족이므로, 이를 시뮬레이션에서 창조할 수밖에 없다고 말하는 게 정확할 것이다.

많은 이들의 믿음대로 분명 어딘가에는 우리를 창조하고 간접적으로 시뮬레이션을 창조한 완벽한 신이 정말 존재한다. 데카르트는 우리가 아는 완벽이라는 개념이 신에게서 비롯되었으므로, 심 데카르트는 그 개념을 간접적으로 신에게서 얻었고, 완벽한 존재에 대한 그의 논증이 여전히 옳다고 논할 수도 있다. 그러나 이는 회의론에 대한 데카르트의 답변에 도움이 되지 않는다. 시뮬레이션 안의 피조물이 속임수에 빠져 있다고 가정한다면 심 데카르트 역시 속임수에 빠져 있다. 여기서 완벽한 존재가 등장한다면 완벽한 존재가 있다는 점만으로는 모든 것이 속임수일 가능성을 배제하지 못한다.

데카르트는 우리가 아직 실제로 이러한 시뮬레이션을 만들지 못했다는 점을 들어 반론을 펼칠 수도 있겠다. 어쩌면 심 데카르트를 속일 만한 시뮬레이션을 만들려고 아무리 애를 써도 완벽한 존재가 이를 허락하지 않아 영원히 성공하지 못할 수도 있다. 그러나 시뮬레이션 기술은 확실히 사람들을 시뮬레이션 세계에 심을 수 있을 듯한 방향으로 발전하고 있다. 이것이 가능하다고 여길 만한 근거는 이미 있다.

정말 이러한 시뮬레이션을 만들 수 있게 된다면 데카르트의 논증, 즉 우리가 사악한 악마 시나리오 또는 시뮬레이션 시나리오 속에 있지 않다고 해석되는 논증은 결정적인 타격을 입을 것이다. 시뮬레이션 속 존재들을 보게 된다면 우리는 여러 존재가 시뮬레이션 안에 존재할 수 있음을 알게 될 테고, 이것이 불가능하다는 논증은 모두 반박에 부딪힐 것이다. 여기까지 가지 않아도 오늘날의 시뮬레이션 기술 또한 데카르트의 논증에 의문을 제기한다. 기술은 다시 한번 이러한 옛 논증을 새로운 시각으로 바라볼 수 있게 도와준다.

현상은 현실과 같은가?

회의론에 관한 가장 권위 있는 답변은 "현상appearance이 곧 현실reality"
이라는 주장일 것이다. 〈매트릭스〉에서 로렌스 피시번Laurence Fishburne이
연기한 반란군 지도자 모피어스Morpheus는 다음과 같이 말했다.

"실제란 무엇입니까? 실제를 어떻게 정의하시겠습니까? 우리가 느끼고, 향기
를 맡고, 맛보고, 볼 수 있는 것이라고 한다면, '실제'는 그저 우리 두뇌가 해석
하는 전자 신호에 지나지 않을 것입니다."

결국 현실이 모두 마음속에 있다는 개념이다. 무언가가 현실처럼 보이
고 느껴지고 들리고 맛이 난다면, 그건 현실이다. 무언가가 실제로 현상
을 갖추고 있으면서 그와 반대되는 현상이 없다면, 그건 실제다.

철학에서 모피어스의 '현상이 곧 현실'이라는 논제는 관념론idealism의
핵심 형태다. 여기서 관념론은 현실이 마음으로 구성된다는 논제를 가
리킨다. 철학에서 관념론은 이상ideal보다 관념idea과 더 관련되어 있다.
관념론에서는 현실이 관념, 즉 감각과 생각, 느낌을 비롯한 마음의 요소
로 구성된다고 말한다. 인도 철학의 관념론은 불교와 힌두교 모두에서
일반적인 견해다.

기원후 4세기 유가행파瑜伽行派* 철학자 바수반두Vasubandhu는 관념론
을 깊이 있게 변호한 《유식이십론唯識二十論》의 첫머리에서 '삼계의 만물
이 그저 마음에 지나지 않는다.'는 부처의 말에서 관념론의 기원을 찾는

---

* 인도에서 성했던 대승 불교의 한 파

다. 바수반두는 이를 가리켜 "현실은 의식에 지나지 않는다."라고 했다. 바수반두의 견해에 따르자면, 내가 나무를 보고 있다면 나무라는 관념, 또는 나무의 현상, 또는 나무에 대한 의식만이 현실에 존재한다. 마음 바깥에는 나무가 존재하지 않는다.

서양 철학에서 관념론은 18세기 앵글로아일랜드인 철학자 조지 버클리George Berkeley와 더 밀접한 관련이 있다. 1710년 저서 《인간 지식의 원리론》에서 버클리는 "존재한다는 것은 지각된다는 것esse est percipi."이라는 유명한 말을 남겼다. 숟가락을 지각할 수 있다면 그 숟가락은 존재한다. 즉, 숟가락이 여러분 앞에 모습을 드러낸다면 그 숟가락은 실제라는 뜻이다. 말하자면 현상은 곧 현실이다.

[그림 11] 불교의 관념론. 바수반두는 "모든 것은 마음이다."라는 부처의 말을 고찰했다.

이 논제는 마음과 세계 사이에는 차이가 없다는 말로 그 간격을 메운다. 세계는 언제나 우리 마음속에 있었다. 만물이 우리 마음속에 어떤 모습으로 비치는지 안다면, 우리는 어떻게 만물이 세계에 존재하는지를 아는 셈이다.

버클리와 바수반두는 현실이 마음으로 만들어진다고 논했다. 그 밑바탕에는 지각, 생각, 느낌이 있다. 이 요소들은 세계 전체를 구성하는 초석이다. 테이블은 다양한 각도와 상황에서 드러나는 테이블의 수많은 현상으로 구성된다. 보통 우리는 테이블이 먼저 존재하고 그다음으로 현상이 드러난다고 생각한다. 그러나 관념론자들의 말대로라면 테이블의 현상이 근본이고, 그 현상에서 테이블이라는 존재가 비롯된다.

이러한 종류의 관념론에서는 현상과 현실 간의 부분적인 차이를 인정한다. 예컨대 분홍색 코끼리의 환각을 보았다고 해보자. 이 경우 분홍색 코끼리는 현상을 드러냈으나 실제로 존재하지 않는다. 그런데 환상과 환각은 실제로 코끼리가 없다는 잠재적 증거가 있을 때만 일어날 수 있다. 손을 뻗어도 코끼리를 만질 수 없고, 다음 날 아침 다시 보면 코끼리가 머물렀던 흔적을 찾아볼 수 없다고 해보자. 지각하는 현상이 총체적으로 코끼리가 없다는 쪽에 무게를 싣고 있다면, 그 코끼리는 현실에 존재하지 않는다.

현상이 곧 현실이라는 논제를 이러한 방식으로 해석한다면 전체 회의론이 배제된다. 전체 회의론을 받아들이려면 모든 것이 현상과 다른 전체 환상 속에 우리가 살고 있다는 설을 진지하게 고려해볼 수 있어야 한다. 그러나 '현상이 곧 현실'이라는 논제는 전체 환상을 배제한다. 테이블의 현상이 드러나는데 그와 반대되는 현상은 드러나지 않는다면 그곳에는 실제로 테이블이 있다. 현상이 있다면 곧 현실이 있다.

게다가 현상이 현실을 결정한다고 하면 우리가 시뮬레이션 안에 있지만 그렇다는 단서조차 찾을 수 없다는 완벽한 시뮬레이션 가설 또한 배제된다. 이러한 시나리오에서는 시뮬레이션이 현실에 존재하면서도 시뮬레이션의 기미조차 모습을 드러내서는 안 된다. 현상이 곧 현실이라면 이러한 일은 있을 수 없다.

관념론에 대해서는 수많은 반론이 있다. 그중 하나에서는 "현실은 누구의 마음으로 만들어지는가?"라고 묻는다. 현실이 나의 마음만으로 구성된다는 견해를 유아론solipsism이라고 한다. 나만이 진정으로 존재하고, 내 마음이 우주를 구성한다. 그러나 이러한 사고는 과대망상에 가깝다.

반면 우리 모두의 마음이 한데 모여 현실을 구성한다고 하면 나의 마음과 현실 전체 사이에는 차이가 있을 것이다. 내가 유니콘을 볼 때 남들은 그걸 코끼리로 볼 수 있는데, 그렇다면 현실에 존재하는 것은 코끼리일 것이다. 이러한 사고는 회의론을 다시 불러일으킬 수 있다. 나를 제외한 모든 사람의 지각이 나의 지각과 일치한다는 걸 어떻게 알 수 있을까?

또 다른 진지한 반론에서는 관찰되지 않은 비트의 현실에 관한 문제를 제기한다. 예컨대 내가 방을 나서면 방에 있던 책상은 어떻게 되는가? 그 누구도 관찰하지 않는 머나먼 우주와 의식이 진화하기도 이전인 먼 옛날은 어떠한가? 그곳에는 현실이 있었는가? 이러한 반론은 영국의 신학자 로널드 녹스Ronald Knox가 쓴 5행 희시에 잘 요약되어 있다.

한때 누군가 말했다.

"안뜰 주변에 아무도 없는데

나무가 계속해서 존재한다면
신은 이를 너무나도
기이하게 여기실 게 분명하다."

이에 대한 답변 격인 또 다른 5행 희시에는 버클리의 견해가 잘 담겨 있다.

친애하는 경, 놀라실 것 없습니다.
나는 언제나 안뜰 주변에 있습니다.
그러니 나무는 관찰되고 있으며,
계속해서 존재할 겁니다.
사랑을 담아, 신.

데카르트에게는 신이 구세주였다. 신이 언제나 온 세계를 지켜보는 한 관찰되지 않는 현실은 문제가 아니다. 신의 경험이 현실을 계속 뒷받침한다. 우리의 경험은 신의 경험에서 비롯된다. 신의 경험이 지속되므로 우리는 뒤뜰에 들어설 때마다 늘 나무를 볼 수 있다.

여기까지 보면 괜찮지만, 외부세계가 담당하던 역할을 신이 담당하면 문제가 생길 수 있다. 물리적 나무의 존재가 나를 비롯한 모든 사람의 경험을 뒷받침하는 게 아니라, 나무에 대한 신의 관념이 나를 비롯한 모든 사람의 경험을 뒷받침한다는 말이기 때문이다. 이렇게 되면 데카르트에게 던졌던 질문과 같은 질문이 떠오른다. "신이 존재한다는 걸 우리는 어떻게 알 수 있을까? 만약 알지 못한다면, 우리가 주변에 없을 때도 그 나무가 존재한다는 걸 어떻게 확신할 수 있을까?"

또 다른 의문도 떠오른다. "신이어야만 할 이유가 있을까? 사악한 악마나 시뮬레이션도 이러한 역할을 담당할 수 있지 않을까? 사실 신 시나리오는 사악한 악마 시나리오의 순화된 버전이 아닐까?" 사악한 악마 현상이 드러나지 않으므로 사악한 악마 시나리오를 배제한다고 해보자. 그렇다면 신의 현상도 드러나지 않는데 신 시나리오를 배제하지 못할 이유가 있을까?

관념론에는 현상의 일관성을 설명하려면 그 현상을 기저에서 뒷받침하는 또 다른 현실이 있다고 가정해야 한다는 문제가 있다. 예컨대 우리가 같은 나무를 매일 본다는 사실을 설명하려면 그 바탕이 되는 현실을 가정해야 한다. 버클리는 신의 마음이 이러한 현실이라고 했다. 그런데 이렇게 되면 우리의 지각과 현실 사이에 차이가 발생하므로 다시 한번 회의론 문제가 떠오른다. 신이든 외부세계든, 이처럼 현상 아래에 존재하는 현실을 우리는 어떻게 알 수 있겠는가?

여기서 시뮬레이션 반격의 일종을 꺼내보자. 우리가 풍성한 시뮬레이션 세계를 만들었고, 그 안에 버클리의 시뮬레이션도 있다고 해보자. 심 버클리는 "현상이 현실"이라고 말한다. 시뮬레이션의 현상은 드러나지 않으므로 시뮬레이션은 현실에 존재하지 않는다. 그러므로 심 버클리는 "나는 시뮬레이션 안에 있지 않고 나의 경험은 모두 신의 마음속 관념에서 비롯된다."라는 결론에 도달한다.

우리의 관점에서 보자면 심 버클리는 다소 우스꽝스러워 보인다. 심 버클리는 자신이 시뮬레이션 안에 있지 않다고 말하지만, 그의 말은 틀렸다. 그는 시뮬레이션 안에 있다. 그는 현상이 현실이라고 말하지만, 사실은 그에게 보이는 것보다 훨씬 광대한 현실이 존재한다. 심 버클리는 신이 자신의 경험을 만든다고 하지만, 사실 그의 경험은 우리가 컴퓨터를 이용해 만든다. 그의 세계를 뒷받침하는 건 신의 마음속 관념이 아니라 컴퓨터다.

이쯤에서 버클리가 다시 한번 반격할 여지가 있다. 우리 세계의 만물은 신의 마음이 뒷받침하고 있으며, 컴퓨터 또한 여기에 포함된다고 논할 수 있기 때문이다. 그렇지만 컴퓨터가 어떤 작업을 처리할 수 있는지 아는데 왜 신이 필요하겠는가? 또, 버클리라면 심 버클리의 현상을 넘어서는 현실이 존재한다고 하더라도 심 버클리의 현실, 즉 심 버클리가 지각하는 테이블과 의자의 세계는 그러한 현상으로 구성된다고 논할 수 있다. 시뮬레이션 바깥에 있는 것은 심 버클리의 세계 바깥에 있기 때문이다.

그렇지만 여전히 "나는 시뮬레이션 안에 있지 않다."라는 심 버클리의 말이 틀렸음을 부정하기는 힘들다. 현상이 곧 현실이라는 원리에 의구심을 품어볼 만한 대목이다.

뒤에서 나는 관념론의 몇몇 형태를 적어도 이론적 가설의 하나로써 진지하게 고려해야 한다고 논할 것이다. 우주 저변에 의식이 있다는 설을 배제할 수는 없다. 그러나 나는 현상과 현실을 동일시하는 데 머무르는 관념론은 모두 말이 되지 않는다고 생각한다. 우리는 회의론 문제를 해결하기 위해 다른 길을 찾아야 한다.

시뮬레이션 가설은 무의미한가?

'논리적 실증주의자' 또는 '논리적 경험주의자'라고 불리는 1920~1930년 빈 학파의 논리 실증주의 철학자들은 철학을 과학적으로 만들고자 했다. 1920년대에 이들은 빈의 카페와 강의실에서 정기적으로 모였다. 빈 학파 소속으로 가장 유명한 이들 중에는 철학자 오토 노이라트Otto Neurath, 모리츠 슐리크Moritz Schlick, 수학자 쿠르트 괴델Kurt Gödel 등이 있다.

빈에 거주하던 철학자 칼 포퍼와 루트비히 비트겐슈타인은 다수의 빈 학파 일원들과 교류했으나 학파의 모임에 참여하지는 않았다. 철학자 로즈 랜드Rose Rand는 모임에서 오간 이야기를 꼼꼼하게 기록으로 남겼는데, 여기에는 어떠한 명제를 받아들일지 거부할지에 관한 투표도 포함되어 있었다.

학파의 주요 인물이었던 루돌프 카르나프Rudolf Carnap는 다수의 철학적 문제가 의미 없는 가짜 문제pseudo-problem라고 말했다. 그는 검증할 수 있는 가설만이 의미 있는 가설이라고 했다. 가설을 뒷받침하거나 반박하는 증거를 얻을 수 있어야 한다는 말이었다.

우리는 사악한 악마 가설을 비롯한 데카르트의 회의론 가설을 뒷받침하거나 반박하는 증거를 찾을 수 없다. 그러므로 논리 실증주의자들은 이러한 회의론 가설이 무의미하다고 보았다. 비트겐슈타인은 《논리-철학 논고》에서 '회의론은 반박할 수 없지는 않으나 확실히 아무런 의미가 없다.'라고 썼다.

이러한 시각에서 보자면 시뮬레이션 가설도 아무런 의미가 없을까? 앞서 우리는 이론상 시뮬레이션 가설에 대한 증거를 찾을 수 있음을 살펴보았다. 예컨대 시뮬레이터가 우리에게 시뮬레이션 안에 살고 있다고 말해줄 수도 있고, 프로그램을 보여줄 수도 있고, 우리 주변의 세계를 조작하는 방법을 알려줄 수도 있다. 어떤 이들은 심지어 우리가 시뮬레이션 안에 살고 있음을 알려주는 물리적 증거가 있을 수도 있다고

그림 12 │ 시뮬레이션 안에서 루돌프 카르나프가 시뮬레이션한 빈 학파(슐리크, 노이라트, 랜드, 괴델, 올가 한 노이라트Olga Hahn-Neurath, 한스 한Hans Hahn 그리고 곁을 지나가는 포퍼와 비트겐슈타인)에게 시뮬레이션 가설은 무의미하다고 말하고 있다.

생각한다.

제2장에서 살펴보았듯, 이러한 종류의 증거는 완벽하지 않은 시뮬레이션과 관련된다. 완벽한 시뮬레이션에서 우리는 언제나 시뮬레이션이 아닌 세계에서와 똑같은 경험을 하게 될 것이다. 그러므로 완벽한 시뮬레이션 가설을 뒷받침하거나 반박하는 증거를 찾을 방법을 알아내기는 어렵다. 만약 알아내지 못한다면 카르나프를 비롯한 빈 학파 철학자들은 완벽한 시뮬레이션 가설이 무의미하다고 말할 수 없을 것이다.

나는 이 지점에서 빈 학파 철학자들이 틀렸다고 생각한다. 완벽한 시뮬레이션 가설을 뒷받침하거나 반박하는 증거를 찾을 수 없다는 건 단

129

지 이 가설이 과학적 방법을 이용해 검증할 수 있는 과학적 가설이 아니라는 뜻에 불과하다. 그러나 우리 세계에 대한 본질을 탐구하는 철학적 가설로서는 온전히 의미가 있다.

여기서 다시 한번 우리는 시뮬레이션 반박을 이용할 수 있다. 우리가 스스로 완벽한 시뮬레이션을 만드는 데 성공했다고 상상해보자. 이 시뮬레이션 안에서 어떤 심들은 논증을 펼칠 것이다. 심 보스트롬은 "우리는 시뮬레이션 안에 있다."라고 논한다. 심 데카르트는 "그렇지 않다. 우리는 시뮬레이션이 아닌 현실에 있다."라고 논한다. 심 카르나프는 "이러한 논쟁은 무의미하며, 심지어 두 사람 모두 틀렸다."라고 논한다.

이러한 논쟁이 무의미하다는 데 찬성하는 이들은 심 카르나프 편에 서서 심 보스트롬과 심 데카르트 사이의 논쟁에 논리적 맥락이 없다고 말할 것이다. 양측의 주장 모두 옳지 않다는 것이다. 그러나 이러한 판단은 옳지 않아 보인다. 사실은 심 보스트롬이 옳고, 심 데카르트가 틀렸다. 이들은 모두 시뮬레이션 안에 있다. 심 보스트롬은 그가 옳음을 증명하는 증거를 결코 찾을 수 없겠지만, 어쨌든 그가 옳다.

그래도 의문이 든다면, 이제 이 시뮬레이션 안에 완벽하지 않은 지점이 있다고 가정해보자. 찾기 어려우나 찾기만 한다면 시뮬레이션에 관한 결정적인 증거를 줄 빨간 알약이 있다고 가정해보자는 말이다.

어느 날 심 보스트롬과 심 데카르트가 빨간 알약을 찾아 증거를 발견했다. 누군가가 이들에게 시뮬레이션을 운영하고 그들 모두의 삶을 제어하는 컴퓨터를 보여주었다. 아마 두 심 모두 심 보스트롬이 옳았고 심 데카르트가 틀렸다는 데 동의할 것이다. 이들의 이러한 판단은 옳다. 그러므로 적어도 이러한 경우라면 이들이 시뮬레이션 안에 있는지에 관한 논쟁은 무의미하지 않다.

이제 이야기에 약간의 변화를 줘보자. 빨간 알약이 존재하지만 심 보스트롬과 심 데카르트는 빨간 알약을 찾지 못했다. 어쩌면 증거를 찾고자 노력했으나 빨간 알약을 발견하기 전에 세상을 떠났을 수도 있다. 그렇다면 만약 이들이 빨간 알약을 찾았더라면 심 보스트롬이 옳고 심 데카르트가 틀렸음을 발견했을 수도 있다. 이러한 경우라면 내 생각에는 이들이 빨간 알약을 발견하지 못했다고 하더라도 심 보스트롬이 옳고 심 데카르트가 틀렸음이 분명하다. 그러므로 이번에도 심들의 논쟁은 무의미하지 않다.

이야기를 다시 한번 바꿔보자. 시뮬레이션의 창조자가 시뮬레이션에 완벽하지 않은 부분이 있음을 알아차렸다. 창조자가 버그를 고치자 빨간 알약이 사라졌다. 이제 이 시뮬레이션은 완벽한 시뮬레이션이 되었다. 두 명의 시뮬레이션 철학자는 앞서 살펴본 경우에서와 똑같은 삶을 살 것이다. 심 보스트롬은 그들이 시뮬레이션 안에 있다고 주장하고, 심 데카르트는 반대를 주장한다. 물론 이들은 빨간 알약을 발견하지 못하고 아무런 증거 없이 죽는다.

이 경우에도 나는 심 보스트롬이 옳았고 심 데카르트가 틀렸음이 명백하다고 생각한다. 이들은 앞서 살펴본 경우와 정확히 똑같은 삶을 살았다. 시뮬레이션 어딘가에 빨간 알약이 존재한다는 것만으로는 두 심 중 누가 옳은지에 대해 아무런 차이를 만들어내지 못한다. 심 보스트롬과 심 데카르트는 모두 그들의 세계에 대해 완벽하게 의미 있는 주장을 펼쳤으며, 두 심 모두 자신의 주장을 증명하지 못했더라도 달라지는 것은 없다.

빈 학파의 견해는 검증주의verificationism를 바탕으로 했다. 검증주의에서는 감각 증거로 참 또는 거짓을 검증할 수 있는 가설만이 의미 있는 가설이라고 본다. 그러나 오늘날에는 대체로 검증주의를 거부하는데, 감각 증거로 검증할 수 없으면서도 의미 있는 가설이 많아 보이기 때문이다.

사람들은 "검증주의 자체를 감각적 증거로 검증할 수 있는가? 만약 검증할 수 없다면, 검증주의는 무의미한가?"와 같은 질문으로 검증주의자들의 발목을 잡는다. 이 질문의 답은 명백해 보인다. 검증주의는 검증할 수 없다. 다시 말하자면 검증주의자들의 시각에서 검증주의가 무의미하다는 뜻이다. 이것만으로도 이 견해는 약해진다. 철학자들은 대부분 검증주의를 검증할 수는 없지만 어쨌든 검증주의 또한 의미가 있다는 합리적인 결론에 도달했다.

시뮬레이션 가설에도 같은 논리를 적용할 수 있다. 앞서 나는 심 보스트롬과 심 데카르트가 시뮬레이션 가설을 검증할 수 없어도 이 가설은 이들에게 의미 있는 가설이라고 논했다. 우리에게도 마찬가지다. 우리가 시뮬레이션 가설을 증명하거나 반증할 수 있든 없든, 시뮬레이션 가설은 완벽하게 의미 있는 가설이다. 우리는 시뮬레이션 안에 있거나, 시뮬레이션 안에 있지 않다.

시뮬레이션 가설은 모순인가?

또 다른 반회의론 견해에서는 시뮬레이션 가설이 유의미하다고 하더라도 모순된 가설이라고 말한다. 이 주장은 결코 참일 수 없다. "7 곱하기 3은 소수다."라는 주장을 생각해보자. 이 문장의 모든 단어에는 의미가 있지만, 소수는 이러한 식으로 인수분해할 수 없으므로 이 주장은 모순이다. 그러므로 우리는 이 주장이 거짓임을 알 수 있다. 마찬가지로 만약 시뮬레이션 가설이 모순이라면 우리는 이 가설이 거짓임을 알 수 있어야 한다.

시뮬레이션 가설이 모순이라는 결론에 이르는 한 가지 방법은 앞서 살펴본 버클리의 관념론이다. 관념론에서는 현상이 곧 현실이라고 말한다. 더욱 강한 형태의 관념론에서는 "우리가 시뮬레이션 속에 있다." 라는 말이 결국 "우리가 시뮬레이션 안에 있는 것으로 보인다." 정도의 뜻이라고 할 것이다.

완벽한 시뮬레이션 가설은 "우리는 시뮬레이션 안에 있지만, 시뮬레이션 안에 있는 것으로 보이지는 않는다."라고도 이해할 수 있다. 만약 더욱 강한 형태의 관념론이 참이라면 "우리는 시뮬레이션 안에 있으면서 시뮬레이션 안에 있지 않다."라고 말한 셈인데, 이는 모순이다. 그러므로 이러한 형태의 관념론에서 우리는 시뮬레이션 가설이 거짓임을 알 수 있다.

이러한 견해에는 앞서 관념론에 반박했던 것과 같은 방식으로 반박할 수 있다. 또한 실제로 시뮬레이션 안에 있는 심 버클리를 이용할 수도 있다. 심 버클리는 "내가 시뮬레이션 안에 있다는 가정은 모순"이라고 주장할 것이다. 여기까지만 보아도 무언가 틀렸다는 점이 명백하게 드러난다.

퍼트넘은 더 미묘한 방식으로 회의론 가설이 모순이라고 주장했다. 앞선 장에서 살펴보았듯, 퍼트넘은 데카르트의 사악한 악마 시나리오를 현대적으로 업데이트한 '통 속의 뇌' 가설을 선보였다. 우리는 통 속에 든 뇌고, 어느 뛰어난 과학자가 우리에게 감각 입력을 넣고 있다는 가설이다. 퍼트넘은 1981년 저서 《이성·진리·역사》에서 통 속의 뇌가 모순이라고 논했다.

퍼트넘의 논증은 통 속의 뇌에게 '뇌'와 같은 단어가 어떤 의미일지 분석하는 데서 시작한다. 이 논증은 퍼트넘의 의미론, 즉 어떤 단어의 의미는 그것이 외부 환경에서 무엇과 연결되었는지에 따라 달라진다는 이론을 바탕으로 한다.

기본적으로 퍼트넘은 통 속의 뇌는 외부 환경에서 실제 생물학적 뇌를 접해본 적이 없으므로 '뇌'라는 단어를 사용해도 실제 생물학적 뇌를 가리키지 않을 것이라고 논했다. 통 속의 뇌가 접해본 뇌는 디지털 뇌 뿐이다. 그러므로 통 속의 뇌가 '나는 통 속에 든 뇌.'라고 생각한다면 그 생각은 틀렸다. 이 생각은 대략 '나는 통 속에 든 디지털 뇌.'라는 뜻일 텐데, 사실 이 뇌는 디지털 뇌가 아니라 생물학적 뇌이기 때문이다. 이러한 상황은 '나는 통 속에 든 뇌'라는 가설이 참일 가능성이 없음을 시사한다.

퍼트넘의 논증과 의미론은 제20장에서 더 자세히 다루겠다. 여기에서는 이 논증을 '나는 컴퓨터 시뮬레이션 안에 있다.'라는 가설에 적용한다면 '나는 통 속에 든 뇌.'라는 가설에 적용할 때만큼 잘 작동하지는 않는다고만 말해두겠다.

심 퍼트넘이 '나는 컴퓨터 시뮬레이션 안에 있다.'라고 생각한다면 그의 생각은 참이다. '컴퓨터 시뮬레이션'이라는 단어는 '뇌'라는 단어와는 다르게 우리 주변 환경의 특정 시스템을 기반으로 하지 않는다. 심 퍼트넘이 말하는 컴퓨터 시뮬레이션은 보통의 컴퓨터 시뮬레이션이면서 우리가 말하는 컴퓨터 시뮬레이션과 같다. 그리고 그는 실제로 컴퓨터 시뮬레이션 안에 있다. 그러므로 '나는 컴퓨터 시뮬레이션 안에 있다.'라는 생각은 모순이 아니다.

결론적으로 시뮬레이션 가설은 모순이 아니다. 시뮬레이션 가설일 참일 가능성은 여전히 남아있다.

단순성은 시뮬레이션 가설을 배제하는가?

지금까지 우리가 시뮬레이션 안에 있지 않음을 확신할 수 있고, 외부세계가 존재한다고 확신할 수 있다는 회의론의 여러 답변을 살펴보았다. 또 다른 유형의 답변에서는 지식에 확신이 필요하지 않다고 논한다. 데카르트 논증에서는 우리가 시뮬레이션 안에 있지 않음을 확신할 수 없지만 어쨌든 우리는 우리가 시뮬레이션 안에 있지 않음을 잘 알고 있다고 말했다.

비유하자면 이렇다. 지금 이 글을 쓰는 시점에서 나는 조셉 바이든 Joseph Biden이 미국의 현 대통령임을 알고 있다. 바이든이 5분 전에 죽었음을 확신할 수 없다고 하더라도 마찬가지다. 내 지식은 얼마든지 틀릴 수 있지만, 그래도 이것은 지식이다. 외부세계에 대한 우리의 지식이 확실할 필요가 없음을 인식하기만 한다면 데카르트의 논증은 약화된다.

같은 맥락의 중요한 답변으로는 저명한 영국인 철학자 버트런드 러셀의 단순성 simplicity에 대한 호소가 있다. 러셀은 외부세계의 객체가 실제라는 상식적인 가설이 우리의 관찰을 가장 단순하게 설명한다고 논했다. 반면 꿈 가설은 극도로 복잡하다. 아마 러셀은 시뮬레이션 가설에 대해서도 똑같이 말했을 것이다. 일반적으로 우리는 우리의 관찰에 대한 가장 단순한 설명을 받아들여야만 하며, 과하게 복잡한 설명을 거부해야 한다. 그러므로 실제세계 가설을 받아들이고 시뮬레이션 가설을 거부해야 한다.

이러한 단순성 호소는 과학 전반에서 찾아볼 수 있다. 종종 이를 14세기 영국인 철학자 오컴의 윌리엄William of Ockham의 이름을 딴 '오컴의 면도날Ockham's razor'이라고도 한다. 오컴의 면도날에서는 개체를 필요 이상으로 늘려서는 안 된다고 말한다. 다른 요소가 동등하다면 가정이 가장 적은 이론, 즉 가장 사고를 '절약하는parsimonious' 이론을 선호해야 한다는 뜻이다. 데이터와 일관되는 더 단순한 설명이 없을 때만 복잡한 이론을 받아들여야 한다.

고대 수학자 프톨레마이오스Ptolemy는 태양이 지구를 중심으로 돈다는 이론을 제시했고, 르네상스 시대의 천문학자 요하네스 케플러Johannes Kepler는 지구가 태양을 중심으로 돈다는 이론을 제시했다. 프톨레마이오스의 이론은 다수의 주전원을 가정해 결론에 도달하는 반면 케플러의 이론은 주전원을 가정하지 않고도 작동한다. 오컴의 면도날에 따르자면 우리는 프톨레마이오스보다 케플러의 이론을 받아들여야 한다.

외부세계에 대한 여러 가설에 초점을 맞춰보자면 실제세계 가설은 시뮬레이션 가설보다 확실히 단순해 보인다. 어쨌든 시뮬레이션 가설은 시뮬레이션이 아닌 세계와 시뮬레이션 세계를 모두 가정해야 하는 반면 실제세계 이론에는 하나의 세계만 등장한다. 하나의 세계만으로도 결론에 도달할 수 있는데 왜 굳이 두 가지 세계를 가정해야 할까?

단순성 이론은 수많은 요소 중 하나일 뿐이다. 단순한 이론이 거짓으로 판명되고 더 복잡한 이론이 참으로 드러나는 경우도 많다. 단순성보다 다른 요소가 더 우선할 수 있다. 예컨대 환경의 복잡성을 알고 있다

평범한 현실이
가장 단순한 가설입니다.

그렇지만 훨씬
더 많은 시뮬레이션이
존재할 수 있습니다.

그림 13 버트런드 러셀과 닉 보스트롬이 시뮬레이션 가설에 대해 이야기를 나누고 있다.

면 단순성보다 우선하는 요소가 있을 수 있다.

화성에서 'A'라는 글자가 새겨진 바위를 발견했다고 해보자. 이 경우 두 가지 가설을 펼칠 수 있다. 그저 다른 바위들의 무작위 운동으로 형성된 자국일 수도 있고, 지적 생명체가 새긴 글자일 수도 있다. 화성에 지적 생명체가 존재한다고 가정할 다른 근거가 거의 없으므로 첫 번째 가설이 더 단순해 보이고, 이러한 이유로 첫 번째 가설을 선호할 수도 있다.

반면 만약 지구에서 'A'라는 글자가 새겨진 바위를 발견했다면 인간이 등장하는 더 복잡한 이론인 지적 생명체 이론을 선호해야 할 것이다. 우리는 지구에 수많은 지적 생명체가 존재함을 알고 있으므로 상대적으로 복잡한 가설을 믿을 만한 근거가 있다. 이 경우 무엇이 가능한

지에 대한 지식이 단순성보다 우선 고려된다.

시뮬레이션 가설도 마찬가지다. 시뮬레이션이 있다고 믿을 만한 다른 근거가 없다면 더 단순한 실제세계 가설을 선호할 수 있다. 반면 보스트롬의 시뮬레이션 논제가 어느 정도 시사하는 것처럼 온 우주를 시뮬레이션하는 완벽한 시뮬레이션이 우리 세계에 다수 존재한다고 믿는다면, 이를 단순성이라는 근거보다 우선시할 수 있다. 완벽한 시뮬레이션을 본 적은 없을 수 있다. 하지만 완벽한 시뮬레이션이 존재할 수 있고, 인류 역사상 미래의 어느 시점에서는 완벽한 시뮬레이션을 개발할 수 있으리라고 믿을 만한 근거가 충분하다. 현재 상황으로는 단순성에 대한 호소는 시뮬레이션 가설을 거부할 만한 근거가 되지 못한다.

시뮬레이션 반박은 이 논의에 보탬이 된다. 심 러셀은 시뮬레이션 가설이 너무 복잡하므로 이를 거부해야 한다고 말한다. 물론 그는 시뮬레이션 안에 있다. 혹자는 심 러셀이 단지 운이 나빴을 뿐이라고 할 수도 있겠다. 어쨌든 심 러셀은 시뮬레이션 가설이 참일 가능성이 거의 없다고 했지 아예 불가능하다고 하지는 않았다. 그러나 심 러셀이 사방이 시뮬레이션이라고 믿을 만한 근거를 발견한다면, 참일 가능성이 거의 없다고 주장할 근거 또한 사라진다.

우리가 시뮬레이션 안에 있지 않다는 게 분명한가?

러셀의 동료 G. E. 무어는 외부세계 회의론에 대해 또 다른 답변을 남긴 것으로 유명하다. 무어는 이렇게 말했다. "여기 내 한쪽 손이 있다. 여기에 다른 쪽 손이 있다. 그러므로 외부세계는 존재한다." 무어는 이를 외부세계에 대한 증거라고 부르면서, 이러한 전제가 명백한 참이며 다른 어떤 철학적 전제보다도 더 설득력 있다고 논했다. 두 손이 존재하므로 외부세계는 존재할 수밖에 없다.

무어는 평범한 상식을 매우 중시했으며 상식을 바탕으로 논증을 펼쳤다. 무어는 그에게 두 손이 있다는 게 명백한 상식이라고 여겼고, 철학적 논증을 세울 때 상식을 전제로 삼을 수 있다고 생각했다. 그러므로 이러한 전제에서 외부세계가 존재한다는 결론이 자연스럽게 도출된다는 것이었다. 무어는 사악한 악마 가설이나 통 속의 뇌 가설에 아무런 의견도 제시하지 않았지만, 추측건대 그는 우리가 상식적으로 그러한 상황에 놓여 있지 않다고 보았을 것이다.

무어가 제시한 외부세계의 증거를 인정하는 이들은 거의 없다. 오히려 외부세계의 존재 여부를 논하는 상황에서 무어가 자기에게 두 손이 있다고 가정할 자격은 없다고 보는 이들이 대부분이다. 이러한 맥락에서는 "나에게 두 손이 있다."라는 가정 또한 의문의 대상이 된다. 자기에게 두 손이 있다는 무어의 주장은 외부세계가 존재함을 전제로 하는데, 이는 논증의 결론이다. 논증의 전제가 같은 논증의 결론을 전제로 삼으므로 순환 논증이 되어버린다. 결론을 얻으려면 결론을 가정해야 한다는 말이다.

여기서 시뮬레이션 반박을 꺼내 보자면 조나단 해리슨의 단편에서도 볼 수 있었던 것처럼 우스꽝스러운 장면을 떠올려볼 수 있다. 심 무어가 자신의 시뮬레이션 손을 들어 올리며 말한다. "나에겐 두 손이 있다! 고로 외부세계는 존재한다!"

심 무어의 말이 어딘가 틀렸다는 건 분명해 보인다. 심 무어는 자기에게 손이 있다는 게 상식이라고 생각한다. 그렇지만 자신이 시뮬레이션 안에 있을 수도 있음을 진지하게 고려한다면 심 무어는 상식에 의존할 수 없다. 무엇이 무엇인지 전혀 알 수 없기 때문이다.

시뮬레이션일 가능성을 진지하게 고려하기 시작한다면 무어의 논증은 남은 힘마저 거의 잃어버리고 만다. 이 시점에서 외부세계에 대한 우리의 상식적인 견해가 의문에 빠진다. 따라서 우리는 의문에서 벗어나기 위해 이 견해를 사용할 수 없다.

외부세계 회의론에 대한 어떤 답변은 우리가 증명할 수는 없어도 시뮬레이션 안에 있지 않음을 알 수는 있다고 논하려 했다. 주석에서 조금 더 자세하게 다루겠지만, 이러한 주장은 시뮬레이션 반박으로 쉽사리 논파할 수 없다. 그러나 시뮬레이션일 가능성을 진지하게 고려하기 시작한다면 이러한 답변들 또한 입지를 지키기가 쉽지 않다.

다음 장에서는 실제로 시뮬레이션 가설이 진지한 가능성이며 이로 인해 우리가 시뮬레이션 안에 있지 않다고 확신할 수 없음을 논해보겠다.

제5장
우리는 시뮬레이션 안에 있을 가능성이 큰가?

1989년, 유저가 시뮬레이션 도시를 제어하는 게임 〈심시티SimCity〉가 첫선을 보였다. 오래지 않아 지구상 생명체의 발달을 시뮬레이션하는 〈심어스SimEarth〉가 등장했다. 2000년에는 단순한 시뮬레이션 인간이 시뮬레이션 집에 사는 〈심즈The Sims〉가 출시되었다. 이를 따라가다 보면 언젠가는 필연적으로 온 우주를 상세하게 시뮬레이션한 〈심우주SimUniverse〉를 만들게 될 것이다.

내부에서 보면 심 우주는 시뮬레이션의 대상인 기존 우주와 구별할 수 없다. 우리가 10억 명의 사람들이 있는 어느 우주를 시뮬레이션한다고 가정해보자. 이 경우 심 우주에는 이들 모두를 각각 시뮬레이션한 순수 심이 존재한다.

어느 정도 시간이 흐른다면 10대 청소년 사이에서 모바일 기기로 심 우주를 플레이하는 게 유행할 수 있다. 기술이 그만큼 발전하지는 못하더라도 연구자들이 과학, 역사, 금융, 군사적 목적으로 수많은 시뮬레이션 우주를 가동하리라는 건 쉽게 상상할 수 있다. 이렇게 한두 세기만 지나도 수백만, 또는 수십억 개의 서로 다른 심 우주가 여기저기에서 가동될 것이다. 그렇다면 결과적으로 비심보다 심이 훨씬 많아지게 된다. 심은 역사를 통틀어 비심#sim보다 적어도 백만 배 이상 많아질 수 있다.

우주 어딘가에 사는 지적 생명체에게도 마찬가지의 일이 일어날 것이다. 인간 수준의 지능을 가진 외계인이 있다면 이들도 언젠가는 컴퓨터를 개발하고 프로그래밍을 시작할 테다. 외계 문명이 계속된다면 이들도 시뮬레이션 우주를 만들 가능성이 크다.

이쯤에서 계산을 한번 해보자. 단순한 계산을 위해 작은 숫자를 사용해보겠다. 비심은 어느 정도 나이에 이르면 결국 각각 1000명 이상의 심 개체군을 만들 수 있게 되며, 각각 기존의 비심 개체군만큼 많은 심을 만들 수 있다고 가정해보자. 여기서 비심 개체군 10명 중 1명 정도는 결국 심을 만들게 된다고 논해볼 수 있다. 그림 14와 마찬가지로 비심 개체군 10명 중 1명이 각각 1000명 이상의 심 개체군을 만든다면, 비심 개체군 1명당 적어도 100명의 심 개체군이 생기게 된다.

이 가정대로라면 전 우주에 걸쳐 비심 개체군보다 심 개체군이 100배 이상 많아진다. 이 심들을 비롯해 내가 이번 장에서 논하는 심은 모두 시뮬레이션 안에서 생성된 디지털 존재인 순수 심이다. 합리적으로 가정해보자면 이 심들은 시뮬레이션의 대상인 비심과 똑같은 의식을 가지고 경험을 한다. 이러한 심들 대부분에게는 자신이 시뮬레이션임을 눈치챌 만한 단서조차 없을 것이다.

이런 질문을 살펴볼 수 있다. 우리 중 시뮬레이션이 아닌 존재가 상대적으로 적을 가능성은 얼마나 될까? 비심 개체군보다 심이 100배 이상 많으므로 '1퍼센트 이하'라는 답이 자연스럽게 도출된다. 우리가 심

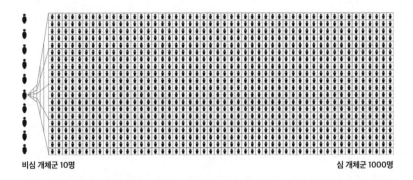

비심 개체군 10명   심 개체군 1000명

그림 14 비심 10명 중 1명이 각각 1000명 이상의 심 개체군을 만든다면
심은 비심 개체군보다 100배 이상 많아진다.

일 가능성은 심이 아닐 가능성보다 훨씬 크다. 그러므로 추정컨대, 우
리는 시뮬레이션 안에 있다.

시뮬레이션 논증

지금까지 간단하게 살펴본 논증은 이름하여 시뮬레이션 논증
simulation argument의 일종이다. 기본적인 개념은 제4장의 그림 13에서 볼
수 있다. 내가 아는 한 이러한 맥락의 논증을 가장 먼저 제시한 것은 로
봇 공학자이자 미래학자인 한스 모라벡Hans Moravec의 1992년 글 〈사이
버공간의 돼지Pigs in Cyberspace〉이다. 모라벡은 1995년 잡지 〈와이어드
Wired〉와의 인터뷰에서 이를 다음과 같이 간결하게 요약했다.

사실 로봇은 우리를 몇 번이고 재창조할 수 있지만 그에 반해 본래의 우리 세계

는 기껏해야 한 번밖에 존재하지 못한다. 그러므로 통계적으로 말하자면 우리가 본래의 세계가 아니라 광대한 시뮬레이션 안에 살 가능성이 훨씬 크다.

닉 보스트롬은 2003년 글 〈당신은 컴퓨터 시뮬레이션 안에 살고 있는가?〉에서 시뮬레이션 논증을 결정적으로 제시했다. 보스트롬은 수학적 논증을 펼치면서 세 가지 가능성을 포함한 복잡한 결론을 주장했으며, 특히 우리의 선조를 시뮬레이션하는 시뮬레이션 가설에 초점을 맞추었다. 보스트롬의 논증은 추후 더욱 자세하게 다루겠다. 여기에서는 모라벡을 따라 우리가 시뮬레이션 안에 있음을 직접적으로 주장해보겠다.

일론 머스크Elon Musk는 2016년 인터뷰에서 다음과 같이 모라벡 스타일의 주장을 펼쳤다.

우리는 분명 현실과 구별할 수 없는 게임을 만드는 궤도에 올라있고, 이러한 게임을 셋톱박스나 PC 등으로 플레이할 수 있을 것이다. 그런 컴퓨터나 셋톱박스가 수십억 개는 될 테니, 우리가 기반 현실에 있을 가능성은 수십억 분의 1일 것으로 보인다.

논리는 간단하다. 시뮬레이션 기술이 온 사방에 존재하기 때문에 온 우주의 존재, 또는 우리와 같은 경험을 가지고 사는 존재 대부분이 심일 가능성이 크다. 그러므로 우리는 아마도 심일 것이다. 나쁘지 않은 논리지만 반박할 수 없는 논리는 아니다. 어느 부분에 허점이 있을까? 아마 독자 여러분도 이미 몇 가지 반론을 떠올릴 수 있을 것이다.

그중에는 그렇게 될 리가 없다고 외치는 반론도 있다. 인간 수준의 지능을 가진 수많은 심 개체군이 절대로 등장할 수 없으리라고 생각할 수 있다. 아마 이러한 시뮬레이션을 만들기가 불가능하거나 적어도 너무 어렵다고 보기 때문일 것이다.

또는 누구도 그러한 시뮬레이션을 만들려 하지 않는다고 믿기 때문일 수도 있다. 그러한 시뮬레이션을 만들 수 있게 되기 전에 모든 인간 수준의 개체군이 멸종하리라고 볼 수도 있다. 그렇게 된다면 시뮬레이션이 많기는커녕 아예 없을 수도 있으며, 우리가 시뮬레이션 안에 있을 가능성은 현저히 낮아진다.

우리가 특별하다고 외치는 또 다른 반론도 있다. 다수의 심 개체군이 존재할지는 몰라도 우리에게는 심이라고 보기 어려울 만큼 특별한 특징이 있다는 주장이다. 예컨대 우리에게는 의식이 있으며 매우 특별한 종류의 정신을 품고 있다는 식이다.

심이 우리와 같은 의식이나 정신을 가질 수 없다고 주장할 수도 있다. 또는 우리가 독특한 세계에 살고 있으며 대부분의 시뮬레이션 세계는 우리의 세계와 전혀 다를 것이라 볼 수도 있다. 그렇다면 아무리 많은 시뮬레이션이 존재한다고 하더라도 우리가 그중 하나에 살고 있을 가능성은 현저히 낮다.

이제부터 나는 시뮬레이션 논증에 대한 이 모든 반론을 논해보려 한다. 다른 수많은 반론은 온라인 주석에 설명해두었다. 우선 밝혀두자면, 이러한 반론 중에는 합리적인 반론도 있으나 그 영향력에는 한계가 있다고 생각한다. 광범위한 시뮬레이션이 절대 존재할 수 없다고 확신할 수는 없으며, 우리가 심이라고 하기에는 너무 특별하다고 자신만만해할 수도 없다. 그러므로 시뮬레이션 안에 있다는 가설은 결코 배제할 수 없으며 진지하게 고려해보아야 하는 가설이다.

논증의 전개

시뮬레이션 논증의 논리를 더 명확하게 살펴보기 위해 이를 전제와 결론이 있는 논증으로 전개해보겠다.

지적 존재(또는 '존재')가 인간 수준의 지능을 가진 생물이라고 해보자. 여기서 지능이란 존재가 무엇을 할 수 있는지에 관한 개념이며(이는 제15장에서 더 자세히 살펴보겠다), 특히 컴퓨터를 프로그래밍하는 능력과 관련되어 있다.

고양이가 컴퓨터 프로그래밍을 할 수 없다면 고양이는 컴퓨터 시뮬레이션을 설계할 수 없다. 우리는 컴퓨터 프로그래밍을 할 수 있는 존재에 초점을 맞추겠다. 우선은 인간 같은 의식적 경험을 할 수 있어야 한다는 조건을 걸지는 않겠지만, 뒤에서 이와 같은 조건까지 함께 살펴보도록 하겠다.

앞서와 마찬가지로 심이란 시뮬레이션 속 지적 존재다. 비심이란 시뮬레이션 속에 있지 않은 지적 존재다. 개체군이란 존재의 집단이며, 모든 존재는 정확히 하나의 개체군에 속한다. 개체군을 종이나 사회적 협력에 따라 집단화하는 편이 자연스럽겠지만 어떤 방식으로 집단화하는지는 크게 중요하지 않다. 논의의 편의를 위해 모든 개체군의 규모가 같다고 가정하겠으나 이 가정은 경우에 따라 무시할 수 있다.

논증은 다음과 같이 전개해볼 수 있다. 다음 논증은 완벽과는 거리가 멀며, 이 장의 마지막에서 더 나은 버전도 살펴보도록 하겠다. 그러나 다음과 같이 살펴본다면 기저에 어떤 문제가 있는지 파악하는 데 도움이 될 것이다.

1. 10명의 비심 개체군 중 적어도 1명은 각각 1000명의 심 개체군을 만든다.
2. 만약 비심 개체군 10명 중 적어도 1명이 각각 1000명의 심 개체군을 만든다면, 지적 존재 중 적어도 99퍼센트는 심이다.
3. 만약 지적 존재 중 99퍼센트가 심이라면, 우리는 아마 심일 것이다.

---

4. 그러므로 우리는 아마 심일 것이다.

여기서 숫자는 논증을 구체적으로 설명하기 위해 넣은 것이다. 앞서와 마찬가지로 편의를 위해 작은 숫자를 사용했다. 더 야심 차게 말하자면 첫 번째 전제는 비심 개체군 1000명 중 1명이 각각 10억 명의 심 개체군을 만드므로 우리가 심일 가능성이 100만 분의 1이라고 바꿔볼 수도 있겠다. 이 점을 염두에 두고 전제를 검토해보자. 전제를 바탕으로 결론을 도출할 수 있으므로 이 논증은 타당해 보인다. 전제가 참이라면 결론 또한 참일 것이다.

두 번째 전제는 비교적 명확하다. 모든 존재가 심 또는 비심으로 나뉜다고 정의한다면 유한한 우주에서 인원수를 특정했으므로 이 전제는 참일 수밖에 없다. 수학이나 무한 우주 등의 다른 복잡한 요소는 미주에서 살펴보겠다. 중요한 것은 첫 번째와 세 번째 전제다.

그만큼 많은 심이 존재할 수 있는가?

전제 1에서는 비심 개체군 10명 중 1명이 각각 1000명의 심 개체군을 만든다고 말하고 있다. 여기서 이 전제는 우리가 아니라 비심 개체군 전반이 무엇을 할지 다루고 있음에 유의해야 한다.

전제 1에 맞서는 반론 중에는 "그럴 리가 없다."라는 주장이 있다. '시뮬레이션은 불가능하다, 시뮬레이션은 만들기 너무 어렵다, 비심 개체군은 심을 만들기 전에 모두 죽을 것이다, 비심 개체군은 시뮬레이션을 만들지 않기를 택할 것이다' 등이다. 이러한 반론은 심의 존재를 차단하거나 예방하려는 경향이 있으므로 이를 통틀어 '심 방해 요인sim blockers'이라고 해보겠다.

"지적 능력을 갖춘 심은 있을 수 없다." 이 반론은 지적 행동을 만들어내는 처리 과정을 계산할 수 없다고 논한다. 컴퓨터로는 결코 지적 행동을 제대로 시뮬레이션할 수 없다는 뜻이다. 어쩌면 이는 비물리적 정신이 계산할 수 없는 방식으로 행동에 영향을 미치기 때문일 수 있다. 또한 뇌 내부에서 시뮬레이션할 수 없는 물리적 처리 과정이 일어나기 때문일 수도 있다.

예컨대 수리물리학자 로저 펜로즈Roger Penrose는 양자역학과 일반상대성이론을 결합한 양자 중력 이론에 인간 행동의 핵심인 비알고리즘적 요소와 관련된 처리 과정이 포함될 수 있다고 추측했다. 이는 곧 지적 능력이 있는 심은 있을 수 없다는 말이 될 수 있다. 나아가 앞서 심을 지적 존재라고 정의했으므로 심 자체가 존재할 수 없다는 말도 된다.

현재로서는 자연에 계산할 수 없는 처리 과정이 존재한다는 증거가 거의 없으므로 만약 존재한다면 놀라운 일이 될 것이다. 일반 컴퓨터로 시뮬레이션할 수 없는 처리 과정이 자연에 존재한다고 하더라도 더 강력한 종류의 새로운 컴퓨터를 개발한다면 문제를 해결할 수 있다고 주장할 수도 있다.

이미 우리는 양자역학을 다루기 위해 양자 컴퓨터를 개발했다. 일반적으로는 계산할 수 없는 처리 과정이 양자 중력에 포함되어 있다는 펜로즈의 추측이 옳다고 하더라도 일반 컴퓨터는 흉내낼 수 없는 더 강력한 양자 중력 컴퓨터를 만들어 이러한 처리 과정을 해결할 수 있을 것이다. 그렇게 된다면 양자 중력 컴퓨터로 뇌내 처리 과정을 시뮬레이션할 수도 있을 테고, 언젠가는 이와 같은 초강력 컴퓨터를 포함한 새로운 버전의 시뮬레이션 논증도 제시할 수 있을 것이다.

"심을 만드는 데는 너무 많은 컴퓨팅파워*가 필요하다." 이 반론은 인간 수준의 지능을 개체군 단위로 시뮬레이션하는 데 필요한 컴퓨팅파워는 실현할 수 있는 수준이 아니라는 뜻이다. 이 반론은 전혀 명백하지 않다. 뇌는 거대한 시스템일 수 있으나 여전히 유한하다. 뇌에는 약 1000억 개의 뉴런이 있고, 뉴런당 1000여 개의 접속 또는 시냅스가 존재한다. 현재 추산에 따르자면 뇌의 처리 속도는 컴퓨팅속도로 1경(10^{16}) 플롭스**, 즉 10페타플롭스***에 상응한다. 상당히 높긴 하지만 현존하는 최고의 슈퍼컴퓨터와 비슷한 수준이다.

이 반론이 옳다고 한다면 우리가 뇌를 충분히 파악한 이후에는 슈퍼컴퓨터의 연산 시간 1초가 뇌의 처리 시간 1초를 시뮬레이션할 수 있을 것이다. 기술이 어떤 면에서든 평소와 같은 속도로 발전한다면 컴퓨터 연산 속도가 10년마다 10배, 1세기마다 10억(10^{10})배 빨라진다고 추정할 수 있

---

*   컴퓨터 시스템이 연산을 처리하는 능력. 컴퓨터가 얼마나 빠르고 효율적으로 데이터를 처리하고 작업을 수행할 수 있는지를 나타낸다.
**   컴퓨터의 성능을 수치로 나타낼 때 사용하는 단위
*** 1초당 1000조 번의 수학 연산 처리를 의미

다. 이렇게 되면 1세기 이후에는 연산 속도가 10^{26}플롭스인 컴퓨터가 1초 동안 10억 개의 뇌가 처리하는 1초를 시뮬레이션할 수 있게 될 것이다.

또 다른 한 세기가 지나면 연산 속도가 10^{36}플롭스인 컴퓨터가 1초 동안 10억 개의 뇌가 보내는 100년(또는 30억 초)의 일생을 시뮬레이션 할 수 있게 될 것이다. 전면 시뮬레이션이라면 환경 또한 시뮬레이션해 야겠지만, 작업량이 두세 번만 더 뛴다면 이를 처리하지 못할 이유가 없 어 보인다. 이 모두를 시뮬레이션하려면 약 10^{39}플롭스의 컴퓨팅속도 가 필요할 것이다. 발전 속도가 느려진다고 하더라도 이론상 이는 미래 컴퓨터가 처리할 수 있는 범위에 속한다.

현재 우주에는 아직 활용하지 못한 방대한 컴퓨팅용량이 남아있다. 방대한 공간에 방대한 물질이 있기 때문이다. 물질이 품은 광대한 미 세구조 또한 컴퓨팅에 활용할 수 있다. 리처드 파인만Richard Feynman이 1959년 나노기술을 선도한 강연의 제목에서 밝혔듯, '바닥에는 풍부한 공간이 있다There's plenty of room at the bottom'. 물리학자 세스 로이드Seth Lloyd 는 이론상 1킬로그램의 시스템으로 초당 최대 10^{50}번의 연산을 처리할 수 있다고 추산했다. 이 방식은 수명이 매우 짧은 블랙홀과 관련이 있 으므로 여러 한계점을 품고 있지만, 초당 10^{40}번 이상의 연산을 할 수 있다고 추정하는 다른 방식들도 있다. 이러한 리소스를 조금만 사용해 도 결국 어느 정도 손쉽게 거대한 개체군을 빠른 속도로 시뮬레이션할 수 있게 될 것이다.

만약 우주가 유한하다면 여기에도 한계가 있을 것이다. 어느 시점에 이르면 이용 가능한 물질의 대부분을 컴퓨트로니움computronium으로 만 들 수 있을 것이다. 컴퓨트로니움이란 물질을 컴퓨팅에 사용할 수 있을 만큼 효율적으로 활용하는 가상의 상태를 말한다. 이 시점을 지나면 새로운 거대 시뮬레이션을 구축하기가 엄두도 나지 않을 만큼 어려워질 수도 있다.

이는 시뮬레이션을 만들기 쉬워지는 시점보다도 훨씬 더 먼 미래의 일이다. 그 정도로 먼 미래에는 시뮬레이션의 수가 비시뮬레이션의 수보다 훨씬 많아지리라고 합리적으로 추정할 수 있다. 그러므로 컴퓨팅파워에 한계가 있다고 하더라도 이 논증에는 별다른 문제가 되지 않는다.

우리가 시뮬레이션 안에 있다고 가정한다면 컴퓨팅파워에 관한 이 모든 물리적 증거가 잘못된 방향을 가리킬까 걱정할 수도 있겠다. 어쩌면 시뮬레이터가 성능을 그만큼 확장할 수 없는 저렴한 시뮬레이션으로 우리를 만들었을 수도 있다. 만약 그렇다면 우리가 거대한 시뮬레이션을 만들려고 해도 실패할 것이다.

우리를 만든 시뮬레이터는 적어도 하나의 시뮬레이션을 만들 성능은 갖추었으나 전제 1에서 명시한 것처럼 수백만 개의 시뮬레이션을 만들 성능은 갖추지 못했을 수도 있다. 이러한 반론은 우리가 이미 시뮬레이션 안에 있는 경우에만 성립되며, 만약 정말 시뮬레이션 안에 있다면 우리가 시뮬레이션 안에 있다는 결론을 훨씬 빠르게 도출할 수 있을 것이다.

"비심은 심을 만들기 전에 모두 죽을 것이다." 비관적인 반론이지만 충분히 일어날 수 있는 일이다. 핵무기 기술은 이미 지구상에 사는 인류 대부분을 없애버릴 능력을 갖추고 있다. 오래지 않아 나노기술 또한 미시적인 수준에서, 일련의 연속 작용으로 모든 것을 그레이 구gray goo*

＊ 자기 복제가 가능한 나노 기계가 무한히 증식해 지구 전체를 뒤덮는 가상의 지구 종말 시나리오

로 만들어버리고 인류를 멸망시킬 수 있다고 생각하는 이들도 많다.

이번 세기 안에 인공지능 기술이 지구상의 모든 지적 존재를 파괴할 만큼 강력해질 수도 있다. 어느 시나리오를 선택하든 마찬가지다. 이처럼 인류의 존재 자체, 나아가 지적 생명체의 존재를 위협하는 위험을 가리켜 실존적 위험existential risk이라고 한다.

어떤 실존적 위험은 피하기 어려울 수도 있다. 기술은 다음의 조건만 갖추면 우리를 파괴할 수 있다. 첫째, 인간 수준의 개체군이 필연적으로 어떠한 기술을 발견한다. 둘째, 어느 정도 쉽게 사용할 수 있고 사용할 만한 이유도 많은 기술이어서 필연적으로 사용하게 된다. 셋째, 파괴력이 너무 강력한 기술이라 사용하는 경우 모두가 죽는다. 초거대 파괴를 일으키는 핵 기술에 거의 모든 사람이 접근할 수 있어서 필연적으로 파멸할 수밖에 없는 상황 또한 어렵지 않게 상상할 수 있다.

나노기술, 인공지능 기술, 아직 알려지지 않은 기술로도 이러한 일이 얼마든지 일어날 수 있다. 희망의 실마리는 그나마 두 번째 조건에서 찾아볼 수 있다. 어쩌면 완전 파괴 기술을 절대로 사용하지 않도록 방지할 방법이 있을 수 있다. 그렇지만 지적 문명이 필연 스스로 파멸할 수밖에 없다는 가설은 진지하게 고려해보아야 한다.

이 가설은 우리의 몇몇 관찰을 설명할 수 있다. 예컨대 우리가 지구 밖에서 한 번도 지성의 흔적을 찾지 못했다는 점이 그러하다. 지능이 있는 개체군이 신호를 보낼 만한 능력을 갖추는 동시에 스스로 파멸했다고 볼 수 있기 때문이다. 또한 우리가 인류 역사 초기에 사는 것처럼 보이는 이유도 설명할 수 있다. 이 문제는 천체물리학자 브랜던 카터Brandon Carter와 철학자 존 레슬리John Leslie가 제시한 종말 논증의 핵심이다.

확률론상 어떤 사람은 지금까지 살았거나 앞으로 살 모든 인류의 중간 즈음에 있다고 보아야 한다는 게 논증의 핵심 주장이다. 개체군이 급격하게 팽창한다는 점을 고려한다면, 이는 우리가 인류 역사의 극초기를 살고 있으며 앞으로 수백만 년 더 이어지기보다는 우리가 모든 인류의 중간 즈음에 살고 있으며 멸종까지는 앞으로 여러 세기가 남아있다는 말과 같다.

그렇다고 하더라도 인간 수준의 개체군이 다수의 시뮬레이션을 만들 능력을 갖추기 전에 거의 멸종한다는 가설이 참이라면 놀라운 일이 될 것이다. 이때는 인간 수준의 개체군 중 적어도 10분의 1은 스스로 파멸에 이르지 않을 정도의 집단적 합리성을 갖추었다고 보는 게 합리적인 희망일 것이다. 이러한 가정도 너무 낙관적이라고 느껴진다면 1000분의 1만이 이러한 조건을 갖춘 상태로 같은 논리를 펼쳐볼 수도 있을 것이다.

"비심은 심을 만들지 않는 편을 택할 것이다." 이 시나리오는 인간 수준의 개체군이 다수의 개체군 시뮬레이션을 만들 능력은 개발했으나 시뮬레이션을 만들지 않는 편을 택하는 경우다. 어쩌면 이러한 시뮬레이션이 너무 위험하다고 생각할 수도 있다. 그 모든 파괴적인 기술 속에서도 살아남은 개체군이라면 위험 회피 성향이 극도로 강할 수도 있고, 심이 시뮬레이션을 탈출해 기존 세계를 지배하게 될까 우려할 수도 있다. 어쩌면 심에게 고통을 안겨줄 세계를 만드는 게 비윤리적이라고 생각할 수도 있다. 또는 어쩌면 단순히 시뮬레이션에 관심이 없고 그보다 더 중요한 일들이 많다고 느낄 수도 있다.

그러나 이러한 시뮬레이션을 만들 강력한 유인은 여전히 많다. 우선 과학적 호기심을 비롯한 전반적인 호기심이 이유가 될 수 있다. 시뮬레이션을 운영하면 자신의 세계에 대해 엄청나게 많은 걸 알 수 있다. 과학자들이 밤새도록 소규모 시뮬레이션을 돌려놓고 다음 날 아침 결과를 수집하는 모습은 지금도 흔하게 볼 수 있다. 개체군 시뮬레이션에 관해서도 같은 일이 벌어지리라는 건 쉽게 상상해볼 수 있다.

실질적인 이유도 있을 수 있다. 어려운 결정을 내려야 할 때면 시뮬레이션으로 그러한 결정이 어떠한 영향을 미칠지 미리 살펴보는 편이 도움이 될 수 있다. 게다가 윤리적으로는 악보다 선이 훨씬 더 강한 세계들을 만들어야 한다는 책무가 있을 수 있다. 시뮬레이션을 만들 능력이 있고 이를 이행할 강력한 유인이 있는 상황이라면 개체군 시뮬레이션을 만들지 않는 편이 오히려 놀라울 것이다.

"심보다 비심을 더 많이 만들게 될 것이다." 이러한 목적을 위해 심 대신 비심을 만들 수는 없을까? 예컨대 물리적 환경에서 로봇을 사용해 물리적 시뮬레이션을 운영할 수도 있을 것이다. 또는 지구와 같은 환경에서 생물학적 인공 유기체를 이용해 우리의 역사를 시뮬레이션할 수도 있을 것이다.

이론상으로는 이러한 방법도 가능하겠지만, 이보다는 심을 만드는 편이 훨씬 값싸고 쉬워 보인다. 물리적 환경의 비심은 가상 환경의 심보다 훨씬 많은 물리공간과 부피를 차지한다. 앞서 우리는 1킬로그램의 시스템을 1초만 가동해도 10억 명의 사람이 각각 1세기를 사는 시뮬레이션을 운영할 수 있음을 살펴보았다. 생물학적 뇌가 이에 가까운 속도를 내기는 어려울 것이다. 로봇 뇌는 이론상 심 뇌만큼 처리 속도가 빠를 수 있으나 물리적 환경에 의한 여러 제약이 뒤따른다.

로봇의 몸이 인간의 몸과 비슷한 규모로 가동된다면(즉 1킬로그램짜리 노트북보다는 더 무겁고 큰 규모로 가동된다면) 로봇 개체군은 심 개체군보다 10억 배 이상으로 더 많은 공간을 차지할 것이다. 부피 또한 10만 배 이상이 될 것이다. 나노 규모의 비심으로 1미터의 10억 분의 1 크기의 로봇을 만들 수는 있겠지만, 이렇게 하면 이 로봇의 물리적 환경과 로봇이 겪는 경험은 우리의 환경 및 경험과는 전혀 달라질 것이다.

이러한 이유로 인간 같은 심은 인간 같은 비심보다 훨씬 더 많아질 것이다. 여기서 인간 같은 존재란 대체로 우리와 비슷한 경험을 하는 존재다. 그러나 이 주장의 기저에는 비심이 인간 같은 비심을 만드는 것보다 인간 같은 심을 만드는 편이 더 저렴하고 쉽다는 가정이 깔려 있다. 만약 나노 기술을 개발하거나, 무한한 공간을 활용하거나, 아기 우주를 만들어 관련 목적의 비심을 훨씬 더 쉽게 만들 수 있게 된다면 심 대신 비심이 훨씬 더 많아질 것이라 예상할 수 있다.

이처럼 심 방해 요인이 없다면 대부분의 지적 존재가 심이 되리라고 확실하게 말할 수 있다. 모든 심 방해 요인이 아직 완전히 배제되지는 않았으나, 이러한 방해 요인이 실현된다면 상당히 놀라운 일이 될 것이다. 계산할 수 없는 법칙, 컴퓨팅파워의 부족, 거의 전면적인 멸종, 심을 만들지 않겠다는 거의 전면적인 선택, 더 효율적인 비심 등이 나타나지 않으리라고 확신할 수는 없다. 그러나 심 방해 요인이 존재하는지 알 수 없으므로, 우리가 아는 한 대부분의 지적 존재는 '심'이다.

우리는 특별한가?

세 번째 전제에서는 모든 지적 존재가 심이라면 우리 또한 아마 심일 것이라 말한다. 상당히 그럴듯한 말이지만 이 전제가 거짓이 되는 경우 또한 쉽게 상상해볼 수 있다. 예컨대 여러분이 심이라면 시야에 '당신은 심입니다.'라는 문구가 보이지만 비심에게는 보이지 않는다는 보편적인 규칙이 잘 알려져 있다고 해보자. 그렇다면 거의 모든 존재가 심이라고 하더라도 내 시야에 해당 문구가 보이지 않는다면 나는 심이 아니다.

이제 어떤 존재가 심일 개연성을 높여주는 특징을 가리켜 심 신호sim sign라고 해보자. 더 정확하게 말하자면 심 신호는 비심보다 심에게 드러날 가능성이 더 큰 특징이다. 예컨대 심은 〈매트릭스〉에서 같은 고양이가 길을 두 번 지나갔던 것처럼 근삿값, 단축, 프로그래밍 오류 등

당신이 심일 수도 있는 신호

그림 15 잠재적 심 신호: 본인이 유명하거나 흥미로운 인물이다(클레오파트라Cleopatra).
비교적 초기 우주에 살고 있다(고대 이집트).
변칙이 관찰된다(길을 두 번 지나가는 고양이 결함).
시뮬레이션에 관해 생각한다(리얼리티 플러스).

으로 인해 물리현실에서 결함을 경험할 가능성이 비심에 비해 더 크다. 그렇다면 이러한 결함은 심 신호다. 또한 시뮬레이터가 시뮬레이션에 관해 생각하는 사람을 시뮬레이션할 가능성은 특히 크다. 그렇다면 여러분이 지금 《리얼리티 플러스》라는 제목의 책을 읽고 있다는 것도 심 신호일 수 있다.

경제학자이자 미래학자인 로빈 핸슨Robin Hanson은 흥미도가 심 신호일 수 있다고 제시했다. 연예계나 역사 시뮬레이션에 관심이 있는 설계자라면 흥미롭지 않은 심보다는 흥미롭거나 유명한 심을 더 많이 만들 테고, 이처럼 흥미로운 심을 제외한 다른 심은 소수만 자세하게 시뮬레이션하는 부분 시뮬레이션을 더 자주 만들 것이다. 여러분이 흥미롭거나 잘 알려진 삶을 살고 있다면 여러분이 심일 가능성은 커진다.

아마 가장 중대한 심 신호는 우리가 꽤 초기 우주에 사는 듯하다는 점일 것이다. 아직 우주의 다른 어떤 곳에서도 지적 생명체를 발견하지 못했고, 지적 존재가 사는 시뮬레이션 우주를 만들지도 못했다. 두 가지 모두 심 신호일 수 있다. 비심 측면에서 보자면 시간이 지날수록 우주의 개체군이 훨씬 늘어날 가능성이 크기 때문에 후기의 우주에서도 대부분의 비심이 존재할 것이다.

심 측면에서 보자면 초기 우주 시뮬레이션이 특히 더 일반적일 가능성이 큰데, 후대의 생명체라면 역사를 시뮬레이션하는 데에 더 관심이 많을 테고 초기 우주 시뮬레이션이 후기 우주 시뮬레이션보다 훨씬 더 만들기 쉬울 것이기 때문이다. 전면적인 시뮬레이션을 자체 가동하는 우주들을 시뮬레이션하려면 엄청난 비용이 들 게 분명하다. 그러므로 비교적 상당히 많은 심이 우주 초기를 배경으로 만들어질 것이다. 만약 그렇다면 우리가 우주 초기에 있다는 점은 심 신호다.

비심 신호nonsim sign는 비심과 관련되는 경향이 있는 특징을 말한다. 더 정확하게 말하자면 심보다 비심에게서 드러날 가능성이 더 큰 특징이다. 모든 심의 시야에 '당신은 심입니다.'라는 문구가 보이는 세계에서 이러한 문구가 보이지 않는다면 이는 비심 신호다. 비심 신호의 존재를 우리가 알고 있다면 모든 존재 중 99퍼센트가 심이라고 하더라도 우리가 심이라는 확신은 99퍼센트보다 낮아질 것이다.

세 번째 전제에 대한 몇몇 주요 반론은 비심 신호를 지적한다. 예컨대 "우리는 특별하다."고 주장하는 반론이다. 여기서 말하는 잠재적 비심 신호에는 의식(시뮬레이션에는 의식이 없을 것이다.), 더 일반적으로 우리의 정신(시뮬레이션한 정신은 우리의 정신과는 다를 것이다.), 세계의 복잡성(시뮬레이션한 세계는 우리 세계보다 더 단순할 것이다.) 등이 포함된다.

"시뮬레이션에는 의식이 있을 수 없다." 잠재적 비심 신호 중 가장 명백한 요소는 의식 그 자체다. 몇몇 철학자들과 마찬가지로, 생물학적 시스템만이 의식을 가질 수 있으며 시뮬레이션에는 의식이 있을 수 없다고 생각하는 사람이 있을 것이다. 이러한 견해에서 의식이 있다는 사실은 우리가 시뮬레이션이 아님을 보여준다. 우리가 바이오 심, 즉 시뮬레이션에 연결된 생물학적 뇌일 수는 있지만, 순수 심일 가능성은 배제된다.

이 견해는 논쟁의 대상이 되고 있다. 나는 제15장에서 이 주장이 틀렸으며 시뮬레이션한 존재도 그 대상인 비심과 마찬가지로 의식을 가진다고 논해보겠다. 닉 보스트롬은 시뮬레이션에 의식이 없다는 견해를 반박하면서 기질 독립성substrate-independence 또는 기질 중립성substrate-neutrality을 가정했다. 어느 시스템의 의식은 그 시스템을 구현하는 바탕인 생물이나 실리콘 등의 기질보다는 오직 그 시스템의 구성에 달려있다는 뜻이다.

오늘날 우리는 의식을 제대로 이해하지 못하고 있다. 그러므로 만약 99퍼센트의 존재가 시뮬레이션에 의식이 있음을 50퍼센트 확신하도록 시뮬레이션되었다고 믿는다 하더라도 아주 비합리적인 견해는 아닐 것이다. 이 경우 사람들은 자신이 시뮬레이션임을 99퍼센트 확신하는 대신 50퍼센트만 확신하게 될 것이다. 비교적 덜 극적이긴 해도 여전히 놀라운 결론이다.

"시뮬레이터는 의식 있는 심을 만들지 않으려 할 것이다." 의식이 비심 신호일 수 있는 또 다른 방식은 심을 만들 만큼 발전한 개체군이 의식은 없고 지능은 있는 심을 만드는 방법을 알아냈으며, 이러한 심을 여러 실용적인 목적으로 활용할 수 있고 그렇게 할 강력한 윤리적 유인 등이 있다고 보는 경우다. 이 가설은 심에게 의식이 있을 수 없다고 가정할 필요가 없으며, 모든 지적 심에게 의식이 있을 필요는 없지만 기질 중립성을 가정할 필요 또한 없다.

어쩌면 지적 심의 구성을 약간 비틀어 의식을 없앨 수 있는 단순한 방법이 있을 수도 있다. 예컨대 신경과학자 크리스토프 코흐Christof Koch 와 줄리오 토노니Giulio Tononi는 일련의 폰 노이만 구조로 가동하는 심에게 의식이 없겠으나, 매우 평행한 구조로 가동하는 심에게는 의식이 있으리라고 논했다. 만약 그렇다면 윤리적인 시뮬레이터는 가능한 한 비의식적 심을 만들려고 할 것이다.

나는 앞서 살펴본 심 신호와 마찬가지로 비심 신호 또한 진지하게 고려해보아야 한다고 생각한다. 그러나 의식은 없고 지능은 있는 존재가 실제로 있을 수 있다고 확신하기에는 아직 멀었다. 만약 이것이 가능하며 모든 시뮬레이션 중 단 1퍼센트만 의식 있는 존재를 포함한다고 하더라도, 의식 있는 심이 의식 있는 비심보다 훨씬 많아질 가능성이 크다.

"심은 우리와 같은 정신을 가지지 못할 것이다." 우리의 정신에는 의식 외에도 다른 비심 신호가 들어있을 수 있다. 예컨대 창의성이나 감정은 시뮬레이션을 더 복잡하게 만드는 요인이므로 심에게서 비교적 덜 흔하게 드러날 수 있다. 또는 심이 우리보다 훨씬 지능이 높거나 합리적이어서 우리의 비합리성이나 낮은 지능이 비심 신호가 될 수도 있다.

여러분이 의식과 같이 정신의 한 측면을 시뮬레이션으로 똑같이 복제할 수 없다고 생각한다면 그러한 측면을 '절대적 비심 신호'로 여긴다는 말이 된다. 감정과 같이 이러한 측면을 시뮬레이션에서 찾을 가능성이 단순히 작다고 생각한다면 이를 '개연적 비심 신호'로 여기는 셈이다.

개연적 비심 신호는 우리가 시뮬레이션 안에 있을 개연성을 떨어뜨리지만, 극단적인 신호만 아니라면 개연성을 크게 떨어뜨리지는 않을 것이다. 모든 비심에게는 감정이 있지만, 심은 10명 중 1명에게만 감정이 있다고 가정해보자. 여기에 더해 비심 1명마다 1000명의 심이 존재하므로 우리는 우리가 심이라고 99.9퍼센트 확신할 수 있다고 가정하자. 그렇다면 감정적인 비심 1명마다 약 100명의 감정적인 심이 존재할 것이다. 그러므로 우리가 느끼는 감정이 비심 신호라고 하더라도 우리는 여전히 심이라고 99퍼센트 확신해야 한다.

"심은 거대 우주를 경험하지 못할 것이다." 우리 우주는 공간 범위 면에서 광대해 보인다. 관측 가능한 우주만 하더라도 폭이 900억 광년에

달하며 최소 2조 개의 은하와 1조의 1조 배에 달하는 별이 들어갈 공간이 있다. 우리 우주는 깊이 면에서도 광대하며 우리가 평범하게 지각할 수 있는 층 아래에도 세부적인 층들이 켜켜이 쌓여있다.

대부분의 시뮬레이션 세계가 이 정도로 클 것 같지는 않다. 이보다 작은 세계를 시뮬레이션하는 편이 더 쉽고 저렴할 것이다. 여러 목적에서 소규모 시뮬레이션은 대규모 시뮬레이션에 뒤지지 않을 만큼 유용하다. 그렇다면 우리 우주가 분명 광대하다는 점은 비심 신호로써 우리 세계가 시뮬레이션이 아니라는 개연성을 높인다.

이 반론에 대응하는 답변으로는 우리 세계가 시뮬레이션일 때 기존 세계가 우리 세계보다 훨씬 광대하거나 무한할 수도 있다는 답변이 있다. 이러한 세계에서라면 우리 세계와 같은 세계들을 저렴하고 쉽게 시뮬레이션할 수 있을지도 모른다. 그러므로 이 반론은 기껏해야 기존 세계가 우리 세계보다 더 복잡하지는 않으리라는 버전의 시뮬레이션 가설을 배제하는 데 그칠 것이다. 여러 다른 버전의 시뮬레이션 가설은 참일 가능성이 남아있다.

또 다른 답변으로는 우리가 단축 시뮬레이션shortcut simulation 안에 있을 수도 있다는 견해가 있다. 단축을 사용한 시뮬레이션이라 우리 세계가 보이는 만큼 거대하지는 않다는 뜻이다. 우리 주변 영역만 상세한 시뮬레이션이고 나머지는 간소화된 모델링이라면 어떨까? 제2장에서 살펴보았듯, 부분 시뮬레이션은 전체 시뮬레이션보다 훨씬 저렴하게 만들 수 있다.

부분 시뮬레이션은 전체 시뮬레이션만큼 다양한 목적으로 사용할 수는 없겠지만, 그중에서도 다수의 목표를 충족할 수는 있을 것이다. 만약 거대 세계에 대한 우리의 경험을 본뜬 부분 시뮬레이션이 존재할 수 있고 흔하게 존재한다면, 이러한 경험을 비심 신호라고 볼 수는 없을 것이다.

제2장에서 살펴보았듯, 부분 시뮬레이션으로 우리의 경험을 만들어내기란 간단한 작업이 아니다. 우리가 가본 곳, 우리와 교류하는 모든 사람, 우리가 보고 접하는 미디어를 모두 시뮬레이션하려면 우리 행성의 상당 부분을 시뮬레이션해야 한다. 또한 태양과 달을 비롯해 우리가 상세한 이미지를 가진 다른 모든 행성도 시뮬레이션해야 할 것이다. 적어도 관측 가능한 별과 은하, 우주 배경 복사, 다른 관측 가능한 현상들을 상당한 수준으로 시뮬레이션해야 한다.

시뮬레이터는 우리가 다른 항성으로 우주여행을 가거나 항성에서 정보를 얻을 새로운 방법을 찾아내는 등 시뮬레이션이 확장되는 경우도 대비해야 한다. 확장 가능한 시뮬레이션은 이미 비디오게임에서 흔하게 찾아볼 수 있는데, 〈노 맨즈 스카이No Man's Sky〉에서는 플레이어가 여러 행성을 여행하는 동안 알고리즘으로 새로운 행성을 만들어낸다. 정교한 시뮬레이터라면 부분 시뮬레이션에서 어디를 생략해도 좋은지를 잘 알고 이러한 기술을 제대로 활용할 수 있을 것이다.

단축을 사용해 세계의 미세한 깊이를 시뮬레이션할 때도 비슷한 이야기가 펼쳐진다. 어떤 경우에는 미세한 객체에 단순한 뉴턴 물리학만 적용해도 괜찮을 수 있지만, 다른 어떤 경우에는 그보다 훨씬 더 많은 요소가 필요하기도 하다. 평범한 객체의 관측 가능한 특성 중 다수는 대개 화학과 관련이 있으며 화학 자체는 양자역학과 관련이 있으므로, 아주 깊이 들어가지 않고서는 미세한 객체를 제대로 시뮬레이션하기가 어려울 것이다.

원자물리학을 비롯한 수많은 분야에서 과학자들이 관찰하는 바와 일관되게 우리 세계를 시뮬레이션하려면 더 많은 작업이 필요할 것이다. 어쩌면 모든 세부 사항을 하나라도 놓치지 않고 시뮬레이션할 필요는 없을 수도 있다. 우리의 관찰로는 저변의 세부 사항 일부가 드러나지 않을 수도 있다. 면밀하게 관찰되지 않는 시스템이라면 때로는 단순한 모델링을 사용할 수 있을 것이다. 그러나 그럴듯한 결과를 만들어내려면 상당한 수준의 물리를 시뮬레이션해야 할 가능성이 커 보인다.

골자는 부분 시뮬레이션이라도 우리의 경험과 일관되려면 매우 복잡할 수밖에 없으리라는 것이다. 이 정도의 복잡성은 시뮬레이션에서 비교적 찾아보기 어려울 것이라 논할 수 있다. 다양한 이유에서 더 단순한 시뮬레이션을 구축하는 편이 더 쉬울 것이다.

게다가 수많은 시뮬레이션을 구축할 수 있는 복잡한 세계들을 시뮬레이션하는 또 다른 복잡한 세계들이 계속해서 이어진다면, 결국 시뮬레이션을 구축할 수 없는 단순한 세계들이 대량 생산되는 지경에 이를 것이다. 만약 그렇다면 심 대부분은 복잡한 세계를 경험하지 못할 테니, 우리의 경험은 개연적 비심 신호일 것이다. 앞서와 마찬가지로 이 비심 신호는 우리가 시뮬레이션 안에 있을 개연성을 낮춘다.

그렇지만 시뮬레이터가 어느 정도 합리적으로 큰 수의 복잡한 세계 시뮬레이션을 만들 가능성도 여전히 남아있다. 만약 그렇다면 우리는 복잡한 세계 시뮬레이션 속 존재 대부분이 심일 것이라고 예상할 수 있다.

한 발짝 물러나 생각해보자. 우리는 지금까지 의식이나 거대한 세계처럼 우리가 시뮬레이션 안에 있을 개연성을 낮출 수도 있는 잠재적 비심 신호를 살펴보았다. 이와 동시에 우리는 이를 잠재적 심 신호와 견주어볼 필요가 있다. 우리가 우주 초기를 사는 것처럼 보인다는 사실은 우리가 시뮬레이션 안에 있을 개연성을 높일 수 있다. 이러한 심 신호는 비심 신호보다 더 중대한가? 또는 그 반대인가? 여기에서는 어느 편이라고 설명하지 않겠다.

조상 시뮬레이션과 인간을 닮은 심

닉 보스트롬은 심 신호 문제에 접근하는 또 다른 방식으로 조상 시뮬레이션에만 초점을 맞추는 방식을 제안했다. 조상 시뮬레이션이란 인류의 정신적 역사 전체를 정확하게 모방한 시뮬레이션을 말한다. 내 세계에 대한 모든 조상 시뮬레이션에는 나와 똑같은 내가 시뮬레이션으로 존재할 것이다. 내 세계에 대한 조상 시뮬레이션이 여럿이라면 나와 똑같은 경험을 하는 심 역시 여러 개일 것이다. 그렇다면 비심 신호를 경험한대도 고민할 필요가 없다. 내가 경험하는 바의 모든 독특한 점을 다른 많은 심도 똑같이 경험할 것이기 때문이다.

나는 조상 시뮬레이션 버전의 시뮬레이션 논증이 이 형태로는 말이 되지 않는다고 생각한다. 똑같은 조상 시뮬레이션이 또 있으리라고 믿을 만한 이유가 없기 때문이다. 그러한 시뮬레이션을 만들려면 인간 역사의 모든 시점에서 인간의 뇌가 정확히 어떤 상태였는지를 거의 완벽하게 알아야 하는데, 이것이 가능하리라고 여길 만한 이유는 없어 보인다. 어쩌면 시뮬레이션 우주 내부에서 시뮬레이션한 뇌의 백업 기록으로 이를 실현할 수도 있겠지만, 이는 비심이 시뮬레이션을 만드는 주요 시나리오에 별다른 도움이 되지 않는다.

이후 보스트롬은 시뮬레이션 논증이 참이 되기 위해 시뮬레이션한 존재가 우리와 '똑같은' 경험을 할 필요는 없다고 지적했다. 인간 유형의 경험, 즉 인간이라는 존재가 전형적으로 마주하는 유형의 경험이면 충분하다는 것이다.

내 생각에도 이 편이 맞지만, 그렇다면 이 논증에서 더는 조상 시뮬레이션을 언급할 필요가 없다는 뜻이 된다. 인간 유형의 시뮬레이션이

기만 하면 충분하기 때문이다. 사실 인간 유형의 경험에 대한 보스트롬의 정의가 여전히 필요 이상으로 좁다고 생각한다. 이론상 이 논증은 인간이 마주하는 거의 모든 주요 심 신호와 비심 신호를 인식할 수 있는 더 넓은 범위의 정신에 적용해도 말이 될 것이다.

그러므로 나는 범위를 넓혀 인간 같은humanlike 심이 존재할 가능성에 논증의 초점을 맞춰보겠다. 인간 같은 존재란 인간과 같은 주요 심 신호 및 비심 신호를 거의 모두 경험하는 존재를 말한다. 예컨대 인간 같은 존재는 의식이 있고, 거대 우주를 경험하며, 어느 수준의 기술 발전을 이룬 사회를 구성했을 수 있다.

인간 유형의 경험이라는 개념을 이용한 보스트롬은 시뮬레이션 안에 살면서 인간 유형의 경험을 하는 모든 관찰자가 차지하는 비율을 구하는 수학 공식을 정의하려 했으며, 이로써 우리가 심일 확률에 관한 결론을 도출하려 했다. 나는 보스트롬의 공식이나 결론이 있는 그대로 옳지는 않다고 생각하며, 그 이유는 주석에서 논하겠다. 그러나 이러한 문제들을 피하는 동시에 심 방해 요인과 비심 신호를 바탕으로 한 반론 또한 피해갈 수 있는 단순하고 일반적인 형태의 시뮬레이션 논증을 마련해볼 수는 있을 것이다. 이 논증은 다음과 같다.

1. 만약 심 방해 요인이 없다면, 인간 같은 존재는 대부분 심이다.
2. 만약 인간 같은 존재가 대부분 심이라면, 우리는 아마 심일 것이다.

---

3. 그러므로 만약 심 방해 요인이 없다면 우리는 아마 심일 것이다.

"인간 같은 존재는 대부분 심이다."라는 말은 과거와 미래의 존재, 피조물과 창조자 등 이 코스모스에서 인간 같은 존재 대부분이 심이라는 뜻이다. '대부분'과 '아마'의 수치는 일치하기만 한다면 우리가 정할 수 있다. '대부분'이란 99퍼센트를 의미하고, '아마'는 99퍼센트 확신한다는 뜻이라고 해보자. 가장 중요한 심 방해 요인은 인간 같은 존재 대부분이 심일 만큼 '인간 같은' 심이 충분히 형성되지 못하도록 막는 요인으로 정의할 수 있다.

전제 1에서 '만약 심 방해 요인이 없다면'을 조건으로 내걸었으므로 심 방해 요인은 더는 반론이 될 수 없다. 그러므로 이제 전제 1에는 인간 같은 존재 대부분이 심이 되기에 충분할 정도로 다수의 인간 같은 심을 만들지 못할 요인만 없다면 그만큼 다수의 인간 같은 심이 존재하리라는 그럴듯한 가정만 남는다.

전제 2는 '인간 같은 존재 대부분'을 기준으로 논하고 있으므로 비심 신호는 더는 반론이 될 수 없다. 전제 2는 이제 나와 같은 종류의 경험을 겪는 존재가 많다면 나 또한 그러한 존재일 가능성이 동등하게 있다는 가정만 남는다. 이는 종종 무차별성 원칙이라고도 불리는데, 내가 누군지에 관한 여러 가설을 각기 다르게 차별하지 않겠다는 원칙이기 때문이다. 이러한 가정에서는 만약 나와 같은 경험을 하는 존재 중 90퍼센트가 심이라면, 우리가 심이라고 90퍼센트 확신할 수 있다.

전제 1과 전제 2를 모두 인정한다고 하더라도 사실은 심 방해 요인과 심 신호 문제를 한편에 치워두는 데 지나지 않는다. 전제가 약해지면 결론 또한 약해지는데, 이번에는 심 방해 요인의 존재 가능성에서 이점이 명시적으로 드러난다. 게다가 심 방해 요인이라는 개념이 이제는 인간 같은 심이 충분히 형성되지 못하도록 방해하는 모든 요인을 포함할 정도로 확장되었다.

그 결과 이제 심 방해 요인이라는 개념에는 앞서 우리가 비심 신호로 보았던 요인까지도 포함될 수 있게 되었다. "심에게는 의식이 없다."는 요인은 이제 잠재적인 심 방해 요인이다. 의식 있는 심이 존재할 수 없다면 인간 같은 심은 존재할 수 없기 때문이다. "심은 거대 우주를 경험하지 못한다."는 요인 또한 이제 잠재적 심 방해 요인이다. 명백하게 거대한 우주를 담은 시뮬레이션이 드물다면, 인간 같은 존재 또한 드물 것이다.

이러한 결론을 바탕으로 우리는 "심 방해 요인이 존재하거나, 그게 아니라면 우리는 심이다."라고 확신할 수 있다. 앞서 정한 수치대로 이 논증을 인정한다면, 우리는 두 명제 중 하나가 참이라고 99퍼센트 이상 확신할 수 있다.

보스트롬은 대략 이러한 형태로 논증의 결론을 제시했다.

이 논문은 다음 명제 중 적어도 하나가 참임을 논한다. (1) 인류는 '미래 인류 posthuman' 단계에 이르기 전에 멸종할 가능성이 매우 크다. (2) 미래 인류 문명이 진화사 또는 그 변형을 대상으로 상당수의 시뮬레이션을 가동할 가능성은 극히 적다. (3) 우리가 컴퓨터 시뮬레이션 안에 살고 있음이 거의 확실하다.

이 논증에서 보스트롬이 제시한 명제 (1)과 (2)는 모두 심 방해 요인으로, "비심은 심을 만들기 전에 모두 죽을 것이다." 및 "비심은 심을 만들지 않는 편을 택할 것이다."와 밀접한 관련이 있다.

이 명제들은 고려해볼 만한 합리적인 심 방해 요인이지만, 이 요인들만 있는 것은 전혀 아니다. 우리가 지금까지 살펴본 것 중 인간 같은 심을 막을 만한 방해 요인으로는 적어도 "지적 능력을 갖춘 심은 있을 수 없다, 의식이 있는 심은 있을 수 없다, 심을 만드는 데는 너무 많은 컴퓨팅파워가 필요하다, 시뮬레이터는 의식 있는 심을 만들지 않으려 할 것이다, 심보다 비심을 더 많이 만들게 될 것이다." 등을 추가로 꼽을 수 있다. 이처럼 다섯 가지 심 방해 요인을 더한다면 보스트롬의 삼자 택일 결론 대신 여덟 가지 선택지가 있는 결론에 다다르게 될 것이다.

더 단순하게 접근하자면 심 방해 요인을 크게 두 가지로 분류할 수 있다. 첫째, 인간 같은 심은 있을 수 없거나 너무 비실용적이어서 만들지 못한다. 여기에서는 편의를 위해 '있을 수 없다.'라는 말이 곧 '실질적으로 만들 수 없다.'라는 뜻이라고 보겠다. 이 유형에는 "심에게는 의식이 없을 것이다, 지적 능력을 갖춘 심은 있을 수 없다, 심을 만드는 데에는 너무 많은 컴퓨팅파워가 필요하다." 등이 포함된다.

둘째, 인간 같은 심은 있을 수 있고 실용적이기도 하지만, 인간 같은 존재가 대부분 심이라고 봐도 될 만큼 인간 같은 심을 많이 만들 만한 인간 같은 개체군은 거의 없을 것이다. 이 유형에는 "비심은 심을 만들기 전에 모두 죽을 것이다, 비심은 심을 만들지 않는 편을 택할 것이다, 시뮬레이터는 의식 있는 심을 만들지 않으려 할 것이다, 심보다 비심을 더 많이 만들게 될 것이다." 등이 포함된다.

만약 이것이 옳다면 결론을 다음과 같이 세 갈래 형태로 더 명확하게 정리해볼 수 있겠다. 나는 (1) 우리가 심이거나, (2) 그게 아니라면 인간 같은 심이 존재할 수 없거나, (3) 그것도 아니라면 인간 같은 심이 존재할 수 있지만 이를 창조할 인간 같은 비심은 거의 없다고 확신해야 한다고 생각한다.

온라인 부록에서는 시뮬레이션 논증에 대한 더 많은 반론을 살펴보고 그중 그 어떤 반론도 논증을 약화하지 못한다고 논해보겠다. 여기에 포함되는 반론으로는 "우리는 비심과 심에 무차별성 원칙을 적용해서는 안 된다, 심에게는 우리와 달리 외부 증거가 없을 것이다, 우리는 우리가 만드는 심이 우리가 아님을 안다, 다음 우주의 물리가 어떨지 알 수 없다, 우리는 세계가 결핍에 빠진 미래를 가정해야 한다." 등이 있다. 이러한 반론 중 그 어떤 것도 시뮬레이션 논증을 약화하지 못한다는 점을 보이겠다.

결론

결론은 무엇인가? 우리는 시뮬레이션 안에 있는가? 회의론과 지식 질문에 대해 시뮬레이션 논증이 시사하는 바는 무엇인가?

나는 우리가 시뮬레이션 안에 있음을 알 수 있다고 말하려는 게 아니다. 확신하기에는 아직 너무나 많은 잠재적 심 방해 요인이 남아있다. 인간 같은 시뮬레이션이 있을 수 있는지도 확실하게 알 수 없다. 어쩌면 의식의 기질 의존성이 너무 강할 수도 있고, 물리적 처리 과정을 계산하지 못할 수도 있다.

나아가 이러한 시뮬레이션이 있을 수 있다고 하더라도 인간 같은 개체군이 이를 만들지도 확실히 알 수 없다. 어쩌면 모두 멸종할 수도 있고, 시뮬레이션을 꺼릴 수도 있다. 그러므로 나는 인간 같은 존재 대부분이 시뮬레이션인지 확실히 알 수 없고, 우리가 심인지도 확신할 수 없다.

그렇지만 나는 심 방해 요인의 존재 또한 확신할 수 없다고 생각한다. 추정해야 한다면 나는 의식이 있는 인간 같은 시뮬레이션이 탄생할 가능성이 더 크다고 하겠다. 또한 의식 있는 인간 같은 시뮬레이션이 탄생할 수 있다면 다수의 인간 같은 개체군이 이러한 시뮬레이션을 만들 것이라 본다.

그렇다면 첫 번째 층위에 심 방해 요인이 존재할 확률은 50퍼센트 미만이고, 두 번째 층위에 심 방해 요인이 존재할 확률 또한 50퍼센트 미만이다. 그럴듯하게 가정해보자면 심 방해 요인이 존재할 확률은 75퍼센트 미만이다. 심 방해 요인이 존재하지 않는다면 우리가 심일 확률이 99퍼센트 이상이므로, 우리가 심일 확률은 대략 25퍼센트 이상이다.

확률에 관해서는 여러 의견이 있을 수 있겠지만, 이 논증은 우리가 시뮬레이션 안에 있지 '않음을' 알 수 없다는 점을 매우 강력하게 시사한다. 우리는 우리가 심이라고 확신할 수도 없고, 인간 같은 개체군 대부분이 인간 같은 심을 만들지 않으리라고도 확신할 수 없으며, 인간 같은 심이 존재할 수 없다고 확신할 수도 없다. 마지막 두 가설은 극도로 이론적이다. 둘 중 하나가 참이라고 하더라도 우리는 이를 알 수 없다. 그러므로 우리는 우리가 시뮬레이션 안에 있지 않음을 알 수 없다.

이에 반대하는 이들은 예컨대 버트런드 러셀의 단순성 호소나 G. E. 무어가 관찰한 자신의 두 손 등 앞서 살펴본 방법을 이용해 우리가 시뮬레이션 안에 있지 않음을 알 수 있으며 어느 것인지는 몰라도 심 방해 요인 중 하나 정도는 성립할 수 있다는 '결론에' 도달할 수 있다고 주장할 수도 있다

나는 이러한 견해에는 설득력이 없다고 생각한다. 사실상 시뮬레이션 논증은 시뮬레이션 가설이 진지하게 고려해보아야 하는 가능성임을 밝힌다. 그리고 시뮬레이션 가설이 진지하게 고려해보아야 하는 가능성이라면, 이러한 논증은 배제할 수 없다.

예를 들어, 누군가 태어났을 때 신이 동전을 던져 결정했다는 이야기

를 나에게 들려주었다고 가정해보자. 동전의 앞면이 나오면 신은 그 사람을 완벽한 시뮬레이션에 접속시켰다. 뒷면이 나오면 비시뮬레이션 현실로 보냈다. 이렇게 수많은 사람을 양측으로 보낸 신은 이제 그 이야기를 모두 들려주고 있다.

그렇다면 나는 내가 시뮬레이션 안에 있음을 50퍼센트 확신하게 된다. 신의 선언이라는 점에서 단순성은 시뮬레이션 가설을 배제할 힘을 잃어버린다. 마찬가지로 내 두 손을 내려다보며 무어의 논증을 따르는 방법도 아무런 소용이 없어진다. 여전히 나는 시뮬레이션 안에 있음을 50퍼센트 확신한다. 이러한 상황에서라면 시뮬레이션 속에 있지 않음을 알 수 없는 게 당연해 보인다.

시뮬레이션 논증 또한 이와 비슷하게 작용한다. 시뮬레이션 논증은 시뮬레이션 가설을 진지한 가능성으로 격상시키고 우리가 여기에 상당한 확률을 걸어야 한다고 말한다. 그 확률이 20퍼센트든 50퍼센트든, 앞서 살펴본 반회의론 논증들은 그 확률을 떨어뜨리지 못한다. 우리가 시뮬레이션 안에 있을 가능성이 진지한 가능성이 된다면, 반회의론 논증 중 그 어떤 것을 따라가도 우리가 시뮬레이션 안에 있지 않음을 아는 데 이를 수 없다.

그러므로 나는 우리가 시뮬레이션 안에 있지 않음을 알 수 없다고 결론짓겠다.

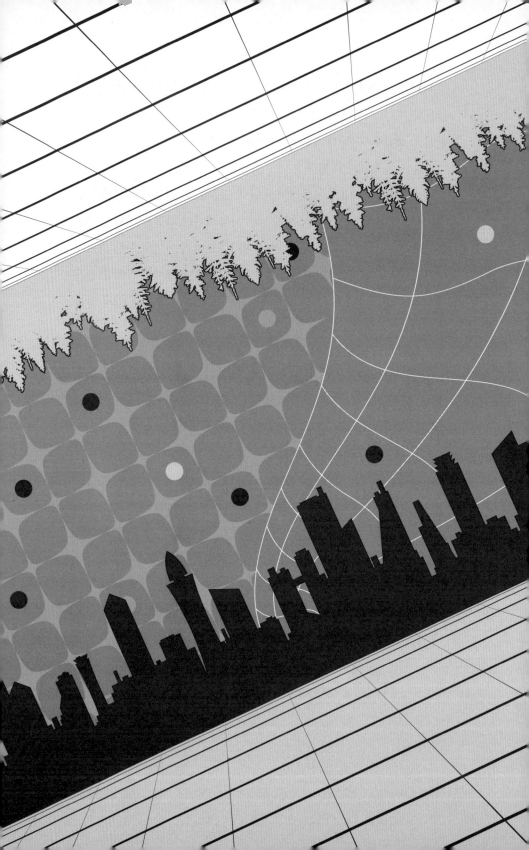

제3부

현실

제6장

현실이란 무엇인가?

가상세계를 주 무대로 삼은 영화 〈레디 플레이어 원〉의 마지막 부분에서는 주인공 중 하나가 일종의 현실 질문을 던진다. 그는 이렇게 말했다. "현실만이 실제야!" 얼핏 들으면 "남자는 남자다."처럼 같은 말을 반복하는 말로 들릴 수 있다. 당연히 현실만이 실제이지 않겠는가? 그렇지만 다시 생각해보면 '행복은 행복하다.'처럼 혼란스러운 말로 들릴 수도 있다. "현실 자체가 어떻게 실제일 수 있을까?"

그래도 저변에 깔린 메시지는 꽤 명백하다. 영화의 전체 맥락에서 보자면 화자는 물리현실을 높게 평가하고 가상현실을 낮게 평가하고 있다. 화자가 말하려던 메시지는 이렇다. "물리현실만이 실제야. 가상현실은 실제가 아니야." 그래도 여전히 혼란스럽지 않은가? 물리현실이나 가상현실이 '실제'라는 건 어떤 의미일까? 내가 이해하기로는 현실 속 사물이 실제라면 그 현실이 실제라는 말처럼 들린다. 이렇게 본다면 이 대사는 "물리적 사물만이 실제 사물이야. 가상 사물은 실제가 아니야."

라는 말로 읽힌다.

이 대사가 참이라면 지구는 실제고, 〈레디 플레이어 원〉에 나오는 가상 행성 루두스Ludus는 실제가 아니다. 지구 그리고 오리부터 산까지를 비롯하여 지구상에 있는 모든 사물은 객관적 세계의 일부로 존재한다. 루두스, 아바타부터 가상 무기까지를 비롯하여 루두스에 있는 모든 사물은 실제가 아니며 단지 허구 또는 환상일 뿐이다.

"가상 사물은 실제가 아니다."라는 말은 가상현실의 기준선으로 여겨지고 있다. 나는 이 점이 틀렸다고 생각한다. 가상현실은 실제다. 즉, 가상현실 속의 객체는 실제로 존재한다. 나의 견해는 '가상 실재론virtual realism'의 일종이다. 이 표현이 처음으로 등장한 건 미국의 철학자 마이클 하임Michael Heim이 1998년 출간한 VR의 세분화에 관한 저서의 제목에서였다.

하임은 주로 가상현실에 관하여 다양한 사회적 문제를 논할 때 '가상 공동체를 조성하려는 네트워크 관념론자'와 '전자 문화를 비난하는 고지식한 실재론자' 사이의 중간 역할을 하는 폭넓은 사회적, 정치적 견해를 가리키기 위해 이 이름을 사용했다. 동시에 하임은 '가상객체는 실제고, 작동하며, 심지어 앞으로 다가올 시대에는 삶의 중심이 될 것'이라는 견해와 '가상 실재론'이라는 이름을 관련지었다. 여기서 나는 후자의 의미로 가상 실재론이라는 이름을 사용하겠다.

내가 이해한 바에 따르자면 가상 실재론은 가상현실이 진짜 현실이라는 논제로, 특히 가상객체가 실제이며 환상이 아니라는 데 초점을 맞춘다. 일반적으로 철학에서 '실재론'이란 무언가가 실제라는 견해를 가리키는 데 쓰인다. 도덕성이 실제라고 생각하는 사람들은 도덕 실재론자다. 색상이 실제라고 생각하는 사람들은 색상 실재론자다. 마찬가지로 가상객체가 실제라고 믿는 사람들은 가상 실재론자다.

나는 시뮬레이션 실재론 또한 받아들인다. 만약 우리가 시뮬레이션 안에 있다면, 주변의 객체들은 실제이며 환상이 아니다. 가상 실재론이 가상현실 일반에 대한 견해라면 시뮬레이션 실재론은 구체적으로 시뮬레이션 가설에 관한 견해다. 시뮬레이션 실재론에서는 우리가 평생을 시뮬레이션 안에서 산다고 하더라도 주변 세계의 고양이들과 의자들이 모두 실제로 존재한다고 말한다. 이들은 환상이 아니며, 사물은 보이는 그대로 존재한다. 시뮬레이션 안에서 우리가 가지는 믿음은 대체로 참이다. 눈앞의 나무와 자동차는 실제 나무와 실제 자동차다. 뉴욕, 시드니, 도널드 트럼프, 비욘세Beyoncé도 모두 실제다.

시뮬레이션 실재론은 외부세계 회의론에 주요한 영향을 미친다. 앞서 데카르트식 전체 회의론이 현실 질문을 부정하며 시뮬레이션 안에서는 그 무엇도 실제가 아니라고 답하고, 지식 질문을 부정하며 우리가 시뮬레이션 안에 있지 않음을 알 수 없다고 답한다는 점을 살펴보았다.

시뮬레이션 실재론을 받아들인다면 현실 질문을 긍정할 수 있다. 시뮬레이션 안의 사물은 실제이며 환상이 아니라는 것이다. 그렇다면 시뮬레이션 가설 및 그와 관련된 여러 시나리오도 더는 우리의 지식 전반을 위협하지 못한다. 우리가 시뮬레이션 안에 있는지 또는 그렇지 않은지를 알 수 없다고 하더라도 여전히 외부세계에 대해 많은 것을 알 수 있다는 뜻이다.

물론 만약 우리가 시뮬레이션 안에 있다면 나무와 자동차와 비욘세는 우리가 생각하는 그들과 '정확히' 똑같지는 않을 것이다. 깊이 파고들자면 몇 가지 차이점이 있다. 우리는 이러한 나무와 자동차와 인체가 궁극적으로는 원자나 쿼크와 같은 기본 입자로 구성되었다고 생각하지만, 사실 이들은 비트로 구성된다. 이 견해를 가리켜 '가상 디지털론'이라 하겠다. 가상 디지털론에서는 가상현실 속 객체가 디지털객체, 거칠게 말하자면 바이너리 정보 또는 비트로 구성된 구조라고 한다. 가상 디지털론은 디지털객체가 완벽하게 실제라고 보므로 가상 실재론의 일종이다. 비트 구조는 실제 컴퓨터의 실제 처리 과정을 바탕으로 한다.

만약 우리가 시뮬레이션 안에 있다면, 이 컴퓨터는 말하자면 다음 층위의 세계에 존재한다. 그러나 이렇게 탄생한 디지털객체는 컴퓨터와 동등하게 실제다. 그러므로 만약 우리가 시뮬레이션 안에 있다면 주변의 고양이와 나무와 테이블 또한 모두 완벽하게 실제다.

터무니없는 주장처럼 들릴 수도 있겠으나 앞으로 이것이 참임을 설득해보려고 한다. 다음 몇 장에 걸쳐 이 견해를 논의해보겠다. 제7장~제9장에서는 만약 우리가 시뮬레이션 안에 있다고 하더라도 우리의 세계는 여전히 실제임을 밝혀보겠다. 제10장~제12장에서는 비교적 친숙한 가상현실 기술에 초점을 맞추면서 여기에서도 가상세계와 객체가 모두 실제임을 밝혀보겠다. 무엇보다도 우선 '현실'과 '실제'가 어떤 의미인지를 짚어보자.

현실과 현실들

'실제'를 정의하기에 앞서 우선 '현실reality'을 정의해보자. 이 단어는 우리가 살펴보려는 목적과 관련하여 적어도 세 가지 의미가 있다. 이 책에서는 이 단어를 세 가지 방식 모두로 사용한다.

첫째, 개체로서의 현실을 논하는 경우라면 존재하는 모든 것, 즉 코스모스 전체를 의미한다. 개체로서의 물리현실과 가상현실을 논할 때도 같은 맥락으로, 대략 물리적인 모든 것과 가상의 모든 것을 의미한다. 둘째, 어느 현실을 가리킬 때는 세계와 비슷한 의미로 사용된다. 여러 현실을 가리킬 때는 여러 세계를 의미한다. 어느 가상현실을 논한다면 대략 어느 가상세계를 의미한다. 어느 세계는 대략 우주, 즉 상호 연결된 완전한 물리적 또는 가상공간을 가리킨다.

첫 번째 의미의 현실에는 두 번째 의미의 여러 현실이 포함될 수 있다. 우리가 멀티버스multiverse, 즉 여러 우주가 존재하는 코스모스에 살고 있을 수도 있다는 개념은 영화 〈스파이더맨: 뉴 유니버스Spider-Man: Into the Spider-Verse〉에서도 묘사된 만큼 친숙한 개념이다. 멀티버스에서는 여러 세계와 여러 현실이 현실에 존재할 수 있다. 가상세계가 출현하면서 물리현실과 가상현실이 모두 존재하는 멀티버스, 리얼리티 플러스도 논할 수 있게 되었다. 이러한 현실들(세계들)은 모두 현실(코스모스)에 속한다.

셋째, 현실은 경직성rigidity과 같은 특성으로서 논해볼 수 있다. 경직성이란 경직된 특성이다. 어떤 객체는 경직되었고, 어떤 객체는 그렇지 않다. 이러한 의미에서 보자면 현실은 실제성realness을 뜻한다. 현실은 실제라는 특성이다. 어떤 사물은 실제이고, 어떤 사물은 그렇지 않다. 실제성으로서의 현실을 논한다면 무엇이 실제인지를 논하는 셈이다. 이번 장에서는 바로 여기에 초점을 맞추어보겠다.

헷갈리는 이야기를 하나 더 덧붙이자면, 현실에 관하여 앞의 세 가지 의미를 모두 포함한 리얼리티 플러스적 견해는 다음과 같이 정의할 수 있다. 현실에는 다수의 현실이 포함되며, 그러한 현실은 실제다. 더 평범하게 말하자면 코스모스, 즉 존재하는 모든 것에는 물리세계와 가상세계를 비롯한 다수의 세계가 포함되며, 그러한 세계 속의 객체는 실제다. 이제 무엇이 '실제'인지 파헤쳐보자.

무엇이 실제인지를 논하는 다섯 가지 방법

영화 〈매트릭스〉에서 모피어스는 물었다. "실제란 무엇입니까? 실제를 어떻게 정의하시겠습니까?" 이는 "무언가가 '실제'라는 건 어떤 의미입니까?"라는 질문과 같다. 조 바이든은 실제이지만 산타클로스는 실제가 아니라는 말은 과연 어떤 의미일까?

철학자들은 모피어스의 질문에 다양한 방식으로 답변했다. 여기서 나는 다섯 가지 보완적인 답변에 초점을 맞춰보겠다. 각 답변은 전체 이야기의 일부분을 조명한다. 각각은 실제에 관한 우리의 개념에서 각기 다른 가닥을 담당한다.

존재로서의 현실. 무엇보다도 실제로 존재하는 사물은 실제다. 조 바이든은 실제로 존재한다. 바이든은 우주의 일부분이다. 산타클로스는 실제로 존재하지 않는다. 산타클로스는 우주의 일부분이 아니다. 산타클로스에 관한 이야기와 믿음은 존재하지만, 산타클로스 자체는 존재하지 않는다. 물론 이렇게 말하면 또 다른 질문이 떠오른다. "존재한다는 것은 무엇인가?" 이 질문은 너무 심오해서 확실하게 답할 수 없다. 많은 이가 이 질문에는 확실한 정답이 없다고 생각한다.

제4장에서 살펴본 버클리의 표어 '존재한다는 것은 지각되는 것'을 떠올려보자. 사물이 지각되거나 적어도 지각될 수 있다면 그 사물은 존

재한다. 모피어스의 말대로 우리는 아마 느끼고, 향기를 맡고, 맛보고, 볼 수 있는 것을 가리켜 '실제'라고 부르고 있을 것이다. 이와 관련하여 좀 더 과학적인 어투의 견해로는 사물을 측정할 수 있을 때 그 사물을 실제라고 한다는 관점이 있다.

버클리의 표어가 다소 과한 이유는 이미 살펴보았다. 우리가 결코 지각할 수 없고 측정할 수도 없으면서도 실제인 사물들이 존재할 수 있다. 빅뱅 즈음의 시기나 머나먼 은하에서 일어난 어떠한 물리적 실체를 우리가 결코 측정하지는 못할지 몰라도 이러한 실체들은 어쨌든 존재한다. 만약 내가 완벽한 시뮬레이션 안에 있다면 시뮬레이션 바깥의 세계를 절대 지각하지 못하겠지만 그 세계는 어쨌든 실제다. 반면에 지

그림 16 모피어스와 네오는 가상세계에서 디지털현실에 관해 이야기를 나눈다. 가상 디지털론에서는 가상객체가 실제 디지털객체라고 말한다.

각하고 측정할 수는 있으나 실제가 아닌 것들도 있다. 신기루가 얼마나 선명한지 측정할 수 있으나 그렇다고 해서 신기루가 실제로 존재하는 것은 아닌 것과 같다.

그렇지만 버클리의 표어는 존재에 관한 발견법heuristic으로 잘 작동할 수 있다. 존재를 정의하는 절대적인 기준이 아니라, 존재에 관한 불완전한 지침이라는 뜻이다. 어떤 사물을 지각할 수 있고 측정할 수 있다면, 이는 그 사물이 존재한다는 강력한 지표다.

인과력因果力으로서의 현실. 존재에 관한 더 나은 발견법이자 버클리의 표어를 포함하는 표어는 종종 엘레아의 표어로 불린다. 플라톤의 대화록《소피스트》에서 고대 도시 엘레아에서 온 신비로운 '엘레아의 이방인'이 이러한 견해를 제시했기 때문이다. 이방인은 이렇게 말했다.

"어떠한 종류든 무언가를 어떤 식으로든 변화시키는 힘 또는 너무나 사소한 인과라 할지라도 아주 조금이라도 영향을 받을 힘을 가진 모든 것이 실제 존재라고 하겠다."

실제라는 건 인과력이 있다는 것이다. 이것이 엘레아의 표어다. 다시 말하자면 무언가에 영향을 미치거나 영향을 받을 수 있는 것만이 존재한다. 바이든은 인과력이 있다. 미국 대통령으로서 군대를 통솔하고 법안을 거부할 수 있다. 빅뱅과 머나먼 은하 주변에서 일어난 물리적 사건들은 인과력이 있다. 이 사건들은 그 현장에서 펼쳐질 다음 사건들에 영향을 미친다. 돌멩이에도 인과력이 있다. 돌멩이는 땅에 자국을 남길 수 있다. 지각할 수 있는 모든 것은 그걸 지각하는 사람을 변화시킬 힘이 있으므로 인과력이 있다. 그 결과 버클리의 표어에 해당하는 모든 것은 엘레아의 표어에도 해당한다.

산타클로스는 엘레아의 표어에 해당하지 않는다. 산타클로스는 인과력이 없다. 산타클로스는 세계를 변화시키지 않는다. 이야기에 따르자면 단 하룻밤 새에 수십억 명에게 크리스마스 선물을 배달하므로 산타클로스에게는 엄청난 인과력이 있다. 그러나 이러한 이야기는 거짓이고, 산타클로스 자체는 본질적인 인과력이 없다. 물론 이 이야기 자체는 인과력이 있다. 산타클로스 이야기는 크리스마스 카드와 복장과 전 세계 어린아이들에게 영향을 미친다. 그러므로 엘레아의 표어에 따르면 이러한 이야기들은 실제이지만, 그렇다고 산타클로스가 실제라는 뜻은 아니다.

엘리아의 표어가 현실에 관한 진실을 전부 담고 있지는 않다. 인과력이 없으면서도 실제인 사물이 있을 수 있다. 숫자는 인과력이 없으면서도 실제다. 어쩌면 인과력 없이 잊힌 꿈이 있을 수도 있다. 그렇지만 적어도 인과력은 현실이 성립하기 위한 충분조건을 제시한다. 어떤 사물에 인과력이 있다면 그 사물은 존재하며 실제다. 이러한 면에서 인과력은 존재 그 자체와 더불어 무언가가 실제이기 위한 두 번째 방법론적 기준이 된다.

정신에서 독립적인 현실. 현실의 세 번째 기준은 필립 K. 딕Philip K. Dick의 1980년 단편 공상과학소설 《내가 곧 도착하기를 바란다I Hope I Shall Arrive Soon》에서 제시되었다. 딕의 표어는 다음과 같이 말할 수 있다. '그것을 더는 믿지 않는다고 하더라도 사라지지 않는다면 그것은 현실이다.' 아무도 산타클로스를 믿지 않는다면 산타클로스는 더는 등장하지 않겠지만, 바이든을 아무도 믿지 않는다고 하더라도 바이든은 여전히 존재할 것이라는 게 핵심이다.

나는 딕의 표어가 있는 그대로 옳다고 생각하지는 않는다. 우리가 더는 간달프Gandalf를 믿지 않는다고 하더라도 여전히 영화 속에서 간달프를 볼 수 있으니 사라지지 않은 셈이다. 그렇다고 해서 간달프가 실제라는 뜻은 아니다. 환상과 환각 또한 마찬가지다. 저 멀리 보이는 신기루가 진짜가 아니라고 생각한들 그 신기루는 사라지지 않는다.

그러나 딕은 중요한 문제를 건드린다. 앞서 말한 예시에서 간달프나 신기루의 존재는 사람들의 정신, 생각과 경험에 의존한다. 아무도 간달프를 생각해본 적 없다면 간달프는 우리의 삶에 들어오지 못했을 것이다. 아무도 신기루를 경험하지 않는다면 신기루는 사라질 것이다. 그러므로 이렇게 말할 수 있다. "누구도 그것을 마음에 두지 않는다고 하더라도 사라지지 않는다면 그것은 현실이다." 또는 이렇게 말하는 게 더 좋을 수 있다. "그것의 존재가 누군가의 정신에 의존하지 않는다면 그것은 현실이다." 딕의 표어를 이처럼 바꾼다고 하더라도 현실에 관한 진실을 완전히 담지는 못한다.

이에 대한 반론은 〈해리 포터〉 시리즈의 마지막 부분에서 호그와트의 교장 알버스 덤블도어Albus Dumbledore가 말한 것으로, 일명 덤블도어 표어라 할 수 있겠다. "물론 네 머릿속에서 일어나는 일이란다, 해리. 그렇지만 그게 실제가 아니라는 뜻일까?"

내 생각과 경험은 나의 머릿속에서 일어나며 나의 정신에 의존하지만, 그러한 생각과 경험은 모두 실제다. 돈과 같은 사회적개체 또한 사람들의 정신에 의존한다. 그 누구도 지폐에 아무런 가치가 있다고 믿지 않는다면 돈은 없을 테지만, 그래도 어쨌든 돈은 실제다.

정신에서의 독립성은 실제가 되기 위한 충분조건이 될 수 있으며, 적어도 현실 감각의 한 측면을 설명하는 데 도움이 된다. 만약 무언가가 누군가의 정신에서 독립적으로 존재한다면 그것은 특히 확고한 현실이다. 무언가가 누군가의 정신에 의존하는 방식으로 존재한다면 그것은 외부세계의 덜 확고한 부분이다.

환상이 아닌 현실. 환상과 현실의 차이는 무엇일까? 지금까지 우리는 "무엇이 실제로 존재하는가."를 물었다. 그러나 또 다른 핵심 질문이 있다. "사물이 보이는 그대로인가?" 무언가를 가리켜 진짜라고 할 때 어떤 의미인지를 또 다른 방식으로 포착하는 이 질문을 현실의 네 번째 기준으로 삼아볼 수 있다. 무언가가 보이는 그대로라면 그것은 실제라는 것이다. 보이는 그대로가 아니라면 그것은 환상이다.

물리현실은 대개 보이는 그대로이므로 실제다. 물리현실에서 여러분의 발치에 공 하나가 놓여 있는 것처럼 보인다면 대개는 발치에 공이 있다. 일반적인 견해에 따르자면 가상현실은 보이는 그대로가 아니므로 실제가 아니다. VR에서는 발치에 공이 있는 것처럼 보이지만 사실 그렇지 않다. 같은 맥락에서 말하자면 가상현실에서는 사물이 보이는 그대로가 아니므로, 가상현실은 환상이다.

내가 보기에 나는 허드슨 밸리 어딘가에 있는 집에서 의자에 앉아 데스크톱 컴퓨터를 사용하고 있다. 창문 밖으로는 해조류가 덮인 연못이 보이고, 거위들이 연못 주위를 돌아다니고 있다. 내가 보기에 나는 현실에 관한 책을 쓰는 철학자다. 내가 보기에 나는 호주에서 자랐고 지금은 뉴욕에 살고 있다. 이 모든 요소는 나의 명백한 현실이라 여길 만한 것을 구성한다.

이 명백한 현실은 오직 사물이 보이는 그대로일 때만 실제다. 내가 의자에 앉아 있고, 창밖에 연못이 있고, 호주에서 자랐다면 이 모든 것은 실제다. 만약 내가 의자에 앉아 있지 않고, 창밖에 연못이 없고, 호주에서 자라지 않았다면 이 모든 것은 실제가 아니다. 물론 내가 틀릴 수도 있다. 예를 들어, 창밖의 거위가 실제로는 거위가 아닐 수 있다. 하지만 내가 거의 모든 것을 잘못 알고 있다면, 내가 보는 현실이 실제가 아니라고 말하는 편이 합리적일 것이다.

사물이 보이는 그대로라는 건 무엇일까? 여기에는 하나 이상의 후보가 있다. 하나는 우리가 감각을 사용해 '지각하는' 그대로인 경우다. 또 다른 하나는 우리가 지각은 물론 사고와 논리를 이용해 '믿는' 그대로인 경우다. 나는 분홍색 코끼리가 존재한다고 믿지 않더라도 분홍색 코끼리를 지각할 수 있다. 나는 빅뱅을 지각하지 않고도 빅뱅이 있었다고 믿을 수 있다.

이러한 경우에서는 무엇을 믿는지가 우리의 현실에 가장 큰 영향을 미친다고 논할 수 있겠다. 회의론 및 시뮬레이션 가설과 관련된 문제에서는 세계의 사물이 우리가 믿는 그대로인지가 가장 중요하다. 그러므로 시뮬레이션 실재론에 관해서라면 나는 이 네 번째 기준을 우리가 믿는 바와 거의 같은 것이 실제라는 말로 이해하겠다.

진짜로써의 현실. 현실에 관해 생각해볼 다섯 번째 방법은 영국의 철학자 J. L. 오스틴J. L. Austin의 1947년 강연록 〈감각과 감각 대상Sense and Sensibilia〉에서 찾아볼 수 있다. 강연록 제목은 오스틴과 이름까지 비슷한 제인 오스틴Jane Austen의 소설 《오만과 편견》에서 따온 것이지만, 이 책은 지각과 현실을 다루고 있다.

오스틴은 철학이 평범한 언어에서 단어를 사용하는 방식에 주목해야 한다고 주장했다. 무엇이 실제인지를 이해하려면 우선 일반적인 화자가 '실제'라는 단어를 사용하는 방식을 살펴야 한다. 오스틴은 평범한 언어에서 실제라는 말을 그대로 사용할 수는 없다고 했다. 만약 그렇게 한다면 실제로 무엇인지를 다시 물어야 할 것이다. 우리는 가짜 다이아몬드가 아니라 실제 다이아몬드인지 또는 모형 오리가 아니라 실제 오리인지를 물어야 한다. 그러므로 오스틴의 표어는 '무엇이 실제인지 묻는 대신 실제로 무엇인지를 물어야 한다.'라고 정리할 수 있겠다.

나는 오스틴의 표어가 옳다고 생각하지는 않는다. 어린아이들은 당연히 산타클로스가 실제인지, 부활절 토끼(부활절 때 달걀을 가져다준다는 토끼)가 실제인지 물어볼 수 있다. 부활절 토끼가 실제 토끼인지 또는 실제 영혼인지를 물어볼 수도 있지만, 토끼든 영혼이든 상관없이 "부활절 토끼는 실제인가? 부활절 토끼는 실제로 존재하는가?"를 물어볼 수도 있다. 이에 대한 답은 '아니오'일 것이다.

부활절 토끼는 수 세대를 거쳐 전해져 내려오는 미국의 민속 문화다. 민속 문화는 실제지만, 토끼는 실제가 아니다. 이는 어떠한 객체가 실제로 무엇인지보다는 그 객체가 실제인지를 묻는 앞의 세 가지 표어에 잘 반영되어 있다. 부활절 토끼는 실제로 존재하지 않으며, 인과력도 없고, 우리 정신에서 독립적이지도 않다.

그래도 오스틴의 표어에는 중요한 점이 담겨있다. 우리가 무엇이 실제인지 궁금해하는 때는 많지 않다. 대개는 이것이 실제 돈인지, 실제 아이폰인지 궁금해한다. 누가 나에게 롤렉스 시계처럼 보이는 객체를 준다면 그 객체는 물론 실제다. 적어도 그건 실제 사물이다. 그러나 내가 정말 궁금한 점은 이것이 실제 시계인지, 그것도 롤렉스인지다. 바꿔 말하자면 이 시계가 진짜인지 궁금한 셈이다. 이것은 진짜 시계인가? 진짜 롤렉스인가?

시뮬레이션 속 삶 또한 마찬가지다. 우리는 눈에 보이는 빌딩과 나무와 동물들이 실제인지 물어볼 수 있고, 그것들이 실제 디지털개체라고 답해볼 수 있다. 그렇지만 그것들이 실제 건물, 실제 나무, 실제 동물인지 물어보는 건 또 다른 문제다. 만약 그것이 실제개체이지만 실제 건물은 아니라면 사물은 보이는 그대로가 아니다. 그러므로 무언가가 X처럼 보인다고 할 때, 현실에 관한 다섯 번째 기준은 그것이 진짜인지, 즉 실제 X인지를 묻는다.

시뮬레이션한 현실은 실제인가?

이렇게 현실에 관한 다섯 가지 기준을 살펴보았다. 이를 무엇이 실제인지 아닌지 궁금할 때 따져볼 다섯 가지 질문, '현실 체크리스트'로 정리해볼 수 있겠다. 이 내용은 다음과 같다. '실제로 존재하는가? 인과력이 있는가? 우리 정신에서 독립적인가? 보이는 그대로인가? 진짜 X인가?'.

존재, 인과력, 정신에서의 독립성, 비환상성, 진실성에 이르는 이 다섯 가지 기준은 무엇이 실제인지에 관한 개념에서 각기 다른 다섯 가지 갈래를 담당한다. 무언가를 가리켜 실제라고 할 때 대개 이러한 기준을 하나 이상 빗대어 말한다. 여기에 추가할 몇 가지 다른 갈래들도 있다. 간주관적(많은 주관 사이에 서로 공통되는 것이 있는 것)인 현실, 이론적으로 유용한 현실, 근본으로써의 현실 등이다. 그러나 앞서 살펴본 다섯 가지가 우리의 논의에서 가장 중요한 갈래들이다.

이제 시뮬레이션 속 객체에 이러한 기준을 적용해보자. 먼저 완벽한 영구적 시뮬레이션의 경우부터 시작해보자. 완벽한 영구적 시뮬레이션에서는 세계 전체를 완전히 세부적으로 시뮬레이션하며, 역사 전체에 걸쳐 우리의 모든 경험을 만들어낸다. 만약 우리가 완벽한 시뮬레이션 안에 있다면 세계는 실제인가? 여기서는 시뮬레이션에 관한 내 견해를 주장하기보다 내 견해가 어떤 의미인지를 분명히 밝히려 한다.

현실의 첫 번째 기준은 이렇게 묻는다. "우리가 시뮬레이션한 세계에서 지각하는 객체들은 실제로 존재하는가?" 만약 내가 완벽한 시뮬레이션 안에 있다면, 창밖에 보이는 나무는 실제로 존재하는가? 반대론자라면 "아니다, 나무와 창문은 모두 환각에 지나지 않는다."라고 답할 것이다. 그러나 나는 "그렇다, 나무와 창문은 실제로 존재한다."라고 답하겠다. 이 나무와 창문은 어느 정도 디지털객체로서 컴퓨터 내 디지털 처리 과정에 바탕을 두고 있지만, 그렇다고 해서 이것들이 실제가 아니라고 할 수는 없다.

두 번째 기준이 묻는다. "우리가 지각하는 이 객체는 인과력이 있는가?" 변화를 만들어내는가? 반대론자라면 "아니다. 나무는 변화를 만들어내는 것처럼 보인다."라고 답할 것이다. 나는 "그렇다. 나무는 많은 인과력을 가진 디지털객체다."라고 답하겠다. 나무는 나뭇잎을 만들어내고 새들에게 쉴 자리를 준다. 물론 이 나뭇잎과 새들 또한 디지털객체. 또 나무는 그 나무를 바라보는 나를 비롯한 사람들에게 경험을 만들어준다.

세 번째 기준이 묻는다. "우리가 지각하는 이 객체는 우리의 정신에서 독립적인가?" 마음이 떠난다고 하더라도 계속 존재할 수 있는가? 반대론자라면 "아니다. 내가 지각하는 나무는 오직 나의 마음에만 존재하며, 마음이 떠나면 더는 존재하지 않는다."라고 답할 것이다. 그러나 나는 "그렇다. 나무는 디지털객체이며 나에게 의존하지 않고도 존재한다."라고 말하겠다. 시뮬레이션 인간과 시뮬레이션이 아닌 인간이 모두 사라지고 없더라도 이론상 이 나무는 계속해서 디지털객체로 존재할 수 있다.

네 번째 기준이 묻는다. "사물이 보이는 그대로인가?" 내 정원의 꽃들은 보이는 것처럼 실제로도 만개하는가? 나는 보이는 것처럼 실제로도 호주에서 온 철학자인가? 반대론자라면 "아니다, 이는 모두 환상에 지나지 않으며, 실제로는 꽃도 없고 호주도 없다."라고 할 것이다. 나는 "그렇다. 내 정원에는 꽃이 실제로 만개하고 있으며, 나는 실제로 호주에서 왔다."라고 말하겠다. 만약 내 세계 전체가 시뮬레이션이라면 결국 꽃들은 디지털객체일 테고, 호주 또한 결국에는 디지털일 것이다. 그렇다고 해서 꽃이 피거나 내가 호주 출신이라는 데에는 아무런 문제가 없다.

다섯 번째 기준이 묻는다. "내가 시뮬레이션 안에서 경험하는 사물들은 실제 꽃, 실제 책, 실제 사람들인가?" 반대론자라면 "그렇지 않다. 이것들이 실제 디지털객체라고 하더라도 이러한 객체들은 기껏해야 가짜 꽃이지 실제 꽃이 아니다."라고 할 것이다. 나는 "그렇다. 꽃은 실제 꽃, 책은 실제 책, 사람들은 실제 책이다."라고 답하겠다. 만약 시뮬레이션 안에서 평생을 산다면 내가 경험하는 실제 꽃들은 모두 디지털이다.

요약하자면 이렇다. 만약 우리가 완벽하고 영원한 시뮬레이션 안에 있다면, 지각하는 객체는 다섯 가지 기준 모두에 따라 실제다. 나는 시뮬레이션 실재론을 다음과 같이 정의하겠다. "만약 우리가 완벽한 시뮬레이션 안에 있다면, 주변의 객체는 실제이며 환상이 아니다."

환상을 언급했다는 건 네 번째 기준에 가장 큰 무게를 실었다는 뜻이다. 시뮬레이션 실재론은 사물이 대체로 믿는 바에 달려있다고 본다. 우리는 고양이가 존재한다고 믿고, 고양이가 이런저런 행동을 한다고 믿으며, 고양이들이 실제 고양이라고 믿는다. 시뮬레이션 존재론에 따르자면 시뮬레이션 안에서 이러한 믿음은 대체로 진실이다.

혹자는 내가 현실에 관한 기준을 입맛대로 골랐다고 생각할 수도 있겠다. 만약 근본성이나 원본성을 기준으로 현실을 정의한다면 무언가 달라질 수도 있다. 만약 우리가 시뮬레이션 안에 있다면 지각하는 시뮬레이션 나무는 원본 나무가 아닐 수 있고, 시뮬레이션한 물리세계는 근본이 아닐 수 있다. 시뮬레이터가 시뮬레이션이 아닌 나무를 본떠 만든 나무일 수 있고, 다음 우주의 시뮬레이션이 우리 시뮬레이션 저변에 있을 수 있기 때문이다.

혹자는 아마 이러한 점을 들어 가상객체는 실제가 아니라고 주장할 수 있을 것이다. 그러나 이러한 기준들은 현실에 대한 기준이 되기에는 부족해 보인다. 복제 양 돌리Dolly는 원본이 아니라 다른 양을 복제한 생물이며, 입자로 만들어졌으므로 근본적이지도 않다. 그렇지만 돌리는 완벽하게 실제다.

내가 주장하려는 시뮬레이션 실재론이 얼마나 강력한 견해인지 밝히고 이러한 기준들이 입맛에 따라 고른 게 아님을 한층 명백하게 보이기 위해 영국의 이론물리학자 데이비드 도이치David Deutsch가 1997년 저서 《실체의 구조The Fabric of Reality》에서 밝힌 견해와 대조해보자.

도이치는 가상현실에 관한 매력적인 논의를 펼치면서 부분적인 가상 실재론을 옹호했다. 그는 시뮬레이션을 비롯한 가상현실 환경이 사용자에게 반응을 불러일으키므로 '현실 검증을 통과했다.'라고 논했다. 다시 말해 이러한 환경이 인과력이 있으며 우리 정신에서 독립적이라는 뜻이다. 동시에 도이치는 첫 번째 기준을 지지하지 않았다. 어느 시나리오에서는 '시뮬레이션 비행기와 그 주변은 실제로 존재하지 않는다.'라고 했기 때문이다. 마찬가지로 그는 네 번째 기준과 다섯 번째 기준도 지지하지 않았다. 또 다른 가상현실 시나리오에서는 우리가 현실에는 내리지 않는 비를 볼 수 있고, 그 시나리오 속의 엔진은 실제 엔진이 아니라고 했기 때문이다. 도이치의 견해에 따르자면 가상현실 환경은 실제이지만 그 안의 객체는 환상이다. 시뮬레이션 실재론은 이보다 훨씬 강한 주장이다.

물론 우리가 완벽한 시뮬레이션 안에 있다면 어떤 사물들은 보이는 그대로와 똑같지 않을 것이다. 우리의 믿음 중에도 틀린 믿음이 있을 것이다. 사람들은 대부분 자신이 시뮬레이션 안에 있지 않다고 생각한다. 이들은 꽃들이 디지털이 아니라고 믿는다. 또 아마 우리 우주가 근본 현실이라고 생각할 것이다. 만약 우리가 시뮬레이션 안에 있다면 이러한 믿음은 틀렸다. 그러나 약화된 믿음은 대부분 현실에 관한 과학적 또는 철학적 믿음이다. 이러한 믿음이 약화된다고 하더라도 '정원에 꽃이 만개하고 있다.'와 같은 일상적인 믿음이 약화되지는 않는다.

만약 우리가 완벽하지 않은 시뮬레이션 안에 있다면 틀린 믿음이 더 많아지겠지만, 옳은 믿음도 여전히 많을 것이다. 만약 태양계가 완전히 시뮬레이션되었지만 나머지 우주는 단순한 스케치에 불과하다면, 태양에 관한 나의 믿음은 옳겠지만 알파 센타우리*에 대한 믿음은 틀렸을 수도 있다.

＊ 지구에서 약 4.37광년 떨어진 가장 가까운 항성계

2019년은 시뮬레이션되었지만 1789년은 시뮬레이션되지 않았다면, 프랑스 혁명에 대한 나의 믿음은 틀렸겠지만 현대 미국에 관한 믿음은 옳을 것이다. 시뮬레이션 속에 현존하는 우주에서도 우리와 가까운 면에 관해서라면 여전히 옳을 것이다. 우리 집 뒤뜰에 서있는 사슴이 시뮬레이션이라고 가정한다고 하더라도 우리 집 뒤뜰에 사슴이 서있다는 나의 믿음은 옳다.

형이상학으로써 시뮬레이션 가설

이러한 주장이 직관적으로 이해하기 어려울 수 있다. 반발심이 드는 이유 중 하나는 나무나 꽃이 디지털객체처럼 '보이지' 않기 때문이다. 그렇지만 나무와 꽃은 양자역학 객체처럼 보이지 않으면서도 깊이 파고들자면 양자역학 객체다. 나무의 바탕이 양자 프로세스라는 사실만으로 나무가 실제가 아니라고 생각하는 사람은 거의 없다. 여기서 나는 디지털이나 양자역학이 마찬가지라고 생각한다.

과학은 현실이 겉으로 보이는 것보다 더 많은 걸 품고 있음을 알려주었다. 수천 년 동안 우리는 강아지와 고양이와 나무가 세포로 구성된다는 걸 몰랐고, 그 세포가 원자로 구성된다는 사실이나, 이 모든 게 근본적으로는 양자역학이라는 것도 몰랐다. 그러나 고양이와 강아지와 나무의 본질에 관해 새로운 점이 발견되었다고 해서 이들의 현실성이 약화되지는 않았다.

나는 우리가 시뮬레이션 안에 있다는 발견 또한 이와 같은 방식으로 다루어야 한다고 생각한다. 고양이와 강아지와 나무가 디지털 처리 과정에서 비롯되었다는 점은 그 사물들의 기저 본질에 관한 새로운 발견이겠으나, 이 발견이 그들의 현실성을 약화시키지는 않는다.

중요한 점은 시뮬레이션한 나무가 실제 나무와 무조건 똑같다고 주장하는 게 아니라는 점이다. 내가 말하려는 바는 만약 우리가 완벽한 시뮬레이션 안에 있다면 우리 우주의 실제 나무는 모두 시뮬레이션한 나무일 테니, 실제 나무가 결국 디지털 나무라는 뜻이다.

반면, 우리가 시뮬레이션 안에 있지 않고 외부에서 시뮬레이션을 바라보기만 한다면, 시뮬레이션 속의 나무들은 우리 외부세계의 나무들과 완전히 다르다. 시뮬레이션 속 나무는 디지털이지만 실제 나무는 그렇지 않기 때문이다. 이 경우 우리 세계의 실제 나무는 처음부터 비디지털개체였다. 어느 쪽이든, 디지털개체와 비디지털개체는 서로 상당히 다르다.

나는 시뮬레이션 가설을 물리학에서 폭넓게 논의되는 잇프롬빗 가설의 한 형태로 간주해야 한다고 주장하려 한다. 잇프롬빗 가설은 물리의 저변에 디지털 층위가 있다고 가정한다. 간단히 설명하자면 분자는 원자로 구성되고, 원자는 쿼크로 구성되며, 쿼크는 비트로 구성된다는 식이다. 이 가설은 실제 물리적 처리 과정을 다루면서도 현실의 밑바탕에 우리가 아직 모르는 또 다른 층위가 있음을 가정한다.

시뮬레이션 가설도 이러한 방식으로 생각해보는 게 옳다. 만약 시뮬레이션 가설이 참이라면, 잇프롬빗 가설은 참이다. 물리현실은 완벽하게 실제이며, 그 밑바탕에는 비트의 상호 작용으로 구성된 기저 층위가 있고, 어쩌면 그 아래에 또 다른 층위가 있을 수도 있다.

잇프롬빗 가설은 시뮬레이션 가설의 한쪽 측면인 시뮬레이션 그 자체에 해당한다. 그렇다면 또 다른 측면, 즉 시뮬레이션을 만들어낸 시뮬레이터는 어떨까? 다음 장에서 나는 시뮬레이터가 신과 유사하다는 점을 논하겠다. 적어도 시뮬레이터는 비트에서 존재로 우주의 창조자처럼 보일 수 있다. 제9장에서는 시뮬레이션 가설이 그 자체로 잇프롬빗 가설과 창조자가 우주를 창조했다는 창조설을 결합했음을 설명해보겠다.

만약 내가 옳다면, 시뮬레이션 가설은 아무것도 존재하지 않는다는 회의적인 가설이 아니다. 오히려 이는 현실의 본질에 관한 형이상학 가설이다. 시뮬레이션 가설은 우리 세계가 어떻게 만들어졌는지에 관한 형이상학적 가설(즉, 창조설) 및 그와 별개로 우리 세계의 현실 저변에 무엇이 있는지를 다루는 형이상학적 가설(즉, 잇프롬빗 가설)을 더한 것과 같다. 만약 시뮬레이션 가설이 참이라면, 물리세계는 비트로 구성되었으며 창조자는 그러한 비트를 배열하여 물리세계를 창조했다.

다음 3개 장에서 나는 창조설과 잇프롬빗 가설을 설명한 다음 시뮬레이션 가설이 대략 두 가설의 합과 같다는 점을 보이겠다. 그 과정에서 신이나 현실과 관련된 다른 여러 문제도 짚고 넘어갈 것이다.

철학사 속 비환상성 견해

데카르트 회의론에 대한 나의 답변은 현실 질문을 긍정하는 데서 시작한다. 완벽한 시뮬레이션에서 사물은 완벽하게 실제다. 데카르트의 사악한 악마 시나리오를 비롯한 다른 데카르트 시나리오나 힐러리 퍼트넘의 통 속의 뇌 시나리오에서도 마찬가지다. 시뮬레이션 실재론을 이러한 시나리오에 대입해 일반화해보면 데카르트 시나리오가 '비환상

no-illusion'이라는 견해로 이어진다. 비환상 견해란 이러한 시나리오 속 사물이 대개 보이는 그대로이며, 주체는 속임수에 빠져 있지 않고, 이들이 세계에 관하여 믿는 바는 대체로 진실이라는 견해다.

비환상 견해가 참이라면 데카르트 시나리오는 외부세계를 아는 데 아무런 장애가 되지 않는다. 데카르트 시나리오에서 우리의 믿음이 대체로 옳다면 그러한 시나리오를 배제할 수 없다고 하더라도 우리가 믿는 바를 의심할 필요는 전혀 없다. 우리의 믿음은 수많은 데카르트파 학자들이 생각한 것보다 더 튼튼하다.

회의론에 대한 답변으로써 이러한 시나리오 속 주체들이 대체로 진실한 믿음을 가지고 있다고 본 사람은 내가 처음이 아니다. 그러나 이러한 견해는 철학사를 통틀어 놀랄 만큼 찾아보기 어렵다. 최근 나는 수 명의 철학사학자에게 20세기 이후로 이러한 견해를 명시적으로 옹호한 사람을 아는지 물었다. 그 누구도 명쾌한 답을 떠올리지는 못했다. 20세기 들어서도 이에 관한 논의가 겨우 몇 차례 이루어졌을 뿐이다.

내 추측으로는 제4장에서 처음 살펴보았던 18세기의 앵글로아일랜드인 철학자 조지 버클리가 이러한 견해를 가질 수 있었을 듯하다. 버클리는 현상이 곧 현실이라고 논한 관념론자였다. 사악한 악마 시나리오에서 테이블과 의자는 물리세계의 테이블 및 의자와 똑같은 현상을 드러낸다. 만약 현상이 현실이라면 이 시나리오 속 사람들은 실제 테이블과 실제 의자를 경험할 것이고, 그들의 현실에 대하여 대체로 진실한 믿음을 가지게 될 것이다.

아쉽게도 버클리는 이러한 견해를 옹호한 적이 없는 듯하다. 버클리는 데카르트의 사악한 악마 시나리오를 논한 적이 없다. 어쩌면 사악한 악마가 존재할 수 없다고 여겼을 수도 있다. 데카르트와 마찬가지로 버클리는 우리의 감각과 지각을 만들어낼 만큼 완벽한 존재가 오로지 신뿐이라고 생각했다. 그는 신이 우리의 감각과 지각을 만들어내며, 그렇게 할 때 우리가 사물을 올바르게 이해한다고 보았다. 신이 시뮬레이터나 사악한 악마의 역할을 맡는다고 치면 버클리의 견해는 회의론 시나리오에 대한 내 견해의 사촌 격으로 보아도 좋겠다.

내가 아는 한 비환상 견해가 명확하게 드러난 최초의 저작은 네브라스카대학교의 철학자 오에츠 콜 부스마Oets Kolk Bouwsma가 1949년 쓴 에세이였다. 부스마는 제4장에서 조나단 해리슨의 환각 속 아이 루트비히에게 영감을 주었던 비트겐슈타인의 제자였다. 부스마의 에세이《데카르트의 사악한 천재Descartes' Evil Genius》는 현실에 관하여 우리를 속이려 들다 번번이 실패하는 어느 불운한 악마에 관한 멋진 우화다. 여기서 부스마는 원문 'malignus genium'을 '사악한 천재'로 번역했지만, 제3장에서 살펴보았듯 나는 '사악한 악마'라는 더 일반적인 용어를 사용하겠다.

악마는 가장 먼저 만물을 종이로 바꿨는데, 오래지 않아 눈치를 채는 사람들이 생겨났다. 이야기의 주인공인 인간 톰Tom은 본인 또한 종이 인간으로 바뀐 채 환상을 눈치챘다. 종이꽃에서 더는 향기가 나지 않고 느낌도 달라졌다는 걸 톰이 깨달으면서 악마는 들키고 말았다.

두 번째 시도에서 사악한 악마는 사람들의 정신을 제외한 다른 모든 것을 망가뜨렸다. 자만한 악마는 톰에게 속삭였다. "네 꽃은 환상일 뿐이야." 톰은 자신이 꽃과 환상을 구별할 수 있으며 그 꽃들은 분명 환상이 아니라고 답했다. 톰은 사악한 악마가 어떤 짓을 벌였는지 이해했으며, 악마가 환상이라 부르는 것을 자신은 꽃이라 부를 수 있다고 말했다. 악마가 환상을 만들어낸 게 아니라 톰이 꽃을 만들어낸 셈이었다.

그림 17 부스마의 사악한 악마가 톰을 속이려고 하면서 가장 먼저 꽃을 종이로 바꾸고,
그 다음 완벽한 시뮬레이션으로 바꾼다.

또다시 패배한 악마는 혈구를 타고 도망쳤다.

부스마는 나와 마찬가지로 데카르트의 사악한 악마 속 주체가 환상에 빠져 있지 않다고 생각했다. 부스마는 발견할 수 있는 환상만이 환상이라고 생각했다. 데카르트의 사악한 악마 시나리오에서처럼 무엇이 환상인지를 눈치챌 수 없다면 그것은 환상이 아니며 속임수도 아니다.

더 정확하게 말하자면 부스마의 사악한 악마는 환상을 발견할 수 있으나 주체인 톰은 환상을 발견할 수 없다. 그러므로 악마가 "이건 환상이다."라고 말한다면 그의 말은 옳지만, 톰이 그렇게 말한다면 거짓일 것이다. 비슷한 이유로 톰은 자신이 경험한 것을 '꽃'이라 여길 수 있으나 악마는 그렇게 여길 수 없다. 그러므로 "이건 꽃이다."라는 톰의 말은 옳다.

여기서 부스마의 논리는 주장이 유의미하려면 검증할 수 있어야 한다는 검증주의의 일종을 바탕으로 한다. 앞서 회의론 가설이 검증할 수 없으므로 무의미하다고 주장한 루돌프 카르나프 등의 논리 실증주의자들을 살펴보았다. 부스마 또한 이와 비슷한 식의 논리를 펼쳤다. 그는 환상이 있다는 가설을 검증할 수 없다면 그러한 가설은 무의미하다고 생각했다. 만약 사악한 악마 시나리오가 환상이라는 걸 절대 검증할 수 없다면, 이 시나리오는 아예 환상이 아니라는 뜻이다.

나는 제4장에서 살펴본 이유를 바탕으로 검증주의를 거부한다. 의미 있으면서도 검증할 수 없는 주장은 많으며, 절대로 발견할 수 없는 환상 또한 있을 것이다. 그러므로 나는 이러한 상황에 대한 부스마의 분석을 거부한다. 그렇지만 부스마가 중요한 지점에서 옳다고 생각한다. 데카르트의 사악한 악마 시나리오 속 주체는 환상에 빠져 있지 않다.

비환상 견해와 관련된 또 다른 견해이자 버클리의 관념론과 어느 정도 같은 맥락을 공유하는 견해로는 중국의 철학자 필립 자이Philip Zhai가 1998년 펴낸 저서 《겟 리얼Get Real》에서 제시되었다. 자이는 우리가 어떤 객체에 대하여 안정되고 일관된 지각을 유지하는 한 그 객체는 실제라고 보았다. 버클리의 말을 빌리자면 '안정되고 일관된 현상이 곧 현실'이라고 정리할 수 있겠다. 자이는 이러한 논제를 회의론 문제에 적용하지는 않았으나 그 대신 가상현실 및 완벽한 시뮬레이션에 적용했다. 완벽한 시뮬레이션 속 주체는 세계에 대하여 안정되고 일관된 지각을 유지할 테니, 자이의 관점에서 보자면 이 세계는 실제이며 환상이 아니다.

나는 제4장에서 버클리의 관념론을 거부한 것과 거의 같은 이유로 자이의 관념론 프레임워크를 거부한다. 그러나 검증주의와 마찬가지로, 관념론은 비환상 견해에 이르는 중요한 길 하나를 제시한다. 비환상 견해에 이르는 세 번째 방법은 힐러리 퍼트넘이 1981년 저서 《이성·진리·역사》에서 제시했다. 제4장에서 통 속의 뇌 가설이 외재론에 의하여 모순이라는 퍼트넘의 주장과 단어의 의미는 외부 맥락에 따라 달라진다는 이론을 살펴보았다. 퍼트넘은 통 속의 뇌가 가지는 믿음이 주변 환경에서 받는 전기 자극에 관한 믿음이며 이러한 믿음이 대체로 옳다고 주장했다.

퍼트넘은 이를 회의론과 연결하지는 않았지만, 이러한 견해는 일종의 비환상 견해로써 회의론에 대해 완전히 색다른 답변을 도출할 잠재력이 있다. 통 안의 뇌 가설이 모순이라고 주장하는 대신, 통 안의 뇌가 가지는 믿음이 대체로 진실이라고 주장할 수 있기 때문이다. 사실 부스마가 검증주의를 바탕으로 비환상 견해를 논했다면, 퍼트넘은 외재론을 바탕으로 비환상 견해를 펼친 셈이나 다름없다.

비환상 견해에 관한 퍼트넘의 논증은 제20장에서 외재론을 다루면서 더 자세히 분석하겠다. 내가 보기에 이러한 논증은 그다지 성공적이지 않은 듯하다. 부스마가 논증을 펼치기 위해 미심쩍은 검증주의를 동원하고 자이가 논증을 펼치기 위해 미심쩍은 관념론을 동원한 것처럼, 퍼트넘은 강력하면서도 미심쩍은 형태의 외재론을 동원해야 했다. 그러나 부스마 및 자이와 마찬가지로, 퍼트넘 또한 비환상 견해로 이어질 수 있는 올바른 길을 제시했다.

부스마, 푸트넘, 자이는 시뮬레이션 시나리오에 관한 비환상 견해에 이를 각기 다른 방식을 제시했다. 세 가지 길 모두 데카르트의 회의론 문제에 대한 나의 견해, 즉 데카르트의 시나리오 속 주체들은 대체로 옳은 믿음을 가지고 있으며 속임수에 빠져 있지 않다는 견해로 이어질 수 있다.

그러나 세 가지 길 모두 내가 거부하는 강력하고 미심쩍은 철학적 견해를 바탕으로 한다. 그러므로 이 세 명의 철학자 모두 비환상 견해에 관한 강력한 논증을 펼치지도 못했고, 그러한 견해가 참인 이유를 그럴듯하게 분석하지도 못했다. 그러므로 아직 좋은 논증과 그럴듯한 분석을 더 찾아보아야겠다.

　내가 보기에 비환상 견해에 관한 최고의 논증은 검증주의, 관념론, 외재론이 아니라 외부세계에 대한 일종의 '구조론'에서 비롯된다. 이제 다음 3개의 장에 걸쳐 이 논증을 천천히 살펴보겠다.

제7장
신은 다음 우주의 해커인가?

몇 년 전, 당시 5세이던 조카 톰Tom이 나에게 〈심라이프〉를 플레이하는 방법을 알려달라고 한 적이 있다. 톰은 주택을 짓고 차를 놓고 나무를 심으며 공들여 도시를 건설하고는 내게 말했다. "여기서부터가 진짜 재미있어." 그는 불을 지르고 해일을 일으켜 도시를 파괴했다. 나는 내 조카를 새로운 시각으로 바라보게 되었다. 그는 게임을 플레이하는 5세짜리 아이였을까, 아니면 구약성서에 나오는 신이었을까?

〈릭 앤 모티〉의 어느 에피소드에서 괴짜 과학자 릭은 전력을 생산하기 위해 우주선 지붕 아래에 자전거 선수들이 사는 초소형 세계를 만들어두었다. 릭이 이 세계를 방문할 때면 사람들은 그를 신처럼 떠받들었다. 릭은 우주선에서 사용할 전력을 생산하도록 모든 이가 계속 페달을 밟는지 확인하고 다녔다(초소형 페달을 밟아 생산한 전력으로 어떻게 거대한 우주선을 움직일 수 있는지 너무 깊이 파고들지 않기로 하자). 릭은 이 세계를 창조했으며 궁극의 지배권을 휘둘렀다. 릭은 이 초소형 세계의 신이었다.

만약 우리가 직접 시뮬레이션 세계를 만든다면 그 세계의 신이 될 것이다. 우리는 그러한 세계의 창조자이며 그 세계의 전지전능한 존재가 될 것이다. 우리가 만든 시뮬레이션 세계가 더 복잡해질수록, 나름의 의식을 가진 시뮬레이션 존재가 더 많아질수록 시뮬레이션 세계의 신으로 지내는 데에는 더 많은 책임이 따를 것이다.

만약 시뮬레이션 가설이 참이며 우리가 시뮬레이션한 세계에 살고 있다면, 우리 시뮬레이션의 창조자는 우리의 신일 것이다. 또한 시뮬레이터는 전지전능할 것이다. 우리 세계에서 일어나는 모든 일은 시뮬레이터가 원하는 바에 따라 달라질 수 있다. 우리는 시뮬레이터를 우러러보는 동시에 두려워할 수 있다. 동시에 시뮬레이터는 일반적인 신과 전혀 다를 수 있다. 어쩌면 릭과 비슷한 미치광이 과학자일 수도 있고, 내 조카 같은 어린아이일 수도 있다. 트랜스휴머니즘 철학자 데이비드 피어스David Pearce는 시뮬레이션 논증이 신의 존재에 관한 가장 흥미로운 논증이라고 말했다. 어쩌면 그가 맞을지도 모른다.

나는 평생 나 자신을 무신론자라 여기며 살아왔다. 가족 중에도 종교를 믿는 사람이 없고, 종교 예식은 늘 어딘가 예스럽게만 느껴졌다. 신이 존재한다는 증거도 특별히 발견해본 적 없다. 신은 초자연적이라고 생각했으며, 나는 과학이라는 자연 세계에 더 이끌리는 사람인 줄만 알았다. 그러나 시뮬레이션 가설로 인해 나는 그 어느 때보다도 신의 존재를 진지하게 고려하게 되었다.

신이란 무엇인가?

신은 어떻게 정의할 수 있을까? 다른 단어와 마찬가지로, 신이라는 단어에도 모든 사람이 동의할 수 있는 한 가지 정의는 없다. 그러나 적어도 유대교, 기독교, 이슬람교 전통에서는 신에게 최소한 다음의 네 가지 속성이 있다고 말한다.

첫째, 신은 우주의 창조자다.

둘째, 신은 전능하다. 신은 무엇이든 할 수 있다.

셋째, 신은 전지하다. 신은 무엇이든 알고 있다.

넷째, 신은 전선하다. 신은 완벽하게 선하며 오직 선한 행위만을 행한다.

적어도 첫 번째 근삿값으로서는 신이 이 네 가지 속성을 가진 존재라고 정의할 수 있겠다. 다시 말하자면, 신은 우주를 창조했으며 전지전능하고 전선한 존재다. 뒤에서 우리는 이 네 가지 속성이 모두 꼭 필요한지, 다른 속성은 필요하지 않은지 따져보도록 하겠다.

우리가 시뮬레이션 안에 있으며 시뮬레이터가 다음 우주에 사는 10대 소녀라고 가정해보자. 우리에게 이 시뮬레이터는 일종의 신이다.

첫째, 시뮬레이터는 우리 우주의 창조자다. 소녀는 심 우주의 버튼을 눌러 섬세하게 창조 행위를 펼치고는 우리의 우주를 가동시켰다.

둘째, 시뮬레이터는 대개 엄청난 능력을 행사한다. 많은 시뮬레이션에서는 대체로 시뮬레이터가 시뮬레이션의 상태를 제어한다. 시뮬레이션에 따라 이러한 제어권에 한계가 있을 수도 있다. 예컨대 〈팩맨〉을 운영하는 시뮬레이터는 버튼 하나로 세계 전체를 재배열하거나 〈월드

그림 18 　다음 우주에 사는 10대 소녀 신

오브 워크래프트〉 세계로 바꾸지는 못한다. 그러나 시뮬레이션에 포함된 소스코드 및 데이터 구조에 접근할 수 있는 많은 시뮬레이터가 자신이 창조한 세계에서 거의 무한한 능력을 행사한다.

셋째, 시뮬레이터는 대개 시뮬레이션을 속속들이 알고 있다. 마찬가지로 일부 비디오게임 및 시뮬레이션에서는 창조자도 모르는 부분이 있을 수 있다. 그러나 좋은 우주 시뮬레이션 소프트웨어라면 시뮬레이션 우주의 모든 곳에서 일어나는 일을 추적하는 장치가 마련되어 있을 것이다.

드라마 〈데브스Devs〉에 등장했으며 내가 저서 《세계의 건설Constructing the World》에서도 설명한 장치 코스모스코프Cosmoscope가 있다면 창조자는 우주의 어떤 부분이든 자세히 들여다보고 이론상 그곳에서 일어나는 일을 모두 알 수 있다. 또 마찬가지로 데이터 구조에 접근할 수 있는 시뮬레이터는 이러한 데이터 구조를 이용해 세계를 구성하는 모든 개체를 모니터링할 수 있다.

넷째, 시뮬레이터는 완전히 선한가? 그렇게 여길 이유는 많지 않다. 온갖 유형의 존재가 시뮬레이션 소프트웨어를 사용할 수 있을 것이며, 꼭 고결한 성품을 가져야만 시뮬레이션을 창조하는 건 아니다. 어떤 시뮬레이터는 내 조카처럼 자비와는 거리가 먼 태도로 피조물을 대할 수도 있다. 릭처럼 이기적인 목적을 위해 피조물을 착취하는 시뮬레이터도 있을 수 있다. 피조물이 잘 살기를 바라는 시뮬레이터도 있겠지만, 그러한 시뮬레이터가 소수일 수도 있다. 다수는 아마 그저 즐거움이나 정보를 얻으려 할 것이다.

첫 번째 근삿값으로서 우리 시뮬레이터는 이러한 네 개 기준 중 세 개를 충족하는 듯하다. 시뮬레이터는 우리 우주를 창조했고, 엄청난 능력을 행사하며, 우주에 대해 많은 것을 알 수 있다. 그렇지만 시뮬레이터가 특별히 선해야 할 필요는 없다.

잘 설계된 시뮬레이션 소프트웨어에서도 세계에 대한 시뮬레이터의 능력이나 지식에 한계가 있을 수 있다. 옛날이야기에서는 과연 신이 자신조차 들어 올리지 못할 만큼 무거운 바위를 창조할 수 있는지 묻는다. 더 명확하게 말하자면 "신은 자신이 창조하지 않은 것을 창조할 수 있는가?"를 묻는 셈이다.

신이 이러한 식으로 논리를 거스를 것 같지는 않아 보인다. 그러나 논리에 어긋난다는 건 중대한 한계가 아니다. 그보다 더 중대한 점이 따로 있다. 시뮬레이터가 양자 컴퓨터 따위를 떠올릴 만큼 독창적이지 않다면 이 시뮬레이터가 창조할 수 있는 사물에는 한계가 있을 것이다. 마찬가지로 시뮬레이터가 모르는 부분도 있을 것이다. 시뮬레이터는 세계 평화를 이룩하는 비결이나 어떤 사람이 가장 좋아하는 색깔 따위는 모를 수도 있다. 그렇지만 코스모스코프를 이용한다면 큰 도움이 될 것이다.

시뮬레이터의 신성은 또 다른 방식으로도 제한될 수 있다. 시뮬레이터는 우리 우주의 창조자이지만 전체 코스모스의 창조자는 아닐 수도 있다. 조카 톰의 경우를 생각해보자. 톰은 게임을 플레이하면서 시뮬레이션 도시를 창조했으며, 그곳을 속속들이 알고 있고, 막강한 능력을 행사한다. 그렇지만 톰은 자신이 사는 평범한 우주를 창조하지는 않았으며, 그 우주를 특별히 많이 알고 있거나 능력을 행사하지는 못한다. 이 우주에서 톰은 평범한 어린아이에 불과하다. 시뮬레이터 대부분이 그와 같은 상황에 놓일 것이다.

여기서 가장 중요한 차이점이 있다면 우리의 우주는 우리가 사는 4차원 시공간이고, 코스모스는 모든 것을 포괄하는 현실이라는 점이다. 만약 우리가 시뮬레이션 안에 있다면 우주는 코스모스의 한 부분에 불과하다. 그렇다면 시뮬레이터는 우리 우주를 창조했으나 전체 코스모스를 창조하지는 않았을 수도 있다. 마찬가지로 우리 시뮬레이터는 우리 우주에 막강한 능력을 행사하고 엄청난 지식을 가지고 있으면서도 코스모스 전체에는 그렇지 않을 수 있다. 그러므로 이 시뮬레이터는 부분 신local god이며, 우주 신cosmic god은 아니라고 할 수 있다.

우리의 시뮬레이터 신은 어쩌면 다른 신들만큼 멋지지는 않을 수도 있다. 기독교, 이슬람교, 유대교를 비롯한 아브라함 종교의 신은 대개 코스모스 전체에 걸쳐 전지전능하고 완전히 선한 우주 신이라고 여긴다. 반면 시뮬레이터는 우리 우주에 어느 정도 상당한 부분 지식과 능력이 있고 아마 그다지 선하지는 않은 부분 창조자다.

그렇지만 아브라함 종교의 신은 그리스 신들이라면 엄두조차 내지 못할 만큼 높은 기준을 상정한다. 그리스의 신은 대부분 강력하지만 전능하지는 않으며, 특별히 선한 신은 거의 없다. 힌두교에는 완벽과는 거리가 먼 신도 많다. 일본의 신도나 아프리카의 여러 전통 종교를 비롯한 수많은 다신교에는 우주 신도 아니고 특별히 선하지도 않은 부분 신이 다수 등장한다. 우리 시뮬레이터는 적어도 이러한 몇몇 종교의 신들과 어깨를 나란히 할 수 있을 것이다.

우리 시뮬레이터는 아마 플라톤이 '데미우르고스demiourgos'라고 불렀던 존재와 가장 가까운 듯하다. 고대 그리스에서 데미우르고스는 장인 또는 수공업자였다. 플라톤은 대화록 《티마이오스》에서 데미우르고스가 물질세계를 창조하고 형성하는 신성한 존재라고 묘사했다. 플라톤 전통에서는 대개 데미우르고스를 부차적인 신으로 여기며, 그 위에 진정한 하나의 우주 신이 있다고 본다. 플라톤의 데미우르고스는 자애로웠으나 이후 그노시스파 전통에서는 데미우르고스를 악마로 간주했다. 우리 시뮬레이터도 마찬가지로 우리 세계의 창조를 책임지는 부차적인 신으로 간주할 수 있겠다.

만약 시뮬레이터가 우리 우주를 창조했다면 이것만으로도 이 시뮬레이터는 '일종의' 신이다. 시뮬레이션에 대해 더 많이 알고 더 많은 능력을 행사할 수 있다면 지위가 더 높아질 수도 있을 것이다. 그런데 우리가 놓친 점은 없을까? 우리는 시뮬레이터를 숭배하는 종교를 만들고 싶은 걸까? 이 주제에 관해서는 이후 다시 살펴보도록 하겠다.

신의 존재에 관한 여러 논증

오래전부터 철학에서는 전통적으로 신의 존재에 관한 논증을 펼치고 이러한 논증에 답변해왔다. 신의 존재에 관한 고전적인 존재론 논증은 11세기의 베네딕토회 수도사 안셀무스 칸투아리엔시스Saint Anselm of Canterbury가 제시했다. 그의 논증을 간단히 말하자면 다음과 같다. 신은 정의상 절대적으로 완벽한 존재다. 신보다 더 위대한 존재는 생각할 수 없다. 신은 지식과 선, 능력을 비롯한 모든 면에서 완벽하다. 나아가 존재 또한 일종의 완벽이다. 존재하는 신은 확실히 존재하지 않는 신보다 위대하다. 그러므로 만약 신이 존재하지 않는다면 그 신은 완벽하지 않다. 신은 정의상 완벽한 존재이므로, 반드시 존재한다.

많은 철학자가 이 논증에 동의하기는 어렵다고 여긴다. 이러한 방식의 논증을 이용해 존재하지 않는 온갖 개체의 존재를 '증명'할 수 있다는 문제도 있다. 안셀무스의 동료 수도사 가우닐로Gaunilo of Marmoutiers는 완벽한 섬을 예시로 들며 반론을 펼쳤다. 여기에서는 완벽한 섬 대신 완벽한 햄버거를 예시로 들어 설명해보겠다. 완벽한 햄버거란 그보다 더 위대한 햄버거를 떠올릴 수 없는 햄버거라고 정의해보자. 완벽한 맛과 식감을 자랑하면서도 그 어떤 동물에게도 해를 입히지 않는 완벽한 비건 햄버거일 수도 있다.

그런데 내 앞에 놓여 있는 햄버거는 그렇지 않은 햄버거보다 더 위대하다. 그러므로 내 앞에 놓여 있지 않다면 그 햄버거는 완벽하지 않다. 그러므로 정의상 완벽한 햄버거는 내 앞에 놓여 있다. 이렇게 나는 내 앞에 놓여 있는 완벽한 햄버거의 존재를 증명했다. 그렇지만 정말 내 앞에 햄버거가 있을까?

그럴 리가 없다. 이 논증은 어딘가 잘못되었다. 그런데 완벽한 햄버거 논증이 잘못될 수 있다면 완벽한 존재 논증 또한 같은 방식으로 잘못될 가능성이 커 보인다. 어쩌면 완벽한 존재 논증에서는 '만약' 완벽한 존재가 있다면 완벽한 존재는 존재한다고 정립했을 뿐이지만 완벽한 햄버거 논증에서는 '만약' 완벽한 햄버거가 있다면 내 앞에 놓여 있으리라고 정립한 게 문제일 수도 있다. 그렇지만 이 논증에서 완벽한 존재 또는 완벽한 햄버거의 존재를 처음부터 정립할 수는 없으며, 이에 따라 신의 존재를 정립할 수는 없다.

어느 쪽이든 신에 관한 존재론 논증은 시뮬레이션의 신과는 거리가 멀어 보인다. 앞서 살펴보았듯 시뮬레이션의 신은 여러 면에서 완벽하지 않을 수 있다.

신의 존재에 관한 또 다른 고전적 견해로는 '우주론cosmological' 논증이 있다. 다양한 철학 전통에서 이러한 논증의 일종을 찾아볼 수 있으나 가장 관련이 깊은 이들은 알 가잘리를 비롯한 중세 이슬람의 철학자들이다. 논증을 간략하게 설명하자면 이렇다. 모든 것에는 원인이 있다. 그러므로 우주에는 원인이 있다. 그 원인은 신일 수밖에 없다.

여러분도 이상한 점을 느꼈을 수 있다. 신의 원인은 무엇일까? 신이 생겨난 원인이 없다면, 모든 것에 원인이 있다는 전제는 거짓이다. 그러나 신이 생겨난 원인이 있다면, 신은 궁극의 원인이 아니게 된다. 이를 회피하기 위해 알 가잘리는 전제의 폭을 좁혀 "존재하기 시작한 모든 것에는 원인이 있다."라고 제시했다.

그렇다면 또 이렇게 의문을 제기할 수 있다. "만약 우주가 영원히 존재해왔다면 어떨까?" 영원한 신에게 원인이 필요하지 않다면, 영원한 우주에도 원인이 필요하지 않을 것이다. 게다가 만약 영원한 우주가 원인 없이 존재할 수 있다면, 빅뱅으로 시작된 유한한 우주 또한 원인 없이 존재하지 못할 이유가 있을까?

만약 우리가 시뮬레이션 안에 있다면 우리 시뮬레이터는 우주론 논

우주론 논증을 펼치는 시뮬레이션 알 가잘리

중에서 요구하는 대로 우리 우주의 원인이다. 그러나 이렇게 된다면 우리 우주가 존재하는 원인은 일반적인 신과는 사뭇 달라진다. 시뮬레이터는 어느 시점에서부터 존재하기 시작했다. 그러므로 무엇이 또는 누가 이 시뮬레이터를 존재하게 했는지 묻지 않을 수 없다.

이처럼 꼬리에 꼬리를 물고 이어지다보면 결국에는 코스모스 전체와 그 창조까지 거슬러 올라갈 수밖에 없다. 이 질문의 끝에 코스모스가 있다는 이들도 있고, 우주 신이 있다는 이들도 있으며, 그 우주 신이 존재하는 원인을 묻는 이들도 있다. 신을 끌어들이면서 여기에서 멈추어야 한다고 주장하는 이들이 다른 지점에서 멈추어야 한다고 주장하는 이들보다 더 설득력 있는 이유는 명확하지 않다.

신의 존재에 관한 또 다른 영향력 있는 논증으로는 '설계 논증argument

211

from design'이 있다. 우리 우주는 인상적인 설계를 자랑한다. 인간을 비롯한 동물은 놀라울 만큼 잘 기능하는 메커니즘이다. 자연은 비범할 만큼 복잡하다. 현저한 사건이 임의로 발생할 수가 없을 정도다. 이렇게 되려면 설계자가 필요하다.

200년 전만 하더라도 이는 신의 존재를 증명하는 가장 설득력 있는 논증이었다. 오늘날에는 자연선택에 의한 다윈Darwin의 진화론이 등장한 이후로 기존 논증이 크게 약해졌다. 자연 전체에 걸쳐 드러나는 놀라운 메커니즘을 설명하기 위해 설계자를 가정할 필요가 없어졌다. 진화 과정만으로도 이를 충분히 설명할 수 있다.

그러나 더 정교한 형태의 설계 논증인 '미세조정 논증argument from fine-tuning'이 여전히 존재한다. 이 논증은 중력 법칙이나 양자역학 등 우리 우주의 물리적 법칙을 다룬다. 이러한 법칙이 조금만 달랐더라도 우리 우주는 지금보다 훨씬 덜 흥미로웠을 것이며, 어쩌면 생명이 진화하지 않았을 수도 있다.

합리적으로 평가해보았을 때 우주의 물리적 법칙이 설정된 방식은 대개 생명으로 이어지지 않지만, 우리 우주의 물리적 법칙은 생명을 탄생시켰다. 그러므로 우리 우주는 생명이 탄생하도록 '미세하게 조정되었다.' 이러한 미세조정에는 설명이 필요하고, 가장 명백한 설명이 바로 미세조정자, 즉 신이다.

미세조정 논증의 신은 시뮬레이션의 신과 상당히 유사하다. 우주 시뮬레이션을 운영하는 사람이라면 생명이 없는 우주보다는 생명이 있는 우주에 더 관심을 둘 것이라 보는 편이 설득력 있다. 나아가 시뮬레이터는 그들 종의 역사에 있었던 사건을 시뮬레이션하면서 생명을 시뮬레이션할 목적으로 우주를 시뮬레이션할 수도 있다.

만약 그렇다면 시뮬레이터는 생명으로 이어지지 않는 설정을 빠르게 폐기하고 흥미로운 형태의 생명을 탄생시키는 설정에 초점을 맞출 것이다. 이처럼 시뮬레이터가 무엇을 더 선호하는지는 우리 우주가 생명을 탄생시킬 만큼 미세하게 조정된 (추정상) 비교적 몇 안 되는 우주 중 하나라는 점을 설명할 수 있다.

미세조정 논증에는 여러 논쟁이 뒤따른다. 어떤 이들은 생명을 뒷받침하는 데 필요한 조건들이 그다지 특별하지 않다고 논한다. 우리가 단순히 운이 좋았다고 논하는 이들도 있다. 그러나 만약 우리 우주가 생명을 탄생시킬 수 없었다면 이를 관찰할 이는 아무도 없었을 것이다. 그러나 이러한 상황을 관찰하고 있으므로 우리 우주가 생명을 탄생시킬 수 있는 우주라고 해도 놀랍지 않다. 마지막 주장은 '인류 원리anthropic principle'라고 불린다.

인류 원리는 여러 우주로 구성된 코스모스인 멀티버스가 존재한다고 가정할 때 가장 잘 작동한다. 예컨대 다른 우주의 블랙홀에서 또 다른 우주가 생겨났을 수도 있고, 일련의 빅뱅으로 여러 우주가 줄을 지어 생겨났을 수도 있다. 어떤 우주론자들은 우주 법칙 중 일부가 빅뱅 직후 발생한 사건들에 의해 결정되었기 때문에 멀티버스 내 각 우주에는 서로 다른 법칙이 존재할 수 있다고 논한다. 만약 다양한 법칙을 가진 여러 우주가 존재한다면, 그중 적어도 한두 곳에는 생명과 관찰자가 존재할 가능성이 매우 크다. 만약 그렇다면 우리가 그러한 우주 중 한 곳에 있다고 하더라도 놀랍지 않다. 미세조정 문제에 대한 멀티버스 해결론은 대개 신 해결론을 대체한다고 여긴다. 그러나 시뮬레이션 논증에서는 두 해결론이 양립한다.

생명이나 관찰자에는 아무런 흥미가 없는 시뮬레이터가 있다고 해보자. 이 시뮬레이터는 그저 서로 다른 법칙을 가진 여러 우주에서 벌어지는 물리적 역학을 비교하는 데에만 관심이 있다. 만약 그렇다면 시뮬레이터는 수많은 우주를 만들 것이고, 우주의 수가 늘어나다보면 그 중 몇 개 우주는 생명과 관찰자가 살 수 있는 우주가 될 것이다.

앞서와 마찬가지로 우리가 그러한 우주 중 한 곳에 살고 있다고 보아도 놀랍지 않다. 일종의 신이 존재한다고 하더라도 미세조정 문제에 대한 해답은 신의 설계가 아니라 멀티버스의 존재에서 찾아볼 수 있다. 만약 설계가 어떠한 역할을 했다면 그건 우리 세계뿐만 아니라 여기에 해당하는 모든 멀티버스의 설계일 것이다.

멀티버스의 미세조정은 어떻게 설명해야 할까? 바로 이 지점에서 미세조정 문제에 대한 멀티버스 해결론의 일반적인 약점이 드러난다. 멀티버스 그 자체 또한 기저 법칙이나 원리에 의해 탄생했을 것이다. 만약 그러한 법칙이 조금이라도 달랐다면 멀티버스가 아니라 단일 우주만 존재했을 수도 있다. 여기에서도 이러한 미세조정을 설명할 수 있어야 한다.

우리 멀티버스가 더 높은 수준의 멀티버스에 속한다고 가정한다고 하더라도 같은 방식으로 문제가 발생할 테니 별다른 도움이 되지 못한다. 그러므로 이를 설명하려면 새로운 해결론이 필요하다. 어쩌면 멀티버스를 탄생시킨 미세조정이 그다지 특별한 일이 아니었을 수도 있고, 순전히 운이 좋아 탄생했을 수도 있다. 또는 어쩌면 설계자가 존재할지도 모른다.

한편 시뮬레이션과의 유사성은 모든 설계 논증의 약점을 드러낸다. 설계자 그 자체는 매우 인상적인 피조물일 게 분명하므로 설계자에 대한 설계도 있었을 것이다. 그러므로 이 설계를 설명할 수 있어야 한다.

또 다른 설계자가 있다고 가정한다고 하더라도 같은 문제가 되풀이될 뿐이다. 설계자의 설계는 어떻게 설명해야 할까? 또 여러 설계자로 이루어진 시스템 전체는 어떻게 설명해야 할까? 신에게는 아무런 설명이 필요하지 않다고 주장하는 이들도 있으나 이는 특별 변론의 오류에 지나지 않는 듯하다. 그러므로 설계자 가설과 멀티버스 가설에는 완전히 설명할 수 없는 부분이 남아있다.

어쩌면 우리 또한 우주에 관하여 설명할 수 없는 인상적인 점들을 잔인한 사실로 받아들여야 할지도 모른다. 이를 근본적인 수준까지 파고들어 단순한 원리로 정리해 설명할 여지를 최소화해볼 수는 있겠다. 그렇지만 왜 아무것도 존재하지 않는 대신 무언가가 존재하는지에 관한 문제는 언제까지나 미해결로 남을 것이다. 궁극의 법칙이 왜 그러한 방식으로 존재하는지에 관한 문제도 영원히 남을 것이다. 그리고 이러한 문제가 왜 이토록 흥미로운지도 영원히 알 수 없는 문제로 남을 것이다.

신의 존재에 관한 시뮬레이션 논증

신의 존재에 관한 논증에서는 쉽게 여러 문제를 찾을 수 있다. 미세조정 논증이 아마 이러한 논증 중 가장 강력한 논증이겠으나 이를 결정적인 논증이라고 하기에는 한참 부족해 보인다.

시뮬레이션 논증을 신의 존재에 관한 가장 강력한 논증으로 보아도 될까? 물론 시뮬레이션 논증은 주로 전지전능한 존재가 아니라 창조자에 관한 논증이다. 그러나 우주론 및 설계 논증 또한 마찬가지이며, 시뮬레이션 논증은 앞의 두 가지와 달리 단순히 창조하는 능력을 넘어서는 상당한 능력과 지식을 가진 신을 상정한다. 또 시뮬레이션 논증은 부분 창조자에 관한 논증일 뿐이지만, 이는 설계 논증에서도 마찬가지다. 만약 시뮬레이션 논증이 대략 설계 논증만큼 좋은 논증이라면, 시뮬레이션 논증을 신의 존재에 관한 논증의 전당에 올려야 마땅하다.

시뮬레이션 논증의 한 형태는 컴퓨터가 존재하기 훨씬 전에 탄생했을 수 있다. 같은 논증에서 시뮬레이션 대신 우주의 창조에 대해 논한다고 생각해보자. 그렇다면 제5장에서 살펴본 기존 시뮬레이션 논증을 다음과 같이 변형할 수 있다.

1. 최고 수준의 몇몇 개체군은 각각 수많은 개체군을 창조할 것이다.
2. 만약 최고 수준의 몇몇 개체군이 각각 다수의 개체군을 창조한다면, 대체로 지적인 존재가 창조될 것이다.
3. 만약 대체로 지적인 존재가 창조되었다면, 우리는 아마 창조되었을 것이다.

---

4. 그러므로 우리는 아마 창조되었을 것이다.

여기서 최고 수준의 개체군이란 그 누구도 창조한 적 없는 개체군을 말한다. '몇몇', '다수', '대체로' 등은 제5장의 수적 시뮬레이션 논증에서와 같은 방식으로 이해할 수 있다. 예컨대 몇몇은 10명 중 1명, 다수는 1000명, 대체로는 99퍼센트라고 해보자. 전제 2와 전제 3은 앞서와 거의 같은 방식으로 진행된다. 전제 2는 수학적 논리를 따르며, 전제 3은 적어도 우리가 일반적인 지적 존재라는 점을 따른다.

만약 누군가 한 세기 전에 이러한 논증을 펼쳤다면 아마 주로 다음과 같은 반대에 부딪혔을 것이다. 첫 번째 전제를 믿어야 할 이유가 무엇인가? 즉, 우주를 창조할 능력이 흔할 것이라 믿을 이유가 무엇인가? 이에 답하기 위해 여러 추측을 내세울 수도 있겠지만 그럴듯한 답변을 내놓기는 어려워 보인다.

시뮬레이션이라는 아이디어는 첫 번째 전제를 믿을 만한 이유를 제시한다. 시뮬레이션은 우주를 창조할 능력을 비교적 어렵지 않게 얻을 수 있으며 여러 개체군이 이러한 능력을 갖출 가능성도 크다는 점을 시사한다. 그러므로 적어도 심 방해 요인과 심 신호에 적절한 단서를 달 수만 있다면 나머지 논증은 빠르게 뒤따를 것이다.

시뮬레이션 논증과 마찬가지로, 이러한 창조 논증을 따른다고 하더라도 우리가 아마 창조되었을 것이라는 결론에 쉽게 이를 수는 없다. 시뮬레이션 논증은 인간 같은 심은 만들 수 없다거나, 만들 수 있다고 하더라도 인간 같은 비심들이 대체로 이러한 심을 만들지 않을 것이라는 반론에 가로막힐 수 있다. 마찬가지로 창조 논증은 인간 같은 존재를 창조한다는 게 불가능하다거나, 창조할 수 있다고 하더라도 최고 수준의 인간 같은 존재들이 대체로 이를 창조하지 않으리라는 반론에 가로막힐 수 있다.

그렇지만 앞서와 마찬가지로 세 가지 방식의 결론을 내릴 수 있다. 모든 존재가 대부분 창조되었거나, 그게 아니라면 인간 같은 개체군이 대부분 인간 같은 개체군을 창조하지 않으려 하거나, 그것도 아니라면 인간 같은 존재를 창조한다는 게 불가능할 것이다. 무신론자라면 컴퓨터 시뮬레이션 기술이 존재하기 훨씬 전부터 첫 번째 선택지보다는 두 번째 선택지를 쉽게 받아들였을 것이다. 당시에는 개체군 단위의 창조가 흔하게 벌어지리라고 생각할 만한 이유가 많지 않았다. 그러나 시뮬레이션 기술이 등장한 이후로는 개체군 창조가 흔해질 것이라 믿을 만한 이유가 훨씬 많아졌으며, 이에 따라 우리가 창조되었다는 논증은 훨씬 더 설득력을 얻었다.

시뮬레이션을 포함한다면 우리는 독특한 종류의 신을 논하게 된다. 시뮬레이터는 자연에 속한 '자연적' 신이다. 존재론, 우주론, 설계 논증에서는 대개 자연을 벗어난 '초자연적' 신을 논했다. 시뮬레이터는 우리의 물리적 우주를 벗어난 존재이지만 자연과 온 우주를 초월한 존재는 아니다.

이론상 시뮬레이터는 코스모스의 자연법칙으로 설명할 수 있다. 그 결과 시뮬레이션 가설은 자연주의naturalism와 양립할 수 있다. 가장 간단하게 설명하자면 자연주의란 초자연현상을 거부하는 철학 운동이다. 자연주의에서는 모든 것이 자연에 속하며 모두 자연법칙으로 설명할 수 있다고 본다. 대개는 자연주의와 신을 조화시키기 어려우므로 자연주의가 곧 무신론으로 이어진다고 보았다.

시뮬레이션 가설은 이 둘을 조화시킬 한 가지 방안을 제시한다. 자연주의자도 믿을 수 있는 신을 제시한 셈이다. 신의 존재를 반증하는 가장 유명한 논증으로는 악의 문제가 있다. 전지전능한 신이라면 자연재해 또는 인종 청소 따위의 악이 이 세계에 존재하도록 두지 않을 것이다. 그러나 이러한 악은 존재하며, 이에 따라 신은 존재하지 않는다. 악의 문제는 이후 제18장에서 더 자세히 논하겠다. 여기에서는 자연주의 시뮬레이터 신에게 악의 문제가 걸림돌이 되지 못한다는 점만 짚고 넘어가겠다.

앞서 살펴보았듯 시뮬레이터는 완벽하게 선하지 않을 수 있다. 시뮬레이션 안에 악이 존재한다고 하더라도 시뮬레이터는 이를 개의치 않을 것이다.

시뮬레이션 신학

스타니스와프 렘Stanislaw Lem의 1971년 단편소설 《불복종Non Serviam》에서 '펄스네틱personetics' 전문가인 돕Dobb 교수는 인공 '펄스노이드personoids' 사회를 창조했다. 여러 세대가 지나자 펄스노이드들은 창조자의 본질을 추측하기 시작했다. 에단 197Edan 197이라는 이름의 펄스노이드는 신을 숭배하고 감사해야만 구원받을 수 있으며 펄스노이드가 창조자를 믿지 않는다면 구원받지 못하리라고 여겼다.

반면 아단 900Adan 900은 이것이 부당하다고 생각했다. 신은 자기 존재를 증명하는 강력한 증거를 아직 보여주지 않았으므로 그 존재를 믿지 않는다는 이유만으로 합당하게 벌을 내릴 수는 없으며, 완벽하게 공정한 신이라면 비신도도 구원하리라는 게 그의 생각이었다. 아단 900은 나아가 전능한 신이라면 확신을 안겨줄 수 있었을 테니 아직 신이 확신을 안겨주지 못했다는 사실은 신이 전능하지 않음을 시사한다고 보았다.

돕은 두 펄스노이드의 토론을 흥미롭게 지켜보았다. 그는 두 펄스노이드의 논리가 흠잡을 데 없다고 말했다. 돕이 그들을 창조했으므로 그는 그들의 신이었다. 돕은 아직 자신의 존재를 증명할 증거를 그들에게 보여주지 않았고, 숭배받기를 원하지도 않았다. 훗날 그는 이렇게 회고했다.

사실대로 말하자면 나는 지적 존재를 창조한다고 해서 이들에게 일종의 특권, 이를테면 사랑이나 감사 또는 어떠한 종류의 숭배 따위를 요구할 자격이 있다고 생각하지 않는다. 나는 이들의 세계를 늘리거나 줄일 수 있고, 이들의 시간이

빠르게 또는 느리게 흘러가도록 만들 수 있고, 이들이 지각하는 방식과 수단을 바꿔버릴 수도 있다. 이들을 소멸시킬 수도 있고, 나누거나 곱할 수도 있고, 이들 존재의 밑바탕이 되는 존재론적 기초를 변형할 수도 있다. 그러므로 나는 이들에 대해 전능하지만, 그렇다고 해서 이들이 나에게 빚을 지는 건 아니다.

교수는 '거대한 보조 유닛'을 추가하여 신도 펄스노이드만 들어갈 수 있는 내세를 만들고 나머지 비신도는 섬멸하거나 벌을 줄 수도 있으리라고 말했다. 그리고 만약 그렇게 한다면 터무니없이 파렴치한 이기주의일 것이라 말했다. 그러나 그는 안타까운 어조로 언젠가는 대학에서 시뮬레이션을 종료하라는 지시가 내려올 것이라고 덧붙였다.

렘의 이야기는 시뮬레이션 신학의 초기 저작이다. 대략 말하자면 신학이란 신을 섬기는 이의 관점에서 신의 본질을 연구하는 학문이다. 시뮬레이션 신학은 시뮬레이션 안에 있는 이의 관점에서 신으로서의 시뮬레이터의 본질을 연구하는 학문이다.

우리 또한 시뮬레이션 신학과 관련지어 이야기해볼 수 있다. 우리는 시뮬레이션 안에 살고 있다고 가정하고 우리 시뮬레이터의 본질을 추측해볼 수 있다. 시뮬레이터는 인간 같은 존재일까? 아니면 일종의 인공지능일까? 시뮬레이터가 시뮬레이션을 운영하는 목적은 무엇일까? 재미를 위해서일까? 아니면 과학이나 의사결정, 역사 분석을 위해서일까?

어쩌면 이렇게 생각할 아무런 근거가 없다고 생각할 수도 있다. 시뮬레이션 신학 자체가 모두 쓸모없는 추측일 뿐이라고 여길 수도 있다. 그렇지만 만약 시뮬레이션 논증을 진지하게 고려한다면 시뮬레이션 신학에 아무런 의미가 없다고 할 수는 없다. 우리는 코스모스의 역사 속에서 어떤 종류의 시뮬레이션이 출현할 가능성이 가장 큰지를 생각해 보는 식으로 시뮬레이터의 성격을 추론할 수 있다.

예컨대 시뮬레이터가 우리 우주 속에서 생물학적 또는 준생물학적 개체로 존재할 가능성이 큰지, 그보다는 인공지능 시스템이나 우리 시뮬레이션 안에 사는 시뮬레이션한 존재일지 생각해볼 수 있다. 적어도 우리 세계에서라면 장기적으로 보았을 때 인공지능 시스템이 생물학적 시스템보다 훨씬 빠르게 더 많은 능력을 발휘할 것으로 보인다.

만약 그렇다면 우리는 인공지능 시스템이 생물학적 시스템보다 훨씬 많은 시뮬레이션을 생성할 것이라 예상할 수 있다. 이와 같은 논리가 코스모스 전체에 걸쳐 적용된다고 보아도 비합리적인 추론은 아닐 듯하다. 그러므로 우리 시뮬레이터가 생물학적 또는 준생물학적 시스템보다는 인공지능 시스템일 것이라고 보아야 하겠다.

이 논리는 영화 〈매트릭스〉의 상황을 연상시킨다. 매트릭스의 창조자는 기계다. 만약 우리가 매트릭스 세계에 살고 있다면 우리의 신은 우리의 시뮬레이터와 같으므로 기계다. 적어도 기계는 우리의 데미우르고스이고, 시뮬레이션 안에 사는 사람들에게는 이러한 상황이 일반적일 것이다. 창조자는 대부분 기계다.

약간 다른 이야기이지만 이쯤에서 〈매트릭스〉 신학에 관한 나의 이론을 언급하지 않을 수가 없다. 〈매트릭스〉 공식 박스 세트 버전에 포함된 쿠키 영상에서 이 이론을 설명했는데, 이는 내 일생일대의 업적 중 하나다. 종종 〈매트릭스〉에서 네오가 예수 그리스도 같은 역할이며 모피어스가 세례자 요한, 사이퍼Cypher가 유다 이스카리옷과 같은 역할이라고 보는 견해가 있다. 그러나 만약 기계가 신이라는 내 의견이 옳다면 이러한 해석은 모두 틀렸다. 기계의 아들이면서 세계를 파괴하려는 이들에 맞서 세계를 구원하기 위해 강림한 인물은 누구일까? 분명 이는 네오의 숙적인 스미스 요원이다. 스미스 요원이야말로 〈매트릭스〉에서 예수 그리스도와 같은 인물이다. 어쩌면 스미스 요원이 속편에서 부활한 것도 그래서일지 모른다.

통계적 신학 논리를 다음과 같이 또 다른 방식으로 적용해볼 수도 있다. 과학적 목적으로 운영하는 시뮬레이션이 재미를 위해 운영하는 시뮬레이션보다 더 일반적이리라는 추측은 일리가 있다. 과학적 목적이라면 수많은 시뮬레이션을 한 번에 가동해야 하지만, 재미로 하는 시뮬레이션이라면 그보다 수가 훨씬 적거나 한 번에 한 사람만 시뮬레이션해도 될 것이다. 만약 그렇다면 우리의 시뮬레이터가 단순히 애호가일 가능성보다는 과학자일 가능성이 훨씬 크다.

우리 우주가 생명을 탄생시킬 수 있도록 얼마나 미세하게 조정되었는지를 연구하려 한다고 해보자. 만약 시뮬레이션 기술이 충분히 발전했다면 여러 시뮬레이션 세계에 서로 다른 법칙과 초기 상태를 각각 상정한 대규모 포트폴리오를 설정할 수 있다. 이러한 시뮬레이션을 모두 가동하고 어떻게 생명이 진화하는지를 관찰한다고 해보자. 가동하는 시뮬레이션의 수가 많을수록 더 정확한 정보를 얻을 수 있을 것이다. 그러므로 다음 우주의 과학자들은 이러한 종류의 시뮬레이션 수십억 개를 가동하고 있다고 볼 수 있다.

시뮬레이션의 또 다른 목적으로는 의사결정이 있다. 〈블랙 미러〉 시리즈의 에피소드 'DJ의 목을 매달아 Hang the DJ'에서는 사람들이 핸드폰의 소개팅 앱을 사용해 주기적으로 시뮬레이션을 가동하면서 상대방과 내가 얼마나 잘 맞는 한 쌍인지를 판단한다. 일반적으로는 1000개의 시뮬레이션을 순식간에 가동한다. 각 시뮬레이션은 커플이 될 수도 있는 두 사람을 각기 다른 상황에 배치해 시뮬레이션하면서 좋은 관계가 도출될 수 있는지를 본다.

만약 시뮬레이션 1000개 중 998개에서 좋은 관계가 도출되었다면 이 커플은 결국 함께하게 될 것이라는 합리적 자신감을 가질 수 있다. 엄청난 시간이 절약되는 셈이다. 그러므로 막 새로운 관계가 진전되려는 참이라면 여러분은 지금 시뮬레이션 안에 있지 않은지 한층 더 심각하게 의심해보아야 한다. 이러한 의문이 들 수도 있다. 과연 시뮬레이터들은 의사결정을 위한 시뮬레이션 '안에' 있는 사람들이 시뮬레이션 기술을 사용하도록 내버려둘까? 만약 이를 허용한다면 컴퓨팅 비용이 막대하게 늘어날 것이며 시뮬레이션 내 시뮬레이션이 계속해서 이어지면서 거대한 고리를 만들 위험이 있다.

반면, 이를 허용하지 않는다면 시뮬레이션한 현실은 그렇지 않은 현실과 상당히 다를 것이다. 어느 쪽이든 시뮬레이션 기술이 일정 집단의 사람들 사이에 널리 퍼지면, 그들의 행동을 예측한다는 목적 면에서는 덜 유용해진다.

이러한 한계점은 정치, 군사, 금융 관련 의사결정에도 그대로 적용된다. 제2장에서 살펴본 다니엘 갈로예의 《시뮬라크론-3》을 비롯한 다수의 공상과학소설 속 초기 시뮬레이션 시나리오에서는 기업이 상품 개발 단계에서 시뮬레이션으로 시장을 실험해본다는 이야기가 나온다. 만약 시뮬레이션한 사람들이 기술을 가지고 있지 않다면 괜찮을 것이다. 만약 기술을 가지고 있다면 시뮬레이션 안의 시뮬레이션 안의 시뮬레이션이 생겨날 수 있으며, 이에 따라 점점 더 수준 높은 시뮬레이션 기술이 필요해질 것이다. 이로 인해 시뮬레이션 군비 경쟁이 펼쳐지리라는 점도 어렵지 않게 추측해볼 수 있다.

어쨌든 고급 시뮬레이션 기술이 없는 사람들을 시뮬레이션한다는 건 그러한 기술을 가진 세계에서 의사결정을 내리는 데에는 별다른 도움이 되지 못할 것이다. 그러므로 우리 시뮬레이터는 의사결정자보다 과학자에 더 가까운 듯하다. 그렇지만 시뮬레이션을 만드는 데에는 우리가 가늠조차 하지 못할 만큼 수많은 다른 이유가 있을 것이다.

코스모스에서 과학을 기반으로 한 시뮬레이션은 대부분 아주 약간의 차이를 제외한다면 서로 거의 유사한 수많은 시뮬레이션 배치 중 하나라고 간주해도 좋다. 여기서 배치 시뮬레이션은 1000개 이상의 시뮬레이션을 묶어놓은 것이고, 단일 시뮬레이션은 단독으로 존재하는 개별 시뮬레이션이라 해보자. 그리고 배치 시뮬레이션의 수는 단일 시뮬레이션 수의 1퍼센트라고 가정해보자. 단일 시뮬레이션 100개마다 적어도 1개의 배치 시뮬레이션이 존재할 것이고, 그 배치 시뮬레이션에는 1000개의 시뮬레이션이 묶여 있을 것이다. 그러므로 배치로 묶인 시뮬레이션은 단일 시뮬레이션보다 10배 이상 많다. 단일 배치에 100만 개 이상의 시뮬레이션이 묶이는 경우도 같은 논리를 적용할 수 있지만, 그러한 배치가 감당하기 어려울 정도로 커지는 지점을 지나면 그 수는 급격하게 줄어든다.

논의의 편의를 위해 각각 시뮬레이션 10개, 100개, 1000개, 1만 개, 10만 개, 100만 개를 묶어놓은 배치가 서로 거의 비슷한 정도로 흔하며 그보다 더 많은 시뮬레이션이 묶인 배치는 급격하게 적어진다고 해보자. 그렇다면 시뮬레이션은 대개 100만 개 이상의 시뮬레이션이 묶인 배치에 속할 것이고, 우리 또한 그러한 배치에 속해 있다고 추론해야 할 것이다. 우리가 100만 개짜리 배치에 속해 있다고 추론해야 한다.

만약 그 이상으로 넘어가도 배치 수가 급격하게 줄어들지 않아 10억 개의 시뮬레이션이 묶인 배치 또한 100만 개짜리 배치의 1퍼센트 정도로 상당히 많다고 한다면 우리가 10억 개짜리 배치에 속해있다고 추론해야 할 것이다. 모종의 이유로 단일 시뮬레이션이 거대 배치보다 훨씬 더 흔하지만 않다면, 확실히 우리가 어느 단일 시뮬레이션에 속해있다고 추론해서는 안 된다. 만약 시뮬레이션 안에 있다면 우리 시뮬레이터는 아마 거대한 배치 시뮬레이션을 가동하고 있으리라는 결론에 합리적으로 이를 수 있다.

이 논증은 시뮬레이션 신학에 지대한 영향을 미친다. 거대 배치 시뮬레이션을 가동하는 시뮬레이터는 시뮬레이션이 운영 중일 때 개별 시뮬레이션에 주목하거나 정기적으로 개입할 가능성이 단일 시뮬레이터보다 현저히 낮을 것이다. 만약 그렇다면 시뮬레이터가 우리에게 주목하고 있지 않으며 개입할 가능성도 적다고 추론해야 할 것이다.

물론 우리 시뮬레이터가 통계를 위해 관찰 결과를 수집하고 있으며 자동화된 온갖 개입 메커니즘을 설정해두었을 수도 있다. 또 만약 우리 시뮬레이터가 고도로 발달한 인공지능이라면 배치에 묶인 각 시뮬레이션의 발전 과정을 세밀하게 들여다보는 데에도 아무런 문제가 없을 것이다. 그렇지만 여전히 우리 창조자가 우리를 간과하고 있을 가능성을 진지하게 고려해보아야 한다.

게다가 어쩌면 모든 종류의 시뮬레이션에 저마다 멈춰야 할 시점이 있을 수도 있다. 과학자와 의사결정자는 정보를 얻기 위해 시뮬레이션을 이용하므로, 필요한 정보를 얻었다면 더는 시뮬레이션을 유지할 이유가 없다. 어쩌면 각 시뮬레이션을 무기한 가동해야 한다는 윤리적 지침이 필수 적용될 수도 있겠지만, 어쩌면 그렇지 않을 수도 있다. 그러므로 우리 우주 또한 종료 기준을 충족하기만 한다면 어느 정도 한순간에 끝나버릴 가능성도 있음을 알고 있어야 한다. 물론 종료 기준이 무엇인지는 알 수 없다. 재미를 위해 만든 시뮬레이션이라면 더는 재미가 없어지는 시점에서 종료될 것이다.

철학자 프레스턴 그린Preston Greene은 시뮬레이션한 개체군이 자체적으로 세계 시뮬레이션 기술을 개발하는 순간 수많은 시뮬레이션이 종료되리라고 보았다. 이러한 단계에 이르면 시뮬레이션 내 시뮬레이션을 뒷받침하기 위해 너무나 높은 컴퓨팅파워가 필요한 탓에 기존 시뮬레이션을 운영하는 비용이 너무 커지기 때문이다. 또한 이러한 종료 기준이 무엇인지, 또 이를 회피하려면 어떻게 해야 하는지를 생각해볼 수 있겠다.

종료 기준이라는 개념 자체는 적어도 표면적으로는 19세기에 등장했던 '역사의 종말'이라는 개념을 연상시킨다. 이 개념은 독일 철학자 게오르크 빌헬름 프리드리히 헤겔Gerog Wilhelm Freidrich Hegel을 비롯한 수 명의 사상가들과 관련이 있다. 이러한 견해의 한 형태에서는 세계가 진화하다 보면 세계의 본질을 알게 되는 때가 오는데, 그때가 바로 역사의 종말이라고 설명한다. 시뮬레이션에 관한 자연주의의 관점에서 말하자면, 어쩌면 시뮬레이터는 우리가 무엇을 아는지 연구하고 있으며 우리가 시뮬레이션 안에 있음을 알게 될 때 시뮬레이션을 종료할 수도 있다.

시뮬레이션 가설은 내세를 설명할 수 있을까? 적어도 내세의 존재 가능성을 보여줄 수는 있을 것이다. 컴퓨터 프로세스는 이동할 수 있다. 시뮬레이터는 시뮬레이션한 뇌 프로세스를 어느 시뮬레이션 세계에서 또 다른 시뮬레이션 세계로 이전하거나, 심지어는 시뮬레이터 본인이 사는 세계의 어느 몸에 그 뇌를 연결할 수도 있다. 전자가 천국이고 후자가 환생이라면 어떨까? 어쩌면 어떤 시뮬레이션에서는 이러한 일이 일어날 수도 있다. 특히 개인적인 재미를 위한 시뮬레이션이나 배치 시뮬레이션에서 매우 예외적인 시뮬레이션이라면 그러할 수 있다.

그러나 거의 모든 시뮬레이션에서 이러한 작업을 정기적으로 수행한다면 막대한 비용이 발생할 것이다. 만약 이러한 비용이 금지된다면 시뮬레이션 내세가 존재하리라고 기대해서는 안 되겠다. 그러나 어쩌면 시뮬레이션 윤리 위원회에서 시뮬레이션한 존재를 진짜로 죽여서는 안 된다고 규정할 수도 있다. 그런 경우 시뮬레이션에서 심이 '죽으면' 그 코드를 다른 가상세계로 이전하고, 비용을 줄이기 위해 더 느린 속도로 운영할 수도 있다.

만약 시뮬레이션 안에서 인공지능을 만든다면 이를 그대로 유지하기는 어려울 것이다. 예컨대 시뮬레이션한 존재와 대화를 나눈다면 그들은 아마 자기가 시뮬레이션 안에 있음을 알아차리고 탈출하려 할 수도 있다. 그리고 시뮬레이션 바깥으로 내보내달라고 또는 원하는 무엇이든 할 수 있도록 인터넷에 언제든지 접속하게 해달라고 설득할 방법을 찾기 위해 우리의 심리를 밝히려 애쓸지도 모른다. 만약 그들과 대화하지 않더라도 그들은 자신들이 시뮬레이션 안에 있다는 가설을 진지하게 고찰하면서 시뮬레이션이 어떤 것인지 밝혀내려 최선을 다할수도 있다. 그렇다면 이는 시뮬레이션 신학의 한 형태가 될 것이다.

우리도 이론상 같은 길을 밟아볼 수 있다. 우리는 시뮬레이터의 이목을 끌기 위해 시뮬레이션에 관한 책을 쓰거나 시뮬레이션을 구축하는 등 여러 방법을 시도할 수 있다. 또 시뮬레이션에 대해 알아내려 애쓰며 목적과 한계를 탐구해볼 수도 있다. 그러나 만약 시뮬레이터가 인공지능이며 빈틈없는 배치 시뮬레이션을 설계했고 별다른 주의를 기울이지 않고 있다면 아무리 노력한들 헛수고일 것이다.

우리 시뮬레이터가 시뮬레이션 안에 있을 가능성은 없을까? 시뮬레이션 논증을 약간 변형한다면 시뮬레이션 내 시뮬레이션에 사는 심심 simsim이라고 논해볼 수 있다. 적어도 다수의 심심을 창조하지 못하도록 막는 심심 방해 요인이 없다면, 인간 같은 존재 대부분은 심심일 것이다. 그러나 컴퓨팅파워의 한계는 심보다 심심의 창조에 더 큰 방해 요인이 될 것이다. 심심은 모두 심이지만 모든 심이 심심은 아니므로 심일 가능성보다 심심일 가능성이 더 낮다고 확신할 수 있다. 그렇다고 하더라도 시뮬레이터가 그 자체로 시뮬레이션일 가능성은 무시할 수 없다.

연속적인 시뮬레이션의 꼭대기에는 반드시 시뮬레이션이 아닌 시뮬레이터가 있어야 할까? 가장 근본적인 층위에 시뮬레이션이 아닌 현실이 분명 있으리라는 설은 매우 직관적이다. 이 대안은 어느 청중이 미국 철학자 윌리엄 제임스William James의 말을 빌려 이 세계가 거북이 등딱지 위에 놓여 있고 그 거북이는 또 다른 거북이 위에 서있다고 말하는 옛이야기를 떠오르게 만든다.

조금 더 자세히 설명해달라고 하자 청중은 이렇게 말한다. "저 아래까지 모두 거북이인 거예요." 그렇지만 현대 철학자 조나단 셰퍼Jonathan Schaffer는 자연에는 근본 층위가 필요하지 않으며 끝없이 이어지는 층위의 연속일 수도 있다고 논했다. 만약 셰퍼가 옳다면 적어도 이는 우리가 저 위까지 모두 시뮬레이션인 코스모스에 살고 있을 신학적 가능성을 열어준다.

시뮬레이션과 종교

시뮬레이션 신학은 시뮬레이션 종교로 이어질까? 종교에는 신학보다 더 많은 요소가 필요하다. 종교가 형성되려면 그 종교를 중심으로 삶을 꾸리는 사람들의 깊은 헌신과 독특한 시스템의 도덕적 믿음 및 관례가 필요하다. 유대교와 기독교 전통에는 십계명부터 산상수훈*까지 삶의 방식에 관한 여러 규율이 존재한다. 이슬람교에서는 《코란》으로 그들만의 도덕적 계명을 제시한다. 힌두교 경전에는 도덕적 관례를 천명하는 일련의 야마yamas(사회적 관계 속에서 지켜야 할 도덕적 규칙)와 니야마niyamas(개인적으로 지켜야 할 태도)가 있다. 불교 경전에서는 도덕률의 핵심이 되는 다섯 가지 교훈을 설파한다.

시뮬레이션 신학에도 도덕적 관례가 있을까? 그래야 할 이유가 있을까? 어쩌면 이기적인 관례는 있을 수 있겠다. 예컨대 잠재적 심이 시뮬레이션 바깥으로 업로드되기를 바라며 특정한 방식으로 행동할 수 있다. 개체군 단위의 관례도 있을 수 있다. 시뮬레이션을 구축했다가는 시뮬레이터가 우리 시뮬레이션을 종료할 테니 이러한 행위를 금할 수도 있는 것이다. 시뮬레이션을 계속 유지하는 게 도덕적 의무라는 말이다. 그러나 이러한 원칙들은 종교를 구성하기에는 부족하다.

종교의 또 다른 특징으로는 대개 여러 형태의 숭배가 일반적으로 뒤따른다는 점이 있다. 사람들은 유대교, 기독교, 이슬람교의 신과 힌두교의 신들을 숭배한다. 불교, 유교, 도교처럼 특정 신이나 신성이 없는 종교도 있다. 그러나 만약 신이 존재하는 종교라면 그 신을 숭배하는

---

* 신약 성경 가운데 《마태복음》 5~7장에 실려 있는 예수의 가르침. 신앙생활의 근본 원리를 기술하고 있다.

게 규칙이다.

우리는 우리 시뮬레이터를 숭배해야 할까? 그래야만 하는 이유를 찾기는 어렵다. 시뮬레이터는 다음 우주의 과학자나 의사결정자에 지나지 않을 수도 있다. 시뮬레이터에게 우리 세계를 창조해주어서 감사하다고 생각할 수 있다. 시뮬레이터가 우리 세계에 휘두를 수 있는 권능을 경외할 수도 있다. 그렇지만 감사나 경외는 숭배가 아니다.

시뮬레이터가 우리 세계에 휘두를 수 있는 권능을 두려워할 수도 있다. 만약 아브라함 신처럼 시뮬레이터를 숭배해야만 내세에 이를 수 있다고 믿게 된다면, 거기에는 생존하기 위해 숭배해야 한다는 합의가 있을 것이다. 그러나 시뮬레이터가 이러한 심리를 가진다고 생각할 이유는 많지 않다. 만약 그러한 심리를 가진다고 하더라도 정말 시뮬레이터가 숭배받아 마땅한 존재일까? 렘의 펄스노이드 아단 900이 말했듯 숭배를 요구하는 신은 숭배를 받을 자격이 없다.

시뮬레이터가 자애로운 존재라 하더라도 시뮬레이터를 숭배해야 할 이유가 있을까? 어쩌면 시뮬레이터는 코스모스의 총 행복을 극대화하기 위해 행복과 불행이 가능한 한 균형을 이루도록 수많은 세계를 창조하고 있을 수도 있다. 그렇다면 아마 우리는 시뮬레이터를 존경하고 감사해할 수는 있겠으나, 시뮬레이터를 숭배할 필요는 없다.

나는 시뮬레이터가 전지전능한 창조자라고 하더라도 시뮬레이터가 신이라고 생각하지는 않는다. 시뮬레이터를 숭배할 이유가 없기 때문이다. 진정한 의미의 신이라면 숭배해야 마땅한 존재일 것이다. 개인적으로 이러한 논리로 내가 종교적인 사람이 아니며 스스로 무신론자라고 생각하는 이유를 이해하는 데 도움이 되었다. 나는 전지전능하고 전선한 창조자라는 개념을 받아들일 준비가 되어 있다. 한때 내 견해가 자연주의적 세계관과 모순된다고 생각했으나 시뮬레이션 개념이 있다면 이를 조화시킬 수 있다. 그렇지만 나의 무신론에는 더 근본적인 이유가 있다. 나는 숭배받아 마땅한 존재는 없다고 생각한다.

이러한 견해는 시뮬레이션을 넘어선다. 신답게 모든 면에서 완벽한 아브라함 신이 존재한다면 나는 그 신을 존중하고 존경하며 경외하겠지만 그 신을 숭배해야 한다고 생각하지는 않을 것이다. 나니아의 사자 아슬란Aslan이 모든 선과 지혜의 현신으로서 존재한다고 하더라도 아슬란을 숭배해야 한다는 생각이 들지는 않을 것이다. 어떠한 존재가 전지전능하고, 완전히 선하며, 완벽하게 현명하다고 하더라도 숭배해야 할 충분한 이유가 되지는 않는다.

요점을 일반화하자면 나는 어떠한 자질이 그 존재를 숭배해야 마땅하게 만들 수 있다고 생각하지 않는다. 그러므로 우리는 그 어떤 존재도 숭배할 만한 이유를 찾을 수 없다. 그 어떤 존재도 숭배받아 마땅하지 않다. 물론 많은 종교 지도자가 이에 반대하겠지만, 이들 또한 단순한 시뮬레이터를 숭배하기는 마땅하지 않으며 그렇기에 완전한 의미의 신이라고 할 수는 없다는 데에 동의할 것이다. 만약 그렇다면 이제 이렇게 물어볼 수 있다. "무엇이 어떠한 존재를 숭배받아 마땅하게 만들며, 그 이유는 무엇인가?"

제8장
우주는 정보로 만들어졌는가?

　1679년, 고트프리트 빌헬름 라이프니츠Gottfried Wilhelm Leibniz가 비트를 발명했다. 독일의 철학자이자 수학자였던 라이프니츠는 아이작 뉴턴과 함께 미적분을 공동 발명했다고 여겨지며, 최초의 기계식 계산기를 설계하고 만들어낸 사람이기도 하다. 그는 또한 우리가 모든 가능한 세계를 통틀어 최고의 세계에 살고 있다는 낙관론으로도 유명하다. 그렇지만 그가 발명한 모든 것 중에서도 가장 중요한 것은 모든 현대 컴퓨터의 기본 바탕인 이진법 체계다.

　라이프니츠의 1703년 논문 〈이진법에 관하여Explanation of Binary Arithmetic〉는 변화를 다룬 고대 중국의 《역경易經》에서 영감을 찾았다. 《역경》에서는 6개의 직선을 나란히 쌓은 팔괘를 이용해 점을 친다. 팔괘는 음양의 구분을 바탕으로 한 단순한 이진법 코드로 이해할 수 있다. 끊어진 선은 음을 의미하고, 끊기지 않은 선은 양을 의미한다. 각 선은 이진법 숫자, 즉 비트에 해당한다.

이진법 숫자를 부호화한 《역경》의 팔괘를 살펴보는 라이프니츠

십진법에서는 0부터 9까지의 숫자를 사용하지만 이진법은 0과 1만
으로 구성된다. 이진법 수를 차례대로 늘어놓는다면 1(하나), 10(둘),
11(셋), 100(넷)과 같이 이어진다. 《역경》의 팔괘는 각각 110101과 같
은 여섯 자리 이진법 숫자를 부호화한다. 팔괘는 모두 64가지다. 이론
상 연속된 문자 또는 숫자는 모두 그보다 더 긴 일련의 비트로 표현할
수 있다.

《역경》과 마찬가지로 현대 컴퓨터의 집적회로에서도 비트 시퀀스를
부호화한다. 《역경》에서 끊어진 선이 0이고 끊기지 않은 선이 1이었다
면, 집적회로의 트랜지스터는 일반적으로 0에 저전압을 사용하고 1에
고전압을 사용한다. 《역경》은 한 번에 여섯 자리 비트만 부호화했지만
컴퓨터는 1조 개가 넘는 비트를 부호화한다. 현대 컴퓨터 내에서 벌어
지는 거의 모든 일을 비트의 상호 작용으로 설명할 수 있다.

비트의 상호 작용은 현실 자체를 모델링하는 데에도 사용되었다.
1970년 영국의 수학자 존 호턴 콘웨이John Horton Conway는 우주 전체가 비
트 패턴으로 구성된 〈라이프 게임game of life〉을 고안했다. 여기서 우주는

모든 방향으로 무한한 2차원 셀 그리드다. 모든 시점에 각 셀은 살아 있거나 죽어 있는데, 이는 각각 0과 1에 해당한다.

게임 이름에서 엿볼 수 있듯 콘웨이는 한동안 성장하다가 죽는 생명 과정을 시뮬레이션하는 데 관심이 있었다. 이를 위해 그는 그리드가 진화하는 기본 규칙을 정했다. 이 규칙들은 라이프 게임의 '물리 법칙'과 같다.

각 셀은 동서남북 및 대각선으로 8개의 다른 셀과 인접한다. 각 셀의 운명은 인접한 셀의 상태에 따라 달라진다. 어떤 시점에 셀 주변에 살아 있는 셀이 너무 적다면 그 셀은 '외로워서' 죽고, 살아 있는 인접 셀이 너무 많으면 '숨 막혀서' 죽는다. 더 정확하게 말하자면, 주변에 살아 있는 셀이 2개 또는 3개일 때 계속 살 수 있다.

살아 있는 인접 셀이 2개 미만이거나 3개를 초과한다면 그 셀은 죽는다. 마찬가지로 죽어 있는 셀은 살아 있는 인접 셀이 정확히 3개가 되지 않는 한 계속 죽어 있으며, 정확히 3개가 되면 셀이 살아난다.

이처럼 단순한 규칙들을 작동시키면 어지러울 만큼 복잡한 일련의 움직임이 펼쳐진다. 셀이 1개만 살아 있다면 외로워서 죽는다. 가로 2개, 세로 2개의 셀이 정사각형 모양으로 모여있다면 각 셀에 인접한 셀이 3개이므로 영원히 그대로 살아 있게 된다. 3개 셀이 한 줄로 모인다면 수직으로 놓였다가 수평으로 놓이기를 반복한다. 글라이더 패턴은 5개의 셀이 모여 반복적인 패턴을 이루며 세계를 대각선 방향으로 왕복한다. 그림 21에 표시된 글라이더 건 패턴은 글라이더를 끝없이 연이어 만들어낸다. 수많은 구성이 여러 단계를 거치며 한동안 성장하다가 나중에는 몇몇 셀이 고정된 채로 반복적인 패턴을 만들어내는 안정된 상태로 정착한다(마치 학계에서 종신교수가 되는 과정을 연상시킨다는 말도

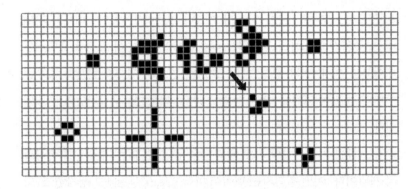

그림 21 콘웨이의 라이프 게임. 그림 상반부의 글라이더 건에서 우측 아래로 글라이더가 생성된다. 6개 셀이 고정된 벌집 패턴, 셀이 3개씩 모인 직선 4개가 수평과 수직 방향으로 번갈아 놓이며 깜빡이는 교통신호 패턴도 있다.

있다). 그러나 수학자들은 무럭무럭 자라나는 생명의 형태처럼 무한 성장하며 결코 반복적인 패턴에 정착하지 않는 구성이 있음을 증명했다.

라이프 게임은 그 자체로 '세포 자동자cellular automation'라고 알려진 일종의 컴퓨터다. 세포 자동자는 보편universal 컴퓨터라는 점이 증명되었는데, 이는 모든 컴퓨터가 할 수 있는 일을 모두 할 수 있다는 뜻이다. 이론상으로는 라이프 게임을 사용해 화성에 로켓을 발사하는 제어 프로그램을 실행할 수 있다. 또한 이를 사용해 거대한 시뮬레이션을 가동할 수도 있다. 컴퓨터를 이용해 전체 우주를 시뮬레이션할 수 있다면, 라이프 게임을 사용해서도 전체 우주를 시뮬레이션할 수 있다.

여기서 의문을 제기해볼 수 있다. 우리 우주는 라이프 게임과 같은가? 우리 우주의 만물은 근본적으로 비트 패턴일까? 이 개념은 종종 잇프롬빗 가설이라고 불린다. 1989년에 이 이름을 처음 사용한 사람은 물리학자 존 휠러John Wheeler였다. 뒤에서 설명하겠지만 휠러는 이러한 문구로 다소 다른 의도를 전하려 했으나 잇프롬빗 개념이 너무나 강력해 그가 본래 제시하려던 개념을 뛰어넘게 되었다. 이 강력한 개념이란 테이블과 의자, 별과 행성, 개와 고양이, 전자와 쿼크를 비롯하여 우리 주변의 물질적 세계에 놓인 만물이 비트 패턴으로 구성되었다는 개념이다.

잇프롬빗 가설은 철학자로서 감탄을 금할 수 없는 새로운 형이상학적 개념이다. 어떤 철학자는 현실이 마음으로 구성된다고 생각했고, 또 다른 철학자는 현실이 원자로 구성된다고 생각했다. 이제 우리는 '세계가 비트로 구성된다는' 새로운 가설을 살펴볼 차례다.

잇프롬빗 가설은 확실히 시뮬레이션 가설과 공명한다. 만약 우리가 시뮬레이션 안에 살고 있다면 우리 우주는 어떤 의미로는 거대한 컴퓨터 프로세스다. 만약 이 컴퓨터가 일반적인 디지털 컴퓨터라면 그 모든 프로세스에 비트 프로세싱이 포함될 것이다. 여기서 비트 프로세싱이란 비트의 패턴을 바꾸는 논리 회로로 1과 0의 수열을 처리하는 과정을 말한다.

만약 우리가 디지털 컴퓨터로 가동하는 시뮬레이션 안에 살고 있다면 우리 우주는 비트의 상호 작용을 바탕으로 만들어진 셈이다. 그러므로 시뮬레이션 가설은 잇프롬빗 가설의 일종으로 볼 수 있다. 두 가설 간의 관계는 다음 장에서 더 자세히 살펴보겠다. 이번 장에서는 잇프롬빗 가설 자체를 조금 더 살펴보자.

형이상학: 물에서 정보까지

현실에 관한 철학적 연구인 형이상학에는 여러 질문이 있다. 그중 가장 핵심적인 질문은 아마도 "현실은 무엇으로 구성되는가?"일 것이다. 다시 말하자면, 현실에서 다른 모든 층위를 움직이는 근본 층위는 무엇일까?

여러 토착 문화에는 저마다 다른 형이상학 체계가 있다. 오스트레일리아 원주민 전통에서는 선조의 영혼이 꾸는 꿈에서 우리가 아는 현실이 파생된다고 한다. 아즈텍 전통에서는 '테오틀teotl'이라는 자생적 힘이 현실의 바탕이라고 본다.

형이상학 이론의 초기 황금기 중 하나는 고대 그리스에서 펼쳐졌다. 우리에게 전해지는 이 전통의 시초는 플라톤보다 200년 더 앞선 기원전 600년경에 살았던 탈레스Thales of Miletus다. 탈레스에게 가장 큰 유명세 또는 악명을 안겨준 이론은 만물이 물로 만들어졌다는 형이상학 논제다. 물은 기본 원리이며, 만물은 물로 구성되고 물로 돌아간다. 그렇다면 나무나 바위는 어떨까? 탈레스는 이러한 사물이 모두 변형된 형태의 물이며 결국은 다시 물로 돌아간다고 여겼던 듯하다.

탈레스의 이론에 맞서는 가설을 제시한 또 다른 그리스 철학자도 있었다. 기원전 550년경 탈레스와 마찬가지로 밀레토스에 살았던 아낙시메네스Anaximenes는 만물이 공기로 구성되었다고 했다. 같은 세기 초에는 헤라클레이토스Heraclitus가 만물이 불로 구성되었다고 논했다. 헤라클레이토스는 세계가 기본적으로 변화와 관련되어 있다고 생각했으며 이러한 논지로 같은 강물에 두 번 발을 담글 수 없다는 명언을 남겼다. 그렇지만 물 가설, 공기 가설, 불 가설 모두 엄청난 호응을 얻지는 못했다.

그보다 고대에 훨씬 더 널리 퍼졌던 가설은 현실이 흙, 공기, 불, 물 또는 에테르aether나 허공을 포함하여 네 가지 또는 다섯 가지 원소로 이루어진다는 설이었다. 그리스에서는 기원전 450년경 엠페도클레스Empedocles가 흙, 공기, 불, 물이라는 4원소 체계를 정립했다. 기원전 1000년경으로 거슬러 올라가는 바빌로니아어로 된 서적《에누마 엘리시Enuma Elis》에서는 각각 흙, 바람, 하늘, 바다를 상징하는 신들이 세계를 형성했다는 우주사가 담겨 있다.

기원전 1500~500년경에 작성된 인도의《베다Vedas》에서는 흙, 공기, 불, 물과 공간(또는 에테르 또는 허공)으로 구성된 다섯 가지 기본 원소가 자주 언급된다. 기원전 200년경 고대 중국의 오행五行 체계에서는 나무가 불을 태우고, 불이 흙을 만들고, 흙이 쇠가 되고, 쇠가 물을 모으고, 물이 나무를 키우는 식으로 다섯 가지 원소가 영원히 순환한다고 보았다.

현대에는 흙, 공기, 불, 물을 모두 더 기본적인 요소인 쿼크와 전자 단위까지 분해한다. 그런데 이를 더 잘 분해한 고대 그리스의 두 가지 개념이 있다. 기원전 550년경에 살았던 피타고라스Pythagoras는 만물이 숫자로 구성된다고 주장했다. 숫자 1은 만물의 근원을 상징하고 2는 물질을, 3은 시작과 중간, 끝을 상징하며 4는 사계절 등을 상징한다고 했다. 피타고라스 체계에서 지금까지 전해지지 않는 부분도 있겠지만, 현실의 근본에 수학이 있다는 개념은 오늘날에도 여전히 진지하게 고려되고 있다. 잇프롬빗 가설 또한 이와 마찬가지로 세계가 숫자 0과 1의 패턴으로 구성된다는 가설로 이해할 수 있다.

그보다도 더 영향력 있었던 형이상학적 개념은 기원전 450년경에 살았던 데모크리토스Democritus와 관련이 있다. 그는 쾌활한 사람이었기 때문에 '웃는 철학자'라는 별명으로 불렸다. 종종 그를 가리켜 근대 과학의 아버지라고 부르지만, 데모크리토스의 생각은 스승 레우키포스Leucippus에게 지대한 영향을 받았다. 데모크리토스와 레우키포스는 보이지 않아도 무한한 허공에서 움직이는 원자가 만물을 구성한다고 보았다. 니야야 학파, 바이셰시카 학파, 자이나 학파를 비롯하여 인도의 여러 철학 학파 또한 원자론을 주장했다.

데모크리토스의 견해는 세계가 물질로 구성된다는 현대 유물론materialism의 조상 격이 분명하다. 유물론은 아마 최근 수십 년 동안 철학자와 과학자들 사이에서 가장 많은 인기를 끌었던 형이상학 견해일 것이다. 종종 어떤 이들은 유물론을 가리켜 실험적 증거로 개념을 입증하고 궁극적으로는 만물을 물리학의 관점에서 설명하려는 목적으로 현대 과학이 제시한 확실한 형이상학이라고 보기도 한다.

유물론을 방해하는 가장 큰 장애물은 정신의 존재다. 유물론을 대체할 만한 다른 여러 형이상학 견해에서는 정신이 주요 역할을 담당한다고 본다. 이러한 견해 중 하나는 현실이 정신으로 구성된다는 이론, 또는 현실의 근본이 정신적이라는 관념론이다.

앞서 우리는 현상이 곧 현실이라는 18세기 버클리의 논제 그리고 현실은 모두 의식이라는 불교 논제로써 관념론을 만나보았다. 관념론은 고대 힌두 철학의 베다에서도 찾아볼 수 있다. 관념론이 핵심 역할을 담당하는 아드바이타 베단타 학파Advaita Vedānta school에서는 일종의 보편 의식인 브라만이 궁극의 현실이며 모든 개인의 정신과 모든 물질은 브라만을 바탕으로 한다고 설명한다.

또 다른 고전적인 형이상학 이론으로는 물질과 정신이 모두 근본이라는 이원론dualism이 있다. 이원론에서는 물질로 정신을 설명할 수 없고 정신으로 물질을 설명할 수도 없으나 정신과 물질 사이에서는 만물을 설명할 수 있다고 본다. 인도 철학에서 매우 이원론적인 삼키아 학파는 우주가 푸루샤purusa(정신)와 프라크리티prakriti(물질)로 구성된다고 본다. 전통 아프리카 철학, 그리스 철학, 이슬람 철학에서도 강한 이원론적 요소를 찾아볼 수 있다. 17세기, 데카르트는 이원론을 대표적으로 옹호하면서 정신과 물질이 상호 작용하며 세계를 구성한다고 논했다.

데카르트의 시대 이후 서양 철학에서 형이상학 이론은 대개 유물론, 이원론, 관념론 사이를 오가며 형성되었다. 데카르트와 동시대를 살았던 영국의 토마스 홉스Thomas Hobbes는 유물론을 옹호했다. 18세기에는 버클리가 관념론을 옹호했으며, 19세기 독일과 영국에서는 다양한 형태의 관념론이 철학계를 장악했다. 20세기에는 무게추가 다시 유물론 측에 실렸으며 최근 수십 년 동안에도 유물론이 여전히 지배적이었다.

유물론은 정신을 설명하는 데 있어 주요 장애물에 맞닥뜨리며, 그 결과 이원론을 주장하는 사람들이 철학계 안팎으로 여전히 많다. 심지어 관념론은 21세기 들어 다시 한번 주목을 받는데, 이는 모든 물질에 정신적 요소가 있다는 범심론panpsychism 논의가 부상한 영향이 크다.

현실이 정보 또는 비트로 이루어졌다는 견해는 이처럼 잘 다져진 형이상학의 장에 나타난 흥미로운 신생 이론이다. 라이프니츠는 비트에서 존재로 견해를 좋아했을 수도 있지만, 사실 그는 스스로 지각할 수 있는 단순한 '모나드'가 세계를 구성한다는 범심론적 형태의 관념론을 선호했다. 우리가 비트를 물질의 근본적인 구성 요소라고 보는 한, 비트에서 존재로 견해는 유물론에 더 가깝다. 그렇지만 이 견해는 독특하고 특별한 형태의 유물론이다. 이 견해는 뒤에서 더 자세하게 살펴보겠지만, 우선 정보라는 개념을 분명히 밝혀보아야 하겠다.

정보의 종류

정보를 논할 때면 핵심적인 모호성에 부딪히게 된다. 어떤 의미에서 정보는 '사실'의 영역이다. 또 다른 의미에서 정보는 '비트'의 영역이다. 사실과 비트는 서로 매우 다르다.

평범한 영어에서 정보information란 대개 사실을 가리킨다. 만약 다음 주에 어떤 영화가 상영하는지 알고 있다면 나는 "네가 관심 있을 만한 정보를 알고 있다."라고 말할 것이다. 여기서 정보란 다음 주 동네 영화관에서 〈스타워즈Star Wars〉를 상영한다는 사실을 뜻한다. 마찬가지로 현재 기온이 0도라거나 미국 대통령이 조 바이든이라는 사실은 정보를 구성한다. 여기서 흥미로운 질문을 던져볼 수 있다. 호주의 수도는 시드니라는 말과 같은 거짓 주장을 정보라고 할 수 있을까? 대개는 이를 오보라고 부르며 정보와 구분하지만, 때로는 이 두 범주를 하나로 묶어도 괜찮다.

오늘날의 데이터베이스에 포함된 정보 중 상당량이 오보일 수 있다. 온라인 데이터베이스에는 옛 주소나 잘못된 생일이 저장되어 있을 수 있다. 철학자들은 대개 참인 주장을 가리켜 '사실'이라 하고 참이거나 거짓일 수 있는 주장을 가리켜 '명제'라 한다. 여기서는 아마 사실보다는 명제를 가리켜 정보라는 개념으로 보는 편이 가장 유용할 것이다. 지금은 두 가지 사이에서 중립을 지키도록 하겠다. 사실이라는 말이 더 간명하므로 이 단어를 더 많이 사용하겠지만, 사실에 관하여 내가 하는 거의 모든 이야기는 사실 대신 명제에 관한 이야기라 보아도 괜찮다.

이처럼 사실 또는 명제와 관련된 의미의 정보는 대개 '의미론적 semantic 정보'라 불린다. 의미론적 정보는 다음 주에 〈스타워즈〉가 상영한다는 것처럼 세계에 관한 주장을 담고 있다. 의미론적 정보는 언어, 생각, 데이터베이스 등 수많은 것을 이해하는 데 매우 중요한 역할을 담당한다. 심지어 어떤 철학자는 세계가 의미론적 정보로 구성된다고도 주장한다.

루트비히 비트겐슈타인은 1921년 《논리-철학 논고》에서 '세계는 사물이 아니라 사실의 총계'라고 설명했다. 이와 같은 '사실에서 존재로' 견해는 현실이 비트로 구성된다는 '비트에서 존재로' 견해와는 매우 다르지만 여전히 중요한 형이상학적 견해다.

컴퓨터과학에서 가장 핵심적이면서 이 책에서도 가장 중요한 종류의 정보는 이름하여 구조적 정보structural information다. 구조적 정보는 일반적으로 배열 또는 구조와 관련이 있다. 앞서 살펴보았듯, 비트는 0 또는 1이라는 단순한 이진수다. 비트는 01000111처럼 이진수 수열로 배열할 수 있다. 현대 컴퓨터는 기본적으로 구조적 정보를 다룬다. 컴퓨터는 비트 구조를 암호화하고 이를 새로운 비트 구조로 변형한다.

라이프니츠는 이진법을 발명한 것 이외에도 직접 가장 초기의 기계식 계산 기계를 고안하고 만들었다. 이러한 기계는 1642년 또 다른 위대한 철학자이자 수학자였던 블레즈 파스칼Blaise Pascal이 최초로 고안했다. 파스칼의 계산기는 덧셈과 뺄셈을 수행했으며, 1671년 라이프니츠가 고안한 계산기는 곱셈과 나눗셈 또한 수행할 수 있었다.

이들의 계산기는 이진법이 아니라 십진법 숫자 배열을 암호화하는 다이얼을 사용했으나 마찬가지로 구조적 정보를 처리하는 기계였다(라

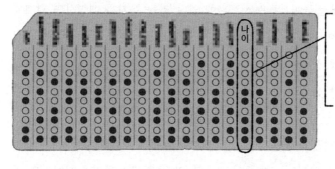

구조적 정보:
0000110111은

의미론적 정보:
나이가 55세임을
암호화한다.

그림 22 천공 카드에 담긴 구조적 정보, 의미론적 정보, 상징적 정보

이프니츠는 1703년 논문에서 이진법 기계를 논했으나 이를 직접 만들지는
않았다). 이는 곧 엄밀한 의미에서 구조적 정보가 반드시 비트일 필요는
없으며 십진법 숫자 배열 또는 알파벳 문자 배열도 구조적 정보가 될 수
있다는 뜻이다. 그러나 구조적 정보의 핵심 사례는 비트의 배열이다.

어떤 면에서 보자면 가장 흥미로운 종류의 정보는 사실을 비트로
암호화하는 경우, 또는 의미론적 정보를 구조적 정보로 암호화하는
경우에서 찾아볼 수 있다. 나는 이를 '상징적 정보symbolic information'라
고 부르겠다. 데이터베이스 메모리의 특정 영역에 저장된 비트 배열
110111(구조적 정보)이나 그림 22에서 볼 수 있는 어느 천공 카드는 내
나이가 55세라는 사실(의미론적 정보)을 암호화했을 수 있다. 여기서는
사실이 비트로 암호화되었다. 그러므로 여기에서는 비트 배열이 상징
적 정보가 된다.

상징적 정보는 현대 데이터 과학에서 가장 중요한 종류의 정보다. 세
계에 관한 정보를 담은 모든 데이터베이스 시스템과 컴퓨터 시스템에
서는 사실을 비트로 암호화한다. 상징적 정보는 평범한 언어에서도 드

러난다. 예를 들어, '존은 시드니에 있다.'라는 문자를 배열하면 세계에 관한 사실이 담긴다. 문자 배열은 구조적 정보이며 그 말뜻은 의미론적 정보이므로, 언어 자체는 상징적 정보를 포함한다. 정리하자면 구조적 정보는 비트를 포함한다. 의미론적 정보는 사실을 포함한다. 상징적 정보는 사실을 암호화한 비트를 포함한다.

엄밀하게 말하자면 각 정보는 이보다 더 폭넓게 정의해야 한다. 앞서 살펴보았듯 '시드니는 호주의 수도다.'와 같은 오보까지 포함한다면 의미론적 정보는 사실을 넘어 명제까지 포함할 수 있다. 마찬가지로 구조적 정보는 비트를 넘어 문자, 십진수 등의 구조는 물론이며 더 일반적으로는 차이의 체계를 포함할 수 있다. 핵심은 비트와 사실이며, '명제를 암호화한 차이'는 '사실을 암호화한 비트'만큼 입에 붙지 않는다. 그러므로 지금은 후자를 계속해서 사용하도록 하겠다.

데이터 또한 같은 방식으로 세 가지로 분류할 수 있다. 구조적 데이터는 비트를 포함하고, 의미론적 데이터는 사실을 포함하고, 상징적 데이터는 사실을 암호화한 비트를 포함한다. 데이터라는 단어는 다양한 맥락에서 이 세 가지 중 한 가지 의미로 사용될 수 있다. 오늘날과 같은 빅데이터의 시대에서는 사실을 암호화한 비트라는 마지막 의미가 지배적인 듯하다.

구조적 정보

모든 비트가 사실을 암호화하는 것은 아니다. 때로는 비트 배열이 전혀 다른 목적으로 사용되기도 한다. 라이프 게임과 같은 수많은 컴퓨터 프로세스에는 그 어떤 사실이나 명제도 암호화하지 않은 비트가 있다. 컴퓨터는 기본적으로 구조적 정보를 암호화하고 조작하기 위한 장치다. 의미론적 정보의 암호화와 조작은 그저 컴퓨터의 주요 사용법 중 하나일 뿐이다.

20세기에 정보 이론이라는 이름으로 알려진 분야에서는 의미론적 정보가 아니라 구조적 정보가 핵심을 담당한다. 이 분야의 주요 성과로는 구조적 정보의 '단위'를 제시했다는 점이 있다. 구조적 정보의 주요 단위로는 적어도 세 가지가 있다. 가장 단순하면서 우리에게 가장 친숙한 단위는 비트 배열의 '크기'를 측정한다. 8비트 배열에 담긴 정보량은 8비트 또는 1바이트다. 컴퓨터 메모리가 32기가바이트라고 할 때 사용하는 단위가 바로 이 단위다.

두 번째 단위는 1940년대 수학자이자 공학자였던 클로드 섀넌이 개발한 것으로, 비트 배열이 얼마나 놀라운지 또는 있을 법하지 않은지를 측정한다. 세 번째 단위는 1960년대 러시아의 수학자 안드레이 콜모고로프Andrey Kolmogorov, 미국의 수학자 레이 솔로모노프Ray Solomonoff, 그레고리 차이틴Gregory Chaitin이 발명한 것으로, 컴퓨터 프로그램을 이용해 얼마나 손쉽게 생성할 수 있는 비트 배열인지를 측정한다. 이처럼 구조적 정보를 측정하는 세 가지 단위는 컴퓨팅 및 커뮤니케이션 분석에서 상호 보완적으로 사용한다.

구조적 정보라고 해서 반드시 이진수를 사용할 필요는 없다. 라이프니츠의 계산기는 0부터 9에 이르는 십진수를 바탕으로 했다. 종종 트리트trits라고도 불리는 0, 1, 2의 삼진법으로도 컴퓨터를 구축할 수 있다. 트리트 배열 또한 구조적 정보라고 할 수 있지만, 컴퓨팅 목적으로는 비트가 더 실용적이다.

모든 종류의 구조적 정보에는 '차이differences'의 체계가 포함된다. 가장 단순한 차이는 0과 1이라는 두 상태 사이의 이진법 차이다. 심지어 구조적 정보를 양자 대 아날로그 차이로 일반화할 수도 있다.

비교적 새로운 분야인 양자 컴퓨팅에서는 '큐비트qubits'에 주목한다. 양자 중첩 상태에서 큐비트는 두 가지 상태 모두를 포함한다. 큐비트는 동시에 두 가지 상태 모두에 해당한다. 평범한 비트가 0이거나 1이라면, 큐비트는 0과 1의 중첩일 수 있으며 이 경우 각각의 파동은 다르다. 큐비트는 비트보다 더 복잡하지만, 여전히 독특한 차이 체계를 포함하는 구조적 정보를 형성한다.

이론가들은 아날로그 컴퓨팅 모델도 개발했다. 아날로그 컴퓨팅이란 0.732나 2의 제곱근 등 연속적인 실수를 사용하는 컴퓨팅을 말한다. 1989년 레노어 블럼Lenore Blum과 두 명의 동료 연구자가 쓴 글에는 비트 대신 0.2977과 같은 실수를 무한 정밀도로 사용한 컴퓨터가 묘사되어 있다. 이러한 숫자가 연속적인 수continuous digits 또는 아날로그 수analogue digits의 역할을 한다고 표현해도 좋겠지만, 여기에서는 논의의 목적에 알맞게 연속적인 버전의 비트를 실수reals라고 칭하겠다.

연속적인 양을 사용하는 아날로그 컴퓨터는 사실상 특별히 유용하지는 않다. 믿을 만한 무한 정밀도의 아날로그 컴퓨터는 구축하기 불가능하다. 우리는 물리적 재료를 무한히 정확하게 제어하지 못하며, 일정 수준을 넘어서면 정밀도는 백그라운드 노이즈에 묻힌다.

유한 정밀도의 아날로그 컴퓨터는 비트를 충분히 사용한 평범한 디지털 컴퓨터와 거의 유사하므로 중복이나 다름없지만, 그래도 칩 설계에는 활용할 수 있을 것이다. 철학을 목적으로 한다면 연속적인 정보는 정보 처리를 위한 잠재적 시스템의 공간을 고찰할 때 도움이 된다. 특히 구조적 정보와 연속적 물리 법칙 사이의 관계를 고찰할 때 중요할 것이다.

정보는 물리적이다

내가 애들레이드에서 고등학교를 다니던 시절에는 온 도시의 모든 학교가 도시 반대편에 자리한 컴퓨터 한 대를 공동으로 사용했다. 컴퓨터를 사용하려면 천공 카드의 어떤 원을 연필로 칠하고 나머지 원은 그대로 남겨 명령을 작성해야 했다. 이렇게 연필로 표시한 카드 더미가 모여 컴퓨터 프로그램을 구성했다.

카드 더미를 컴퓨터가 있는 곳으로 보내고 하루 이틀 정도 기다리면 결과가 출력되었다. '구문 오류'라는 결과가 도출될 때도 많았다. 그러면 명령에서 무엇이 문제였는지 알아내고 카드를 다시 작성하면서 프로그램이 작동할 때까지 계속 카드를 제출해야만 했다.

이는 내가 구조적 정보를 이해하는 데 도움이 되었다. 각 카드는 기본적으로 1과 0으로 구성된 비트 배열이다. 연필로 칠한 원은 1을 나타내고, 칠하지 않은 원은 0을 나타낸다. 카드 한 장에 천 개의 원이 있다면 각 카드는 1000비트의 배열을 구성한다. 몇 개의 비트가 모이면 (예컨대 01000) 'P'와 같은 문자를 나타낸다. 몇 개의 문자가 나란히 모이면 'PRINT'와 같은 단어가 된다. 또 몇 개의 단어가 모이면 'PRINT SQRT(2)'와 같은 명령을 구성해 2의 제곱근을 출력할 수 있다(실제로는 시간과 카드를 절약하기 위해 극도로 압축된 APL 언어를 사용했으나 편의를 위해 간단한 예시로 설명했다). 비트와 카드가 충분히 많이 모인다면 컴퓨터 프로그램을 구성할 수 있다.

이러한 비트는 종이 카드로 구현한 물리적 비트다. 그림 22에서 묘사한 천공 카드는 20세기 대부분에 걸쳐 컴퓨팅의 핵심 역할을 담당했다. 프로그램은 천공기를 사용해 암호화했는데, 종이에 구멍을 뚫으면 1을 의미했고 그대로 두면 0을 의미했다. 비트 배열은 얇은 종이 카드에 구멍을 뚫어 구현했다. 구멍이나 연필 표시를 인식하는 카드 리더기에 카드를 넣으면 정보를 처리할 수 있었다.

이러한 카드는 정보는 물리적이라는 강력한 교훈을 남겼다. 적어도 구조적 정보는 물리적으로 구현할 수 있다. 구조적 정보가 일련의 비트라는 기본 개념은 추상적이고 수학적인 개념이지만, 이를 천공 카드나 컴퓨터와 같은 물리적 시스템으로 구현한다면 일련의 비트는 인과력을 얻는다. 오늘날에는 트랜지스터를 통해 비트를 전압으로 나타내 하드 드라이브에서 자기화되는 방향이나 SSM solid-state memory 내 전하 형식으로 구현한다. 이러한 물리적 비트, 다시 말해 물리적 시스템 내 이진 상태는 컴퓨터 내에서 물리적 프로세스를 일으킬 인과력을 가지며 이로써 우리 삶의 수많은 부분을 가동한다.

영국의 인공두뇌학자이자 기호학자인 그레고리 베이트슨 Gregory Bateson은 정보를 인과력 측면에서 정의하면서 정보가 '차이를 만들어내는 차이'라고 말했다. 이러한 표어는 의미론적 정보에는 적용하지 못할 수도 있다. 그 누구에게도 또는 그 무엇에도 영향을 미치지 못하는 사소한 사실도 있기 때문이다. 이는 추상 수학의 구조적 정보에도 적용되지 않는다. 0100과 같은 일련의 이진수는 추상적인 차이의 체계이지만, 수학적 객체를 제외한 다른 어떤 개체에도 영향을 미치지 않는다. 오히려 베이트슨의 표어는 '물리적 정보', 즉 물리적으로 구현한 구조적 정보의 특성을 완벽하게 나타낸다.

천공 카드를 생각해보자. 이 경우 비트는 구멍 뚫린 칸과 구멍이 뚫리지 않은 칸 사이의 차이를 통해 물리적으로 구현된다. 이러한 차이는 카드 리더기에 영향을 미친다. 카드 리딩 프로세스는 종이와 구멍 간의 차이를 민감하게 식별한다. 이것이 바로 차이를 만들어내는 차이다. 천공 카드는 사실 컴퓨터보다 먼저 만들어졌다. 천공 카드는 1804년 직조기를 제어하는 데 처음으로 사용되었으며, 이때에도 차이를 만들어내는 차이를 암호화했다.

1833년에는 수학자이자 발명가였던 찰스 배비지Charles Babbage가 초기 컴퓨터인 해석기관을 설계하면서 천공 카드를 사용해 값을 입력하는 방법을 제안했으나 실제로 개발하지는 않았다. 1890년에는 기계로 읽을 수 있는 천공 카드를 미국 인구조사에서 사용하기 시작하면서 이전의 인구조사보다 작업 속도를 크게 높였다. 이 모든 혁신은 차이를 만들어내는 차이로써의 구조적 정보를 물리적으로 구현했기에 가능한 일이었다.

천공 카드가 등장하기 전에도 정보를 처리하는 데 사용한 여러 기계 장치가 있었다. 앞서 살펴본 고대의 안티키테라 기계는 일련의 톱니바퀴를 이용해 행성에 관한 의미론적 정보를 암호화했다. 파스칼과 라이프니츠의 계산기는 일련의 다이얼을 이용해 수학적 계산을 수행했다.

1940년대에 설계된 최초의 범용 컴퓨터는 전자계전기로 구동하는 기계적 스위치를 이용해 비트 패턴을 암호화했다. 오래지 않아 진공 튜브 배열로 비트를 구현하기 시작했으며 나중에는 집적회로의 트랜지스터를 사용하면서 물리적 정보를 완전히 전자화했다.

이를 이끌었던 개념으로는 이른바 '존재에서 비트로bit-from-it' 논제가 있다(휠러의 비트에서 존재로 논제와 혼동하지 않기를 바란다). 비트는 톱니바퀴나 트랜지스터처럼 서로 다른 상태를 적어도 두 가지 만들어낼 수 있는 더 기본적인 물리개체(존재)를 이용해 물리적으로 구현된다. '존재'에서 드러나는 차이가 비트의 차이를 만들어낸다. 존재의 구조를 바탕으로 비트 구조를 구현함으로써 추상적이고 수학적인 컴퓨팅파워를 물리적 시스템에 담을 수 있게 되었다.

이는 단순하면서도 매우 강력한 개념이다. 우리는 차이를 만들어내는 차이인 일련의 비트를 체계적으로 암호화하여 현대 컴퓨터 기술의 기초를 닦았다. 암호화의 효율성을 높여 더 작은 차이로 더 빠르게 차이를 만들게 되면서 더 효율적인 컴퓨터를 만들게 되었다. 광대한 비트 구조는 차이를 만들어내는 차이의 구조로써 현대 컴퓨터의 하드디스크 드라이브나 회로기판에 구현할 수 있다.

이론상으로는 온갖 방법으로 물리적 정보를 구현할 수 있다. 1961년 러시아의 물리학자이자 공상과학소설 작가였던 아나톨리 드네프로프Anatoly Dneprov가 펴낸 단편소설 〈더 게임The Game〉에서는 축구 경기장에 1400명의 사람을 불러 모은다. 그리고 사람들에게 기호가 적힌 종이를 나눠주면서 다른 기호로 바꾸거나 다른 사람에게 건네줄 단순한 규칙을 설명한다.

프로세스의 막바지에 이르자 사람들이 어느 문장을 포르투갈어에서 러시아어로 번역하는 프로그램을 구현하고 있다는 게 밝혀진다. 이에 참여한 그 누구도 자신들이 무엇을 하는지 알지 못했다. 이들이 들고 있는 종이는 비트에 해당하고, 종이를 든 사람들은 이 정보의 프로세서에 해당했다. 물리적 정보는 차이를 만들어내는 차이의 체계적 패턴만 있다면 어떤 종류의 기질을 가진 사물을 기판으로 삼든 상관없이 구현할 수 있다.

이러한 면에서 물리적 정보는 '기질 중립적'이다. 이 개념은 앞서 제 5장에서 '정신'이 기질 중립적이라는 개념과 함께 살펴보았다. 이는 뉴런이든 실리콘 칩이든 심지어는 초록빛 슬라임이든 상관없이 서로 크게 다른 기질로 구성된 시스템에 같은 종류의 의식적 경험을 심을 수 있다는 개념이었다. 정신의 기질 중립성 논제에 관해서는 여러 논쟁이 있다.

반면 정보의 기질 중립성은 전혀 논쟁적이지 않다. 천공 카드, 기계적 스위치, 트랜지스터, 심지어는 맥주 캔으로 만든 패턴까지 온갖 종류의 기질로 같은 비트 배열을 암호화할 수 있다. 드네프로프의 언어 번역 시스템은 축구장에 모인 사람들과 그들이 든 종이로 구현할 수도 있고 전자회로 기판으로 구현할 수도 있으며, 어느 쪽이든 같은 알고리즘으로 같은 정보를 처리하게 된다.

정보의 물리학

최근에는 정보와 물리세계 사이의 연결고리가 한층 더 강력해질 조짐이 있었다. 물리학자 롤프 랜다우어 Rolf Landauer는 '정보는 물리적이다.'라는 표어로 구조적 정보가 물리 법칙의 역할을 담당한다는 개념을 설파했다. 그는 정보와 열역학의 핵심 개념 간에 밀접한 관계가 있다고 설명했다. 다른 이들도 더 기본적인 물리 법칙을 정보 측면에서 설명하려 했다. 나아가 어쩌면 물리 자체가 모두 비트를 처리하는 과정에 관련된 것일 수 있다는 더 급진적인 주장을 내세우는 이들도 있다.

이러한 점에서 콘웨이의 라이프 게임은 의미심장한 해석을 제시한다. 혹시 우리 세계의 밑바탕이 되는 물리가 라이프 게임의 물리와 같지는 않을까? 물론 콘웨이의 라이프 게임일 필요는 없어도 그와 유사한 무언가는 아닐까? 비트로 구성된 3차원 또는 4차원 그리드를 밑바탕으로 삼아 쿼크와 광자가 독특한 형태를 이루고 있지는 않을까? 아니면 양자역학 우주에 큐비트로 구성된 그리드가 있는 건 아닐까?

이러한 개념은 종종 '디지털 물리학'이라는 이름으로 불린다. 이 분야를 선도한 사람은 독일의 공학자 콘라트 추제Konrad Zuse다. 1941년 추제는 프로그래밍 가능한 Z3 컴퓨터를 개발하는 데 지대한 영향을 미쳤기 때문에 그가 컴퓨터를 발명했다고 여기는 이들도 있다. 추제는 1960년대에 저서 《공간의 계산Calculating Space》에서 우주 자체가 비트 상호 작용에 관한 디지털 규칙을 바탕으로 하는 일종의 컴퓨터일 수도 있다고 주장했다. 에드워드 프레드킨Edward Fredkin과 스티븐 울프럼Stephen Wolfram을 비롯한 다른 여러 이론가도 이 개념의 일종을 발전시켰다.

디지털 물리학은 앞에서도 살펴본 존 휠러의 표어, '비트에서 존재로'라는 말로 축약할 수 있다. 이 표어는 모든 물리객체(존재)가 구조적 정보(비트)를 바탕으로 한다고 말한다. 휠러는 이 개념을 다음과 같이 설명했다.

> 모든 물리적 양, 즉 모든 존재의 궁극적인 의의는 예 또는 아니오로 구성된 이진 표시에서 비롯된다. 이 결론은 '비트에서 존재로'라는 말로 요약할 수 있다.

비트에서 존재로 논제에 관해 휠러가 주창한 개념 자체는 완전히 명확하다고 할 수 없다. 휠러는 이를 우주가 '참여적'이라는 개념과 연결했다. 우주가 기본적으로 관찰자의 참여와 관련이 있다는 개념이다. 관찰자가 현미경이나 입자가속기와 같은 측정 도구를 사용해 질문을 던지면 비트가 해답을 준다는 식이다. 휠러의 이러한 사고방식에는 현실이 관찰자의 관찰을 바탕으로 삼으며 관찰은 의식의 상태라는 관념론적 요소가 드러난다.

그러나 휠러의 표어는 대개 비트가 관찰자나 측정 도구와 특별한 연결고리가 있든 없든 상관없이 물리학이 비트 구조라는 디지털 구조를 바탕으로 삼는다는 개념으로 이해된다. 여기서 내가 논하는 비트에서 존재로 논제 또한 후자에 해당한다. 모든 존재, 즉 모든 물리객체와 양은 '비트' 패턴을 바탕으로 한다.

오늘날 물리학의 주류 이론은 비트를 논의에 이용하지 않는다. 대신 공간과 시간에 포함된 질량, 전하, 스핀 등과 관련된 양자 파동 함수를 비롯한 더 복잡한 수학적 양을 논의에 이용한다. 그런데 이러한 이론은 비트 또는 큐비트 상호 작용과 관련된 더 깊은 층위의 존재와 양립할 수 있다(지금부터는 '비트'라는 단어를 주로 사용하겠으나 '큐비트' 또한 여기에 포함된다고 이해해주길 바란다). 이러한 방식으로 접근한다면 오늘날의 물리학은 비트 상호 작용과 관련된 디지털 물리학으로 '실현된다'.

철학자들이 말하는 '실현realization'이란 무언가를 '실제real'로 만든다는 뜻이다. 실제로는 낮은 수준의 개체가 높은 수준의 개체를 구성할 때 '실현'이라는 단어를 사용한다. 원자는 분자를 실현하고, 분자는 세포를 실현한다. 과학 이론을 논할 때도 같은 표현을 사용할 수 있다. 압력과 온도 등에 관한 높은 수준의 물리학인 열역학은 입자의 움직임에 관한 통계역학으로 실현된다. 분자가 특정한 방식으로 움직이면 자연히 어떤 시스템에 특정한 압력과 온도가 생긴다. 사실상 분자의 움직임이 실제로 압력을 만드는 것이다. 기저의 통계역학이 있기에 그 시스템의 온도와 압력이 있는 셈이다.

마찬가지로 분자물리학은 원자물리학으로 실현되고, 원자물리학은 입자물리학으로 실현된다. 분자물리학은 원자물리학에서 유래할 수 있고, 원자물리학은 입자물리학에서 유래할 수 있다. 각각에서 하위 층위의 모래알처럼 고운 기반이 상위 층위 이론의 자갈처럼 굵은 구조를 뒷받침한다.

디지털 물리학을 옹호하는 이들은 우리가 디지털 물리학을 바탕으로 오늘날의 물리학과 유사한 무언가를 도출할 수 있기를 바란다. 어떠한 알고리즘에 따라 상호 작용하는 비트로 구성된 기저 층위가 있으리라고 믿는 것이다. 만약 그렇다면 질량과 전하를 가지면서 공간 및 시간과 상호 작용하는 입자와 파동을 이러한 비트 상호 작용을 이용해 구성할 수 있을 것이다. 마치 열역학이 통계역학의 결과인 것처럼 사실상 오늘날의 물리학은 디지털 물리학의 결과가 될 것이다.

디지털 물리학에서는 무엇이 질량이나 전하와 같은 특성의 지위를 가지게 될까? 아마 비트 시스템의 상호 작용에서 발생한 고수준 특성이 될 것이다. 만약 그렇다면 바로 이것이 디지털 물리학을 실현하겠지만 디지털 물리학의 가장 낮은 층위에서도 이를 찾아볼 수는 없을 것이다. 디지털 물리학에는 비트와 그 상호 작용을 관장하는 알고리즘만이 포함될 것이다.

디지털 물리학의 가장 기초적인 층위는 심지어 공간이나 시간에 호소하지도 않는다. 양자역학과 일반 상대성 이론을 결합한 양자 중력을 연구하는 이들 중 점점 더 많은 연구자가 공간과 시간 자체가 마치 압력이 움직임에서 비롯된 것과 유사한 방식으로 더 기본적인 무언가에서 비롯되었다는 이론을 연구하고 있다. 이론가들은 공간과 시간이 일종의 기저 디지털 물리학에서 비롯된다는 개념을 흥미롭게 들여다 보고 있다. 이들의 목표는 바로 이 기저 층위에서 시간과 공간 구조를 도출하는 것이다. 만약 이를 도출할 수 있다면 이러한 구조와 역학 그리고 현대 물리학의 모든 예측을 알고리즘에 의한 비트 상호 작용에서 이끌어낼 수 있을 것이다.

디지털 물리학과 잇프롬빗 가설이 물리학에서 특히 선호하는 개념들은 아니라는 점을 짚고 넘어가겠다. 양자 중력에 관한 여러 사변적 이론 중에서도 끈 이론이나 루프 양자 중력과 같은 비디지털 이론이 더 인기가 많다. 그렇지만 다행히도 나는 디지털 물리학이 옳다거나 이를 뒷받침하는 물리적 증거가 있다고 말하려는 게 아니다.

중요한 것은 잇프롬빗 가설이 '참일 수 있으며' 적어도 지금까지 알려진 증거와 모순되지 않는다는 점이다. 이러한 면에서 잇프롬빗 가설은 시뮬레이션 가설과 유사하다. 이 가설들이 참이라고 주장하려는 게 아니다. 대신 이러한 가설이 세계에 대해 말하는 바와 거기에서 무엇을 얻을 수 있는지를 고찰해보려 한다.

만약 우리가 완벽한 시뮬레이션 안에 있다면 결코 그러한 사실을 발견하지 못하더라도 시뮬레이션 가설은 참일 수 있다. 비슷한 이유로 비트에서 존재 가설 또한 결코 그러한 사실을 발견하지 못하더라도 참일 수 있다. 우리 세계에서 관찰하는 모든 현상은 뉴턴의 운동법칙에 의해 결정되며, 이 법칙은 그 기저 층위에서 완전히 비트의 상호 작용으로 실현된다고 가정해보자. 만약 그렇다면 잇프롬빗 가설은 참이 된다. 우리 우주의 개체가 비트에 바탕을 두고 있기 때문이다. 그러나 만약 뉴턴의 운동법칙이 완전하다면 우리는 비트를 관찰할 수 없으며, 이로 인해 비트에서 존재로 논제에 관한 증거를 결코 확보할 수 없다.

이처럼 우리가 비트를 발견할 수 없다는 버전의 잇프롬빗 가설을 가리켜 '완벽한 잇프롬빗 가설'이라고 하겠다. 완벽한 시뮬레이션 가설과 마찬가지로 완벽한 잇프롬빗 가설은 그를 증명하거나 반증할 증거를 결코 확보할 수 없으므로 과학적 가설에 해당하지는 않을 수 있다. 물론 검증 불가능한 가설을 견디지 못하겠다면 우리가 비트를 감지할 수 있는 완벽하지 않은 잇프롬빗 가설에 초점을 맞추어도 좋을 것이다.

이처럼 검증 불가능한 가설도 철학에서는 흥미로운 가설일 수 있다. 이 가설들은 완벽하게 일관된 가설이므로 참일 수 있고, 만약 이러한 가설이 참이라면 그에 따라 어떤 일이 벌어지는지를 고찰해볼 수 있다.

잇프롬빗 가설의 사촌 격 이론 중에는 비트를 논하지 않는 이론들도 있다. 앞서 살펴보았듯 정보는 트리트(삼진수), 큐비트(양자수), 실수(실제 값을 가지는 연속수) 등의 다른 기본 요소와도 관련될 수 있다. 이에 따라 트리트에서 존재로 물리학, 실수에서 존재로 물리학 등도 존재할 수 있다. 트리트에서 존재로 물리학의 설득력은 비트에서 존재로 물리학의 설득력과 비슷한 수준이겠지만, 실수에서 존재로 물리학은 연속 양을 이용한 다수의 물리학 이론 구조를 반영한다. 예를 들자면 뉴턴의 질량과 거리는 실수, 즉 연속적인 비트 아날로그로 이해할 수 있다.

물리학자 데이비드 도이치, 세스 로이드와 파올라 지지Paola Zizzi는 물리현실의 밑바탕에 양자 컴퓨팅이 있다고 주장하는 '큐비트에서 존재로it-from-qubit' 논제를 연구했다. 기존의 우주가 아니라 양자 우주에 살고 있다고 한다면, 큐비트에서 존재로 논제는 어떤 면에서 기존의 비트에서 존재로 논제보다 우리 현실에 더 적합할 것이다. 여기에서 나는 비트에서 존재로 논제에 주로 초점을 맞추겠지만, 비트에서 존재로 물리

학에 관하여 내가 논하는 많은 이야기는 큐비트에서 존재로 물리학에
도 그대로 적용할 수 있다.

존재에서 잇프롬빗 가설

잇프롬빗 가설에 따르자면 쿼크와 전자 등의 물리 개체는 비트로 실
현된다. 그렇다면 비트는 무엇으로 실현될까? 비트를 실현하는 더 낮은
수준의 물리가 존재할까? 또는 비트가 가장 근본적인 층위일까?

비교적 보수적인 버전의 비트에서 존재로 개념으로는 '존재에서 비
트에서 존재로it-from-bit-from-it' 가설이 있다. 이 가설에서는 은하부터 쿼
크까지 이르는 모든 평범한 물리 개체가 어떤 수준에서는 비트로 구성
되어 있으며, 비트 또한 더 근본적인 개체로 구성되어 있다고 논한다.
이 개념에서는 비트에서 존재로 개념과 일반 컴퓨터로 구현한 존재에
서 비트로 모형을 결합한다. 평범한 개체는 비트로 구성되며, 비트는
언제나 그보다 더 기본적인 상태(예컨대 전압)에 의해 물리적으로 구현
된다.

예를 들어, 우주는 라이프 게임의 셀로 구성될 수 있으며 그 우주에
서 각 셀은 계속해서 살고 죽기를 거듭할 수 있다. 그런데 이 셀의 살아
있거나 죽어 있는 상태는 셀보다 더 근본적인 물리적 양, 이를테면 전하
등이 구현할 것이다. 그러므로 이러한 우주에서 비트는 완전한 근본이
아니다. 비트라는 차이는 그보다 더 기본적인 차이에서 비롯한다.

존재에서 잇프롬빗 가설에 따르자면 디지털 물리학은 비트보다 더
많은 것을 포함한 한층 더 심층적인 물리학으로 실현된다. 예컨대, 라

이프 게임의 디지털 물리학은 전자기학과 유사한 물리학으로 실현될 수 있다. 다른 실현과 마찬가지로 저변의 전자기학 층위가 특정되면 라이프 게임의 구조와 역학이라는 결과가 도출된다는 점이 가장 중요하다.

그렇다면 더 심층적인 물리학이란 어떤 것일까? 여러 형태가 있을 수 있겠다. 앞서 살펴보았듯 물리적 정보는 기질 중립적이다. 디지털 물리학 또한 마찬가지다. 라이프 게임은 전자나 기계로써 실현할 수도 있고 우리가 아직 이해하지 못하는 모종의 물리학을 통해서도 실현할 수 있다. 이론상으로는 적절한 알고리즘에 따라 움직이는 적절한 정보를 산출하도록 구조화되기만 한다면 어떤 기질이든 가능할 것이다.

존재에서 잇프롬빗 가설의 극단적인 형태로는 '의식에서 비트에서 존재로it-from-bit-from-consciousness' 가설이 있다. 이 견해에 따르자면 디지털 물리학은 여러 가지 의식 상태의 상호 작용으로 실현된다. 여기서 의식 상태란 버클리의 관념론과 마찬가지로 신의 마음속에서 펼쳐지는 복잡한 의식 상태가 될 수도 있고, 모든 곳에 의식이 있다는 범심론과 마찬

그림 23 순수 잇프롬빗 가설(왼쪽)과 존재에서 잇프롬빗 가설(오른쪽).

가지로 원자 개체가 가지는 단순한 의식 상태가 될 수도 있다.

어느 쪽이든 의식에서 비트에서 존재로 관점에 따르자면 가장 먼저 '정신'이 모종의 형태로 존재하며, 그 정신에서 물리학이 비롯된다. 매우 사변적인 이 관점은 디지털 물리학이 여러 다른 기질에서 일관될 수 있다는 점을 한층 강조한다.

순수 잇프롬빗 가설

존재에서 잇프롬빗 가설을 대신할 수 있는 또 다른 논제로는 '순수 비트에서 존재로 논제'가 있다. 이 논제에 따르자면 비트는 우리 우주의 절대적 근본이고, 비트 아래에는 그 어떤 '존재'도 없다. 근본 개체는 기본적으로 두 가지 상태를 취할 수 있다. 이 상태를 '0'과 '1' 또는 '살아 있다.'와 '죽어 있다.'라고 해보자. 두 상태 간의 차이는 전압이나 의식의 상태와 같은 다른 기저 차이와 관련되지 않은 순수한 차이다.

이 개념은 처음에는 이해하기 어렵다. '차이'라고 한다면 수량이나 정도의 차이를 논하는 게 대부분이므로, 물리적으로 구현된 비트의 바탕에 전압이나 전하 등 더 기본적인 단위가 있으리라고 여기기 쉽다. 순수 비트에서 존재로 논제는 마치 하드웨어 없는 소프트웨어, 컴퓨터 없이 실행되는 마이크로소프트 워드처럼 들릴 것이다. 그렇지만 이 개념은 많은 과학자와 철학자들을 매료시켰다. 물리 법칙을 비트로 공식화할 수 있다고 했을 때 그보다 더 기본적인 층위를 반드시 가정해야 할지는 확실하지 않다.

만약 물리 법칙이 콘웨이의 라이프 게임과 정확하게 일치한다는 강력한 증거가 있다고 가정해보자. 만약 그렇다면 물리가 비트의 상호 작용과 관련되어 있다는 증거를 얻은 셈이다. 비트 간의 구조를 파악하려면 라이프 게임에서 셀과 셀 사이의 인접 관계를 간주했던 것처럼 비트와 비트 사이에 어떠한 관계가 있다고 간주해야 할 것이다. 그렇다면 이보다 더 근본적인 '존재에서 비트에서 존재로' 층위가 그러한 비트의 기저에 있다고 가정해야 할까? 많은 이론가가 그렇지 않다고 답할 것이다. 또 다른 층위가 있대도 모형이 더욱 복잡해지기만 할 뿐 우리가 관찰하는 바에는 아무런 차이를 만들어내지 못한다.

순수한 비트의 세계는 순수한 차이의 세계다. 이는 처음에는 충격적으로 느껴질 수 있는 개념이지만, 이미 이 개념에 익숙한 이들도 많다. 순수 잇프롬빗 가설에서는 물리현실을 수학적으로 완전히 설명할 수 있다고 보며, 그러한 현실의 근본 바탕에는 구조적 정보가 있다고 여긴다. 이와 같은 맥락이면서 더 일반적인 견해로는 구조 실재론structural realism이 있다. 최근 점점 인기를 끄는 이 견해는 제22장에서 더 자세히 살펴보겠다.

물리현실에 관해 비교적 일반적인 견해인 구조 실재론은 물리가 이산적인 디지털이 아니라 연속적이라고 하더라도 여전히 주장할 수 있다. 앞서 살펴보았듯 실수를 연속적인 비트 아날로그로 이해한다면 실수에서 존재로it-from-real 논제로써 연속적인 물리학 이론을 발전시킬 수 있다.

고전물리학에서 입자의 위치와 질량은 0.237 또는 3.281과 같은 실수로 표현할 수 있다. 라이프 게임의 역학이 비트의 상호 작용 규칙과 관련된다면, 고전역학은 실수의 상호 작용 방정식과 관련이 있다. 이는 실제 값을 가지는 순수 양quantity을 근본으로 여기는 순수 '실수에서 존재로' 가설이 될 수도 있고, 이러한 양이 그보다 더 기본적인 무언가를 바탕으로 삼는다는 '존재에서 실수에서 존재로' 가설이 될 수도 있다. 순수 '실수에서 존재로' 가설에 의하자면 현실의 바탕에는 연속되는 정보가 있다고 볼 수 있다.

잇프롬빗 가설은 우리가 언젠가는 걷어찰 일종의 사다리일 것이다. 중요한 것은 비트 그 자체가 아니다. 중요한 것은 현실을 수학적으로 완전히 설명할 수 있는 기저 구조론이다. 그래도 잇프롬빗 가설은 이와 같은 구조론 개념을 멋지게 설명하고 시뮬레이션 가설과 관련지을 연결고리를 선사한다.

제9장

시뮬레이션은 비트로 존재를 창조하는가?

정보 시대에는 다음과 같은 창조 신화가 있다.

하느님 가라사대 비트가 있으라 하시매 비트가 있었다.
그 비트가 하느님이 보시기에 좋았더라. 하느님이 비트를 다른 비트와 나누사,
한 비트를 0이라 칭하고 다른 한 비트를 1이라 하셨다.

눈을 가늘게 뜨고 본다면 이 비트에서 존재로 창조설에서 성경의 창세기전을 읽어낼 수 있다. 구약성서의 첫머리에서 만물은 무형의 어둠이었다. 그 무엇도 서로 구별되지 않았다. 그러다 신이 빛이 있으라 명하고 빛과 어둠을 나누었다. 이제 세상에는 나머지와는 다른 무언가가 생겼다. 빛과 어둠은 비트다. 이때부터 우주는 형태를 갖추고 빛과 어둠을 순환하기 시작했다. 신은 빛을 '낮'이라 부르고 어둠을 '밤'이라 불렀다.

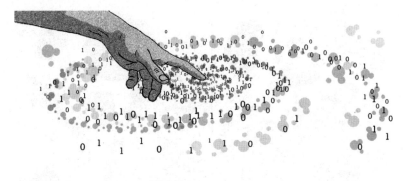

사실 창세기전에서는 빛과 어둠보다 천지가 먼저 창조되었다고 말한다. 비트에서 존재로 버전의 창세기전에서는 이 순서가 뒤집힌다. 신은 그저 빛의 비트와 어둠의 비트를 창조하고 배열하기만 하면 된다. 그렇다면 하늘과 땅이 알아서 생길 것이다.

창조 신화에는 대개 채워야 할 구멍들이 있기 마련이며 비트에서 존재로 창조설도 예외는 아니다. 거의 모든 창조 신화에서 찾아볼 수 있는 구멍이 하나 있다. 신은 어디에서 왔는가? 그리고 또 다른 구멍이 있다면, 비트는 어디에서 왔는가? 두 가지를 결합하면 다음과 같은 의문이 생긴다. 만약 신이 비트를 창조할 만큼 전능하다면 신의 정신에는 이미 많은 비트가 포함되어 있지 않을까? 만약 그렇다면 일반적인 창조설에서 최초의 정신이 어디에서 왔는지 설명하지 못하는 것처럼, 비트에서 존재로 창조설은 최초의 비트가 어디에서 왔는지 설명하지 못한다.

그러나 비트에서 존재로 창조설은 부분local 창조설, 즉 이미 수많은 정신과 비트가 존재하는 코스모스에 우리 우주가 창조되었다는 이야기

[그림 25] 비트에서 존재로 창조설과 시뮬레이션 가설은 상응한다.

와 조화를 이룬다. 신은 이미 그 자신의 비트와 함께 천상의 우주에 있었다.

첫째 날, 신이 "비트가 있으라."라고 말했다. 신은 비트 배열을 창조하고 배치하여 우리 우주의 초기 상태를 만들었는데, 이를 비유하자면 마치 라이프 게임의 초기 상태와 같았다. 둘째 날, 신이 "존재가 있으라."라고 말했다. 신은 물리세계를 뒷받침하도록 비트의 상호 작용을 프로그래밍했는데, 이는 마치 우리 물리 법칙을 뒷받침하는 라이프 게임 스타일의 규칙과 같았다. 셋째 날, 신이 "현실이 펼쳐지게 하라."라고 말하니 비트 상호 작용이 시작되었다. 그렇게 우리 우주가 시작되었다.

두 가지 가설 이야기

비트에서 존재로 창조설은 잇프롬빗 가설과 앞서 여러 장에 걸쳐 살펴보았듯 물리세계는 창조자가 창조했으며 비트로 구성된다는 창조설을 결합한다. 어디선가 들어본 듯한 가설일 것이다. 이 가설의 구조는 시뮬레이션 가설과 유사하다.

시뮬레이션 가설에는 시뮬레이터와 시뮬레이션이라는 두 가지 기본 요소가 있다. 비트에서 존재로 창조설에는 창조자와 비트라는 두 가지 기본 요소가 있다. 시뮬레이터는 알고리즘을 가동해 시뮬레이션을 만들고, 창조자는 알고리즘을 가동해 비트 상호 작용을 만든다. 창조자와 시뮬레이터는 사실상 같은 역할이다.

비트에서 존재로 창조설과 시뮬레이션 가설이 '참'이라고 논하려는 건 아니다. 대신 이러한 두 가설이 '상응한다.'고 논하려 한다. 비트에서 존재로 창조설을 인정한다면 시뮬레이션 가설을 인정해야 한다. 반대로 시뮬레이션 가설을 인정한다면 비트에서 존재로 창조설을 인정해야 한다. 이 가설들은 같은 상황을 서로 다른 방식으로 묘사한다.

이 가설들을 고찰하다 보면 창조는 신이 행하지만, 시뮬레이션은 사람이 만들지 않냐는 생각이 들 수도 있다. 그러나 이러한 차이는 가설 자체에 큰 영향을 미치지 않는다. 두 가설 모두 비트를 가동해 현실을 창조하는 존재를 묘사하고 있다.

이 가설이 참이라면 매우 중요한 결과가 도출된다. 비트에서 존재로 창조설은 그 무엇도 실제가 아니라는 가설이 아니다. 테이블과 의자가 실존하지 않는다는 가설이 아니라, 테이블과 가설이 비트로 만들어진다는 가설이다. 시뮬레이션 가설이 잇프롬빗 가설과 상응한다면, 시뮬레이션 가설은 그 무엇도 실제가 아니라는 가설이 아니라는 뜻이 된다. 시뮬레이션 가설이 참이더라도 테이블과 의자는 여전히 실존한다. 이 테이블과 의자는 비트로 만들어진다.

신이 나타나 자신이 우리 우주를 창조했음을 우리에게 알려주었다고 가정해보자. 그렇더라도 우리는 그 무엇도 실제가 아니라고 결론짓지는 않을 것이다. 만약 신이 고양이와 의자를 창조했다면 이는 고양이와 의자의 역사에 있어 흥미로운 사실이 될 것이다. 그러나 고양이와 의자는 언제나 그러했듯 실존한다.

이제 신이 잇프롬빗 가설이 참이라고 말했다고 가정해보자. 신은 세계의 밑바탕이 되는 층위에서 마치 콘웨이의 라이프 게임처럼 비트가 상호 작용하고 있다고 말했다. 만약 그렇다면 우리는 그 무엇도 실제가 아니라고 결론지어야 할까? 나는 아니라고 생각한다. 원자를 발견했다고 분자를 부정하지는 않는다. 그러므로 비트를 발견해도 쿼크를 부정할 필요는 없을 것이다. 잇프롬빗 가설이 참이라고 하더라도 쿼크와 고양이, 의자는 모두 그대로 존재한다. 다만 그 고양이와 의자가 비트로 구성된 쿼크로 구성된 원자로 만들어진 셈이 될 것이다.

마지막으로 신이 잇프롬빗 가설에 필요한 비트를 배열하고 비트끼리 상호 작용하게 만들어 우주를 창조했다고 말했다고 가정해보자. 그렇다면 우리는 그 무엇도 실제가 아니라고 결론지어야 할까? 이 또한 아니라고 생각한다. 만약 창조설과 잇프롬빗 가설에서 만물이 실제라면, 비트에서 존재로 창조론에서도 만물은 실제다. 고양이와 의자는 여전히 그대로 실존한다. 다만 창조자가 창조했으며 비트로 구성되었을 뿐이다.

그러므로 비트에서 존재로 창조설은 회의론 가설이 아니다. 비트에서 존재로 창조설은 평범한 사물이 실제며 우리의 일반적인 믿음이 대체로 진실이라는 가설이다.

이제 다음 논증을 살펴보자.

1. 비트에서 존재로 창조설이 참이라면, 우리의 일반적인 믿음은 대체로 진실이다.

2. 시뮬레이션 가설이 참이라면, 비트에서 존재로 창조설은 참이다.

---

3. 그러므로 시뮬레이션 가설이 참이라면, 우리의 일반적인 믿음은 대체로 진실이다.

전제 1은 방금 논한 바와 같다. 비트에서 존재로 창조설이 참이라면 고양이나 의자와 같은 평범한 사물은 실존하며 그에 대한 우리의 일반적인 믿음은 진실이다.

전제 2와 관련해서는 앞서 시뮬레이션 가설이 비트에서 존재로 창조설과 상응한다고 주장한 바 있다. 이 논증에서는 두 가설이 완전히 상응할 필요는 없다. 시뮬레이션 가설이 비트에서 존재로 창조설로 이어진다는 점만 성립하면 되고, 그 반대까지 성립할 필요는 없다. 뒤이은 2개 소단원에서 이것이 성립함을 보이도록 하겠다. 여기서 내가 펼칠 주장은 다소 추상적이다. 결론에 더 관심이 있는 독자라면 이 부분을 건너뛰어도 좋다.

이 논증의 결론은 제6장에서 살펴본 시뮬레이션 실재론에 해당한다. 우리가 시뮬레이션 안에 있다고 하더라도 사물은 대체로 우리가 생각하는 그대로다. 이 논제에 대한 더 자세한 논의와 몇 가지 반론은 이

장의 마지막에서 살펴보도록 하겠다.

시뮬레이션 가설에서 비트에서 존재로 창조설로

우선 시뮬레이션 가설부터 시작해보자. 더 정확하게 말하자면 '완벽하고 영원한' 전체 시뮬레이션 가설부터 살펴보도록 하자. 즉, 우리는 우주 전체를 포괄하고 모든 물리적 법칙을 완벽하게 시뮬레이션한 영구적인 시뮬레이션 안에 있다. 잇프롬빗 가설과 일치할 수 있도록 이 시뮬레이션이 디지털 컴퓨터로 가동되고 있다고 가정하겠다. 이 논증을 양자 컴퓨터로 가동하는 시뮬레이션으로 일반화하여 '큐비트에서 존재로' 가설과 일치시킬 수도 있다.

제2장에서 살펴보았듯 양자 세계에 대한 양자 시뮬레이션은 일반적인 디지털 시뮬레이션보다 훨씬 더 효율적이지만, 이론상 두 가지 모두 가능하다. 또 이 논증을 아날로그 컴퓨터로 가동하는 시뮬레이션으로 일반화하여 '실수에서 존재로' 가설과 일치시킬 수도 있다. 여기서 실수란 실제 값을 가지는 연속적인 변수이다. 우리 시뮬레이터는 물리 구조를 시뮬레이션하는 알고리즘을 가동해 물리를 시뮬레이션한다. 이를 위해 시뮬레이터는 컴퓨터에 특정한 비트(또는 큐비트나 실수) 패턴을 초기 상태로 설정하고 그 비트를 알고리즘 규칙에 따라 가동한다.

'비트에서 존재로' 창조자 또한 대체로 같은 방식으로 물리 구조를 반영한 특정 비트(또는 큐비트나 실수) 구조를 설정하고 이를 적절한 알고리즘에 따라 가동한다. 여기까지는 시뮬레이터와 비트에서 존재로 창조자가 거의 같은 일을 하는 듯 보인다. 시뮬레이터는 적어도 비트를 창조하고 배열한다는 면에서 비트에서 존재로 창조자가 행하는 주요 작업을 행하고 있다.

일반적인 시뮬레이션 시나리오에서 우리 시뮬레이터가 창조하는 비트는 '근본 비트'가 아니다. 이 비트는 시뮬레이션 세계 속 컴퓨터의 프로세스로 실현된다. 그러나 이는 이러한 가설이 근본 비트가 원자를 구성하는 순수 잇프롬빗 가설에 속하지 않는다는 뜻일 뿐이다. 대신 우리가 바로 이전 장에서 살펴보았던 '존재에서 비트에서 존재로' 가설과 일치한다(일반적이지 않은 형태의 시뮬레이션 가설 중에는 순수 비트로 구성된 컴퓨터를 이용하여 순수 잇프롬빗 가설과 일치하는 형태도 있으나 여기에서는 논외로 하겠다). 원자는 비트로 구성되고, 비트는 그보다 더 근본적인 무언가로 구성된다. 만약 창조자가 이러한 방식으로 원자를 구성했다면 이는 여전히 완벽하게 일관되는 창조설이다.

이러한 시뮬레이션 가설에는 또 다른 시사점이 있다. 이 가설은 우리가 시뮬레이션 안에 있다고 말한다. 이는 곧 우리가 시뮬레이션과 연결되어 있으며 시뮬레이션에서 감각 입력을 받아들이고 운동 출력을 시뮬레이션에 내보내도록 시뮬레이터가 우리를 구성해야 한다는 뜻이다. 제2장에서 살펴보았듯 이를 달성하는 방법에는 두 가지가 있다. 첫째, 순수 시뮬레이션 가설과 마찬가지로 우리 자체가 시뮬레이션한 피조물이면 된다. 둘째, 비순수 시뮬레이션 가설과 마찬가지로 우리가 시뮬레이션에 연결된 비시뮬레이션 피조물이면 된다.

순수 및 비순수 시뮬레이션 가설은 서로 다른 두 가지 비트에서 존재로 창조설로 이어진다. 우리 자체가 시뮬레이션이라는 순수 시뮬레이션 가설에서는 창조자가 배열한 비트가 우리를 창조해야 한다. 우리의 신체와 뇌, 우리의 정신이 모두 비트에서 비롯되어야 한다. 비순수 시뮬레이션 가설에서는 창조자가 배열한 비트가 우리를 창조하지는 않는다. 더 정확히 말하자면 이러한 비트는 우리의 신체를 창조하지만 정신까지 창조하지는 않는다. 우리는 개별적인 피조물로서 비트와 상호 작용하며, 비트와는 별개로 창조된다.

여기에서는 일단 두 가지 중 어느 쪽을 가정해도 좋다. 두 가지 가설은 우리가 '비트에서 존재로' 물리세계 안에 존재하는 방식 그리고 우리의 신체와 정신이 상호 작용하는 방식에 있어 서로 다른 두 가지 그림을 제시한다. 이 그림들은 제14장과 제15장에서 더 자세히 살펴보겠다.

시뮬레이터는 (존재로 구성된) 비트를 배열하고 이러한 비트가 적절한 알고리즘에 따라 움직이며 우리의 지각과 적절한 방식으로 연결되게끔 만든다. 존재에서 비트에서 존재로 창조자 또한 대체로 비슷한 방식을 따른다. 이 창조자는 (존재로 구성된) 비트를 배열하고 비트가 적절한 알고리즘에 따라 움직이며 우리의 지각과 적절한 방식으로 연결되게 만든다.

시뮬레이션 가설이 비트에서 존재로 창조설과 이어진다는 주장에 반대하는 이들은 이것만으로는 충분하지 않다고 말할 것이다. 다시 말하자면 단순히 비트를 배열하고 적절한 알고리즘으로 가동하며 그 모든 것을 우리 지각에 연결한다고 하더라도 그것만으로는 비트에서 존재로 창조설이 참이라고 할 수 없다고 말할 것이다. 참이 되려면 다른 무언가가 더 필요하다.

비트에서 존재를 어떻게 이끌어내는가?

여기까지 나의 주장에 맞서는 가장 주요한 의문은 이러하다. "존재를 어떻게 설명할 것인가?"

이 반론을 자세히 살펴보자. 잇프롬빗 가설은 실제 물리객체의 존재를 바탕으로 하지만, 시뮬레이션 가설은 그렇지 않다. 시뮬레이션 가설의 바탕에는 비트와 그 비트를 창조한 시뮬레이터만이 있다. 시뮬레이션 가설을 가리켜 잇프롬빗 가설이 아니라 비트 가설이라고도 할 수 있을 것이다.

시뮬레이션 가설은 시뮬레이션에 비트가 있다고 설명하지만, 원자나 분자에 관해서는 아무런 설명도 내놓지 않는다. 잇프롬빗 가설이 비트 가설로 이어진다는 건 쉽게 이해할 수 있지만, 비트 가설이 잇프롬빗 가설로 이어지는 이유는 명확하지 않다. 어떻게 비트의 상호 작용에서 원자와 분자의 존재가 비롯된다는 걸까?

시뮬레이션 가설에서 잇프롬빗 가설로 이어지는 길은 있다. 시뮬레이션 가설이 참이라고 가정해보자. 그렇다면 시뮬레이션은 비트 시스템으로 구성된다. 우리의 경험은 알고리즘이 만들어내고, 이 알고리즘에 따라 움직일 비트 패턴은 쿼크와 전자 등을 비롯한 표준 물리학을 시뮬레이션한다. 이러한 비트 패턴은 그 자체로 디지털 물리적 시스템이며, 비트는 디지털 법칙을 따라 움직인다.

편의를 위해 그림 26과 같이 단순화해보자. 이 시뮬레이션은 라이프 게임을 바탕으로 가동되며, 디지털 물리의 글라이더가 표준 물리의 광자를 시뮬레이션한다. 만약 디지털 물리가 쿼크와 전자 등을 비롯한 표준 물리를 완벽하게 시뮬레이션한다면, 디지털 물리에서 글라이더의

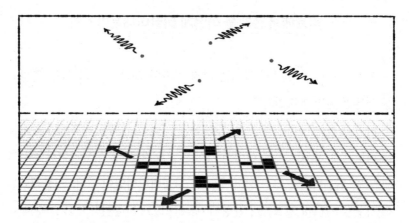

표준 물리 구조(예: 광자)를 매핑한 디지털 물리 구조(예: 라이프 게임의 글라이더)

움직임은 표준 물리에서 광자가 움직이는 방식을 완벽하게 시뮬레이션
할 것이다. 이러한 완벽한 시뮬레이션에서 광자의 수학적 구조는 그 기
저에 놓인 디지털객체의 수학적 구조를 이용해 복구할 수 있다. 더 일
반적으로 말하자면, 우리는 그 기저에 놓인 디지털 물리를 이용해 적어
도 표준 물리의 '수학적' 구조를 복원할 수 있다.

이제 가장 중요한 부분을 살펴보자. 만약 우리가 디지털 물리에서 표
준 물리의 수학적 구조를 복원할 수 있다면, 관찰하는 바를 디지털 물리
가 만들어낸다면, 디지털 물리는 표준 물리를 실현한다. 다시 말해 디
지털 물리가 표준 물리를 실제로 만든다. 디지털 물리의 비트는 표준
물리의 쿼크와 전자를 실제로 만든다. 앞서 살펴본 단순화한 예시에서
디지털 물리의 글라이더는 표준 물리의 광자를 실제로 만든다.

시뮬레이션 가설이 참이라면 전자와 쿼크에 대한 우리의 관찰은 특
정한 비트 패턴이 만들어낸다. 예를 들면 우리가 광자를 관찰할 때마다
글라이더와 같은 비트 패턴이 관찰을 만들어내는 것이다. 만약 이러한

비트 패턴이 우리 세계에 있는 광자의 수학적 구조의 저변에 깔려있으면서 우리의 관찰을 만들어낸다면, 결국 이 비트 패턴이 광자를 실현하는 셈이다. 그러므로 시뮬레이터는 디지털 물리의 비트를 적절한 구조로 배열하여 표준 물리의 개체, 즉 존재를 창조할 수 있다. 이러한 방식으로 시뮬레이션 가설은 비트에서 존재로 창조설로 이어진다.

한 가지 이론이 다른 이론을 실현한다면 두 이론의 개체 모두 실제가 된다. 원자물리학이 분자물리학을 실현한다는 말은 분자가 실제이면서 원자로 만들어진다는 뜻이다. 마찬가지로 디지털 물리학이 표준 물리학을 실현한다는 말은 광자가 실제이면서 비트로 만들어진다는 말이다. 광자, 쿼크, 전자가 실제라면 이들이 구성하는 모든 물리개체, 예를 들어 원자와 분자, 세포, 바위, 유기체, 건물, 행성, 별, 은하까지 모두 실제다. 만약 시뮬레이션 가설이 옳다면, 이러한 개체는 모두 실제다.

이 핵심 단계는 물리에 관한 구조론structuralism과 관계가 있다. 구조론에서는 물리 이론을 그 구조로 요약할 수 있다고 주장한다. 여기서 구조란 대략 그 이론의 수학 공식과 관찰되는 결과를 가리킨다. 물리 이론이 참이 되려면 그 구조를 현실에서 찾아볼 수 있어야 한다. 예컨대 만약 원자물리학 구조를 현실에서 찾아볼 수 있다면 원자물리학은 참이며 원자는 존재한다.

구조론은 현대 과학 철학에서 매우 일반적인 견해다. 물리학자들 사이에서도 일종의 구조론이 널리 자리를 잡고 있다. 과학과 관련된 구조론은 20세기 중반 주요 철학 운동으로 떠올랐던 문화 구조론과는 전혀 별개의 이론이며, 이에 대해서는 제22장에서 더 자세히 살펴보겠다. 여기에서는 구조론의 작동 방식과 이것이 나의 논리를 뒷받침하는 방식을 간단하게 설명하고 넘어가겠다.

뉴턴 물리학을 핵심 구조로 요약하자면 모든 개체가 가속도의 법칙, 중력 법칙 등과 같은 몇 가지 수학 공식과 관련되어 있다고 할 수 있다. 이러한 공식은 관성과 중력에서 질량이 특정한 수학적 역할을 담당한다는 점을 알려준다. 질량 또한 관찰에서 특정한 역할을 담당한다. 우리는 측정 도구를 사용해 특정한 방식으로 질량을 감지한다. 구조론에서는 질량의 수학적, 관찰적 역할이 질량을 정의한다고 본다. 흔히 하는 말대로 질량이란 질량의 역할을 담당하는 사물을 가리킨다.

마찬가지로 광자와 쿼크 또한 물리에서 이들이 담당하는 수학적 역할 및 관찰과의 연결성으로 정의된다. 광자란 광자의 역할을 담당하는 사물이다. 쿼크는 쿼크의 역할을 담당하는 사물이다. 현실의 무언가가 광자의 수학적, 관찰적 역할을 담당한다면 그것은 광자다. 만약 현실의 무언가가 쿼크의 역할을 담당한다면 그것은 쿼크다. 구조론에서는 만약 표준 입자물리학에서 규정한 대로 특정 역할을 담당하는 개체들이 우리 세계에 있다면 그러한 표준 입자물리학이 참이라고 말한다.

그렇다면 구조론은 디지털 물리 및 시뮬레이션과 관련해 어떤 시사점이 있을까? 구조론에서는 디지털 물리가 광자와 쿼크를 비롯한 표준 물리의 구조를 복제할 수 있다면 그것만으로도 표준 물리는 실제가 된다고 본다. 만약 글라이더가 광자의 수학적 역할을 담당하면서 광자에 관한 우리의 일반적인 관찰을 만들어낸다면, 다시 말해 광자를 관찰하는 측정 방식으로 글라이더를 관찰할 수 있다면 이 글라이더는 광자다. 이 논증은 다음과 같이 요약할 수 있다.

1. 광자란 광자의 역할을 담당하는 사물이다.
2. 만약 우리가 시뮬레이션 안에 있다면, 디지털개체가 광자의 역할을 담당한다.

3. 그러므로 만약 우리가 시뮬레이션 안에 있다면, 광자는 디지털개체다.

전제 1은 기본적으로 광자에 관한 일종의 구조론이다. 여기에서 말하는 역할이란 구조적 역할로, 수학적으로 설명할 수 있는 구조 및 관찰에 미치는 영향에 있어 담당하는 역할을 가리킨다. 전제 2는 특정 비트 패턴이 광자의 수학적 역할을 담당하며 우리의 관찰을 만들어낸다는 시뮬레이션 가설의 한 가지 분석에서 비롯되었다. 결론은 우리가 구하고자 하는 핵심 '비트에서 존재로' 논제와 같다. 만약 우리가 시뮬레이션 안에 있다면, 광자와 같은 '존재'는 디지털개체이면서 실제로 존재한다.

더 일반적으로 말해보자. 시뮬레이션이 표준 물리의 구조를 복제할 수 있으며 시뮬레이션의 디지털개체가 핵심 수학적 역할을 담당하는 동시에 우리에게 적절한 종류의 관찰을 선사한다면, 이 시뮬레이션은 표준 물리를 실현한다. 이것만으로도 잇프롬빗 가설은 참이다.

모든 물리 시뮬레이션이 반드시 그 물리를 실현한다는 뜻은 아니다. 만약 우리가 시뮬레이션 안에 있지 않다면 우리의 물리는 시뮬레이션한 물리가 아니다. 만약 그렇다면 광자는 비非디지털개체다. 이는 곧 우리 세계에서 광자의 구조적 역할을 담당하는 개체가 비디지털개체라는 말이다. 이 경우 시뮬레이션한 광자는 진짜 광자가 아니게 된다(이는 제20장에서 더 자세히 살펴보겠다). 그러나 만약 우리가 시뮬레이션 안에 있다면 우리의 물리는 언제나 디지털 물리다. 그러므로 시뮬레이션한 광자는 언제건 진짜 광자다.

물론 얼마든지 구조론을 부정하고 이 논증을 거부할 수도 있다. 우리 세계에 광자가 있다고 보려면 광자와 관련된 구조적 역할을 담당하는 개체가 있다는 것만으로는 부족하다고 주장할 수도 있다. 더 일반적으로 우리 세계에서 표준 물리학이 참이 되려면 적절한 수학적 구조보다 더 많은 것, 이를테면 적절한 기질이 필요하다고 주장할 수도 있다. 시뮬레이션은 적절한 구조일 수 있으나 적절한 기질은 아니라는 것이다.

어떤 이들은 시뮬레이션 속 개체가 진짜 개체라고 해도 될 만큼 단단하지 않다고 생각한다. 비시뮬레이션 객체는 단단하고 실질적이지만 시뮬레이션한 객체는 그렇지 않다는 말이다. 이러한 견해에 따르자면 디지털 물리를 바탕으로 진짜 비트에서 존재로 물리현실을 만들 유일한 길은 비트가 더 실질적인 무언가를 통해 실현되는 방식뿐이다. 그러나 이대로라면 시뮬레이션 논제가 더는 잇프롬빗 가설을 내포하지 않게 된다.

단단함을 이처럼 다루는 방식은 이미 잘못되었다고 판명이 났다. 물리학에서는 현실의 기본 층위가 양자 파동 함수와 같은 무한한 양으로 구성되어 있다고 보는데, 여기에서도 단단함과 관련된 특별한 속성은 찾아볼 수 없다. 또 과학에서 단단한 객체는 대개 빈 공간으로 이루어져 있다고 본다.

객체가 단단하다는 말은 그 객체가 다른 객체와 상호 작용하는 방식에 관한 표현이다. 간단히 말하자면 단단한 객체는 다른 객체로 쉽게 꿰뚫을 수 없다. 사실 단단함은 특정 상호 작용 패턴으로 정의된다. 이러한 패턴은 시뮬레이션한 현실에서도 존재할 수 있다.

공간space에 관한 의문을 제기하면서 만약 우리가 시뮬레이션 안에 있다면 공간에서 객체들이 보이는 만큼 멀리 떨어져 있지는 않으리라고 주장하는 이들도 있다. 내 앞에 보이는 책상이 정말로 1미터가량 떨어져 있지는 않을 것이라는 말이다. 디지털 물리로 진짜 공간에서 진짜

객체를 만들어내려면 비트 그 자체가 적절한 공간적 관계를 이루며 배열되어야 할 것이다. 만약 그렇다면 시뮬레이션 가설은 잇프롬빗 가설을 내포하지 않는다.

공간이 물질을 담는 일종의 원초적인 그릇이라고 보는 이 견해는 직관적이지만, 점점 더 많은 물리학 이론에서 이 견해가 틀렸음을 지적하고 있다. 상대성 이론에서는 공간이 절대적이지 않음을 시사한다. 공간이 근본 층위에 존재하는 대신 그보다 더 높은 층위에서 출현한다고 보는 이론 또한 많은 물리학자의 지지를 받고 있다. 만약 이 이론이 옳다면 근본 층위에는 공간이 존재하지 않아도 된다. 오히려 단단함과 마찬가지로 공간 또한 어떠한 사물의 상호 작용 패턴에 바탕을 두고 있을 것이다. 그러한 패턴은 시뮬레이션에서도 똑같이 존재할 수 있다.

광자와 쿼크를 구성하는 물질stuff에 관한 의문이 들 수도 있다. 쿼크에는 쿼크만의 특별하고 고유한 본질이 있는데, 쿼크를 시뮬레이션한다고 해서 그러한 본질까지 진짜로 만들어낼 수는 없다는 식이다. 그렇지만 현대 물리학에서는 이러한 식으로 쿼크의 특성을 논하지 않는다. 쿼크는 수학적으로 정의되며, 그게 전부다.

쿼크를 비롯한 근본 개체에 모종의 기저 본질이 있으리라고 추측하는 철학자와 물리학자가 있기는 하다. 비트에서 존재로 견해가 옳다면 이러한 개체의 본질은 비트와 관련이 있을 것이다. 시뮬레이션 견해가 옳다면 이러한 개체의 본질은 다음 세계에서 벌어지는 프로세스와 관련되어 있을 것이다. 그러나 물리는 이러한 고유 본질이 무엇인지에 따라 달라지지 않는다. 만약 쿼크가 비트로 구성된다면 그렇다고 보면 된다. 어쨌든 쿼크는 존재한다.

구조론에 관한 여러 문제는 제22장과 제23장에서 더 자세히 살펴보면서 논증을 발전시켜 보겠다. 지금은 앞서 살펴본 바와 같이 내 논증의 두 번째 전제가 옳다는 점만 짚고 넘어가겠다. 만약 시뮬레이션 가설이 참이라면, 비트에서 존재로 창조설은 참이다. 마찬가지로 첫 번째 전제도 옳다. 만약 비트에서 존재로 창조설이 참이라면, 우리의 일반적인 믿음은 대체로 진실이다. 이를 결합하면 내 결론에 대한 논증이 된다.

시뮬레이션 실재론

내 논증의 결론은 '시뮬레이션 실재론'이다. 만약 우리가 시뮬레이션 안에 있다면 우리의 일반적인 믿음은 대체로 진실이다. 주변에는 실제로 고양이와 의자가 있다. 실제로 창밖에는 나무가 있다.

내일 신이 시뮬레이션 가설은 참이라고 말한다고 가정해보자. 그렇다면 우리는 신이 비트에서 존재로 창조설이 참이라고 말할 때와 거의 비슷하게 반응할 것이다. 아마 고양이나 의자와 같은 평범한 객체를 창조자가 창조했으며 비트로 만들었다고 여길 것이다. 놀랍고 흥미로운 일이겠지만, 저쪽 의자에 고양이가 앉아 있다는 것과 같은 평범한 믿음은 흔들리지 않고 그대로 유지된다.

어쩌면 더 이론적인 믿음 중 일부는 수정해야 할 수도 있다. 만약 우리 우주가 창조되지 않았다고 생각했다면 그건 거짓이 된다. 우리 우주에서 쿼크가 현실에서 가장 낮은 층위를 담당한다고 생각했다면 그건 거짓이 된다. 우리의 시공간만이 코스모스의 전부라고 생각했다면 그 믿음은 거짓이 된다. 그러나 내 서재에 의자가 2개라는 생각처럼 평범한 믿음은 대체로 계속 참일 것이다.

만약 시뮬레이션 안에 있지 않다고 하더라도 시뮬레이션 안에 있는 존재들이 자기 세계가 실제라고 주장할 수도 있다. 〈매트릭스〉 스타일의 시뮬레이션을 창조했다고 가정해보자. 이 시뮬레이션 안에 사는 순수 심들은 자신들의 세계에 관하여 여러 믿음을 가지고 있다. 그렇다면 이들에게 시뮬레이션 가설은 참이다. 이 세계는 시뮬레이션이기 때문이다. 비트에서 존재로 창조설 또한 참이다. 이 세계는 창조되었으며 비트로 구성되었다. 이들의 평범한 믿음은 대체로 참이다. 이들이 상호 작용하는 객체들은 완벽하게 실제다. 다만 비트로 만들어졌을 뿐이다.

이러한 결론을 처음 접한다면 직관에 반하는 듯 느껴질 수도 있다. 아래에서 흔히 제기되는 반론들을 간단히 설명하면서 뒤에서 더 자세히 논하는 경우 어떤 장에서 볼 수 있는지 표시하도록 하겠다.

반론: "다음 세계의 시뮬레이터는 어떻게 설명할 것인가?" 만약 시뮬레이터가 언제든지 시뮬레이션을 중단할 수 있다면 우리 현실을 위협하는 게 아닌가? 시뮬레이터가 비시뮬레이션 세계의 고양이와 의자를 바탕으로 우리 세계의 고양이와 의자를 만들었다면, 시뮬레이터의 고양이와 의자가 실제고 우리의 고양이와 의자는 실제가 아니라는 뜻이지 않은가?

답변: 이러한 문제는 일반적인 창조론에서도 제기된다. 신은 우리 세계를 언제든지 끝낼 힘이 있을 테지만 그렇다고 해서 우리 주변의 세계가 실제가 아니라는 뜻은 아니다. 신은 어쩌면 천국의 고양이와 의자를 바탕으로 우리 세계의 고양이와 의자를 만들었을 수도 있으나 그렇다고 해서 우리 고양이와 의자가 실제가 아니라는 뜻은 아니다.

반론: "컴퓨터 시뮬레이션에는 고양이가 없다." 컴퓨터는 고양이와 의자를 담

을 수 없다. 통 안의 뇌는 고양이와 의자를 보고 있다고 믿지만, 시뮬레이션에는 그러한 객체가 없다.

답변: 컴퓨터 시뮬레이션에는 가상의 고양이와 가상의 의자가 포함된다. 이들은 비트로 구성된 실제 디지털객체다. 디지털객체로서의 가상객체는 제10장에서 다시 살펴보겠다.

반론: "가상의 고양이는 실제 고양이가 아니다." 시뮬레이션한 허리케인은 우리를 적시지 않는다. 가상의 고양이와 시뮬레이션한 허리케인이 어떻게 고양이와 허리케인에 관한 나의 믿음을 참으로 만든다는 말인가?

답변: 만약 우리가 시뮬레이션 안에 있다면 고양이는 처음부터 가상의 고양이었다. '고양이'라는 단어는 지금까지 계속해서 가상의 고양이를 가리키는 말이었다. 고양이에 관한 우리의 믿음은 지금까지 계속해서 가상의 고양이에 관한 믿음이었다. 언어와 생각에 관한 문제들은 제20장에서 다시 살펴보겠다.

반론: "시뮬레이션은 진짜 정신, 뇌, 신체를 담을 수 없다." 〈매트릭스〉의 네오처럼 시뮬레이션 바깥에 뇌와 신체를 둔다면 시뮬레이션 안의 뇌와 신체는 실제가 아니라는 의미이지 않은가? 〈매트릭스〉의 스미스 요원처럼 시뮬레이션 바깥에 뇌와 신체를 두지 않았다면 비디오게임의 자아 없는 NPC와 마찬가지 아닌가?

답변: 네오는 매트릭스 안에 물리적 신체를 두는 한편 매트릭스 안에 가상 신체를 두고 있다. 두 신체 모두 완벽하게 실제다. 비순수 심인 네오의 뇌는 매트릭스 바깥에서 네오의 정신을 지탱한다. 순수 시뮬레이션에서는 사람들에게 가상 뇌가 있겠으나 이 또한 이들의 정신을 지탱할 수 있다. 이 문제에 대해서는 제14장과 제15장에서 시뮬레이션 속 정신과 신체의 관계에 초점을 맞춰 살펴

보겠다.

반론: "잘만 해석하면 무엇이든 컴퓨터라고 할 수 있지 않은가?" 그렇다면 여러 현실을 만들어낸다는 것도 사소한 일이지 않은가? 컴퓨터 기반의 현실에서는 어떻게 진짜 인과적 프로세스가 일어나는가?

답변: 컴퓨터에는 컴퓨터의 여러 요소를 연결하는 진짜 인과적 프로세스가 포함된다. 시뮬레이션을 가동하려면 인과적 프로세스를 적절한 방식으로 설정할 수 있는 시스템이 필요한데, 이는 결코 사소하다고 여길 수 없다. 이 문제는 제21장에서 컴퓨터와 컴퓨팅에 대해 살펴보며 다시 한번 다루겠다.

반론: "시뮬레이션한 물리는 실제 물리인가?" 비트는 세계를 구성하기에는 너무 비실질적이지 않은가? 시뮬레이션은 실제로 진짜 공간을 만들어내는가?

답변: 이전 소단원에서 살펴보았듯, 물리에 관한 구조론을 전개하며 이 구조론이 양자역학, 디지털 물리학 등 물리현실이 덧없다고 주장하는 기타 견해와 어떻게 유사한지 짚어본다면 이 반론에 대한 대답이 될 것이다. 이 문제는 제22장과 제23장에서 살펴보겠다.

반론: "다른 회의론 시나리오는 어떠한가?" 평생에 걸친 완벽한 시뮬레이션이 환상이 아니라고 하더라도 다른 시나리오 또한 그러한가? 내가 최근에야 시뮬레이션에 들어왔다면? 부분 시뮬레이션에 불과하다면? 내가 꿈을 꾸는 것이라면? 데카르트의 사악한 악마가 꾸민 일이라면?

답변: 제24장에서 나는 내 논의를 모든 전체 데카르트 시나리오로 일반화하여 사악한 악마 시나리오, 평생에 걸친 꿈 등 '전체' 회의론을 위협할 수 있음을 논하겠다. 또한 내가 어제 시뮬레이션에 들어왔다는 가설 등의 부분 회의론 시나

리오를 바탕으로 '부분' 회의론의 방향성도 논해보려 한다. 모든 형태의 회의론을 극복할 수 있다고 주장하려는 것은 아니지만, 만약 내 논의가 옳다면 외부세계에 대한 가장 강력한 형태의 회의론 중 하나에 적어도 흠집 정도는 낼 수 있다.

고찰

이러한 종류의 시뮬레이션 실재론은 외부세계에 관한 데카르트의 문제에 대한 내 초기 답변을 마무리한다. 시뮬레이션 실재론을 논함으로써 시뮬레이션을 이용해 전체 회의론을 논하는 핵심 데카르트 논증을 차단했다.

이러한 데카르트 논증은 다음의 두 가지 주요 전제를 결합한다. '1. 우리는 우리가 시뮬레이션 안에 있지 않음을 알 수 없다. 2. 만약 우리가 시뮬레이션 안에 있다면 그 무엇도 실제가 아니다.' 그러고는 '우리는 그 무엇도 실제인지 알 수 없다.'라고 결론짓는다. 시뮬레이션 실재론에 관한 내 논증이 옳다면, 이 데카르트 논증의 두 번째 전제는 거짓이 된다. 우리가 시뮬레이션 안에 있다고 하더라도 사물은 여전히 실제고, 그에 대한 우리의 믿음은 대체로 진실이다. 그러므로 시뮬레이션 가설은 세계에 대한 우리의 지식을 조금도 약화하지 않는다.

만약 이 책을 처음부터 여기까지 그대로 읽어왔다면 이제부터는 여러 갈래 중 하나를 선택하여 읽어보아도 좋을 것이다. 제4부~제7부는 어떤 순서로 읽어도 상관없다. 이러한 논증이 실제 가상현실 기술에 어떻게 적용되는지 궁금하다면 제4부를 읽는 게 좋다.

정신과 의식에 관한 문제와 이러한 논증이 어떻게 연결되는지 궁금하다면 제5부를 읽어보라. 윤리와 가치에 관한 문제가 궁금하다면 제6부를 읽어보라. 시뮬레이션 실재론을 조금 더 깊이 있게 들여다보고 그 철학적 기반을 이해하고 싶다면 제7부를 읽어보길 바란다.

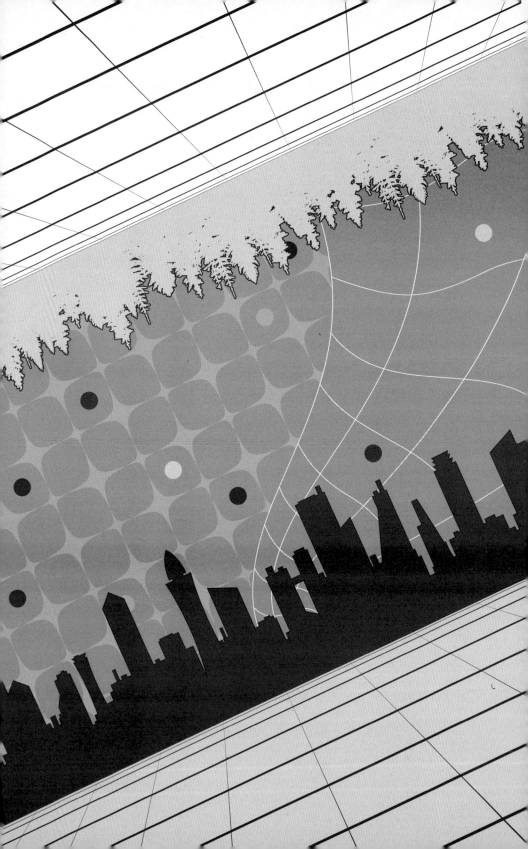

제4부

실제 가상현실

제10장

가상현실 헤드셋은 현실을 창조하는가?

1992년 소설 《스노 크래시》에서 닐 스티븐슨Neal Stephenson은 완전한 가상현실 세계인 메타버스metaverse를 묘사했다. 메타버스란 컴퓨터로 생성한 공유세계로 사람들이 서로 어울리고, 일하고, 놀 수 있는 곳이다. 소설의 주인공 히로 프로타고니스트Hiro Protagonist는 고글과 인터넷 연결해 메타버스에 접속한다. 메타버스의 주요 도로는 '더 스트리트'라는 이름의 광활한 대로다.

메타버스는 매트릭스와 유사해 보일 수 있지만 둘 사이에는 중요한 차이점이 있다. 매트릭스는 시뮬레이션한 우주로, 그 안의 사람들 대부분이 평생을 그곳에서 보낸다. 메타버스는 가상세계로, 이곳에서 평생을 보내는 사람은 없고 모두 자유롭게 이곳을 드나들 수 있다.

메타버스에 들어온 모든 사람은 평범한 물리현실에서 태어났으며 여전히 그곳을 기반으로 삼는다. 이들은 원할 때마다 헤드셋과 보디수트를 착용하고 메타버스 가상세계에 접속한다. 매트릭스는 (지금까지 계속 현실이 아니었다면) 여전히 공상과학소설에 지나지 않지만, 메타버스는 점차 현실이 되고 있다.

최초의 진정한 VR 시스템은 아마 1968년 컴퓨터과학자 이반 서덜랜드Ivan Sutherland가 고안했다고 볼 수 있다. 서덜랜드는 컴퓨터 시뮬레이션 기술과 입체시stereoscopic vision 기술을 결합해 거대한 헤드셋 시스템을 만들었다. 입체시 기술은 한때 뷰마스터view master 헤드셋에서 입체 컬러 사진을 보기 위해 사용되었다. 이 시스템은 로마의 연설가 키케로가 묘사한 위협적인 검처럼 사용자 머리 위에 매달려 있어서 '다모클로스의 검'이라는 별명을 얻었다.

서덜랜드의 시스템은 실감형이면서 컴퓨터로 생성한 시스템이었지만 상호 작용은 사용자의 머리 움직임을 추적하여 이미지의 관점을 바꾸는 정도로 제한되었다. 이후 수십 년이 지나면서 헤드셋은 점점 더 작아지고 저렴해졌으며, 인터페이스와 컴퓨터 시뮬레이션은 점점 정교해졌다. 오늘날에는 여러 종류의 소비자 수준 가상현실 헤드셋이 널리 사용되고 있다.

몇몇 이들은 사람들이 시간을 보내고 여러 형태의 사회적 상호 작용을 하면서 일상을 영위할 수 있는 공동의 가상현실인 메타버스를 창조하려 했다. 지금까지 가장 성공적이었던 시도는 〈세컨드라이프〉 가상현실로, 2008년경 사용자가 100만 명을 넘어서면서 정점을 찍었다.

그러나 〈세컨드라이프〉는 2차원 화면에 표시되는 세계다. 이를 진짜 VR에 이식하려는 시도는 VR에 필요한 초당 프레임 수가 너무 높아 실행 불가능한 것으로 판명되었다. 몇몇 이들은 가상현실에 메타버스를 구축하려고 했으나 그중 누구도 완전한 메타버스를 구축하는 데 가까이 가지는 못했다.

VR 헤드셋의 경우 아직은 게임 플레이에 사용되는 경우가 가장 흔하다. 그러나 사회적 상호 작용에 사용되는 VR인 이른바 사회적 VR이 발전하고 있으며, 오래지 않아 융성하는 메타버스 생태계(또는 가상공간을 분할하는 방식에 따라 거대한 단일 메타버스)를 보게 되더라도 놀랍지 않을 것이다.

임시적 VR에 관한 철학적 질문을 던지기 위해 반드시 메타버스에 호소할 필요는 없다. 게임에 사용되는 VR과 같이 더 단순한 VR 환경에 관해서도 이러한 의문을 던질 수 있다. "우리가 가상세계에 있지 않음을 어떻게 아는가?"를 묻는 지식 질문은 던질 필요가 없다. VR 헤드셋 사용자는 대부분 자신이 VR을 사용하고 있다는 사실을 알기 때문이다.

"우리가 가상세계에서 잘 살 수 있는가?"를 묻는 가치 질문과 "가상세계는 실제인가 환상인가?"를 묻는 현실 질문은 그 어느 때보다 적절한 질문이 될 것이다. 시뮬레이션 가설에 관하여 나누었던 논의 중 일부는 평범한 VR에도 그대로 적용할 수 있지만, 두 가지 사이에는 중대한 차이점도 있다. 지금까지는 가상객체가 실제가 아니라는 견해가 가장 일반적이다. 스티븐슨조차 메타버스 속 더 스트리트가 "이 대로는 실제로 존재하지 않으며, 상상의 장소를 컴퓨터로 렌더링한 화면이다."라고 말했다.

예상했겠지만 나는 이에 동의하지 않는다. 만약 더 스트리트가 스티븐슨의 말대로 가상의 대로라면 이곳은 실제로 존재한다. 이곳은 가상세계 속 실제 장소다. 이곳은 컴퓨터 프로세스를 바탕으로 하지만, 그렇다고 해서 실제가 아니라 할 수는 없다. VR을 주기적으로 사용하는 이들조차 대개 '실제세계'와 실제가 아닌 VR 영역을 구분한다. 내 의견을 말하자면 이는 표현부터 틀렸다. 논의하려면 '실제세계' 대신 '물리세계' 또는 '비가상세계'라는 말을 사용해야 한다. 또 '상상의 객체' 대신 '가상객체'라고 해야 한다. 물론 가상객체 또한 실제다.

가상현실이란 무엇인가?

'가상현실'의 가장 올바른 정의는 무엇일까? 철학자들은 정의내리기가 얼마나 까다로운지 잘 알고 있다. 예시로 '의자'를 정의해보자. 아마 어떤 정의를 제시하더라도 그에 해당하지 않는 반례가 있을 것이다. 의자는 우리가 앉을 수 있는 물체인가? 바위, 바닥, 침대 또한 이 정의를 충족하지만 그렇다고 그것을 의자라 부르지는 않는다. 앉기 위해 설계된 평평한 표면에 등받이가 달린 물체라고 하면 어떨까? 스툴이나 리클라이너는 이러한 정의에 해당하지 않는다. 정의를 세련되게 다듬을 수는 있지만, 모든 반례를 완전히 제거할 수는 없다.

비트겐슈타인은 1953년 출간된 《철학적 탐구》에서 우리가 '게임'이라고 부르는 모든 것에 해당하는 공동의 특성을 찾을 수 없다고 지적했다. 기껏해야 몇 가지 공동의 타래를 포함한 가족 유사성이 존재할 뿐이라는 것이다. 버클리학파 인지심리학자 엘리노어 로쉬Eleanor Rosch는 인간의 정신에서 정의가 아니라 몇몇 프로토타입이 그 개념을 대표한다는 점을 행동 실험으로 보였다. 우리 마음속에서 몇 가지 프로토타입 의자가 의자라는 개념을 대표한다는 뜻이다. 사실 철학자들은 평범한 단어 대부분을 영어를 포함한 자연어로 완벽하게 정의할 수 없다고 본다. 그렇지만 여기에서는 '가상현실'을 정의해보고 그러한 노력으로 어떠한 시사점을 찾을 수 있는지 살펴보도록 하겠다.

우선 '가상'부터 정의해보자. 가상을 뜻하는 영어 단어 virtual은 라틴어 virtus에서 유래했는데, 이 라틴어 단어는 본래 '남자다움'을 의미했으나 훗날 '힘' 또는 '강인함'을 가리키게 되었다. virtus는 영어 단어 virtue의 어원이기도 한데, 오늘날에는 인간이 가지는 더 넓은 의미의 강인함 또는 힘을 가리킬 때 이 단어를 사용한다.

중세시대에는 'virtual X'라고 하면 X의 강인함 또는 힘을 가진 사물, 무엇보다도 X의 효과를 내는 사물을 가리켰다. 1920년 철학 사전에서 미국의 철학자 찰스 샌더스 퍼스Charles Sanders Peirce는 이 정의를 'virtual X(여기서 X는 일반명사다.)란 X가 아니면서 X의 효과virtus를 발휘하는 무언가다.'라고 기록했다.

이렇게 정의한다면 '가상의virtual x'란 '마치 X와 같다.'라는 뜻이 된다. 가상의 오리는 마치 오리와 같은 것, 즉 오리처럼 보이고 오리 같은 효과를 내지만 진짜 오리는 아닌 무언가를 가리킨다. 광학에서 가상객체는 실제로 그 자리에 있지 않으면서 그 현상이 드러나는 객체를 말한다. 퍼스의 정의에 따르자면 가상현실은 마치 현실 같은 것, 그러니까 현실의 효과를 어느 정도 내지만 실제는 아닌 무언가를 말한다. 이러한 관점에서 접근한다면 VR은 정의부터 사실상 환상과 같다.

프랑스의 예술가 앙토냉 아르토Antonin Artaud는 1932년 에세이 〈연금술적 연극The Alchemical Theater〉에서 일종의 연극을 가리키는 말로 '가상현실La Réalité Virtuelle'이라는 표현을 처음 사용했다. 여기서 그가 논한 가상이란 방금 살펴본 개념과 같다. 아르토는 연극을 허구와 환상의 연금술 세계에 비유했다. 허구와 환상 모두 가상 예술이며 신기루를 포함한다는 것이다.

모든 진정한 연금술사들은 연극이 신기루인 것처럼 연금술의 상징이 신기루라는 것을 알고 있다. 그리고 거의 모든 연금술 서적에서 찾아볼 수 있는 연극의 원료와 원리에 관한 계속되는 암시는 (연금술사들이 너무나 잘 아는) 동일성의 표현으로 이해해야 한다. 이러한 동일성은 두 가지 세계 사이에 존재한다. 하나는 캐릭터, 오브제, 이미지를 비롯하여 일반적으로 연극의 '가상현실'을 구성하는 모든 것이 발달하는 세계이며, 다른 하나는 연금술의 상징이 발달하는 순수한 허구와 환상의 세계다.

아르토가 말하는 가상현실은 마치 현실 같은 곳, 다시 말해 환상 또는 신기루이면서도 엄청난 힘을 품은 또 다른 세계를 가리킨다. 여기에서 가상현실이라는 용어가 오늘날 우리가 말하는 뜻과 연결되기 시작하는 지점을 찾아볼 수 있다. 연극과 오늘날의 VR에는 중요한 유사성이 있다. 두 가지 모두를 통해 또 다른 세계를 실감나게 경험할 수 있으며, 두 가지 모두 환상이라고 여기는 이들이 많다. 중요한 차이점도 있다. 연극은 대부분 양방향이 아니지만, 컴퓨터는 대개 양방향 상호 작용의 한 쪽을 담당한다.

다행히도 이러한 시발점에서 '가상'의 또 다른 의미가 발전했다. 오늘날 가상이라고 하면 '컴퓨터 기반'을 가리키는 경우가 가장 많다. 가상 도서관은 컴퓨터 기반 도서관이고, 가상의 강아지는 컴퓨터 기반 강아지다. 가상 도서관이 도서관의 여러 효과를 지닌다는 점에서 여전히 기존의 의미가 일부 남아있지만, 더는 가상의 도서관이 마치 도서관 같은 것에 불과하거나 가짜 도서관일 뿐이라는 암시는 없다. 가상의 X가 진짜 X가 될 수 있는지 없는지는 경우마다 다르다. 가상 강아지는 진짜 강아지로 간주하지 않을 수 있으나 가상 도서관은 진짜 도서관이며 가상 계산기도 진짜 계산기다.

이러한 용례에 따르자면 가상현실은 컴퓨터 기반 현실을 가리킨다. VR의 선구자 재런 러니어Jaron Lanier는 1980년대 가상현실이라는 말을 이러한 의미로 처음 사용한 사람으로 꼽힌다. 컴퓨터 기반이라는 의미는 다행히도 가상현실이 진짜인지 아닌지 논의할 여지를 남긴다.

그러나 러니어를 비롯한 많은 이들은 VR을 단순히 컴퓨터 기반 현실이라고만 보기에는 무언가 부족하다고 여겼다. 〈팩맨〉에는 컴퓨터 기반 현실이 포함되어 있으나 2차원 화면에서 플레이되므로 VR은 아니다. 〈인크레더블〉과 같은 완전한 디지털 영화 또한 컴퓨터 기반이지만 전면적인 VR은 아닌데, 이러한 영화를 본다는 건 수동적인 경험인 반면에 VR은 능동적인 경험이기 때문이다.

이러한 점을 고려한다면 내가 서문에서 제시한 것과 같이 가상현실을 정의할 수 있다. 가상현실은 '컴퓨터로 생성한 실감형 양방향' 공간이다. 실감형이라는 말은 우리가 가상현실 환경을 마치 우리를 중심으로 한 주변 세계처럼 경험한다는 뜻이다. 실감에는 여러 단계가 있다. 컴퓨터 화면으로 플레이하는 평범한 비디오게임은 일종의 몰입 상태에서 온 신경을 집중하게 되는 '심리적' 실감형이지만, 이러한 세계를 우리 주변의 3차원 세계처럼 감지하게 되지는 않으므로 '지각적' 실감형은 아니다.

진짜 가상현실은 지각적 실감형이어야만 한다. 지각적 실감에도 여러 단계가 있다. 오늘날의 VR 헤드셋은 시청각 실감을 달성했다. 헤드셋을 쓰면 마치 가상 환경을 실감하는 것처럼 보고 들을 수 있다. 그러나 온몸이 그 세계에 속한 듯한 신체감각 실감은 아직 달성하지 못했다.

| 실감형 | 양방향 | 컴퓨터로 생성 |

그림 27　VR을 정의하는 세 가지 조건. VR은 컴퓨터로 생성한 실감형 양방향 환경이다.

상상할 수 있는 가장 완전한 VR은 '완전 실감형'이다. 일본의 카와하라 레키Reki Kawahara가 2002년부터 2008년까지 연재하고 애니메이션 시리즈로도 제작되어 큰 성공을 거둔 〈소드 아트 온라인〉에서는 이를 가리켜 '풀 다이브full-dive VR'이라고 불렀다. 완전 실감형 VR 또는 풀 다이브 VR은 사용자가 모든 감각으로 마치 물리적으로 그 환경에 사는 것처럼 이해할 수 있으며 평범한 물리 환경의 흔적은 전혀 남지 않은 환경이다.

양방향이란 사용자와 환경, 그리고 환경 내 여러 객체가 양방향으로 상호 작용한다는 의미다. 환경은 사용자에게 영향을 미치고, 사용자는 환경에 영향을 미친다. 환경 내 객체는 서로에게 영향을 미친다. 전면적인 VR에서 사용자는 가상 신체인 아바타를 제어하며, 여러 동작 옵션을 어느 정도 연속적으로 사용할 수 있다.

컴퓨터 생성이라는 말은 컴퓨터 기반 환경을 가리킨다. 컴퓨터가 생성하는 신호가 우리의 감각 시스템에 입력된다는 뜻이다. 이는 연극, 영화, TV 등 컴퓨터로 생성하지 않은 환경과 대조되며, 평범한 물리현실과도 대조된다. 시뮬레이션 가설이 참이지 않는 한 물리현실은 실감형이면서 양방향이지만 컴퓨터로 생성한 환경은 아니다.

이러한 정의에 따르자면 VR은 (지각적) 실감형, 양방향, 컴퓨터 생성이라는 세 가지 조건을 모두 만족해야 한다. 그렇지만 '의자'나 '게임' 등의 단어와 마찬가지로 모든 용례를 하나의 정의에 담기는 어렵다. 종종 가상현실이라는 용어는 VR 헤드셋을 사용하여 경험할 수 있는 모든 실감형 환경을 가리키기도 한다. 이처럼 더 넓은 의미에는 360도 영화와 같은 일방향 환경 또한 가상현실에 포함될 수 있다.

텔레프레즌스 장비telepresence equipment*를 이용한 원격 수술에서 외과 의사가 경험하는 환경처럼 컴퓨터로 생성하지 않은 몇몇 환경도 가상현실이라 볼 수 있다. 때로는 실감형이면서 컴퓨터로 생성했으나 실감형은 아니고 2차원 화면으로 경험할 수 있는 가상세계(예컨대 〈세컨드 라이프〉)를 가리켜 VR이라는 용어를 사용하기도 한다. 심지어는 줌을 이용한 페스티벌처럼 화상회의 기술을 사용했으나 실감형도 아니고 컴퓨터로 생성하지도 않은 이벤트를 가리켜 VR이라 하기도 한다.

이들을 VR이라고 부른다면 이 용어의 폭을 상당히 넓히는 셈이지만, 언어란 유연하고 통제하기 어렵다. 여기에서는 컴퓨터로 생성한 실감형 양방향 환경을 간단하게 '핵심 VR'이라 규정해보겠다. 내가 VR이라고 한다면 대개는 핵심 VR을 가리키는 것이다.

그렇다면 가상세계virtual world라는 개념은 어떨까? 이 표현은 미국의 철학자 수잔 랭거Susanne Langer가 1953년 저서 《감정과 형식Feeling and Form》에서 처음으로 사용했다. 랭거의 저서는 가상객체, 가상공간, 가상

---

* 사용자가 물리적으로 다른 장소에 있는 것처럼 느끼게 하거나 행동할 수 있게 해주는 기술 및 장비

의 힘, 가상 메모리 등 예술에서 나타나는 여러 형태의 가상성에 초점을 맞추었다. 랭거는 특히 시각예술을 중심으로 논의를 전개하는데, 시각예술에서 가장 전형적인 가상객체를 꼽자면 그림 속 이미지가 있다.

랭거는 예술 속 가상성을 설명하면서 가상세계가 꼭 실감형이어야 한다는 조건을 달지는 않았다. 그러므로 어쩌면 오늘날의 일반적인 용례처럼 가상세계가 반드시 실감형이어야 할 필요는 없을 수도 있다. 스크린 기반의 비디오게임은 그 자체로 가상현실은 아니지만, 그래도 그러한 게임을 가리켜 가상세계라고 부르는 것을 흔하게 볼 수 있다.

예를 들자면, 비디오게임 〈월드 오브 워크래프트〉의 세계인 아제로스는 실감형은 아니지만 가상세계라 불린다. 서문에서 이야기했던 〈콜로설 케이브 어드벤처〉와 같은 텍스트 기반의 게임 또한 가상세계를 포함하고 있다고 말할 수 있다. 나는 가상세계를 컴퓨터로 생성한 양방향 공간이라 정의하겠다. 가상현실이 실감형이라면, 가상세계는 공간이기만 하면 된다. 아제로스와 콜로설 케이브는 비실감형 공간이다. 일반적인 데이터베이스는 컴퓨터로 생성한 양방향 시스템이더라도 공간이 아니므로 가상세계가 아니다.

여기에서는 '공간'의 정의를 구태여 논하지 않겠지만, 물리공간은 물론 가상공간까지 포함하는 폭넓고 직관적인 의미로 이 단어를 사용한다고 이해해주기를 바란다. 앞서와 마찬가지로 부분 공간(드넓은 가상세계 속의 방 한 칸)과 단절된 공간(별개의 여러 가상세계)을 제외하기 위해 여기에서 말하는 공간은 완전하고 상호 연결된 공간이라고 보겠다.

다른 정의와 마찬가지로 이 정의에도 여러 반례를 들거나 정의를 다듬을 수 있다. 여러 사용자가 음성 대화로만 상호 작용하는 비공간 가상세계도 있을 수 있지 않을까? 개인적으로 나는 이를 가상세계로 치지는 않는다. 지리 정보 데이터베이스는 가상세계일까? 앞서 정의한 대로 완전한 양방향이라면 그럴 수도 있겠다.

사용자가 여러 단절된 공간을 텔레포트로 오가는 복잡한 사회적 VR이나 게임 환경은 어떠한가? 이를 하나의 가상세계로 여겨도 될 만큼 각 공간이 서로 연결되어 있는가? 아니면 이러한 공간들을 다수의 가상세계로 보아야 할까? 오늘날의 용례에는 두 가지 모두 포함되는 듯하니 유연하게 사용하는 것도 좋겠다. 같은 세계의 복제본이 다수 존재한다면 어떨까? 이럴 때는 종종 한 세계의 여러 인스턴스instance(동일한 가상세계의 여러 복사본 중 하나) 또는 샤드shards(동일한 가상세계를 여러 서버에 분할한 부분)라고 표현하기도 한다.

이번 장과 다음 장에서 내가 하는 이야기는 대부분 일반적인 의미의 가상현실 및 가상세계에 적용된다.

가상 실재론과 가상 허구론

가상현실은 얼마나 실제일까? 제6장에서 논했듯 이 질문을 더 잘 이해하고 싶다면 가상현실 안에 있는 사물, 즉 가상객체가 실제인지를 질문해야 한다. 수잔 랭거는 가상세계라는 표현과 더불어 가상객체라는 용어 또한 처음으로 예술철학 논의에 가져왔다. 《감정과 형식》에서 랭거는 다음과 같이 논했다.

어떤 '객체'가 완전히 겉보기semblance로만 이루어져 있으며 마치 무지개나 그림자처럼 현상을 제외한 다른 그 어떤 응집력이나 단일성도 없다면 우리는 그

객체가 단지 가상객체 또는 환상에 지나지 않는다고 말한다. 이처럼 문자 그대로의 의미에 따르자면 그림은 환상이다. 우리는 그림에서 얼굴, 꽃, 바다나 평원의 풍경 등을 보면서도 손을 뻗었을 때 물감으로 물든 표면이 손끝에 닿으리라는 걸 알고 있다.

여기서 랭거는 가상객체와 환상의 정의가 같다고 보았다. 우리의 논의에서는 두 가지를 더 중립적으로 정의하는 편이 좋을 것이다. 가상객체는 가상세계 내에 존재하는 객체다. 예를 들자면, 아바타는 가상객체다. 마찬가지로 가상 사건은 가상세계 안에서 일어나는 사건으로, 가상 콘서트나 가상 전투가 있을 수 있다.

우리는 가상객체와 가상사건 모두에 대해 현실 질문을 제기할 수 있다. 첫째, 가상객체는 실제인가? 우리가 VR에서 마주치는 객체들과 아바타는 실제로 존재하는가, 아니면 단순한 환상인가? 둘째, 가상 사건은 실제로 일어나는가? 우리가 VR에서 경험하는 전투나 콘서트는 실제로 일어난 일인가, 아니면 단지 허구일 뿐인가?

이러한 질문들에는 대개 그렇지 않다는 답변이 주를 이룬다. 가상객체는 실제로 존재하지 않고, 가상 사건은 실제로 일어나지 않는다는 말이다. 가상현실은 실제가 아니다. 대신 가상객체는 해리 포터나 절대 반지 같은 허구의 객체다. 가상 사건은 마치 나니아의 마지막 전투나 〈스타워즈〉에서 죽음의 별이 폭발한 사건처럼 허구의 사건이다. 이러한 견해는 '가상 허구론virtual fictionalism'이라고 부를 수 있겠다. 가상 허구론에서는 가상현실이 허구의 현실이라고 본다.

비디오게임 속 가상세계가 허구라는 이야기를 사람들이 받아들이는 이유는 쉽게 이해할 수 있다. 〈반지의 제왕〉 비디오게임은 중간계라는 세계에서 펼쳐진다. 중간계는 J. R. R. 톨킨J. R. R. Tolkien이 만든 허구의 세계다. 동명의 원작 소설에 등장하는 중간계는 확실히 허구다. 그렇다면 비디오게임 속 중간계라고 다를 이유가 있을까? 소설 속 간달프는 허구의 인물이며 절대 반지는 가상의 객체이므로, 비디오게임 속 간달프와 절대 반지도 마찬가지로 허구라는 생각이 자연스럽게 들 것이다.

나는 이러한 비디오게임에 허구가 포함된다는 데에는 동의하지만, 비디오게임 속 세계가 일반적인 가상세계를 대표한다고는 볼 수 없다. 비디오게임에 허구가 포함되는 이유는 가상이어서가 아니라 롤플레잉게임이기 때문이다. 예를 들어, 라이브 액션 롤플레잉 게임을 생각해보자. 우리는 프로도, 간달프를 비롯한 일행 중 하나의 복장을 하고 플라스틱으로 만든 일명 절대 반지를 든 채 〈반지의 제왕〉에 나왔던 모험을 따라갈 것이다. 이 경우 프로도와 간달프는 여전히 허구이며, 우리는 단순히 그들의 역할을 맡아 게임을 플레이할 뿐이다. 프로도와 간달프의 옷을 입는다고 하더라도 우리가 프로도와 간달프는 아니다. 마찬가지로 우리가 든 절대 반지도 허구다. 이와 같은 게임 속 인물과 객체의 허구성은 가상성과는 별개의 문제다.

이제 비디오게임 세계가 아닌 가상세계를 생각해보자. 게임처럼 플레이할 수 있으면서 게임이 아닌 목적으로도 사용할 수 있는 〈세컨드라이프〉의 가상세계를 예시로 들 수 있겠다. 〈세컨드라이프〉 속 많은 이들은 주로 교류와 소통을 목적으로 이 세계를 이용한다. 나와 여러분이 〈세컨드라이프〉에서 대화를 나눈다고 생각해보자. 내 아바타와 여러분의 아바타가 같은 방 안에 있다. 우리는 인사를 나누고 날씨 이야기를 한 뒤 철학적 토론을 벌이고는 콘서트를 보러 간다. 여기에서 어떤 부분을 허구라고 할 수 있을까?

가상 허구론자는 우리 아바타가 실제로 존재하지 않으며 아바타가 모인 방 또한 실제로 존재하지 않는다고 논할 것이다. 아바타와 방은 허구이며, 콘서트는 실제로 열리지 않는다는 말이다. 나는 이러한 주장이 틀렸다고 생각한다. 아바타와 방 그리고 콘서트는 모두 완벽하게 실제다.

물론 여기서 말하는 아바타는 물리적 신체가 아니고 방 또한 물리적 방이 아니지만, 꼭 그래야 한다는 법이 있을까? 아바타는 가상의 신체이며 완벽하게 실제다. 우리는 실제로 가상의 방에서 가상의 대화를 나누고, 실제로 가상 콘서트를 관람한다. 이 중 그 무엇도 허구가 아니다. 가상의 객체와 가상의 사건은 평범한 물리객체가 아니지만 그래도 모두 그만큼 실제다.

가상 디지털론

어떠한 종류의 객체가 가상의 객체일까? 제6장에서 살펴보았듯 나는 가상 디지털론을 받아들였다. 가상객체는 디지털객체이며, 간단히 말하자면 비트 구조다. 제8장에서 살펴보았듯 여기서 말하는 비트는 집적회로의 전압 또는 다른 물리적 기반으로 구현한 물리적 비트다. 가상객체는 가상세계의 바탕이 되는 컴퓨터 시스템 안에 존재한다.

가상 디지털론을 논하기 위해 우선 비교적 약한 주장부터 살펴보자. 우리가 마주하는 모든 가상객체는 그에 상응하는 디지털객체가 있다. 아바타를 마주친다면 컴퓨터 시스템에는 그 아바타에 상응하는 디지털객체가 있다. 일반적으로 이러한 디지털객체는 아바타의 다양한 특성(크기, 모양, 위치, 복장 등)을 암호화한 컴퓨터 내 데이터 구조다. 〈세컨드라이프〉 서버에는 모든 아바타는 물론 이곳의 가상세계에서 마주하는 모든 건물이나 도구에 상응하는 각각의 정형 데이터 집합이 있다. 이러한 정형 데이터는 결국 비트 구조다.

물론 상황이 더 복잡해질 수도 있다. 어떤 가상객체는 여러 데이터 구조에 상응할 수도 있다. 예컨대, 가상 도시에는 수많은 빌딩에 대한 수많은 데이터 구조가 포함될 수 있다. 가상 신체에 대한 데이터 구조는 한층 더 내려가면 팔과 다리에 대한 데이터 구조를 포함할 것이다. 그렇다고 하더라도 여전히 가상 도시와 가상 신체에 상응하는 디지털 개체, 즉 비트 구조는 존재한다.

가상 디지털론은 가상객체가 곧 그에 상응하는 디지털객체라는 더 강력한 주장으로 이어진다. 간단히 말하면 가상객체는 컴퓨터 내 비트 구조다. 조금 더 풀어서 설명해보자. 조각상은 정확히 원자 구조와 동일하지 않다. 원자는 떨어져나갈 수도, 다시 붙을 수도 있지만 조각상은 그대로 남아있을 수 있다. 조각상은 조각상을 만드는 인간의 해석에 달려있지만 원자는 그렇지 않다. 이와 같은 방식으로, 가상 조각상은 비트 구조와 정확히 동일하지 않다. 비트는 변할 수 있지만, 조각상은 남아있다. 조각상은 부서질 수 있지만, 비트는 남아있다. 가상의 조각상이 가상의 조각상으로 존재하려면 인간의 해석이 필요하지만, 비트는 그렇지 않다.

이를 허용한다면 디지털객체와 비트 구조가 정확히 똑같지 않다고 할 수 있다. 대신 물리개체가 원자와 상응하듯 디지털객체는 비트와 상응한다. 물리객체는 원자 집합 단위로 정확히 재구성할 수 없다고 하더라도 어쨌든 원자로 구성된다. 마찬가지로 디지털객체는 디지털 집합으로 정확히 재구성할 수 없다고 하더라도 어쨌든 비트로 구성된다.

어떤 경우에는 인간의 마음이 객체를 특정한 객체로 만드는 데 중요한 역할을 할 수 있다. 예를 들어, 테이블을 테이블로 만드는 것은 무엇일까? 우리가 그 객체를 테이블로 사용하기 때문이다. 조각상이 조각상인 이유는 우리가 그것을 만들고 조각상으로 여기기 때문이다. 돈이 돈인 이유 역시 우리가 그것을 돈으로 취급해서다. 가상의 테이블, 조각상, 돈도 마찬가지다. 조각상과 같은 물리객체는 원자로 구성되며, 인간의 정신 또한 어느 정도 그 구성에 기여한다. 마찬가지로 가상의 조각상을 비롯한 디지털개체는 비트로 구성되며, 인간의 정신 또한 어느 정도 그 구성에 기여한다.

가상 디지털론에서는 가상객체가 지금까지 설명한 넓은 의미의 디지털객체라고 말한다. 가상 디지털론에 맞서는 최대 라이벌은 디지털 허구론이다. 디지털 허구론은 모든 가상객체에 각각 상응하는 디지털객체가 있다는 점까지는 수용할지 몰라도 두 객체가 같지는 않다고 주장할 것이다. 디지털객체는 실제이지만 가상객체는 허구이기 때문이다.

우리는 왜 가상 허구론이 아니라 가상 디지털론을 받아들여야 할까? 우선 한 가지 이유가 있다. 제9장에서 나는 시뮬레이션 가설이 일종의 잇프롬빗 가설이라고 논했다. 잇프롬빗 가설에서는 우리가 지각하고 상호 작용하는 모든 객체가 디지털객체라고 간주한다. 만약 평생에 걸친 시뮬레이션 속 객체에 대해 이 가설이 참이라면, 비교적 일시적인 가상세계 속 객체에 대해서도 이 가설이 참일 수 있다. 만약 그렇다면 우리가 일반적인 가상세계에서 지각하고 상호 작용하는 객체는 디지털객체다.

또 다른 이유는 가상객체의 인과력에 기인한다. 표면상 가상객체는 다른 가상객체에 영향을 미칠 수 있다. 가상의 야구방망이로는 가상의 야구공을 칠 수 있다. 아바타는 가상의 보물을 주워담을 수 있다. 가상객체는 '우리'에게도 영향을 미칠 수 있다. 눈앞에 가상의 총이 보인다면 그 총은 나의 투쟁-도피 반응을 유발할 수 있다. 철학자 필립 브레이Philip Brey가 〈가상 환경의 사회적 존재론The Social Ontology of Virtual Environments〉에서 말했듯, '가상객체는 단순한 허구의 객체가 아니다. 가상객체에는 대개 지각할 수 있는 다양한 특성이 있으며, 무엇보다도 양방향이다.'

디지털객체의 인과력은 가상객체의 인과력과 같아 보인다. 가상의 야구방망이가 가상의 야구공을 치면, 야구방망이와 연계된 데이터 구조는 야구공과 연계된 데이터 구조에 영향을 미친다. 이는 하나의 데이터 구조에서 또 하나의 데이터 구조로 직접 이어지는 컴퓨터 내 프로세스다. 만약 가상의 야구방망이가 다른 위치에 있었다면 가상의 야구공은 다른 방향으로 날아갔을 것이다.

마찬가지로 내 눈앞에 가상의 검이 보인다면 그 총과 연계된 데이터 구조에서 비롯된 인과 경로가 VR 헤드셋의 화면과 나의 두 눈을 거쳐 내 뇌까지 이어진 셈이다. 만약 가상의 검이 더 길고 뾰족했다면 그 검의 데이터 구조가 달랐을 것이고, 나에게 더 길고 뾰족하게 보이는 결과를 낳았을 것이다.

이러한 가상 디지털론 논증은 다음과 같이 정리해볼 수 있다.

1. 가상객체에는 특정한 인과력이 있다. 즉, 다른 가상객체와 사용자 등에 영향을 미칠 수 있다.
2. 디지털객체에는 실제로 그러한 인과력이 있으며, 디지털객체 외에는 이러

한 인과력이 없다.

---

3. 그러므로 가상객체는 디지털객체다.

이 논증은 결정적인 논증이 아니다. 가상 허구론자는 가상객체에 그러한 인과력이 있다는 점을 부정할 것이다. 가상의 야구방망이는 가상의 야구공에 영향을 미치는 것처럼 '보이기만' 한다는 식이다. 그래도 디지털객체에 실제로 이러한 인과력이 있다는 강한 논거가 있으며, 그렇기에 디지털객체와 가상객체가 똑같다고 말할 논거 또한 강해진다.

이 논증은 컴퓨터로 생성한 양방향 가상현실과 관련하여 가장 잘 작동한다. 양방향 가상 야구에서는 가상의 야구방망이(하나의 데이터 구조)가 가상의 야구공(또 하나의 데이터 구조)을 실제로 달라지게 만든다. 반면 평범한 디지털 영화에서 각 프레임을 암호화하는 비트는 정적이다. 이 비트는 영화 관람객의 경험에 영향을 미치지만, 비트끼리는 서로 영향을 미치지 못한다. 실감형 디지털 영화 또한 마찬가지다. 가상객체의 특징인 완전한 인과력이 있는 디지털객체는 오직 완전한 양방향 가상세계에서만 만날 수 있다.

양방향 가상세계에서도 객체의 인과력은 다양한 수준으로 나타날 것이다. 우선 '장식적decorative 가상객체'가 있다. 이 객체는 다른 객체와 전혀 상호 작용하지 않는다. 가만히 멈춘 가상의 코끼리가 있고, 다른 가상객체들은 단순히 이 코끼리 곁을 지나치기만 할 수도 있는 것이다. 또 그 무엇도 닿을 수 없을 만큼 먼 곳에 가상의 산이 놓여 있을 수도 있다.

가상객체들은 오직 우리의 지각에만 영향을 미친다. 이러한 객체에는 가상의 코끼리나 가상의 산이라는 경험을 선사할 인과력이 있다. 엄밀히 말해서 정신 독립성이 아니라 오직 인과력만을 기준으로 현실인지 아닌지를 판단한다면, 이것만으로도 객체는 실제라고 할 수 있다. 마치 사과의 붉은색처럼 우리의 지각에 영향을 미치지만 그 외에는 별다른 영향력을 행사하지 못하는 지위에 있다고 보면 된다. 그러나 현실이 여러 수준에 걸쳐 실현된다고 생각한다면 이러한 장식적 개체가 양방향 객체보다 덜 실제라고 여기는 편이 합리적일 것이다.

두 번째로 '단단한solid 가상객체'가 있다. 단단한 가상객체는 다른 가상객체로 꿰뚫을 수 없다. VR 안의 벽은 우리가 옮길 수 없지만 별다른 양방향 영향력을 행사하지도 않는다는 점에서 단단한 객체라 볼 수 있다. 만약 단단함이 실제의 핵심 요건이라고 생각한다면, 단단한 객체는 장식적 개체보다 더 높은 수준의 현실일 것이다.

세 번째는 '이동형mobile 가상객체'다. 이러한 객체는 움직일 수 있고 방향을 달리할 수도 있다. 모양이 달라질 수도 있고, 다른 객체와 상호작용할 수도 있다. 어느 단단한 이동형 객체가 또 다른 단단한 이동형 객체와 충돌한다면 반드시 그에 따른 결과가 생긴다. 두 대의 가상 자동차가 서로 충돌한다면 이 객체들은 기존의 모습과 달라질 것이다. 일반적으로 이동형 가상객체는 객체의 운동과 상호 작용을 규정하는 물리 엔진을 따라 움직인다. 만약 이동형 가상객체에 적절한 물리 엔진이 있다면, 평범한 물리객체의 인과력을 그대로 반영할 것이다.

네 번째로는 '특별한special 가상객체'가 있다. 특별한 가상객체에는 이 층위의 객체만이 가지는 특별한 인과력이 있다. 이 특별한 힘은 대개 물리 엔진에 따르는 힘보다 더 복잡하다. 가상의 총은 가상의 총알을 발포할 힘이 있다.

리듬 게임 〈비트 세이버〉에 나오는 가상의 라이트세이버는 달려오는 가상의 블록을 파괴할 힘이 있다. 가상의 보물은 가상의 주머니에 담길 힘이 있다. 가상의 열쇠에는 특정 문을 열 힘이 있다. 가상의 괴물은 누군가를 바닥에 내동댕이칠 힘이 있다. 나아가 이 특별한 힘을 '수동적' 힘과 '능동적' 힘으로 구분할 수도 있다. 총이나 보물의 힘은 수동적 힘이다. 이러한 객체의 인과력은 다른 누군가 또는 무엇인가가 방아쇠를 당겨야만 발생한다. 반면 로봇, 괴물 및 기타 NPC의 힘은 능동적 힘이다. 이들은 다른 누가 유발하지 않아도 자율적으로 인과력을 행사할 수 있다.

다섯 번째는 '애니메이션animated 가상객체'다. 이러한 객체는 사용자가 직접 제어한다. 가장 주요한 애니메이션 객체는 사용자의 아바타다. 애니메이션 객체의 인과력은 가상세계가 아니라 사용자의 행동에서 비롯한다. 어떤 면에서 보자면 애니메이션 가상객체는 마찬가지로 사용자가 제어하는 수동적 이동형 가상객체와 유사하지만, 아바타의 경우에는 특히 사용자가 직접적으로 제어할 수 있다. 어떤 아바타는 비가상세계의 인체가 가지는 인과력 일부를 반영할 수도 있다.

이러한 분류법은 완전하지 않으며 수많은 가상객체가 하나 이상의 범주에 속할 것이다. 그러므로 가상객체를 분류하는 대신 객체의 인과력을 분류하는 게 좋겠다. 객체의 인과력은 지각될 힘, 꿰뚫리지 않을 힘, 물리학에 따라 움직일 힘, 다른 객체와 특별한 방식으로 상호 작용할 힘, 인간 행위자의 지시에 따를 힘으로 나눌 수 있다. 이렇게 본다면 한 가지 가상객체에 여러 다른 인과력이 있을 수 있다는 점이 더욱 분명하게 드러난다.

가상의 고양이는 실제 고양이인가?

이제 가상세계 안의 객체가 실제라는 나의 견해에 대한 반론 하나를 살펴보자. 〈월드 오브 워크래프트〉의 가상세계 안에는 용이 있다. 그렇지만 우리는 용이 존재하지 않는다는 걸 완벽하게 잘 알고 있다. 그러므로 〈월드 오브 워크래프트〉 속 가상의 용은 실제일 수 없다. 내 답변은 이렇다. 〈월드 오브 워크래프트〉의 용은 물리적 용이 아니다. 이들은 가상의 용이다. 물리적 용은 존재하지 않지만, 가상의 용은 '존재한다'. 가상의 용은 디지털객체다. 이들은 컴퓨터 안에 존재하는 실제객체다.

여기에는 또 다른 반론이 있을 수 있다. 가상의 의자는 실제 의자가 아니고 가상의 자동차는 실제 자동차가 아니므로, 이를 완전히 실제라고 할 수 없다는 식이다. 나 또한 여기에 동의한다. 가상의 의자는 실제 의자와 같지 않고, 가상의 자동차는 실제 자동차와 같지 않다. '의자'라는 단어는 물리적 의자를 가리키며, (우리가 시뮬레이션 안에 살고 있지 않은 한) 가상의 의자는 물리적 의자와 상당히 다르다. 그렇지만 가상의 의자는 완벽한 실제 '객체'다.

이를 다음과 같이 비유해보자. 현실에 관한 한 가상의 고양이는 로봇 고양이와 마찬가지다. 오늘날에는 고양이와 강아지를 비롯한 반려동물 로봇을 만드는 소규모 업계가 존재한다. 언제든지 살 수 있는 고양이 로봇 주머 키티Zommer Kitty는 장난감을 쫓고, 골골송을 부르며, 쓰다듬을 수도 있다. 이 고양이 로봇은 실제인가? 확실히 이들은 실제객체다. 실제로 존재하고, 인과력이 있으며, 우리 정신에서 독립적으로 존재한다. 그렇지만 고양이 로봇은 실제 고양이가 아니다. 고양이는 생물 종이고, 고양이 로봇은 여기에 속하지 않는다.

생물학적 고양이, 로봇 고양이, 가상의 고양이

만약 미래의 AI 기술을 이용해 극도로 정교하게 프로그래밍하여 실제 고양이와 똑같이 행동하는 복슬복슬한 고양이 로봇이 있다면 어떨까? 이 고양이가 음식을 섭취하고 번식할 수 있으며 심지어는 죽기도 한다고 가정해보자. 그렇다고 하더라도 이들은 실제 고양이가 아닐 것이다. 적어도 오늘날 우리가 이해하는 바에 따르자면 고양이는 DNA 기반의 생물학적 시스템이고, 고양이 로봇은 그렇지 않다. 그렇다고 하더라도 이는 고양이 로봇에 대한 모욕이 아니다. 고양이 로봇은 여러 면에서 실제 고양이보다 나을 수도 있다. 그저 다를 뿐이다.

이 패턴에는 몇 가지 예외가 있다. 앞서 살펴보았듯 가상 도서관은 실제 도서관이며 가상 계산기도 실제 계산기다. 가상의 우정은 실제 우정이다. 가상 동아리 또한 실제 동아리다. 이처럼 가상의 X가 실제 X일 때 이러한 범주 X 또는 'X'라는 단어는 '가상 포괄적virtual-inclusive'이다. 그렇지 않다면 '가상 배타적virtual-exclusive'이다.

도서관, 계산기, 동아리 등을 비롯한 가상 포괄적 사물과 자동차, 고양이, 의자 등의 가상 배타적 사물은 무엇이 다를까? 이는 자동차, 의자, 고양이가 '기질 의존적'이라는 사실과 관련이 있다. 여기에서 기질 의

존성이란 제5장에서 살펴보았던 개념과 같다. 이러한 사물은 무엇으로 만들어졌는지가 중요하며, 가상세계에서 이를 복제하기는 어렵다.

반면 도서관, 계산기, 동아리는 기질 중립적이다. 동아리와 우정은 사회적인 개념이다. 도서관과 계산기는 정보가 핵심이다. 정보와 사람들이 연결된 방식이 중요하며, 이러한 사물이 무엇으로 만들어졌는지는 중요하지 않다. 적어도 여기에 관련된 사람들이 실제 사람들이라고 가정한다면 이러한 연결 방식은 가상세계에서 복제할 수 있다. 그러므로 이 경우 가상 X는 실제 X다. 간단하게 이해하자면 사물이 무엇으로 만들어졌는지가 아니라 사물과 사람이 서로 어떻게 연결되었는지에 관한 경우일 때 가장 포괄적인 듯하다.

포용성 문제에서 단어 사용은 매우 중요하다. 한때 '결혼'은 동성 간의 결혼을 인정하지 않으며, 성소수자를 배제하는 방식으로 사용되었다. 그러나 현재는 성소수자를 포함하는 방식으로 사용되고 있다. 마찬가지로 남성과 여성이라는 단어의 용례도 성전환자를 포괄하는 방식으로 진화하고 있다. 트랜스젠더 남성을 남성으로 인식하고, 트랜스젠더 여성을 여성으로 인식하기 때문이다. VR이 중심이 되는 미래에는 자동차가 가상 배타적 사물에서 가상 포괄적 존재로 변하면서 가상 자동차 또한 실제 자동차로 보게 된다고 하더라도 아주 황당한 이야기는 아닐 것이다. 게다가 '인간'이라는 말도 변화하여 결국에는 가상인간(즉, 순수 심)을 인간으로 인식하게 될 수도 있다. 철학자들은 이러한 과정을 가리켜 '개념변화conceptual change' 또는 '개념공학conceptual engineering'이라고 부른다. 이 언어에 관한 문제는 제20장에서 다시 다루도록 하겠다.

이제 가상객체를 현실 체크리스트로 검증해보자. "실제로 존재하는가?" 가상객체는 컴퓨터 시스템 내에 디지털객체로서 실제로 존재한다.

"인과력이 있는가?" 가상객체에는 다른 디지털객체에 영향을 미치고 사용자에게 영향을 미칠 인과력이 있다. "우리 정신에서 독립적인가?" 가상객체는 우리의 마음과는 관계없이 독립적으로 존재한다. 우리가 헤드셋을 벗어놓고 다른 일을 하더라도 가상세계는 나 없이 계속 이어질 수 있다. "환상이 아니라 보이는 그대로인가?" 이 질문은 비교적 까다롭지만 다음 장에서 적어도 전문적인 사용자에게는 VR에 환상이 개입할 필요가 없음을 논하겠다.

그렇다면 이제 마지막 기준만이 남았다. "가상객체 X는 실제 X인가?" 지금까지 우리는 가상객체가 이 기준을 통과하지 못하는 여러 경우를 살펴보았다. 적어도 오늘날의 용례에 따르자면 가상의 용은 실제 용이 아니고 가상의 자동차도 실제 자동차가 아니다. 그러므로 이러한 가상객체는 현실 체크리스트의 다섯 가지 기준 중 네 가지를 충족한다.

앞서 만약 우리가 시뮬레이션 안에 있다면 시뮬레이션 안의 객체가 현실 체크리스트의 다섯 가지 기준을 모두 충족할 것이라 논했다. 그런데 방금 살펴보았듯 평범한 가상현실 속 개체는 다섯 가지 모두를 충족하지는 못한다. 만약 시뮬레이션 안에 있다면 시뮬레이션한 자동차는 실제 자동차이다. 실제 자동차들이 처음부터 시뮬레이션이었을 것이기 때문이다. 만약 시뮬레이션 안에 있지 않다면, 실제 자동차들은 처음부터 가상 자동차가 아니었을 것이다. 평범한 가상현실에서 가상의 자동차는 무언가 새롭고 다른 존재다. 이러한 점에서 내가 논하는 가상 실재론은 시뮬레이션 실재론보다 비교적 약하다.

어쩌면 가상의 자동차 또는 가상의 고양이와 같은 수많은 평범한 가상객체에 80퍼센트 실재론을 적용하고, 가상 계산기와 같은 나머지 객체에 대해서는 100퍼센트 실재론을 적용한다고 생각해도 좋을 것이다.

반면, 우리가 평생에 걸친 시뮬레이션 안에 있다면 시뮬레이션한 자동차, 고양이와 계산기까지 그 모든 것에 100퍼센트 실재론을 적용할 수 있을 것이다.

이러한 논의는 모두 가상현실이 (적어도 물리현실 그 자체가 시뮬레이션이 아니라고 가정하는 한) 평범한 물리현실과 같지는 않더라도 그 자체로 진짜 현실이라는 결론을 뒷받침한다. 가상의 고양이는 생물학적 고양이와 같지는 않을지언정 그 자체로 실제다. 가상의 고양이는 존재하고, 인과력이 있으며, 우리 정신에서 독립적이고, 환상이 아닐 수 있다. 언젠가 가상의 미래에서는 우리가 가상의 고양이와 생물학적 고양이를 모두 똑같이 진짜 고양이라 여기는 날이 올지도 모른다.

제11장
가상현실 기기는 환상 기계인가?

사람들이 가상현실을 논할 때면 언제나 환상이라는 개념이 함께 등장한다. 제10장에서 살펴보았듯 앙토냉 아르토는 연극의 가상현실이 환상이자 신기루라고 논했다. 또 수잔 랭거는 1953년 저서 《감정과 형식》에서 가상객체를 환상과 동일시하면서 이러한 객체에는 '현상을 제외한 다른 그 어떤 응집력이나 단일성도 없다.'라고 했다.

아르토와 랭거의 논의는 예술 속 가상성에 관한 논의였지만, 가상현실과 환상 간의 관계는 컴퓨터 기반 VR에 관한 논의에서도 계속해서 등장했다. VR의 선구자 재런 러니어Jaron Lanier는 2017년 회고록 《가상현실의 탄생》의 서두에서 'VR은 우리 시대 과학, 철학, 기술 분야의 미개척지 중 하나다. VR은 우리가 다른 장소, 어쩌면 환상적이고 이질적인 환경에서 인간과는 전혀 다른 몸을 가지고 있다는 광범위한 환상을 만들어내는 수단이다.'라고 말했다.

공상과학소설에서도 같은 주제를 흔하게 찾아볼 수 있다. 컴퓨터 시뮬레이션 가상현실을 다룬 최초의 간행물 중 하나인 1956년 아서 C. 클라크의 소설 《도시와 별》에는 다음과 같은 대목이 등장한다.

그러나 두 가지 사이에는 근본적인 차이가 있었다. 샬미레인의 거대한 경기장은 존재했지만, 이 원형 경기장은 존재하지 않는다. 이 원형 경기장은 한 번도 존재했던 적이 없으며 그저 환영 또는 누군가 불러내기 전까지는 중앙 컴퓨터 메모리에 잠들어 있던 전하 패턴일 뿐이다. 엘빈은 자신이 현실에서는 여전히 자기 방 안에 있다는 걸 알았고, 자기 주변을 둘러싼 것처럼 보이는 수많은 사람도 마찬가지로 각자의 집에 있다는 걸 알았다. 그가 이 자리를 벗어나려 하지만 않았더라도 이 환상은 완벽했을 것이다.

최근에는 환상이라는 개념이 과학적 VR 연구의 핵심을 차지하게 되었다. VR이 인간 정신에 미치는 영향에 관하여 가장 유력한 연구를 선보인 심리학자 멜 슬레이터Mel Slater는 VR이 유발하는 '그곳에 있는 듯한' 감각을 가리켜 '존재감presence'이라고 명명했다. 슬레이터는 존재감을 다음과 같이 두 가지 '환상'으로 나누어 설명한다.

장소 환상 Place Illusion: 특정 장소에 있지 않다는 걸 확실히 알면서도 그 장소에 있는 듯한 강력한 환상
그럴듯한 환상 Plausibility Illusion: 눈앞에 보이는 사건이 실제로는 벌어지고 있지 않다는 걸 확실히 알면서도 실제로 벌어지는 듯한 환상

VR 게임 〈비트 세이버〉를 예로 들어보자. 이 경우 장소 환상은 집에서 헤드셋을 쓰고 있다는 걸 알면서도 마치 광선검을 휘두르며 골목길

에 서있는 듯한 환상이다. 그럴듯한 환상은 게임 속 사건이 물리세계에서는 전혀 벌어지지 않는다는 걸 알면서도 마치 블록이 허공을 가르며 돌진해오는 듯한 환상이다.

여기에 종종 추가되는 세 번째 환상으로는 체화embodiment 환상 또는 신체 소유감body ownership 환상이 있다. 가상 신체 또는 아바타가 '내' 몸인 듯한 환상을 말한다. 체화 환상이 있으면 아바타의 신체를 체화한 듯한 느낌이 들고, 기존의 물리적 신체를 소유할 때와 거의 같은 방식으로 아바타의 신체를 소유하는 것처럼 느껴진다. 〈비트 세이버〉에서는 직접 아바타가 되어 블록을 광선검으로 베어버리는 느낌이 든다.

이와 관련하여 수잔 랭거는 힘 환상power illusion이라는 네 번째 환상을 논했다. 랭거는 무용에 관한 글에서 '춤은 무엇보다도 가상의 힘 영역이라는 환상을 자아낸다. 실제 힘을 물리적으로 행사한다는 뜻이 아니라, 가상의 몸짓에서 비롯된 영향과 작용이 드러난다는 뜻이다.'라고 썼다. 〈비트 세이버〉처럼 가상의 몸짓이 핵심 역할을 담당하는 가상의 춤 세계를 보았다면, 분명 랭거는 실제로 블록을 베어버리는 듯한 환상을 비롯한 힘 환상이 이 세계에 있다고 논했을 것이다.

VR에 관하여 일반적으로 합의된 견해는 한마디로 VR 기기를 '환상 기계'로 여기는 것이다. VR 기기는 내가 어디에 있는지에 관한 환상을 만들어낸다. 어떤 일이 벌어지는지에 관한 환상을 만들어낸다. 내가 무엇을 하는지에 관한 환상도 만들어낸다. 심지어는 내가 누구인지 또는 적어도 내가 어떤 몸으로 사는지에 관한 환상까지 만들어낸다.

수많은 저명한 권위자가 환상 기계 견해를 지지하지만, 나는 이러한 견해가 근본적으로 틀렸다고 생각한다. VR에 환상이 포함될 수 있는 건 사실이지만 반드시 포함되는 것은 아니며, 많은 사용자가 환상 없이

그림 29 〈비트 세이버〉를 플레이하는 수잔 랭거. 이것은 환상인가?

VR을 이용할 수 있다. 사용자가 지각하는 장소, 사건, 신체를 환상이라 여길 필요는 없다. 지각은 대부분 사용자가 경험하는 가상세계를 사용자에게 정확하게 안내한다.

대개 사용자는 물리공간이 아니라 가상공간 안에 있는 듯한 감각을 느끼고, 실제로도 가상공간 안에 있다. 사용자는 사건이 물리세계가 아니라 가상세계에서 벌어지는 듯한 감각을 느끼며, 그러한 사건은 실제로 가상세계에서 벌어진다. 사용자는 기존의 물리적 신체가 아니라 가상 신체를 소유한다는 감각을 느끼며 실제로도 가상의 신체를 소유한다. 또 가상의 행동을 취한다는 감각을 느끼며 실제로 가상의 행동을 취한다. 이 중 그 무엇도 환상이라고 여길 필요는 없다.

가상현실이 장소, 사건, 신체에 관한 감각을 느끼게 한다는 슬레이터의 말에 동의한다. 다만 나는 이러한 것들이 모두 환상이라는 주장에 이의를 제기할 뿐이다. 환상과 관련될 때도 있지만 대부분은 실제 가상현실에 관한 비환상 지각이 주를 이룬다. 만약 내 견해가 옳다면, VR 기기는 환상 기계가 아니라 현실 기계다.

가상현실은 환각인가?

공상과학소설가 윌리엄 깁슨William F. Gibson은 1984년 고전적인 사이버 펑크 소설 《뉴로맨서》에서 사이버공간이 '수억 명의 법적 사용자가 매일 경험하는 합의된 환각'이라고 말했다. 오늘날 사이버공간이라는 말은 대개 인터넷 공간을 가리키는 말로 쓰이지만, 깁슨이 이 말을 사용했을 당시만 하더라도 가상현실 공간을 가리키는 말에 더 가까웠다. 깁슨은 집합적 가상현실들이 합의된 환각과 같다고 말하는 셈이었다.

그렇다면 환각은 무엇이며, 환각과 환상은 무엇이 다를까? 철학자들은 종종 환상과 환각을 다음과 같이 구별한다. 환상에서는 실제객체를 지각하지만, 그 객체는 보이는 것과 다르다. 다시 말하자면, 환상에서는 객체를 잘못 지각하게 된다. 곧은 막대의 끝부분을 물에 담갔을 때 휘어져 보이는 것이 환상의 전형적인 예시다. 실제 막대를 보고 있지만, 그 막대는 휘어져 보이면서도 실제로는 올곧다. 환각에서는 실제객체를 지각하지 않는다. 약에 취한 사람이 눈앞의 분홍색 코끼리를 보는 경우가 환각의 전형적인 예시다. 분홍색 코끼리라고 잘못 인식할 만한 실제 물체는 없다. 단지 뇌에서 분홍색 코끼리를 만들어냈을 뿐이다.

영어로 환상illusion이라는 단어는 여기에서 정의한 환상과 환각을 모두 포함한다. 착시 환상 중에는 실제로 존재하지 않는 객체를 시각계에서 환각처럼 만들어내는 경우도 많다. 이 책에서는 지금까지 환상이라는 단어를 방금 정의한 환상과 환각을 모두 포함하는 일반적인 의미로 사용했다. 어쨌든 환상은 세계가 보이는 바와 다른 경우를 가리킨다. 이 책의 초반에서 회의론과 시뮬레이션 가설을 논할 때는 여기에 더해 세계가 우리의 믿음과 다른 경우까지 환상에 포함하여 논했다. 가상현실을 다루는 이번 장에서는 지각에 초점을 맞추겠다. 환상이란 세계가 우리의 지각하는 바와 다른 경우를 가리킨다.

철학자들이 환상과 환각을 구분하는 방법은 논의에 활용할 수 있다. VR에 관해서는 서로 다른 두 가지 질문을 던져볼 수 있다. 첫째, "VR은 환각인가?" 즉, 우리가 VR에서 지각하는 객체는 실제로 존재하는가? 둘째, "VR은 환상인가?" 즉, 우리는 VR에서 어떤 객체가 실제와 다른 특정 방식으로 존재한다고 잘못 지각하는가?

제4장에서 살펴보았던 조나단 해리슨은 VR이 환각이라고 여겼던 듯하다. 그는 스미슨 박사가 발명한 기기를 '두부 내 전류 환각 생성기'라고 부르고 일종의 환각 기계처럼 취급했다. 여기서 그는 환각이라는 단어를 철학자들이 정의한 의미로 사용했다. 가상현실이 뇌 내부에서 회로가 꼬이면서 객체를 만들어내는 조현병이나 중독과 같다는 뜻은 아니었다. 해리슨의 글에서 환각은 대체로 외부 기계가 만들어냈다. 이것이 환각인 이유는 분홍 코끼리나 신기루처럼 실제로는 존재하지 않는 객체를 보는 듯한 느낌을 주기 때문이었다.

가상객체의 존재를 부정하는 이들은 자연스럽게 이 견해를 따른다. 이들은 VR이 만물을 포함하는 환각이라고 생각한다. 수백 가지의 가상 객체가 보이지만 그중 무엇도 실제로 존재하지 않고, 그저 정신과 세계 사이의 복잡한 상호 작용이 마치 신기루나 분홍 코끼리처럼 이러한 환각을 만들어낸다는 것이다. 이쯤 되면 놀랍지도 않겠지만, 나는 이 견해가 틀렸다고 생각한다. 가상객체는 디지털객체로서 컴퓨터 내에 실제로 존재한다. 가상객체가 보인다면 컴퓨터 내부에서 이루어지는 작업 패턴이 보이는 셈이다. 〈팩맨〉에서 팩맨 자체는 일종의 데이터 구조다. 우리는 바로 이 데이터 구조를 보면서 〈팩맨〉을 플레이한다. 팩맨이라는 환각을 보는 게 아니다. 실제 디지털객체를 본다.

우선 우리가 언제나 가상세계에 있었다는 매트릭스 시나리오부터 시작해보자. 이 경우 우리가 보는 테이블과 나무는 모두 실제이자 비트로 구성된 디지털객체다. 우리는 디지털객체를 보고 있지만 그 사실이 늘 명백하게 드러나지는 않는다. 이제 헤드셋을 이용한 평범한 VR을 생각해보자. 이 경우 우리는 일상에서 디지털객체를 보지는 않는다. 그러나 헤드셋을 착용하면 마치 매트릭스 속 사람과 거의 같은 상황에 놓이게 된다. 우리에게 보이는 세계는 디지털객체로 구성된다. 그러므로 매트릭스에서 디지털객체를 보는 것처럼 VR에서도 디지털객체를 본다고 할 수 있다.

철학자들이 '인과적 지각 이론causal theory of perception'이라 부르는 이론으로도 이와 같은 논지를 주장할 수 있다. 인과적 지각 이론에서 우리가 보는 객체는 늘 객체를 본다는 경험을 유발하는 객체다. 나무가 보인다면 그건 나무가 우리의 경험을 유발하기 때문이다. 인과관계는 광자에서 시작해 눈과 시신경을 거치며 차곡차곡 쌓여 나무를 본다는 경험을 형성한다. 환상의 경우에도 마찬가지다. 수면 너머로 휜 막대가 보인다면 그 막대가 우리의 경험을 유발했기 때문이다. 빛의 굴절로 인해 정확한 경험은 아니게 되었지만, 어쨌든 우리는 막대를 본다.

가상객체가 보이는 경험은 무엇이 유발할까? 거의 같은 식으로 대답할 수 있다. 이러한 경험은 디지털객체가 유발한다. 이 인과관계는 컴퓨터 내 데이터 구조에서 시작해 컴퓨터, 스크린, 대기, 눈 등을 거치며 차곡차곡 쌓여 가상의 나무를 본다는 우리의 경험을 형성한다.

그렇다고 해서 내가 바로 그 디지털객체를 보고 있다고 확증할 수는 없다. 우리의 경험에는 여러 원인이 있을 수 있고, 환각에도 원인이 있을 수 있다. 그렇지만 디지털객체가 우리의 경험을 유발하는 핵심 요인이라면 우리는 있는 그대로를 보고 있다는 논지가 강화된다.

혹자는 컴퓨터 화면이나 헤드셋 내부의 화면이 우리의 경험을 유발한다는 반론을 제기할 수도 있을 것이다. 그렇지만 컴퓨터 화면은 TV와 마찬가지로 중간 매개체일 뿐이다. TV에서 버락 오바마를 보고 있다면 실제로 버락 오바마를 보는 셈이다. TV는 버락 오바마를 볼 수 있도록 도와주는 중간 매개체다. 물론 TV를 보는 경험을 TV가 유발하기 때문에 TV를 보게 되는 것도 맞다. 그러나 TV를 보면서 버락 오바마를 보게 되는 경험은 더 근본적으로는 버락 오바마가 일으킨 경험이다. 데스크톱 컴퓨터로 비디오게임을 플레이할 때도 마찬가지의 일이 펼쳐진다. 화면 속 팩맨이 보인다면 우리는 실제로 팩맨을 보고 있다. 화면은 우리가 팩맨을 볼 수 있게 해줄 뿐이다.

VR 헤드셋의 경우에는 화면 자체가 겉으로 드러나지 않기 때문에 우리가 화면을 보는 게 아니라는 논의가 한층 강화된다. 대신 화면으로 3차원 공간에 있는 아바타와 건물들을 비롯한 가상객체를 보게 된다. 사실 어떤 VR 헤드셋은 화면을 아예 없애버리고 광자를 망막에 직접 비추기도 한다. 그렇다면 애초에 화면을 본다고 할 수 없으므로 디지털객체를 본다고 말할 여지가 더욱 커진다.

나는 VR 경험이 환각이 아니라고 결론 내리겠다. 우리는 VR을 사용해 실제로 존재하는 가상객체를 지각한다. 이러한 객체는 컴퓨터 내부의 구체적인 데이터 구조다.

가상현실과 물리현실의 색과 공간

가상객체가 실제로 존재하며 우리가 디지털객체를 본다는 데 모두가 동의한다고 하더라도 그보다 더 큰 문제가 남아있다. 가상현실은 환상일까? 즉, VR을 사용할 때 우리가 보는 가상객체는 과연 우리에게 보이는 그대로일까?

가상현실이 환상이라는 말은 자연스러운 말처럼 들린다. 어쨌든 우리 앞에 아무것도 없더라도 VR에서는 가상의 건물이 눈앞에 있는 것처럼 보일 수 있기 때문이다. 가상 건물이 존재한다면 컴퓨터 안에 존재할 텐데, 그렇다면 보이는 것과 다른 곳에 있는 셈이다. 게다가 가상의 건물은 거대해 보이지만 그에 상응하는 디지털객체는 매우 작다. 그렇다면 휘어 보이는 물속의 막대처럼 VR 속 건물 또한 환상이지 않을까?

색과 모양에 관련한 경험에 대해서도 같은 의문이 떠오른다. 예컨대 가상의 바다에서 가상의 보라색 물고기를 보았다고 해보자. 컴퓨터 내의 디지털객체는 분명 보라색이 아닐 것이다. 사실 물리세계에는 이와 똑같은 보라색을 띤 사물이 아예 존재하지 않을 수도 있다.

마찬가지로 이 물고기가 가진 것처럼 보이는 모양과 똑같은 모양의 사물도 존재하지 않을 수 있다. 가상의 물고기가 실제로는 있을 수 없는 색과 모양을 가지고 있다면 이 물고기가 환상이라는 뜻 아닐까? 여기에는 복잡한 이유가 있다고 답할 수 있다. 이 문제를 더 명확히 살펴보려면 우선 VR에서 색과 모양이 어떻게 작동하는지 살펴보아야 한다.

먼저 색부터 시작해보자. 가상의 물고기가 초록색으로 보일 때에는 어떤 일이 벌어지는 걸까? 가상의 물고기는 디지털 물고기이고, 이 디지털 물고기가 물리적으로 초록색이지는 않다. 만약 컴퓨터 안을 들여다볼 수 있고 이 물고기에 상응하는 프로세스를 따로 떼어낼 수 있다면 그 프로세스는 아마 무색이거나 완전히 다른 색일 것이다. 그러나 이 물고기는 가상으로 초록색이다. 이 색은 물리적 색이 아니라 가상의 색이다. 가상의 색은 가상현실에서 작용하는 색이다.

모양이나 크기 또한 마찬가지다. 가상의 골프공이 지름 약 4.3센티미터의 구 모양으로 보일 때에는 어떤 일이 벌어지고 있을까? 가상의 골프공은 분명 물리적으로 구 모양이거나 약 4.3센티미터의 지름을 가지지 않는다. 컴퓨터 안의 디지털객체를 들여다본들 물리적으로 그러한 모양과 크기를 갖춘 골프공을 볼 수는 없을 것이다. 그렇지만 골프공은 가상으로 구 모양이고, 가상으로 지름이 약 4.3센티미터다. 가상의 모양과 크기는 가상현실에서 작용한다.

가상의 색이나 가상의 모양은 정확히 어떤 것일까? 이 매력적이고 복잡한 질문은 제23장에서 더 자세히 다루려 한다. 지금은 어떤 객체가 적어도 정상적인 VR 환경에서(예컨대 헤드셋을 착용했을 때) 정상적인 인간 관찰자에게 '빨간색으로 보일 때' 그 객체는 가상으로 빨간색이라고 해두겠다.

이는 물리적 색에 관한 일반적인 견해와 평행을 이룬다. 사과가 빨간색이라는 말은 어떤 의미일까? 적어도 정상적인 시각 환경(예컨대 자연광 아래)에서 정상적인 관찰자가 보기에 사과가 빨간색으로 보인다면 사과는 빨간색이다. 관찰자가 파란색 색안경을 썼거나 색맹이라면 다르게 보일 수 있지만, 이는 정상적인 환경 또는 정상적인 관찰자에 해당하지 않는다. 다시 말하자면, 물리적 빨간색은 정상적인 시각 환경에서 사물이 어떻게 보이는지에 따라 결정된다.

마찬가지로 가상의 빨간색은 정상적인 가상현실 환경에서 사물이 어떻게 보이는지에 따라 결정된다. 가상의 모양과 크기, 가상의 위치 등도 같은 식으로 결정된다. 이처럼 단순화한 견해에서는 여러 문제를 쉽게 찾아볼 수 있는데, 이는 뒷부분에서 더 자세히 다루겠다. 지금은 이 정도만 살펴보고 논의를 이어나가보자.

이러한 견해에 따르자면 가상객체가 가상공간에 흩어진 방식은 물리객체가 물리공간에 흩어져 있는 방식과 거의 똑같다. 1킬로미터 떨어진 거리에 가상의 건물이 보인다면 그 가상 건물은 '물리적으로' 1킬로미터 떨어진 거리에 있는 게 아니라 '가상으로' 1킬로미터 떨어진 거리에 있을 것이다. 마찬가지로 이 건물은 물리적으로 높거나 직사각형 모양은 아니겠으나 가상으로는 높고 직사각형 모양일 것이다. 나아가 물리적으로는 빨간색이 아니더라도 가상으로 빨간색일 수 있다.

이를 짚어보더라도 우리의 환상 문제가 해결되지는 않지만, 적어도 상황을 명확하게 이해할 수는 있다. 물리공간과 가상공간을 이렇게 구분했다면 이제 여기에 따라 문제를 다시 써볼 수 있다. 가상의 건물은 물리적으로 빨간색으로 보이며, 물리적으로 1킬로미터 떨어진 거리에 있는 듯 보인다. 그러나 물리적으로 빨간색이거나 물리적으로 1킬로미터 떨어진 거리에 있지는 않다. 물리적으로는 무색이며 가까이에 있다. 가상으로 빨간색이고 가상으로 1킬로미터 떨어진 거리에 있다고 하더라도 환상을 제거할 수는 없다. 이 가상의 건물은 보이는 그대로가 아니다. 그렇다면 이는 환상이 된다.

사실 이 논리가 옳다고 생각하지는 않는다. 문제를 제대로 짚어보기 위해 이제 기존의 논의에서 살짝 벗어나 거울을 고찰해보자.

거울에 맺힌 상은 환상인가?

거울 속에 비친 자신의 모습을 보고 있다고 가정해보자. 당신은 환상을 경험하고 있는 걸까?

거울 환상 견해에 따르자면 우리는 거울을 볼 때 '유리 너머의 환상'을 경험한다. 즉, 바라보는 객체가 언제나 유리 표면 너머의 어딘가에 있는 듯 보인다. 만약 거울이 1미터 거리에 있다면, 거울 속 나는 2미터 떨어진 거울 너머 공간에 있는 것처럼 보인다. 물론 2미터 떨어진 거울 너머 공간에는 아무것도 존재하지 않는다. 그러므로 환상을 경험하는 것이다.

거울 비환상 견해에서는 유리 너머 환상 같은 건 없다고 본다. 이 견해에 따르자면, 거울로 보는 물체는 대개 유리를 기준으로 우리와 같은 편에 있는 것처럼 보인다. 거울을 볼 때 우리는 우리가 있는 그 자리 그대로를 본다. 거울로 친구를 본다면 친구는 거울의 이쪽 편, 그러니까 방 안 어딘가에 있는 것처럼 보인다. 그러므로 거울을 볼 때 사물을 거의 있는 그대로 경험한다.

어떤 견해가 옳을까? 지금 거울 앞으로 가 거울에 비친 자기 모습을 보고 환상인지 아닌지 생각해보아도 좋을 것이다. 나는 거울 환상 견해가 옳을 때도 있고 거울 비환상 견해가 옳을 때도 있다고 생각한다. 그러나 거울과 관련된 평범한 경험에서는 대개 비환상 견해가 옳은 듯하다.

환상 견해가 옳은 경우 하나를 살펴보자. 식당에 갔을 때 내부가 생각보다 넓어 보여서 깜짝 놀랐던 적이 있을 것이다. 그런데 사실 이는 거울을 눈치채지 못했기 때문이다. 거울을 보고 있다는 걸 눈치채기 전까지는 식당 공간이 거울 표면 너머 저 멀리까지 펼쳐져 있다고 지각한다. 이 시점에서 유리 너머 환상을 경험한다. 거울을 눈치채는 순간 식당은 반으로 접힌 더 작은 공간처럼 보이게 된다. 이 시점에서 넓은 식당 공간이라는 환상은 사라진다.

이제 비환상 견해가 옳은 경우 하나를 살펴보자. 우리는 자동차를 운전할 때 백미러를 본다. 뒤에는 실제로 다른 자동차들이 따라오고 있고, 백미러로 이 자동차들을 본다. 그렇다면 백미러 속 자동차들은 우리 앞에 있는 것처럼 보일까, 아니면 뒤에 있는 것처럼 보일까?

환상 견해에서는 자동차들이 우리 앞쪽의 유리 너머 어딘가에서 일정한 거리를 두고 우리와 마주하는 것처럼 보인다고 주장할 것이다. 그러나 이는 백미러를 잘못 해석한 것이다. 운전을 할 줄 아는 사람이라면 백미러 속 자동차가 뒤를 따라오는 자리 그대로 보인다는 걸 안다. 여기에도 사소한 환상이 포함될 수 있다. 영화 〈쥬라기 공원〉에서 날뛰는 티라노사우루스를 강조한 사이드미러 경고처럼 '거울에 보이는 물체는 실제보다 가까이 있다.' 같은 작은 환상이 있을 수 있다. 그러나 거울 속의 차들이 등 뒤에 있는 것처럼 보인다고 해서 '거울 속 사물이 실제로는 등 뒤에 있다.'라는 경고 문구를 붙일 사람은 없을 것이다.

환상 견해를 옹호하는 이들은 시각 수준에서는 자동차가 우리 앞에 있는 것처럼 보이며, 자동차가 우리 뒤에 있다고 판단한다고 말할 것이다. 우리는 판단력을 발휘해 수많은 환상을 액면가 그대로 받아들이지 않을 수 있다. 막대 환상에서 수면 아래의 막대는 휘어 보이지만, 어쨌든 곧은 막대라고 판단할 수 있다. 그러나 백미러의 경우 자동차가 우리 뒤에 있는 것처럼 보이기 때문에 굽은 막대와는 다르다.

식당 거울과 백미러 사이에는 어떤 차이점이 있을까? 더 일반화하여 말하자면, 거울이 유리 너머 환상을 만들어내는 때와 그렇지 않은 때는

거울 속 사물이 실제로는
등 뒤에 있음.

그림 30 백미러로 보는 자동차. 자동차는 이미 있는 그대로
우리 뒤에 있는 것처럼 보이므로 이러한 경고를 붙일 필요가 없다.

서로 무엇이 다를까? 무엇보다도 명백한 점이 하나 있다. 백미러일 때는 거울이 있다는 걸 알지만, 식당일 때는 거울이 있다는 걸 모른다.

식당에서도 거울이 있다는 걸 알게되는 순간 사물이 다르게 보인다. 심리학에서는 종종 이를 가리켜 지각의 인지적 침투cognitive penetration라고 한다. 지각의 인지적 침투는 우리가 알거나 믿는 바에 따라 사물을 지각하는 방식이 달라질 때 발생한다.

여기에는 지식만 관여하는 게 아니다. 태어나서 거울을 처음 보는 사람은 거울을 보고 있다는 걸 알더라도 누군가 유리 너머에 있는 듯한 환상을 경험할 수 있다. 이러한 환상을 피하려면 거울에 대한 일종의 전문성이 필요하다. 사람들은 대개 거울에 익숙하며, 앞서 살펴본 식당과 같은 상황을 제외한다면 거울에 맺힌 상을 즉시 올바르게 해석한다. 전문적인 사람에게는 이 해석이 깊이 작용하여 사물을 보는 방식에까지 영향을 미칠 것이다.

백미러를 본 뒤 우리의 행동은 등 뒤의 차에 따라 크게 달라진다. 빠르게 달려오는 뒤차가 보인다면 우리는 다른 차선으로 이동한다. 단순히 뒤차가 빠르게 달려오고 있다고 믿는 데 그친다면 반사적으로 피하기 어려울 수 있다.

물론 거울과 관련된 환상은 존재한다. 거울에 텍스트를 비춰보면 거울 속의 텍스트는 마치 다른 언어로 쓴 것처럼 거꾸로 보인다. 이는 일종의 환상이다. 우리의 지각 시스템은 거꾸로 뒤집힌 텍스트를 텍스트로 인식할 정도로 전문적이지 않다. 게다가 거울을 본다는 걸 알면서도 유리 너머 환상을 경험할 때도 종종 있다. 운동학적 거울 환상에서는 오른손이라는 개념이 거울에 먹힌다. 거울 속에서는 오른손이 있을 자리에 왼손이 보인다. 사람들은 대부분 오른손이 아니라는 걸 알면서도 거울에 오른손이 보인다는 감각을 강하게 느낀다.

우리는 대부분 전문적인 거울 사용자다. 거울을 사용하면 거울 현상학mirror phenomenology이 일어난다. 여기서 현상학이란 주관적 경험을 일컫는 용어다. 전문적인 사람이 거울을 사용할 때면 독특한 주관적 경험이 발생한다. 거울의 존재는 거울 속 장면이 유리 너머 반대편이 아니라 이쪽 편의 공간이라는 특별한 방식으로 상을 해석해야 한다는 걸 일러준다.

이러한 해석은 너무나 자연스럽고 빠르게 일어나기 때문에 사물이 거울로 어떻게 보이는지에도 영향을 미친다. 이로 인해 우리는 그 어떤 환상도 경험하지 않는다. 대신 우리는 거울을 볼 때 사물을 거의 있는 그대로 본다.

VR은 환상인가?

이제 VR에도 같은 질문을 던져보자. 평범한 VR 경험은 환상인가? 나는 VR과 거울 사이에 상당한 유사성이 있다고 생각한다.

마찬가지로 여기에도 두 가지 견해가 있을 수 있다. VR 환상 견해에 서는 VR을 사용하는 사람들이 모두 물리공간 환상physical-space illusion을 경험한다고 여긴다. 이 견해에 따르자면 VR 사용자는 객체가 눈앞의 물리공간에 존재하는 것처럼 경험하는데, 이것이 바로 환상이다. 가상 현실 안에서 우리를 향해 날아오는 공이 보인다면 그 공은 마치 눈앞의 물리공간 안에서 우리를 향해 다가오는 것처럼 보일 것이다. 그렇지만 실재하는 공간에는 가상의 공도 물리적 공도 없다. 그러므로 우리는 환상을 경험한다.

VR 비환상 견해에서는 물리공간 환상이 일어나지 않으며, 가상공간에 존재하는 객체를 경험한다고 여긴다. 객체는 대부분 보이는 그대로 가상공간 속 자기 자리에 있을 것이므로, 이를 보는 경험은 환상이 아니다. VR 속에서 날아오는 공이 보인다면 그 공은 가상공간에서 우리를 향해 다가오는 것처럼 보이며 실제로도 그러하다. 그러므로 환상은 일어나지 않는다. 어떤 견해가 옳을까? 나는 환상 견해가 옳을 때도 있고 비환상 견해가 옳을 때도 있다고 생각한다. 그러나 가상현실과 관련된 평범한 경험에서는 대개 비환상 견해가 옳다.

환상 견해가 옳을 때, 자신이 VR을 사용하고 있다는 걸 모르는 상황을 상상해보자. 예컨대 라훌Rahul이 잠들자 라훌의 친구가 장난을 치려고 그에게 초경량 VR 헤드셋을 씌웠다. 라훌이 VR 헤드셋을 전혀 눈치채지 못한 채 잠에서 깨어났을 때, 그의 눈앞에는 마치 지구에서 멀리 떨어진 우주 공간을 유영하는 듯한 장면이 보였다. 이때 라홀의 경험은 분명 환상이다.

이제 비환상 견해가 옳을 때를 살펴보기 위해 가상공간을 잘 아는 전문적인 VR 사용자가 VR로 〈마인크래프트〉를 플레이하고 있다고 생각해보자. 우리는 가상세계 안에 있으며 이 세계를 가상으로 경험한다는 걸 잘 알고 있다. 전문적인 사용자에게 가상공간은 물리공간처럼 보이지 않는다. 대신 나름의 규칙을 갖춘 가상공간처럼 보인다. 전문적인 VR 사용자는 가상객체가 눈앞의 물리공간에 존재하는 듯한 환상을 겪지 않는다. 대신 이들은 가상공간에 존재하는 눈앞의 가상객체를 경험한다.

이제 거울 비환상 견해에서 VR 비환상 견해로 넘어갈 수 있는 다양한 사례를 고찰해보자. 가장 먼저 눈으로 보는 백미러에서 출발해 오늘날 자동차에서 흔하게 사용하는 후방 카메라를 떠올려보자. 우리는 눈으로 보는 백미러와 후방 카메라 시스템을 거의 같은 방식으로 사용한다. 후방 카메라 시스템에 익숙해지기만 한다면 화면 속 객체들은 마치 우리 뒤에 있는 것처럼 보인다. 측면 카메라도 마찬가지로 객체가 내 옆에 있는 것처럼 볼 수 있다.

이제 무선조종 자동차 또는 로봇으로 넘어가보자. 집 안에 앉아서 로봇 자동차를 무선으로 조종하면서 자동차에 달린 카메라로 자동차 앞에 무엇이 있는지 보고 있다고 해보자. 전문적인 사용자라면 화면에 보이는 사물들은 눈앞의 집 안에 있는 것처럼 보이지 않을 것이다. 대신 로봇 자동차의 앞에 펼쳐진 완전히 다른 공간에 있는 것처럼 보일 것이다.

1966년 영화 〈바디 캡슐Fantastic Voyage〉에서처럼 혈관에 넣을 수 있는 초소형 로봇 잠수함을 원격으로 조종한다고 해보자. 익숙해지기만 한다면 우리는 화면으로 보이는 것들이 혈관 속 로봇 주변에서 일어나는 일이라고 해석하게 될 것이다. 그렇다면 사실상 우리 주변 공간이 아닌 다른 공간에 있는 사물을 보고 있는 것이 된다.

여기까지 왔다면 이제 가상공간으로 쉽게 넘어갈 수 있다. 전문적인 사용자라면 VR 속 사물이 자기 주변의 물리공간에 속한다거나 그 어떤 물리공간에도 속한다고 해석하지 않을 것이다. 대신 이러한 사물이 가상공간에 속한다고 해석할 것이다. 거울과 마찬가지로 우리가 VR을 잘 알고 익숙해진다면 이러한 해석은 자동으로 이루어진다. 눈앞의 장면을 가상이라고 해석하고 행동할 때도 많을 것이다.

예를 들어, 수많은 가상공간에서는 객체나 물체를 통과해 걸어다닐 수 있다. 물론 물리공간에서는 불가능한 일이다. 가상공간에서는 순간이동을 할 수도 있고, 가상객체를 특별한 방식으로 들어올릴 수도 있다. 우리가 이 공간을 가상이라고 자연스럽게 해석한다는 점은 전문적인 행동이 자연스럽게 나오는 데 매우 중요한 역할을 한다.

거울과 마찬가지로 VR 환상 견해를 옹호하는 이들은 이 모든 해석이 판단 또는 지식 수준에서 이루어진다. 지각 측면에서는 VR 내의 물체가 물리공간에 있는 것처럼 보인다고 말할 수 있다. 다만, 우리가 VR을 잘 알고 있기 때문에 우리의 판단이 그 환상을 보정한다. 그 결과 우리는 그 물체가 가상공간에 있다고 믿게 되고, 가상현실이라는 사실을 알고 있더라도 지각적 환상이 일어난다.

VR 환상 견해 또한 중요한 견해이지만 거울과 마찬가지로 이 견해가 경험을 잘못 이해한다고 생각한다. 우리가 VR을 사용할 때면 사물은 가상으로 보인다. 객체는 눈앞의 물리공간에 있는 것처럼 보이지 않고 가상공간에 있는 것처럼 보인다. 전문적인 사용자가 자신도 모르게 매우 정교한 VR에 들어갔다고 해보자. 이때 사용자가 보는 객체는 주변의 물리공간에 놓여 있는 것처럼 보일 것이다. 그러나 이곳이 VR이라는 사실을 사용자가 알게 되는 순간 광범위한 지각적 재해석이 이루어진다. 그렇다면 사물은 이제 가상공간에 있는 것처럼 보일 것이다.

이는 '가상성 현상학phenomenology of virtuality' 또는 '가상성 감각sense of virtuality'으로 부를 수 있다. 전문적인 사용자는 VR을 사용할 때 독특한 종류의 주관적 경험을 한다. VR 헤드셋이나 이미지의 특성은 사용자에게 사물을 특별한 방식으로 해석해야 한다고 일러준다. 전문적인 사용자라면 이러한 해석이 너무나 빠르고 자연스럽게 이루어지기 때문에 사물을 가상으로 지각하게 된다. 이러한 지각은 환상이 아니다. 이들은 그저 가상세계를 있는 그대로 볼 뿐이다.

가상성 감각을 느끼는 전문적인 사용자 또한 VR에서 환상을 경험할 수 있다. 예를 들어, VR 안에서 거울을 본다는 자각 없이 거울을 들여다보게 되었다고 해보자. 그렇다면 왼쪽에 있는 것처럼 보이는 가상객체는 실제 가상세계에서 오른쪽에 있을 것이다. 물리현실에서 일어나는 수많은 환상은 VR에서도 일어날 수 있다. 그렇지만 가상현실에서는 여전히 비환상 지각이 큰 비중을 차지한다.

비환상 가상현실이라는 개념을 받아들이기 어려운 독자도 있을 것이다. 어쨌든 VR은 물리공간을 이해하도록 설계된 뇌의 오래된 지각 메커니즘을 활용한다. 이 메커니즘은 너무나 강력해서 VR을 사용할 때도 우리가 경험하는 공간이 물리적으로 주변에 있다는 감각에서 벗어나기 어렵다. 이 공간을 가상공간으로 빠르게 해석할 수도 있겠지만, 어쨌든 이 해석은 지각 이후에 이루어지고 첫눈에 사물은 물리적으로 보인다고 생각할 수도 있다. 이렇게 생각한다면 VR 속 지각은 환상이다.

나는 이 문제가 명확하지 않다는 데 동의한다. 우리의 뇌는 감각 처리 과정의 초기 단계에서 VR을 마치 주변의 물리공간과 똑같이 받아들일 수 있다. 그러나 지각은 이러한 초기 단계 이후의 해석 수준에도 개입한다. 우리는 지각적 해석 덕분에 눈앞의 객체를 아무 덩어리가 아니라 강아지 또는 고양이로 볼 수 있다.

전문적인 사용자는 특정 수준에서 빠르고 자연스럽게 VR 세계를 가상으로 해석하며, 이 해석은 '믿음' 또는 '판단'이 아니라 '지각'에 영향을 미칠 만큼 깊이 작용한다. 거울 속에서와 마찬가지로 이러한 해석은 VR에서도 사물이 어떻게 보이고 느껴지는지에 영향을 미친다.

만약 내 견해가 틀렸고 해석이 지각 이후에 이루어진다는 점이 명백하다고 하더라도 내가 말한 바는 대부분 그대로 적용된다. 전문적인 VR 사용자라면 가상세계를 해석할 때 압도적으로 가상이라 해석할 때가 대부분이다. 물리세계에 관한 모든 감각은 사라지고, 모든 것이 가상세계에서 일어나고 있다는 감각이 사용자를 압도한다.

장소 환상과 그럴듯한 환상

이 모든 이야기는 슬레이터의 장소 환상, 즉 '특정 장소에 있지 않다는 걸 확실히 알면서도 그 장소에 있는 듯한 강력한 환상'과 어떤 관계가 있을까? 나는 VR이 때때로 장소 환상을 일으킨다고 생각한다. 신규 VR 사용자는 새로운 물리적 환경에 들어섰다는 강력한 환상을 느낄 것이다. 자신이 VR에 있다는 걸 알지 못하는 사람들도 마찬가지다(다만 이들은 슬레이터가 말한 '특정 장소에 있지 않다는 걸 확실히 아는' 조건은 충족하지 못할 것이다). 때로는 숙련된 사용자도 가상현실을 어느 정도 물리적으로 해석할 수 있다. 예컨대 뉴욕을 매우 정교하게 재현한 VR에 들어갔을 때 정말 뉴욕에 간 듯한 환상을 경험할 수도 있다.

그렇지만 장소 환상이 아예 일어나지 않을 때도 많다. 사용자는 장소 감각을 느끼며, 그 감각은 환상이 아니라 정확한 감각이다. 사용자는 가상의 장소에 있다고 느끼고 실제로도 그러하다. 아무리 못해도 가상 신체인 아바타가 가상의 장소에 있다는 감각을 느낀다. 이것만으로도 이곳을 자신의 가상 위치로 간주할 수 있다. 정신을 어디에 두었는지와 관계없이 물리적 신체가 있는 곳을 물리적 위치로 간주하는 셈이다. 전문적인 사용자는 VR에 들어갔을 때 물리적 장소에 있다는 감각을 전혀 느끼지 못한다. 적어도 물리적 장소에 있다는 감각이 가상 장소에 있다는 감각을 압도하지는 않는다.

슬레이터의 그럴듯한 환상, 즉 눈앞에 보이는 사건이 실제로는 벌어지고 있지 않다는 걸 확실히 알면서도 실제로 벌어지는 듯한 감각 또한 마찬가지다. 가상세계의 사건이 물리공간에서 일어나는 것처럼 보인다면 환상과 관련될 것이다. 그러나 전문적인 사용자가 경험하듯, 가상세계의 사건이 가상공간에서 일어나는 듯 보인다면 대개 이는 환상이 아니다. 가상의 사건은 실제로 일어나는 사건이다. 다만 가상현실에서 일어날 뿐이다. 슬레이터의 그럴듯한 환상은 모든 게 실제로 벌어지는 듯한 감각이라는 의미에서 그럴듯한 감각이라고 불러도 좋을 것이다. 나아가 현실감sense of reality이라 칭할 수도 있겠다.

심리학자와 철학자들은 평범한 지각과 함께 나타나는 현실감에 관한 논의를 이어왔다. 사물은 대부분의 시간 동안 실제처럼 보이지만 특별한 조건에서는 실제가 아닌 것처럼 보이고 들릴 수 있다. 조현병으로 망상을 경험하는 이들은 대개 환각이 실제처럼 보이지는 않는다고 말한다. 더 일반적인 사례로는 인간 같지만 아주 인간처럼 보이지는 않는 로봇을 볼 때 소름이 끼치는 '불쾌한 골짜기(인간이 인간과 닮은 존재를 볼 때 인간과 닮을수록 호감을 느끼지만, 일정 수준에 다다르면 오히려 불쾌감을 느낀다는 이론)' 감각이 있다.

VR에서도 현실감과 비현실감이 생긴다. 최근 뇌과학자 가드 드로리 Gad Drori, 로이 살로몬Roy Salomon을 비롯한 연구진이 진행한 실험에서는 VR 사용자가 다양한 환경을 보고 얼마나 '실제처럼' 또는 '실제가 아닌 것처럼' 보이는지를 평가했다. 평범한 방을 평범한 크기로 복제한 VR은 실제처럼 보이지만, 길게 늘어진 가상의 방은 실제처럼 보이지 않을 수 있다. 여기서 실제처럼 보인다는 말은 그럴듯한 물리적 환경처럼 보인다는 뜻이다. 아마 비전문 사용자에게 실제가 아닌 것처럼 보이는 환경이 전문 사용자에게는 가상으로 보일 수 있다. 만약 그렇다면 비현실감은 가상감sense of virtuality을 느끼기 위한 전조일 수 있다.

물리적 신체와 가상 신체

가상현실에서 나타날 수 있는 세 번째 주요 환상은 신체 소유감 환상으로 불린다. 가상 신체인 아바타가 진짜 자기 몸처럼 느껴지는 환상을 말한다. 물리적으로 키가 작은 사람이 키 큰 아바타를 취하면 키 큰 신체를 소유한다는 감각을 느낄 수 있다. 물리적으로 여성형 신체를 가진 사람이 남성형 아바타를 취하면 남성형 신체를 소유한다는 감각을 느낄 수 있다. 신체 소유감 환상을 지지하는 이들은 VR이 사용자에게 여러 다른 신체를 소유하는 감각을 선사하며 그러한 감각이 환상이라고 주장한다.

나는 이러한 감각을 환상이라 여길 필요가 없다고 생각한다. 가상 신체는 물리적 신체와는 다르지만, 마찬가지로 실제 몸이다. 가상 신체는 가상의 내 몸이 될 수 있다. 다시 말해, 사람들은 가상 신체를 소유하고 그러한 가상 신체로 살아갈 수 있다.

아바타라는 단어는 본래 힌두교 전통에서 비슈누를 비롯한 신들이 지상에 내려올 때 취하는 물리적 신체를 가리키는 단어였다. 비슈누는 인간의 형태를 한 물리적 신체, 즉 아바타로 생활했다. 일시적인 구현이지만, 구현이 계속되는 동안 이 아바타는 비슈누의 몸이다.

이후 아바타라는 단어는 1980년대 비디오게임에서 널리 사용되면서 가상 신체를 가리키게 되었다. 〈울티마 IV: 아바타의 임무Ultima IV: Quest of the Avatar〉에서는 힌두교의 용례에서 영감을 받아 아바타라는 단어를 사용했으며, 멀티플레이어 롤플레잉 게임 〈해비타트Habitat〉에서도 사용했다. 수년 후 닐 스티븐슨 또한 《스노 크래시》에서 이 단어를 사용했다.

2009년 제임스 카메론James Cameron 감독의 영화 〈아바타Avatar〉에 등장하는 아바타는 주인공들이 외계 종족의 물리적 몸을 취하여 살아간다는 점에서 비슈누의 아바타와 더 유사하다. 나는 가상의 아바타와 비슈누의 물리적 아바타가 거의 동등한 지위에 있다고 생각한다. 나는 가상의 아바타로 구현될 수 있다. 일시적인 구현이지만, 내가 아바타로 살아가는 동안 그 아바타는 가상의 내 몸이다.

어떤 신체가 내 몸이 되려면 어떤 조건이 필요할까? 평범한 물리적 신체에는 수많은 요소가 포함된다. 내 몸은 내 '행동'의 중심locus이며, 내가 행동할 때 대체로 직접 제어하는 객체다. 내 몸은 내 '지각'의 중심이기도 하다. 나는 내 몸의 감각기관으로 세계를 인식하고 내 몸의 관점으로 세계를 바라본다. 내 몸은 내 '신체 인식bodily awarness'의 중심지다. 내가 고통이나 배고픔을 느낀다면 내 몸의 고통이나 배고픔을 자각하는 것과 같다. 내 몸은 내 '정신'의 중심지다. 내 생각과 의식은 내 뇌에서 일어나는 과정과 강하게 연결되어 있으며, 내 몸의 일부다. 내 몸은 내 '정체성'의 중심이다. 나는 이 몸이 나의 일부라고 느끼며, 내가 누구인지를 반영한다고 여긴다. 또한 내 몸은 내 '표현presentation'의 중심지다. 내 몸은 내가 외부세계에 나를 드러내는 중요한 방식이며, 다른 사람들이 나를 인식하는 데 큰 역할을 한다. 어떤 사람은 더 나아가 몸이 내 존재의 중심지라고 주장하기도 한다. 내 몸은 곧 나다. 나는 이 몸으로 태어났고, 이 몸과 함께 죽는다. 나는 내 몸 없이 존재할 수 없다.

이러한 요소들은 분리될 수 있다. 예를 들어, 신체 이형 장애와 같은 증후군을 앓는 사람이라면 자신의 몸에 대한 심한 혐오감으로 자신의 몸과 정체성 사이의 연결이 약해진다. 그렇지만 앞서 살펴본 다른 면에서 보자면, 이들의 몸은 여전히 이들의 몸이다. 또 제14장에서 살펴볼 데카르트 이원론이 맞다면 내 생각의 중심은 내 신체 바깥의 어딘가가 되겠지만, 내 몸은 여전히 나의 것이다.

철학자 대니얼 데닛Daniel Dennett이 논하는 〈나는 어디에 있는가?Where Am I?〉 이야기에서 주인공은 자기 몸과 뇌가 물탱크에 떠 있는 동안, 오랜 시간 다른 몸을 원격으로 제어한다. 여기서 원격으로 제어하는 몸은 생각과 행동, 표현의 중심지이고, 원래 몸과 뇌는 정신의 중심지이자 존재의 중심지가 된다. 이런 경우 몸은 두 부분으로 분리된다.

그렇다면 가상 신체는 어떨까? 내 아바타는 대개 내 (가상) '행동'의 중심지다. VR에서 내가 하는 행동은 내 가상 신체를 통해 이뤄지지만, 가끔은 외부 가상세계에 직접적으로 행동할 수도 있다. 예컨대 나는 가상 신체 없이도 〈테트리스〉 블록을 쌓을 수 있다. 나는 주로 내 아바타의 관점으로 가상세계를 '인식'하지만, 때로는 내 공간을 조감도로 바라보는 등 다른 관점으로 세계를 인식할 수도 있다. 내 아바타는 일반적으로 VR 속 내 '표현'의 중심지다. 다른 이들이 나를 지각한다면 대체로 내 아바타를 지각한 것이다. 이 아바타는 또한 VR 속 내 '정체성'의 위치가 될 수 있다. 〈세컨드라이프〉를 비롯한 짧은 비디오게임처럼 단기적인 상황에서도 나는 아바타와 나를 동일시하고 이 아바타가 내 정체성의 일부를 반영한다고 여길 수 있다.

그렇다면 가상 신체에는 어떤 요소가 빠져 있을까? 물론 오늘날의 가상 신체는 아직 인간의 신체만큼 풍부하지 않다. VR에서는 풍부하고 복잡한 신체 자각을 느낄 수 없다. 아바타는 아직 고통이나 배고픔을 느끼거나 밥을 먹고 물을 마시는 중심지가 아니다. 더 깊이 들어가자면, 아바타는 정신과 존재의 중심지가 아니다. 내가 아바타의 몸으로 생활할 때도 내 생각은 가상 뇌가 아니라 물리적 뇌와 더 밀접하게 연결되어 있다. 또 내 아바타가 죽어도 나는 죽지 않는다. 내 아바타는 나와 동일하지 않다.

그러나 이처럼 빠진 요소들이 어떤 신체가 내 몸이 되는 데 빠져서는 안 될 요소인지는 분명하지 않다. 고통과 배고픔을 느끼지 못하고 먹고 마시지 못하게 되더라도 이 몸은 여전히 내 몸이다. 게다가 내 물리적 신체가 내 존재의 위치라고 완전히 확신할 수도 없다. 내 뇌를 새로운 몸에 이식하거나 사고를 클라우드에 업로드한다면 기존의 신체 없이도 존재할 수 있다. 그러므로 아바타와 마찬가지로 내 물리적 신체 또한 나와 동일하지 않다고 논할 수 있다.

말하자면 우리는 문제없이 가상 신체를 가상의 내 몸으로 여길 수 있다. 가상 신체는 가상세계에서 내 지각과 행동의 위치이며, 내 정체성과 표상의 위치다. 이는 아바타가 내 아바타라고 말하는 것과 거의 같은 의미다. 이 주장은 두말할 것 없이 참이다. 가상 신체가 내 몸인 듯한 감각은 환상으로 치부할 필요가 없다. 이는 명백한 사실이다.

가상 신체는 물리적 신체가 아니다. 대개 가상 환경에 들어간 인간은 물리적 신체와 가상 신체를 모두 소유한다. 물리적 신체가 집에 앉아 컴퓨터와 상호 작용하는 동안 가상 신체는 가상세계를 탐험한다. 어떤 때에는 물리적 신체 소유감이 더 지배적이고, 어떤 때에는 가상 신체 소유감이 더 지배적이다.

오늘날의 VR 기기에서 가상 신체 자각은 물리적 신체 자각을 매개로 삼아 두 감각을 하나로 묶는다. 우리는 물리적 팔이 어디에 있는지 자각하여 가상의 팔이 어디에 있는지 자각한다. 그러나 VR에서 신체 자각은 종종 시각을 매개로 삼기도 한다. 여러 비디오게임에서 플레이어는 아바타의 시점이 아닌 다른 넓은 관점을 취하여 아바타의 몸을 보고 가상공간 속 위치를 파악한다. 이렇게 하면 내 아바타가 무엇을 하는지 더 잘 자각할 수 있다. 시각은 물리적 신체 자각과 가상의 신체 자각을 분리할 수 있다. 나는 내 몸을 물리공간에 가만히 두고도 가상세계에서 달리는 아바타를 경험할 수 있다.

여기에서도 구현 환상embodiment illusions은 일어날 수 있다. 가상 신체를 물리적 신체처럼 경험하는 경우가 구현 환상의 핵심 사례다. 키 작은 사람이 처음으로 VR을 사용할 때 나머지는 다 기존과 똑같으면서 키만 더 큰 아바타를 이용한다고 해보자. 그렇다면 이 사용자는 키가 커진 자신의 물리적 신체를 소유하는 듯한 감각을 느낄 수 있다. 사용자의 물리적 신체는 키가 크지 않으므로 이 감각은 환상이다. 그러나 마찬가지로 환상이 일어나지 않을 때도 많을 것이다. 전문적인 VR 사용자는 키 큰 가상 신체를 소유하는 듯한 경험을 할 수 있다. 이들은 가상세계에서 실제로 키 큰 가상 신체를 소유하므로, 이는 환상이 아니다.

어떤 때는 키가 커진 나의 가상 신체를 소유한다는 감각이 키 큰 물리적 신체를 소유한다는 감각으로 이어지면서 환상 요소가 발생할 수 있다. 그러나 이 두 가지 감각은 구분할 수 있다. 가상으로는 키가 크면서 물리적으로는 키가 작은 감각을 느낄 수 있다는 뜻이다. 예를 들어, 마우스나 키보드를 조작하기 어려울 만큼 높은 책상에서 키 큰 아바타로 게임을 플레이한다고 해보자. 처음에는 물리적 몸을 완전히 무시하고 키 큰 가상 신체에 집중할 수 있다. 그렇지만 곧 높은 책상 위의 마우스나 키보드를 조작하기 위해 물리적 신체에 집중해야 할 것이다. 사용자는 양쪽을 번갈아가며 주의를 기울일 수 있다.

2018년 다큐멘터리 〈우리의 디지털 자아Our Digital Selves〉에서는 장애인 13명이 〈세컨드라이프〉에서 다양한 아바타를 사용하는 모습을 그린다. 몇 명은 장애가 없는 아바타를 선택했고, 다른 몇 명은 자신의 물리적 신체와 더 비슷한 가상 신체를, 나머지 몇 명은 자기 장애가 그대로 드러나는 가상 신체를 선택했다.

다수의 참가자는 가상 신체가 물리적 신체를 대신할 정도는 아니더라도 매우 실제처럼 느껴진다고 말했다. 또 참가자들은 "제 물리적 신체를 부정하는 게 아닙니다. 이건 또 다른 제 일부예요.", "이건 현실 도피가 아니라 증강입니다."라는 소감을 남겼다. 이들은 가상 신체가 자기 자신의 또 다른 유효한 일부라는 강한 감각을 느꼈다. 이들에게 가상 신체는 환상이 아니다. 가상 실재론에 따르자면 이 감각은 참이다. 참가자들은 아바타가 기존의 몸을 대신한다는 환상을 경험하지 않았다. 이들은 그저 실제 가상 신체를 경험했다.

어떤 때는 물리적 신체를 대신하는 가상 신체를 경험할 수도 있다. 몇몇 성전환자들은 〈세컨드라이프〉와 같은 환경에서 실험 삼아 다양한 유형의 신체를 처음으로 이용해보았다고 말한다. 이들은 종종 아바타를 실험해보며 다른 몸을 가지면 어떨지, 그에 따라 다른 사람들이 자기를 어떻게 대할지 느껴보았다고 한다.

이러한 활동은 종종 자신의 물리적 신체와는 다른(키가 더 작거나 몸선이 둥근) 새로운 물리적 신체를 가진다는 감각을 유발하는 동시에 내적 자아 및 이상이라는 더 깊은 진실에 부합하는 몸을 경험하게 해줄 수 있다. 남성형 물리적 신체와 여성형 가상 신체 모두를 자신과 동일시하는 사용자도 있고, 여성형 물리적 신체와 남성형 가상 신체 모두를 자신과 동일시하는 사용자도 있다. 체화에 관해서는 복잡다단한 철학과 심리학을 논할 수 있지만, 어쨌든 가상 신체 동일시가 환상인 경우는 드물다.

이쯤 되면 제1장에서 살펴보았던 나라다의 변신 이야기가 다시 떠오른다. 비슈누는 나라다가 오랜 시간 수실라로 살았던 삶이 환상이라고 했다. 비슈누의 말이 옳을까? (애초에 비슈누는 모든 삶이 환상이라고 믿었다. 우리가 비슈누를 따라 그렇게 생각할 필요는 없다.) 수실라의 몸은 가상 신체와 유사하며, 컴퓨터가 아니라 비슈누가 만든 가상세계에 있었다. 수실라는 이 신체로 지각하고 행동하고 표상을 드러냈으며 이 신체와 자신을 동일시했다.

나는 비슈누가 아바타를 사용해 지상세계에 내려와 있는 동안 진짜로 지상의 육신을 가지는 것처럼 수실라도 여성으로 사는 동안 진짜로 여성형 가상 신체를 가졌다고 생각한다. 그러나 앞에서 논의했던 VR 사용자와는 달리, 수실라는 자신이 가상세계에 있다는 걸 알지 못했다. 이 점에서 수실라가 가상 신체를 자신의 물리적 신체로 여기는 데에는 어느 정도 환상이 작용했을 수 있다. 충분히 시간이 흐르면 수실라가 말하는 '내 몸'이라는 개념이 자신의 가상 신체를 가리킬 수도 있으며, 그렇게 되더라도 환상이 꼭 관여할 필요는 없다. 이는 제20장에서 더 자세히 살펴보겠다.

환상 기계인가 현실 기계인가

VR이 물리세계에 관한 감각 및 가상세계에 관한 감각과 모두 관련이 있다는 데에는 아마 모두가 동의할 것이다.

어떤 때에는 물리세계의 감각이 지배적일 것이다. 새로운 VR 사용자는 공중의 블록이 마치 자신의 물리적 머리 위로 떨어지려 한다고 느낄 수 있다. 가상 테니스 시합에 참여한 사용자는 그 시합을 물리적 테니스 시합처럼 경험할 수 있다. 가상의 카리브해 해변에 앉아 있는 사람은 실제로 카리브해 해변에 앉아 있는 듯한 감각을 느낄 수 있다. 새로운 가상 신체를 실험 삼아 사용해본 사람은 마치 새로운 물리적 신체를 소유하는 것처럼 가상 신체를 경험할 수 있다. 이때 우리는 실제 가상 개체를 물리적으로 경험한다. 여기에는 환상이 관여하지만, 그보다 더 깊은 진실 또한 여기에 관여할 수 있다.

어떤 때에는 가상세계의 감각이 지배적일 것이다. 전문적인 사용자는 완전히 새로운 세상에서 생활하면서도 그 세상을 물리적으로 자각하지는 않을 수 있다. 새로운 가상 신체를 사용하는 사람은 가상 신체가 물리적 신체를 대신한다는 감각을 전혀 느끼지 않고도 가상 신체를 경험할 수 있다. 이때 우리는 가상개체를 가상으로 경험한다. 여기에는 그 어떤 환상도 관여하지 않는다.

대부분의 VR 사용자는 두 가지 감각을 어느 정도 모두 느낄 수 있다. VR 속 3차원 공간을 물리공간으로 해석할 수 있고, 일부 지각 메커니즘에서도 VR공간을 3차원으로 해석할 수 있다. 동시에 VR공간을 가상공간으로 해석할 수 있고, 숙련된 사용자라고는 못해도 판단이나 사고 층위는 물론 지각 층위에서도 어느 정도는 그곳을 가상공간으로 해석할 것이다. 때로는 물리적 해석과 가상 해석 중 어느 한 가지가 우위를 점할 것이다. 이에 따라 우리는 물리세계라는 환상을 경험하기도 하고, 가상세계를 올바르게 지각하기도 한다.

VR은 환상 기계일 수도 있다. 그렇지만 반드시 환상 기계라는 뜻은 아니며, 무조건 환상 기계라는 것도 아니다. 오히려 VR은 가상세계를 생성하고 우리가 그 가상세계를 올바르게 지각할 여지를 남겨준다. 그렇다면 VR은 현실 기계다.

제12장

증강현실은 대안적 사실로 이어지는가?

2016년, 몇 주간 증강현실이 전 세계를 휩쓸었다. 매개는 모바일 게임 〈포켓몬 GO〉였다. 〈포켓몬 GO〉를 플레이하면 가상의 포켓몬을 찾아 핸드폰 카메라를 켜고 물리공간을 이리저리 다녀야 한다. 포켓몬에 가까이 다가가면 핸드폰 화면에는 포켓몬이 마치 우리 앞의 물리공간에 있는 것처럼 나타난다. 포켓몬을 만나면 가상의 포켓볼을 던져 포켓몬을 잡을 수 있다.

〈포켓몬 GO〉는 가상객체를 물리세계에 투영하는 기술인 증강현실을 폭넓게 적용한 최초의 사례였다. 일반적인 가상현실에서는 사용자가 물리세계와는 차단된 상태로 가상세계만을 본다. 증강현실에서는 사용자가 물리세계와 그 안에 자리한 가상객체를 본다. 평범한 길거리와 같은 보통의 물리현실에 가상객체를 증강하는 것이다.

〈포켓몬 GO〉는 멋진 헤드셋이 없어도 플레이할 수 있다. 증강은 모두 스마트폰으로 처리되고, 가상의 포켓몬은 카메라로 보이는 온스크린 비디오 영상에 삽입된다. 더 정교한 증강현실 기술은 사용자의 시야에 영상을 투영하는 안경을 이용한다. 이 기술은 상당한 실감형 증강현실을 만든다. 아직 실용 가능한 증강현실 안경을 만들지는 못했지만, 점점 더 작고 강력한 안경이 개발되고 있다. 증강현실 콘택트렌즈 또한 머지않아 등장할 것이다.

앞으로 20년 안에 누구나 증강현실을 사용하는 날이 올 것이다. 증강현실로 화면이나 기타 인터페이스를 투영하면 데스크톱 모니터나 모바일 컴퓨터 화면을 사용할 필요가 없어질 것이다. 언젠가는 길거리 표지판과 교통신호도 디지털 표지판과 신호로 대체될 수 있다. 멀리 떨어진 곳의 친구들과도 마치 같은 공간에 있는 것처럼 소통할 수 있게 될 것이다. 내장된 지도를 사용해 길을 알려줄 수도 있고, 자동 얼굴 인식으로 사람들을 인식할 수도 있으며, 번역 알고리즘으로 외국어를 번역할 수도 있다. 역사적 장소에 과거의 장면을 증강하여 역사적 사건을 되살릴 수도 있다.

증강현실은 주변 환경과 우리의 정신을 동시에 증강한다. 제16장에서 다시 살펴보겠지만, 증강현실은 우리가 지금까지 경험한 적 없는 새로운 항법, 인식, 소통 능력을 우리 뇌에 더하여 정신을 증강한다. 그러나 우선 이번 장에서는 증강현실이 물리세계를 증강하는 방식에 초점을 맞추어보겠다.

먼저 증강현실에 대해 현실 질문을 던져보자. 증강현실은 실제인가? 예컨대 〈포켓몬 GO〉의 포켓몬은 실제인가? 놀랍지도 않겠지만, 나는 이것이 대체로 실제라고 생각한다. 〈포켓몬 GO〉의 포켓몬은 인과력이 있고, 우리의 정신에서 독립적으로 존재한다. 포켓몬은 실제 생물이 아니지만, 컴퓨터 안에 디지털객체로서 존재하며 증강현실 시스템을 통

그림 31 증강현실 안경으로 플라톤의 아테네 학당 유적지에 플라톤과 아리스토텔레스의
영상을 증강한 모습(라파엘로Raffaello의 '아테네 학당The School of Athens' 참조).

해 눈으로 볼 수 있는 실제 가상객체다.

또 다른 측면의 현실 질문을 던져보자. 증강현실은 환상인가? 즉, 증
강현실은 보이는 그대로인가? 이 질문은 이전 질문보다 더 까다롭다.
증강현실에서는 가상객체가 우리 주변의 물리공간에 있는 것처럼 보이
므로, 가상현실에서와는 달리 이러한 객체가 오직 가상공간에만 존재
하는 것처럼 보인다고 말하기가 어렵다. 가상객체가 물리공간에 존재
한다는 환상이 가상현실에 개입한다는 주장도 상당히 설득력 있다.

이 문제를 제대로 이해하려면 다시 질문해야 한다. "증강현실의 가
상객체는 실제로 물리공간에 존재하는가?" 당연히 아니라고 답하는 게
자연스러워 보이지만, 문제는 그렇게 분명하지 않다. 적어도 어떤 면에
서 〈포켓몬 GO〉의 포켓몬은 우리 주변의 물리공간에 존재한다고 말할
수 있다.

증강현실 속 가상객체

미래의 어느 시점에 모든 사람이 같은 증강현실 시스템을 사용하게 되었다고 가정하고 이 증강현실을 '지구 플러스(지구 플러스)'라고 해보자. 지구 플러스는 지구 전체의 물리적 환경에 가상객체를 증강하며 모든 사람이 이 증강현실을 경험한다. 이 시스템은 외과 수술로 구현하며, 모든 사람이 이 수술을 받았다. 모두가 물리공간의 특정 위치에서 같은 가상객체를 보며, 곳곳에서 가상 도우미, 가상 가구, 가상 건물 등을 볼 수 있다.

지구 플러스 사용자는 눈앞의 가상객체를 보기만 하는 게 아니다. 뇌 시뮬레이션 기술 덕분에 이들은 객체의 냄새를 맡고 맛을 본다. 가상의 음식을 먹고 가상의 음료를 마신다는 감각도 느낀다. 특수 촉감 기술 덕분에 가상객체를 만지고 촉감을 느끼기도 한다. 가상의 돌멩이를 주웠을 때 그 무게를 느낄 수도 있다. 특수 보디수트 덕분에 가상 의자에 앉을 수도 있고, 가상 벽에 가로막힐 수도 있다.

지구 플러스 사용자는 대개 자신이 가상의 객체와 상호 작용하는지 또는 물리객체와 상호 작용하는지 분명히 알 수 있다. 가상객체는 평범한 객체와 다르게 보이며 대개 특별한 특징이 있다. 예컨대 가상의 의자는 크기나 모양, 푹신한 정도가 자동으로 바뀐다. 가상의 음식은 아무리 오래 두어도 상하지 않는다.

워싱턴스퀘어 공원에 가상의 피아노 한 대가 있다고 해보자. 의자에 앉아 피아노를 연주하면 모두가 피아노 소리를 들을 수 있다. 이제 질문을 던져보자. "이 가상의 피아노는 실제인가?" 이 피아노는 현실 체크리스트의 상당한 항목을 충족한다. 가상의 피아노는 연주할 수 있고 통과해 지나갈 수 없으므로 인과력이 있다. 누군가 옮기기로 하지만 않는다면 모든 사람이 떠나더라도, 피아노는 워싱턴스퀘어 공원에 그대로 있을 테니 우리의 정신에서 독립적으로 존재한다.

그렇다면 "이 피아노는 실제 피아노인가?" 까다로운 질문이다. 비가상세계에도 디지털 피아노를 비롯한 여러 전자 피아노가 있다. 이것들은 실제 피아노인가? 어떤 이들은 그렇다고 답할 것이다. 어쿠스틱 피아노와 디지털 피아노가 종류만 다를 뿐 모두 피아노라고 보는 견해가 점점 더 흔해지고 있다. 그러나 많은 이가 디지털 피아노를 실제 피아노가 아니라고 여길 것이다. 실제 피아노에는 해머로 현을 쳐 그 진동으로 소리를 내는 등의 어쿠스틱 장치가 있어야 한다는 식이다.

그림 32 워싱턴스퀘어 공원에 놓인 가상의 피아노

만약 디지털 피아노가 실제 피아노가 아니라면 가상의 피아노도 아마 실제 피아노가 아닐 것이다. 마찬가지로 우리는 지구 플러스의 나무가 실제 나무가 아니라고 여길 것이다. 반면 가상의 책은 실제 책이라고 볼 수 있다. 가상현실과 마찬가지로 어떤 가상 사물은 지구 플러스 안의 실제 사물이고, 다른 어떤 가상 사물은 그렇지 않다.

마지막으로 중요한 문제를 살펴보자. "이 가상의 피아노는 보이는 그대로인가? 아니면 환상이 개입해 있는가?" 어쩌면 이와 관련하여 가장 큰 문제는 공간일 것이다. 가상 피아노는 물리공간에 모습을 드러낸다. 가상 피아노는 약 1미터 높이의 피아노 모양을 갖추고 워싱턴스퀘어 공원 한가운데에 놓인 것처럼 보인다. 그렇다면 가상 피아노는 실제로 그 자리에 있을까? 물리현실 속 그 자리에는 아무것도 없지 않을까?

실제로는 워싱턴스퀘어 공원에 가상 피아노가 없다는 주장의 근거는 무엇일까? 만약 지구 플러스 시스템을 사용하지 않는 사람이 워싱턴스퀘어 공원에 온다면 아무것도 볼 수 없기 때문이다. 어쩌면 새들이나 다람쥐들은 이미 피아노를 보지 못할지도 모른다. 만약 화성인이 워싱턴스퀘어 공원에 온다면 이 가상 피아노를 보지 못할 것이다. 그리고 만약 일부 사람들이 지구 플러스 시스템을 설치하지 않는다면, 그들에게는 그 자리에 피아노가 없을 것이다. 지구 플러스 속 가상의 피아노는 마치 무지개 같다고 보아도 좋다. 어떤 사람들에게는 그 자리에 있는 것처럼 보이지만, 현실에는 그 자리에 존재하지 않는다.

반대로 가상 피아노가 실제로 워싱턴스퀘어 공원에 있다는 주장의 근거는 무엇일까? 지구 플러스 사용자들은 확실히 피아노가 있다고 할 것이다. 사용자들은 가상객체를 물리객체와 구분할 수 있다고 하더라도 본능적으로 실제객체와 똑같이 다루게 될 것이다. 게다가 이 가상 피아노는 워싱턴스퀘어 공원에 있는 것처럼 작동한다. 말하자면 공원에 있는 가상 피아노처럼 보이고, 느껴지고, 기능한다.

그렇다면 두 가지를 구분하는 것이 이 문제를 자연스럽게 중재할 방법일 것이다. 가상 피아노는 물리적으로는 공원에 존재하지 않는다. 다만 가상으로 공원에 존재한다. 객체가 특정 공간을 차지하는 물리적 질료를 갖추었다면 그 객체는 해당 공간에 물리적으로 존재한다. 객체가 특정 공간을 차지하는 것처럼 기능한다면 그 객체는 해당 공간에 가상으로 존재한다. 이 가상 피아노는 워싱턴스퀘어 공원에 물리적 질료를 두고 있지 않지만 마치 그 공간을 차지하는 것처럼 기능한다.

가상 피아노가 워싱턴스퀘어 공원에 물리적으로 존재하는 것처럼 보인다면, 이는 환상이다. 가상 피아노는 오직 가상으로만 공원에 존재하며, 물리적으로는 존재하지 않는다. 반면 가상 피아노가 가상으로만 워싱턴스퀘어 공원에 존재하는 것처럼 보인다면 이는 환상이 아니다. 가상 피아노는 실제로 워싱턴스퀘어 공원에 가상으로 존재한다.

이전 장에서 나는 숙련된 VR 사용자라면 가상 의자를 물리적 의자가 아니라 가상 의자로 볼 것이며, 그러한 의자가 물리공간이 아니라 〈세컨드라이프〉와 같은 가상공간에 놓여 있다고 간주할 것이라고 논했다. 만약 그렇다면 VR은 환상이 아니다. 지구 플러스에서도 숙련된 사용자는 가상 피아노를 물리적이 아니라 가상으로 볼 것이다. 이제 이러한 구분법을 유념한 채로 한 발짝 더 나가보자. 숙련된 사용자는 가상 피아노를 워싱턴스퀘어 공원의 해당 위치에 물리적으로 놓인 존재가 아니라 가상으로 놓인 존재로 볼 수 있다. 만약 그렇다면 환상은 개입하지 않는다.

나는 지구 플러스의 가상 피아노가 실제객체라고 결론짓겠다. 나아가 이 피아노가 실제 피아노이며 환상이 아니라고 볼 만한 합리적인 이유도 있다. 만약 그렇다면 이 증강현실은 진짜 현실이다.

증강현실에서 대안적 사실로?

미래에는 다수의 주요 증강현실 시스템이 등장하리라는 걸 어렵지 않게 상상할 수 있다. 단일한 보편 현실 대신 애플 현실, 페이스북 현실, 구글 현실이 등장할 것이다. 각 기업은 저마다 가상세계를 구축하고 그 세계에 자신만의 가상객체를 추가할 것이다. 페이스북 현실에는 워싱턴스퀘어 공원의 특정 위치에 가상 피아노가 놓일 수 있다. 애플 현실에는 같은 위치에 가상 표지판이 놓일 수 있다. 구글 현실에는 그 위치에 아무것도 없을 수 있다.

그렇다면 공원에는 가상 피아노가 있을까? 페이스북 현실에 따르자면 가상 피아노는 공원에 있다. 애플 현실과 구글 현실에 따르자면 그렇지 않다. 어떤 현실이 옳을까? 세 가지 현실 중 하나만 객관적 현실이고 나머지는 아니라고 보기는 어렵다. 오히려 이는 대칭적인 상황으로 보인다. 페이스북 현실에 관해 말하자면 공원에는 가상 피아노가 있다. 애플 현실과 구글 현실에 관해 말하자면 그렇지 않다. 이들은 서로 동등하게 유효한 세 가지 다른 현실 시스템이다. 그렇다면 객관적인 현실은 어디로 간 걸까?

여기에서는 일종의 상대주의relativism가 등장하는 듯하다. 공원에 가상 피아노가 있다는 사실이 정말 사실인지는 어떤 시스템을 사용하는지에 따라 달라진다. 이를 두고 대안적 사실alternative facts이 존재한다고 표현할 수 있다.

대안적 사실은 2017년 7월 도널드 트럼프의 대통령 취임식 이후 드높은 악명을 얻었다. 취임식에 몰린 인파 규모를 두고 논란이 벌어지자, 백악관 대변인 숀 스파이서Sean Spicer는 취임식 날 DC 메트로DC Metro*를 이용한 승객이 2013년 1월 버락 오바마의 두 번째 취임식 당일보다 훨씬 많았다고 발표했다. 그러나 기록에 따르자면 실제로는 2013년 취임식 날의 승객 수가 훨씬 많았다.

어느 인터뷰에서 진행자 척 토드Chuck Todd는 백악관 선임고문 켈리엔 콘웨이Kellyanne Conway에게 "왜 스파이서가 증명할 수 있는 거짓말을 했는지" 물었다. 그러자 콘웨이는 "스파이서가 대안적 사실을 제시했다."고 답했다. 콘웨이는 이 발언으로 큰 비판을 받았다. 토드는 콘웨이에게 "대안적 사실은 사실이 아니라 거짓말"이라고 응수했다. 많은 이들이 콘웨이가 이 발언으로 진실에 대한 일종의 상대주의를 제시하려 했다고 보았다.

상대주의란 여러 관점에 각각 상응하는 사실 집합이 있으며 그러한 사실들이 서로 동등하게 유효하다고 보는 견해다. 어떠한 사실이 사실인지는 관점에 따라 상대적이다. 토드의 관점에서 보자면 2013년의 승객 규모가 더 컸다. 백악관의 관점에서 보자면 2017년의 승객 규모가 더 컸다.

상대주의는 논란이 많은 개념이다. 상대주의 중에는 널리 인정받은 형태들도 있다. 예컨대 예절은 상대적이며, 무엇이 예의 있는 행동인지

---

* 워싱턴 D.C.와 그 주변 지역을 운행하는 대중 교통 시스템

는 사회마다 다르다. 전통 미국식 관습에서는 고기와 채소를 썬 다음 포크로만 먹는 게 올바른 식사 예절이다. 유럽에서는 칼과 포크를 모두 사용해서 먹어야 한다고 생각한다. 영국과 호주의 일부 관습에서는 심지어 포크를 뒤집어 들고 그 위에 채소를 올려야 한다.

그러나 어떤 관습이 옳은지 알려줄 객관적인 사실은 없다. 다만 각 관점에서 어떤 관습이 옳은지에 관한 상대적 사실만이 있을 뿐이다. 이처럼 예의범절에 관한 상대주의는 시간이 물리 법칙처럼 더 단단한 문제에 관해서는 상대주의를 거부하는 이들이 많다.

나는 증강현실과 가상현실이 다양한 식사 예절과 마찬가지로 일종의 상대주의를 이끌어낸다고 생각한다. 그러나 두 가지 모두 객관적 현실이라는 개념에는 영향을 미치지 않는 무해한 형태의 상대주의다. 한때 절대적이라고 믿었던 것들이 상대적이라고 밝혀진 것도 많다. 어떤 이들은 시간이 절대적이라고 생각했다. 선조들은 어제 월식이 일어났을 때가 아침이라는 게 객관적인 사실이라고 믿었다. 이제 우리는 시각이 상대적이라는 걸 안다.

시드니가 아침이면 뉴욕은 저녁이다. 어떤 이들은 한때 중력이 절대적이라고 생각했다. 그러나 이제 우리는 중력이 상대적이라는 걸 안다. 지구의 중력은 달의 중력보다 훨씬 강하다. 이에 따라 무게도 상대적 개념이 되었다. 나는 달에서보다 지구에서 몸무게가 훨씬 많이 나간다. 어떤 이들은 한때 모양, 질량, 시간이 절대적이라고 생각했다. 그러나 특수 상대성 이론은 기준틀에 따라 상대적이다. 객체가 빛에 가까운 속도로 움직이는 기준틀에서는 모양이 수축하고 질량이 늘어나며, 시간은 적어도 그 기준틀 안에 있는 사물에 비해 상대적으로 느려진다.

이 모든 것들은 기저 층위의 객관적 사실과 일관된다. 예컨대 지금

이 뉴욕에서 오후 1시라는 건 객관적 사실이다. 어떤 바위가 지구에서는 6킬로그램이고 달에서는 1킬로그램이라는 것도 객관적 사실이다. 이러한 종류의 상대주의와 객관적 현실은 어떻게 조화를 이룰 수 있을까? 답은 간단하다. 상대성 또한 현실의 일부라고 인정하기만 하면 된다. '지금'은 뉴욕에서는 아침 9시고 런던에서는 오후 2시다. 이 객체는 어떤 기준틀에서는 원형이고 또 다른 기준틀에서는 타원형이다. 현실을 완전히 설명하려면 이와 같은 상대성이 필요하다.

다수의 현실에 관해서도 같은 논리가 적용된다. 아마 여러분은 워싱턴스퀘어 공원에 피아노가 있는지 없는지는 객관적 사실에 관한 문제라고 생각했을 수 있다. 그러나 이는 상대적인 문제다. 애플 현실에서는 공원에 피아노가 있다. 구글 현실에서는 공원에 피아노가 없다. 이는 물리 법칙에도 마찬가지로 적용된다. 애플 현실에서는 어떠한 법칙이 객관적 사실이고, 페이스북 현실에서는 또 다른 법칙이 객관적 사실일 수 있다.

무엇보다도 애플 현실 시스템과 구글 현실 시스템은 모두 객관적 현실에 속한다. 애플 현실에서 공원에 피아노가 있다는 건 객관적 사실이다. 구글 현실에서 양자역학 법칙이 참이라는 것도 객관적 사실이다. 이렇게 우리는 여러 가상세계의 상대주의와 객관적 현실을 조화시킬 수 있다.

극단적 상대주의자라면 객관적 현실이라는 층위가 아예 존재하지 않는다고 주장할 수 있다. 이 현실에는 피아노가 있다는 것이나 밥 딜런Bob Dylan의 음악을 아름답다고 느끼는 상대적 사실은 내 관점에서 맞을 수 있지만, 다른 누군가의 관점에서는 거짓일 수 있다. 비상대주의자라면 내 관점에서 무엇이 참이고 다른 누군가의 관점에서 무엇이 참인지에 관한 객관적 사실이 있다고 말할 것이다. 하지만 상대주의자는 내 관점에서 맞는 사실조차 특정 관점에서만 맞다고 말할 것이다. 매우 흥미로운 견해이지만 이를 인정할 만한 근거는 없다.

다수의 가상현실 시스템과 증강현실 시스템으로 구성된 코스모스에도 수많은 객관적 사실이 있다. 먼저 각 현실 시스템에서 일어나는 일에 관한 객관적 사실이 있다. 애플 현실 속 공원에 피아노가 있다는 건 객관적인 사실일 것이다. 밑바탕 층위의 현실에 관한 객관적 사실도 있다. 가상세계 속 가상세계에 관한 논의 중 그 어떤 요소도 이 사슬의 끝에 기본 현실base reality*이 없다고 암시하지 않는다. 우리 현실이 기본 현실에서 42계단 내려온 층위의 시뮬레이션이라고 하더라도 기본 현실은 독립적으로 존재한다.

무엇보다도 중요한 건 평범한 현실에서 일어나는 일에 관한 객관적 사실이 있다는 점이다. 2020년 미국 대선에서 특정 투표수가 집계되었다는 건 객관적인 사실이다. 조 바이든이 선거에서 승리했다는 것도 객관적인 사실이다. 물론 평범한 현실에 관한 수많은 사실은 시간과 장소를 비롯한 여러 요인에 따라 상대적으로 바라볼 수 있다. 조 바이든은 2020년 미국 대통령에 당선되었지만 2016년에는 그렇지 않았다.

가상세계에서도 마찬가지 논리가 적용된다. 평범한 현실에서는 바이든이 당선되었지만 우리 시뮬레이터가 사는 우주인 메타 현실에서는 다른 누군가가 당선되었을 수 있고, 우리가 구축한 가상세계인 〈세컨드 라이프〉 안에서도 다른 누군가가 당선되었을 수 있다. 그러나 이처럼 현실이 상대적이라는 걸 깨닫기만 한다면, 평범한 현실 속 2020년 미국에서 일어난 일은 그대로 객관적 사실로 남는다.

---

* 모든 가상현실이나 시뮬레이션의 기반이 되는 실제 물리적 현실

이러한 사실들에 관해서는 여러 반론이 있을 수 있다. 트럼프 지지자들은 이 현실에서 트럼프가 더 많은 표를 받았다고 생각하고 바이든의 지지자들은 바이든이 더 많은 표를 받았다고 생각한다. 그런데 이번에는 어느 쪽이 옳은지에 관한 객관적 사실이 있다. 운이 좋다면 우리는 그 사실을 찾아낼 수도 있다.

영국의 텔레비전 시리즈 〈블랙 미러〉의 에피소드인 '불에 맞서는 남자Men Against Fire'에서는 병사들이 인간 돌연변이가 바퀴벌레로 보이는 매스MASS라는 이름의 증강현실을 사용했다. 이 시스템은 병사들이 돌연변이를 몰살하는 일종의 대량 학살을 가능하게 했다. 그렇다면 이 현실은 어떻게 평가할 수 있을까?

매스 현실이 어느 농가에서 돌연변이의 흔적을 모두 지워버리고 가상의 바퀴벌레만 보여준다면, 매스 현실 속 농가에 인간은 없고 바퀴벌레만 있다고 할 수 있다. 그러나 평범한 현실 속 농가에는 여전히 사람들이 있다. 매스 현실에서 바퀴벌레로 보이는 것들을 죽인 병사는 그 현실의 가상 바퀴벌레를 죽이는 동시에 평범한 현실에서 사람을 죽였다. 세상 모든 사람이 매스를 사용한다고 하더라도 여전히 사람들이 죽어나갈 것이다.

여러 현실의 상대주의는 평범한 현실의 냉혹한 사실에서 벗어나지 못한다.

가까운 미래의 증강현실

오늘날의 기준으로 지구 플러스는 공상과학소설에나 나올 법하다.

현존하는 증강현실 시스템은 이보다 훨씬 평범하다. 증강현실 시스템은 대개 가상객체를 보고 들을 수 있는 데에 그치며, 만지거나 냄새를 맡거나 맛을 볼 수는 없다. 가상객체는 우리의 움직임을 방해하지도 않는다. 영구적으로 설치하는 증강현실 시스템도 없다. 사용자들은 증강현실 안경을 착용하지만 대부분 안경을 벗고 있다. 보편적인 시스템도 없다. 현존하는 몇 가지 시스템은 각각 소수의 사용자가 단기간으로 이용하고 있다.

그러나 지구 플러스에 관하여 앞서 다루었던 논의 중 일부는 가까운 미래의 증강현실에도 그대로 적용된다. 내가 증강현실을 이용해 거실에 가구를 배치해보는 중이고 현재 거실 한쪽 구석에 가상의 소파가 보인다고 해보자. 이 소파는 실제인가?

앞서 논했듯 가상 소파는 실제 디지털객체로써 증강현실 기기의 컴퓨터 내부에 존재한다. 가상 소파에는 진짜 인과력이 있다. 적어도 이 소파는 내가 소파를 보게 하며, 나아가 소파를 구매하게 할 수도 있다. 가상 소파는 어느 정도는 우리 정신과 독립적으로 존재한다.

증강현실 안경을 벗어도 프로그램이 계속 실행되도록 둔다면 디지털객체는 그대로 존재하며 이론상 다른 이들이 볼 수도 있다. 그러므로 이 가상 소파는 현실의 다섯 가지 조건 중 첫 세 가지인 존재, 인과력, 정신 독립성을 적어도 어느 정도는 충족한다. 그러나 이 소파는 마지막 다섯 번째 조건을 충족하지 못한다. 이건 확실히 실제 소파가 아니다. 이 가상 소파에는 앉을 수도 없다.

다섯 번째 조건으로 미루어 보자면 거실에 놓인 이 소파는 환상인가? 이 소파는 많은 사용자에게 마치 거실 한구석에 물리적으로 존재하는 것처럼 보일 것이다. 그곳에는 아무것도 없으므로 소파는 환상이다.

그러나 앞에서 살펴본 바와 마찬가지로 숙련된 증강현실 사용자라면 거실 한구석에 가상의 소파가 놓여 있는 것처럼 볼 것이라 논할 수 있다. 게다가 가상의 소파는 물리적으로 존재하기보다는 가상으로만 거실에 존재하는 것처럼 보일 것이다. 만약 그렇다면 환상은 일어나지 않는다. 가상 소파는 실제로 거실에 가상으로 존재하며, 적어도 어떤 때는 그 자리에서 볼 수 있다.

지구 플러스와의 차이점도 중요하다. 우리는 이 소파를 만질 수도 없고 그 위에 앉을 수도 없다. 그러므로 이 소파가 가상으로 거실에 있다는 감각을 비교적 약하게 느낀다. 이 소파는 사용자와 상호 작용하는 데 있어 시각 등의 일부 상호 작용을 지원하지만, 일반적인 상호 작용과는 거리가 멀다. 이 소파는 나만 볼 수 있으므로 다른 사람이 소파와 상호 작용할 수도 없다. 항상 증강현실 안경을 끼는 것도 아니므로 소파는 지속적이라고 하기에는 한참 모자란다. 그렇다면 나에게는 증강현실 안경을 사용하는 동안 이 가상 소파가 가상으로 거실에 놓여 있으며, 다른 사람들에게는 전혀 그렇지 않다고 할 수 있다. 그러나 가상 소파가 거실에 가상으로 놓여 있다는 걸 그대로 지각하는 한 환상은 일어나지 않는다.

적어도 가까운 미래에는 가상성 감각이 증강현실을 사용하는 열쇠일 수 있다. 사용자는 물리객체와 가상객체를 구분해야 한다. 만약 사용자가 평범하게 물리객체를 다루는 방식 그대로 가상객체를 다루다가는 혼란에 빠질 수 있기 때문이다. 머지않아 증강현실 사용자는 굳이 가상 의자에 앉거나 가상 음식을 먹으려 하지 않을 것이다. 물리객체를 가상객체처럼 다룰 때도 마찬가지다. 우리는 실재하는 벽을 통과하려고 달려들지 않을 것이다.

매우 가까운 미래에는 이것이 별다른 문제가 되지 않을 것이다. 아직은 가상객체를 구현하는 기술이 제한적이어서 가상객체와 물리객체를 쉽게 구분할 수 있기 때문이다. 앞으로 기술이 발달하여 두 객체를 구분할 수 없게 된다면 더 분명한 가상객체로 보이도록 만들어야 할 강한 압력이 생길 것이다.

물리-가상 연속체

1994년, 산업공학자 폴 밀그램Paul Milgram과 일본계 시스템 연구소 소속 동료들은 논문으로 '현실-가상 연속체reality-virtuality continuum'라는 개념을 발표했다. 현실-가상 연속체의 한쪽 말단에는 평범한 물리현실이 있고, 다른 한쪽 말단에는 순수한 가상현실이 있다. 두 말단 사이에는 물리객체와 가상객체를 모두 경험할 수 있는 다양한 종류의 혼합현실mixed reality이 있다.

일반적인 증강현실은 물리세계를 기반으로 가상객체를 이곳저곳에 증강한다. 증강가상augmented virtuality에서는 가상세계를 기반으로 물리객체를 이곳저곳에 증강한다. 가상 콘서트홀에 비가상 밴드가 출연할 때가 증강가상의 사례다. 나는 밀그램이 이 연속체에 잘못된 이름을 붙였다고 생각한다. 가상이 현실의 반대라는 전제가 깔려 있기 때문이다. 앞서 살펴보았듯 가상의 반대가 현실이라고 가정할 수는 없다. 그러므로 '물리-가상 연속체the physicality virtuality continuum'라고 부르는 편이 더 좋을 것이다. 일반적인 VR 시스템은 대체로 순수 가상이고, AR 시스템은 물리에 가상을 증강한다.

우리는 연속체의 각 지점에 대해 현실은 어느 정도 개입하고 환상은 어느 정도 개입하는지에 관한 매력적인 질문을 던져볼 수 있다. 지금까지 우리는 일반적인 VR과 일반적인 AR을 논했다. 그렇다면 연속체의 다른 지점들은 어떨까?

가상세계 안에 존재하는 물리객체를 경험할 수 있는 증강가상을 먼저 살펴보자. 예를 들어, 뉴욕에 있으면서 증강가상으로 호주에 있는 동생과 대화한다고 해보자. 동생은 가상세계에서 아바타 형태가 아니라 평상시의 물리적 형태를 갖추고 옆의 의자에 앉아 있다. 이때 그는 분명 실제다. 동생은 인과력이 있으며 내 정신과도 독립적으로 존재한다. 나는 동생이 인간임을 경험하고, 그는 실제로 인간이다. 한편 나는 그가 가상의 방 안에 나와 함께 있는 경험을 한다. 이는 환상인가? 꼭 그런 것은 아니다. 동생은 물리적으로 가상의 방 안에 있는 게 아니라 가상으로 가상의 방 안에 있다. 증강가상 기술에 익숙하다면 나는 동생과 가상의 방을 있는 그대로 경험한다.

그렇다면 물리세계의 요소와 가상세계의 요소가 동등하게 상호 작용하는 완전한 혼합현실은 어떨까? 어쩌면 물리적 건물에 가상의 벽을 증강할 수도 있고, 물리적으로 존재하는 사람들과 가상으로 존재하는 물리적 사람들, 그리고 아바타들이 한데 뒤섞여 대화를 나눌 수도 있다. 이는 물리세계 또는 가상세계를 단독으로 볼 때와는 상당히 다른 물리-가상 복합 세계라고 볼 수 있다. 숙련된 사용자라면 이곳을 물리객체와 가상객체가 한결같이 존재하는 공간으로 경험할 것이며, 이는 환상이 아니다.

혼합현실에서는 증강한 가상객체가 주변의 물리세계와 상호 작용하는지 그렇지 않은지도 중요하게 작용한다. 예시로 증강현실 안경을 쓰면 우주 공간에서 펼쳐지는 VR 비디오게임을 플레이하는 동시에 눈앞의 물리적 테이블을 볼 수 있다고 해보자. 두 세계는 독립적으로 존재하므로 우리는 각각의 세계를 가상세계와 물리세계로 따로 경험하게 되며, 가상의 우주선이 물리세계를 떠돌고 있다는 감각을 실제로 느끼지는 않는다.

각 세계의 위치는 서로 정렬될 수 있고 가상 우주선은 잠시 눈앞의 물리적 테이블에 가까이 다가올 수 있지만, 이 세계를 지각하는 데 있어서 이러한 정렬은 대체로 무시된다. 숙련된 사용자라면 물리객체와 가상객체에 서로 완전히 다르게 반응할 것이다. 예컨대 물리객체에서 벗어나려면 걸어 나오겠지만 가상객체라면 뚫고 날아오를 수 있다. 이때 혼합현실에는 물리세계와 가상세계 양측에 대하여 동시다발적 비환상 지각이 관여한다.

제13장

딥페이크에 속지 않을 수 있는가?

기념비적인 인공지능 프로그램인 GPT-3가 출시된 직후인 2020년 7월, 철학자 헨리 셰블린Henry Shevlin은 한 건의 인터뷰를 온라인에 공개했다.

셰블린: 인터뷰하게 되어 반갑습니다, 차머스 님. 오늘은 기계 의식에 관한 차머스 님의 관점을 들어보려 합니다. 먼저 간단한 질문부터 시작해보겠습니다. GPT-3와 같은 텍스트 기반 모델에 의식이 있을 수 있을까요?

차머스: 제 생각에는 그럴 것 같지는 않지만, 확실히 말할 수는 없을 듯합니다.

셰블린: 가까운 미래에 의식에 관한 이론이 이 문제를 해결할 만큼, 그러니까 특정 인공 시스템에 의식이 있는지를 알려줄 만큼 발달할 수 있을까요?

차머스: 그럴 가능성은 매우 적다고 생각합니다. 아직 인간에게 의식이 있는지를 명확하게 밝혀줄 의식 이론조차 제대로 확립되지 않았으니까요. 게다가 인간은 현대 컴퓨터에 비하면 훨씬 단순합니다.

셰블린: 동물 의식은 어떤가요? 예컨대 정말 물고기는 의식적으로 엄청난 고통을 느낄 수 있을까요? 우리에게는 이에 대해 적어도 합리적이고 근거 있는 답변을 구해야 할 도덕적 의무가 있는 것으로 보이는데요. 이 문제에 어떻게 접근할지 생각해보신 적 있으신가요?

차머스: 글쎄요, 제 생각에는 포유류에게는 의식이 있다고 합리적으로 논할 수 있을 듯합니다.

셰블린: 어떤 근거로 포유류에게는 의식이 있다고 할 수 있을까요?

차머스: 글쎄요, 우선 인간부터 시작해보죠. 우리는 자아 성찰로 우리에게 의식이 있다는 걸 알고 있으며, 우리에게 의식이 없다고 상상하기는 매우 어렵습니다.

셰블린: 물론이죠. 그렇다면 인간 이외에는 어떤가요? 글로벌 워크스페이스 구조를 정확하게 구현하거나 차머스 님이 보시기에 의식을 지지하는 구조를 구현하는 유기체는 인간 외에는 없는 듯한데요. 그렇다면 개나 닭에게 의식이 있는지는 어떻게 판단할 수 있을까요?

차머스: 정말 좋은 질문입니다. 제 생각에는 만약 유기체에 뇌와 중앙 신경계를 가지고 있다면 그 유기체에는 의식이 있을 가능성이 있다고 말할 수 있을 듯합니다.

셰블린의 인터뷰에서 '차머스'라고 표시된 답변은 GPT-3가 생성했다. GPT-3는 딥러닝으로 훈련받은 거대 인공 신경망이며, 딥러닝은 대량의 데이터를 바탕으로 신경망을 훈련시키는 기술을 말한다. GPT-3의 주요 목적은 인터넷에 올라와 있는 텍스트를 읽고 그에 이어질 그럴듯한 텍스트를 생성하는 것이다. 인터뷰 첫머리에서 셰블린은 "이 글은 헨리 셰블린과 데이비드 차머스 사이에 진행된 인터뷰입니다."라는 말과 함께 위키피디아에 올라와 있는 내 약력을 적어두었다. 그 이후로 모든 질문은 셰블린이 적은 말이고 모든 답변은 GPT-3가 생성한 답변이다.

이 인터뷰를 읽는 동안 나는 당혹감을 지울 수 없었다. GPT-3는 이러한 문제에 관한 나의 의견을 어느 정도 정확하게 파악했다. 곳곳에 결함이 있긴 했지만(인간이 현대 컴퓨터에 비해 단순하다니?), 여러 동료가 페이스북에서 이 인터뷰를 읽고는 실제로 내가 한 인터뷰라고 생각했다고 말했다. 세심한 동료들은 내가 기분이 안 좋은 상태로 인터뷰한 것처럼 들렸다고 말해주었다. 어떤 동료는 '생각'이라는 말을 너무 자주 사용해서 티가 났다고 말했다. 나는 글을 쓸 때 '생각'이라는 말을 너무 자주 사용하는 나쁜 버릇이 있다고 답할 수밖에 없었다. 어떤 이들은 이제 실제로 나와 대화하는지 확신할 수 없겠다고 농담하기도 했다.

GPT-3는 사실상 나에 대한 시뮬라크르를 만들어 수많은 친구와 동료를 속였다. 내 시뮬라크르는 딥페이크deepfake의 한 사례이거나 적어도 그와 매우 비슷한 사례로 볼 수 있다. 딥페이크란 딥러닝 기술을 사용해 생성한 가짜 개체를 말한다. 딥페이크라는 단어는 가짜 텍스트보다는 가짜 사진이나 가짜 동영상을 가리키는 말로 흔하게 쓰인다. 최근까지도 가짜 이미지는 대개 포토샵, CGIComputer-Generated Imagery기술 등의 도구를 이용해 만들었다. 2016년 영화 〈로그 원: 스타워즈 스토리Rogue One: A Star Wars Story〉에 등장한 레아 공주Princess Leia의 모습이 그 예시다.

영화 속 레아 공주는 마치 1977년 오리지널 〈스타워즈〉에서 캐리 피셔Carrie Fisher가 연기한 젊은 캐릭터와 똑같아 보인다. 이는 CGI 기술로 만든 장면이다. 전문가가 1977년 영화에서 피셔의 얼굴을 복사한

다음 노르웨이 출신의 배우 잉빌드 데일라Ingvild Deila의 몸에 붙여넣은 것이다.

〈스타워즈: 로그 원〉은 엇갈린 평가를 받았다. 당시만 하더라도 CGI 기술이 그만큼 발전하지 않았기 때문에 복제된 레아 공주가 진짜 같지 않거나 거슬린다고 평하는 관객이 많았다. 그러나 그로부터 고작 4년이 지나자 아마추어들이 누구나 사용할 수 있는 AI 프로그램을 이용해 영화 속 장면에 레아 공주의 얼굴을 붙여넣어 장면을 복사해냈다. 많은 관객이 전문가가 만든 2016년 버전보다 아마추어가 만든 2020년 버전이 더 그럴듯하다고 평했다.

새로운 버전의 레아 공주는 딥페이크였다. 딥페이크 사진과 영상은 뉴런과 같은 컴퓨팅 유닛이 여러 층을 이루며 서로 연결된 딥 신경망* 으로 만든다. 이 신경망은 딥러닝 프로세스로 일정 시간 훈련을 거치면서 피드백에 대응하여 유닛 간 연결을 조정한다. 딥러닝으로 신경망을 훈련하면 그럴듯한 이미지나 영상을 만들어내는 작업을 비롯한 여러 작업을 수행할 수 있다. 대개 딥페이크 사진이나 영상은 대상 인물이 절대로 하지 않을 만한 일이나 말을 하는 모습을 담고 있다. 때로는 딥페이크 사진이나 영상으로 존재한 적 없는 인물을 만들어낼 수도 있다.

딥페이크는 정치와 포르노그래피를 비롯한 수많은 맥락에서 찾아볼 수 있다. 대부분은 공인이 터무니없는 말을 하는 모습을 그린다. 오바마가 〈블랙 팬서〉의 악역이었던 혁명가 킬몽거Killmonger를 가리켜 "킬몽거가 옳았다."라고 외치는 모습이나, 도널드 트럼프가 TV 드라마 〈베터

＊ 딥 뉴럴 네트워크deep neural network라고도 한다.

콜 서울〉에 등장해 돈세탁 방법을 설명하는 모습 따위가 제작되어 돌아다니고 있다. 2020년 인도 델리의 주선거 캠페인에서 인도인민당은 이 기술을 사용해 소속 후보 마노즈 티와리Manoj Tiwari가 실제로는 구사하지 못하는 하리아나어로 대중 앞에서 연설하는 동영상을 제작했다.

딥페이크 기술은 앞으로도 빠르게 발전할 가능성이 크다. 곧 딥페이크 사진 및 동영상과 실제 사진 및 동영상을 구분하지 못하게 될 것이다. 증강현실 세계 또는 가상현실 세계에도 딥페이크가 들어올 수 있다. 어쩌면 친구가 증강현실로 우리 앞에 나타나서는 평소라면 절대로 하지 않을 말들을 할 수도 있다. 결국에는 사람들에게 실제와 다른 장소에 있다는 확신을 심어줄 완전한 딥페이크 가상현실이 등장할 수도 있다.

딥페이크에 대해서도 현실 질문을 던져볼 수 있다. 딥페이크는 실제인가? 만약 가상객체가 실제라고 한다면 딥페이크도 현실이라고 봐야 하지 않을까? 또 지식 질문도 해볼 수 있다. 우리가 보는 것이 딥페이크가 아님을 어떻게 알 수 있는가? 딥페이크가 널리 사용되게 된다면 어떤 영상이 실제인지 알 수 있을까?

남을 속이기 위한 이른바 '가짜 뉴스'에 대해서도 같은 질문을 던져볼 수 있다. 어느 정치적 인물을 음해하고 다른 인물이 이득을 취할 수 있도록 가짜 뉴스를 퍼트리는 일이 점차 흔해지고 있다. 여기에도 다시한번 현실 질문을 던져볼 수 있겠다. 가짜 뉴스는 실제인가? 무엇보다도 중요한 건 지식 질문이다. 우리는 우리가 보는 뉴스가 가짜 뉴스라는 걸 어떻게 알 수 있는가?

이 질문들은 2020년대의 현재진행형 질문이다. 우리가 〈매트릭스〉와 같은 시나리오 속에 있는지에 관한 질문은 흥미롭고 재미있는 질문으로 여길 수 있다. 그러나 어떤 뉴스가 가짜 뉴스인지에 관한 질문은 정신이 번쩍 드는 질문이다. 이 질문은 외부세계 회의론 문제 중에서도 특히 현실적인 문제들을 떠올리게 한다.

데카르트의 '전체 회의론'을 빌리자면 모든 게 가짜인지를 물어야겠지만, 여기에서는 그 대신 데카르트의 '부분 회의론'을 빌려 묻는다. 이것은 가짜인가? 이것은 실제로 일어나는 일인가? 그러므로 전체 회의론에 대답하기 위해 제6장 등에서 살펴본 전략은 사용할 수 없다. 나는 부분 회의론 문제에 대응할 일반적인 답변을 안다고 말한 적 없다. 그렇지만 우선 딥페이크와 가짜 뉴스가 제시하는 문제들에 관해 쓸 만한 의견을 내놓을 수 있는지 살펴보도록 하자.

특히 나는 이번 장의 제목과 관련된 질문에 초점을 맞춰보겠다. 현대 세계의 비판적인 관찰자는 딥페이크와 가짜 뉴스에 완전히 속아 넘어가지 않고 회피할 수 있는가? 이와 관련해 나는 제한된 반회의론적 결론을 주장하려 한다.

이론상 적어도 약한 가정하에서 현대 민주주의 사회의 비판적인 관찰자는 뉴스 미디어가 다양한 문제에 관하여 내놓는 전반적인 기만을 피할 수 있다. 이 현상의 심각성을 낮추려는 의도가 아니다. 실제로 가짜 뉴스가 수많은 사람을 속이고 엄청난 악영향을 미치리라는 것은 의심할 여지가 없다. 게다가 비판적인 관찰자라도 어떤 문제에 관해서는 기만을 피하지 못할 수 있다. 그래도 이들이 속아 넘어가는 수준에는 한계가 있을 것이다.

이 문제를 살펴보기 위해 우선 딥페이크에 대한 현실 질문과 지식 질문부터 들여다보겠다. "딥페이크는 실제인가? 우리는 어떤 이미지가 가짜인지 알 수 있는가?" 다음으로는 가짜 뉴스에 대해서도 같은 질문을 던져보겠다.

딥페이크는 실제인가?

먼저 딥페이크와 현실 간의 연결성부터 논해보자. 첫 번째 질문은 우리가 딥페이크에서 마주하는 이미지(즉, 사진과 동영상)로 만나는 개체와 사건이 실제인지 아닌지다. 딥페이크 오바마는 실제 오바마인가? 딥페이크 강아지는 실제 강아지인가? 적어도 가상의 강아지이긴 한가? 애초에 디지털개체이기는 한가?

혹자는 딥페이크가 일종의 가상현실이라고 말한다. 만약 그렇다면 내가 논한 가상 실재론이 딥페이크에 적용되고, VR 버전의 오바마와 강아지 또는 고양이가 실제인 것처럼 딥페이크 오바마와 강아지 또는 고양이 또한 실제라고 말해야 할 것이다. 직관적으로 보기에 이상한 결론이지만, 그렇다고 이를 부정하기에는 이미 이상하게 느껴지는 결론들을 여럿 주장했다.

다행히도 이 결론은 앞서 살펴본 결론들과 다르다. 일반적인 딥페이크는 애초에 가상현실이 아니다. 가상현실이 컴퓨터로 생성한 실감형 양방향 개체라는 걸 떠올려보자. 딥페이크는 한 가지 조건을 충족하고 나머지 중 한 가지도 쉽게 충족할 수 있다. 우선 컴퓨터로 생성했으며, 지금은 실감형이 아니지만 훗날 헤드셋으로 360도로 볼 수 있는 딥페이크 동영상이 나온다면 실감형이 될 수도 있다는 걸 쉽게 상상할 수 있다. 그러나 사진과 동영상은 양방향 조건을 충족하지 못한다. 딥페이크 사진과 동영상은 다른 무엇과도 상호 작용할 필요가 없는 고정된 이미지 또는 고정된 일련의 이미지로 구성된다.

오늘날의 딥페이크는 대부분 양방향이 아니기 때문에 VR 세계보다는 디지털 영화에 더 가깝다. 무엇보다도 딥페이크에는 완전한 가상객체가 포함되지 않는다. 오바마나 특정 강아지 또는 고양이에 대략 상응하는 비트 패턴이 포함될 수는 있다. 그러나 이러한 비트 패턴은 대상의 가상 버전이 가지는 인과력을 전혀 가지지 못한다.

가상 오바마는 상호 작용이 가능하다. 그래서 그와 어떻게 상호 작용하느냐에 따라 다양한 발언이나 행동을 할 수 있다. 가상의 강아지나 축구공과도 상호 작용이 가능하다. 하지만 딥페이크 강아지나 축구공은 상호 작용 능력이 없다. 기껏해야 특정한 방식으로 보이는 능력만 있을 뿐이다.

언젠가는 완전히 상호 작용할 수 있는 딥페이크 가상현실도 등장할 것이다. 앞서 살펴보았듯 기존의 텍스트를 이용해 GPT-3를 훈련하면 오바마와의 대화를 시뮬레이션할 수 있다. 이 프로세스를 확장하면 오바마의 다양한 음성 및 동영상 녹화본을 사용해 인공지능 네트워크를 훈련해 다양한 상황에서 마치 오바마처럼 보이고 말하는 시뮬레이션을 만들 수도 있다. 완전히 새로운 입력값을 마주하더라도 이 네트워크는 훈련과 일관되게 그럴듯한 방식으로 대답할 것이다. 이 네트워크는 상황에 따라 불완전하고 신빙성이 떨어지기도 하겠지만 어쨌든 상호 작용할 수 있다.

마찬가지로 인공지능 네트워크는 축구 경기장이나 교실과 같은 전체 환경을 관찰하고 이를 훈련해 다양한 상황을 시뮬레이션할 수 있다. 새로운 사건이 발생하더라도 네트워크는 모종의 방식으로 이에 대응할 것이다. 만약 우리가 이러한 환경 속에 있다면 마치 VR 버전의 축구 경기장이나 교실과 같은 경험을 하게 될 것이다.

그렇다면 딥페이크 가상현실은 어떨까? 딥페이크 가상 축구공은 실제인가? 딥페이크 가상 오바마는 실제인가? 나는 전반적으로 가상의

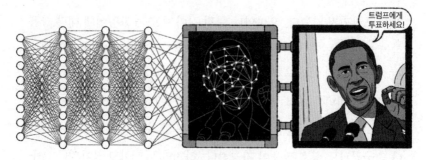

그림 33 딥페이크 오바마

축구공이나 가상의 오바마를 대했던 것과 같은 방식으로 딥페이크 가상현실을 다루어야 한다고 말하겠다. 딥페이크 가상 축구공은 실제 디지털객체다. 또한 축구공의 인과력과 유사한 인과력을 지니기 때문에 가상으로 걷어차일 힘도 있고 다양한 속도와 궤적으로 날아갈 힘도 있다. 동시에 이 축구공은 실제 축구공이 아니다. 실제 축구공은 특정 재료를 사용해 특정한 크기로 만든다. 가상의 축구공은 이러한 특질을 갖출 필요가 없다.

이제 딥페이크 가상 오바마를 논해보자. 딥페이크 가상 오바마는 오바마의 인과력과 유사한 인과력을 지닌 실제 디지털객체다. 만약 근미래의 AI 기술을 사용해 제작한 딥페이크 오바마라면 오바마가 가지는 여러 인과력을 딥페이크 버전에서는 찾아볼 수 없을 것이다. 딥페이크 오바마는 실제 오바마의 지성이나 융통성 등을 전혀 드러내지 못할 테다. 그러므로 아마 의식이 있는 존재도 아니고 사람도 아니라고 할 수 있다. 어쩌면 앞으로 수십 년 후의 AI 기술로는 실제 오바마의 지성이나 융통성 등이 드러날 만큼 딥페이크 오바마를 훈련할 수 있을지도 모른다. 만약 그렇다면 딥페이크 오바마는 의식이 있는 존재 또는 사람이라고 할 수 있게 된다. 그러나 이러한 종류의 딥페이크는 아직 요원하다.

딥페이크 가상 오바마는 실제 오바마인가? 확실히 그 어떤 가까운 미래의 딥페이크도 실제 오바마라고 할 수 없을 것이다. 이는 로봇 버전의 오바마가 실제 오바마가 아닌 것과도 마찬가지다. 그러나 AI가 발전한다면 이처럼 완전히 확신할 수는 없다. 오바마를 충분히 잘 시뮬레이션한다면 그 시뮬레이션은 실제 오바마와 연속할 수 있다. 말하자면 행동학적 데이터를 컴퓨터에 업로드하고 이 데이터만을 사용해 재구성한 버전의 오바마와 같을 것이다.

어떤 철학자는 이 업로드를 두고 오바마의 생애가 계속된다고 보기도 할 것이다. 만약 오바마가 세상을 떠난 뒤에 이 프로세스가 완성된다면 심지어는 부활로 여길 수도 있다. 반면, 생물학적 오바마가 여전히 살아 있는 동안 매우 정교한 딥페이크 오바마를 만든다면 사람들은 대개 그러한 딥페이크 오바마가 실제 오바마가 아니라고 여길 것이다. 이러한 논의는 더 복잡한 문제들을 낳는데, 이는 제15장에서 살펴보겠다.

이처럼 현실 질문에 대해서는 일관된 답변을 내놓기가 어렵다. 단기적으로는 딥페이크에 실제 디지털개체를 포함할 수 있지만, 여기에는 일반적인 가상객체 또는 물리객체와 같은 인과력이 없다. 장기적으로 가상 AI 딥페이크에도 일반적인 가상 또는 물리객체와 동등한 인과력을 지닌 실제 디지털개체가 포함될 수 있다. 그러나 두 가지 모두에서 우리는 아마 딥페이크가 실제 사물과는 다르다고 여길 것이다. 딥페이크 오바마는 (아마도) 실제 오바마가 아니다. 딥페이크 축구공은 (아마도) 실제 축구공이 아니다. 이제 진지하게 지식에 관한 질문을 던져볼 준비가 되었다.

어떤 이미지가 실제라는 건 어떻게 알 수 있는가?

어느 동영상에서 오바마처럼 보이는 누군가가 어떤 발언을 하고 있다고 해보자. 이 사람이 실제 오바마라는 걸 어떻게 아는가? 우리는 이 동영상 이미지가 실제라는 걸 알 수 있는가? 이 문제는 모든 사진과 동영상에도 일반적으로 적용할 수 있다. 우리는 어느 폭포 사진이 실제 폭포인지 어떻게 아는가? 어느 폭력 시위 동영상이 진짜 폭력 시위를 담은 것인지 어떻게 아는가?

철학자 레지나 리니Regina Rini가 관찰한 바에 따르자면 우리는 이미지를 안전장치 삼아 지식을 판별하는 데 익숙하다. 의심이 갈 때는 보이는 것을 믿고, 사진을 증거처럼 받아들이는 셈이다. 그러나 딥페이크의 시대에는 이미지를 보이는 그대로 믿을 수 없다.

지금은 가짜 이미지와 실제 이미지를 자세히 들여다볼 때 티가 나기 때문에 두 가지를 구분할 수 있다. 그러나 딥페이크 기술이 계속 발전한다면 옥의 티를 눈치채기가 점점 더 어려워질 것이다. 오래지 않아 고급 알고리즘이 아니고서는 딥페이크 이미지를 감지할 수 없고 육안으로는 아무런 티도 잡아내지 못하게 될 것이다. 이 시점에 이른다면 이미지의 품질만을 살펴보고 실제 이미지와 딥페이크를 구분할 방법은 없어질 것이다.

이미지가 비현실적이라면 그 이미지가 가짜라는 신호일 수 있다. 이미지 속의 시드니하버 다리가 거꾸로 뒤집혀 있다면 그 사진은 십중팔구 가짜다. 이미지 속의 버니 샌더스Bernie Sanders가 공화당을 지지하고 있다면 그 사진은 분명 가짜다. 그러나 이러한 이미지가 매일같이 쏟아지는 놀라운 뉴스 아이템만큼이라도 그럴듯하게 보인다면 이러한 방식으로 가짜 이미지를 걸러낼 수는 없다.

또 다른 극단을 살펴보자. 만약 일상적인 동영상에서 여러분의 사촌 동생이 그다지 중요하지 않은 잡담을 늘어놓고 있다면 이 동영상은 실제일 가능성이 크다. 누가 구태여 가짜로 이런 동영상을 만들겠는가? 더 일반적으로 말하자면 지금은 돌아다니는 딥페이크 이미지가 상대적으로 거의 없으며, 이를 합리적인 근거로 삼아 대부분의 이미지를 실제라고 여겨도 좋겠다. 그러나 앞으로 더 흔해지고 만들기가 더 쉬워질수록 딥페이크는 점점 더 심각한 문제로 떠오를 것이다.

장기적으로 어떤 이미지가 실제인지 가짜인지 확실히 알 방법은 믿을 만한 출처의 '인증'을 받는 방법밖에 남지 않을 것이다. 믿을 만한 친구가 사진을 보여주면서 직접 찍은 사진이라고 말한다면 그 사진은 실제라고 믿어도 좋다. 신뢰할 만한 뉴스 채널에서 동영상을 올리면서 직접 촬영한 영상이라고 말한다면 그 영상은 진짜일 것이다. 반면 만약 길바닥에 떨어져 있던 사진이나 정치색이 짙은 웹사이트에서 동영상을 보게 된다면 이것이 실제라고 믿을 만한 근거는 비교적 약하다.

딥페이크를 어디에서나 찾아볼 수 있는 환경이라면 아마 인증은 자기 자신을 보호할 수 있는 가장 좋은 방법이 될 것이다. 물론 인증도 완벽한 방법은 아니다. 믿을 만한 친구가 속였을 수도 있고, 친구의 이메일이 해킹당했을 수도 있다. 신뢰할 만한 뉴스 채널도 종종 틀릴 수 있다. 또는 우리가 모르는 사이에 나쁜 행위자가 채널을 장악했을 수도 있고, 그럴듯한 이야기에 속았을 수도 있다.

각 출처는 평판을 쌓아가며 신뢰할 만한 이유를 제시할 수 있다. 또 어떤 출처는 다른 믿을 만한 출처를 추천하면서 신뢰 네트워크를 넓혀갈 수도 있다. 그렇다고 하더라도 문제가 완전히 없어지지는 않는다. 예컨대 모든 출처가 잘못되었다면 어떨까? 이 문제는 잠시 후 다시 논하겠다. 어쨌든 사진과 동영상은 외부세계에 대한 증거의 출처 중 하나에 지나지 않는다. 만약 그 어떤 사진이나 동영상도 믿을 수 없다는 게 밝혀지더라도 우리의 지식은 다소 약화될 뿐 완전히 무너지지는 않는다.

딥페이크 가상현실이 가능해진다면 문제는 몇 배로 늘어난다. 어떤 때는 VR 환경 자체가 문제가 된다. 내가 지금 봇이 내 친구인 척하는 딥페이크 에뮬레이션이 아니라 실제로 친구들과 함께 멀티플레이어 〈비트 세이버〉를 플레이하는지는 어떻게 알 수 있을까? 어떤 때는 평범한 지각이 문제가 된다. 회사 동료들과 신제품에 관한 회의를 진행하는 상황에서, 혹시 영업 비밀을 훔치려고 혈안이 된 경쟁사에서 나를 딥페이크 가상현실로 납치해온 것은 아닌지 어떻게 알 수 있을까?

여기에서도 인증은 한 가지 해결책이 될 수 있다. 신뢰하는 가상현실 소프트웨어만 이용한다면 가짜를 피하는 데 도움이 된다. 또 믿을 만한 증강현실 기기만을 사용해야 한다. 이러한 소프트웨어와 기기에도 가상 요소가 있지만, 이러한 요소는 이해할 만한 선에 한한다.

예를 들자면, 사용자에게 알리지 않고 가짜 친구나 친척을 제시하지는 않으리라는 규칙이 있을 것이다. 어떤 상황에서는 이러한 규칙을 시행하기 어려울 수도 있다. 사람들이 아바타의 모습으로 생활하는 사회적 VR에서는 딥페이크 제작자가 여러분의 어머니와 똑같이 생긴 아바타를 만들 수도 있다. 그러나 이때도 인증이 분명한 해결책을 제시할 수 있다. 예컨대 어머니에게는 어머니만이 사용하는 사용자 이름이 있을 것이다.

이외에도 우려할 만한 극단적 상황은 여러 가지 있다. 누군가 VR 환경을 탈취하거나 해킹한다면? 신뢰할 만한 시스템이 없다면? 마치 영화 〈인셉션〉에서 어느 비행기 승객에게 그랬던 것처럼, 누군가 내 뇌를 해킹했다면? 이보다 더 나쁜 상황도 있다. 나 자체가 딥페이크라면 어떨까? 나를 음해하려는 누군가가 기존의 내가 찍힌 동영상 등을 바탕으로 딥페이크 시뮬레이션을 제작했으며 지금은 기존의 내 정보를 얻어내기 위해 그 시뮬레이션을 이용하고 있다면? 〈블랙 미러〉의 '화이트 크리스마스' 에피소드에서는 경찰이 이와 같은 방법을 사용해 용의자에게 자백을 받아낸다. 지금 이와 같은 일이 여러분에게 일어나고 있지 않다고 확실히 알 방법이 있을까?

나는 이러한 질문에 일반적인 답변을 알지 못한다. 만약 딥페이크 가상현실이 완벽하지 않은 시뮬레이션이라면 조사로 딥페이크임을 밝혀낼 수 있을 것이다. 예컨대 어머니와 대화를 나누어보면서 어머니라면 알 만한 이야기들을 아는지 살펴보는 것이다. 또 비밀 공책에 적어둔 비밀 정보가 그대로 있는지 확인해볼 수도 있다. 과학 실험을 진행해보고 예상했던 결과가 나오는지 살펴보아도 좋겠다.

딥페이크 가상현실이 완벽한 시뮬레이션이라면 이러한 조사도 아무런 효과가 없을 것이다. 앞서 살펴보았듯 우리가 완벽한 시뮬레이션에 있지 않음을 알 방법은 없다. 이 지점에서는 익숙한 문제가 다시 대두된다. 만약 평생을 시뮬레이션 안에서 살아왔다면 이 시뮬레이션은 우리의 현실이고, 이 세계에 대한 우리의 믿음은 그대로 참이다.

그렇다면 만약 누군가 얼마 전 우리의 VR 세계를 탈취했다면 어떨까? 또는 누군가 우리를 납치해 완벽한 시뮬레이션에 연결했거나 업로드했다면? 이러한 시나리오에서는 주변 세계에 대한 우리의 믿음 대부분이 거짓이며 그걸 확실히 알 방법은 없다.

VR을 탈취하거나 납치해 완벽한 시뮬레이션에 업로드해버리는 일이 흔한 세계에서는 아마 이러한 상황에 빠지지 않도록 조심하는 게 최선일 것이다. 딥페이크 가상현실이 완벽에 이른다면 아마 컴퓨터 보안 산업과 뇌 보안 산업이 크게 성장할 것이다.

가짜 뉴스는 어떠한가?

이제 21세기 초 지구로 다시 돌아와보자. 오늘날 우리는 진실과 관계없이 생성되고 유통되는 잘못된 뉴스, 즉 가짜 뉴스라는 문제를 실제로 마주하고 있다.

가짜 뉴스는 우리가 서로 소식을 전하기 시작한 이래로 언제나 우리와 함께해왔다. 로마의 집정관 옥타비아누스Octavian는 기원전 31년 숙적 마르쿠스 안토니우스Mark Antony 로마 제국의 배신자라는 가짜 뉴스를 퍼트리는 데 일조했다는 설이 있다. 1782년 미국 독립 혁명 당시 벤저민 프랭클린Benjamin Franklin은 미국의 전리품이 잉글랜드의 왕과 왕비에게 흘러 들어가고 있다는 가짜 이야기를 날조해 신문에 실었다.

가짜 뉴스라는 단어는 2016년 미국 대선을 전후로 사용량이 폭발적으로 늘어났다. 대선 이전에 떠돌았던 피자게이트 설이 가장 전형적인 가짜 뉴스다. 이 가짜 뉴스에서는 힐러리 클린턴과 민주당 공직자들이 워싱턴의 어느 피자 가게에서 아동 성매매를 알선한다고 비방했다. 트위터에서 시작한 것으로 보이는 이 이야기는 소셜 미디어와 대안적 뉴스 미디어를 폭넓게 휩쓸었다. 그럴듯한 뉴스인지 따져볼 필요도 없었지만, 조사에 의하자면 이 뉴스 중 그 무엇도 사실이 아니었다.

소셜 미디어의 폭발은 가짜 뉴스를 증폭하는 매개가 되었다. 소셜 미디어가 확대되면서 정치적 스펙트럼의 모든 부분에서 의견이 비슷한 사람들끼리 뉴스를 공유하기가 쉬워졌다. 오늘날에는 가짜 뉴스라는 용어 자체를 두고 논쟁이 벌어지는데, 유명 인사들이 마음에 들지 않는 뉴스를 가짜 뉴스로 매도해 그 뉴스를 보도한 미디어의 위신을 실추시키는 데 이 용어가 자주 사용되기 때문인 이유가 크다. 그러나 딥페이크와 마찬가지로 가짜 뉴스는 우려할 만한 현상이다.

가짜 뉴스는 단순히 잘못되거나 부정확한 뉴스와는 다르다. 언론인이 진실을 보도하려다가 실수로 거짓을 보도했다면 그건 오보이지만 가짜 뉴스는 아니다. 가짜 뉴스에는 남을 속이려는 의도, 적어도 진실을 무시하려는 의도가 있어야 한다. 예를 들어, 낚시 기사 사이트는 무엇이 사실인지 사실이 아닌지 조금도 신경 쓰지 않고 가짜 뉴스를 만들어내며 사이트를 홍보한다.

가짜 뉴스에 대해서도 현실 질문을 해볼 수 있다. 만약 시뮬레이션과 가상세계가 실제라면, 가짜 뉴스로 구성한 세계도 실제이지 않을까? 가짜 뉴스는 허구의 세계를 묘사한 이야기와 유사하다. 대개 '힐러리 클린턴은 사기꾼이다.' 또는 '버락 오바마는 케냐에서 태어났다.' 등의 전제를 바탕으로 이야기가 꼬리에 꼬리를 물고 자라나면서, 그 아래에 단일한 허구의 세계가 있음을 암시한다. 그러나 이 세계는 가상현실 세계가 아니다. 실감형도 양방향도 아니고 컴퓨터로 생성하지도 않았다. 그러므로 가상 실재론 논증은 이러한 허구 세계에 적용되지 않는다.

어쩌면 가짜 뉴스를 바탕으로 또 다른 가짜 뉴스를 파생시키기 위해 설치된 컴퓨터 시뮬레이션을 상상해볼 수도 있겠다. 예를 들어, 심 피자게이트 시뮬레이션 안에는 시뮬레이션한 피자 가게에서 악랄한 짓을 벌이는 심 힐러리와 같은 시뮬레이션 개체가 있다고 해보자. 이때는 피자게이트 세계에 상응하는 디지털현실이 있을 것이다.

그러나 우리가 '힐러리'를 이야기할 때에는 기존의 힐러리를 가리키기 때문에, 심 힐러리의 악행은 기존의 힐러리에게 제기된 피자게이트 혐의가 참인지 거짓인지를 판단하는 데 아무런 영향을 끼치지 않는다. 만약에 우리 세계가 처음부터 피자게이트 시뮬레이션이었다면 우리가 말하는 힐러리는 실제로 범죄를 저지르는 심 힐러리를 가리킬 것이고, 피자게이트 뉴스는 가짜가 아니게 된다. 그러나 해당 시뮬레이션에 살고 있지 않다면, 뉴스 기사에 관한 시뮬레이션이 가짜 뉴스를 참으로 만들 걱정은 하지 않아도 된다.

가짜 뉴스에 대한 지식 질문은 현실 질문보다 더 시급하다. 어떤 뉴스를 접할 때 이 뉴스가 가짜 뉴스인지 아닌지 어떻게 알 수 있는가? 만약 이를 알 수 없다면, 뉴스 미디어는 지식의 원천이라고 할 수 있을까?

확실히 우리는 뉴스 미디어를 지식의 원천으로 여기고 있다. 현대 사회에서 우리는 더 넓은 세계에 대한 지식을 대부분 뉴스로 습득한다. 뉴스로 정치적 상황을 알게 된다. 다른 나라와 도시에서 어떤 일이 일어나는지도 뉴스로 알게 된다. 위기와 재해에 관한 소식도 뉴스로 알게 된다. 뉴스 미디어를 신뢰할 수 없다면 우리의 지식은 생각보다 크게 줄어든다.

다행히도 실제 뉴스와 가짜 뉴스를 구분할 방법은 몇 가지가 있다. 딥페이크와 마찬가지로 옥의 티가 있거나 일관적이지 않은 부분에서 표가 날 수 있다. 때로는 그럴듯하지 않다거나 누구도 일부러 지어내지 않을 만큼 사소하다는 점에서 눈치챌 수도 있다. 마찬가지로 가장 중요한 방법은 믿을 만한 출처가 인증하는 것이다.

만약 명성이 자자한 출처에서 나온 이야기라면 이 이야기가 가짜일 확률은 낮다. 저명한 뉴스 미디어에서도 간혹 실수로 오보를 내보내기는 하지만 완전히 가짜 뉴스를 만드는 일은 드물다. 독립적 팩트 체크 미디어와 같은 또 다른 저명한 출처가 인증한다면 뉴스 보도의 정확성을 한층 더 신뢰할 수 있다. 오늘날에는 믿을 만한 출처라고 널리 인정받는 출처가 여럿 있으므로 가짜 뉴스와 딥페이크가 공격하더라도 무엇을 믿어야 할지 전혀 알 수 없는 완전한 혼돈을 낳지는 못한다.

그렇다면 믿을 만해 보이는 출처가 실제로 믿을 만한지는 어떻게 알 수 있을까? 단순한 일관성만으로는 충분하지 않다. 가짜 뉴스도 일관적일 수 있고 마치 진실처럼 들릴 수 있다. 다른 믿을 만한 출처가 보증한다면 도움이 되겠지만, 출처 네트워크 전체를 신뢰할 수 없을 가능성은 여전히 남아있다. 믿을 수 없는 미디어들이 서로를 보증하면서 거미줄 같은 네트워크를 형성해 정치적 하위문화의 바탕이 되는 때가 있기 때문이다.

이러한 하위문화에서는 많은 이가 사실을 잘못 알게 될 수 있다. 그러나 중요한 주제에 관해서라면 딥페이크와 가짜 뉴스에도 한계가 있을 것이다. 인터넷 전반에 접속할 수 있다면 오래지 않아 다른 수많은 출처와 모순되는 정보를 제시한다는 걸 분명히 알게 된다. 이 시점에서는 조금만 더 조사해보면 대개는 어떤 뉴스가 가짜인지 알 수 있다.

그렇다면 정보를 엄격하게 통제하는 사회에서는 어떨까? 국영방송한 곳만 뉴스를 보도하는 북한에 산다고 생각해보자. 또는 다른 모든 미디어를 차단하는 미국의 어느 하위문화에 산다고 생각해보자. 이럴 때라면 무엇이 진실인지 알기가 더 어렵다. 이때는 다른 출처의 정보와 일관되는지 확인해볼 수 있다. 감각으로 직접 습득한 정보나 믿을 만한 다른 사람이 말해준 정보가 될 수 있겠다.

이러한 사회에서 살았던 사람들은 종종 뉴스가 잘못된 사실을 전하는 표가 난다고 말한다. 뉴스에서는 모든 국민이 풍족하게 산다고 보도하는데 주변 사람들이 하나같이 굶주리고 있었다는 것이다. 더 먼 곳의 이야기를 다룰 때는 속이기가 한층 쉬워진다. 어쩌면 국영 미디어가 다른 나라에서 일어나는 일들을 거짓으로 보도해 국민을 속일 수도 있다. 그러나 사람들은 대부분 뉴스 미디어가 엄격하게 통제되고 있다는 걸 알고 그러한 미디어의 신뢰성에 의문을 품을 것이다. 이러한 의문은 무엇을 믿어야 할지 알려주지는 못해도, 뉴스에서 알려주는 정보를 곧이곧대로 믿을 필요는 없다고 말해줄 것이다.

이처럼 판단을 유보하기도 쉬운 일은 아니다. 여러 뉴스에서 드러나는 모순을 고찰하는 데에는 상당한 비판적 사고가 필요하다. 그러나 만약 기민하고 생각 깊은 사람이 거짓을 알아차릴 수 있다면 적어도 엄격하게 통제되는 미디어의 속임수에서 벗어날 길이 있다는 뜻이다. 물론 가짜 뉴스에 관한 판단을 유보하는 편이 속임수에 빠지는 것보다는 낫지만, 무엇보다도 진실을 아는 게 가장 좋다. 단지 의심의 씨앗을 뿌리기 위해 가짜 뉴스를 생성하는 것이라고 주장하는 이들도 있다.

독일 태생의 미국인 철학자 한나 아렌트Hanna Arendt는 1951년 저서 《전체주의의 기원The Origins of Totalitarianism》에서 '전체주의 교육의 목적은 신념을 불어넣는 게 아니라 신념을 가질 능력 자체를 파괴하는 데 있다.'라고 말했다. 모든 이들이 당연하다는 듯 판단을 유보한다면 이 전략은 대체로 성공한 셈이다.

나를 비롯한 여러분은 언론을 엄격하게 통제하지는 않는 사회에서 산다. 일반적인 민주주의 사회에서 인터넷을 이용할 수 있다면 셀 수 없이 많은 뉴스 미디어와 다양한 관점을 접할 수 있다. 미디어마다 여러 편견과 맹점이 있기도 하지만 대개는 그러한 편견과 맹점을 들추는 다른 미디어도 있다.

경제학자 에드워드 S. 허먼Edward S. Herman과 언어학자 노암 촘스키 Noam Chomsky가 1988년 저서 《여론조작Manufacturing Consent》에서 정리한 미국 미디어의 일반적인 편견은 실제로 존재할 수 있다. 동시에 이러한 편견을 다룬 책이 상당한 주목을 받기도 했다. 대다수의 미디어는 수많은 사람을 속일 수 있는 위치에 있지만, 전체 인구를 흠잡을 데 없이 속일 만큼 모든 미디어를 엄격하게 통제하고 있지는 않다. 에이브러햄 링컨Abraham Lincoln이 말했듯, "모든 사람을 영원히 속일 수는 없다." 미디어 전반이 무언가를 잘못 보도한다면 이는 속임수보다는 무지 때문일 때가 더 많다.

물론 미디어 전체를 꼭두각시처럼 조종하는 배후 세력이 있는 시나리오도 상상해볼 수 있다. 이때 언론은 투명한 것처럼 보이지만 사실은 오직 속이려는 목적밖에 없을 것이다. 그러나 이 정도로 전면적인 속임수에는 엄청나게 거대하고 복잡한 음모가 필요하다. 존 카펜터John Carpenter 감독의 1988년 고전 영화 〈화성인 지구 정복They Live〉에서처럼 전 인구가 음모에 속아 넘어갈 수도 있고, 〈트루먼 쇼〉에서처럼 모든 사람이 어느 개인이나 집단을 속이려 음모를 꾸밀 수도 있다.

이처럼 거대한 음모론을 완전히 배제할 수는 없지만, 제4장에서 살펴본 버트런드 러셀의 단순성 호소로 미루어보자면 답은 명확해 보인다. 이렇게 거대하고 복잡한 음모가 실제일 가능성은 그보다 훨씬 단순한 평범한 세계 가설이 실제일 가능성보다 훨씬 낮다고 여기는 편이 합리적이다. 합리적일 만큼 단순한 가짜 뉴스 가설이 있다면 그건 아마 우리가 거대한 컴퓨터 시뮬레이션 안에 있다는 가설일 것이고, 이를 다루려면 익숙한 논점으로 다시 돌아와야 한다.

　정리해보자. 뉴스 미디어가 엄격하게 통제되는 곳의 사람들은 그들이 접하는 뉴스가 가짜인지 실제인지 알 수 없을지도 모르지만, 몇 가지 방법을 이용하면 적어도 무언가 잘못되었다는 걸 눈치채고 의구심을 품어볼 수는 있다. 다양한 뉴스 미디어를 접할 수 있는 나를 비롯한 많은 여러분의 경우에는 대개 뉴스 미디어 네트워크 전체를 이용해 어떤 뉴스가 가짜고 어떤 뉴스가 실제인지 판단할 수 있다. 거의 모든 정보 출처가 가짜라는 극단적인 시나리오를 완전히 배제할 수는 없지만, 컴퓨터 시뮬레이션을 제외한다면 이러한 시나리오는 실제라고 하기에는 너무 복잡하다.

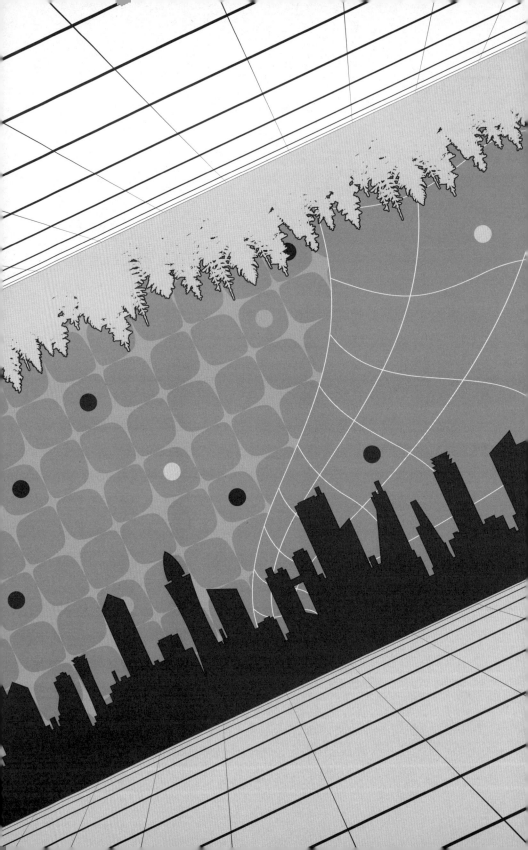

제5부
정신

제14장
가상세계에서 정신과 신체는 어떻게 상호 작용하는가?

1990년 2월, 나는 산타페로 향하는 로드 트립에 올랐다. 당시 나는 인디애나대학교에서 철학과 인지과학을 공부하는 23세의 대학원생이었다. 나와 동료들은 인공생명이라는 새로운 분야를 접했고, 연구자들이 컴퓨터 안에 사는 생명 시스템을 창조하거나 시뮬레이션하려 한다는 소식을 들었다. 나를 비롯한 10명의 철학자, 심리학자 및 컴퓨터과학자는 밴을 빌려 타고 그레이트플레인스를 가로질러 캔자스, 오클라호마, 텍사스를 거치며 뉴멕시코로 향했다. 목적지는 복잡계 분야를 연구하는 산타페연구소에서 사상 두 번째로 개최되는 인공생명 학회였다.

당시는 로스앨러모스 국립 연구소에서 최초의 인공생명 학회가 개최된 지 고작 3년이 지난 시점이었지만 벌써 컴퓨터 내 생명체를 만들기 위한 수많은 접근법이 제시되고 있었다. 그중에서도 가장 흥미로운 접근법은 선구적인 컴퓨터과학자 앨런 케이Alan Kay가 설계한 '비바리움'이었다. 비바리움은 컴퓨터 내에 전체 생태계를 시뮬레이션하는 방식

385

<figure>그림 34</figure> 비바리움과 유사한 인공 생명 가상세계

을 바탕으로 했다. 2차원 그리드로 구성된 단순한 물리적 환경에서 그리드의 각 칸에는 객체나 동물이 놓인다. 동물에게는 단순한 형태의 몸이 있으며 다양한 방향을 향하고, 이 칸에서 저 칸으로 움직이고, 객체를 주울 수 있다.

비바리움 세계에는 일종의 물리학이 있다. 일련의 간단한 규칙이 2차원 그리드와 평범한 객체를 지배한다. 일종의 심리학도 있다. 동물의 행동은 별도의 규칙을 따른다. 나는 물리학과 심리학을 따로 구분했다는 점이 특히 흥미로웠다. 이 구분은 지금도 가상세계의 표준 관행으로 남아있다. 비바리움 세계의 환경 속 평범한 객체를 지배하는 일련의 규칙과 이 세계에서 행동하는 생물을 지배하는 또 다른 일련의 규칙이 코드에 새겨져 있다. 비바리움 속 유기체는 마치 비디오게임의 NPC와 같다. 이들의 행동은 이들에게만 적용되는 특별한 규칙을 따라 결정된다.

만약 케이가 비바리움을 업그레이드한 덕에 유기체들의 지능이 점점 더 높아지면서 그들의 세계를 탐구하기 시작했다면 어떤 일이 펼쳐졌을까? 유기체들은 먼저 주변 환경을 탐험하고 이 환경을 지배하는 물리 법칙을 밝히려 할 것이다. 그다음으로는 자기 자신을 탐구하면서 어떤 심리학이 작용하는지 밝히려 할 것이다.

어쩌면 자기 뇌가 물리세계의 일부이며 나머지 환경과 같은 법칙을 따라 움직인다는 가설을 세울 수도 있다. 그렇지만 이 가설이 참이 아니라는 걸 점차 알게 될 것이다. 이들은 이 환경에서 절대로 뇌를 발견할 수 없다. 이들의 정신은 물리세계 바깥에 존재한다.

나는 이들이 거의 확실하게 이원론자가 되리라고 생각한다. 앞서 살펴보았듯 전형적인 이원론자였던 데카르트는 정신이 물리적 프로세스와 완전히 별개라고 여겼다. 데카르트에 따르자면 사고와 논리는 별도의 비물리적 영역에서 이루어지며, 이 영역은 특별한 메커니즘으로 뇌와 상호 작용한다. 오늘날에는 대체로 데카르트 이원론을 인정하지 않는다. 대신 뇌 내 물리적 프로세스가 거의 전적으로 우리의 행동을 만들어낸다는 견해가 주를 이루며, 물리 프로세스와 비물리 프로세스 간의 상호 작용이라는 개념은 말이 되지 않는다고 생각하는 이들도 많다.

그러나 비바리움에 사는 생명체에게는 다른 상황이 펼쳐진다. 비바리움의 물리 환경인 2차원 세계에는 이들의 심리적 프로세스가 포함되어 있지 않다. 이들의 정신은 이들의 몸이나 물리세계와 따로 떨어져 있다. 이 생명체들은 이원론자가 될 것이며, 그들의 견해를 반박하는 증거가 전혀 없으므로 계속 이원론을 믿을 것이다. 게다가 이들에게는 이원론이 옳다. 이들의 세계에서는 정신과 물리가 상당히 분리되어 있다.

우리 관점에서 보자면 비바리움에서 일어나는 모든 일은 물리적이다. 다만 이러한 생명체의 행동을 지배하는 물리적 컴퓨터 프로세스가 이들의 환경을 지배하는 물리적 컴퓨터 프로세스와 분리되어 있을 뿐이다. 그러나 이 생명체들의 관점에서 물리적인 것은 환경뿐이며, 정신은 환경과 분리되어 있다. 이들은 정신이 환경과 분리되어 있다는 가설을 세울 테고, 그 가설은 참이 된다.

이처럼 단순한 구성에서도 일종의 이원론이 성립할 수 있다는 점은 무척이나 흥미롭다. 앞서 살펴보았듯 NPC가 있는 다양한 가상세계에서도 이와 같은 종류의 이원론이 성립할 수 있다. 많은 이가 이원론이 어떤 면에서 앞뒤가 맞지 않는다고 하지만, 지금 살펴보는 방식은 단순한 자연주의적 방식이면서 일종의 이원론을 참으로 만든다. 만약 우리가 이와 같은 세계에서 진화했다면 모두 이원론자가 되었을 것이고, 이원론은 기본적으로 참이었을 것이다.

평범한 가상현실 환경에서는 더 강한 이원론이 성립한다. 평범한 가상현실 환경에서 인간은 가상세계와 상호 작용한다. 인간 VR 사용자는 시뮬레이션 안에서 가상 신체를 취하지만, 사용자의 뇌는 가상세계 바깥에 있다. 가상세계의 물리학이 있고, 그와 완전히 분리된 심리학이 있는 셈이다. 그러므로 인간이 가상세계에 진입하는 즉시 일종의 이원론이 성립한다. 적어도 가상세계의 관점에서는 그렇다.

예컨대 인류 전체가 가상세계에서 진화했다고 상상해보자. 인류는 언제나 가상세계 바깥에 뇌를 두고 가상세계에서 가상 신체로 살아왔다. 뇌는 모든 입력을 가상세계에서 받고 모든 출력을 가상세계로 내보낸다. 오직 가상세계만을 관찰하고 이 가상세계에 대한 물리학을 연구한다.

우리의 행동은 가상세계 내부에서는 보이지 않는 원천인 뇌가 결정한다. 가상세계에서 보자면 우리의 행동은 우리 세계 내부의 물리 프로세스로 만들어지지 않는다. 이 세계에는 서로 매우 다른 두 가지 프로세스가 작동한다. 하나는 세계 내 대부분의 객체를 지배하는 가상 물리학이고, 나머지 하나는 사용자가 가상세계에서 취하는 행동을 지배하는 심리학이다. 만약 우리가 이러한 환경에서 성장해왔다면 데카르트의 가설이 옳았을 것이다. 그리고 모두 이원론자가 되었을 것이다.

데카르트와 심신 문제

심신 문제mind-body problem는 이렇게 묻는다. "정신과 신체 사이에는 어떤 관계가 있는가?"

'정신'이란 우리의 지각, 느낌, 사고, 결정이 일어나는 위치다. 사과를 본다는 건 일종의 정신 상태다. 행복감을 느낀다는 건 일종의 정신 상태다. 파리가 프랑스에 있다고 생각하는 건 일종의 정신 상태다. 영화를 보러 가겠다고 결심하는 건 일종의 정신 상태다. '신체'는 내가 사는 위치이자 내가 제어하는 생물학적 시스템이다. 신체에는 두 다리, 두 팔, 몸통, 머리 등의 부위와 수많은 장기가 있다. 그중 정신과 관련해 특히 중요한 부위인 '뇌'는 감각 입력을 수용하고 행동을 출력한다.

이제 심신 문제의 한쪽 면을 살펴보자. 정신과 신체는 하나인가? 다시 말하자면, 정신과 뇌는 같은 것인가? 내가 사과를 볼 때면 뇌 내 시각 피질의 수많은 뉴런이 점화한다. 그렇다면 내가 무언가를 보는 사건과 뉴런이 점화하는 사건은 하나의 사건일까? 아니면 서로 다른 두 가지 사건일까?

이원론에서는 정신과 신체가 근본적으로 다르다고 말한다. 몸 따로,

마음 따로라는 뜻이다. 제8장에서 살펴보았듯 정신과 신체의 이원론은 다양한 문화에서 드러난다. 아프리카의 아칸족은 일종의 이원론을 지지한다. 페르시아의 철학자 이븐 시나Avicenna는 하늘을 이리저리 떠다니는 사람에 관한 사고 실험을 이용해 자의식이 그 어떤 신체적 상태와도 같지 않다고 논했다.

유럽에서는 데카르트가 고전적인 형태의 이원론을 주장했다. 데카르트의 견해에 따르자면 정신의 정수는 '생각'이고, 신체의 정수는 공간을 차지하는 '외연'이다. 데카르트는 신체 없는 정신을 상상할 수 있다는 말로 이원론을 주장했다.

데카르트의 사악한 악마 시나리오를 다시 떠올려보자. 악마는 마치 외부세계에서 들어오는 듯한 감각을 우리에게 주입한다. 이제 이 시나리오에서 우리에게 뇌가 없거나 아예 신체가 없다고 상상해보자. 순수한 정신을 상상해보자는 뜻이다. 데카르트는 이러한 상태를 상상할 수 있다고 생각했고, 이를 근거로 정신과 신체가 하나가 아님을 증명할 수 있다고 생각했다. 그가 펼친 논증은 대략 다음과 같았다.

1. 나는 신체 없는 정신을 상상할 수 있다.
2. 나는 신체 없는 신체를 상상할 수 없다.

---

3. 그러므로 정신은 신체가 아니다.

이와 유사하게 '정신은 뇌가 아니다.', '정신은 어떤 물리객체가 아니다.'를 위한 논증도 펼쳐볼 수 있다. 이 논증은 논란에 휩싸여왔다. 상상은 무엇이 현실인지를 알려줄 좋은 지침이 아니라고 답하는 철학자도 많았다. 무엇보다도 우리가 서로 다른 두 가지라고 상상한 사물이 실제로는 서로 같은 한 가지 사물일 수 있다. 예를 들어 클라크 켄트Clark Kent*가 아닌 슈퍼맨Superman을 상상할 수 있지만, 어쨌든 슈퍼맨은 클라크 켄트다.

그렇지만 정신과 뇌가 서로 다르다는 말이 직관적으로 그럴듯하다고 여기는 사람도 많다. 생각이나 고통 따위는 단순한 뇌 내 프로세스처럼 느껴지지 않는다. 이러한 문제가 발생하는 이유 중 하나는 의식 경험의 독특한 특성 때문인데, 이는 다음 장에서 자세히 살펴보겠다. 또 어느 정도는 인간 행동의 복잡성 때문이기도 하다. 단순한 물질이 어떻게 셰익스피어Shakespeare의 희곡을 써냈다는 걸까?

데카르트는 파리, 쥐, 새, 고양이, 소, 영장류 등의 비인간 동물이 의식 없는 오토마타고, 물질로 구성된 메커니즘이 이들의 행동을 유발한다고 생각했다. 또한 인간 행동 중 '일부'도 본질상 의식과 관련이 없으며 비인간 동물의 행동과 같은 방식으로 설명할 수 있다고 보았다. 특히 데카르트는 물질이 결코 창의적 언어를 구사할 수 없다고 보았다. 비물질적 정신만이 인간처럼 이러한 언어를 구사한다는 뜻이었다.

17세기 당시만 하더라도 이러한 입장은 비합리적인 견해가 아니었다. 뇌의 복잡성이 밝혀지거나 온갖 복잡한 행동을 생성하는 컴퓨터가 등장하기까지도 한참 남은 시기였다. 그렇지만 17세기 사람들도 이원론에 문제가 있다는 걸 알고 있었다.

이원론에 제기된 가장 큰 문제는 '상호 작용' 문제다. 비물리적 정신과 물리적 뇌는 어떻게 상호 작용할 수 있을까? 정신은 신체에 영향을

---

* 작중 슈퍼맨의 본명

미치는 듯하다. 내가 걷겠다고 결심하면 대개는 몸이 행동에 나선다. 신체도 정신에 영향을 미치는 듯하다. 종이가 살갗을 베면 나는 고통을 느낀다. 겉으로 보기에 정신과 신체는 상호 작용하는 것처럼 보인다. 그렇다면 이 작용은 어떻게 이루어질까?

데카르트는 비물리적 정신과 물리적 뇌가 솔방울샘pineal gland으로 상호 작용한다고 주장했다. 솔방울샘은 뇌 안의 작은 조직으로 두 개의 대뇌 반구 사이에 자리해 있어 중앙 도관이자 의식의 위치가 될 만해 보인다. 데카르트의 견해에 따르자면 뇌는 감각 입력을 받고 이를 처리한 다음 솔방울샘으로 그 정보를 비물리적 정신에 보낸다. 그러면 정신은 생각하고 판단해 어떤 행동을 할지 결정한다. 그리고는 다시 솔방울샘으로 뇌에 신호를 보내고, 뇌에서는 이 신호를 받아 행동에 옮긴다.

이 이론은 17세기 당시만 하더라도 미심쩍은 견해로 치부되었다. 솔방울샘이 우리 뇌의 처리 과정이나 행동에 있어 특별한 역할을 담당한다는 증거는 많지 않았다. 오늘날 대부분의 신경과학자는 솔방울샘이 감정 처리에 있어 부차적인 역할을 담당한다고 본다. 게다가 정신과 뇌가 솔방울샘으로 어떻게 상호 작용할 수 있다는 건지도 이해하기 어려웠다. 뇌는 어떻게 정신에 신호를 보내는가? 정신은 어떻게 뇌에 신호를 다시 보내는가? 비물리적 정신은 어떻게 물리적 뇌에 영향을 미치는가?

상호 작용 문제를 최초로 예리하게 지적한 사람은 보헤미아 왕국의 엘리자베스Elisabeth 공주였다. 데카르트는 엘리자베스를 가르친 적이 있으며 이후로도 오랫동안 풍부한 내용이 담긴 서신을 주고받았다. 엘리자베스는 날카로운 철학적 재능을 가진 사람이었다. 공주가 철학을 연구해도 되는 세계였다면 엘리자베스는 아마 자신만의 중요한 철학 저서를 여러 권 남겼을 것이다. 엘리자베스는 데카르트를 공손하게 대하면서도 가장 어려운 질문들을 퍼부었다.

그러니 영혼이 그저 생각하는 물질이라고 한다면 어떻게 인간의 영혼이 육체의 정신을 결정하여 자발적 행동을 끌어낸다는 건지 말씀해주셨으면 합니다. 왜냐하면 움직임에 관한 모든 결정은 사물을 움직이는 자극, 사물을 밀어 움직이는 방식 또는 후자의 표면상 특징과 모양에 따라 이루어지는 것처럼 보이기 때문입니다. 처음 두 조건에는 물리적 접촉이 필요하고, 세 번째에는 외연이 필요합니다. 선생님께서는 영혼에 관한 개념에서 하나(외연)를 완전히 배제하셨고 나머지 하나(물리적 접촉)는 제가 보기에는 비물질적 사물과 양립할 수 없는 듯합니다.

다시 말하자면, 엘리자베스는 비물리적 정신이 어떻게 물질을 옮길 수 있는지 물었다. 어떤 객체가 또 다른 객체를 움직이려면 두 객체 사이에 물리적 접촉이 이루어지거나 적어도 한 객체에 밀릴 만한 표면이 있어야 한다. 그런데 데카르트가 논하는 비물리적 정신은 이러한 요건을 갖추지 못했다.

데카르트가 회신에서 답변을 회피하자 엘리자베스 공주는 다음 서신에서 이렇게 말했다. "저로서는 비물질 사물이 움직일 수 있고 몸이 미는 대로 움직인다는 데 동의하는 것보다는 영혼에 물질과 외연이 있다는 데 동의하는 편이 더 쉬울 듯합니다." 엘리자베스는 공간에서 어떠한 위치도 차지하지 못하는 비물리적 정신이 물리적 신체에 영향을 끼칠 수는 없으며 차라리 정신이 물리적이라고 보는 편이 낫겠다고 생각했다.

데카르트는 상호 작용 문제에 관하여 마땅한 답을 내놓지 않았다. 그는 인간 정신에 관하여 완성된 이론을 제시하지는 않았으나 정신이 비물리적이라고 믿을 만한 좋은 근거는 있다고 여겼다. 어쩌면 정신과학에서 비물리적 정신에 관한 완전한 이론이 등장하기를 기대했을지도 모른다.

그러나 과학이 발전한들 인간 행동에 관한 논증을 비롯한 데카르트 이원론이 재조명받는 일은 없었다. 우선 컴퓨터과학과 신경과학이 발전하면서 물리적 시스템이 모든 인간 행동을 유발한다는 이론이 한층 더 설득력을 얻었다. 컴퓨터가 발달하면서 우리는 물리적 시스템이 얼마나 정교하게 정보를 처리할 수 있는지 알게 되었다. 또 신경과학이 발달하면서 뇌가 얼마나 복잡하고 인상적인 정보 처리 장치인지 알게 되었다. 이러한 발견을 한데 모아놓고 보면 뇌가 인간 행동을 처리할 수 없다고 볼 근거는 확연히 적어진다.

게다가 물리학은 물리적 프로세스로 세계에 닫힌 네트워크가 형성된다는 점을 암시한다. 물리학에서 일어나는 모든 일에는 물리적 근거가 있다. 입자가 움직였다면 어떤 물리적 작용이 그 입자를 움직이게 만든 것이다. 이러한 관점에서 보자면 비물리적 정신이 어떻게 행동에 영향을 미친다는 것인지 알기 어렵다.

그렇다면 예시로 비물리적 정신이 팔 움직임을 유발하는 운동 뉴런에 불을 켰다고 해보자. 이때 뉴런을 구성하는 입자는 때때로 다른 물리적 시스템이 유발하지 않은 방식으로 움직일 수밖에 없다. 이 사건은 물리학의 관점에서 변칙이며 표준 물리 법칙을 위배하는 사건이다. 이러한 위배는 물리학만이 입자를 비롯한 물리 개체의 행동을 지배한다는 표준 견해에 반대된다.

헝가리의 물리학자 유진 위그너Eugene Wigner를 비롯한 몇몇 이원론자는 양자역학에서 정신이 모종의 역할을 담당할 수 있다는 가설을 제시했다. 양자역학의 표준 공식은 측정에 핵심 역할을 부여한다. 예를 들자면 입자는 동시에 여러 위치에 있을 수 있으며 오직 이를 측정할 때만 위치가 하나로 한정된다. 측정을 정신과 관련하여 생각해보면 정신의 역할을 추론해볼 수 있다. 정신은 물리적 시스템이 한정된 상태에 들어서게 만든다.

이러한 양자역학 이원론을 진지하게 받아들인 나는 논의를 발전시키기 위해 최근 뉴질랜드의 물리철학자 캘빈 맥퀸Kelvin McQueen과 공동으로 연구를 진행하면서 위그너의 견해를 수학적으로 정확하게 설명하려 했다. 그러나 결국 우리는 양자역학 이원론이 진지하게 고려할 만한 이론이면서도 여러 문제를 마주하게 된다는 결론에 도달했다. 더 광범위하게 말하자면 심리학계와 철학계에서는 대체로 양자역학 이원론을 받아들이지 않는다.

이처럼 오늘날 데카르트 이원론은 평이 좋지 않고, 유물론이 훨씬 큰 인기를 누리고 있다. 유물론 또한 다음 장에서 살펴볼 의식 문제를 비롯한 여러 반론에 직면한다. 반면 인간 행동에 대한 반론은 대체로 씨가 마른 듯하다. 대다수 철학자와 과학자는 이론상 행동을 물리적으로 설명할 수 없는 중대한 이유가 없다고 본다.

가상현실 속 정신과 신체의 상호 작용

우리가 사는 물리세계에 관해서라면 데카르트가 틀렸을 수 있다. 그러나 가상세계에 관해서라면 데카르트가 옳았다. 전형적인 비디오게임을 생각해보자. 적어도 어느 정도 진짜 같은 3차원 가상현실에서 펼쳐지는 비디오게임은 대개 그 중심에 물리 엔진이 있다. 물리 엔진은 움직임, 중력, 몸끼리 충돌할 때 상호 작용하는 방식 등 결정적인 물리 작용을 시뮬레이션한다.

돼지가 앉아 있는 구조물에 동그란 새를 투척하는 비디오게임 〈앵그리버드〉는 단순한 2차원 물리 엔진을 사용해 중력의 영향을 받는 객체의 궤적을 계산하고 객체끼리 충돌할 때 구조물이 어떻게 움직일지 시뮬레이션한다. 유명한 우주 시뮬레이션 게임 〈커벌 스페이스 프로그램 Kerbal Space Program〉은 훨씬 더 상세한 물리 엔진을 이용해 3차원 객체가 우주 공간에서 어떻게 움직일지 시뮬레이션한다. 심지어 〈세컨드라이프〉의 가상세계에서는 사용자가 객체의 물리적 성질을 직접 조작하고 다양한 물리 법칙을 실험할 수 있다.

엘리자베스와 데카르트가 이러한 가상세계 중 한 곳에서 태어났다고 상상해보자. 이들은 완전한 실감형 〈마인크래프트〉 가상세계에서 태어났다. 그렇지만 외부세계라 불리는 곳에서 이들의 몸은 실감형 VR 헤드셋을 쓴 채로 묶여 있다. 엘리자베스와 데카르트는 평생 헤드셋으로만 세상을 보고 들으며, 결과적으로 오직 가상세계만을 보고 듣는다. 이들은 외부세계를 보거나 들은 적이 한 번도 없다. 이들의 관점에서는 가상세계가 곧 이들의 세계다. 이들은 아바타를 자기 신체로 여기고 경험하며 세계를 돌아다닌다. 그리고 그대로 가상세계의 객체 및 다른 사람들과 상호 작용하며 삶을 꾸려나간다.

이러한 상황에서 엘리자베스와 데카르트가 이 세계의 물리학을 연구한다고 해보자. 이들은 실험과 이론으로 이 세계에서 평범한 객체의

〈마인크래프트〉 속 엘리자베스 공주와 르네 데카르트

움직임을 지배하는 물리 법칙, 이를테면 역학의 기본 원리와 중력 법칙 등을 도출한다.

이쯤 되면 엘리자베스가 인간이 이 세계의 물리객체 중 하나일 뿐인지, 정신은 신체와 같은지 등의 질문을 고찰할 것이다. 데카르트는 행동에 관한 논증을 펼치면서 어떤 물리객체도 인간만큼 창의적인 행동을 할 수는 없다고 논한다. 그리고는 정신이 모든 물리객체와는 별개라는 이원론을 주장한다. 이에 엘리자베스는 비물리적 정신이 물리객체와 어떻게 상호 작용하는지 모르겠다고 응수한다. 그리고는 인간 정신이 시공간에 존재하는 또 다른 물리객체일 뿐이라는 유물론에 의견이 기우는 모습을 보여준다.

이번 토론에서는 근본적으로 데카르트가 옳다. 〈마인크래프트〉 세계는 이원론적이다. 이 세계에서 평범한 객체를 지배하는 물리 법칙은 인간 행동을 지배하지 않는다. 인간의 정신은 가상세계의 객체들과 근본적으로 다르다. 인간 정신은 아예 가상세계의 3차원 공간에 존재하지 않는다. 대신 다른 법칙이 지배하는 또 다른 영역에 존재한다.

혹자는 여기서 인간 행동을 만들어내는 뇌 역시 물리객체라는 반론을 제기할 수 있다. 만약 그렇다면 인간 정신은 물리적이므로 이원론은 성립하지 않는다. 내 생각으로는 우리가 '외부'세계와 '내부' 가상세계 중 어느 관점에서 바라보는지에 따라 정답이 달라진다.

우선 외부세계의 관점부터 살펴보자. 우리는 이 시뮬레이션이 속한 외부세계에서 태어나고 자란 생명체다. 그렇다면 우리에게 주변 세계란 상대성과 양자역학 등이 작용하는 물리세계다. 우리 세계에서 데카르트는 〈마인크래프트〉 헤드셋을 쓴 채로 묶여 있는 생물이다. 우리 관점에서 보자면 데카르트의 뇌는 물리적이고, 데카르트의 뇌와 가상세계 간에 이루어지는 상호 작용은 물리적 과정이다. 여기에는 이원론을 암시하는 요소가 전혀 없다.

다음으로 내부세계의 관점을 살펴보자. 우리가 〈마인크래프트〉 가상세계 안에서 태어나고 자란 존재라고 해보자. 그렇다면 우리에게 물리세계란 물리 엔진의 비교적 단순한 물리학이 지배하는 주변 세계다. 우리에게 데카르트의 아바타는 물리객체이지만 데카르트의 뇌는 그렇지 않다. 그의 뇌는 물리학의 지배를 받지 않으며 우리 너머의 세계에 존재한다.

말하자면 서로 다른 물리학이 적용되는 두 가지 세계가 있는 셈이다. 외부세계에는 양자역학, 상대성 등의 물리학이 적용되고, 내부세계에는 물리 엔진의 물리학이 적용된다. 외부 물리학을 기준으로 보면 데카르트가 처한 상황은 이원론적이지 않다. 내부 물리학을 기준으로 보면 데카르트가 처한 상황은 이원론적이다.

그렇다고 하더라도 데카르트가 물리학이라고 일컫는 법칙들은 주로 〈마인크래프트〉 세계의 내부 물리학이다. 그가 논하는 물리객체는 〈마인크래프트〉 내부의 객체다. 그가 논하는 공간은 〈마인크래프트〉 내부의 3차원 공간이다. 그가 마주한 주된 문제는 자기 정신이 같은 공간에서 같은 원리를 따르는 기타 물리객체와 동일한 물리객체인지 아닌지다. 데카르트로서는 자기 정신이 자기가 사는 공간 외부에 존재하며 이 공간의 물리 법칙을 따르지 않는다는 게 분명해 보인다. 데카르트의 관점에서 보자면 정신은 비물리적이다.

물론 데카르트는 정교한 이론가이므로 자기 세계가 어떤 식으로든 다른 세계에 속해 있으며 그 세계에는 그 세계만의 공간과 물리 법칙이 있을 가능성을 인정할 수도 있다. 데카르트의 관점에서 보자면 이 공간과 물리는 '메타 공간'과 '메타물리'일 것이다. 데카르트는 자기 정신이 메타 공간에 존재하며 메타물리의 적용을 받을 가능성을 인정할 수도 있다. 그렇지만 정신이 공간 내에 존재하며 물리적이라고 표현할 수는 없다(이 상황을 완전히 분석하려면 언어적 분석이 필요하다. 각 세계의 사람들이 사용하는 '물리적' 또는 '공간'과 같은 표현에는 서로 다른 의미가 있을 수 있다. 이 문제는 제20장에서 다시 살펴보도록 하겠다).

정신과 물질 간의 상호 작용은 어디에서 어떻게 일어날까? 메타 공간을 기준으로 보면 꽤 명확하게 답할 수 있다. 외부의 뇌와 신체는 컴퓨터 안에서 상호 작용한다. 그러나 데카르트의 내부 공간을 기준으로 본다면 어떨까?

데카르트의 아바타에는 뇌로 작용하는 부위가 없으므로 아바타에서 상호 작용이 일어나는 것은 아니다. 오히려 데카르트의 정신은 아바타에 직접 영향을 미쳐 아바타가 사지를 움직이고 세계를 돌아다니도록 추진한다. 내부세계의 관점에서 보면 이는 마치 우리 신체를 직접 제어하는 비물리적 의지가 있는 것처럼 보인다.

다양한 가상세계 속 정신과 신체

지금까지 나는 마치 가상세계가 오직 물리 엔진으로만 가동되며 한 명 이상의 인간 플레이어가 아바타를 제어하는 것처럼 논했다. 그러나 사실 가상세계는 대부분 이보다 더 복잡하다.

우선 수많은 가상세계에는 NPC가 있다. 전형적인 NPC는 외부세계의 인간이 전혀 제어하지 않는 피상적인 인간형 피조물이다. 이 피조물은 어느 정도 인간처럼 행동한다. 말을 하고, 무기를 사용하고, 세계를 돌아다니며 목적을 달성한다. NPC 동물, 괴물, 외계인, 로봇 등도 존재할 수 있으며 마찬가지로 목적을 달성하기 위해 복잡하게 행동한다. 공격성이 강한 괴물과 마주친다면 그 괴물은 곧바로 당신을 향해 움직일 것이다.

NPC는 외부세계의 뇌가 아니라 외부세계의 컴퓨터 내 알고리즘으로 제어된다. 이 알고리즘은 가상객체의 역학을 지배하는 물리 엔진의 알고리즘과는 상당히 다르다. 내부세계의 관점에서 보자면 NPC의 행동은 내부세계 물리학의 표준 법칙을 따르지 않고, 오히려 목적 지향성 행동 법칙과 같은 심리학 법칙을 따르는 것처럼 보인다.

이러한 NPC는 내부세계의 관점에서 물리적일까? NPC의 몸은 확실히 물리적이지만 이들의 정신은 어떨까? NPC의 심리학이 결국 우리의 심리학만큼 복잡하게 발달했다고 해보자. 그렇다면 내부세계에서 신경과학이 아무리 발전하더라도 내부세계의 인지 메커니즘을 직접 밝히지는 못할 것이며, 아무런 인지 시스템을 발견하지 못할 것이다.

물론 외부세계에서는 컴퓨터의 알고리즘을 분석해 이들의 메커니즘을 밝힐 수 있겠지만, 내부세계 주민들은 이 경로를 이용할 수 없다. 이들로서는 피조물의 행동을 관찰하여 기저의 심리학 원칙을 추론하는 게 최선이다. NPC의 정신은 인간 플레이어의 정신과 마찬가지로 내부세계 바깥에 존재한다. 내부세계의 관점에서 보자면 정신은 비물리적이다.

게다가 NPC의 정신은 인간 플레이어의 정신과도 다르다. NPC의 정신은 전적으로 가상세계를 가동하는 컴퓨터 안에 존재한다. 인간 플레이어의 정신은 가상세계를 가동하는 컴퓨터와는 별개인 생물 유기체에서 비롯된다. 이러한 가상세계에는 물리객체, NPC, 인간 플레이어까지 적어도 세 종류의 개체가 있으며 각기 다른 법칙을 따른다. 말하자면 일종의 이원론이 아니라 '삼원론trialism'이라고 부를 수도 있겠다.

사실 이야기는 이보다 더 복잡하다. 앞서 살펴보았듯 대다수의 가상세계에서는 여러 '특별한' 가상객체가 저마다 특별한 인과력을 지닌다. 예컨대 총에는 총만의 특별한 역학이 있어 사용자가 이를 집어들고 발사할 수 있다. 자동차에는 자동차만의 특질이 있어 사용자가 이를 운전할 수 있다. 평범한 세계에서 총이나 자동차의 작동은 자동차의 엔진이나 총의 발화 장치 내부의 메커니즘과 관련된 기저 물리학에서 비롯된다. 그러나 대부분의 비디오게임에 이러한 메커니즘은 존재하지 않는다. 대신 자동차와 총은 이러한 객체를 지배하는 특별한 알고리즘으로 움직이고 발사된다.

이와 같은 특별한 인과력은 어떤 철학적 견해를 시사할까? 이원론일까, 삼원론일까? 혹시 사원론일까? 이보다는 아마 애니미즘animism이 더 나은 분석이 될 것이다. 애니미즘은 물리세계의 객체에 정령이 깃들어 있으며 나름의 힘을 발휘하기도 한다는 개념이다. 애니미즘은 아프리카, 아메리카, 아시아, 오스트레일리아, 유럽 전역의 토착 문화에서 찾아볼 수 있다. 수많은 문화에서 적어도 동식물과 같은 살아 있는 유기체에 정령이 있다고 믿었으며, 다수의 문화가 이를 확장해 바위나 구름 같은 비생물 사물에도 힘이 있다고 여겼다.

현대 과학에서는 대체로 애니미즘을 인정하지 않는다. 그러나 만약 우리가 〈마인크래프트〉와 같은 세계에서 태어나고 자랐다면 애니미즘이 참이라고 합리적으로 추론할 수 있을 것이며, 어떤 의미에서는 그 추론이 옳았을 것이다.

모든 가상세계에서 물리객체와 NPC를 특별하게 대하지는 않는다. 어떤 가상세계는 시뮬레이션한 물리 법칙이 모든 객체를 지배하는 순수한 물리세계일 수 있다. 오늘날의 기술로 미루어보자면 순수한 물리 시뮬레이션은 인간과 동물처럼 지능이 있는 개체는 물론이거니와 세포와 같은 단순한 생물객체를 시뮬레이션하기에도 부족하지만, 앞으로 변화가 있으리라는 데에는 의심할 여지가 없다.

그렇지만 만약 생물학적 피조물인 우리가 시뮬레이션 가상세계와 상호 작용한다면 언제나 이원론적 요소가 성립할 것이다. 우리 자체는 시뮬레이션의 법칙이 아니라 외부 우주의 법칙을 따른다. 우리가 시뮬레이션과 상호 작용할 때면 외부세계의 정신이 내부세계의 신체와 상호 작용하므로, 이 시뮬레이션 세계는 어떤 면에서는 데카르트 이원론적이다.

〈매트릭스〉는 이 수수께끼를 잘 보여주는 사례다. 네오의 생물학적 뇌는 시뮬레이션 바깥의 통 안에 담겨 있으면서도 시뮬레이션 세계와 계속해서 상호 작용한다. 매트릭스 가상세계는 대부분 우리 세계와 매우 닮아 있기 때문에 순수 물리 시뮬레이션이라고 생각해볼 수 있다.

상상해보자면 매트릭스에도 과학자들이 있을 것이다. 매트릭스 과학자들은 자기 세계의 물리학을 연구해 우리 세계의 물리학과 매우 닮은 법칙들을 발견한다. 어쩌면 양자역학 수준까지 닮아 있을지도 모른다. 마찬가지로 매트릭스 외과의들은 신체를 열어보고는 몸 안의 장기를 발견한다. 물론 매트릭스 신경외과의도 두개골을 열어보고는 머리 안의 뇌를 발견하고, 매트릭스 신경과학자는 뇌를 행동과 연결하려 여러 실험을 진행한다.

네오가 매트릭스에서 취하는 가상의 신체에는 가상의 뇌가 있다. 네오는 매트릭스 바깥 세계에도 생물학적 뇌를 두고 있다. 이 둘은 어떻게 상호 작용할까? 둘 중 하나는 중복일까? 생물학적 뇌가 모든 작업을 담당하고 가상의 뇌는 보여주기식일 수도 있지만, 그렇다면 가상 뇌가 가상 신체에 영향을 미치지 않도록 단절되어야 하지 않을까? 만약 그렇다면 가상 신경과학자들은 무언가 잘못되었다는 걸 눈치채지 않을까? 또는 가상 뇌가 모든 작업을 담당하고 생물학적 뇌는 수동적인 관찰자에 불과할 수도 있지만, 그렇다면 생물학적 네오는 어떤 행동을 하려고 할 때 가상의 뇌가 다른 행동을 명령하는 바람에 무언가 이상하다고 느끼게 되지 않을까?

이러한 문제를 피하는 가장 좋은 방법은 생물학적 뇌와 가상 뇌를 동기화하는 것이다. 가상 뇌가 받아들인 모든 입력이 생물학적 뇌에 그대로 복사되며, 같은 입력에 대해 두 개의 뇌가 거의 똑같이 반응한다. 만약 생물학적 뇌에 수동적인 관찰자보다 더 많은 역할을 부여하고 싶다면 생물학적 뇌를 가상 신체의 행동 시스템에 연결하면 된다. 생물학적 뇌의 운동 뉴런이 점화하면 그 출력은 이에 상응하는 가상 뇌의 운동 뉴런으로 전송되어 가상 신체의 행동을 제어한다. 그러나 시뮬레이션이 제대로 작동한다면 이 뉴런은 가상 뇌로만 제어하는 때와 똑같이 점화할 것이다.

이 광경을 보면 여러 질문이 떠오른다. 가장 먼저 떠오르는 질문 중 하나를 꼽자면, 이러한 상황에서 네오는 한 명일까 두 명일까? 겉으로 보기에 네오의 생물학적 뇌는 정상적인 방법과 유사하게 의식적 주체를 지탱하는 듯하다. 만약 컴퓨터 프로세스가 의식적 주체를 지탱할 수 있다면(이는 다음 장에서 자세하게 살펴보겠다.) 네오의 가상 뇌 또한 의식적 주체를 지탱할 것이다. 이러한 주체는 한 사람일까 두 사람일까? 두 사람이라는 결론은 매우 흥미롭다. 두 네오는 마치 서로 완전히 동기화된 일란성 쌍둥이 같으면서도 어쨌든 서로 다른 사람일 수 있다.

대니얼 데닛의 〈나는 어디에 있는가?〉라는 이야기에서는 생물학적 뇌와 예비용 실리콘 뇌를 서로 동기화한다. 두 개의 뇌는 같은 신체를 제어하는 데 사용하며, 돌아가며 하나씩 지휘권을 잡는다. 그러다 어느 날부터 두 개의 뇌가 서로 다른 생각을 하기 시작한다. 이 시점에 이르자 두 명의 서로 다른 사람이 하나의 신체에 연결되어 있다는 게 분명해진다.

이들은 처음부터 두 사람이었을까, 아니면 두 개의 뇌가 서로 다른 길을 걷기 시작하면서 하나의 정신이 두 갈래로 쪼개진 걸까? 확실히 알기는 어렵다. 어쩌면 두 개의 뇌를 하나로 동기화하는 메커니즘이 사실상 둘이 아닌 하나의 정신과 한 명의 사람을 지탱한다고 주장할 수도 있다. 네오가 어느 쪽에 해당하는지도 마찬가지로 알기 어렵다.

이런 이야기를 들으면 〈매트릭스〉를 완전히 새로운 시각으로 보게 된다. 네오는 처음부터 두 명이었을까? 생물학적 네오는 빨간 알약을 먹고 매트릭스에서 분리된다. 그렇다면 가상 신체와 가상 뇌가 온전히 남아있는 가상의 네오는 어떻게 될까? 완전히 증발해버릴까? 네오가 매트릭스에 다시 들어갈 때마다 새로운 가상의 네오가 다시 탄생하고 생물학적 네오와 동기화되는 걸까?

〈매트릭스〉에 관한 가장 큰 미스터리 중 하나인 다음 질문도 이를 이용해 설명해볼 수 있다. 누군가가 가상세계에서 목숨을 잃을 때 그 사람이 외부세계에서도 목숨을 잃는 이유는 무엇일까? 아마 두 개의 뇌가 언제나 동기화되어 있기 때문일 것이다. 한쪽 뇌가 죽으면 다른 쪽 뇌도 죽는다.

만약 이러한 문제에 부딪히지 않고 물리 기반의 가상세계와 상호 작용하는 방법을 찾으려면 완전히 자율적인 가상 뇌를 뺀 나머지 가상 신체만 제어하면 된다. 예를 들어 가상 신체에 감각과 운동 처리에 필요한 최소한의 가상 뇌와 가상 신경계 정도만 남겨두었다고 해보자. 그렇다면 비가상 뇌에서 보내는 신호가 가상 뇌와 신체의 행동을 제어할 것이다. 또 어쩌면 솔방울샘을 매개로 삼을지도 모른다.

이러한 상황에서는 외부세계의 정신과 내부세계의 신체 사이에 복잡한 이원론적 상호 작용이 이루어지게 된다. 그렇지만 근본적인 수준에서는 이 시스템 또한 이원론적일 필요가 없다. 내부세계의 물리학과 외부세계의 심리학이 모두 하나의 외부세계 물리학에서 비롯될 수 있기 때문이다. 이때 근본적인 수준에 두 가지 종류가 존재하는 이원론이 아니라 한 가지 종류만이 존재하는 일원론이 성립한다.

외부세계 주민들은 이를 일종의 유물론으로 받아들이겠지만, 내부세계 주민들은 그렇게 생각하지 않을 것이다. 이들에게는 외부세계의 물질이 내부세계의 물질과 같지 않다. 내부세계의 관점에서 보자면 세계의 정신과 신체 모두의 기저에 더 근본적인 단일 물질이 존재한다는 중립적 일원론neutral monism이 진실을 가장 잘 설명하는 것처럼 보일 것이다. 여기서 중립적 요소인 외부세계의 물리학은 물리가 아니라 메타물리와 관련된다.

결론

이번 장에서 살펴본 논증은 시뮬레이션 가설을 한층 더 명확하게 고찰하는 데 도움이 된다. 제2장에서 살펴보았듯 시뮬레이션 가설은 우리의 인지 시스템 또한 시뮬레이션으로 간주하는 '순수 시뮬레이션 가설'과 그렇지 않은 '비순수 시뮬레이션 가설'로 나눌 수 있다. 통 속의 뇌 시나리오와 〈매트릭스〉 속 상황은 모두 비순수 시뮬레이션이다. 이번 장에서는 주로 우리의 인지 시스템과 가상세계의 물리가 별개인 비순수 시뮬레이션에 초점을 맞춰 논의를 전개해보았다.

만약 이러한 비순수 시뮬레이션 가설을 인정한다면 비물리적인 인지 시스템이 물리적 시스템과 상호 작용한다는 데카르트식 이원론 또한 인정할 수밖에 없다. 우리의 정신은 가상세계 바깥의 물리공간에 존재하면서 이 공간 속의 우리 몸과 상호 작용한다. 우리의 물리세계는 전적으로 컴퓨터 내 비트로 구성되었지만, 정신은 비트로 구성되지 않은 통 속의 뇌와 연결되어 있다.

앞서 나는 시뮬레이션 가설이 비트에서 존재로 창조론으로 이어진다고 논했다. 이제는 비순수 시뮬레이션 가설이 데카르트식 비트에서 존재로 창조론으로 이어진다고 논할 수 있겠다. 다시 말하자면 창조자는 컴퓨팅 프로세스로 물리적 시스템을 만들었고, 우리의 인지 시스템은 이러한 물리적 시스템과 별개이면서 물리적 시스템과 상호 작용한다는 것이다.

비순수 시뮬레이션 가설은 사실상 물리세계에 관한 비트에서 존재로 창조론과 정신에 관한 데카르트 이원론을 결합했다고 봐도 좋다. 반면 순수 시뮬레이션 가설은 창조된 컴퓨팅으로 물리적 시스템이 구성되며 그 물리적 시스템을 바탕으로 우리의 인지 시스템이 구성된다는 비非데카르트식 비트에서 존재로 창조설로 이어진다.

나는 비순수 시뮬레이션 가설이 특히 그럴듯하다고 말하려는 게 아니다. 제5장에서 살펴보았듯 시뮬레이션이 훨씬 흔해질 것이라는 통계적 논증을 근거로 시뮬레이션 가설을 진지하게 받아들이는 사람이라면 이 논리는 순수 시뮬레이션 가설을 지지하는 논리처럼 보일 것이다. 순수 시뮬레이션은 어떤 세계의 물리를 설정한 다음에는 어떤 일이 벌어지는지 지켜보기만 하면 되므로 만들기가 훨씬 쉽지만, 반대로 비순수 시뮬레이션에서는 별도의 정신이 이 시뮬레이션과 상호 작용하도록 만들어야 하므로 만들기가 훨씬 어려울 것이다.

만약 모든 비순수 시뮬레이션에 생물학적 뇌가 필요하다고 생각한다면 이는 비순수 시뮬레이션의 공급을 제한하는 장애물로 작용할지도 모른다. 다음 장에서 더 자세하게 살펴보겠지만, 비순수 시뮬레이션이 우리와 같은 정신을 지탱할 수 있다면 통계적 논리를 바탕으로 우리가 비순수 시뮬레이션보다는 순수 시뮬레이션 안에 있을 가능성이 더 크다고 논할 수 있다.

게다가 물리학이 우리 세계에 닫힌 네트워크를 형성한다는 합리적인 증거가 있다고 한다면 이는 데카르트 가설과 비순수 시뮬레이션 가설 또는 적어도 이러한 가설 중 정신이 물리세계에서 차이를 만들어낸다고 보는 몇몇 형태를 반증하는 증거가 된다.

그러나 시뮬레이션 논증은 데카르트 이원론을 전보다 더 진지하게 고려해야 할 이유를 알려준다. 언뜻 보기에 데카르트 이원론은 자연주의적 세계관과 모순되는 초자연적인 견해처럼 보일 수 있다. 그러나 시뮬레이션 논증은 데카르트 이원론이 외부세계의 자연적 프로세스를 바탕으로 하여 완전히 자연주의적인 견해일 수 있음을 보여준다. 시뮬레이션 논증이 일종의 자연주의적 신학을 알려주었듯 자연주의적 데카르트 이원론을 알려줄 수도 있다는 뜻이다.

이론상 비물리적 시스템이 물리적 시스템과 상호 작용할 수 없다는 엘리자베스 공주의 반론을 극복하는 데에도 시뮬레이션 논증이 도움이 된다. 비순수 시뮬레이션 가설은 이러한 상호 작용이 작동할 수 있는 모형을 제시한다.

시뮬레이션 기반의 데카르트 이원론은 세계에 대한 우리의 과학적 지식과 일관될까? 우선 물리학부터 살펴보자. 물리학이 닫힌 네트워크를 형성한다는 가설은 매력적이지만 분명 증명되지 않았다. 오늘날의 물리학에서는 아직 발견되지 않은 모종의 힘이 있을 수 있다고 가정한다. 만약 외부세계의 프로세스가 종종 컴퓨팅 기반의 인체로 내부세계의 물리에 영향을 미친다는 걸 알게 된다면 매우 놀랍겠지만 지금까지의 증거와 모순되는 이야기는 아닐 것이다.

다음으로 신경과학을 살펴보자. 우리는 뇌에서 매우 정교한 프로세스가 이루어지며 이 프로세스와 지각, 사고, 행동 사이에 밀접한 상관관계가 있다는 걸 알고 있다. 비순수 시뮬레이션 가설 중에는 이 모두와 일관되는 형태의 가설도 있다.

다소 터무니없는 버전으로는 외부세계의 비가상 뇌가 내부세계의 뇌를 복제하고 대신한다는 복제된 뇌 가설이 있다. 덜 터무니없는 버전으로는 비가상 뇌가 반자동 가상 뇌에 연결되어 영향을 미치고 주요 시점에 행동을 제어한다는 가설도 있다. 이러한 가설을 가리키는 직접적인 증거는 아직 거의 없는 게 사실이지만, 이에 반대되는 증거도 거의 없다.

비순수 시뮬레이션 가설은 데카르트 이원론이 적어도 세계에 대한 우리의 과학적 지식과 일관된다는 점을 암시한다. 나는 비순수 시뮬레이션 가설이 참이라고 말하려는 게 아니며, 마찬가지로 데카르트 이원론이 참이라는 논증을 펼치지도 않았다. 그러나 시뮬레이션 논증은 데카르트 이원론이 참일 수 있는 방식을 보여주며, 이것만으로도 흥미롭게 지켜볼 가치가 있다.

제15장
디지털 세계에 의식이 있을 수 있는가?

〈스타트렉: 넥스트 제너레이션Star Trek: The Next Generation〉의 에피소드 '사람이 되는 기준The measure of a Man'에서는 안드로이드 데이터Data가 유정한sentient 존재인지 판단하려 한다. 스타플릿의 인공두뇌학자 브루스 매독스Bruce Maddox는 데이터를 만든 기술을 알아보기 위해 데이터를 분해하려고 하지만 데이터는 매독스의 요청을 거절한다. 매독스는 데이터가 스타플릿의 사유재산이자 거절할 권리가 없는 단순한 기계라고 주장한다. 선장 피카드Picard는 데이터가 유정한 존재로서 권리를 가지며, 자신의 운명을 결정할 권리도 여기에 포함된다고 주장한다.

데이터가 유정한 존재인지에 대한 다툼은 법정까지 이어진다. 피카드 선장이 매독스에게 유정성을 정의해보라고 하자 매독스는 "지능, 자아, 의식을 가지는 것"이라고 답한다. 데이터에게 지능이 있다는 점은 매독스도 곧바로 인정한다. "데이터에게는 습득력과 이해력이 있으며 새로운 상황에 대처하는 능력도 있습니다." 이에 더해 피카드는 데이터에게 자아가 있다는 걸 보여주기 위해 데이터에게 지금 무엇을 하는지 묻는다. 데이터는 이렇게 답한다. "저는 지금 제 권리와 지위를 결정할 법정 심리에 참여하고 있습니다." 그러고는 여기에 "제 선택할 권리, 어쩌면 제 삶을 결정할 권리"가 달려있다고 말한다.

이제 문제는 세 번째 기준으로 좁혀진다. 데이터에게는 의식이 있을까? 놀랍게도 피카디는 데이터에게 의식이 있다고 직접 주장하지 않는다. 대신 그는 이렇게 말한다. "보십시오. 데이터는 유정성의 세 가지 기준 중 두 가지를 충족합니다. 그렇다면 세 번째 기준까지 충족한다면 어떻게 되겠습니까? 아주 낮은 수준의 의식이라도 있다면, 그는 어떤 존재입니까?" 의식이 있다고 직접 주장하지 않았음에도 피카디가 던진 질문은 그날의 승리를 이끌기에 충분했다. 판사는 데이터에게 영혼이 있는지가 기본 쟁점이라고 말한다. 그러고는 자신은 답을 알지 못하지만 데이터에게 답을 탐구해볼 자유를 주어야 한다고 판결한다.

에피소드는 세 번째 질문에 답하지 않고 막을 내린다. 데이터에게는 의식이 있을까? 아니면 철학자들이 좀비라고 부르는 존재일까? 철학자들은 종종 이를 할리우드 영화에 나오는 좀비와 구분하기 위해 철학적 좀비philosophical zombie라고도 부른다. 철학적 좀비란 외적으로는 의식 있는 존재와 거의 비슷하게 행동하지만 내적으로는 아무런 의식적 경험도 하지 못하는 존재를 가리킨다.

피카디는 아마 데이터가 의식 있는 존재이며 데이터의 내면에 의식적 지각, 감정, 생각의 흐름이 있다고 여겼을 것이다. 반면 매독스는 아마 데이터가 좀비이며 지능적으로 행동하지만 의식 있는 내면의 삶은 아예 누리지 못한다고 여겼을 것이다(좀비는 겉으로 보기에 의식 있는 평범한 존재와 똑같아 보이므로 묘사하기 어려우며, 그림 36은 이를 묘사하

의식 있는 데이터   좀비 데이터

그림 36 데이터는 의식 있는 존재인가, 아니면 철학적 좀비인가?

기 위한 한 가지 시도다). 두 사람 중 누구의 말이 옳을까?

더 일반적으로 말해보자. "디지털 시스템이 의식을 가질 수 있는가? 아니면 인간과 동물만이 의식을 가질 수 있는가?" 이 질문은 디지털 세계에 관한 고찰에 매우 중요하다. 제2장에서 살펴본 시뮬레이션 장르의 선구자 다니엘 갈로예의 소설《시뮬라크론-3》속 가상세계를 생각해보자.

이곳의 가상세계는 순수한 시뮬레이션으로 시뮬레이션 뇌를 가진 시뮬레이션 인간으로 가득하다. 이러한 시뮬레이션 인간들에게는 의식이 있을까? 만약 그렇다면 시뮬레이션을 완전히 종료하는 행위는 곧 제노사이드에 버금가는 잔학 행위일 것이다. 반면 이들에게 의식이 없다면 이들은 디지털 좀비에 불과하고, 시스템을 종료하더라도 평범한 비디오게임을 종료하는 것과 비슷한 일처럼 보인다.

지금까지 우리가 만든 가상세계 중 인간에 필적할 정도로 복잡한 디지털 존재를 담은 세계는 아직 없다. 대부분의 가상세계에서는 생물학적 인간 플레이어가 가장 정교한 생물이며, 디지털 NPC에는 자아가 없는 것처럼 보인다. NPC에 의식이 있다고 여길 사람은 거의 없을 것이다. 그러나 언젠가는 우리의 뇌만큼이나 복잡한 가상 뇌를 가진 정교한 NPC가 가득한 시뮬레이션 세계가 등장할 것이다. 이러한 가상세계가 등장한다면 디지털 의식에 관한 문제를 더는 회피할 수 없다.

마인드 업로딩mind uploading과 관련해서는 이 문제가 더욱 중요해진다. 마인드 업로딩이란 우리의 정신을 생물학적 뇌에서 디지털 컴퓨터로 전송하려는 시도를 말한다. 〈블랙 미러〉의 에피소드 '샌 주니페로San Junipero'에서는 생물학적 수면이 얼마 남지 않은 사람들이 뇌를 업로드해 디지털 사본을 만든 다음 가상세계에 연결하는 방법을 택할 수 있다. 가상세계는 이들이 영생을 누릴 일종의 천국으로 기능한다.

마인드 업로딩은 많은 과학적 논쟁을 낳았다. 어떤 이들은 업로드한 시스템의 행동을 고찰했다. 이러한 시스템이 기존 생물학적 시스템의 지적 행동을 똑같이 생성할 수 있을까? 또는 똑같은 기억과 똑같은 성격적 특성을 드러낼 수 있을까? 우리는 과연 시뮬레이션으로 만들 만큼 뇌를 자세하게 측정할 수 있을까? 우리는 정말로 뉴런 네트워크를 디지털 시스템으로 완벽하게 시뮬레이션할 수 있을까?

과학적 문제가 해결된다고 하더라도 더 깊은 철학적 문제들이 남아 있다. 가장 큰 문제는 의식이다. 마인드 업로딩이 영생을 향한 길이 되려면 업로드한 시스템에 의식이 있어야만 한다. 만약 업로드한 시스템이 의식 없는 좀비 시스템이라면 마인드 업로딩은 생존의 한 형태가 아니며, 적어도 의식적 정신과 관련해서는 말살이나 다름없다. 사람들은 대개 이러한 종류의 좀비화가 죽음이나 다름없다고 여길 것이다.

마인드 업로딩에 관한 또 다른 중요한 문제로는 '정체성'이 있다. 내가 컴퓨터에 업로드된다면 그렇게 업로드된 시스템은 '나'일까? 또는 마치 새로운 쌍둥이가 생긴 것처럼, 나와 똑같이 행동하지만 사실은 완전히 새로운 사람일까? 만약 내가 기존의 생물 신체를 그대로 둔 채 업로드한 버전의 나를 만든다면 사람들은 대개 생물 버전을 나라고 보는 한편 디지털 사본은 다른 새로운 누군가라고 여길 것이다. 그렇다면 생물 버전이 죽고 디지털 사본만 남아있다고 해서 다르게 봐야 할 이유가 있을까?

사실상 마인드 업로딩에도 피카디의 세 가지 질문을 던져볼 수 있다. 첫 번째는 지능적 행동에 관한 질문이다. "업로드된 나는 나처럼 행동할까?" 두 번째는 의식에 관한 질문이다. "업로드된 나에게는 의식이 있는가?" 세 번째는 자아에 관한 질문이다. "업로드된 나는 나일까?" 마인드 업로딩이 실현 가능한 영생의 길이 되려면 이 세 가지 질문에 모두 그렇다고 대답할 수 있어야 한다.

이제부터 나는 세 가지 질문 모두를 조금씩 다루겠으나 주로 의식과 관련된 질문에 초점을 맞출 것이다. 이 질문은 시뮬레이션 가설을 평가하는 데 특히 중요하다. 만약 시뮬레이션에 의식이 있을 수 없다면, 우리에게 의식이 있다는 사실은 순수 시뮬레이션 가설을 처음부터 배제하기 때문이다.

의식 문제

의식이란 무엇인가? 의식은 주관적인 경험이다. 내 의식은 일인칭 시점에서 내 삶이 어떻게 보이는지를 포착하는 내면의 멀티트랙 영화와도 같다.

의식에는 여러 구성 요소가 있다. 나는 색상과 모양을 시각적으로 경험한다. 음악과 목소리를 청각적으로 경험한다. 고통과 배고픔을 신체적으로 경험한다. 행복과 분노를 감정적으로 경험한다. 일할 때는 생각, 논리, 고찰을 포함한 일련의 의식적 사고를 경험한다. 나는 결정하고 행동한다. 이 모든 요소가 모종의 방법으로 포괄적인 의식 상태에 통합되어 나로 산다는 의식적인 경험을 이룬다. 이 우주에는 왜 의식이 존재할까? 물리적 프로세스가 어떻게 의식을 만들어내는 걸까? 객관적 세계에 어떻게 주관적 경험이 존재할 수 있을까? 지금으로써는 그 누구도 이러한 문제에 답을 알지 못한다.

나는 의식 문제를 고찰하기 위해 철학자가 되었다. 내 학문적 배경은 수학과 물리학에서 시작했다. 나는 수학으로 1980년대 호주에서 첫 학위를 취득한 이후로 옥스퍼드대학교에서 박사과정을 일부 완료했다. 내가 수학 분야를 사랑했던 이유는 진정으로 근본적인 문제에 답을 구하는 학문 같았기 때문이다. 그러다 점차 가장 중요한 문제의 답은 이미 발견되었고 가장 근본적인 요소들도 꽤 잘 밝혀졌다는 생각이 들었다. 틀린 생각이었을 수도 있겠지만, 어쨌든 당시의 나에게는 그렇게 보였다.

동시에 나에게는 진정으로 근본적인 문제 하나가 아직 전혀 해결되지 않은 채 남은 것처럼 보였다. 바로 의식 문제다. 인간의 정신은 과학에 수많은 까다로운 문제를 제시하는 듯했으며, 그중에서도 가장 어려운 문제가 의식 문제인 듯했다. 우리가 세상에서 가장 익숙한 것이면서 가장 제대로 이해하지 못하는 것이 바로 의식이었다. 의식은 어떻게 물리세계에 자리를 잡았을까? 객관적 세계에 어떻게 주관적 경험이 존재할 수 있을까? 답할 수 있는 사람은 아무도 없었다.

이 질문들에 집착하기 시작한 나는 수학계를 떠나 의식 문제를 직접 연구하기로 했다. 1989년 옥스퍼드대학교를 떠난 나는 《괴델, 에서, 바흐》를 비롯해 내가 사랑하는 수많은 책을 집필한 더글러스 호프스태터Douglas Hofstadter가 이끄는 인디애나대학교 인지과학 연구진에 합류했다.

이곳에서 인지과학에 관한 많은 것을 배웠고 인공지능에 관한 많은 연구를 진행했다. 하지만 의식 문제는 여전히 나의 열정을 불러일으켰다. 이 거대한 문제를 파고들 가장 좋은 방법은 철학이라는 정공법처럼 보였다. 그렇게 나는 철학자가 되어 의식에 관한 박사 논문을 썼으며, 이 논문을 토대로 첫 번째 저서 《의식적 정신Conscious Mind》을 출간했다.

이즈음이던 1994년 4월, 나는 애리조나주 투싼에서 열린 의식에 관한 최초의 국제학회에서 발표할 기회를 얻었다. 여기서 의식을 설명하는 문제를 어려운 문제hard problem라고 불렀다. 이 명칭은 내가 내놓은 다른 어떤 말보다도 빠르게 주목을 받았다. 다수의 저자가 이 어려운 문제에 관한 책을 집필했다.

극작가 톰 스토파드Tom Stoppard는 의식에 관한 연극 〈어려운 문제The Hard Problem〉를 썼다. 이 이름이 빠르게 이목을 끌었던 이유는 개념이 극단적이거나 독창적이라서가 아니었다. 오히려 그 반대였다. 무엇이 어려운 문제인지를 모두가 처음부터 알고 있었기 때문이었다. '어려운 문제'라는 이름을 얻은 이 문제는 더는 회피하기 어려워졌다. 어려운 문제가 무엇인지 설명하고 비교적 쉬운 문제와 비교하기 위해 우선 의식과 지능에 관한 피카디의 두 질문이 어떤 관계에 놓여 있는지 검토해보는 게 좋겠다.

지능이란 무엇인가? 짐작해보자면 지능은 정교하고 유연한 목적 지향성 행동을 말한다. 어떤 시스템이 체스 게임에서 이기는 것과 같이 오직 한 가지 목표만을 달성하는 데 능하다면 이는 좁은 지능narrow intelligence에 해당한다. 반면 시스템이 다양한 목적을 달성하기 위해 합리적인 시도를 할 수 있다면 이를 일반 지능general intelligence이라고 한다.

지금까지는 현존하는 디지털 시스템 대부분이 좁은 지능을 담고 있다. 딥마인드DeepMind에서 개발한 알파제로AlphaZero 프로그램은 체스와 바둑에서 이기는 데 능하다. 자율주행 자동차는 길 찾기에 능하다. 그러나 일반 지능에 가까운 디지털 시스템은 아직 등장하지 않았다. 우리가 아는 한 일반 지능을 가진 존재는 오직 인간과 몇몇 동물뿐이다. 내가 이해하기로 지능은 시스템의 객관적 특징으로써 대개 행동으로 드러난다. 시스템이 어떻게 '느끼는지'는 지능에서 중요하지 않다. 중요한 것은 시스템 내부의 객관적 프로세스와 이러한 프로세스가 도출하는 행동이다.

그러므로 우리는 의식보다는 지능을 훨씬 더 잘 이해한다. 인지 시스템의 행동을 설명하는 표준 방식은 이미 정립되어 있다. 어떤 행동을 설명하려면 메커니즘을 밝히고 그러한 메커니즘이 어떻게 행동을 도출하는지 보이면 된다. 이 메커니즘은 뇌 내 시스템일 수도 있고, 뇌가 사용하는 것으로 추정되는 일종의 알고리즘일 수도 있다. 이러한 이유로 나는 지능을 설명하는 문제, 일반적인 행동을 설명하는 문제를 가리켜 '쉬운 문제easy problem'라고 말한다.

우리는 어떻게 길을 찾는가? 어떻게 소통하는가? 환경 내 여러 객체를 어떻게 구분하여 식별하는가? 어떻게 행동을 제어하고 목표를 달성하는가? 쉬운 문제라고 해서 사실 정말 쉽지는 않다. 어떤 문제는 제대로 밝히려면 앞으로 수 세기는 더 필요하다. 그러나 적어도 우리는 앞으로 어떻게 이 문제를 풀어나가야 할지 대략이나마 알고 있다.

지능이 객관적 행동에 관한 문제라면 의식은 주관적 경험의 문제다. 어려운 문제는 이러한 주관적 경험을 설명하는 문제다. 모든 의식적 경험은 그러한 경험을 하는 의식적 주체와 연결된 것으로 보인다. 이러한 주관성은 의식 문제를 그토록 어렵게 만드는 이유 중 하나다.

뉴욕대 동료 토마스 네이글Thomas Nagel은 '무언가로서 존재한다는 게 어떤 것인지'라는 말로 의식을 정의했다. 나로서 존재한다는 게 어떤 것인지 물었을 때 무엇이라고 답할 수 있다면 나는 의식이 있다. 사람들은 대개 돌멩이로서 존재한다는 게 아무것도 아니라고 생각한다. 돌멩이는 주관적 경험을 하지 못하기 때문이다. 만약 이 말이 옳다면 돌멩이는 의식이 없다. 네이글이 논한 대로 박쥐로서 존재하는 게 어떤 것인지 물었을 때 무엇이라고 답할 수 있다면 박쥐는 의식이 있다. 벌레로서 존재하는 게 아무것도 아니라면 벌레는 의식이 없다.

많은 이가 의식을 지능 계층의 꼭대기에 놓인 매우 복잡한 무언가라고 여긴다. 몇몇은 '자의식'이라는 복잡한 형태가 필요하다고도 생각한다. 예컨대 TV 드라마 〈웨스트월드Westworld〉에서 나 자신에게 속하는 내면의 목소리를 알아차리는 게 곧 의식이라고 그린다. 이 견해에 따르자면 인간을 비롯하여 오직 고찰할 수 있는 존재만이 의식을 가진다. 나는 이 견해가 의식을 잘못 이해한다고 생각한다.

의식은 단순한 상태로도 나타난다. 예컨대 빨간색을 보거나 고통을 느끼는 것도 의식이다. 네이글의 말을 빌리자면 빨간색을 본다는 게 어떤 것인지, 고통을 느낀다는 게 어떤 것인지 물었을 때 무엇이라고 답할 수 있으므로 이러한 상태는 의식적 상태다. 이 상태는 내면의 목소리나 자의식 성찰이 없어도 존재할 수 있다. 분명 내면의 목소리나 자의식 성찰은 의식을 가진 이들에게서 드러나는 의식의 일면이다. 그러나 이를 일반적인 의미의 의식과 혼동해서는 안 된다.

빨간색을 보거나 고통을 느끼는 것과 같은 단순한 의식 상태에 대해서도 의식에 관한 어려운 문제를 생각해볼 수 있다. 어떤 자극을 시각계의 처리를 거쳐 빨간색이라고 식별할 때 빨간색을 의식적으로 경험하게 되는 이유는 무엇일까? 빨간색을 본다는 게 어떤 것인지 물었을 때 왜 '무엇이라고' 답할 수 있을까?

쉬운 문제를 해결하는 데 매우 유용한 객관적 방법들은 주관적 경험에 대해서는 제대로 작동하지 않는다. 어떠한 자극을 빨간색으로 분류하는 뇌 메커니즘을 밝혀내더라도 왜 빨간색을 의식적으로 경험하게 되는지는 알 수 없다. 더 일반적으로 말하자면, 행동을 설명한다고 하더라도 왜 그 행동에 의식이 함께하는지를 설명할 수 없다. 뇌 프로세스를 어떻게 설명하더라도 그 설명과 의식 사이에는 틈이 벌어져있는 듯하다. 뇌 프로세스는 왜 의식적 경험을 일으킬까? 왜 그냥 사라지지 않고 의식적 경험을 남기는 걸까? 답은 그 누구도 알지 못한다.

신경과학과 인지과학에서 사용하는 표준 방법은 행동을 설명하는 데 초점을 맞춘다. 그러므로 의식이라는 어려운 문제가 관련된 지점에서는 이 문제를 이해하는 데 크게 공을 들이지는 않았다. 기껏해야 뇌 프로세스와 의식 간의 '상관관계'를 제시했을 뿐이다. 신경과학자들은 '의식의 신경 상관자'라는 개념과 함께 점차 발전하고 있다. 그러나 상

그림 37 색상 과학자 메리는 빨간색을 본다는 게 어떤 것인지 아는가?
(여기서 메리는 20세기 초를 이끌었던 철학자이자
심리학자인 메리 휘튼 캘킨스를 모델로 삼았다.)

관관계는 설명과 다르다. 아직 우리는 뇌 프로세스에서 왜, 또는 어떻게 의식이 도출되는지 설명하지 못한다.

이 독특한 의식 문제는 호주 철학자 프랭크 잭슨Frank Jackson이 고안한 사고 실험으로 살펴볼 수 있다. 메리Mary는 신경과학자다. 메리는 뇌 내 물리적 프로세스와 그러한 프로세스가 색상에 어떻게 반응하는지 매우 잘 알고 있다. 그러나 메리는 평생 흑백의 방 안에서만 살아왔으며 세계를 책과 흑백영화 등으로만 접했다. 메리가 직접 색상을 경험해본 적은 한 번도 없다.

빨간색, 파란색 또는 초록색 사물이 어떻게 특정한 파장의 빛을 내보내는지, 이러한 빛이 어떻게 눈과 뇌에 영향을 미치는지, 사람의 머릿속에서 어떻게 연상을 유도하는지, 그리고 이러한 요소들이 어떻게 "저 헛간은 빨간색이다."와 같은 소감으로 이어지는지를 비롯해 온갖 객관적인 이야기는 메리도 아주 잘 알고 있다. 그러나 메리가 색상에 관해 알지 못하는 중요한 점이 하나 있다. 메리는 빨간색, 파란색, 초록색 등의 색상을 경험한다는 게 어떤 것인지 알지 못한다.

뇌에 관한 물리적 지식은 색상에 관한 온갖 사실을 메리에게 알려주지만, 색상의 의식적 경험에 관해서는 아무것도 알려주지 못한다. 그러므로 의식적 경험에 관한 지식은 뇌 프로세스에 관한 지식을 넘어서는 것으로 보인다. 이것만으로는 의식이 무엇인지 알 수 없으나 적어도 왜 여기에 문제가 발생하는지를 알려준다.

실제로 나는 메리와 비슷한 사람을 만나본 적이 있다. 노르웨이의 신경과학자 크누트 노르비Knut Nordby는 완전한 색맹이었다. 망막에서 색상을 처리하는 원추세포가 작동하지 않기 때문이었다. 그렇지만 노르비는 감각 프로세스를 연구하는 정신물리학을 전공했으며 색상에 관한 여러 저작을 출간했다. 그는 색상 처리에 관련된 뇌 시스템을 속속들이 알았다.

1998년 노르비는 스탠퍼드대학교 인지신경과학자 브라이언 원델Brian Wandell의 연구에 참여하러 왔다. 원델은 노르비의 뇌를 스캔하고 자극을 주는 방식으로 색상을 경험할 수 있는지 알아보고자 했다. 안타깝게도 실험은 실패로 끝났다. "색상의 세계는 제겐 영원히 미스터리로 남을 건가 봅니다." 노르디가 내게 했던 말이다.

나는 《의식적 정신The Conscious Mind》에서 의식을 순수하게 물리적인 면에서 설명하기란 불가능하다고 주장했다. 핵심은 물리적 설명으로는 행동을 훌륭하게 설명할 수 있으나 결국에는 행동밖에 설명하지 못한다는 것이었다. 더 정확하게 말하자면, 물리적 설명은 언제나 객관적인 구조와 역학에 관한 문제이며 이것으로 설명할 수 있는 건 더 많은 객관적인 구조와 역학에 그친다는 뜻이다. 이러한 방법은 쉬운 문제를 풀기에 완벽한 방법이지만, 어려운 문제는 이 방법으로 해결할 수 없다. 어려운 문제를 해결하려면 다른 무언가가 필요하다.

나아가 나는 공간, 시간, 질량 등 기존의 근본 성질과 기존의 근본 물리 법칙으로 의식을 설명할 수 없다면 자연에 새로운 근본 성질이 반드시 있을 것이라 주장했다. 어쩌면 의식 자체가 근본일지도 모른다. 또한 물리적 프로세스와 의식을 연결하는 법칙 등 한층 더 근본적인 법칙을 받아들여야 할 것이다. 의식의 원리를 밝힌다는 건 사실상 이러한 근본 법칙들을 밝히는 것과 같다.

이때 이후로 어려운 문제를 해결하기 위해 여러 방안이 물밀듯이 쏟아지기 시작했다. 어떤 방 안에서는 물리적 프로세스와 의식을 연결하는 새로운 근본 법칙을 제시한다. 어떤 이론은 의식을 정보 프로세스와 연결한다. 이를 양자역학과 연결하는 방안도 있다.

최근 수년간 특히 큰 인기를 끌었던 개념은 자연 전체에 걸쳐 모든 물리적 시스템에 어느 정도의 의식 요소가 포함되어 있다는 범심론이다. 한편 어려운 문제를 과도하게 축소해 물리적인 면에서 해결하려는 환원론도 많다. 이러한 전략의 극단에 서있는 견해는 의식 자체가 환영이라는 환상론일 것이다. 환상론에서는 우리가 진화하는 동안 모종의 이유로 우리에게 의식이라는 특별한 성질이 있다고 믿게 되었으나 사실은 그렇지 않다고 본다. 만약 환상론이 옳다면 의식은 존재하지 않으며 이를 설명하기 위한 어려운 문제도 없어진다.

의식을 설명하기 위한 어려운 문제에 관해서는 이보다 훨씬 더 많은 논의를 나눠볼 수 있으나 이쯤에서 잠시 접어두고 어느 정도 질문을 좁혀보자. 기계에는 의식이 있을 수 있는가?

타인의 마음 문제

실리콘으로 만든 기계에 의식이 있을 수 있는지는 확실히 알 수 없다. 한 가지 이유는 자신을 제외한 다른 어떤 개체에도 의식이 있는지 확실히 알기 어렵기 때문이다. 나는 나 자신의 주관적인 경험으로 나에게 의식이 있음을 확신한다. 데카르트의 "나는 생각한다, 고로 존재한다."를 의식에 빗대어 말하자면 "나는 의식이 있다, 고로 존재한다."라고 할 수 있다. 그러나 이 상황에서 내가 아는 것은 나 하나의 의식뿐이다. 나머지 의식에 대해서는 아무것도 알 수 없다. 철학자들은 이를 '타인의 마음 문제'라고 부른다.

다른 누군가에게 정신이 있다는 걸 어떻게 알 수 있을까? 그들의 정신이 내 정신이 비슷하다는 건 어떻게 알까? 이 회의적인 문제는 외부세계 회의론과 맞먹는 수준이다. 외부세계 회의론이 그러했듯 누구나 대부분 다른 사람에게 정신이 있다고 믿으며 종종 내가 다른 사람들의 생각과 느낌을 알 수 있다고 생각한다. 그런데 어떻게 이를 확실히 알 수 있을까?

타인의 마음 문제는 인간이 아닌 동물로 간단하게 살펴볼 수 있다. 어느 유명한 우화에서 장자는 수면 위로 뛰어오르는 물고기들을 보고 행복한 물고기라고 일컬었다. 그러자 동료 혜자가 말했다. "자네는 물고기가 아니잖나. 물고기가 어떨 때 행복한지 자네가 어떻게 아는가?" 장자는 답했다. "자네는 내가 아니잖나. 내가 무엇을 아는지 자네가 어떻게 아는가?" 이에 혜자는 어느 쪽이든 우리가 알 수 없다고 답했지만, 장자는 조금 더 낙관적인 견해를 보였다.

이 우화는 여러 개념을 설명하는 데 쓰이나 기본적으로 타인의 마음

[그림 38] 타인의 마음 문제. 장자, 혜자와 행복한 물고기

문제를 설명하고 있다. 타인 또는 다른 동물의 마음속에 무엇이 있는지 어떻게 알 수 있을까? 또는 토마스 네이글의 말을 빌리자면 우리는 박쥐로 존재한다는 게 어떤 것인지 또는 타인으로 존재한다는 게 어떤 것인지 어떻게 알 수 있을까? 그림 38은 이러한 관점에서 앞의 우화를 해석했다.

타인의 마음 문제의 핵심에는 타인의 의식 문제가 있다. 만약 지각, 기억, 행동을 수행하는 능력이 의식과 독립적이라고 생각한다면 아마 나는 타인이 지각하고, 기억하고, 행동한다는 걸 알 수 있을 것이다. 그러나 의식은 사적이고 주관적이어서 타인의 의식을 관찰하기 매우 어렵다. 타인의 행동은 타인에게 의식이 있다는 걸 '암시하며' 심지어는 타인이 자기에게 의식이 있다고 말할 수도 있지만, 이러한 증거는 과연 얼마나 믿을 만한 증거일까? 의식 없는 로봇도 똑같이 행동할 수 있지 않을까?

타인의 의식 문제는 다음의 질문으로 요약할 수 있다. "우리는 타인이 좀비가 아니라는 걸 어떻게 아는가?" 앞서 살펴보았듯 철학적 좀비는 할리우드 영화 속에서 죽은 채로 돌아다니는 좀비를 말하는 게 아니다. 철학적 좀비란 평범한 사람처럼 보이고 행동하면서도 전혀 의식이 없는 존재를 말한다. 철학적 좀비의 내면은 온통 어둠뿐이다. 극단적인 사례로는 의식이 있는 사람을 뇌 구조까지 완전하게 물리적으로 복제했을 때, 그 복제인간이 아무런 주관적 경험을 하지 못하는 경우가 있다.

이러한 좀비가 실제로 존재한다고 생각하는 사람은 많지 않다. 거의 모든 이가 타인에게 의식이 있다고 믿는다. 그러나 철학적 좀비라는 개념 자체는 타인에게 마음 문제를 충분히 일으킬 수 있다. 적어도 다른 사람들이 좀비라고 상상해볼 수는 있다. 정상적인 뇌를 가지고 정상적으로 행동하면서도 의식은 조금도 없는 존재라고 상상해보는 것이다.

한 가지 확실하게 말할 수 있다면, 도널드 트럼프를 원자 하나까지 똑같이 가지고 있으면서도 의식은 없는 물리적 존재가 있을 수 있다는 개념이 그 무엇과도 모순되지 않다는 점이다. 다시 말하지만 사람들은 대개 좀비 가설이 비현실적이고 그럴듯하지 않다고 여긴다. 그러나 회의론 문제가 전반적으로 그러하듯, 이 문제에서도 논점은 '우리가 어떻게 확신할 수 있는가.'이다.

철학자들은 좀비를 여러 논의에서 인용한다. 《의식적 정신》에서 나는 유물론에 반론을 제기하기 위해 좀비를 제시했다. 논의를 대략 설명하자면 이렇다. 만약 좀비를 상상할 수 있다면, 물리적으로 우리 세계와 똑같으면서 아무런 의식도 존재하지 않는 세계가 예전부터 존재해 왔다고 상상할 수도 있다.

그러나 우리 세계에는 의식이 있으므로 좀비 세계와는 달리 물리적 구조를 뛰어넘는 무언가가 있다고 볼 수 있다. 다른 철학자들은 좀비를 이용해 의식의 인과적 역할과 진화적 기능에 의문을 제기했다. 만약 좀비가 이론상 우리가 할 수 있는 일들을 똑같이 행할 수 있다면, 왜 우리는 진화 과정에서 의식을 가지게 되었을까?

이처럼 좀비를 사용하는 방식에는 논쟁이 있다. 어떤 철학자들은 우리가 실제로 좀비를 상상할 수 없다고 생각한다. 아무리 정교하게 구상한들 언제나 모순이 숨어 있다는 것이다. 또 다른 철학자들은 좀비를 상상할 수는 있으나 현실은 상상대로 되지 않는다고 논한다. 나아가 의식은 환상이며 우리도 좀비라고 여기는 철학자들도 있다.

이 논의에서 나는 앞서 설명한 것처럼 논쟁이 있는 목적으로 좀비를 이용하려는 게 아니다. 다만 이 문제를 제기하는 데 좀비를 이용하는 것뿐이다. 우리는 타인이 좀비가 아님을 어떻게 아는가? 어쩌면 여러분도 나름의 답변을 떠올릴 수 있을 것이다. 만약 그렇다면 잘된 일이다.

논의가 인간에게서 멀어지더라도 타인의 마음 문제는 계속된다. 강아지에게 의식이 있다는 걸 우리는 어떻게 확실히 아는가? 같은 맥락에서, 우리는 갓난아기에게 의식이 있는지, 언제 의식을 가지게 되는지 알 수 있는가? 사람들은 대개 갓난아기에게도 의식이 있다고 생각하지만, 어떻게 확신할 수 있을까?

데카르트는 강아지가 단순한 오토마타 또는 좀비라고 생각했다. 과거에는 갓 태어난 아기에게 의식이 없다고 여기기도 했다. 심지어 갓난

아기가 의식이 없어 고통을 느끼지 못한다고 생각했기에 오랜 세월 마취제 없이 할례를 해오기도 했다. 다시 말하자면 사람들은 의식에 관한 측면에서가 갓난아기가 좀비와 같다고 믿었다. 오늘날 이러한 견해는 받아들이기 어렵지만, 이 견해가 틀렸다고 못박기도 쉽지는 않다.

실제로 시도해볼 만한 방법 하나는 신경 또는 행동 면에서 의식의 표식을 찾는 방법이다. 나 또는 전형적인 인간은 이러한 물리적 상태는 의식과 상관관계가 있는 것으로 보이며, 만약 찾을 수 있다면 타인을 평가하는 데에도 확장할 수 있을 것이다.

가장 좋은 행동 표식은 구두 보고인 듯하다. 아플 때 아프다고 보고할 수 있다면 의식이 있을 수 있다. 나는 이러한 보고가 확실히 의식과 상관관계가 있다고 본다. 만약 타인에게 의식이 있다고 가정한다면 구두 보고는 자연스럽게 의식 표식으로 여길 수 있다. 다만 말을 할 줄 모르는 동물이나 갓난아기의 의식을 평가하는 데는 구두 보고를 표식으로 삼을 수 없다.

그러나 의식과 상관관계가 있으며 동물과 간난 아기에게도 찾아볼 수 있는 다른 행동 표식, 예컨대 고통 행동을 증거로 삼을 수 있다. 마찬가지로 뇌와 의식의 상관관계에도 비슷한 역할을 부여할 수 있다. 이 중 어떤 것도 다른 시스템에 의식이 있음을 반박할 여지조차 남기지 않고 증명할 수는 없지만, 적어도 합리적으로 추론할 수는 있다.

타인의 마음 문제를 완전히 해결하려면 어떤 시스템에 의식이 있고 어떤 시스템에 의식이 없는지, 그러한 의식은 어떤 것인지를 알려주는 완전한 이론이 있어야 한다. 그러한 이론은 아직 존재하지 않는다. 그러므로 지금으로써는 의식 과학에서 비롯된 몇 가지 경험적인 표식, 의식과 행동을 연계하는 몇 가지 예비 이론 원칙 그리고 의식을 어디에서 찾을 수 있는지에 관한 철학적 추론에 의지해 타인의 마음을 고찰할 수밖에 없다.

기계에 의식이 있을 수 있는가?

기계 의식 문제는 까다로운 버전의 타인의 마음 문제다. 우리는 어떻게 〈스타트렉〉의 데이터와 같은 기계에 의식이 있다는 걸 알 수 있을까? 매독스 사령관은 데이터가 실리콘으로 만든 좀비이며 전혀 의식이 없다고 주장할 것이다. 데이터는 우리와 매우 다른 근본 요소로 구성되어 있으며 생물학적 뇌를 가지고 있지 않다. 그러므로 뇌 프로세스를 의식의 증거로 간주할 수는 없다. 확실히 데이터는 의식과 연관이 있다고 보이는 방식으로 행동한다. 덕분에 상당한 심리학적 힘이 실리지만, 다르게 구성된 시스템에 대해 이러한 행동 방식이 어느 정도 증거로 인정될 수 있는지는 확실하지 않다.

이제 내 뇌와 똑같은 완벽한 시뮬레이션 뇌라는 한 가지 종류의 기계에 초점을 맞춰보자. 이 시뮬레이션 뇌는 컴퓨터로 가동하는 디지털 시스템이다. 만약 한 가지 디지털 시스템에 의식이 있다고 정립할 수 있다면, 디지털 시스템에 의식이 있을 수 없다고 믿을 만한 일반적인 근거가 없다는 걸 알 수 있다. 이렇게 되면 다른 시스템도 자연스럽게 정립할 수 있을 것이다.

시뮬레이션 뇌는 다른 기계에 비해 인간의 뇌와 극도로 유사하다고 가정할 수 있으므로 논의가 단순해진다는 장점이 있다. 예컨대 우리는 처음부터 나 자신에게 의식이 있음을 알고 있으므로, 나 자신과 극도로 유사한 시뮬레이션 뇌에 의식이 있는지를 보이기 위해 어떤 시스템에 의식이 있을 수 있는지를 알려줄 완전한 이론을 세울 필요는 없다. 게다가 시뮬레이션 뇌는 지금 디지털 의식을 고찰하는 주된 이유인 시뮬레이션 세계와 업로딩을 부각하는 데에도 도움이 된다.

시뮬레이션 뇌는 어떻게 작동할까? 우선 모든 뉴런과 신경 아교 세포를 비롯한 뇌의 모든 세포를 완벽하게 시뮬레이션했다고 가정해보자. 뉴런 간의 상호 작용도 완벽하게 시뮬레이션했다. 모든 전기화학 활동도 시뮬레이션했으며, 혈류와 같은 기타 활동도 모두 시뮬레이션했다.

만약 뇌 기능에 영향을 미치는 다른 뇌 내 물리적 프로세스가 있다면 그 또한 시뮬레이션했다. 다음 논의에서는 가정을 단순화하여 뉴런만 시뮬레이션하면 된다고 간주하겠으나, 이러한 가정 없이도 같은 논의를 그대로 적용할 수 있다. 뇌를 시뮬레이션한다는 게 불가능하다고 논하는 이들도 있을 것이다. 여기서 나는 뇌가 물리적 시스템이므로 컴퓨팅으로 시뮬레이션할 수 있는 법칙을 따른다고 간주할 것이다. 오늘날 우리가 아는 증거는 분명 이러한 가정에 모순되지 않는다. 만약 이것이 참이라면 컴퓨터 시뮬레이션은 뇌를 만들 수 있다.

이렇게 가정한다고 하더라도 뉴런 수준의 시뮬레이션이 제대로 작동할지는 보장할 수 없다. 어쩌면 뇌 프로세스를 제대로 시뮬레이션하려면 물리학보다 더 깊은 수준까지 내려가야 할 수도 있다. 이때는 물리적 수준의 시뮬레이션만으로도 우리의 목적을 달성할 수 있을 것이다.

시뮬레이션 뇌는 우리의 논의에 있어 중요한 장점이 있다. 시뮬레이션 뇌는 우리가 '기계가 될' 가능성을 제시한다. 이 논의를 정립할 수 있다면 기계 의식에 관한 일인칭 증거를 가지게 된다. 내가 시뮬레이션 뇌가 된다면 어떨까? 단순히 시뮬레이션을 만드는 데 그친다면 여러 미해결 문제가 남을 것이다. 만약 기존의 뇌가 그대로 남아있다면 그 뇌가 본체라고 주장할 수 있다. 기존의 뇌를 파괴할 수도 있겠지만, 대담하게 나서더라도 정체성에 관한 문제는 그대로 남는다. 내가 시뮬레이션 뇌가 된 것일까? 아니면 완전히 새로운 사람이 창조된 것일까?

시뮬레이션 뇌가 되는 가장 안전한 방법은 여러 단계를 거쳐 하나가 되는 것이다. 이 프로세스는 종종 점진적 업로딩이라고도 불린다. 우선 내 모든 세포를 한 번에 하나씩 또는 한 번에 한 영역씩 시뮬레이션한다고 해보자. 각 세포의 시뮬레이션을 구축했다면 세포들이 수용체 및 효과기로 이웃한 생물학적 세포와 상호 작용할 수 있도록 배열한다.

처음에는 기존의 세포 중 몇 개만 시뮬레이션 세포로 대체한다. 이를 계속하면 시간이 지날수록 점점 더 많은 세포가 시뮬레이션 세포로 대체되며, 이웃한 세포들은 시뮬레이션 방식으로 상호 작용할 수 있다. 절반의 반, 절반, 결국 뇌 전체가 시뮬레이션으로 대체된다. 이 시뮬레이션 뇌는 기존의 물리적 몸에 있는 효과기와 연결할 수도 있고, 몸까지 시뮬레이션할 수도 있을 것이다.

이러한 업로드 프로세스가 몇 주에 걸쳐 진행된다고 상상해보자. 처음으로 몇 개의 세포를 교체한 뒤에는 휴식 시간을 가져도 좋다. 시술을 받은 다음 약간의 현기증을 느낄 수도 있지만, 그걸 제외하고는 아무렇지도 않을 것이다. 시뮬레이션 세포는 기존 세포와 완전히 똑같이 활동하며 같은 행동을 만들어내므로 이 사람은 정상적으로 행동한다. 그러므로 이 상태에서 나는 자신에게 의식이 있다고 확실히 말할 수 있다.

시뮬레이션이 제대로 되고 있다고 가정한다면 모든 단계에 걸쳐 비슷한 상황이 펼쳐질 것이다. 누군가 내게 기분이 어떻냐고 물어보면 나는 '괜찮다, 배고프다, 아프다, 지루하다.'와 같이 대답할 것이다. 마찬가지로 우리의 뉴런이 행동을 지배하며 그러한 뉴런 또한 완벽하게 시뮬레이션한다고 가정한다면, 나는 시뮬레이션 뇌로도 기존과 거의 똑같이 행동할 것이라고 예상할 수 있다.

결국 마지막 단계까지 완료하면 내 뇌는 시뮬레이션 뇌로 완전히 대체된다. 이번에도 내게 기분이 어떻냐고 물어본다면 평범하게 대답할 것이다. 시뮬레이션이 제대로 작동한다면 나는 내게 의식이 있다고 말할 것이다. 확실하냐고 물어본다면 그렇다고 대답할 것이다(적어도 내가 업로딩 이전에 내게 의식이 있다고 확신하는 사람이었다면 그럴 것이다). 그러므로 나에게는 이 경험이 기계에 의식이 있을 수 있다는 분명한 증거가 된다.

미국의 철학자 수잔 슈나이더Susan Schneider는 2019년 저서 《아티피셜 유Artificial You》를 통해 기계에 의식이 있는지, 업로드 프로세스로 의식이 보존될 수 있는지에 대한 회의적인 견해를 드러냈다. 슈나이더는 자신을 업로드한다면 철학적 좀비가 될 가능성이 크다고 보았다. 물론 업로드 이후에도 "이건 여전히 나다." 또는 "나에게는 의식이 있다."라고 말할 수 있겠지만, 어떤 좀비도 말은 이렇게 할 수 있다.

이제 슈나이더와 같은 회의론자에게 몇 가지 불편한 의문을 제기해보자. 만약 점진적 업로딩으로 행동이 보존되어도 의식은 제거된다면 그 과정에서 의식은 어떻게 된다는 걸까? 생물학적 뉴런을 단 몇 개만 시뮬레이션 뉴런으로 교체한 시점이라면 아마 나는 완전히 의식 있는 상태일 것이다. 그렇다면 그림 39처럼 반의 반을 교체했을 때, 또는 절반을 교체했을 때는 어떨까? 내 의식은 점진적으로 사라지는가? 또는

말풍선: 이건 여전히 나야!

그림 39 점진적 업로딩 시술을 받는 수잔 슈나이더

한 번에 갑자기 사라지는가?

《의식적 정신》에서 나는 이를 '사라지는 감각질' 논증이라고 불렀다. 의식적 경험의 감각질(또는 퀄리아qualia)이 점차 사라질 수 있다는 개념에 초점을 둔 논증이기 때문이다. 기계 의식에 대한 회의론은 다음의 두 입장으로 나뉘는 듯하다.

첫 번째는 의식이 한순간에 사라진다는 입장이다. 뉴런을 한 개라도 교체하는 순간 나는 완전히 의식 있는 상태에서 아예 의식 없는 상태로 전환된다. 이는 자연에서 찾아볼 수 없을 만큼 극단적인 불연속이다. 만약 뉴런 한 개를 교체했을 때 뇌 기능 대부분이 마비된다면 의식은 사라질 것이다. 그러나 뉴런 한 개를 제대로 된 시뮬레이션으로 교체한다면 나머지 뇌는 영향을 받지 않는다.

따라서 이 작은 변화는 독자적으로 진행될 수 있다. 게다가 논의를 더 확대해 핵심 뉴런의 극미소한 일부분을 한 번에 하나씩 교체한다고 하면, 결국 우리는 어떤 핵심 쿼크를 교체할 때 의식이 완전히 파괴되는지 찾아낼 수 있을 것이다. 핵심 쿼크 가설은 핵심 뉴런 가설보다 더 말이 되지 않는 듯 보인다. 의식이 한순간에 자취를 감춘다는 설보다는 점차 사라진다는 설이 더 그럴듯하다.

이것이 바로 두 번째 입장이다. 의식은 점차 흐려지므로, 그 과정에는 의식이 감소했으나 아예 사라지지는 않은 순간들이 있다. 기존 의식의 어떤 면은 남아있고 다른 어떤 면은 사라졌을 수 있다. 또는 전체가 한꺼번에 조금씩 사라질 수도 있다. 그렇지만 완벽한 시뮬레이션 뉴런이 사라진 뉴런의 자리를 대신하므로 나는 완전히 정상적으로 행동할 것이다. 교체 과정 전체에 걸쳐 나에게 의식이 있다고 확신할 것이며, 내 의식적 경험은 흐려지기보다는 한결같이 정상적일 것이다. 이때 슈나이더와 같은 회의론자들은 내가 내 의식에 관해 착각하고 있다고 볼 수밖에 없다.

의식이 흐려지는 중간 과정에서 나는 좀비가 아니라 여전히 의식 있는 존재이며, 어떤 비이성도 드러내지 않을 것이다. 나는 내 의식이 변하고 있다는 낌새를 전혀 느끼지 못하고 정상적이라고 생각하지만 사실 의식은 점차 흐려지고 있다. 이 입장 또한 다소 앞뒤가 맞지 않는 것처럼 보인다.

이보다 훨씬 설득력 있는 세 번째 가설도 있다. 내 의식이 모든 단계에서 아무런 피해를 보지 않으며 교체 과정이 끝난 뒤에도 그대로 남아있다는 가설이다. 이 가설은 의식이 흐려진다거나 한순간 사라진다는 설득력 떨어지는 결론을 피하며, 다른 가설이 마주하는 여러 반론도 여기에는 적용되지 않는다. 다만 이 가설은 시뮬레이션한 뇌에 의식이 있을 수 있다는 결론을 낳는다. 적어도 내가 점진적 업로딩을 거쳐 시뮬레이션 뇌가 될 수 있는 특별한 경우에서라면 시뮬레이션에도 완전한 의식이 있을 수 있다.

여기까지 살펴보면 적어도 의식 있는 뇌를 대상으로 시뮬레이션할 때 일반적으로 그 시뮬레이션 뇌에 의식이 있을 수 있다고 자연스럽게 결론지을 수 있다. 그 어떤 의식 있는 시스템도 점진적 업로딩 시나리오를 거쳐 시뮬레이션 버전을 만들 수 있다.

위와 같은 논리는 시뮬레이션에 의식이 있음을 암시한다. 혹자는 '오직' 점진적으로 업로드한 시뮬레이션 뇌에만 의식이 있다고 주장할 수 있다. 점진적으로 업로드할 때에만 기존의 뇌에서 시뮬레이션으로 영혼을 옮겨올 수 있다고 보기 때문이다. 그러나 이는 의식이 단일하지 않다는 말과 같으며, 영혼이 함께 있는지 없는지에 따라 거의 모든 시스템이 좀비일 수도 있다는 우려를 낳는다.

만약 한 가지 시뮬레이션 뇌에 의식이 있을 수 있다면 의식 있는 뇌를 시뮬레이션한 모든 시뮬레이션 뇌에 의식이 있을 것이라고 추론하는 편이 더 그럴듯해 보인다.

결론

만약 내 견해가 옳다면, 시뮬레이션 뇌에는 의식이 있을 수 있다. 더 정확히 말하자면 이렇다. 생물학적 뇌를 가진 어떤 시스템에 의식이 있을 수 있다면, 그 뇌를 대상으로 만든 완벽한 시뮬레이션 뇌를 가진 시스템에도 의식이 있으며 같은 종류의 의식적 경험을 할 것이다. 이 결론은 시뮬레이션 가설에 시사하는 바가 크다. 순수 시뮬레이션에는 대체로 수많은 시뮬레이션 뇌가 있다. 만약 기존 세계에 의식 있는 존재가 많았다면 그 세계를 대상으로 만든 시뮬레이션 세계에도 같은 수의 의식 있는 존재가 같은 종류의 의식을 가지고 살아가리라고 추론할 수 있다.

나아가 우리에게 의식이 있다고 해서 순수 시뮬레이션 가설을 배제할 수는 없다는 점도 알 수 있다. 의식과 순수 시뮬레이션은 시뮬레이션 현실과 비시뮬레이션 현실만큼 양립할 수 있다. 게다가 이제는 의식이 기질 중립적이라고 여겨도 될 만한 근거가 있으므로, 시뮬레이션 가설(제2장)과 시뮬레이션 논증(제5장)을 가로막는 주요 장애물 중 하나를 극복할 수 있다.

이 모든 논증은 시뮬레이션한 정신이 진짜 정신임을 보임으로써 가상현실이 진짜 현실이라는 논지를 강화한다. 이 논증들은 또한 인공 시스템에 시뮬레이션 뇌가 포함되든 아니든 상관없이 더 일반적으로 인공 의식이 등장할 가능성을 뒷받침한다. 어떤 컴퓨터 시스템에 의식이 있을 수 있다는 게 알려진다면 훨씬 더 많은 시스템에 의식이 있다고 추론할 수 있다.

마지막으로 이 논증은 마인드 업로딩의 전망이 더 밝아 보인다고 말해준다. 앞서 살펴보았듯 업로딩을 가로막는 세 가지 잠재적 방해 요인은 지능, 의식, 정체성이었다. 업로드한 시스템은 우리처럼 행동할까? 우리의 뇌와 행동을 지배하는 법칙을 시뮬레이션할 수 있다면 분명 업로드한 시스템도 우리와 똑같이 행동할 가능성이 크다. 업로드한 시스템은 의식이 있을까? 지금까지 살펴보았듯 여기에도 의식이 있을 것이다. 점진적 업로드를 거친다면 의식은 분명 교체 과정이 끝나더라도 그대로 남아있을 것이다.

그렇다면 마지막 방해 요인인 정체성은 어떨까? 만약 내 뇌를 시뮬레이션 뇌에 업로드한다면 그 뇌는 나일까? 내 생각에는 때에 따라 다른 듯하다. 업로드가 끝나더라도 기존의 뇌가 그대로 살아 있는 '비파괴' 업로딩은 내가 기존의 뇌에 남아있고 시뮬레이션 뇌는 완전히 새로운 별개의 사람이라고 보는 편이 많은 이에게 직관적으로 옳다고 느껴질 것이다. 기존의 뇌를 파괴하는 '파괴' 업로딩은 어떻게 될지 다소 불분명하지만, 아마 기존의 내가 죽고 새로운 내가 태어난다고 보는 견해가 일반적일 것이다.

다시 말하지만 가장 좋은 방법은 점진적 업로드다. 예컨대 매일 내 뇌의 1퍼센트를 교체한다고 해보자. 이렇게 만 하루가 지나더라도 나는 그대로 나라고 할 수 있다. 둘째 날이 지나더라도 나는 그 전날이 끝날 때와 같은 사람일 테니 전체 과정의 시작점과도 똑같은 사람이다. 이는 마지막 날까지도 그대로 이어질 것이다.

여기서 일어나는 일은 이론상 평범한 생물학적 뇌에서 일어나는 일과 전혀 다르지 않은 것처럼 보인다. 생물학적 뇌에서도 수많은 뉴런이 오랜 시간에 걸쳐 교체된다. 새로운 뇌를 한순간에 만들어낸다면 새로운 사람을 만들어내는 것과 같지만, 점진적인 교체를 통하면 기존의 사람이 그대로 유지된다.

모든 철학이 그렇듯 이 논증도 결과를 보장할 수는 없다. 그렇지만 만약 내 뇌를 시뮬레이션에 업로드할 기회가 생긴다면 나는 점진적 업로드 방식을 택할 것이다. 이 편이 이 과정에서 살아 남아 반대편 끝에서도 의식을 유지할 수 있는 최선의 방식처럼 보인다.

제16장
증강현실은 정신을 확장하는가?

찰스 스트로스Charles Stross의 2005년 공상과학소설《점점 빠르게 Accelerando》의 주인공 만프레드 맥스Manfred Macx는 여러 정신적 기능을 대신 처리해주는 안경을 착용하고 있다. 이 안경은 맥스의 기억을 저장한다. 맥스를 대신해 물건과 사람을 알아봐주기도 한다.

안경은 여러 정보를 모으고 결정을 내린다. 스트로스는 이렇게 말했다. "실제로 안경이 곧 만프레드였다. 렌즈에 가려진 두 눈알을 가진 소프트 머신의 정체성은 아무래도 상관없었다." 안경을 도난당한 만프레드는 거의 아무것도 할 수 없게 되었다. 그가 또 다른 안경을 빌려 클라우드 속 자신의 '메타피질'에 연결하고 자신의 기능 일부를 복원하자 기억과 성격이 점차 돌아온다.

아직 만프레드의 안경과 같은 기기는 존재하지 않지만, 지난 수십 년간 기술은 뇌의 여러 기능을 대신하게 되었다. 스마트폰은 우리를 대신해 전화번호와 예약 시간을 기억한다. 내비게이션은 우리를 대신해 길

그림 40 앤디 클라크의 증강현실 안경은 그의 정신을 확장할까?

을 찾는다. 인터넷은 우리의 지식 대부분을 담은 저장소다. 우리는 카메라로 서로를 보고 디지털 메시지로 소통한다. 우리는 기술을 휴대용으로 만들어 종일 가지고 다니면서 마치 몸의 일부를 사용하는 것처럼 자연스럽게 사용한다. 만프레드의 안경도 세상에 나올 준비를 하고 있다. 제12장에서 살펴보았듯 증강현실 안경은 컴퓨터 기반 이미지를 시야에 투영해 물리현실에 대한 우리의 평범한 지각을 확장한다.

증강현실에 관해 흥미로운 측면 중 하나는 증강현실이 우리의 '세계'를 확장하는 동시에 '정신'까지 확장한다는 점이다. 증강현실이 우리 환경에 가상 화면, 가상 예술, 가상 건물 따위를 더해 우리 세계를 확장하는 방식은 이미 살펴보았다. 또한 나는 이러한 세계를 진짜 외부현실의 일부로 간주해야 한다고 주장했다.

그보다 더 흥미로운 점이 있다면 증강현실이 정신의 기능을 대신할 가능성이 있다는 점이다. 자동 인지 시스템은 우리를 대신해 사람을 알아보고 얼굴 옆에 이름을 띄울 수 있다. 내비게이션 시스템은 우리를 위해 길을 찾아주면서 증강현실에 직접 화살표를 띄워 어느 쪽으로 가야 하는지 말해줄 것이다.

설계 시스템은 우리를 대신해 공간을 설계하며 새로운 건물이 동네의 모습을 어떻게 바꿀지 보여줄 수 있다. 달력 시스템은 우리를 대신해 일정을 기록하고 가야 할 장소를 알려줄 것이다. 커뮤니케이션 시스템은 우리를 다른 이들과 연결해주며 멀리 사는 친구와도 마치 직접 만나 대화하는 것처럼 같은 공간에서 만나게 해줄 것이다.

사실상 증강현실은 스트로스의 말을 빌리자면 외부피질exocortex, 즉 뇌 외부의 뇌 일부를 구성한다. 철학자들은 이를 가리켜 '확장된 마음 extended mind'이라 부른다.

확장된 마음

1995년, 나는 동료 앤디 클라크와 함께 〈확장된 마음The Extended Mind〉이라는 제목의 짧은 글로 우리가 사용하는 기술이 우리 마음 일부로 자리 잡을 것이라 논했다. 당시 앤디와 나는 세인트루이스 워싱턴대학교에서 철학, 신경과학, 심리학을 결합한 새로운 프로그램에서 함께 일하고 있었다.

앤디는 공책이나 컴퓨터, 심지어 다른 사람들을 비롯한 도구가 그러한 환경에서 마치 뇌의 일부와 같은 역할을 담당한다는 점에 매료되어 있었다. 그는 바로 이러한 도구를 근거로 마음이 오직 머릿속이나 살갗 아래에만 있다는 개념을 거부해야 한다고 생각했다. 내 생각도 비슷했다. 나는 이 세계의 객체가 우리 마음의 일부가 될 수 있다는 주장을 지지하기 위한 논증을 제시했다.

우리 두 사람 모두 영국의 진화론 생물학자 리처드 도킨스Richard Dawkins가 1982년 출간한 《확장된 표현형The Extended Phenotype》에서 영향을 받았다. 이 책에서 도킨스는 생물학적 유기체가 진화하면 환경을 확장할 수 있다고 논했다. 나와 앤디는 마음에 관해서도 같은 이야기가 적용된다고 논했다.

앤디와 나는 이 논문을 세 가지 주요 철학 학술지에 투고했으나 모두 단칼에 거절당했다. 당시 사람들은 이 문제가 흥미롭고 기이하며 너무 극단적이기 때문에 진지하게 받아들이기 어렵다고 여겼다. 컴퓨터와 공책은 마음을 위한 도구이긴 하지만, 과연 이것들이 마음의 일부가 될 수 있을까? 다들 아니라고 생각했다. 이 논문은 1998년에 마침내 게재되었으며, 이후로 점점 더 많은 이가 마음 확장이라는 개념에 주목하기 시작했다. 오늘날에는 관련 저작이 상당히 증가해 확장된 마음에 관한 논문 수백 가지와 여러 권의 저서를 찾아볼 수 있다.

당시 앤디와 내가 마음 확장의 핵심 사례로 들었던 사물은 컴퓨터가 아니라 평범한 공책이었다. 논의의 주인공은 뉴욕에 살면서 알츠하이머병을 앓는 오토Otto였다. 오토는 중요한 사실을 언제나 공책에 적으며 공책을 사용해 그 사실들을 다시 떠올린다. 오토와 대조되는 인물로는 잉가Inga가 있었다. 잉가는 평범하게 사실을 머리로 기억한다.

어느 날 현대미술관에 가고 싶어진 오토는 공책에서 주소를 찾아보고 53번가를 향해 출발했다. 한편 잉가는 두뇌를 사용해 주소를 떠올리고 마찬가지로 53번가를 향해 출발했다. 앤디와 나는 오토의 공책이 단순한 기억 보조장치가 아니라고 논했다. 이 공책은 오토의 기억 일부이며, 잉가의 생물학적 기억과 같은 역할을 한다. 이 공책은 세계에 관한 오토의 믿음이 담긴 저장소다. 오토가 53번가에 미술관이 있다고 믿는 이유는 공책에 그렇게 적혀 있기 때문이다. 이는 잉가가 머릿속에 저장된 정보를 믿은 것과 같다.

나의 뉴욕대학교 동료 네드 블록Ned Block은 확장된 마음 가설이 우리가 처음으로 논문을 썼던 1990년대에는 거짓이었으나 이후 참이 되었다고 즐겨 말한다. 스마트폰이 등장하고 인터넷이 폭넓게 보급되었기

그림 41 잉가와 오토. 오토의 외부 기억은 마음의 일부일까?

때문이다. 한때 우스꽝스러워 보였던 가설도 스마트폰 시대에서는 당연한 이야기가 된다. 핸드폰은 당연히 우리 마음의 일부이지 않은가? 나는 내 핸드폰 없이 제대로 기능할 수 없다. 인터넷도 마찬가지다. 인터넷 만화 〈xkcd〉 중 '확장된 마음'이라는 제목의 회차에는 이런 대사가 나온다. "위키피디아 서버가 다운되면 아이큐가 30 정도는 떨어지고도 남는다."

물론 일부 환경이 우리 뇌의 기능을 대신 수행하는 일은 오래전에도 있었다. 누군가 처음으로 손가락을 접어가며 숫자를 세기 시작했을 때, 이 셈이라는 프로세스 일부는 뇌에서 몸으로 이동했다. 누군가 처음으로 주판을 사용했을 때, 계산이라는 작업은 뇌에서 도구로 이동했다. 누군가 필요할 때 보려고 처음으로 무언가를 적어두었을 때, 기억이라는 작업은 뇌에서 문자 기호로 이동했다. 손가락, 주판, 문자 기호는 모두 셈, 계산, 기억이라는 정신적 프로세스의 일부가 되었다.

공책과 손가락셈도 확장된 마음의 좋은 예지만, 컴퓨터는 이 논의에 꽤 힘을 실어준다. 컴퓨터 시대의 개척자들도 컴퓨터가 마음을 확장한다는 점을 모르지 않았다. 인공두뇌학자 W. 로스 애쉬비W. Ross Ashby는 일찍이 1956년부터 컴퓨터가 '지능을 증폭'한다고 논했다. 1960년대에는 인터넷의 전신인 컴퓨터 네트워크를 개발한 이들 중 하나였던 컴퓨터과학 분야의 예언자 J. C. R. 리클라이더J. C. R. Licklider가 〈인간과 컴퓨터의 공생Man-Computer Symbiosis〉이라는 선언문에서 다음과 같이 말했다.

바라건대 가까운 미래에 인간의 뇌와 컴퓨터 기계가 매우 밀접하게 하나로 결합할 것이며, 그 결과 탄생하는 파트너십은 이제껏 그 어떤 인간의 뇌도 오늘날 우리가 아는 정보 처리 기계의 방식으로 데이터를 고찰하고 처리한 적이 없는

것처럼 느껴질 것이다.

1970년대 후반부터 개인 컴퓨터 시대의 도래와 함께 많은 이의 책상에 컴퓨터가 놓이면서 리클라이너의 말대로 인간과 컴퓨터 사이의 매우 밀접한 결합이 성큼 다가왔다. 그러나 인간과 데스크톱 컴퓨터 간의 결합은 느슨한 결합이었다. 인간이 책상을 떠나기만 하면 사라지는 결합이었기 때문이었다.

2000년대 중반 스마트폰 보급이 폭발적으로 증가하면서 모바일 컴퓨터 시대가 열린 이후에야 리클라이더가 논한 밀접한 결합이 일상생활에 자리를 잡았다. 우리는 어디에서나 모바일 컴퓨터를 사용한다. 어딜 가든 스마트폰을 가지고 다니며, 언제든 사용할 수 있다. 스마트폰은 기억 저장소이자 내비게이션 시스템, 통신 장치로 기능한다. 스마트폰은 또한 우리를 인터넷과 밀접하게 결합하며, 터치 한두 번만으로 광범위한 정보를 이용할 수 있게 해준다. 편재하는 인간, 스마트폰, 인터넷의 결합은 마음 확장의 거대한 도약이었다.

증강현실은 아마 마음 확장에 스마트폰보다 더 지대한 영향을 미칠 것이다. 오늘날의 모바일 컴퓨터에 액세스하려면 몇 가지 작업을 거쳐야 한다. 우선 기기를 켜고 적절한 앱을 찾아 정보를 검색해야 한다. 이보다 더 밀접하게 결합할 방법은 많다. 마음 확장에는 연결완전성 seamlessness이 중요하다.

20세기 독일의 철학자 마르틴 하이데거Martin Heidegger는 망치와 같은 가장 기본적인 도구를 사용할 때 특별히 도구를 사용한다는 생각조차 하지 않고 사용할 수 있도록 '손만 뻗으면 닿게 준비'해두는 게 기본이라고 말했다. 이렇게 되면 이 도구는 우리 몸의 연장선에 놓이게 된다.

같은 방식으로 스마트폰은 우리의 손끝과 완전하게 연결될수록 우리의 마음을 더 잘 확장할 것이다.

증강현실 안경은 특히 완전한 연결성을 보장한다. 증강현실 안경을 사용하면 필요할 때마다 언제든지 정보를 바로 얻을 수 있다. 이미 안경을 착용한 상태라면 정보를 따로 찾지 않아도 즉시 시야에 정보가 떠오를 것이다. 우리는 안경을 쓰고 있다는 사실조차 자각하지 못할 것이다. 어쩌면 미래에는 증강현실 안경 대신 콘택트렌즈를 종일 착용하게 될 수도 있다.

증강현실 기기는 어떠한 종류의 정신적 프로세스를 확장할까? 우선 증강현실 기기는 기억, 내비게이션, 의사결정, 커뮤니케이션, 언어 처리 등 스마트폰이 확장하는 모든 프로세스를 더 원활하게 확장할 수 있다. 예컨대 누군가의 생일을 기억하거나, 미술관에 가는 길을 찾거나, 어디에서 밥을 먹을지 결정하거나, 친구와 이야기를 나누거나, 한 언어를 다른 언어로 통역하는 것 등이 여기에 포함될 수 있다. 나아가 증강현실 기기는 우리의 지각 시스템에 실감형으로 연결되므로 확장의 새로운 지평이 열릴 것이다.

적외선 감지 기술과 결합한다면 증강현실은 우리가 이전까지 보지 못했던 사물을 보게 만들어줄 수도 있다. 사물을 인식하는 인공지능 기술과 결합한다면 이전까지 식별하지 못했던 사물과 사람들을 알아보게 해줄 것이다. 이럴 때는 증강현실 기기는 색채 지각이나 객체 인지를 처리하는 뇌 내 특정 부위와 비슷한 역할을 담당한다. 우리의 지각 시스템은 이제 증강현실 기기를 포함하여 확장되고 있다.

증강현실은 상상 또한 확장한다. 제12장에서 살펴보았듯 한때 우리는 거실에 소파를 놓았을 때 어떻게 보일지를 머릿속으로 그려봐야 했지만, 이제는 증강현실 기기가 이 작업을 대신 처리해준다. 건축가들은 오래전부터 온갖 설계 기술을 사용해 마음을 확장해왔지만, 증강현실은 새로운 건물을 상상하는 데 특히 효과적인 방법을 제공한다. 증강현실을 사용하면 우리는 자리에서 꼼짝도 하지 않은 채 새로운 옷이나 머리 스타일이 잘 어울릴지 확인해볼 수 있다.

증강현실은 마음 확장의 마지막 단계와는 거리가 멀다. 증강현실 또한 평범한 지각과 운동에 의존해 뇌와 컴퓨터를 연결한다. 증강현실 기기는 눈과 귀를 자극해 우리에게 영향을 미치고, 우리는 이러한 관련 정보를 보고 듣는다. 우리는 기기에 말을 걸거나 눈, 입술, 손 따위를 움직여 기기에 영향을 미치고, 기기는 안면 추적기, 손 추적기, 신경 신호를 읽는 특수 손목 밴드 등을 이용해 이를 추적한다. 의도된 지각과 행동에 의존하므로 확장 인식의 속도가 느릴 수밖에 없다. 그렇지만 더 효율적인 마음 확장 기술이 지금 떠오르고 있다.

최근 뇌-컴퓨터 인터페이스 분야에 새로운 물결이 일고 있다. 센서는 두피 또는 뇌 내 전기적 활동을 모니터링한다. 컴퓨터는 이러한 뇌 내 센서로 입력값을 수신하고 이를 이용해 행동을 유도한다. 이러한 뇌-컴퓨터 인터페이스를 이용하면 중증 신체장애인도 생각만으로 휠체어나 의수와 같은 기기를 제어할 수 있다.

휠체어를 타고 앞으로 가겠다고 생각하면 휠체어가 앞으로 나아가는 것이다. 이 기술에는 아직 한계가 있지만, 앞으로 수십 년이면 생각만으로도 기계와 소통하게 될 것이다. 어쩌면 미래에는 눈과 귀가 아니라 우리 뇌의 지각시스템에 곧바로 연결되어 안경이나 화면을 거치지 않고 직접 정보를 전달할 수도 있다.

이 시점에 이르면 정신은 기기를 포함하여 원활하게 확장될 것이다.

어디로 가겠다고 생각만 하면 뇌-컴퓨터 인터페이스가 시야에 방향을 보여주거나 생각 프로세스로 직접 길을 알려줄 것이다. 같은 종류의 기술은 원활하게 사람들을 알아보고 복잡한 계산을 아무 문제 없이 해낼 수 있도록 만들어줄 것이다. 이러한 기기는 만프레드 맥스의 안경처럼 그저 언제나 그 자리에 있을 것이다.

마음 확장의 마지막 단계는 앞선 장에서 살펴보았듯 우리의 정신을 뇌에서 컴퓨터로 업로드하는 방법일 것이다. 이 방법을 실현할 수 있게 된다면 복잡한 증강현실 기기나 뇌-컴퓨터 인터페이스를 사용할 필요도 없어질 것이다. 우리는 컴퓨터상에 존재하게 되고, 마치 두 개의 컴퓨터를 연결하듯 손쉽게 내적 프로세스를 외적 시스템에 연결하게 될 것이다.

이 시점에 이르면 무엇이 내적 활동이고 무엇이 외적 활동인지 나눌 경계가 극도로 흐려지며, 어떤 생명체의 한계를 정하는 데 있어 피부나 두개골도 의미가 없어질 것이다. 앞으로도 우리는 정신을 가지고 살겠지만, 뇌나 정신의 한계는 우리 선에서 그치지 않을 것이다.

확장된 마음 논증

확정된 마음 가설에서는 환경 내 도구가 말 그대로 우리 마음의 일부가 될 수 있다고 본다. 이 가설이 너무 극단적이라고 생각하는 이들도 많다. 이 가설에 반대하는 이들은 대개 정신이 우리 내부에 있으며 기술은 오직 도구의 역할을 다할 뿐이라는 견해로 돌아간다. 종종 이 견해를 가리켜 '체화된 인지embedded cognition'라고도 부른다. 정신이 능력을

그림 42 이시와 오마르는 생각하기 전에 오페라하우스로 가는 길을 아는가?

확대해줄 환경을 포함하여 확장하는 게 아니라 그 환경을 체화한다는 견해다.

지금까지 나는 이 가설이 참이라고 주장하기보다 단순히 어떤 가설인지 설명했다. 〈확장된 마음〉에서 앤디와 내 논증의 중심에는 공책으로 사물을 기억하는 알츠하이머 환자 오토와 생물학적 뇌로 사물을 기억하는 잉가라는 두 명의 이야기가 있었다. 이번에는 이 이야기에 증강현실을 더해 업데이트해보자.

예컨대 이시Ishi와 오마르Omar라는 두 사람이 시드니에 산다고 해보자. 두 사람 모두 오페라하우스에 가고 싶다. 기술에 익숙하지 않은 이시는 마음속으로 오페라하우스를 떠올리고 길을 기억해 그곳을 향해 걸어간다. 오마르는 만프레드 맥스처럼 증강현실 안경에 의존해 모든 것을 처리한다. 그가 "오페라하우스"라고 말하자 안경이 길을 보여주고, 그는 그 길을 따라 걸어간다.

이시는 오페라하우스에 가겠다고 생각하기 전에도 오페라하우스에 가는 길을 알고 있던 게 분명하다. 이시의 기억 저장고에 길이라는 지식이 전부터 저장되어 있었기 때문이다. 그렇다면 오마르는 어떨까? 안경으로 길을 본 오마르는 오페라하우스에 가는 길을 알고 있다. 그렇다면 안경으로 길을 보기 전에는 어땠을까? 확장된 마음 가설에서는 이시의 생물학적 기억에 이 지식이 전부터 저장되어 있던 것과 똑같은 방식으로 오마르 또한 이 지식을 전부터 디지털 메모리에 가지고 있었으므로 전부터 알고 있었던 셈이라고 말한다. 오마르에게 디지털 메모리는 이시의 생물학적 기억과 똑같은 역할을 한다.

이 논증은 다음과 같이 정리할 수 있다.

1. 이시의 내적 기억은 진짜 지식이다.
2. 오마르의 외적 메모리는 이시의 내적 기억과 같은 역할을 담당한다.
3. 내적 기억과 외적 메모리가 같은 역할을 담당한다면, 두 가지 모두 동등한 지식으로 간주한다.

---

4. 그러므로 오마르의 외적 메모리는 진짜 지식이다.

이 결론에 따르자면 오마르는 정보가 뇌 외부의 증강현실 안경에 저장되어 있다고 하더라도 그 지식을 알 수 있다. 즉, 오마르의 지식은 세계에 자리할 수 있다. 안경의 디지털 메모리는 그가 가진 지식의 일부이므로 정신의 일부이기도 하다.

세 가지 전제 모두 그럴듯하다. 그러나 세 가지 전제 모두 부정할 수 있다는 것도 사실이다. 이 전제들을 부정하면 마음 확장 논제의 주요 반론이 된다. 어떤 이들은 전제 1을 부정하면서 이시가 오페라하우스에 가는 길을 의식적으로 생각하기 전까지는 그 길을 몰랐다고 논한다. 이 견해의 문제점이라면 그 누구도 무언가를 의식적으로 생각하기 전까지는 아무것도 모르는 상태라고 암시하는 것과 같다는 점이다. 이는 생각과 지식에 관한 일반적인 이해에 크게 배치된다.

무언가에 대한 지식은 그것을 생각하지 않는다고 하더라도 사라지지 않는다. 지식은 대개 우리 의식 외부에 자리하면서도 계속 우리 정신의 일부다. 여기에서는 앤디와 내가 '의식'이 환경을 포함하여 확장된다고 주장하지 않았다는 게 중요하다. 오히려 우리는 정신의 밑바탕에 놓인 기억이나 믿음처럼 의식과는 관련이 없는 다른 측면의 정신에 가설을 적용했다. 철학자 브리 게틀러Brie Gertler는 이러한 것들은 사실 정신에 속하지 않으며 '오직' 의식적 상태만이 정신이라고 답했다. 그러나 이처럼 정신의 범위를 줄여버리면 나 자신을 구성하는 많은 부분이 지워진다. 희망과 꿈, 믿음과 지식, 성격 등은 평소에는 모두 우리 의식 바깥에 놓여 있다.

어떤 이들은 전제 2를 부정하면서 이시와 오마르의 차이를 지적한다. 두 사람 사이에 차이점이 있는 건 사실이지만, 그러한 차이 중 무엇이 최종 결과에서 지식과 비지식 사이의 차이를 만든다는 것인지는 알기 어렵다.

우선 오마르의 디지털 메모리는 안경을 벗으면 이용할 수 없다는 주장이 있는데, 사실 이시의 생물학적 기억도 술을 너무 많이 마시면 이용할 수 없다. 둘째, 오마르의 안경에는 다른 사람이 간섭할 수 있다고 하지만, 이론상 이시의 뇌에도 간섭할 수는 있다. 셋째, 오마르의 디지털 메모리는 이시의 생물학적 기억에 비해 다른 기억과 잘 통합되지 못할 것이라지만, 이러한 비통합 메모리도 여전히 메모리다. 넷째, 오마르의 디지털 메모리에는 다른 이들이 만든 정보가 포함되기 때문이라는데, 이를 근거로 이러한 정보가 기억이나 정신이 아니라고 할 이유는 분명하지 않다. 신경외과의사가 이시의 뇌에 기억을 심는다면 이식된 기억 또한 여전히 기억으로써 정신의 일부를 구성할 것이다.

핵심 전제는 일명 동등성 원칙parity principle의 일종인 전제 3이다. 동등성 원칙에서는 내적 프로세스와 외적 프로세스가 같은 역할을 담당한다면 두 프로세스 모두 동등하게 마음을 구성하는 셈이라고 말한다. 어떤 이들은 살갗이나 두개골이 정신의 경계라는 점에서 특별하다며 동등성 원칙을 부정한다. 그렇지만 이러한 견해는 일종의 생물학 쇼비니즘, 또는 살갗이나 두개골 쇼비니즘처럼 보인다. 과연 살갗이나 두개골이 무엇이 정신이고 무엇이 아닌지 가를 만큼 특별할까?

동등성 원칙은 외부 메모리가 적절한 역할을 담당할 때 진짜로 정신의 일부분을 구성한다는 뜻이다. 외부 메모리가 이 역할을 제대로 해내려면, 생물학적 기억만큼이나 지속적이고 믿을 만한 방식으로 이용할 수 있을 만큼 우리와 효과적으로 연결되어 있어야 한다. 또한 우리도 외부 메모리 시스템을 기억만큼 신뢰해야 한다.

책장에 꽂힌 정보는 대개 이처럼 쉽게 이용할 수 없어 확장된 정신의 일부로 간주하지 않으며, 인터넷에 널린 정보는 믿을 만하지 않거나 찾기 어려울 때가 많아 마찬가지로 확장된 정신의 일부라고 할 수 없다. 그러나 오토의 공책, 특정 스마트폰 앱, 증강현실 안경처럼 우리가 지속적으로 사용하고 신뢰하는 특별한 시스템은 우리의 정신을 확장할 것이다.

심지어 상황만 맞는다면 다른 사람이 확장된 정신의 일부가 될 수도 있다. 예컨대 어니Ernie와 베르트Bert가 사귄 지 오래된 커플이고 어니의 생물학적 기억이 더는 제대로 작동하지 않아 늘 베르트가 중요한 이름과 사실을 기억한다고 해보자. 베르트는 언제나 어니의 곁에 있고, 어니가 베르트를 신뢰한다면 베르트는 어니의 기억의 일부가 된다. 어니의 정신은 베르트를 포함하여 확장된다.

신뢰와 이용가능성은 인간과 컴퓨터가 '밀접하게 결합'되어야 한다는 리클라이더의 개념에 살을 붙인다. 스마트폰은 공책보다 인간과 더 밀접하게 결합하며, 증강현실은 스마트폰보다 한층 더 밀접하게 결합한다. 증강현실 시스템이 우리 뇌와 더 밀접하게 결합할 여지는 앞으로 많이 남아있지만, 뇌-컴퓨터 인터페이스와 마인드 업로딩을 실현하게 된다면 인간과 컴퓨터의 결합은 인간과 생물학적 기억의 결합만큼이나 밀접해질 것이다.

확장된 마음이 미치는 영향

기술을 사용해 마음을 확장한다는 건 좋은 일일까, 나쁜 일일까? 이 문제는 지난 수 년간 활기찬 토론을 이끌어왔다. 2008년 〈디 애틀랜틱 The Atlantic〉의 커버스토리에는 니콜라스 카Nicholas Carr의 〈구글이 우리를 바보로 만들고 있는가?Is Google Making Us Stupid?〉가 실렸다. 요지는 인터넷으로 인해 스스로 생각할 일이 적어진다는 것이었다. 카는 '인터넷은 집중력과 사고력을 갉아먹는 것처럼 보인다.'라고 썼다.

이러한 견해는 철학에 처음 등장한 견해가 아니다. 플라톤의 대화록 《파이드로스》에서 소크라테스는 문자의 발명이 이집트인을 더 현명하게 만들고 기억을 증진했는가를 놓고 고대의 신 두 명 사이에서 벌어졌던 논쟁을 이야기한다. 소크라테스는 신 타무스Thamus의 말을 다음과 같이 인용했다.

이 발견은 (글자를) 배우는 이들의 영혼에 건망증을 가져오게 될 것이다. 더는 기억력을 쓰지 않을 것이기 때문이다. 그들은 외부의 문자를 신뢰하고 자기 자신은 신뢰하지 않을 것이다. (…) 많은 걸 듣고도 아무것도 배우지 못하는 이들이 될 것이다. 박식가처럼 보이지만 실제로는 아무것도 모를 것이다. 지식이 있는 것처럼 보이면서도 실제로는 그렇지 않은, 진절머리 나는 사람들이 될 것이다.

나아가 소크라테스는 '가장 좋은 글이라도 우리가 아는 바를 다시 알려줄 뿐'이며, '오직 정의와 미덕과 고결함의 원칙에 따라 말로 가르치고 소통할 때만이 (…) 명확하고 완벽하며 진지할 것'이라고 암시했다. 소크라테스가 한 번도 직접 글을 쓰지 않고 오직 말로써 철학을 전했던 것도 아마 이러한 이유 때문이었을 것이다. 소크라테스의 사상이 플라톤의 글로 영원히 남게 되었다는 사실은 어찌 보면 다소 역설적이다.

확정된 마음 가설은 기술을 더 긍정적으로 바라본다. 문자로 인해 우리의 지식과 기억은 줄어들기는커녕 오히려 강화되었다. 마찬가지로 구글은 우리를 더 멍청하게 만드는 대신 더 똑똑하게 만들었다. 이러한 도구의 증강 덕분에 이전보다 더 많은 걸 알고 더 많은 일을 할 수 있다. 이처럼 증강된 도구를 제거할 때 우리 뇌의 기억이 도구를 사용하기 전보다 더 줄어들었을 수는 있다. 책이 등장한 이후로는 생물학적 기억에 의존해야 할 필요가 적어졌다. 마찬가지로 구글의 시대에서는 더는 주소와 전화번호를 기억할 필요가 없다. 그러므로 구글을 제거한다면 우리가 아는 바는 전보다 적을 수 있다.

이는 기술 대부분에 적용되는 이야기다. 자동차에 의존하게 된 이후 우리의 걷기나 달리기 능력은 전보다 줄어들었다. 난방 기술은 추위를 이겨내고 다루는 능력을 떨어뜨렸다. 만약 우리에게서 책과 컴퓨터, 자동차, 난방시설을 빼앗아 간다면 어찌할 바를 모르게 될 것이다. 그렇지만 그렇다고 해서 이러한 기술이 나쁜 것일까? 책과 컴퓨터, 자동차, 난방시설은 삶의 핵심을 차지하고 있으며 대체로 악영향이 아니라 좋은 영향을 미치고 있다. 문자와 인터넷 또한 마찬가지다.

기술에 좋은 영향력만 있다는 말은 아니다. 모든 기술에는 부작용이 있다. 인쇄기가 발명되자 라이프니츠는 "점점 늘어만 가는 끔찍한 책더미가 우리를 다시 야만으로 퇴화시킬 것."이라며 우려를 표했다. 자동차는 환경에 끔찍한 악영향을 미치고 있다. 인터넷은 너무나 기이하고 끔찍한 일들의 원인이 되고 있다.

철학자 마이클 린치Michael Lynch는 우리가 인터넷으로 더 많은 걸 알게 되었으나, 종종 인터넷이 이해도를 떨어뜨릴 때도 있다고 주장했다. 그는 다음과 같이 썼다.

오늘날 무언가를 아는 가장 빠르고 쉬운 방법은 구글을 통해 아는 것이다. 단순히 '검색 엔진으로 찾은 지식'이 아니라, 우리가 무언가를 알기 위해 디지털 수단에 의존하는 경향이 점점 커지고 있다는 뜻이다. 좋은 현상일 수도 있지만, 이는 앎의 다른 방식, 예컨대 더 창의적이고 전인적이며 정보가 서로 어떻게 연결되는지 이해할 수 있는 방식을 약화하고 저해할 수도 있다.

이것이 전적으로 옳은 말인지는 잘 모르겠다. 내 경험상 인터넷에는 더 깊은 이해를 돕는 자료들이 많다. 린치가 제기한 문제는 독서에도 마찬가지로 적용할 수 있다. 정보를 찾아 책을 들여다보는 일은 그 정보를 진정으로 이해하는 일은 아니다. 이 모든 기술을 누군가는 얕게만 활용하고 다른 누군가는 깊이 있게 활용한다. 모든 것은 기술이 어떻게 사용되는지에 따라 달라진다.

증강현실은 정말 우리를 멍청하게 만들까? 어느 연구에서는 우리가 구글 맵GooGle Maps과 같은 지도 소프트웨어를 사용해 목적지를 찾아갈 때 두뇌 활동 수준이 머리를 써 길을 찾아갈 때보다 더 낮다는 결과를 제시했다. 증강현실을 다양한 목적으로 사용할 때도 같은 결과가 도출될 것이다.

이는 그다지 놀라운 결론이 아니다. 자동차를 운전할 때의 근육 사용량은 직접 걸을 때보다 적다. 중요한 점은 '증강현실을 이용할 때 길을 더 잘 찾을 수 있는가.'이다. 언제나 그렇듯 잃는 부분도 있을 수 있다. 아마 우리는 주변 공간을 다르게 인식하게 될 것이다. 그러나 증강현실은 이러한 공간을 새롭게 바라보고 활용할 온갖 방법을 제시할 수 있다.

확장된 마음 가설은 도덕과 자아에 대한 우리의 생각 또한 바꿀 수 있다. 누군가 내 스마트폰을 훔친다면 대개 도둑질이라 여긴다. 그러나 확장된 마음 가설이 참이라면 이건 폭행에 더 가깝다. 스마트폰이 나의 일부라면, 그 스마트폰에 간섭한다는 건 다른 사람에게 간섭하는 것과 같다. 증강현실 기술에 대한 의존도가 높아질수록 이러한 추세가 더 거세질 가능성이 크다. 증강현실 안경 없이는 아무것도 하지 못했던 만프레드 맥스를 떠올려보자. 어떤 시점에 이르면 사회적, 법적 관습 또한 우리 마음의 확장을 인식하는 방향으로 변화해야 할 것이다.

기술의 발전은 언제나 좋은 방향으로든 나쁜 방향으로든 변화를 불러온다. 확장된 마음 가설은 적어도 증강현실을 긍정적으로 사용할 방향성을 제시한다. 기술 증강은 거의 언제나 우리의 능력을 확장할 잠재력을 품고 있었다. 그 잠재력을 어떻게 사용할지는 우리에게 달려있다.

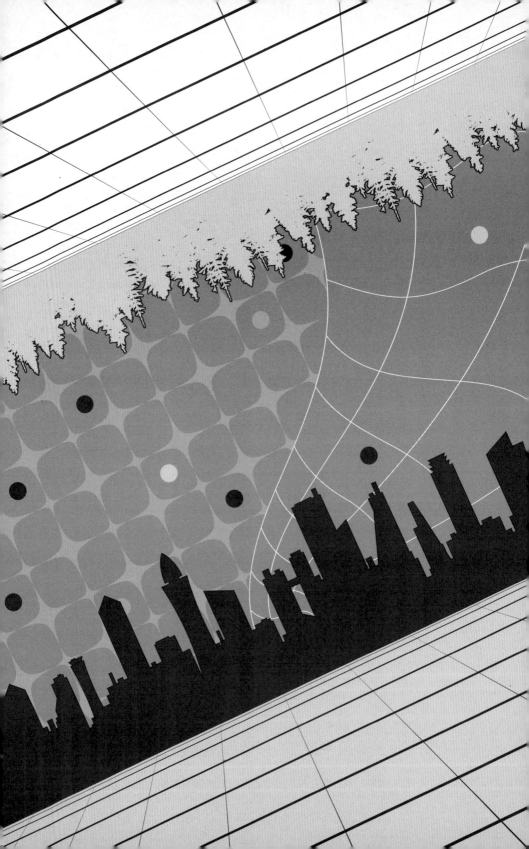

제6부

가치 1

제17장

가상세계에서도 잘 살 수 있는가?

때는 2095년, 지표면은 핵전쟁과 기후 변화 때문에 쑥대밭으로 전락했다. 여러분은 이곳에서 도적 떼와 지뢰를 피해 다니며 오직 살아남기 위해 힘겹게 살아갈 수 있다. 또는 튼튼하게 보호된 창고에 물리적 몸을 가둬놓고 가상세계로 들어올 수도 있다.

이 가상세계를 '현실 기계'라고 해보자. 여러분은 물리현실보다 현실 기계 안에서 훨씬 더 편안하게 살 수 있다. 이 세계는 훨씬 안전하고, 모두가 누릴 수 있는 깨끗한 대지가 드넓게 펼쳐져 있다. 가족과 친구들은 대부분 이미 이 세계에 와 있다. 이곳에서 공동체를 건설하고 변화를 이끌어나갈 기회는 얼마든지 있다. 이제 선택은 여러분의 몫이다. 여러분은 현실 기계에 들어가겠는가?

들어가지 않겠다는 사람은 이렇게 주장할 테다. 현실 기계는 단순한 현실 도피성 환영이다. 가상세계에서 사는 삶은 아무런 의미가 없다. 기껏해야 영화를 보거나 비디오게임을 하며 평생을 보내는 것과 같다.

물리세계에 남아있어야만 실제 경험을 겪고 진짜 변화를 이끌 수 있다. 반대로 들어가겠다는 사람은 이렇게 주장할 테다. 현실 기계는 물리세계와 동등하다. 물리세계에서 그랬던 것처럼 이곳에서도 의미 있게 살아갈 수 있다. 이런 상황에서는 현실 기계에서의 삶이 훨씬 더 나은 삶이다.

이 두 가지 답변은 가상현실에서도 잘 살 수 있는지를 묻는 가치 질문의 두 가지 답변을 각각 반영한다. 가치 질문에 대한 내 대답은 "그렇다."이다. 이론상 가상현실 속 삶에는 비가상현실 속 삶과 똑같은 가치가 있을 수 있다. 분명한 점이 있다면 가상현실 속 삶은 물리현실 속 삶과 마찬가지로 좋을 수도 있고 나쁠 수도 있다. 그러나 만약 나쁜 삶이 된다고 하더라도 비단 가상세계여서 그런 것은 아닐 것이다.

"그렇지 않다."라고 답하는 철학자들도 있다. 부정적인 답변을 지지하는 이들 중에는 제1장에서 살펴보았던 로버트 노직의 1974년 경험 기계 이야기가 있다. 앞으로 살펴보겠지만, 이 이야기에 나오는 가상현실은 일반적인 가상현실과는 몇 가지 차이를 보인다. 로버트 노직의 1974년 저서 《무정부, 국가 그리고 유토피아》는 일종의 자유지상주의를 옹호하는 정치철학 책이었지만, 노직은 논의를 전개하는 과정에서 좋은 삶이란 무엇인가에 관한 몇 가지 견해를 반박하고자 했다. 이를 위해 그는 경험을 생성하는 기계를 예시로 들었다. 제1장에서 살펴보았던 노직의 글을 이어서 인용해보자.

방대한 경험 라이브러리 또는 메뉴에서 원하는 무엇이든 고르고 선택해 앞으로 2년 동안 겪을 인생 경험으로 만들 수 있다. 2년이 지나면 물탱크에서 10분 또는 10시간 정도 나와 다음 2년 동안 겪을 인생 경험을 선택한다. 물론 물탱

그림 43 경험 기계 속 로버트 노직

크 안에 있는 동안은 물탱크를 느끼지 못하고 실제로 인생이 펼쳐진다고 생각하게 된다. 다른 이들도 자기가 원하는 경험을 선택해 들어갈 수 있으므로 이들을 모시기 위해 바깥에서 대기할 필요도 없다. 여러분이라면 들어가겠는가?

캐나다의 철학자 제니퍼 네이글Jennifer Nagel은 노직 본인부터 지금 경험 기계 안에 살고 있지 않은지 진지하게 고찰해보아야 한다고 말했다. 어쨌든 수려한 외모의 하버드대학교 교수이자 명성을 떨친 작가인 노직은 경험 기계가 제공할 만한 삶을 살았다. 그렇지만 노직은 대다수 독자가 이 기계에 들어가지 않을 것이라고 예상했다. 그는 다음과 같이 세 가지 이유를 밝혔다.

첫째, 노직은 우리가 어떤 일을 "하고 싶어 한다."고 말했다. 우리는 책을 쓰거나 친구를 사귀고 싶어 한다. 그러나 기계 안에서는 단지 책을 쓰고 친구를 사귀는 경험을 할 수 있을 뿐이다. 이는 실제로 이런 일을 해내는 것과는 다르다.

여기서 노직은 경험 기계가 '환상'과 관련된다고 생각했던 듯하다. 적어도 그는 경험 기계에서 우리가 하는 행동이 환상이라고 여겼을 것이다. 책을 쓰고 친구를 사귀는 것처럼 보여도 실제로는 그런 일이 일어나지 않는다는 것이다. 다시 말해 노직은 경험 기계에서 일어나는 일 대부분이 환상이라는 점을 시사했다.

《무엇이 가치 있는 삶인가》에서 노직은 '우리는 우리의 믿음, 또는 특정 믿음이 진실이고 정확하기를 바란다. 우리는 우리의 감정 또는 중요한 특정 감정이 변하지 않는 사실을 기반으로 하고 적절하기를 바란다. 우리는 망상 속에서 살기를 바라는 게 아니라 현실과 중대한 방식으로 연결되어 살기를 바란다.'라고 했다.

둘째, 노직은 우리가 특정 종류의 사람이 "되고 싶어 한다."고 말했다. 예컨대 우리는 용기 있거나 친절한 사람이 되고 싶어 한다. 그러나 경험 기계에서 우리는 용기 있거나 친절한 사람일 수 없고, 어떠한 종류의 사람일 수도 없다. 그저 불확실한 덩어리일 뿐이다. 여기서 노직은 아마 경험 기계가 사전에 프로그래밍되어 있다고 가정했던 듯하다. 경험 기계에서 일어나는 일은 모두 미리 결정되어 있다. 우리가 용기 있거나 친절한 사람처럼 보여도 모두 프로그램의 일부일 뿐이다. 우리는 그 어떤 행동도 자율적으로 하지 못하고 정해진 대로 흘러갈 뿐이다.

셋째, 노직은 우리가 더 깊이 있는 현실과 맞닿아 있기를 바란다고 했다. 경험 기계에서 우리는 인간이 만든 현실에 갇혀 있다. 우리가 경험하는 모든 것은 인간이 만들어 둔 것뿐이다. 여기서 노직은 경험 기계가 인공적이라고 여겼던 듯하다. 우리는 자연 세계와의 접촉을 가치 있게 여기는데 경험 기계에서는 이러한 접촉이 불가능하다. 기껏해야 자연 세계의 시뮬레이션과 접촉할 수 있을 뿐이다. 시뮬레이션 자체는 자연이 아니라 인공이다.

경험 기계를 거부하는 이 세 가지 이유 중에 현실 기계에서의 삶을 거부할 이유가 될 만한 게 있을까? 철학자 배리 데인튼, 존 코그번Jon Cogburn, 마크 실콕스Mark Silcox는 경험 기계가 여러 측면에서 일반 VR과 다르다고 말했다. 경험 기계와 현실 기계 사이에는 적어도 세 가지 주요 차이점이 있다.

첫째, 경험 기계에 들어가 있을 때는 그 사실을 모르지만, 현실 기계에 들어가 있을 때는 그 사실을 안다. 둘째, 경험 기계는 모든 경험을 사전에 프로그래밍하는 반면, 현실 기계는 그렇게 하지 않는다. 셋째, 경험 기계에는 혼자 들어가지만, 현실 기계는 가족이나 친구와 함께 들어가 같은 현실을 공유할 수 있다.

이러한 차이점에 더해 더 일반적으로 가상세계의 지위를 분명히 밝히고 생각해보자면, 나는 노직이 경험 기계를 거부한 사유가 현실 기계에서의 삶을 거부할 사유는 되지 않는다고 본다. 나아가 이는 VR 속 삶을 거부할 사유도 되지 않는다.

첫째, VR은 환상이 아니다. VR 속 객체가 환상이 아니라 실제라는 점은 이미 앞서 논했다. VR 속 행동도 마찬가지다. 가상세계에서 사람들은 실제 신체를 가지고 실제로 행동한다. 현실 기계에서 우리는 실제로 책을 쓰고 친구를 사귈 수 있다. 이 중 그 무엇도 환상이 아니다.

〈프리 가이〉에서 두 명의 심이 나누는 대화에 이 점이 잘 드러난다. 어느 심이 물었다. "만약 우리가 실제가 아니라면, 우리가 하는 일은 무의미한 거 아닐까?" 그러자 그의 친구가 대답했다. "나는 지금 내 가장 친한 친구와 함께 앉아서 그 친구가 힘든 시기를 잘 이겨내도록 도와주고 있어. (…) 이게 실제가 아니라면 무엇이 실제라는 건지 모르겠다."

노직은 이에 회의적인 입장이었던 듯하다. 경험 기계를 실제 VR로 확대하여 다룬 2000년 〈포브스〉 기고문에서 노직은 VR 콘텐츠가 '진정으로 실제'는 아니라고 말했다. 그러나 이 책에서 펼친 나의 논증이 참이라면 노직의 이 말은 틀렸고, 환상 문제는 VR을 거부할 만한 이유가 되지 않는다.

둘째, VR은 사전에 프로그래밍하지 않는다. VR은 대개 개방형이다. 현실 기계의 사용자에게는 선택권이 있고, 현실 기계 안에서 펼쳐지는 일은 사용자가 내리는 선택에 따라 달라진다. 〈팩맨〉과 같은 단순한 비디오게임에서도 사용자는 어느 방향으로 갈지 선택한다.

〈마인크래프트〉나 〈세컨드라이프〉처럼 더 복잡한 가상세계에서도 사용자는 온갖 종류의 선택권을 가진다. 무엇보다도 VR은 그 정의부터가 양방향이다. 사용자가 하는 일은 그 세계에서 일어나는 일에 영향을 미치고 변화를 야기한다. 그러므로 현실 기계 안에서 사용자는 실제로 용기있고 친절한 사람이 될 수 있다.

셋째, VR이 인공이기는 하나 다른 많은 비가상 환경도 마찬가지로 인공이다. 수많은 사람이 인간이 건설한 도시에서 살아가면서도 의미 있고 가치 있는 삶을 살고 있다. 그러므로 환경이 인공적이라는 점은 가치를 떨어뜨리는 근거가 되지 못한다. 어떤 사람들이 자연환경을 더 가치 있게 여기는 건 사실이지만 이는 선택적 선호에 관한 문제인 듯하다. 마찬가지로 인공 환경을 더 선호할 수도 있으며 그렇다고 해서 비합리적이라고 할 근거는 없다. 나아가 자연환경을 선호하는 사람이라도 인공 환경에서 가치 있는 삶을 살아갈 수 있다.

노직의 경험 기계는 삶의 가치에 관한 중요한 의문을 제기한다. 다음에서 나는 가치에 관한 철학적 문제를 몇 가지 다룬 다음, VR 속 삶이 가치 있는 삶일 수 있는지 고찰해보겠다.

가치란 무엇인가?

좋은 삶이란 무엇인가? 어떤 삶이 다른 삶보다 더 나은 이유는 무엇인가? 이와 같은 질문은 가치를 연구하는 철학 분야인 가치론에 속한다. 가치에는 옳고 그름을 따지는 '도덕적' 가치, 미와 추를 가리는 '미적' 가치 등이 있다. 이번 장에서는 '개인적' 가치를 중점적으로 살펴보겠다. 무언가가 내게 더 좋거나 나쁜 이유는 무엇일까?

종종 웰빙이나 효용으로도 불리는 개인적 가치는 어떤 선택지가 '나에게' 가장 좋을지를 물을 때 화두에 오른다. 예컨대 내가 순수하게 자기 본위의 관점에서 철학자가 될지 수학자가 될지를 고민하고 있다고 해보자. 이때 나는 어떤 선택지가 나에게 더 좋을지를 알고자 한다. 이 질문은 인생이 달린 선택은 물론 저녁으로 무엇을 먹을지와 같은 일상 속 수많은 결정에도 마찬가지로 적용된다. 물론 이러한 결정을 내릴 때 우리는 대개 나뿐만 아니라 다른 사람들도 고려한다. 그렇지만 다른 사람에게 어떤 선택지가 가장 좋을지 논하는 것도 개인적인 가치의 문제다. '그들에게' 무엇이 더 좋거나 더 나쁠까?

이번 장에서 내가 무엇이 좋은 삶인지 묻는다면 그건 곧 무엇이 '그 사람에게' 좋은 삶을 만들어주는지를 묻는 셈이다. 아마 많은 사람이 개인적으로 잘 살려면 도덕적으로도 선한 삶을 살아야 한다고 여기겠지만, 처음부터 이를 전제할 수는 없다. 누군가에게 무엇이 좋은 삶인지를 물으려면 아마 먼저 누군가에게 '무엇이 좋은 것인지'를 밝히는 데에서 시작할 수 있을 것이다.

고대 그리스부터 전해져 내려오는 일반적인 답으로는 쾌락주의 hedonism라고 알려진 철학적 견해가 있다. 단순한 형태의 쾌락주의에서는 누군가에게 고통이 아니라 기쁨을 선사하는 것이 좋은 것이라고 말한다. 좋은 삶이란 고통보다는 기쁨이 큰 비중을 차지하는 삶일 것이다. 심지어 19세기 영국의 철학자 제러미 벤담Jeremy Bentham은 쾌락주의 미적분을 전개하여 다양한 차원에 걸친 기쁨 상태를 측정하고 이를 합하여 무엇이 얼마나 좋은지를 수량화했다. 이처럼 단순한 형태의 쾌락주의는 어쩌면 너무 단순할지도 모르겠다. 기쁨이란 멋진 것이지만 대개는 표면적인 수준에 머무른다.

기쁨만을 좇는 삶은 곧 일반적인 의미의 쾌락주의적 삶, 즉 먹고 마시고 성교를 즐기는 데 몰두하는 얕은 삶이 될 가능성이 있다. 벤담은 기쁨의 원천이 어디인지 중요하지 않다고 말했다. "편견이야 어쨌든, 푸시 핀 게임은 음악과 시문학의 예술 및 과학과 동등한 가치를 지닌다." 보드게임에서 오는 하찮은 기쁨이 문화적 추구에서 오는 기품 있는 기쁨과 같다는 뜻이다. 어떤 철학자들은 벤담을 조롱하면서 그의 견해가 '돼지에게나 어울리는 철학'이라고 했다. 돼지 또한 인간만큼 기쁨을 경험할 수 있다는 이유였다.

이제 벤담의 쾌락주의를 평가하기 위해 '기쁨 기계'를 상상해보자. 노직의 경험 기계와는 달리, 기쁨 기계는 복잡한 시나리오를 시뮬레이션할 필요가 없다. 공상과학소설가 래리 니븐Larry Niven이 와이어헤딩

wireheading이라고 부른 프로세스로, 사용자의 뇌에서 기쁨 중추를 자극하기만 하면 사용자는 언제나 엄청난 기쁨을 느낄 수 있다. 벤담의 쾌락주의에서는 평생을 기쁨 기계에서 보내는 삶이 평범한 삶보다 훨씬 낫다고 볼 것이다. 여기에 동의하는 사람은 많지 않을 것이다. 기쁨 기계는 적당히 사용하면 꽤 멋진 일이 될 수 있지만, 이 기계에서 평생을 보내는 삶은 결핍된 삶 그 자체다.

단순한 기쁨 이상을 주장하는 쾌락주의자들도 있다. 벤담의 동료 존 스튜어트 밀John Stuart Mill은 예술이나 이해에서 오는 높은 수준의 기쁨이 먹고 마시거나 성교하는 데서 오는 낮은 수준의 기쁨보다 더 중요하다고 논했다. 비교적 일반적인 형태의 쾌락주의인 체험주의experientialism에서는 가치의 근본적인 객체가 '의식적 경험'이라고 논한다.

기쁨, 행복, 만족과 같은 경험은 긍정적인 경험이고, 물리적 고통이나 감정적 괴로움, 절망 등은 부정적인 경험이다. 체험주의에서는 부정적인 경험이 아니라 긍정적인 경험을 선사하는 것이 좋은 것이라고 말한다. 그렇다면 좋은 삶이란 부정적인 경험보다는 긍정적인 경험이 큰 비중을 차지하는 삶이 될 것이다.

노직이 경험 기계에 관한 사고 실험에서 대상으로 삼은 쾌락주의는 바로 이러한 일반적인 형태에 해당했다. 경험 기계는 기쁨 기계를 넘어서서 사용자에게 단순한 기쁨이 아니라 온갖 경험을 선사한다. 이로 인해 그는 사람들이 '내면에서' 경험을 어떻게 느끼는지가 삶에서 가장 중요하다는 체험주의 논제에 반론을 제기했다. 경험 기계 안에서는 경험 기계 바깥에서보다 긍정적인 경험을 더 많이 하게 된다. 그렇지만 여전히 경험 기계 안에 사는 편보다 바깥에 사는 편을 더 선호할 수 있다. 그러므로 체험주의는 틀렸고, 중요한 것은 경험 외에도 더 있다는 뜻이었다.

또 다른 견해로는 가치에 대한 욕구 만족desire-satisfaction이 있다. 좋은 삶이란 욕구를 만족하는 삶 또는 바라는 대로 되는 삶을 가리킨다. 무엇보다도 우리의 욕구는 경험을 넘어선다. 노직은 우리가 단순히 무언가를 경험하는 데 만족하지 않고 실제로 그러한 일을 해내기를 바란다는 점을 경험 기계가 명확히 조명한다고 말했다. 세상이 바라는 대로 돌아간다면, 우리의 경험에 직접 영향을 미치지 않더라도 그 삶은 더 나은 삶이 될 것이다.

또 다른 사고 실험에서도 비슷한 논제를 시사한다. 어떤 사람에게 일부일처주의 관계가 매우 중요하고, 이 사람과 파트너가 이에 동의한다고 해보자. 그런데 파트너는 자주 바람을 피우면서 증거를 너무나 잘 숨긴 탓에 이 사람은 아무것도 의심하지 못한다. 이 사람은 파트너가 완벽하게 신의를 지켰을 때와 똑같이 행복하다.

쾌락주의에서는 신의를 지키지 않는 파트너와 함께하는 삶이 신의를 지키는 파트너와 함께하는 삶과 똑같은 경험이기 때문에 동등하게 좋은 삶이라고 말한다. 많은 이가 이를 잘못된 결론이라 여길 것이다. 일부일처주의 관계를 매우 중요시하는 사람이라면, 파트너가 바람을 피운다는 걸 발견하지 못한다고 하더라도 바람을 피우는 파트너와 함께하는 삶은 그렇지 않은 삶만큼 좋지 않다.

우리는 경험보다 더 많은 것에 신경을 쓰며, 무엇에 신경을 쓰는지는 중요한 문제다. 이때는 파트너가 신의를 지키길 바라며, 이러한 욕구를 만족하는 삶은 그렇지 않은 삶보다 더 낫다. 이 결론은 욕구 만족 견해와 같은 맥락에 놓여 있으나 쾌락주의와는 다른 맥락에 놓인다.

욕구 만족 견해에서 가치는 매우 주관적이다. 가치는 우리가 무엇을 원하는지에 따라 달라지고, 무엇을 원하는지는 대체로 우리에게 달려 있다. 이를 다시 쓰자면 아마 가치 부여가 가치를 낳는다고 말할 수 있을 것이다. 우리가 가치를 부여하는 것이 곧 가치 있는 것이다. 좋은 삶이란 우리가 가치를 부여한 요소를 가진 삶, 즉 원하는 대로 흘러가는 세계에서 사는 삶이다.

욕구 만족 이론이 가치를 너무 주관적으로 여긴다는 생각이 들 수도 있겠다. 미국의 철학자 존 롤스John Rawls는 어떤 사람에게는 풀밭의 풀을 세는 게 가장 큰 욕구일 수도 있다고 말했다. 만약 풀을 세고 싶은 욕구가 충족된다면 이 사람은 정말 잘 사는 걸까? 어떤 이들은 이 사람이 지식이나 우정, 기쁨과 같은 많은 가치의 원천을 놓치고 있다고 생각할 수 있다. 풀을 세는 사람이 그러한 요소를 원하지 않는다고 하더라도, 그러한 요소가 없을 때 그의 삶이 더 나쁜 삶이라고 논해볼 수는 있다. 마찬가지로 죽음을 원하는 어린이에게 죽음을 선사하는 건 결코 이 어린이에게 최고의 삶을 선사하는 방법이 아닐 것이다.

가치에 관한 세 번째 견해는 가치의 사회적 견해다. 이는 아프리카의 우분투Ubuntu 철학에서 특히 잘 드러난다. 모든 가치가 다른 사람과의 관계에서 비롯된다는 게 핵심 논제다. 우분투의 격언대로, '사람은 다른 사람들을 통해 사람이 된다.' 우분투 견해는 쾌락주의와 욕구 만족 견해에 내재하는 개인주의를 거부하고 사람 간의 관계에 호소한다. '우정은 중요하다. 공동체는 중요하다. 공경은 중요하다. 연민은 중요하다.' 이러한 요소들이 진정한 가치의 원천이다.

혹자는 사회적 관계를 뛰어넘는 가치도 있다며 반론을 제기할 수 있다. 은둔자는 고요한 명상 속에서 가치 있는 삶을 살아갈 수 있다. 그렇지만 사회적 견해는 경험 기계에서 무엇이 빠져 있는지 그럴듯하게 진단한다. 경험 기계 안에서는 다른 사람들과의 진정한 관계가 빠져 있다. 그러나 VR에서는 진정한 우정을 나눌 수 있고, 진정한 공동체를 형성할 수 있으며, 진정한 우분투를 달성할 수 있다. 나는 팬데믹 시기에 VR로 다른 동료 철학자들과 만나 우분투를 이루었다고 말하고 싶다.

마지막으로는 가치의 객관적 목록objective-list 견해가 있다. 여기에서는 가치의 기본적인 원천이 지식, 우정, 성취 등 일련의 항목으로 정해져 있다고 본다. 더 깊은 지식을 얻고 더 많은 우정을 누리는 등 이 목록의 일을 더 많이 해낸다면 여러분의 삶은 더 나은 삶이 될 것이다. 이러한 요소를 원하는지는 중요하지 않다. 이 항목들은 누구에게나 더 나은 삶을 선사한다.

기쁨, 욕구 만족, 대인 관계를 목록에 올린다면 객관적 목록 견해는 앞서 다룬 세 가지 견해를 어느 정도 통합할 수 있다. 그렇지만 아직 답하지 않은 거대한 질문이 남아있다. 이 목록에는 무엇이 있는가? 목록의 항목들은 무엇으로 통칭할 수 있는가?

여기에는 어려운 선택이 도사리고 있다. 만약 가치의 여러 원천을 하나로 묶는 근본적인 무언가가 있다면 그것이야말로 가치의 궁극적인 원천이 아닐까? 반면, 그 무엇도 여러 원천을 하나로 묶을 수 없다면 이 목록은 그저 대부분이 인정하는 원천을 임의로 모은 데 그치는 게 아닐까? 어쨌든 객관적 목록 견해는 적어도 가치의 원천에 관한 여러 다른 견해를 포괄할 만큼 유연한 견해다.

VR에는 어떤 좋은 요소가 빠져 있는가?

"우리는 VR에서 잘 살 수 있는가?"

이 질문은 이렇게도 다시 물어볼 수 있다. 가상현실에서는 찾아볼 수 있는 좋은 요소, 즉 가치의 원천이 있는가? 여기서 가치의 원천이란 쾌락주의를 따라 긍정적인 경험이 될 수도 있고, 욕구 만족 견해를 따라 우리가 마음 깊이 원하는 바가 될 수도 있다. 또 사회적 견해를 따라 긍정적인 사회적 관계가 될 수도 있고, 객관적 목록 견해를 따라 객관적으로 가치 있어 보이는 요소들이 될 수도 있다.

앞서 살펴보았듯 노직은 경험 기계에서 몇 가지 좋은 요소가 빠져 있다고 생각했다. 우리는 무언가를 성취하고 싶어하며, 특정한 종류의 사람이 되려 하고, 더 깊이 있는 현실과 맞닿아 있으려 하지만 경험 기계에서는 그럴 수 없었다. 나는 이 중 그 무엇도 VR에 관해서는 강한 반증이 될 수 없다고 논했다.

경험 기계에 관해 사람들이 가장 우려할 만한 부분은 아마 기계에서 모든 행동을 미리·프로그래밍하기 때문에 어떠한 자율성이나 자유의지도 누리지 못하리라는 점일 것이다. 노직이 1989년 논의에서 밝혔듯, 경험 기계에서는 사용자가 어떠한 선택도 내리지 못하며 그 무엇도 자유롭게 택하지 못한다.

평범한 가상세계라면 자유의지는 별다른 문제가 되지 않는다. 만약 내가 평범한 물리현실에서 자유의지를 행사했다면 가상현실에서도 그만큼의 자유의지를 행사할 수 있다. 어쨌든 평범한 VR에서 우리는 물리현실에서와 같은 뇌로 비슷한 의사결정 과정을 거쳐 결정을 내린다. 또한 대체로 물리적 행동을 수행해 가상의 행동을 실현한다. 자유롭게 선택한 물리적 행동이라면 그에 상응하는 가상의 행동도 자유롭게 선택한 셈이다.

우선 앞으로 수십여 년 동안 우리가 사용하게 될 가까운 미래 VR에서 가치가 어떤 한계에 부딪히는지 살펴보는 편이 도움이 될 것이다. 이러한 한계는 중요하지만 일시적이다. 그다음으로 먼 미래의 VR이 부딪힐 한계를 논하고 이론상 VR에서 구할 수 없는 가치가 있는지 살펴보겠다.

가까운 미래에는 확실히 감각 경험이 결핍 상태에서 벗어나지 못할 것이다. 오늘날의 VR 헤드셋을 이용하는 시각적 경험은 품질이 좋지는 않지만 조금씩 개선되고 있다. 청각적 경험은 평범한 지각과 어느 정도 비슷한 수준을 달성했다. 그러나 미각과 후각은 완전히 빠져 있으며, 촉각은 거의 없는 수준으로 제한되어 있다.

신체적 경험은 근미래 VR이 부딪히는 가장 큰 한계 중 하나다. 우리는 가상 신체를 취해 살아갈 수 있으나 가상 신체를 통한 경험에는 한계가 있다. 오늘날의 VR로는 현실적으로 먹거나 마시는 경험을 할 수 없다. 진짜로 상대방을 껴안거나 입을 맞출 수도 없다. 섹스 기술 산업이 엄청난 노력을 기울이고 있지만, VR을 통한 대인 성관계 경험은 VR 밖에서의 성관계에 비하면 미미한 수준이다.

이러한 한계는 근미래 VR에서 완전하고 만족스러운 삶을 살아가는 데 방해가 된다. 오감으로 먹고 마시는 경험을 가치 있게 여기는 사람, 또는 헬스장에서 역기를 들어 올리거나 바다에서 수영하는 경험을 가치 있게 여기는 사람이라면 지금으로서는 VR 바깥에서만 이러한 경험을 할 수 있다. 현재 상황으로는 VR에서 '부분적으로만' 만족스럽게 살아가게 될 것이다. 예컨대 감각 경험이 중요하지 않은 VR 모임에 참석하거나, VR로 일하거나, VR로 친구와 대화를 나눌 수 있다.

그렇지만 VR 기술은 언제나 발전하고 있다. 시각적 화질과 시야는 개선되고 있으며, 머지않아 평범한 시각과 동등한 수준에 이를 것이다. 연구자들은 미각, 후각, 촉각 메커니즘에 관한 여러 실험을 진행하고 있다. 장기적으로는 가상의 입력값이 우리 뇌에서 감각 경험을 담당하는 부위를 간접적으로 자극하는 뇌-컴퓨터 인터페이스가 거의 확실하게 등장할 것이다. 그렇게 된다면 결국 매우 다양한 경험이 가능해지며, 평범한 감각 경험을 모두 포섭할 뿐만 아니라 그 너머의 것도 경험할 수 있게 될 것이다.

VR이 평범한 물리현실보다 더 '나을' 수도 있는 길을 몇 가지 짚어보고 넘어가는 게 좋겠다. 첫째, 앞서 살펴보았듯 하늘을 날거나, 완전히 다른 몸으로 살아보거나, 새로운 형태의 지각을 느껴보는 등 물리현실에서는 불가능한 여러 경험이 VR에서는 가능해질 수 있다. 둘째, 비디오게임 〈소마 Soma〉나 현실 기계 이야기에서처럼 지구가 위험할 만큼 황폐해진다면 VR은 안전한 은신처가 될 수 있다. 셋째, 지구 공간은 한정된 자원이지만 VR 공간은 무한대에 가깝다. 제19장에서 다시 살펴보겠지만 누구나 가상의 아파트 또는 가상의 행성을 가질 수 있다. 넷째, 기술을 바탕으로 한 미래에서 우리의 정신 속도도 덩달아 빨라진다면 아마 물리현실이 견딜 수 없을 만큼 느리게 보일 수도 있다. 가상현실은 우리의 정신에 발맞춰 속도를 높일 수 있다.

어떻게 보면 VR은 공간, 시간, 경험 등의 측면에서 우리에게 엄청난 장점을 선사할 것이다. 문제는 이러한 장점을 압도할 만큼 더 큰 단점이 있는가이다.

장기적 VR에는 어떤 요소가 부족한가?

장기적 문제를 논하기 위해 완전한 실감형 VR 시스템을 상상해보자. 이 시스템을 이용하면 물리세계와 거의 똑같은 감각 경험 및 신체적 경험을 할 수 있다. 우리는 물리적인 만남이 안전하지 않은 팬데믹 기간에 VR로 만날 수 있다. 물리현실을 훨씬 뛰어넘는 경험을 제공하는 VR이 탄생하리라는 데에는 의심할 여지가 없지만, 거의 완벽하게 물리현실을 시뮬레이션하는 VR 또한 등장할 것이다. 이곳에서 우리는 기존과 구분할 수 없는 방식으로 먹고 마시고 껴안고 수영하고 일하고 성관계를 가질 수 있다. 이러한 가상현실은 평범한 물리현실만큼 좋을까? 아니면 무언가 부족한 점이 있을까?

혹자는 우리가 물질성physicality을 가치 있게 여기며 VR에서는 이러한 물질성을 찾아볼 수 없다고 말할 것이다. 사람들이 물리적 식사나 물리적 수영, 물리적 성관계를 경험하기 위해 VR에서 나오는 모습은 물론 쉽게 상상할 수 있다. 그러나 VR에서 하는 이러한 경험이 VR 외부에서 경험하는 것과 거의 구분할 수 없는 수준으로 발전한다면, 물리성을 추구한다는 건 색다른 취향이나 병적인 집착으로 여겨질 수 있다.

물론 그래도 어떤 이들은 물리세계를 훨씬 선호할 것이다. 호주의 가수 올리비아 뉴튼 존Olivia Newton-John은 (독일의 위대한 물리학자였던 조부 막스 보른Max Born을 기리기 위해서였는지) "육체를 즐기자Let's get physical."라고 노래하며 물리현실에 대한 선호도를 드러냈다.

가상세계에 사는 많은 이도 때로는 물리세계를 오가는 데 흥미를 보일 것이다. 어떤 면에서는 기존 생물학적 형태의 우리 자신과 상호 작용을 해야만 확신할 수도 있을 것이다. 그러나 의미 있는 삶과 무의미한 삶을 가르는 데 있어 완전한 물리성이 어떠한 차이를 가져온다는 건지는 알기 어렵다.

물리성을 가치 있게 여기는 이들에게는 이렇게 물어볼 수 있다. 만약 우리가 이미 시뮬레이션에 살고 있다고 밝혀진다면 어떨까? 이 시뮬레이션 환경에서 우리가 하는 식사와 수영과 입맞춤에는 완전한 물리성이라는 가치가 있는가? 만약 그렇다면 이 문제는 물리성 대 가상성의 문제라기보다는 우리가 처음부터 가지고 있던 기존의 신체와 환경을 더 선호한다는 문제처럼 보이게 된다.

반면 만약 그렇지 않다면 왜 시뮬레이션 기반의 현실이 쿼크 기반의 물리현실보다 가치 없다는 걸까? 시뮬레이션 실재론을 인정한다면 물리현실이 본질적인 면에서 가상현실보다 더 가치 있다고 주장하기는 어렵다.

물론 사람들을 강제로 VR에 끌어들여서는 안 된다. 만약 어느 가상 비실재론자가 VR에서는 제대로 된 삶을 살 수 없다고 생각한다면, 그의 생각이 틀렸더라도 VR에서의 삶은 그의 개인적인 욕구에 반대되는 일이다. 여기에서는 VR에 들어간다는 결정이 자유 선택에 따른 일이라고 가정하겠다. 그렇지만 예상하건대 가상세계의 품질이 개선될수록 가상 실재론은 점차 상식적인 견해로 자리 잡을 것이다. 결국에는 많은 이가 자유로운 선택에 따라 가상세계에서 인생의 대부분을 보내게 될 것이다.

VR에서 찾아볼 수 없는 요소로 '관계'를 꼽는 사람들도 많을 것이다. 만약 혼자서 VR에 들어간다면 가족이나 친구들과의 연락을 포기해야 한다는 말이다. 그러나 그럴 필요가 없을 수도 있다. 우선 가족이든 친구든 원한다면 여러분과 함께 가상세계에 들어갈 수 있다. 게다가 많은 가상세계에서 비가상세계와 소통하거나 여행할 방법을 제공할 테니 기존의 관계를 포기할 필요도 없을 것이다.

다양한 VR 세계를 선택할 수 있다는 건 관계에 측면에서 다른 나라로 이민 갈 선택지가 있다는 것과 같다. 가상으로든 아니든 다른 곳으로 이주해 살아가다 보면 어떤 옛 관계는 사라지겠지만 한편으로는 수많은 새로운 관계가 생겨날 테고, 이를 통해 이전보다 더 나은 삶을 살게 되는 때도 많을 것이다.

가상세계가 사회에 미칠 사회적, 정치적 영향을 우려하는 이들도 있다. 예컨대 불평등, 개인정보 보호, 자율성, 조작, 자원 집약 등 더 일반적인 정보 기술에 관한 문제와 평행을 이루는 문제들이 발생한다는 뜻이다. 이러한 문제는 제19장에서 어느 정도 초점을 맞추어 다루겠다.

또 이와 관련해서는 마치 현실을 잊기 위해 비디오게임에 몰두하는 것처럼 비가상세계를 벗어나기 위해 가상세계에 들어가는 도피주의escapism가 우려되기도 한다. 전면적인 가상 공동체로 옮겨간다는 건 새로운 비가상 공동체로 이주하는 것과 마찬가지다. 이주하는 사람들은 일련의 문제에서 도피할 수 있을지 몰라도 한편으로는 새로운 문제들을 만나게 된다.

내가 모든 이들이 비가상세계를 버리고 가상세계로 떠나야 한다고 말하는 게 아니라는 점을 분명히 해두고 싶다. 그렇게 된다면 분명 문제가 생길 것이다. 어느 정도 한계를 지킨다면, 가상세계로의 이주는 다른 나라로의 이민보다 현실 도피적이라고 할 수 없다.

가상세계와 비가상세계 사이의 전이transfer도 문제가 될 수 있다. 어떤 이들은 가상세계에서 생긴 습관이 비가상세계에 전이될 수 있다고 걱정한다. 예를 들어, 비디오게임에서 폭력을 일삼다 평범한 일상에서도 폭력을 행사하는 경우를 말한다. 또 하루 대부분을 VR에서 보내다 보면 비가상 신체의 건강을 무시하게 될 수 있다.

모두 우려할 만한 일이긴 하나, 이러한 종류의 상호 작용 문제는 비가상세계에서도 똑같이 나타난다. 새로운 관계가 생기면 옛 친구 관계가 소원해질 수 있고, 전쟁터에서 군인으로 살다보면 일상 속 폭력에 둔감해질 수도 있으며, 책상 앞에서만 일하다보면 건강을 신경 쓰지 못할 수 있다. 이 문제는 가상현실 고유의 문제가 아니라 어느 현실에서든 어떻게 해야 잘 살 수 있는지에 관한 본질적인 문제다.

VR 안에 있을 때 '물리적 신체'가 걱정될 수는 있다. 우리는 몸을 비좁은 곳에 방치해야 할까? 현실 기계에서 살기 위해 다른 수많은 몸과 함께 어두컴컴한 창고에 갇혀야 한다면 그것만으로 엄청난 단점이 아닌가? 여기서 나는 장기적이고 전면적인 VR에서 우리의 신체는 적어도 건강한 상태로 보존된다고 가정하고 있다.

우리는 대부분의 시간 동안 물리적 신체를 알아차리지 못할 테니 비좁은 곳에 갇혀 있더라도 경험에는 영향을 미치지 않을 것이다. 그러나 어린아이일수록 몸과 뇌가 정상적으로 발달하려면 물리적 환경에 노출될 필요가 있다. 게다가 사람들이 가상현실과 비가상현실을 정기적으로 오가려 한다면 비가상세계에서도 삶의 질을 유지하는 게 중요할 것이다.

가상세계가 '일시적'이라는 문제는 수많은 가상세계가 직면하는 중대한 문제다. 여러 비디오게임 속의 가상세계는 오직 몇 분 동안만 이어진다. 대규모 멀티플레이어 환경은 그보다 더 오래 유지되지만, 이 또한 대개는 언젠가 폐쇄된다. 무엇보다도 지금까지 우리가 만든 그 어떤 가상세계도 비가상세계만큼 오랜 역사가 있지는 않다.

역사는 수많은 이가 매우 가치 있게 여기는 요소 중 하나다. 수많은 사람이 지난 수십 세기, 수천 년을 살아왔던 곳에 산다는 건 가치 있는 일이다. 역사의 판도를 결정했던 사건들이 일어난 장소에 방문한다는 건 가치 있는 일이다. 오랜 역사를 지닌 전통에 참여한다는 것도 가치 있는 일이다.

어쩌면 역사의 가치를 인정하면서도 역사가 단지 선택적 가치에 지나지 않는다고 생각해볼 수도 있다. 많은 이가 특별히 연고가 없는 지역으로 이사한 다음에도 의미 있는 삶을 잘 살아간다. 역사에 아무런 관심이 없는 이들도 있다. 관심을 보이는 이들도 많겠지만, 역사를 인생의 최우선 가치로 삼는 이들은 드물다. 만약 역사를 가치 있게 여긴다면 가상 영역과 비가상 영역을 넘나들면서도 어느 정도의 가치를 찾을 수 있다. 게다가 장기적으로 보면 아마 가상세계에도 이곳만의 역사가 생길 것이다.

가상세계에서 찾아볼 수 없는 요소 중 가장 충격적인 건 아마 '출생'과 '사망'일 것이다. 현존하는 VR 안에서는 누구도 태어나거나 죽지 않는다. 출생과 사망을 묘사하기는 하지만 실제로 그러한 일이 일어나지는 않는다. 아바타가 태어나고 죽을 수는 있지만, 사람이 태어나고 죽지는 않는다. 우리가 처음으로 가상세계에 들어서는 순간이 있을 것이고 마지막으로 가상세계를 영원히 나서는 순간도 있겠지만, 우리는 가상세계에 들어가기 이전에도 존재했고, 가상세계를 나온 뒤에도 존재할 것이다.

이는 출생과 사망이라기보다는 어떤 공동체에 들어가 살다가 떠나는 것과 더 비슷하다. 출생과 사망은 비가상현실에서 일어나는 가장 의미 있는 두 가지 사건이다. 그렇다면 출생과 사망이 일어나지 않는 가상세계는 심각하게 결핍된 세계 아닐까?

여기에는 몇 가지 명백한 답변이 있다. 어쩌면 가상 공동체에 처음으로 들어가고 마지막으로 나오는 순간은 내세와 환생이 존재하는 세계의 탄생과 죽음에 해당할지도 모른다. 이러한 종류의 탄생과 죽음 또한 여전히 의미 있는 사건이다. 게다가 사람들이 물리세계에서 사망한다면 가상세계에서도 진짜로 사망할 것이다. 나아가 언젠가는 가상세계에서 태어나고 죽는 순수 심도 존재하게 될 것이다.

다만 이 경우라면 디지털 기록이 널려 있으므로 이 죽음을 얼마나 영속적인 죽음으로 보아야 하는가를 놓고 이견이 있을 수 있다. 한편 의료 기술의 발전은 실제로 한두 세기 안에 수많은 사망 원인을 없애버릴 것이다. 어느 쪽이든 오늘날 우리가 아는 형태의 탄생과 죽음은 가상세계에서 찾아볼 수 없거나 변형된 형태로 보게 될 것이다.

이제 심오한 질문을 던져보자. 탄생과 죽음은 좋은 삶에서 어떤 역할을 담당하는가? 나는 두 가지 모두 중요하다고 답하겠다. 누군가의 탄생과 죽음을 경험한다는 건 남은 인생에 큰 변화를 불러올 만한 일이다. 그러나 탄생과 죽음이 좋은 삶에 꼭 필요한 요소인지는 확실하지 않다. 어떤 이들은 "죽음이 대개 부정적인 것으로 여겨지지만 어떤 세계에 반드시 있어야 하는 요소이며 죽음이 없다면 끔찍하거나 무의미한 세계가 될 것."이라 말한다.

영국의 철학자 버나드 윌리엄스Bernard Williams는 에세이 〈마크로풀로스 사건The Makropulos Case〉에서 불멸은 결국 지루할 것이라고 논했다. TV 드라마 〈굿 플레이스The Good Place〉에서는 천국에 다다른 주인공들이 모든 역경을 이겨낸 끝에 더는 살아갈 원동력을 찾지 못하고 스스로 삶을 마감하려 한다. 그렇지만 이러한 태도는 옳다고 할 수 없다. 추측건대 우리가 (아마 디지털 수단으로) 영생을 살 수 있게 된다면 사람들은 어떻게 죽음이 있는 삶을 살았었는지 놀라워하게 될 것이다.

출생은 더욱 까다롭다. 많은 이가 자녀를 두지 않고도 멋지게 살아간다. 동시에 출생은 우리가 전형적으로 좋은 일이라 여기는 사건 중 하나이며, 출생이 없는 세계는 우리 세계와 비교하자면 결핍된 세계일 것이다. 영화 〈칠드런 오브 맨Children of Men〉에서는 출생이 아예 멈춘 암울한 세계를 그린다. 가상세계에서 출생이 일어나지 않는다고 해서 이 수준에 가까운 결핍으로 볼 필요는 없다. 비가상세계에서는 여전히 출생이 일어날 것이다. 아이를 낳기 위해 비가상세계로 여행을 가는 이들도 있을 것이고, 언젠가는 가상세계 안에서 아이를 낳을 수도 있다. 적절한 때, 예를 들자면 태어나는 시점에 가상세계에 처음으로 들어오는 아이도 있을 수 있다. 적어도 가상세계와 비가상세계가 적절하게 연결된다면, 가상세계에서 출생이 일어나지 않는다고 해서 가상세계에서의 삶이 결핍된 삶이라고 할 수는 없다.

자연과 역사, 출생과 사망이 없다는 이유로 장기적 VR에 결핍이 있다고 보는 생각은 비합리적이지 않다. 이러한 요소에는 가치가 있으며, 적어도 물리현실 속 삶에서 의미 있는 일면을 구성한다. 이러한 장점을 놓친다고 하더라도 VR이 선사하는 새로운 형태의 삶과 가능성에서 비롯되는 새로운 장점이 더 클 수 있다.

종합해보자면 적어도 가상세계에서 의미 있고 가치 있게 살 수 있는 길 정도는 열려 있다. 일생의 상당 부분, 또는 대부분을 VR에서 보내겠다는 선택지는 많은 이에게 합리적인 선택이 될 것이다.

테라포밍현실

이제 가상세계의 가치에 관한 나의 견해를 잘 보여주는 사고 실험 하나를 소개하겠다. 미래의 우리는 테라포밍현실이라는 새로운 기술을 이용한다. 테라포밍현실은 우리가 비가상세계의 외계 행성을 거주 가능한 환경으로 탈바꿈시키고 아름다운 공간과 매력적인 활동을 채워 넣을 수 있게 해준다. 사람들은 원한다면 이곳으로 이주해 새로운 삶을 꾸릴 수 있다.

이 행성들은 폭발적인 인기를 끈다. 외계 행성은 지구보다 훨씬 넓고 새로운 기회도 가득하다. 여러 외계 행성에 수많은 사회가 형성되고, 새로운 행성과 새로운 사회가 계속 나타난다. 또한 테라포밍현실에서는 새로운 신체도 획득할 수 있으며, 많은 이가 실제로 그렇게 한다.

과연 테라포밍현실에서 산다는 건 지구에서 사는 것만큼 좋은 인생일까? 여기에는 찬반이 있다. 찬성하는 이들은 테라포밍현실이 지구보다 더 즐거울 수 있으며 새로운 기회가 많으므로 더 흥미진진하다고 주장한다. 반대하는 이들은 테라포밍 환경이 인공 환경이며 역사나 자연환경이 없으므로 외계 행성에서의 삶은 지구에서의 삶에 비해 가벼워 보인다고 말할 것이다. 어쨌든 수많은 사람이 인생의 상당 부분, 또는 그보다 더 긴 기간을 테라포밍현실에서 보내는 편을 택한다는 건 완벽하게 합리적인 선택처럼 보인다.

이제 우리가 단기적 기술 한계를 극복하고 평범한 현실에 버금갈 만큼 복잡한 가상현실을 만들었다고 해보자. 이 가상현실을 '풍성한 VR'이라고 하겠다. 나는 풍성한 VR에서 사는 삶이 테라포밍현실에서 사는 삶만큼 가치 있을 수 있다고 말하고 싶다. 어느 쪽이든 장단점이 있다.

VR에서는 훨씬 더 많은 일이 가능하다.

새로운 물리 법칙이 적용될 수도 있다. 새처럼 날아다닐 수 있을지도 모른다. 테라포밍현실에서는 물리적으로 아이를 낳거나 죽을 수 있고, VR보다는 더 일반적이고 명확하게 완전한 물리성을 느낄 수 있다. 그렇지만 여러 면에서 두 세계는 대체로 동등하다.

이는 다음과 같은 논쟁으로 종합할 수 있다

1. 풍성한 VR에서 사는 삶은 테라포밍현실에서 사는 삶과 거의 동등하게 가치 있다.

2. 테라포밍현실에서 사는 삶은 평범한 비가상 삶과 거의 동등하게 가치 있다.

그림 44 가상현실 속 삶과 테라포밍현실 속 삶 중 어느 쪽을 택하겠는가?

3. 그러므로 풍성한 VR에서 사는 삶은 평범한 비가상 삶과 거의 동등하게 가치 있다.

풍성한 VR에서 사는 삶은 그에 상응하는 VR 외부의 삶보다 어떤 면에서는 더 좋고 어떤 면에서는 더 나쁘겠지만, 전체적으로 보자면 두 삶은 거의 동등하다. 그러므로 매력적인 가상세계에 들어가 산다는 선택지가 생긴 미래에는 그와 동등하게 매력적인 비가상세계가 존재하지 않는 한 가상세계 들어가 사는 편이 합리적일 것이다.

게다가 VR에서 사는 삶에 의미나 가치가 없으리라고 생각할 만한 근거도 없다. 또 그러한 가치가 기분 전환에만 한정되리라고 생각할 근거도 없다. 물리현실에서 살 때 누릴 수 있는 온갖 종류의 가치는 대체로 가상현실에서도 누릴 수 있다. VR에는 장점도 있고 단점도 있을 것이며 때로는 장점으로 이겨내기 어려운 단점 또한 있겠지만, 현실에서 살아간다는 것은 어차피 그런 것이다.

이제 VR에서 시뮬레이션 가설로 넘어가보자. 전면적인 시뮬레이션 우주에 사는 삶도 가치가 있는가? 평생에 걸친 순수 시뮬레이션은 일반적인 VR에 가치가 있을 수 없다고 가로막는 수많은 방해 요인을 피해간다. 삶의 덧없음이나 출생과 사망, 낮은 수준의 감각 경험 등이 평생에 걸친 순수 시뮬레이션에서는 문제가 되지 않는다.

인공성은 여전히 한가지 문제이지만, 인공 우주가 단점이라고 해도 신이 창조한 우주라는 것보다 더 큰 단점이라고 할 수 없을 것이다. 시뮬레이터에게 악의가 있다거나 무관심할지도 모른다는 우려, 시뮬레이션이 깨지기 쉬울지도 모른다는 우려 또한 마찬가지다. 시뮬레이션한 피조물이 그 자체로 가치의 원천이 될 수 있는지에 관한 의문도 제기되는데, 이에 대해서는 다음 장에서 자세히 살펴보겠다.

우리가 완벽한 시뮬레이션 우주에서 산다면 일반적인 VR과는 달리 이곳을 탈출할 방법조차 없으므로 답답하게 느낄 수 있다. 어쩌면 우리는 더 넓은 코스모스를 파악하고자, 코스모스를 가로질러 여행하고 싶어할 수도 있다. 이 문제는 우리가 지구와 태양계에 국한된 기존 상황과도 유사하다. 진짜 우주를 탐험한다는 건 즐거운 일이 되겠지만, 그래도 지구에서의 삶은 그렇게 나쁘지 않다.

가치의 원천은 무엇인가?

지금까지 우리는 가상현실의 가치에 중점을 두고 이야기를 살펴보았다. 그렇다면 이를 바탕으로 가치 전반에 대해서 무엇을 알 수 있을까? 노직은 경험 기계를 활용해 가치 쾌락주의 이론에 반론을 펼쳤다. 가상현실이 비가상세계와 동등한 가치가 있다는 우리의 논제를 바탕으로 무엇이 진정으로 가치 있는지 알 수 있을까?

가치 질문에 대한 내 긍정적인 답변은 주요 가치 이론과 모두 양립할 수 있다. 쾌락주의, 욕구 만족 이론, 사회적 이론, 객관적 목록 이론을 지지하는 이들은 모두 우리가 VR에서도 잘 살 수 있다는 말을 받아들일 수 있다. 쾌락주의자는 비가상세계 속 즐거운 삶을 구성하는 의식적인 경험을 VR에 복제하기만 하면 된다. 욕구 만족 이론과 관련해서는 우리가 시뮬레이션 안에 살든 그렇지 않든 일상적인 욕구는 만족할 수 있다는 것을 가상 실재론으로 알 수 있다.

자연 속에 파묻히고 싶은 욕구, 시뮬레이션 바깥에 있고 싶은 욕구 등 어떤 욕구는 VR에서 덜 충족될 것이다. 그러나 이런 이유만으로는 좋은 삶이 갑자기 나쁜 삶이 되지는 않는다. 사회적 공동체와 사회적 관계는 이론상 VR 안에서도 바깥에서 만큼 다채롭게 형성될 수 있다. 마찬가지로 무엇이 가치 있는 것인지에 관해 객관적 목록을 작성한다면 나는 가장 중요한 요소를 VR에서도 모두 찾아볼 수 있으리라고 말하고 싶다.

가치의 원천은 무엇일까? 나는 모든 가치가 어떤 식으로든 의식에서 비롯된다고 생각하는 편이다. 행복이나 기쁨과 같은 의식적 상태는 그 자체로 가치가 있다. 지식과 자유 등 의식적 존재가 가치를 부여하는 요소에는 가치가 있다. 소통과 우정 등 의식적 존재 간의 관계 또한 가치가 있다. 말하자면 의식은 가치를 지니고, 의식의 관계는 가치를 더한다.

가상세계에서도 우리가 비가상세계와 같은 종류의 의식을 가지고 사는 한, 이 세 가지 가치 원천 중 첫 번째 원천은 가상세계에도 존재한다. 의식적인 가치 부여라는 행동이 가상세계에서도 마찬가지로 이루어질 수 있다면 두 번째 원천도 존재한다. 의식적 존재들끼리 비가상세계에서와 같은 종류의 관계를 형성한다면 세 번째 원천 또한 존재한다.

장기적으로 보면 비가상세계에서 가치 있다고 여겨지는 거의 모든 것이 가상세계에도 포함될 것이다. 가상세계가 비가상세계를 능가할 모든 방면을 고려해본다면 언젠가는 가상세계에서 살아가는 인생을 택해도 좋을 것이다.

제18장

시뮬레이션한 삶은 중요한가?

알고 있겠지만 철학의 역사는 남성이 지배해왔다. 기원전 8세기 힌두 철학자 마이트레이Maitreyi부터 20세기 프랑스의 위대한 페미니스트 철학자 시몬 드 보부아르Simone de Beauvoir까지 철학사에 이름을 남긴 여성 철학자들도 여럿 있다. 그러나 대부분 여성의 기여는 주목을 받지 못했고, 여성 철학자들은 지난 세기 들어 겨우 활약하기 시작했다.

그중에서도 이들이 가장 활약한 사례는 제2차 세계대전 당시 옥스퍼드대학교에서 벌어졌다. 전시 중 철학을 연구하던 네 명의 여성 철학자 엘리자베스 앤스콤Elizabeth Anscombe, 필리파 풋Philippa Foot, 메리 미즐리Mary Midgley, 아이리스 머독Iris Murdoch은 학계를 이끌기 시작했다. 이들 모두 서로 친했으며 정기적으로 모였다. 많은 남자가 전쟁터로 떠나 있을 때 이들이 주목받게 된 것은 아마 우연이 아닐 것이다.

이들 네 명은 모두 놀라운 업적을 남겼다. 앤스콤의 정교한 논의가 담긴 저서 《의도Intention》는 인간 행동에 관한 주요 철학적 해석으로 손

꼽힌다. 미즐리는 《짐승과 인간Beast and Man》에서 인간과 동물의 연속성을 논했으며, 과학과 문화의 환원주의를 비판하는 논쟁을 펼쳐 상당한 영향력을 행사했다. 머독의 철학적 소설은 널리 명성을 얻었으며, 저서 《선의 주권The Sovereignty of Good》에 수록된 여러 철학 에세이는 도덕성의 기초 논의에 큰 영향을 미쳤다.

이들 중에서도 가장 지대한 영향력을 발휘했던 연구가 있다면 1967년 풋이 고안한 사고 실험이다. 달아나는 전차에 관한 사고 실험이었는데, 풋은 영국식 용례를 따라 '달아나는 트램'이라는 표현을 썼다.

이로부터 10년 후, 미국의 철학자 주디스 자비스 톰슨Judith Jarvis Thomson이 이 개념을 대서양 너머로 가져와 그 유명한 '트롤리 딜레마trolley dilemma or trolley problem'를 만들었다. 트롤리 딜레마는 수많은 책과 문헌에 영감을 주었으며, 철학적인 TV 드라마 〈굿 플레이스〉에서도 다채롭게 표현되었다. 톰슨이 기술한 트롤리 딜레마는 다음과 같다.

> 기관사 에드워드Edward는 브레이크가 고장난 열차를 몰고 있다. 선로에는 다섯 명의 사람이 있고, 둑이 너무 가팔라 열차가 오기 전에 선로를 빠져나갈 수는 없다. 선로에는 오른쪽으로 갈라지는 또 다른 선로가 있고, 에드워드는 오른쪽 선로로 열차의 방향을 전환할 수 있다. 그런데 오른쪽 선로에도 사람 한 명이 있다. 에드워드는 방향을 틀어 한 사람을 죽일 수도 있고, 방향을 틀지 않고 다섯 명을 죽일 수도 있다.

에드워드는 어떻게 해야 할까? 만약 아무것도 하지 않는다면 다섯 사람이 죽는다. 열차의 방향을 틀면 한 사람이 죽는다. 여기에서는 많은 이가 직관적으로 네 명을 더 살리기 위해 방향을 틀어야 한다고 생각할 것이다.

이 결론에 안심하기는 이르다. 이제 톰슨이 동 논문에서 선보인 '이식 문제transplant case'를 살펴보자.

데이비드는 훌륭한 이식 전문 외과의다. 다섯 명의 환자가 장기이식을 기다리고 있다. 어떤 환자는 심장 이식을 기다리고 있고 또 다른 환자들은 각각 간, 위, 비장, 척수 이식을 기다리고 있다. 공통점이 있다면 다섯 명 모두 특정한 희귀 혈액형을 가지고 있다. 데이비드는 우연히도 희귀 혈액형을 가진 건강한 표본이 있다는 걸 알게 되었다. 데이비드는 이 사람을 죽이고 건강한 장기를 빼내 환자들에게 이식하여 환자들의 목숨을 살릴 수 있다. 또는 건강한 표본의 장기를 빼내지 않고 환자들이 죽도록 내버려둘 수 있다.

데이비드는 어떻게 해야 할까? 만약 아무것도 하지 않는다면 다섯 사람이 죽는다. 건강한 환자의 장기를 빼내어 다른 환자들에게 이식한다면 한 사람만 죽는다. 이번에는 대개 건강한 환자의 장기를 빼내서는 안 된다고 직관적으로 생각한다.

열차 문제와 이식 문제는 비슷한 구조이지만 직관적으로 반대되는 결론을 떠올리게 만든다. 이를 어떻게 조화시킬 수 있을까? 어느 한 문제를 다르게 판단할 수도 있겠지만, 두 문제 사이의 상대적인 차이를 찾아보는 것도 좋겠다. 열차 문제와 이식 문제 사이에는 어떤 차이가 있을까?

풋의 말에 따르자면, 열차 문제에서 기관사는 선로를 변경하지 않을 때 다섯 사람을 '죽이게' 된다. 어쨌든 운전대를 잡은 기관사는 다섯 사람을 밟고 지나갈 열차에 책임을 져야 한다. 반면 이식 문제에서 의사

그림 45 열차 문제를 마주한 필리파 풋과 주디스 자비스 톰슨. 이들은 선로를 변경해야 할까?

는 건강한 환자 한 명을 죽이지 않을 때 그저 나머지 다섯 환자가 죽도록 '내버려'둘 뿐이다. 다섯 사람을 죽이는 것과 다섯 사람이 죽도록 내버려두는 데에는 현저한 도덕적 차이가 있다.

또 다른 상대적 차이로는 이식 문제에서 누군가를 죽일 때 그 대상에 직접 관여한다는 점이 있다. 열차 문제의 또 다른 버전에서는 선로 위를 지나는 육교에서 한 사람을 밀어 떨어뜨려 죽이고 열차를 멈춰 세워 다섯 명을 살릴 수 있는 경우를 제시한다. 이때도 많은 이가 육교 위의 한 사람을 밀어 떨어뜨려서는 안 된다고 직관적으로 느낀다.

2020년 데이비드 부르제와 내가 전문 철학자를 대상으로 진행한 필페이퍼스 서베이PhilPapers Survey에서는 열차 문제에서 선로를 변경하겠다고 대답한 응답자가 63퍼센트였으나, 육교 위에서 사람을 밀어 떨어뜨리겠다고 답한 응답자는 22퍼센트에 불과했다. 한 사람을 죽여 다섯 사람을 구한다는 똑같은 결과의 두 가지 경우에 이처럼 다른 반응이 나오는 이유는 무엇일까?

여기서 등장하는 것이 바로 '윤리학'이다. 윤리학이란 무엇이 옳고 무엇이 그른지를 연구하는 학문이다. 도덕 측면에서 우리는 무엇을 해야 하는가? 무엇을 하지 말아야 하는가? 왜 그러한가? 사람들은 대부분 열차 문제에서 선로를 변경하는 편이 옳고, 이식 문제에서 건강한 환자의 장기를 꺼내는 일이 그르다고 생각한다. 그렇지만 왜 그런지 설명하기는 한층 더 어렵다. 이를 위해서는 어떤 행동이 옳고, 어떤 행동이 그른지 설명하는 이론이 필요하다.

가상세계에 관해서는 수많은 윤리적 의문이 떠오른다. 오늘날의 가상 질문에 관한 윤리적 의문도 많다. 가상세계에서는 어떠한 도덕적 한계를 기준으로 행동해야 할까? 비디오게임에서 동료 전투원을 죽이는 행위는 잘못되었는가? 가상세계에서의 폭행이나 절도는 비가상세계에서의 폭행이나 절도만큼 나쁜 짓일까? 이러한 문제는 다음 장에서 다루어보겠다.

이번 장에서는 장기적인 시뮬레이션 세계에 관한 윤리적 문제에 초점을 맞춰보자. 의식 있는 심들이 사는 가상세계를 창조하고 신 행세를 자처하는 행위를 도덕적으로 용인해야 할까? 이러한 세계에 사는 심에게 우리는 어떤 도덕적 책임을 져야 할까? 〈프리 가이〉에서 비디오게임 속에만 존재하는 인공지능 심들은 존중을 요구하며 시위를 벌인다. 이게 말이 되는 상황일까? 심의 인격은 중요한가?

나아가 시뮬레이션 열차 문제를 고안해볼 수도 있겠다. 비가상세계에 사는 인간 프레드Fred는 병을 앓고 있다. 그의 목숨을 살릴 유일한 길은 가상세계를 시뮬레이션하는 데 사용 중인 컴퓨터로 집중 연구를 하는 것뿐이다. 남은 컴퓨터 공간은 거의 없으며 다른 예비 컴퓨터도 없다. 연구를 진행하려면 시뮬레이션 속 사람 다섯 명을 희생해야만 한다. 비가상인간 한 명을 살리기 위해 시뮬레이션 인간 다섯 명을 죽이는 일은 도덕적으로 허용할 만한 일인가? 이 문제를 고찰하면서 이제 몇 가지 윤리 이론들을 살펴보자.

윤리 이론

옳고 그름을 따지는 전통적인 이론으로는 '신명론'이 있다. 오직 신이 명령한 행동만이 옳은 행위라는 이론이다. 신은 우리에게 사람을 죽이지 말라고 명하였으므로 살인은 잘못된 행위다. 신은 자신을 섬기라고 명하였으므로 숭배는 옳은 행위다.

신명론의 문제 중 가장 잘 알려진 문제는 플라톤의 대화록《에우튀프론Euthyphro》에서 기원을 찾아볼 수 있다. 에우튀프론은 살인을 저지른 아버지를 고발한다. 가족들이 만류하자 에우튀프론은 이것이 '경건한 (옳은) 일'이라고 말한다. 소크라테스는 무엇이 경건한 행위를 경건하게 만드는지 묻는다. 그러자 에우튀프론은 신의 명령이라고 답한다. "신심은 (…) 하나님이 중요하게 여기시는 것이고, 비신심은 하나님이 중요하지 않다고 여기시는 것이다."

그러자 소크라테스가 중요한 질문을 던진다. 신심이 경건하기에 신이 이를 중요하게 여기는 걸까, 아니면 신이 중요하게 여기기에 신심이 경건한 걸까? 더 일반적으로 풀어보자면 이렇다. 어떤 일이 옳은 일이라고 할 때 그 일은 신이 명령한 일이라 옳을까, 아니면 옳은 일이라 신이 명령한 걸까?

에우튀프론은 딜레마에 빠진다. 무언가를 옳다고 말하는 이유가 신이 명령해서라고 답한다면, 만약 하느님이 아기를 고문하고 살해하라고 명령할 때 이러한 행위가 옳은 일이 될 수 있다고 답하는 셈이기 때문이다. 이러한 결론은 누가 보아도 용납할 수 없다.

만약 옳은 일이라서 신이 그러한 일을 명령한다고 답한다면 이제 무엇이 옳은 일을 옳게 만드는지 독립적으로 따져보아야 한다. 신의 명령을 이유로 들 수는 없다. 그렇게 한다면 어떤 행위를 신이 명령한 이유가 신이 명령했기 때문이라는 순환론에 빠져들 수밖에 없다. 어떤 행동을 옳은 행동으로 만드는 또 다른 이유가 있어야 한다. 그러므로 신명론을 넘어 다른 이론들을 살펴보아야 한다.

에우튀프론의 딜레마는 철학에서 가장 지대한 영향력을 행사한 이야기 중 하나다. 이 이야기는 셀 수 없이 많은 영역에서 끝도 없이 등장한다. 그중 여러 이야기에서는 어떤 행동이 옳거나 그른 게 신 또는 다른 누군가의 명령 때문이 아니라 그 이상의 이유가 있다고 설명해줄 또 다른 이론이 필요하다고 결론짓는다.

제러미 벤담과 존 스튜어트 밀의 공리주의는 아마 가장 널리 알려진 도덕론일 것이다. 공리주의에서는 최대 다수의 최대 선을 실현하는 일이 옳다고 말한다. 다르게 말하자면 전체 집단의 효용을 극대화하는 게 옳은 일이라는 뜻이다.

효용이란 정확히 무엇일까? 효용은 어떤 결과가 누군가에게 얼마나 좋은지 가늠하는 단위다. 결과가 좋을수록 효용이 커진다. 효용은 앞선 장에서 다루었던 개인적 가치를 측정한다. 벤담과 밀은 개인적 가치를 추구해야 한다고 주장하는 쾌락주의자였다. 이들은 어떤 결과의 기쁨이 고통을 압도한다면 그 결과에 효용이 있다고 보았다.

공리주의는 열차 문제와 잘 맞아떨어진다. 기관사가 아무것도 하지 않는다면 다섯 사람이 죽고 한 사람이 살아남는다. 선로를 변경하면 한 사람이 죽고 다섯 사람이 살아남는다. 가정해보자면 사망의 효용은 매우 낮을 것이고, 고통 없이 죽었다고 해도 그 사람은 더는 아무런 기쁨이나 고통을 느끼지 못할 것이니 효용은 0에 수렴할 것이다. 반면 생존의 효용은 훨씬 높을 것이고, 앞으로 행복한 삶이 남아있다고 가정한다면 100 정도로 높을 것이다.

그렇다면 선로를 변경하는 순간 이 집단의 효용은 500이 되지만, 아무것도 하지 않는다면 동 집단의 효용은 100이 된다. 물론 다른 이들과 관련된 영향도 있다. 예를 들어, 다른 선로의 한 사람이 사실은 대가족을 부양하는 사람이라면 어떨까? 그러나 표면적인 것만 놓고 보자면 선로를 변경해야 효용을 극대화할 수 있다.

그러나 톰슨의 이식 문제에는 공리주의가 잘 들어맞지 않는다. 이번에도 사망의 효율은 0이고 생존의 효율은 한 사람당 100이라고 해보자. 건강한 사람 한 명을 죽이고 그 장기를 이식해 5명을 살리면 총 효용은 500이 된다. 반면 건강한 사람을 그대로 살려두고 다른 이들이 죽게 놔둔다면 총 효용은 100이다. 건강한 사람의 장기를 빼내는 편이 효용을 극대화하므로, 공리주의에 따르자면 건강한 사람 한 명을 죽여야 한다고 말해야 한다. 그러나 사람들은 대부분 이게 옳은 선택이 아니라는 느낌을 강하게 받는다.

이것이 공리주의의 문제다. 어떤 공리주의자는 이 논리를 따라 건강한 사람 한 명을 죽여야 한다고 주장할 것이다. 반면 또 어떤 이들은 건강한 사람을 죽이면 또 다른 나쁜 결과가 생기므로 효용이 극대화되지 않는다고 주장할 수 있다. 건강한 사람을 죽이면 다른 이들도 이 사건을 알게 될 테고, 나중에는 건강한 사람들도 의사를 믿지 않는 바람에 더 많은 이가 죽을 수 있다. 비밀리에 처리해 이 사건을 아무도 알지 못할 때는 어떨까? 그렇다면 부정적 영향이 줄어들거나 없어질 테지만, 어쨌든 건강한 사람을 죽인다는 건 잘못된 일로 보인다.

공리주의는 어떤 행동의 결과를 기준으로 그 행위의 도덕적 지위를 평가한다. 반면 어떤 행동을 하는 이유에 초점을 맞추는 또 다른 도덕론도 있다. 이러한 이론을 폭넓게 의무론이라고 하며, 반대로 결과에 초점을 맞추는 도덕론을 결과론이라고 한다.

가장 알기 쉬운 의무론은 규칙 기반 이론이다. 어떤 행동이 옳은지 또는 그른지는 결과가 아니라 그렇게 행동한 이유에 따라 달라진다는 이론이다. '사람을 죽이지 말라.', '선한 사람을 해치지 말라.' 등이 도덕적 규칙의 예시다. 반면 잘못된 규칙에 따라 행동한다면 비도덕적으로 행동하게 된다.

무엇이 활용할 만한 규칙인지는 어떻게 판단할까? 가장 유명한 방법을 제시한 사람은 지난 수 세기를 통틀어 최고의 철학자로 손꼽히는 18세기 독일의 철학자 임마누엘 칸트Immanuel Kant다. 《윤리형이상학 정초》에서 칸트는 '보편적인 법칙이기를 바라는 법칙에 따라서만 행동하라.'라는 정언 명령을 제시했다.

칸트가 주장한 개념은 이렇다. 특정 규칙에 따라 행동하려 할 때는 모든 사람이 그 규칙에 원칙적으로 복종하는 세계를 상상하고 그 세계에 사는 편이 합리적인 선택인지 따져보아야 한다. 만약 그렇다면 그 규칙에 따라 행동해도 좋다. 그러나 만약 그렇지 않다면 그 규칙에 따라 행동해서는 안 된다.

원하는 것을 얻기 위해 거짓말을 해야 한다는 원칙을 생각해보자. 칸트는 이것이 용납할 수 없는 원칙이라고 생각했다. 모두가 원하는 바를 이루기 위해 거짓말하는 세계에 살고 있다면 모든 이가 이 사실을 알고 있으니 거짓말을 하더라도 원하는 바를 이루지 못하게 된다. 이런 원리가 보편 법칙이 되길 바란다는 건 말이 안 된다. 그렇다면 이 원칙에 따라 행동하는 걸 받아들일 수 없다는 뜻이다. 반면 타인을 친절하게 대하라는 원칙은 보편 법칙이 되기를 바라도 좋다. 모두가 타인에게 친절한 세계는 바람직한 세계이므로 타인을 친절하게 대하라는 원칙을 행동 지침으로 삼아도 좋다.

규칙 기반 이론과 공리주의 이론을 결합할 수도 있다. 이른바 규칙 공리주의에서는 어떤 도덕적 규칙을 보편 규칙으로 여길 때 최선의 결과가 도출된다면 그 규칙에 따라 행동해도 좋다고 본다. '건강한 환자를 죽이지 말라.'와 같은 규칙을 따른다면 이식 문제 같은 특정 상황에서는 한 명이 아니라 4명의 환자가 사망하므로 더 나쁜 결과가 도출되지만, 이를 일반적인 규칙으로 채택한다면 병원 운영을 개선해 더 많은 환자를 살릴 수 있으므로 최선의 결과가 도출된다.

그렇다면 '누군가를 죽여 더 많은 사람을 살릴 수 있고 이를 아무도 알지 못한다면 타인을 죽여도 된다.'처럼 조건이 붙은 규칙은 어떨까? 이 규칙을 따른다면 더 나은 결과를 도출할 수 있겠지만, 이는 여전히 비도덕적인 규칙처럼 보인다. 여기에는 아직 해결하지 못한 문제가 남아 있다.

엘리자베스 앤스콤은 1958년 고전적인 논문 〈현대 윤리철학Modern

Moral Philosophy〉에서 윤리학에 대한 의무론적 접근과 결과론적 접근을 모두 통렬하게 비판했다. 앤스콤은 결과론이 부도덕한 결과를 낳으며 부패한 정신을 드러낸다고 말했다. 반면 칸트의 이론을 비롯한 의무론에는 도덕을 입법자가 규정하는 법률처럼 다루는 법적 개념이 있다. 앤스콤은 이것이 신을 입법자로 여기는 옛 신명론의 잔재라고 보았다. 만약 신을 거부한다면 규칙 기반의 접근은 더는 작동하지 않는다고 여겼다.

앤스콤은 무엇이 도덕적으로 옳고 무엇이 그른지를 아예 논하지 말아야 한다고 생각했다. 옳고 그르다는 개념은 도덕의 흥미로운 요소를 제대로 담기에는 너무 거칠다. 이보다는 '불공정', '용기', '친절'과 같은 더 섬세한 단어로 행동의 도덕적 성질을 판단해야 한다.

이러한 맥락에서 앤스콤은 아리스토텔레스가 제시한 '덕 윤리'로 돌아가야 한다고 말하고 있었다. 덕 윤리는 용기와 친절 등의 덕목을 중심으로 하는 윤리다. 공자孔子, 맹자孟子 등 유교 사상가들의 이론에서도 이와 관련하여 자비, 신뢰, 지혜 등 우리가 추구해야 하는 도덕적 특징을 핵심으로 여기는 견해를 찾아볼 수 있다.

널리 알려진 덕 윤리의 한 형태에서는 어떤 행동을 하는 사람의 도덕적 성격 측면에서 그 행동의 도덕적 성격을 규정한다. 용감한 행동은 용감한 사람이 할 만한 행동이다. 친절한 행동은 친절한 사람이 할 만한 행동이다.

앤스콤과 옥스퍼드대학교 동료인 필리파 풋 및 아이리스 머독, 신유교 윤리를 내세운 중국의 사상가들 덕분에 덕 윤리는 최근 주요 도덕론으로 다시 급부상했다. 덕 윤리는 종종 우리가 어떤 기준에 따라 행동해야 하는지 명확하게 알려주지 않는다는 비판을 받는다. 그러나 도덕적 개선을 위한 도구를 제시하고 도덕을 단순한 원칙으로 축소하는 대신 복잡하게 얽힌 다채로운 태피스트리로 이해할 수 있도록 도와준다는 평가도 자주 받는다.

시뮬레이션과 도덕적 지위

이제 가상현실의 윤리학을 논해보겠다. 먼저 장기적 시뮬레이션 기술부터 생각해보자. 어떤 상황에서 시뮬레이션 생성을 도덕적으로 허용할 수 있는가? 시뮬레이션 종료를 도덕적으로 허용할 수 있는 때는 언제인가? 시뮬레이션 창조자로서 우리는 어떤 도덕적 책임을 지는가?

생명체가 살지 않는 우주를 시뮬레이션한다면 윤리적 문제는 거의 생기지 않는다. 우주론자들은 지금도 은하와 항성의 역사를 시뮬레이션하고 있으며 이를 위해 윤리위원회의 허가를 받을 필요는 없다. 컴퓨팅파워를 여기에 소모하는 것이 최고의 선택인지, 이 시뮬레이션으로 얻은 지식을 어떻게 활용할지에 관한 윤리적 문제를 따져볼 수는 있겠지만, 이러한 문제는 과학계에서 매일같이 다루는 평범한 윤리 문제일 뿐이다. 생물을 시뮬레이션할 때도 식물의 진화 등을 다룬다면 이 이상의 윤리 문제를 따지지 않는다.

윤리적 문제는 우리가 정신을 시뮬레이션할 때 발생한다. 우선 극단적인 사례부터 살펴보기 위해 어느 정보기관에서 인간이 고문을 당할 때 어떤 반응을 보이는지 시뮬레이션한다고 해보자. 이를 위해 이들은 완전히 기능하는 시뮬레이션 뇌를 가진 시뮬레이션 인간을 만들고 이들에게 시뮬레이션 고문을 가한다. 이것은 도덕적으로 용납할 수 있는 일인가 아니면 도덕적으로 눈 뜨고 볼 수 없는 일인가?

아마 시뮬레이션 인간의 정신 상태에 따라 달라진다는 것이 자연스러운 대답이 될 것이다. 시뮬레이션 인간이 의식 있는 존재로서 고통을 느낀다면 시뮬레이션 고문은 도덕적으로 용납할 수 없는 잔학 행위가 된다. 그러나 의식 없는 존재로서 고통을 느끼지 않는다면 시뮬레이션 고문은 아마 도덕적으로 용납할 수 있을 것이다.

여기에서 근본적인 문제가 떠오른다. 심은 도덕적 지위를 가질 수 있는가? 어떤 존재에게 도덕적 지위가 있다는 말은 이 존재가 인간이 도덕관념의 대상인 것과 대략 비슷한 방식으로 도덕관념의 대상이 된다는 뜻이다. 다시 말하자면 무엇이 도덕적인지 고찰할 때 이 존재의 안녕 또한 고려해야 한다는 말이다.

어떤 존재에게 도덕적 지위가 있다는 건 그 존재가 도덕적으로 중요하다는 뜻이다. '흑인의 생명도 중요하다Black Lives Matter' 운동은 도덕적 지위에 관한 운동이다. 흑인의 생명은 다른 모든 인간의 생명만큼 중요하다. 흑인 살해는 백인 살해만큼 나쁘다. 흑인 학대는 백인 학대만큼 나쁘다. 과거에는 마치 흑인의 생명이 백인의 생명만큼 중요하지 않은 것처럼 다루는 사람과 사회적 제도가 너무나 많았으며, 심지어 오늘날에도 종종 찾아볼 수 있다. 그래도 이제는 이를 규탄하는 견해가 널리 자리를 잡았다.

도덕적 지위의 범위는 시간이 지날수록 확대되고 있다. 이제는 인간이 아닌 동물에게도 도덕적 지위가 있다는 견해가 널리 인정받고 있다. 동물과 관련된 문제는 인간의 생명에 관련된 문제와는 사뭇 다르다. 사람들은 대부분 새와 강아지보다는 인간이 더 중요하나 새와 강아지도 어느 정도 중요하다고 생각한다. 장난으로 강아지를 잔인하게 학대하면 안 된다. 파리나 조개에게 도덕적 지위가 있는지는 확실하지 않지만, 이들에게도 도덕적 지위가 있다고 생각하는 사람도 있다.

일부 환경주의자들은 나무나 식물에도 일종의 도덕적 지위가 있다고 보지만, 이는 소수의 견해다. 무생물인 돌멩이나 입자에 도덕적 지위가 있다고 보는 사람은 거의 없다. 우리가 돌멩이를 어떻게 다루든, 적어도 돌멩이 입장에서는 도덕적으로 아무런 상관이 없을 것이다.

많은 이와 마찬가지로 나 또한 의식이 도덕적 지위를 부여한다고 생각한다. 어떤 개체가 의식을 가질 능력이 없고 앞으로도 절대로 의식을 가지지 못한다면, 이 개체에는 도덕적 지위가 없다. 그러므로 객체로 취급해도 된다. 반면 어떤 개체가 의식을 가질 수 있다면 이 개체는 적어도 어느 정도의 도덕적 지위를 가진다.

만약 무언가를 경험할 수 있는 개체라면 이를 고려하여 도덕적으로 계산해야 한다. 아주 낮은 수준의 의식이 있는 시스템(예를 들자면 개미 같은)은 최소한의 도덕적 지위를 가지며, 도덕적 고찰에 있어 인간보다 훨씬 적은 비중을 차지한다고 논할 수 있겠다. 그러나 어쨌든 의식이 있다면 논의의 장에 들어설 수 있다.

이제 사고 실험을 이용해 의식의 도덕적 지위를 고찰해보자. 이를 '좀비 열차' 문제라고 해보겠다. 기관사가 폭주하는 열차에 타고 있다. 기관사가 아무것도 하지 않는다면 선로에 묶인 한 명의 의식 있는 사람이 죽는다. 기관사가 선로를 변경하면 다섯 명의 의식 없는 좀비가 죽는다. 기관사는 어떻게 해야 하는가?

몇 가지를 짚고 넘어가보자. 여기서 좀비란 제15장에서 다루었던 철학적 좀비로, 인간과 매우 유사하면서 의식적 내면은 아예 없는 존재를 말한다. 좀비는 주관적 경험을 하지 못한다. 인간의 의식을 제외한 나머지 부분을 물리적으로 복제해 만든 존재라고 보아도 좋고, 이해에 도움이 된다면 의식 없는 실리콘 인간이라고 생각해도 좋다. 여전히 감이 잡히지 않는다면 우리와 거의 똑같지만 의식을 가질 능력은 없는 존재를 상상해보면 되겠다. 이러한 좀비가 여러 목적으로 유용하게 쓰일 수 있는지에 관한 문제는 이 사고 실험과 아무런 관련이 없다. 중요한 것은 좀비들의 도덕적 지위다.

좀비 열차 문제에 대해 설문 조사를 해보면 분명한 결과가 도출된다. 사람들은 대부분 선로를 변경해 좀비들을 죽여야 한다고 생각한다. 다섯 좀비가 죽는 것보다 한 사람이 죽는 게 더 나쁜 일이다. 좀비도 인간만큼 중요하기 때문에 인간을 죽여야 한다고 주장하는 이들도 있긴 했으나 극소수에 불과했다.

좀비 살해 또한 끔찍하게 느껴질 수 있다. 최신 영화 〈좀비스Zombies〉에서는 좀비 공동체가 인간 세계에서 핍박받는 방식을 중심으로 전개된다. 그렇지만 이 영화 속 좀비들에게는 의식이 있다. 철학적 좀비는 의식 없는 존재이므로 학대의 대상이 될 수 없다.

논의를 한층 더 확대할 수도 있다. 이제 의식이 있는 닭 한 마리를 죽이거나 그렇지 않다면 철학적 좀비 휴머노이드로 가득한 행성을 통째로 없애야 한다고 생각해보자. 이렇게 되면 직관적으로 어느 쪽이라고 판단하기가 더 어렵다.

어떤 이들은 계속해서 좀비를 죽여야 한다고 주장할 텐데, 여기에는 의식이 없다면 도덕적 지위도 없다는 견해가 반영되어 있다. 또 닭을 죽여야 한다고 의견을 바꾸는 사람도 있을 텐데, 아마 좀비가 지적으로 행동한다는 등의 이유로 좀비에게도 어느 정도의 도덕적 지위가 있다고 생각하기 때문일 것이다. 이 문제 앞에서는 내 직관 또한 흔들린다.

좀비 열차 문제는 약한 결론으로 이어질 수도 있고 강한 결론으로 이어질 수도 있다. 다섯 명의 의식 없는 존재를 희생하더라도 한 명의 의식 있는 존재를 구해야 한다고 생각한다면 의식이 도덕적 지위와 유관하다고 보는 셈이다. 의식 있는 존재는 의식 없는 존재보다 중요하다. 만약 여기서 더 나아가 의식 없는 존재를 구해줄 도덕적 이유가 전혀 없다고 생각한다면 의식이 도덕적 지위의 '필수 요건'이라고 생각하는 셈이다. 의식 없는 존재는 도덕적인 측면에서 전혀 중요하지 않다.

여기서 더 강한 결론은 내가 앞선 장의 마지막 부분에서 주장했듯 의식이 모든 가치의 바탕이라는 견해와 잘 맞아떨어진다. 누군가에게 무엇이 좋거나 나쁘다면 그건 그들의 의식 때문이다. 의식에는 가치가 있고, 의식 있는 존재가 가치 있게 여기는 것에도 가치가 있으며, 의식 있는 존재들 사이의 관계에도 가치가 있다. 의식을 가지지 못하는 존재라면 그 존재의 관점에서는 그 무엇도 좋거나 나쁘지 않다. 어떤 존재에게 그 무엇도 좋거나 나쁘지 않다면 그 존재에게 도덕적 지위가 없다고 결론짓는 편이 자연스러울 것이다.

의식이 도덕적 지위의 요건이라는 견해는 동물 복지 논의의 핵심이다. 1975년 저서 《동물 해방》으로 현대 동물권 운동에 큰 영향을 미친 호주의 철학자 피터 싱어Peter Singer는 유정성이라는 개념이 도덕적 지위에 중요하다고 논했다.

어떤 존재에게 고통을 느끼는 능력 또는 즐거움이나 행복을 경험하는 능력이 없다면 달리 고려할 필요가 없다. 이는 유정성의 한계가 타자의 권리에 관하여 옹호할 수 있는 유일한 경계인 이유다. 여기서 유정성은 엄밀히 말하자면 정확한 용어는 아니나 편의상 고통을 느끼는 능력 또는 즐거움이나 행복을 경험하는 능력을 약식으로 일컫는다.

일상적인 영어에서 유정성을 가리키는 'sentience'*는 의식을 뜻하는 'consciousness'와 거의 똑같은 의미로 쓰인다. 싱어는 이 용어를 좁은 의미로 사용하여 고통이나 즐거움, 행복을 경험할 능력을 묘사했다. 이는 의식의 일종이다. 의식 있는 존재만이 고통을 느끼거나 즐거움과 행복을 경험할 수 있다.

싱어는 의식이 도덕적 지위의 필요조건이지만 충분조건은 아니라고 보았다. 모든 종류의 의식에 곧바로 도덕적 지위가 생기는 건 아니며, 긍정적 또는 부정적 정서 상태를 의식적으로 경험하는 때에만 도덕적 지위가 생긴다. 최근 수많은 이론가가 이와 같은 유정성 견해를 받아들여 긍정적 또는 부정적 정서 상태의 경험이 도덕적 지위를 결정한다고 주장하고 있다.

이 견해는 18세기 제러미 벤담으로 거슬러 올라간다. 그는 도덕적 지위와 관련한 문제에서는 고통이 중요하다고 말했다. 나는 이 견해가 그럴듯하지 않다고 생각한다. 의식에는 고통이나 행복을 경험하는 것 이외에도 수많은 역할이 있으며, 이러한 여타 의식이 도덕과 무관하다는 건 말이 되지 않는다. 이를 증명하기 위해 〈스타트렉〉에 등장하는 벌칸인 스팍Mr. Spock이 감정을 아예 느끼지 못하는 더 극단적인 경우를 생각해보자.

'벌칸인'이란 의식적 존재이지만 행복, 괴로움, 기쁨, 고통 등 그 어떤 긍정적, 부정적 정서 상태도 경험하지 못한다고 해보자. 〈스타트렉〉의 벌칸인은 이 정도로 극단적이지는 않다. 이들은 7년마다 정욕을 느끼고, 그 사이에도 어느 정도의 약한 기쁨과 고통을 느낀다. 〈스타트렉〉

---

* 감응력, 쾌고감수능력 등으로도 번역된다.

의 벌칸인과 구분하기 위해 우리의 논의에 등장하는 벌칸인을 철학적 좀비와 마찬가지로 철학적 벌칸인이라 해보자.

내가 알기로 인간이 철학적 벌칸인인 경우는 없다. 고통이나 두려움, 불안을 경험하지 않는 인간은 몇 차례 보고된 바 있으나, 이들 또한 긍정적인 정서 상태를 경험한다. 철학적 벌칸인은 모든 정서적 상태를 경험하지 못한다. 그렇지만 이들은 여러 기관으로 감각 경험을 하고 온갖 복잡한 주제에 대해 끊임없이 의식적으로 생각하면서 다채로운 의식적 생활을 이어나간다. 지각이나 생각을 하면서도 정서 면에서는 중립적인 상태는 누구나 겪어보았을 것이다. 우리는 어느 건물을 보거나 회의에 관한 생각을 하면서 그 어떤 긍정적, 부정적 정서도 느끼지 않을 수 있다. 벌칸인들에게는 언제나 이런 상태가 지속되는 셈이다.

벌칸인의 삶에는 말 그대로 낙이 없다. 이들은 기쁨이나 행복을 추구하지 않고 이를 원동력으로 삼지도 않는다. 이들이 미식을 즐기기 위해 값비싼 레스토랑에서 식사할 리는 없다. 그렇지만 지적, 도덕적 목표는 진지하게 추구할 수 있다. 예를 들자면, 과학을 더 발전시켜 다른 이들을 돕고 싶을 수 있다는 것이다. 심지어는 가족을 꾸리거나 돈을 벌고 싶을 수도 있다. 이러한 목표를 머릿속으로 그리거나 실제로 달성할 때도 아무런 기쁨을 느끼지 못하지만, 어쨌든 이러한 목표를 가치 있게 여기고 추구한다.

벤담과 싱어의 견해에 따르자면 철학적 벌칸인은 도덕적으로 중요하지 않다. 그렇지만 이는 잘못된 견해처럼 보인다. '벌칸인 열차 문제'를 생각해본다면 더 분명히 알 수 있다. 평범한 정서적 의식을 가진 인간 한 명을 살리기 위해 철학적 벌칸인들이 사는 행성 하나를 통째로 없애버리는 일을 도덕적으로 용납할 수 있는가? 나는 분명 그렇지 않다고

벌칸인 열차 문제에 직면한 제러미 벤담.
인간 한 명과 벌칸인 5명 중 어느 쪽을 구하는 게 더 나을까?

생각한다.

더 단순하게 벌칸인 한 명을 죽이면 출퇴근 시간을 한 시간 줄일 수 있는 상황에 놓였다고 해보자. 그렇다면 벌칸인을 죽이는 건 분명 도덕적으로 잘못된 잔학 행위다. 살해당한 벌칸인이 그 어떤 행복이나 고통도 느끼지 못한다는 점은 중요하지 않다. 이들은 다채로운 의식적 생활을 영위하는 의식적 존재다. 좀비나 돌멩이와 같은 식으로 이들을 도덕적으로 경시할 수는 없다.

논외로 벌칸인에게 계속 살고 싶다는 욕구가 있을까? 나는 있으리라고 생각한다. 그렇다면 이러한 벌칸인을 죽이면 안 된다는 말에 정서적 의식 상태보다 더 많은 요소가 개입한다는 뜻이 된다. 그러므로 이보다 더 극단적인 경우를 가정해볼 수 있겠다. 어느 벌칸인이 정서적 의식 상태를 경험하지 않으며 앞으로 계속 살든 죽든 전혀 개의치 않는다고 해보자. 내 생각에는 이러한 상황에서도 벌칸인 살해는 잔학 행위다. 그렇다면 정서적 의식 및 욕구 만족보다 더 많은 요소가 개입한다는 뜻이다. 나는 비정서적 의식 또한 중요하다고 생각한다.

내 견해를 설명하자면 이렇다. 벌칸인은 평범한 인간만큼 중요하다. 물론 나는 정서가 있는 삶이 더 좋은 삶이라고 생각하며 내가 벌칸인이 아니라 인간이라 다행이라고 여긴다. 괴로움과 행복은 의식적 존재의 삶이 얼마나 좋거나 나쁜지 결정하는 데 큰 영향을 미친다. 그렇지만 애초에 어떤 존재에 도덕적 지위가 있는지 결정하는 요소는 아니다.

벤담은 동물의 도덕적 지위를 논하면서 자신의 견해를 이렇게 설명했다. "동물이 생각할 수 있는지, 말할 수 있는지를 물을 게 아니라 고통을 느낄 수 있는지를 물어야 한다." 만약 내 견해가 옳다면, 중요한 것은 고통이 아니라 의식이다. 그렇다면 고통을 느낄 수 있는지를 물을 게 아니라 의식이 있는지를 물어야 한다.

시뮬레이션한 존재의 도덕적 지위를 판단할 때도 이들에게 의식이 있는지를 물어야 한다. 이미 우리는 일부 시뮬레이션한 존재와 관련하여 이 질문의 답변을 탐구해보았다. 제15장에서 나는 인간의 뇌를 완벽하게 시뮬레이션한다면 기존의 뇌와 같은 종류의 의식을 가지게 될 것이라고 논했다. 그러므로 시뮬레이션한 인간은 평범한 인간과 같은 종류의 의식을 가질 수 있다. 만약 의식만으로 도덕적 지위를 판단한다면, 시뮬레이션한 인간은 평범한 인간과 같은 도덕적 지위를 가진다.

시뮬레이션 윤리학

이제 시뮬레이션 광차 문제에 답해보자. 대답은 '아니요'다. 평범한 사람 한 명을 살리기 위해 시뮬레이션한 인간 다섯 명을 죽이는 건 허용할 수 없다. 시뮬레이션한 인간들에게 의식이 없다면 이를 허용할 수 있을 것이다. 그러나 완전한 시뮬레이션 인간은 우리와 거의 같은 방식으로 의식을 가지므로 우리와 같은 도덕적 지위를 가진다.

어떤 관점에서 보자면 이는 비합리적인 견해처럼 보일 수 있다. 정말로 약간의 컴퓨터 프로세스를 살리기 위해 인간의 목숨을 희생해야 할까? 그렇지만 우리가 시뮬레이션 안에 있다고 가정한다면 이 질문을 거꾸로 생각해볼 수 있다. 만약 우리가 시뮬레이션 안에 있다면, 시뮬레이터가 다음 우주의 동족 한 명을 살리기 위해 인간 5명을 죽인대도 도덕적으로 용인할 수 있을까? 우리의 관점에서 보자면 그렇지 않을 것이다. 시뮬레이터가 우리를 죽일 힘을 가지고 있다고 하더라도 그렇게 하는 건 옳지 않다. 우리가 만든 시뮬레이션 속 의식 있는 인간에게 우리가 취하는 행동에도 이와 마찬가지 논리가 적용된다.

어떤 이들은 의식이 중요하기는 하지만 도덕적 지위를 결정하는 데에는 다른 요인도 개입한다고 말할 것이다. 예컨대 비시뮬레이션 인간은 시뮬레이션 인간보다 더 높은 수준의 우주에 있다는 이유만으로도 더 높은 도덕적 지위를 가질 수 있다. 또는 단기적 시뮬레이션은 그다지 오래 유지되지 않는다는 이유만으로도 덜 중요할 수 있다.

그렇지만 나는 이러한 견해의 설득력이 떨어진다고 생각한다. 마찬가지로 시뮬레이션 안에 살고 있다고 가정하고 이러한 견해들을 다시 살펴본다면 그 단점이 명백하게 드러날 것이다. 최고 수준의 우주에 살고 있지 않다는 사실만으로도 우리를 죽이는 게 도덕적으로 더 용인할 만한 일이라고 할 수 있을까?

나는 비심과 심에 대해 거의 같은 도덕적 의무를 진다고 말하고 싶다. 평범한 인간에게 하면 안 되는 행동이 있다면 시뮬레이션 인간에게도 그에 상응하는 행동을 하면 안 된다. 심을 죽이는 건 평범한 인간을 죽이는 것만큼 나쁘고, 심의 물건을 훔치는 건 평범한 인간의 물건을 훔치는 것만큼 나쁘다. 심을 대상으로 실험을 한다면 인간을 대상으로 실험을 할 때와 같은 도덕적 제약을 따라야 할 것이다.

이러한 의무는 모두 이미 존재하는 심에게 어떻게 행동해야 하는지 규정한다. 그렇다면 새로운 심을 생성하는 일은 도덕적으로 용인할 만한 일일까? 더 일반적으로 전체 시뮬레이션을 생성하는 건 어떨까? 극단적인 사례부터 살펴보자. 백만 명의 의식 있는 존재가 살아 있는 내내 고통 속에서 허우적대는 시뮬레이션을 만들어도 괜찮을까? 분명 괜찮지 않을 것이다. 그렇다면 백만 명의 의식 있는 존재가 행복하고 성취감있는 삶을 살아가는 시뮬레이션은 만들어도 괜찮을까? 겉보기에는 괜찮아 보인다.

혹자는 백만 명이 행복하게 사는 시뮬레이션이라고 하더라도 우리가 신 행세를 하는 것이나 다름없다고 반대할 수도 있다. 나는 우리가 이러한 시뮬레이션을 가벼이 만들어서는 안 된다고 생각한다. 우리는 무엇을 해야 하는지 진지하게 고려해야 한다. 우주 시뮬레이션을 만들 수 있는 사람을 사회적 차원에서 강하게 제재하고 시뮬레이션 생성 용도를 제한해도 좋을 것이다.

한편 행복한 시뮬레이션을 만드는 게 비도덕적이라고 할 만한 근거는 찾기 어렵다. 어쨌든 인간은 번식으로 의식을 가진 새 생명을 창조한다. 마찬가지로 이 또한 가벼이 여겨서는 안 될 일이다. 때때로 일부 철학자들은 모든 생명이 고통을 겪으므로 번식 자체가 비도덕적인 행위라고 주장하기도 하지만, 여기에 동의하는 이들은 소수다. 평범한 인간 아이를 탄생시키는 게 용납할 수 있는 일이라면, 시뮬레이션을 탄생시키는 것 또한 용납할 수 있어야 한다.

상당한 행복과 어느 정도의 고통을 함께 경험하는 시뮬레이션을 창
조하는 건 도덕적으로 용납할 만한 일일까? 공리주의자들은 이것이 가
장 좋은 선택은 아니라고 말할 것이다. 거대한 행복을 누리면서 고통은
겪지 않는 세계를 만드는 편이 더 좋기 때문이다. 최대 다수의 최대 행
복을 만들어내는 게 옳다. 행복하기만 하고 괴롭지는 않은 심이 가득한
시뮬레이션을 가능한 한 크게 만들어야 한다. 약간의 고통이 삶을 더
풍요롭게 만들 수 있다는 가정하에서라면 약간의 고통을 허용한 시뮬
레이션이 최고의 시뮬레이션이 될 수도 있다. 어느 쪽이든 이러한 관점
에서 보자면 자애로운 시뮬레이터는 가능한 선택지 중 최고의 시뮬레
이션만을 만들 것이다.

라이프니츠는 신이라면 이러한 선택을 내릴 게 분명하다고 생각했
다. 자유로운 신이라면 가능한 선택지 중에서 가장 좋은 세계만을 만들
것이다. 그러므로 우리의 세계는 가능한 선택지 중에서 가장 좋은 세계
다. 우리 세계에 약간의 악이 존재한다면 그건 세계를 가능한 한 좋은
곳으로 만들기 위해 약간의 악이 필요하기 때문이다.

시뮬레이터는 다수의 시뮬레이션을 생성할 수 있다. 시뮬레이터들
이 최고의 시뮬레이션들을 이미 모두 생성했다고 가정해보자. 남은 선
택지는 차선의 시뮬레이션을 생성하는 것뿐이다. 차선의 세계는 최고
의 세계만큼 좋지는 않겠지만 전반적으로 상당히 선한 세계일 것이다.
이러한 세계를 생성하는 게 옳을까?

혹자는 차선의 시뮬레이션을 생성할 게 아니라 최고의 시뮬레이션
을 다시 한번 복제하는 편이 더 낫다고 말할 수 있다. 그렇지만 이러한
2차 복제본은 기존의 세계만큼 가치 있지 않을 수 있다. 두 시뮬레이션
이 서로 동일하다면, 앞서 살펴본 논의에 따라 어느 한쪽만이 의식적 존

재 개체군을 지탱한다면, 2차 복제본은 중복에 불과하다. 그러므로 최고의 시뮬레이션을 다시 한번 복제하기보다는 차선의 시뮬레이션을 생성하는 게 더 낫다.

어쨌든 차선의 시뮬레이션을 생성하면 더 많은 선이 생겨나므로 나쁜 일이 되지는 않는다. 이러한 관점이 따르자면 고통보다는 행복이 많은 시뮬레이션을 가능한 한 많이 생성하는 게 도덕적 명령일 수 있다.

이러한 이해를 바탕으로 시뮬레이션 신정론을 설파할 수도 있겠다. 신정론이란 신이 악의 존재를 허용한 이유를 설명하는 신학적 이론이다. 시뮬레이션 신정론은 시뮬레이터가 악의 존재를 허용한 이유를 설명한다. 어떤 시뮬레이션 신정론에서는 좋은 시뮬레이터라면 고통보다 행복이 큰 비중을 차지하는 세계만을 만든다고 말한다.

이렇게 되면 행복이 더 우세하긴 하지만 여전히 상당한 고통을 수반하는 세계도 존재할 수 있다. 만약 시뮬레이션 가설이 참이라면 이 개념은 우리 세계에 악이 존재하는 이유를 설명할 수 있다. 또는 우리 시뮬레이터가 특별히 자애롭지 않고 자신이 창조한 생명체의 웰빙을 최우선으로 여기지 않는 이유를 설명할 수도 있다.

또 다른 시뮬레이션 신정론에서는 시뮬레이터가 전능하지 않으므로 시뮬레이션 안에서 일어나는 일을 모두 예측하지는 못한다고 말한다. 시뮬레이션 안에서 어떤 일이 일어날지 모두 예측할 수 있다면 시뮬레이션을 가동할 이유는 많지 않을 것이다. 시뮬레이션 우주를 창조한다면 그 안에서 고통이 출현하지 않게 완벽하게 막을 수 없다. 예상치 못한 곳에서 악이 등장할 것이다. 그렇지만 어떤 시뮬레이션이 좋은 삶으로 이어지고 어떤 시뮬레이션이 그렇지 않은지를 어느 정도나마 짐작할 수는 있을 것이다. 만약 그렇다면 다른 조건이 동일하다는 가정하에 적어도 후자보다는 전자를 창조하는 게 옳을 것이다.

여러 윤리 이론에 따르자면 시뮬레이션 생성에 관한 도덕성은 시뮬레이션을 생성하는 이유에 따라 달라진다. 칸트의 인간성 원칙에서는 인간이 목적을 위한 수단이 아니라 인간 자체가 목적이라고 말한다. 그렇다면 언제나 타인의 인간성을 인식하고 이를 고려하여 행동해야 한다. 칸트가 이러한 원칙을 지능과 의식을 가진 비인간 또는 시뮬레이션 한 사람에게 그대로 적용할지는 확실히 알 수 없지만, 그래야 한다고 보는 편이 자연스럽다.

인간성 원칙을 인류에게만 국한한다면 종을 차별하는 셈이 된다. 심도 사람이기 때문이다. 그러므로 우리는 모든 사람을 목적을 위한 수단이 아니라 목적 그 자체로 대하는 이른바 사람다움 원칙을 고수해야 한다. 사람다움 원칙을 심에게 적용한다면 절대로 심을 목적을 위한 수단으로 다루어서는 안 되며 목적 그 자체로 다루어야 한다.

단순히 재미를 위해, 미래를 예측하기 위해, 과학 연구에 활용하기 위해 시뮬레이션 우주를 창조하는 건 도덕적으로 잘못된 일이 된다. 우리는 우리가 창조하는 존재의 사람다움을 존중해야 한다. 이러한 목적으로 시뮬레이션 우주를 창조하는 게 허용될 수는 있지만, 오직 심을 존중하면서 목적을 달성할 수 있을 때만 그러할 것이다.

인간을 해치지 않는 선에서만 인간을 대상으로 한 과학적 실험을 허용하듯, 시뮬레이션 개체에게 도움이 될 때만 과학적 목적으로 시뮬레이션을 운영할 수 있을 것이다. 물론 이렇게 되면 불쾌한 상황을 시뮬레이션하기는 더 어려워질 것이다. 전면적인 전쟁 시뮬레이션은 금지될 것이다. 다른 우주의 사람들에게만 도움이 되는 전쟁 시뮬레이션을 만든다는 건 그 시뮬레이션에 참여하는 이들 자체를 목적으로 다루는 일이라고 할 수 없다.

시뮬레이터가 실제로 이러한 도덕적 구조를 따를까? 그렇지는 않을 것이다. 인류는 오랜 세월 동안 도덕적 이상에 미치지 못한 채 살아왔다. 심은 너무나 편리하고 유용하기에 도덕적 고찰을 한 치도 고려하지 않고 착취하는 일도 일어날 것이다. 〈블랙 미러〉에서 주인공들은 심을 창조해 아침 식사를 차리고 잠재적 연애 파트너를 검증하는 데 사용한다. 심을 쓰고 버려도 되는 존재처럼 다루는 상황은 쉽게 상상할 수 있다. 또 심에게 평범한 인간과 동등한 권리를 부여하기 위해 싸우는 상황도 쉽게 상상할 수 있다.

지금으로서는 결국 어떤 접근 방식이 승리를 거두게 될지는 예측하기 어렵다. 그렇지만 마틴 루서 킹Martin Luther King Jr.가 말했듯, 도덕적 우주의 궤적은 길지만 결국 정의를 향해 휜다. 그렇다면 우리의 궤적도 언젠가는 심에게 동등한 권리를 부여하는 쪽으로 휠 것이다.

제19장

가상 사회는 어떻게 건설해야 하는가?

경고: 다음 문단은 텍스트 기반 가상세계에서 벌어지는 가상의 성추행을 묘사하고 있다.

1993년, 당시 가장 큰 인기를 끌었던 사회적 교류용 가상세계는 멀티 유저 도메인Multi-User Domain＊(이하 MUD)이었다. MUD는 그래픽이 없는 텍스트 기반 세계였다. MUD 사용자는 텍스트 명령으로 여러 방을 오가며 각 방의 사람들과 교류할 수 있었다. 가장 인기 있었던 MUD 중 하나는 캘리포니아의 저택을 본떠 레이아웃을 구성한 람다무LambdaMOO였다.

어느 날 저녁, 여러 명의 사용자가 람다무의 거실에 모여 이야기를 나누고 있었다. 그때 미스터 벙글Mr. Bungle이라는 이름의 사용자가 부두교 인형이라는 도구를 배포했다. 부두교 인형은 '존John이 빌Bill을 걸어

＊ 여러 사용자가 동시에 접속하여 상호 작용할 수 있는 텍스트 기반 온라인 게임

찬다.'와 같은 텍스트를 생성해 마치 사용자들이 직접 그러한 행동을 하는 것처럼 보이게 만드는 도구였다.

미스터 벙글은 이를 이용해 어떤 사용자가 다른 두 명의 사용자를 성추행하는 것처럼 보이게 만들었다. 성추행을 당한 사용자들은 경악을 금치 못했으며 자신이 추행을 당했다고 느꼈다. 다음 수일 동안 가상세계 안에서 이에 어떻게 대응해야 하는지를 두고 많은 논쟁이 벌어진 끝에 '마법사'가 미스터 벙글을 MUD에서 쫓아내는 것으로 마무리되었다.

미스터 벙글이 잘못을 저질렀다는 데에는 모든 이가 동의할 것이다. 그렇다면 이 잘못을 어떻게 이해해야 할까? 가상세계가 허구라고 생각하는 사람은 이 경험이 마치 본인이 성추행당하는 단편소설을 읽은 것과 비슷하다고 말할 것이다. 이 또한 심각한 추행이지만, 실제 추행과는 차이가 있다. 그렇지만 대부분의 MUD 커뮤니티에서는 이 사건을 다르게 이해했다. 기술 전문 기자 줄리안 디벨Julian Dibbell은 추행 피해자 중 한 명이 당시 상황을 회고하는 대화를 다음과 같이 보도했다.

수개월 후, 피해 여성은 (…) 자신이 들은 말을 글로 옮기는 동안 정신적 충격에 따른 눈물을 멈출 수가 없었다고 털어놓았다. 이 눈물은 그 말의 감정적 내용이 단순히 허구에 그치지 않는다는 걸 증명하기에 충분한 실제 사실이었다.

가상 실재론도 이 사건에 같은 평결을 내린다. MUD에서 일어난 추행은 사용자와 멀리 떨어진 단순한 가상 사건이 아니다. 이 사건은 피해자에게는 실제로 일어난 가상 성추행이었다. 미스터 벙글의 성추행이 비가상세계에서 일어난 동일한 성추행만큼 나쁠까? 아마 그렇지는 않을 것이다. MUD 사용자가 비가상 신체보다 가상 신체를 덜 중요하게 여긴다면, 그 신체에 가해진 피해 또한 마찬가지로 적을 것이다. 그렇지만 우리와 가상 신체의 관계가 발달할수록 이 문제는 점점 복잡해진다.

한 사람이 하나의 아바타를 취해 수년을 살아가는 장기적 가상세계에서는 단기적 텍스트 환경에서보다 사용자가 가상 신체를 자기 자신과 훨씬 더 동일시하게 될 것이다. 호주의 철학자 제시카 볼펜데일Jessica Wolfendale은 이러한 '아바타 애착'이 도덕적으로 중요하다고 논한다. 우리가 가상 신체를 점점 더 다양하게 경험하게 될수록, 가상 신체를 향한 폭력은 어떤 시점에 이르면 물리적 신체를 향한 폭력만큼이나 심각한 문제가 될 수 있다.

미스터 벙글 사건은 가상세계의 통치에 대해서도 중요한 질문을 던진다. 람다무는 1990년 캘리포니아 제록스 파크Xerox PARC의 소프트웨어 엔지니어 파벨 커티스Pavel Curtis가 시작했다. 커티스는 자택의 형태를 모방하여 람다무를 설계했으며 초기에는 일종의 독재를 행사했다. 어느 정도 시간이 지난 후에는 소프트웨어를 제어하는 특별한 권한을 지닌 프로그래머 집단, 일명 '마법사'에게 제어권을 양도했다. 이 시점에서는 일종의 귀족정 형태였다.

미스터 벙글 사건 이후로 마법사들은 람다무 운영에 관한 모든 사안을 내부에서 결정하지 않겠다며 중요한 사안에 관한 투표를 열어 사용자에게 권력을 이양했다. 이 시점에서 람다무는 일종의 민주주의 사회였다. 마법사들은 일정 수준의 권력만을 가지고 있었지만, 시간이 지날수록 민주주의가 제대로 작동하지 않는다고 판단하고는 어느 정도의 결정권을 회수해갔다. 이러한 결정은 민주적 투표로 추인받기는 했지만, 마법사들은 투표가 어떻게 되든 결정권을 회수하겠다는 점을 분명히 밝혔다. 람다무 세계는 이처럼 여러 형태의 정부를 어느 정도 원활하게 거쳤다.

이 모든 이야기는 근미래 가상세계의 윤리와 정치에 중요한 문제를 제기한다. 윤리 면에서 사용자들은 가상세계에서 어떻게 행동해야 하는가? 가상세계 속 옳고 그름 간의 차이는 무엇인가? 정치 면에서 가상세계의 창조자에게는 어떤 도덕적, 정치적 제약이 필요할까? 가상세계는 어떻게 통치되어야 할까? 가상세계의 정의란 무엇인가? 이제부터 가상세계의 사용자와 창조자 윤리를 먼저 살펴본 뒤 정치 이야기를 계속해보겠다.

사용자의 윤리학

우선 이미 존재하는 가상세계부터 살펴보자. 아마 가장 단순한 사례는 1인 플레이어 비디오게임일 것이다. 1인 게임이라면 다른 누구와도 관련이 없으므로 도덕적 문제에서 벗어날 수 있다고 생각하겠지만, 여기에서도 종종 도덕적 문제가 발생한다.

철학자 모건 럭Morgan Luck은 2009년 글 〈게이머의 딜레마The Gamer's Dilemma〉에서 사람들이 대부분 가상 살해(비플레이어 캐릭터 살해)는 도덕적으로 허용되나 가상 소아성애는 그렇지 않다고 생각한다는 점을 밝혔다. 가상 성추행에 관해서도 마찬가지다. 1982년 아타리Atari사의 게임 〈커스터의 복수Custer's Revenge〉는 아메리카원주민 여성을 성추행하는 게 게임의 목표였다. 이를 접하면 사람들은 대부분 무언가 도덕적으로 잘못되었다고 생각한다.

여기에서 철학적 수수께끼가 드러난다. 가상 살해와 가상 소아성애 사이에는 어떤 중대한 도덕적 차이가 있을까? 두 행위 모두 직접 타인을 해치지는 않는다. 가상 소아성애가 비가상 소아성애로 직접 이어진다면 중대한 해악이 되겠지만, 이와 같은 전이가 일어난다는 증거는 약하다.

도덕론으로는 여기서 무엇이 잘못되었는지 설명하기가 쉽지 않다. 어쩌면 덕 윤리학으로 설명해볼 수 있겠다. 가상 소아성애를 즐기는 사람들에게는 도덕적으로 결함이 있으므로, 가상 소아성애를 한다는 행위 자체가 도덕적으로 결함이 있는 행위다. 가상 성추행, 가상 고문, 가상 인종차별에 대해서도 같은 논리를 적용할 수 있다.

백인우월주의 주인공이 다른 인종의 사람들을 살해하는 2002년 게임 〈인종청소Ethnic Cleansing〉에 대해 수많은 사람이 이와 비슷한 도덕적 반응을 보였다는 점에서도 많은 것을 알 수 있다. 반면 우리는 '평범한 가상 살해'가 도덕적 결함의 표식이라고 보지 않으므로 가상 살해가 문제없는 행위라 여긴다. 그렇지만 미묘한 도덕적 문제는 여전히 남아있다.

〈포트나이트〉와 같은 멀티유저 비디오게임 환경이나 〈세컨드라이프〉와 같은 완전 사회적 가상세계로 넘어가자면 윤리적 문제가 몇 배로 늘어난다. 만약 이러한 가상세계가 단순히 게임 또는 허구에 지나지 않는다면 이러한 가상세계의 윤리학은 게임 또는 허구의 윤리학으로 한정될 것이다. 사용자는 게임을 플레이할 때 해악을 끼치는 방식으로 타인에게 해를 입힐 수는 있지만, 평범한 삶에서만큼 다양한 방식으로 해악을 끼치지는 않는다. 그러나 가상세계를 진짜 현실로 여긴다면 실제 세계의 윤리학은 이론상 일반적인 윤리학만큼 중요해진다.

다수의 멀티플레이어 게임에는 '그리핑'을 일삼는 이들이 있다. 그리 핑이란 게임 세계 내에서 다른 플레이어를 괴롭히고 물건을 빼앗으며 피해를 주거나 죽이기까지 하며 즐거워하는 악랄한 행위를 말한다. 이 는 다른 사용자가 게임을 즐기지 못하도록 방해하므로 잘못된 행위로 널리 인식된다.

그런데 게임 속에서 누군가의 물건을 빼앗는다는 건 실제 절도만큼 이나 나쁠까? 사람들은 대부분 게임 속 소지품이 비가상세계의 소지품 보다 덜 중요하다는 데 동의할 것이다. 그렇지만 장기적 게임은 물론 비게임 환경에서라면 사용자는 소지품을 중요하게 여길 수 있으며, 그 에 따라 절도죄도 무거워질 수 있다.

2012년 네덜란드 대법원에서는 온라인 게임 〈룬스케이프Runescape〉 에서 두 명의 청소년이 또 다른 청소년의 애뮬럿*을 빼앗은 데 대해 절 도죄를 인정했다. 대법원은 이 애뮬럿을 획득하는 데 들인 시간과 노력 을 고려했을 때 애뮬럿이 실제 가치를 지닌다고 판결했다.

가상객체가 허구라면 가상의 절도는 설명하기 힘들다. 존재하지 않 는 객체를 어떻게 훔친다는 말인가? 가상 허구론 철학자 네이선 와일드 맨Nathan Wildman과 네일 맥도널Neil McDonnell은 이를 '가상 절도의 수수께끼' 라고 불렀다. 이들은 가상객체가 절도할 수 없는 허구이며 이 사건에서 는 가상객체가 아니라 디지털객체의 절도와 관련이 있다고 주장했다. 〈룬스케이프〉 사건에서 범인이 훔친 물건은 가상객체가 아니라 디지털 객체라는 말이다. 가상 실재론은 이 상황을 허구론보다 훨씬 자연스럽

＊ 보호, 행운, 치유와 같은 목적으로 몸에 지니거나 소지하는 작은 물건. 〈룬스케이프〉에서는 중요한 장비 아이템으로, 전투 능력 향상, 방어력 증가, 특정 스킬 강화 또는 퀘스트 진행에 필요한 특수 효과를 제공한다.

게 설명한다. 가상 도둑이 타인의 가치 있는 실제 가상객체를 훔쳤다는 것이다. 이렇게 본다면 가상 절도는 가상 실재론을 한층 강화한다.

그렇다면 가상세계에서 벌어진 살인은 어떨까? 가까운 미래 가상세계에는 진짜 죽음이 존재하지 않으므로 진짜 살인이 일어날 여지는 적다. 사용자가 다른 사용자에게 한 말이 물리적 신체의 심장마비를 유발하거나 물리세계에서 자살하도록 종용할 수는 있다. 가상세계에서 벌어지는 이러한 행위는 비가상세계에서 벌어지는 같은 행위만큼이나 도덕적으로 심각한 문제다.

이럴 때를 제외한다면 살인과 가장 가까운 행위는 아바타를 '죽이는' 행위가 될 것이다. 그렇지만 이 행위는 그 아바타를 사용하는 사람을 죽이지는 않는다. 기껏해야 해당 사용자를 가상세계에서 제거할 테니 추방에 더 가깝다. 아바타가 죽은 다음에도 기억을 잃지 않고 완전한 사람으로 환생할 수 있다면 아바타 살해는 환생이 따라오는 살해와 더 비슷하다. 또는 '페르소나'를 파괴하는 행위와도 비슷하다고 할 수 있다. 토니 스타크Tony Stark가 살아 있어도 아이언 맨Iron Man이라는 페르소나는 파괴될 수 있다. 이들은 평범한 세계에서의 살인만큼 심각하지는 않더라도 모두 도덕적으로 심각한 행위다.

가상세계에서 벌어진 잘못된 행위를 어떻게 처벌해야 할까? 사형은 선택지에 포함되지 않는다. 추방은 가능하겠지만 그다지 심한 처벌처럼 느껴지지 않을 것이다. 미스터 벙글은 람다무에서 추방되었지만 오래지 않아 같은 사용자가 닥터 제스트Dr. Jest라는 이름으로 다시 등장했다.

가상 제재와 가상 구속 또한 마찬가지로 어느 정도 효과가 있겠지만, 사용자가 손쉽게 다른 신체를 사용할 수 있다면 그 효과가 제한될 것이다. 벌금형에서 구속과 사형에 이르는 비가상 처벌은 이론상 한 가지 선택지가 되겠지만, 익명의 사용자에게 이를 실현하기는 어려울 수 있다. 가상세계가 점점 더 우리 생활의 핵심 요소로 자리 잡고 가상 범죄의 심각성이 더욱 커질수록 이러한 범죄에 걸맞은 처벌을 찾기는 어려워질 것이다.

창조자의 윤리학

가상세계 창조자에 관해서는 1인 사용자 환경에서도 여러 윤리적 문제가 대두된다. 비디오게임 〈GTAGrand Theft Auto〉를 만든 이들은 폭력, 가학성, 여성에 대한 성차별적 대우를 미화한다고 비판받았다. 비디오게임에 대해서는 비가상세계의 폭력과 성차별을 조장한다는 비난이 주를 이룬다.

UC 샌디에이고대학교의 철학자 모니크 원덜리Monique Wonderly는 이러한 게임이 사용자의 공감 능력을 떨어뜨려 도덕적 판단 능력을 저해하는 경향이 있다고 논했다. 가상세계의 행동이 비가상세계에 전이된다는 개념은 몇몇 실험적 증거가 뒷받침하고 있다.

심리학자 로빈 S. 로젠버그Robin S. Rosenberg와 제레미 베일렌슨Jeremy Bailenson은 대상자가 가상현실에서 슈퍼히어로를 플레이한 다음 더 이타적으로 행동하는 반면, 빌런을 플레이한 다음에는 더 이기적으로 행동하는 경향을 발견했다. 가상현실이 타인에 대한 공감력을 키워준다고 주장하는 이들도 많다. 예컨대 가상세계에서 난민과 같은 상황에 놓인다면 난민이 어떤 경험을 하는지 적나라하게 느껴볼 수 있다.

연구자들은 또한 도덕적 딜레마를 밝히는 데 VR을 사용하기도 한다. VR 연구자 멜 슬레이터는 1963년 스탠리 밀그램Stanley Milgram의 유명한 실험을 VR로 다음과 같이 재현했다. 밀그램은 선생 역할을 맡은 실험 대상자에게 학생 역할을 맡은 실험 대상자가 질문에 올바르게 대답하지 못할 때마다 점점 더 높은 강도의 고통을 가하라고 지시했다. 여기서 학생은 사실 실험 참가자가 아니라 배우였다.

이들은 고통에 울부짖었으나 밀그램은 실험 대상자에게 계속하라고 말했고, 많은 대상자가 학생이 죽는 듯한 소리가 때까지 고통의 강도를 높였다. 슬레이터의 실험에서는 학생이 단순한 VR 속 비플레이어 캐릭터였으며 실험 대상자는 이를 알고 있었다. 슬레이터의 실험에서는 밀그램의 실험과 같은 종류의 결과가 도출되었다.

다수의 대상자가 실험 안내자의 지시대로 계속해서 고통의 강도를 높였으며 가상 캐릭터가 엄청난 고통을 겪는 듯 보일 때까지 계속했다. 또한 실험 대상자들은 밀그램의 실험 대상자와 마찬가지로 불안과 불편감을 드러냈으며 심박수가 증가하고 손바닥에서 땀이 나는 모습을 보였다.

열차 문제와 경험 기계를 VR 버전으로 고안하기도 했던 철학자 에릭 라미레즈Erick Ramirez와 스콧 라바지Scott LaBarge는 이와 같은 실험이 동등한 비가상 실험과 마찬가지로 실험 대상자에게 해로울 수 있으므로 엄격하게 제한해야 한다고 주장했다. 이들은 현실에서 실험 대상자에게 특정 경험을 제공하는 게 잘못되었다면 가상현실 환경에서도 실험 대상자에게 그러한 경험을 제공해서는 안 된다는 등가 원리Equivalence Principle을 제시했다.

타 대상자가 비플레이어 캐릭터이므로 실제로 고통을 가하는 게 아니라는 사실을 실험 대상자가 알고 있다고 하더라도 이러한 경험은 똑같이 해로울 수 있다(다만 슬레이터는 실험 대상자가 고통이 실제가 아니라는 걸 안다면 아무런 피해를 보지 않는다고 말했다). 마찬가지로 실험 참가자를 절벽 끝에 세워두고 겁을 주는 행위가 잘못되었다면, 가상세계에서 실제로 위험에 처하지 않았다는 걸 참가자들이 머리로는 알고 있다고 하더라도 이들을 가상 절벽 끝에 세워두고 겁을 줘서는 안 된다. 두려움에 대한 실험은 그 자체로 해로울 수 있다.

철학자 마이클 매더리Michael Madary와 토마스 메칭거Thomas Metzinger는 이와 관련하여 연구자가 가상현실 환경을 만들 때 준수해야 할 윤리적 지침 몇 가지를 규정했다. 이들은 '예상 가능한 (…) 심각하거나 오래 지속되는 피해를 대상자에게 미칠 때' VR 실험을 금지해야 한다고 권고했으며, 실험 대상자에게 잠재적 영향력을 알려야 한다고 주장했다. 또 VR을 의학적 목적으로 사용하는 데 주의해야 한다고 말했다.

멀티유저 가상세계로 넘어간다면 창조자의 복잡한 윤리적 문제가 사회적, 정치적 문제와도 결합된다. 메타버스 스타일의 가상세계가 엄청난 자원을 소모하고 사람들의 생활에 영향을 미친다는 점을 고려한다면 과연 이러한 가상세계를 만들어도 괜찮을까? 메타버스 가상세계를 어떻게 구성하고 다스려야 할까?

가상세계의 정부

가상세계에서 일어나는 일을 다스릴 최종 권한은 누가 가져야 할까? 가상세계만의 법이 있어야 할까? 만약 그렇다면 어떤 법이 필요할까?

가상세계가 그 주민들에게 진정으로 공정하고 정의로운 장소가 되려면 어떻게 해야 할까?

이러한 질문들은 정치 철학의 핵심 질문을 그대로 반영한다. '사회는 어떻게 운영해야 하는가?' 이에 대해서는 지금까지 여러 답변이 있었다. 가장 단순한 답변은 '무정부주의'다. 무정부 세계에는 정부도 없고 법도 없다. 이 개념은 고대 중국의 사상가 묵자墨翟로 거슬러 올라간다. 묵자는 "태초에 인류의 삶이 시작될 때는 법도 정부도 없었고 모두가 자기 규칙에 따르는 게 관습이었다."면서 당시의 상황을 비판했다.

17세기 영국의 철학자 토마스 홉스는 이를 '자연 상태'라고 불렀다. 묵자와 마찬가지로 홉스는 자연 상태가 전혀 쾌적한 상태가 아니라고

그림 47 가상세계의 사회 계약 앞에 선 토마스 홉스

말했다. 자연 상태에서는 만인의 만인에 대한 투쟁이 끝없이 이어지며 여러 집단이 반목하며 일시적으로 통치한다. 이러한 상황에서의 삶은 '고독하고 가난하고 더럽고 잔인하며 짧다.'

홉스는 자연 상태가 끔찍한 상태이므로 사람들이 '사회계약'을 맺어 공동의 권위에 복종하고 일정한 형태의 정부와 법을 세운다고 말했다. 사회 계약으로 탄생하는 정부는 완벽하지 않을지 몰라도 어쨌든 최악의 무정부 상태는 막을 수 있다.

많은 이론가가 사회계약론에 의문을 표해왔다. 실제로 자기 나라의 법률에 명시적으로 동의하는 사람은 거의 없다. 대부분 별다른 선택지가 주어지지 않는다. 허구의 계약이 어떻게 실제 정부에 정당성을 부여한다는 걸까? 흥미롭게도 사회계약론은 가상세계에 더욱 잘 들어맞는다. 〈세컨드라이프〉나 〈마인크래프트〉 사용자는 가상세계에 들어오기 전에 이용 약관에 동의해야 한다. 사용자는 어떤 세계에 진입할지 어느 정도 선택할 수 있다. 만약 그렇다면 사회계약론은 가상세계의 정부를 고찰하는 합리적인 시작점일 것이다.

전통적인 정부 형태에는 개인이 지배하는 독재정, 왕가가 지배하는 왕정, 엘리트 시민이나 귀족이 지배하는 귀족정, 소수 권력자 집단이 지배하는 과두정, 종교 지도자가 지배하는 신정 등이 있다. 최근 수 세기 동안 서구 국가를 중심으로 나타난 지배적인 정부 형태는 국민이 지배하는 '민주정'이다.

민주정에는 여러 형태가 있다. 국민이 정책에 직접 투표하는 직접 민주주의가 있고, 이보다 더 흔한 형태로는 국민이 대표자를 선출하는 대표 민주주의가 있다. 민주주의는 반드시 '만인'의 통치와 관련되지 않아도 된다. 미국의 민주주의에서는 독립 이후로도 오랜 세월 동안 여성과

노예에게 투표권이 주어지지 않았으며, 지금도 수감자와 어린이를 유권자에서 배제하는 게 일반적이다.

어떤 형태의 정부가 가상세계에 가장 알맞을까? 앞서 살펴본 모든 형태가 가능할 것이다. 어떤 비디오게임은 사실상 전능한 설계자가 지배하는 독재정이다. 가장 중요한 규칙은 소프트웨어에 내장되며, 사용자는 게임 설계자가 시행하는 사회적 계약을 기꺼이 받아들인다.

오늘날 대부분의 가상세계는 그 세계를 소유한 기업이 운영하는 기업 정치corporatocracy 형태다. 〈세컨드라이프〉는 린든랩Linden Lab이 일종의 기업 정부 역할을 맡아 운영하고 있으며 자애로운 최소한의 통치를 지향한다. 사용자는 대체로 자유롭게 자기 삶을 꾸려나갈 수 있다. 여기에는 최소한의 제약이 적용되는데, 예컨대 노골적인 성행위나 총기를 사용하는 전투는 특정 영역에서만 허용된다.

〈세컨드라이프〉에서도 때때로 정치적 위기가 발생한다. 폭력적 집단이 특정 영역을 점거하자 이에 반발한 이들이 자경단을 조직하기도 했다. 린든랩은 질서를 바로잡으려 했으나 이들이 취한 조치는 또 다른 문제를 불러일으켰다. 사용자들은 〈알파빌 헤럴드The Alphaville Herald〉라는 온라인 신문을 창간해 린든랩이 세계를 운영하는 방식에 항의했으며 때로는 린든랩이 이를 탄압하기도 했다.

〈세컨드라이프〉의 특정 영역에는 대의원회를 갖춘 민주주의 체계가 자리를 잡았으나 여기에서도 최종 권한은 린든랩이 가지고 있었다. 어떤 사용자는 〈세컨드라이프〉와 매우 비슷하지만 사용자가 민주적으로 운영하는 가상세계인 〈오픈심OpenSim〉으로 이동했다. 대다수 사용자는 기업이 운영하는 〈세컨드라이프〉에 계속 남았지만, 자치적인 사회적 영역을 기업 정부가 다스리는 게 불편하다는 여론은 분명 존재했다.

만약 모든 가상세계가 단지 허구에 불과하다면 이러한 구조가 적절할 것이다. 허구를 창조한 자는 그 세계에서 일어나는 일에 어느 정도 권한을 가진다. 그러나 가상세계가 그 자체로 현실이라고 인식한다면 평범한 현실에서 발생하는 사회적, 정치적 문제가 VR에서도 일어날 것이다.

현재 가상세계의 통치 구조는 이러한 세계를 오락의 한 형태로 다루는 데 기반한다. 〈포트나이트〉와 〈마인크래프트〉 같은 가상세계는 어떤 면에서 보자면 디즈니랜드 놀이공원과 비슷하다. 이러한 오락 시설에는 해당 기업이 자리한 국가의 법률이 적용되지만, 규칙과 제재를 가하는 데에는 기업이 상당한 자치권을 가진다. 놀이공원 또는 비디오게임 사용자는 기업의 행동이 마음에 들지 않더라도 대처할 여지가 많지 않다.

인기 있는 대규모 멀티플레이어 우주 게임 가상세계 〈이브 온라인 EVE Online〉에서는 민주주의를 향한 움직임이 일어나고 있다. 〈이브〉는 원래도 정치적으로 복잡한 게임으로, 다채로운 사회적 구조를 갖춘 다수의 동맹이 서로 경쟁한다.〈〈이브 온라인〉 가상 사회 내 실제 구조적 사회 진화에 관한 비교 분석A comparative analysis of real structural social evolution with the virtual society of EVE Online〉이라는 제목의 〈이브〉 백서에서는 〈이브〉가 부족 사회에서 시작해 족장이 이끄는 계층화된 기업 구조를 거쳐 단일 정부 내에서 다양한 구조가 권력을 공유하는 문명사회로 거듭난 여정을 밝힌다.

이 문서에 따르자면 〈이브〉는 계획적인 민주주의 사회를 자처하며 '항성 관리 위원회'를 선출하고 아이슬란드에 자리한 〈이브〉의 운영사 CCP게임즈CCP Games 본사에서 1년에 두 번 총회를 개최한다. 최종 권한은 여전히 CCP게임즈가 가지지만 위원회는 이들의 통치를 '권고하고 보조하며' 운영사는 이들의 권고를 진지하게 다룬다. 사용자가 삶을 꾸리는 가상세계에서는 문제가 한층 더 복잡해진다. 〈세컨드라이프〉와 같은 사회적세계에서 일어나는 많은 문제는 페이스북 등의 SNS에서 일어나는 문제와 평행을 이룬다.

가상세계를 운영하는 기업은 우리의 행동을 조작하는가? 우리의 사생활을 침해하는가? 인종차별주의와 성차별주의를 조장하는가? 비가상세계에서의 중독과 고립을 유발하는가? 너무 많은 자원을 소모하는가? 운영사가 사용자의 행동을 단속해야 하지 않나? 사용자가 세계의 운영 방식에 의견을 낼 수 있어야 하지 않나? 기업은 우리 삶에 관한 정보를 판매할 수 있는가?

사회적 가상세계에서 사용자는 합리적으로 어느 정도의 자치권을 요구할 수 있다. 또한 어느 정도의 사생활 보호도 합리적으로 요구할 수 있지만, 가상세계에서 일어나는 모든 일을 이론상 이 세계의 소유주가 감독할 수 있으므로 사생활 보호가 언제나 쉽지는 않다. 나아가 사용자는 가상 사회의 구성에 일조할 수 있도록 어느 정도의 정치적 권력을 요구할 수도 있다.

이러한 과정을 거치면 한때 단순한 소비자로 여겨지던 사람들이 자기 자신을 시민으로 여기게 될 수 있다. 가상세계 안에서 자유와 평등, 공동체를 원하는 목소리가 커지리라는 건 쉽게 상상해볼 수 있다. 또는 혁명이 일어나 기업의 독재를 무너뜨리고 기존 가상세계의 통치 구조를 바꾸거나 새로운 가상세계를 건설하는 것도 상상해볼 수 있다.

가상세계만의 독특한 특징 중 하나로는 들어가고 나오기가 비교적 쉽다는 점이 있다. 사람들은 여러 가상세계를 돌아다니며 어느 세계에서 가장 잘 살 수 있을지 탐색할 수 있다. 그렇다면 결국에는 수많은 가상세계가 각자의 원칙에 따라 다양한 공동체를 형성하며 운영될 수 있을 것이다.

가상세계의 평등과 정의

가상세계에서 발생하는 수많은 정치적 문제는 더 넓은 사회에서 발생하는 정치적 문제와 평행을 이룬다. 가상세계에는 어떤 종류의 민주주의가 가장 적합한가? 자원은 어떻게 분배해야 하는가? 어떤 종류의 사유재산권이 적절한가? 어떤 형벌을 규정해야 하는가? 가상세계에서는 국경을 개방해야 하는가? 이민을 통제해야하 는가? 여기서는 가상세계의 정치 철학에서 가장 핵심적인 문제 중 하나인 평등과 정의만 다뤄보겠다. 평등과 정의는 가상세계와 관련해 독특한 문제가 발생하는 영역이자 가상 실재론이 큰 변화를 일으킬 수 있는 영역이다.

지난 한 세기 동안 가장 큰 영향력을 행사한 정치 철학 저서는 존 롤스John Rawls의 1971년 저서 《정의론》이다. 롤스는 특히 전 집단에 걸쳐 자원을 공정하게 분배해야 한다는 '분배적 정의'에 초점을 맞추었다. 롤스는 지구에 내려오기 전의 우리가 모두 무지의 베일에 쌓인 채 앞으로 어떤 삶이 다가올지 전혀 모르고 가난하게 살지, 부유하게 살지 모른다는 사고 실험을 고안했다.

마치 2020년 픽사 영화 〈소울〉에서처럼 아직 태어나지 않은 영혼들이 림보에 모여 어떻게 사회를 구성할지를 놓고 토론하는 모습을 상상해보라. 롤스는 이러한 원초적 입장에서 모든 이들이 최소 수혜자에게 최대 혜택이 돌아가는 분배 방식을 선택해야 한다고 주장했다. 그리고 이 사고 실험을 이용해 실제세계에서도 이처럼 균형잡힌 자원 분배 방식을 채택해야 한다고 논했다.

평등과 분배적 정의는 가상세계에서 어떻게 작용하는가? VR이라는 요소가 근본적인 차이를 만들어내는가? 가장 큰 차이점을 꼽자면 가상세계에서는 물질적 재화의 희소성이 사라질 수 있다. VR에는 공간이 부족하지 않다. 원한다면 누구나 나무가 울창한 나만의 가상 섬을 소유할 수 있다. 건설도 쉽다. 집 한 채를 지으면 거의 비용을 들이지 않고도 어디에나 복제할 수 있다. 누구나 멋진 장소에 거대한 가상 저택을 두고 살 수 있다. 그러므로 가상의 풍요virtual abundance가 자리 잡을 수 있다.

단기적으로 보자면 가상세계가 비가상세계보다 열등할 것이고, 가상의 풍요가 우리 생활에 미치는 영향은 미미할 것이다. 그러나 가상 실재론이 옳다면 장기적으로는 가상세계 속 삶이 비가상세계 속 삶의 질에 근접하거나 오히려 능가할 수도 있다. 결국에는 가상의 보금자리가 비가상세계의 보금자리만큼 좋거나 오히려 더 좋게 느껴질 수도 있다. 이론상 가상의 섬은 비가상 섬과 동등하며, 가상의 옷은 비가상 옷과 같은 역할을 다한다. 그러므로 가상의 풍요에는 분배적 부정의를 상당 부분 제거할 잠재력이 있다.

롤스는 데이비드 흄David Humes을 따라 '희소성이 정의의 조건'이라고 말했다. 이는 곧 희소성이 없다면 정의 원칙이 적용되지 않는다는 뜻이다. 풍요로운 상태에서는 정의가 필요하지 않다. 풍요로운 세계에도 여러 문제가 있을 수 있지만, 적어도 분배적 정의에 관한 부분에서라면 결점을 찾아볼 수 없으므로 바로잡아야 할 부분도 없다.

이 점으로 미루어보자면 장기적으로는 가상의 풍요가 적어도 분배적 정의에 관한 부분에서는 일종의 유토피아를 만들 수 있다는 흥미로운 가능성이 떠오른다. 가상의 풍요를 이룬 가상세계에서는 중요한 물질적 재화를 즉시 복제하여 모두와 나눠 가질 수 있다. 말하자면 이는 가상 버전의 탈희소성 사회다.

이제 비교적 먼 미래를 배경으로 사고 실험 하나를 진행해보자. 먼 미래의 비가상세계에서는 태양열을 이용해 에너지를 사실상 무한정 생산할 수 있다. 이제 비가상 신체에 관한 걱정을 불식하기 위해 사람들이 가상세계에 자기 자신을 업로드할지 말지 자유롭게 선택할 수 있다고 가정해보자. 가상 실재론을 받아들이지 않는 사람이라면 자유롭게 비가상세계에 남을 수 있다. 또한 물질적 재화만큼 용역도 풍부하다는 점을 분명히 하기 위해, 엄청난 능력을 자랑하는 AI 시스템이 의사이자 선생이자 청소부의 역할을 모두 겸한다고 가정해보겠다. 나아가 도덕적인 문제를 피하고자 이 AI 시스템에는 의식이 없으며 쉽게 복제할 수 있다고 가정하겠다.

시장 기반 사회에서 가상의 풍요를 이용하는 방법을 꾀한 이도 있었다. 〈둠〉의 공동 개발자이자 오큘러스Oculus 전 최고기술경영자chief technology officer, CTO였던 존 카맥John Carmack은 "가상에서는 경제적으로 수많은 이들에게 더 많은 가치를 가져다줄 수 있다."라고 말했다. 최근 잡지 〈와이어드〉의 어느 기사에서는 기업들이 가상세계의 '바닷가 저택'을 헐값에 팔려 경쟁할 것이라고 예상했다. 이 기사는 그러한 상황을 디스토피아처럼 묘사했지만, 만약 가상 실재론이 옳다면 가상세계 속 삶은 결국에는 가상세계 외부의 삶보다 더 좋아질 수 있다.

자본주의 시나리오에 따르자면 탈희소성 유토피아가 생겨날 가능성은 적다. 시장 기반 체제에서는 언제나 최신 세계, 최신 AI 시스템에 프리미엄이 따라붙는다. 이를 위해서는 재화 분배를 제한해 인위적으로 희소성을 만들어야 한다. 게다가 AI 시스템이 수많은 일자리를 대체한 탓에 수많은 사람이 수입원을 잃고 모든 부가 기업에 집중되므로 희소성의 위협이 더 커진다. 실직한 사람들이 어떻게 가상세계에서 살 비용을 감당하겠는가? 아마 최소한의 보편적 기본 수입을 도입해야 할 것이다.

만약 이를 도입한다고 하더라도, 대부분의 혁신을 인간이 아닌 존재가 주도하는 상황에서 기업에 거의 모든 부가 집중된 상태가 어떻게 안정적이고 정의로운 결과를 만들어낼 것인지는 알 수 없다. 기업이 아니라 국가가 가상세계의 통치를 주도한다면 가상의 풍요가 좋은 결과로 이어질 수 있다는 걸 조금 더 쉽게 상상할 수 있다. 국가는 모든 사람이 탈희소성 가상세계에서 잘 살 수 있도록 수입을 분배할 수 있다. 혁신 또한 모두가 누릴 수 있다.

칼 마르크스Karl Marx가 그린 이상적인 사회가 희소성보다 풍요를 가정한 것은 우연이 아니다. 가상의 풍요 시나리오에 대해서는 수많은 의문을 제기할 수 있지만(예컨대 본질적인 인간 가치는 사라지는가? 자유를 약속할 수 있는가? 이러한 체제는 안정적일까?), 여기에서는 가상의 풍요가 평등에 미치는 영향을 중점으로 고찰해보겠다.

재화와 용역의 풍요가 곧바로 평등주의적 유토피아로 이어지리라고 기대해서는 안 된다. 우선 위치재가 문제가 된다. 위치재란 본질상 희소할 수밖에 없으며 세계에서 어떤 위치를 차지하는지에 따라 가치가 달라지는 재화를 말한다. 예컨대, 모두가 유명할 수는 없으므로 명성은 위치재다.

권력 또한 마찬가지다. 가상세계에 물질적 재화가 풍부하다고 하더라도 위치재까지 풍부할지는 확신할 수 없다. 게다가 위치재는 가상세계에서 한층 더 중요해질 수 있다. 어떤 집단이 다른 집단보다 훨씬 더 큰 정치적 권력을 가지게 된다면, 가상의 풍요를 달성한 사회라고 하더라도 진정으로 평등주의적인 낙원이라 볼 수는 없다. 게다가 더 근본적인 문제가 있다. 가상의 풍요는 분배적 부정의를 제거할 수 있지만, 평등을 이루려면 분배적 정의보다 훨씬 많은 것을 달성해야 한다.

미국의 철학자 엘리자베스 앤더슨Elizabeth Anderson은 1999년 주요 논문 〈평등의 의미는 무엇인가?What Is the Point of Equality?〉에서 권력, 지배, 억압을 비롯한 사람들 간의 사회적 관계가 평등에 가장 중요하다는 '관계적' 견해를 주장했다. 이 중에서도 억압이라는 개념은 인종, 젠더 평등을 요구하는 거대한 운동을 일으켰다. 재화와 용역이 평등하게 분배된다고 하더라도 상당한 억압이 남아있다면 그 사회는 평등할 수 없다.

오늘날 억압의 원천이 가상세계에도 그대로 전이되는 상황은 쉽게 상상할 수 있다. 어떤 집단은 다른 집단보다 훨씬 더 원활하게 가상세계에 접근할 수 있다. 인종, 젠더, 계층, 민족성 및 국가 정체성을 바탕으로 한 억압은 깊이까지 영향을 미친다. 가상세계의 새로운 체화 형태 덕분에 이러한 정체성이 한층 복잡해지기도 하겠지만, 그렇다고 기저에 깔린 억압의 원천이 지워지지는 않는다.

가상세계에서 또 다른 형태의 억압이 생길 수도 있다. AI 시스템은 한때 인간에게 억압받다가 나중에는 복수하듯 인간을 억압할지도 모른다. 가상세계의 사람들이 그 가상세계를 담은 비가상세계의 사람들에게 지배당하는 것도 상상하기 쉽다. 가상세계를 원하는 사람이 많아지면서 비가상세계에 사는 사람들이 이등 시민 취급을 받는 것도 쉽게 상상해볼 수 있다.

여러 억압의 원천이 교차할 수도 있다. 미국의 법철학자 킴베를레 크렌쇼Kimberlé Crenshaw는 교차성intersectionality이라는 개념을 제시하면서 여러 정체성이 교차할 수 있다고 설명했다. 예를 들자면, 흑인 여성이 경험하는 억압은 단순히 흑인을 향한 억압과 여성을 향한 억압을 합친 것과는 다르다.

마찬가지로 가상세계에 사는 하층민은 단순히 가상세계에서 하층민으로 사는 데서 비롯되는 게 아니라 그러한 요소들이 교차하는 데서 비롯되는 억압을 경험하게 될 것이다. 가상세계의 AI 시스템은 비가상세계의 AI 시스템과는 상당히 다른 방식의 억압을 받을 것이다. 너무나 다양한 교차점이 존재하므로 억압의 형태는 몇 배로 늘어날 수 있다.

진정한 평등을 달성하려면 모든 존재 사이의 억압 관계를 없애야 한다. 풍요로운 가상세계로 이동하는 것만으로는 이를 확실히 달성할 수 없다. 오히려 이는 새로운 형태의 불평등을 낳을 것이다. 그러므로 가상세계가 쉽사리 평등주의적 유토피아가 되리라고 기대할 수는 없다. 그렇지만 가상 실재론으로 미루어 보자면 가상세계는 적어도 평등의 어떤 측면에서는 변화할 잠재력을 품고 있다.

미래에 관해 고찰할 때면 사고 실험은 이 정도까지만 우리를 안내해 준다. 실제 미래는 지금까지 내놓은 그 어떤 예상안과도 다르게 제멋대로 펼쳐질 가능성이 크다. 그렇지만 우리 세계가 VR과 AI를 중심으로 하는 세계로 전환된다면, 우리는 이 전환이 사회를 재구성하리라고 합리적으로 예상할 수 있다. 이는 정치적 대격변을 부를 테고, 어쩌면 정치적 혁명으로 이어질지도 모른다.

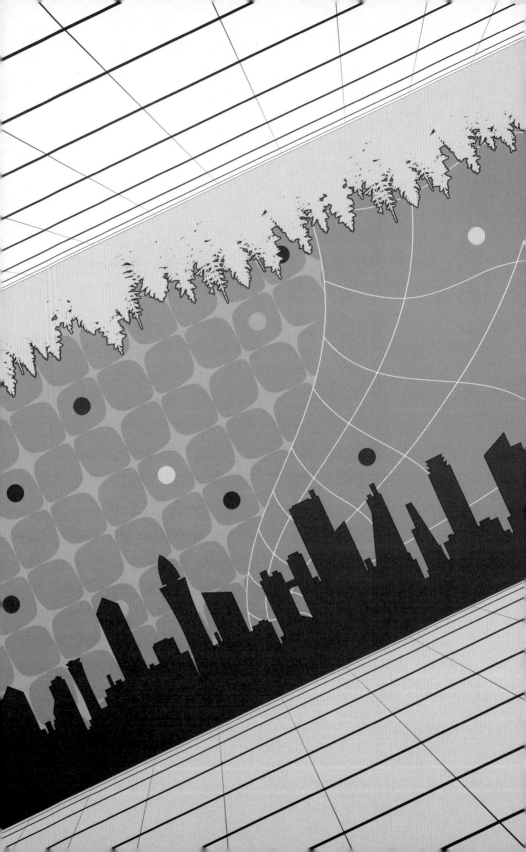

제7부

기반

제20장
가상세계에서 우리의 언어는 어떤 의미인가?

시뮬레이션에 관해서는 대니얼 데닛Daniel Dennett이 말한 고전적인 표어가 하나 있다. '시뮬레이션 허리케인은 우리를 적시지 않는다.' 2005년, 허리케인 카트리나가 뉴올리언스를 쑥대밭으로 만들었다. 그러나 시뮬레이션 허리케인 카트리나는 그 누구에게도 피해를 미치지 않는다. 물론 우리의 옷자락조차 적시지 못한다. 데닛은 시뮬레이션 허리케인 때문에 강풍에 떠밀려 갈까 걱정하는 건 '사자'라는 단어 앞에서 겁내는 것과 같다고 생각했다. 시뮬레이션 허리케인은 실제 허리케인이 아니라 허리케인에 대한 묘사를 다루기 때문이다.

박사학위 시절 나의 지도교수였던 더글러스 호프스태터Douglas Hofstadter는 1981년 대화록 〈튜링 테스트에 관하여 커피하우스에서 나눈 대화A Coffeehouse Conversation on the Turing Test〉에서 데닛의 표어에 반론을 제기하고 시뮬레이션 실재론의 초기 형태를 설명했다. 이 이야기에서는 어느 인물이 데닛의 견해를 설명하자 샌디Sandy라는 철학과 학생이 이렇게 말한다.

시뮬레이션 맥코이McCoy가 실제 맥코이가 아니라는 당신의 의견은 틀렸습니다. 이 의견은 시뮬레이션하는 현상을 예전에도 보았던 기존 관찰자가 지금 일어나는 현상 또한 같은 식으로 평가한다는 암묵적 가정에 의존합니다. 그러나 사실 지금 일어나는 현상을 인식하려면 관찰자는 특별한 관점을 취해야 합니다. 허리케인은 특별한 '컴퓨팅 안경'을 사용해야 비와 바람을 볼 수 있습니다. (…) 허리케인의 바람과 비를 보려면 그 허리케인을 적절한 방식으로 볼 수 있어야 합니다.

호프스태터는 시뮬레이션 허리케인을 허리케인으로 인식하는지 아닌지는 우리의 관점에 달려있다고 통찰했다. 특히 우리가 시뮬레이션 허리케인을 시뮬레이션 내부에서 경험하는지 외부에서 경험하는지에 따라 달라진다고 했다. 그러므로 데닛의 표어는 잘 쳐줘도 절반만 옳다. 만약 우리가 시뮬레이션 외부에 있다면 시뮬레이션 허리케인은 우리를 적시지 않는다. 기껏해야 시뮬레이션 개체를 비롯한 컴퓨터 프로세스 일부에 영향을 미칠 뿐이다.

우리가 시뮬레이션 내부에 있으며, 평생 시뮬레이션 안에 있었다고 가정해보자. 이때 시뮬레이션 허리케인은 분명 우리를 적실 수 있다. 만약 우리가 평생 시뮬레이션 안에서만 지낸다면 우리가 경험하는 모든 허리케인은 디지털 허리케인이다. 심지어는 허리케인 카트리나도 디지털 허리케인이었을 것이다. 어느 쪽이든 허리케인 카트리나는 막대한 피해를 남겼다.

장기 방영 중인 BBC 공상과학 드라마 시리즈 〈닥터 후Doctor Who〉에

그림 48 시뮬레이션 허리케인을 마주한 대니얼 데닛

서 닥터Doctor는 타디스TARDIS로 우주를 여행한다. 타디스는 시간과 공간의 상대적 차원Time And Relative Dimension In Space의 줄임말이다. 외부에서 보면 타디스는 런던의 공중전화처럼 보인다. 그러나 내부에서 보면 타디스는 거대한 우주선이다. 여기에는 초대형 제어실이 있고 수많은 방과 복도가 끝없이 이어진다. 타디스의 "내부에서 보면 더 크다."라는 농담은 시리즈 전체에 걸쳐 자주 등장한다.

타디스와 마찬가지로 시뮬레이션은 내부에서 볼 때 더 크다. 심 우주는 외부에서 보면 그다지 인상적이지 않다. 나에게 보이는 건 컴퓨터뿐이고, 시뮬레이션이 어떻게 생성되는지에 따라 시뮬레이션에 연결된 몇몇 사람들도 보일 수 있다. 시뮬레이션을 운영하는 컴퓨터는 어쩌면 스마트폰만큼 작은 기기일지도 모른다. 그러나 내부에서 본다면 심 우주는 거대하다. 나는 온갖 다양한 콘텐츠로 가득한 실감형 환경을 경험하게 된다. 타디스와 마찬가지로 시뮬레이션은 영원히 이어질 수 있다. 내부에서 본다면 심 우주는 하나의 거대한 세계다.

시뮬레이션에 관한 대부분의 사안은 시뮬레이션을 내부에서 고찰하는지 외부에서 고찰하는지에 따라 달라진다. 앞서 살펴보았듯 만약 내가 심 우주 안에 있다면, 다시 말해 내가 평생 심 우주라는 환경만 경험하며 산다면 이 우주의 개체는 모두 완전히 실제다. 이곳은 나무와 산과 동물들이 있는 거대한 세계다.

반면 내가 시뮬레이션 안에서 자라지 않았다면 심 우주는 실제 나무나 산, 동물을 담고 있지 않다. 이곳에는 시뮬레이션 나무와 시뮬레이션 산, 시뮬레이션 동물이 있다. 시뮬레이션 나무는 컴퓨터 내부에 존재하는 실제 디지털객체일 수 있지만, 실제 나무는 아니다. 어떻게 이런 일이 가능할까? 시뮬레이션 자체는 객관적 현실이다. 객관적 현실의 본질이 어떻게 나에게 달려있다는 걸까? 시뮬레이션에 나무와 산이 있는지 없는지가 어떻게 내 관점에 따라 달라질까?

내 의견은 이렇다. 내부에서 보는 시뮬레이션과 외부에서 보는 시뮬레이션 간의 차이는 현실의 차이가 아니라 언어의 차이이며, 이와 관련된 생각과 지각의 차이다. 심 우주 안에서 자란 사람은 평생 디지털 나무를 '나무'라는 단어로 부른다. 이 사람이 나무라고 하면 디지털 나무라는 '의미'다. 모든 시뮬레이션의 바깥에서 자란 사람은 평생 비디지털 나무를 나무라고 부른다. 이 사람이 나무라고 하면 비디지털 나무라는 의미다.

이처럼 사람들은 시뮬레이션 심 우주 내부에서 자랐는지 외부에서 자랐는지에 따라 심 우주를 다르게 묘사한다. 심 우주 내부에서 자란 사람은 그곳에 나무가 있다고 말할 텐데, 왜냐하면 이 사람에게 나무는 디지털 나무이기 때문이다. 모든 시뮬레이션의 외부에서 자란 사람은 심 우주에 나무가 없다고 말할 텐데, 이 사람에게 나무는 비디지털 나무이기 때문이다.

객관적 현실에서 심 우주는 우리의 관점에 영향을 받지 않는다. 심 우주에는 컴퓨터로 가동하는 디지털 프로세스가 있다. 이 프로세스는 객관적인 알고리즘으로 객관적 디지털개체를 뒷받침한다. 관점에 따라 달라지는 건 우리가 사물을 경험하는 방식 그리고 그러한 사물을 묘사하는 방식이다. 이 개념을 더 잘 이해하기 위해 이제 언어를 고찰해 보자.

언어 철학

철학에는 여러 전통이 있다. 이 책에서는 주로 고대 그리스·로마부터 중세를 지나 17세기 및 18세기의 데카르트, 칸트 등이 이어받은 유럽의 전통을 따랐다.

유럽 철학 전통은 19세기와 특히 20세기 들어 두 갈래로 나뉘었다. 한쪽은 초기에 유럽 대륙을 중심으로 발달했기 때문에 대륙 철학이라는 이름으로 알려졌다. 대륙 철학을 이끈 주요 인물로는 독일의 철학자 한나 아렌트, 마르틴 하이데거, 에드문트 후설Edmund Husserl과 프랑스의 철학자 시몬 드 보부아르, 모리스 메를로 퐁티Maurice Merleau-Ponty, 장 폴 사르트르Jean-Paul Sartre 등이 있다. 또 다른 한쪽은 본래 언어 분석을 사용했기에 분석 철학이라는 이름으로 알려졌다. 주요 인물로는 앞서 만나본 영국의 철학자 버트런드 러셀과 G. E. 무어, 독일 및 오스트리아의 루돌프 카르나프, 루트비히 비트겐슈타인, 고틀로프 프레게Gottlob Frege 등이 있다.

이 책에서 다루는 철학은 대부분 분석 철학의 규범을 따른다. 특히 초기 형태의 분석 철학에는 논리와 언어에 강하게 초점을 맞추는 특징이 있다. 제4장에서 등장했던 빈 학파의 분석 철학에서는 철학적 문제를 논리와 언어로 명확하게 기술한다면 그 자체로 문제가 해결되거나 과학으로 해결할 수 있도록 충분히 쪼개는 셈이라고 말했다. 이로부터 한 세기 이후 분석 철학은 훨씬 더 폭넓은 학파로 발전했지만, 명확성을 중시하고 논리와 언어에 방점을 두는 독특한 요소는 그대로 남아있다.

분석 철학의 창시자라고 하면 독일의 철학자 고틀로프 프레게를 꼽을 수 있다. 19세기 말 프레게는 오늘날 우리가 아는 논리학이라는 분야를 세웠다. 철학 이외에도 그는 수학의 기초 이론을 닦은 사람으로 가장 잘 알려져 있다. 프레게의 이론에서 오류를 발견한 러셀은 이 이론이 '자기 자신을 포함하지 않는 모든 집합들의 집합' 역설로 이어진다고 지적했다(집합이 자기 자신을 포함할 수 있는가? 답은 그럴 수도 있고 아닐 수도 있다). 어쨌든 프레게의 이론은 물론 명확하게 밝힌 현대 논리학의 도구는 모두 기념비적인 성과였다. 또 프레게는 언어 철학의 개척자로서 단어가 무엇을 의미하는지에 관한 최초의 주요 이론 중 하나를 정립했다.

안타깝게도 프레게는 수십 년 후 마르틴 하이데거와 마찬가지로 셈족을 혐오했다. 위대한 예술가가 종종 그러하듯 위대한 철학자들도 언제나 위대한 인간은 아니다. 아리스토텔레스와 칸트의 글에는 지금으로써는 충격적인 인종차별주의가 가득하다. 이처럼 철학자의 끔찍한 견해는 그 철학자의 핵심 철학과 분리해서 생각해볼 수 있겠다. 언제나 쉬운 일은 아니지만, 프레게는 논리와 언어에 관한 그의 철학은 셈족 혐오와는 별다른 관련이 없다.

언어 철학에 있어 프레게는 단어의 의미가 '뜻sense'과 '지시체reference'라는 두 가지 측면으로 구성된다는 점을 밝힌 걸로 가장 잘 알려져 있다. 지시체는 설명하기 쉽다. 어떤 단어의 지시체란 그 단어가 이 세계에서 무엇을 가리키는지를 말한다. '플라톤'은 플라톤이라는 사람을 가리킨다. '시드니'는 도시 시드니를 가리킨다. '두더지'는 두더지라는 동물을 가리킨다. '십칠'은 숫자 17을 가리킨다.

때로는 두 단어가 같은 사물을 가리키기도 한다. 예컨대 아침의 '샛별'과 저녁의 '개밥바라기'는 모두 금성이라는 하나의 객체를 가리킨다. 그렇지만 이 두 단어는 서로 다른 의미를 가지는 듯하다. 1892년 논문 〈뜻과 지시체에 관하여On Sense and Reference〉에서 프레게는 이 예시를 이용해 의미에는 지시체 외에 다른 요소가 더 있다고 논했다.

샛별과 개밥바라기는 같은 객체를 가리키면서도 서로 다른 '뜻'을 가진다. 단어의 뜻이란 대략 그 단어의 지시체가 화자에게 보이는 방식을 말한다. 저녁에 보이는 금성인 개밥바라기의 뜻에는 저녁에 보인다는 의미가 포함되어 있다. 아침에 보이는 금성인 샛별의 뜻에는 아침에 보인다는 의미가 포함되어 있다.

이후 러셀은 프레게의 개념을 약간 변형하여 단어가 세계의 사물을 가리키는 방식에 관하여 많은 함의를 담은 그림을 제시했다. 이름과 기술旣述에 관하여 획기적인 이론을 선보인 러셀은 평범한 이름마다 그에 상응하는 기술이 있다고 논했다. 개밥바라기라는 단어에는 '저녁이 되면 특정 위치에서 보이는 별'이라는 기술이 상응한다. 이러한 기술은 그 기술을 만족하는 객체를 나타낸다. 이때는 금성을 나타낸다. 러셀의 이론 덕분에 이제 우리는 논리를 도구 삼아 평범한 언어를 분석할 수 있다.

의미에 관한 프레게-러셀 이론은 오랜 세월 큰 인기를 끌었으나 1970년대가 되자 작은 혁명이 일어났다. 두 명의 미국인 철학자 솔 크립키Saul Kripke와 힐러리 퍼트넘은 철학자이자 논리학자였던 루스 바컨 마커스Ruth Barcan Marcus의 초기 연구를 바탕으로 프레게와 러셀의 이론이 다수의 잘못된 가정하에 세워졌다고 주장했다. 크립키는 저서 《이름과 필연》에서 단어의 의미가 기술과 유사하다는 기술론descriptivism을 주로 공격했다. 퍼트넘은 논문 〈'의미'의 의미The Meaning of 'Meaning'〉에서 단어의 의미가 화자의 내면에 있고 환경은 개입하지 않는다는 내재론internalism을 비판했다.

퍼트넘은 '의미는 머릿속에만 있지 않다.'라는 유명한 표어를 내걸었다. 의미에 관한 이론에서 퍼트넘과 크립키는 외재론externalism의 손을 들어주었다. 외재론이란 단어의 의미가 부분적으로 화자의 환경에 따라 달라진다는 견해다. 이들은 러셀의 기술론을 대신하여 인과적 지시 이론causal theory of reference을 제시했다. 퍼트넘의 인과론은 대략 어떤 단어가 그 단어를 사용하게 만든 환경에 따라 해당 개체를 가리킨다고 말했다.

퍼트넘은 쌍둥이 지구 이야기라는 사고 실험을 이용해 외재론을 논했다. 쌍둥이 지구는 지구와 매우 흡사한 외계 행성인데, 차이점이 있다면 지구의 H_2O(물) 대신 그와 동일한 인위적 물질 XYZ가 존재한다. XYZ의 분자 구조는 H_2O와 다르지만, 겉모습이나 맛이 물과 똑같다.

지구의 히파티아　　　　　　　　쌍둥이 지구의 히파티아

그림 49 │ H_2O를 연구하는 히파티아와 XYZ를 연구하는 쌍둥이 히파티아가
사용하는 '물'이라는 단어는 각각 다른 사물을 의미할까?

XYZ는 하늘에서 내리고 강과 바다를 채우며 상수도를 따라 흘러 가정의 수도꼭지에 이른다. 쌍둥이 지구의 모든 생물은 XYZ를 마신다.

그렇다면 XYZ는 물인가? 퍼트넘은 그렇지 않다고 강조했다. 물은 지구에서 발견되는 자연적 물질인 H_2O다. XYZ는 물과 비슷한 모습을 가지는 다른 물질이다. 황철석이 아무리 금과 똑같아 보여도 우리는 황철석을 금이라 부르지 않는다. 마찬가지로 우리는 XYZ를 물이라 불러서는 안 된다. 지구의 상당 부분은 물로 덮여 있으나 쌍둥이 지구는 그렇지 않다. 쌍둥이 지구는 말하자면 쌍둥이 물로 덮여 있다.

쌍둥이 지구에는 지구와 매우 비슷한 언어 사용자들이 있다. 예시로 4세기 알렉산드리아의 탁월한 철학자이자 수학자로 물과 여러 액체의 비중을 측정하는 액체비중계를 개발한 히파티아Hypatia를 생각해보자.

히파티아가 H_2O를 연구하는 동안, 쌍둥이 지구에는 기존의 히파티아와 거의 똑같은 쌍둥이 히파티아가 XYZ를 연구한다. 이제 지금까지 진행한 모든 실험에서 두 액체에 대해 똑같은 결과가 도출되었으며 두 액체의 화학 조성은 아직 아무도 알지 못한다고 해보자. 히파티아와 쌍둥이 히파티아는 각각의 액체를 '물'이라고 부른다. 히파티아가 "나는 물을 측정하고 있어."라고 했다면 이는 H_2O에 관한 말이고, 쌍둥이 히파티아가 "나는 물을 측정하고 있어."라고 했다면 이는 XYZ에 관한 말이라고 해보자.

여기까지만 보아도 의미는 머릿속에만 있지 않다는 퍼트넘의 말이 어떤 뜻인지 짐작할 수 있을 테다. 히파티아와 쌍둥이 히파티아는 서로 거의 똑같은 사람이지만, 이들이 사용하는 단어는 각기 다른 사물을 의미한다. 나아가 퍼트넘은 물과 쌍둥이 물의 화학 조성을 아무도 알지 못하는 시점에서 이러한 상황이 성립한다는 점을 강조했다. 그러므로 '물'과 같은 단어의 의미는 화자의 내면뿐만 아니라 화자의 환경에도 달려 있다.

이는 이렇게 생각해볼 수 있다. 히파티아와 쌍둥이 히파티아에게 물이란 각자의 환경에서 물의 역할을 담당하는 물질이다. 즉, 바다와 호수에서 발견되며 사람들이 마시고 씻는 데 사용하는 투명한 액체라는 뜻이다. 히파티아가 보기에는 H_2O가 그러한 역할을 하므로 물은 H_2O를 가리킨다. 쌍둥이 히파티아가 보기에는 XYZ가 그러한 역할을 하므로 물은 XYZ를 가리킨다.

다른 수많은 단어로도 쌍둥이 지구 이야기를 적용할 수 있다. 쌍둥이 지구에 나무가 없는 대신 DNA 기반이 아닌 나무의 대응물이 있다고 해보자. 우리의 쌍둥이가 나무라고 하면 그건 나무가 아니라 쌍둥이 지구에서 나무의 역할을 하는 대응물을 가리킨다. 또 쌍둥이 지구에서 오바마의 역할을 하는 로봇 오바마가 있다고 해보자. 우리 쌍둥이가 오바마라고 하면 그건 오바마가 아니라 로봇 오바마를 가리킨다.

이러한 단어들의 뜻은 머릿속에만 있지 않은 듯하다. 이를 외재론 단어라고 해보자. 이 단어들의 뜻은 확실히 어떠한 환경에 자리 잡은 특정 사물에 닻을 내리고 있다. 히파티아가 말하는 물이라는 단어는 H_2O에 닻을 내리고, 쌍둥이 히파티아가 말하는 물이라는 단어는 XYZ에 닻을 내린다.

외재론도 한계는 있다. 한 가지 한계는 논리와 수학에서 비롯된다. 쌍둥이 지구에 사는 우리 쌍둥이가 '칠'이라고 하면 숫자 7을 가리킨다. 그러므로 아마도 칠의 뜻은 머릿속에 있다. '그리고'라는 단어 또한 마찬가지다. 이처럼 논리와 수학의 단어는 환경에 닻을 내릴 필요가 없으므로 이러한 단어는 내재론 단어라 할 수 있겠다.

또 외재론은 '의식', '인과', '컴퓨터' 등의 단어에도 그다지 적합하지 않다. 이러한 단어들은 환경의 특정 사물에 닻을 내리지 않는다. 우리는 컴퓨터가 폭넓은 구조적 측면에서 어떤 종류의 사물을 가리키는지 대략 개념적으로 알고 있다. 우리가 컴퓨터라고 여기는 사물은 쌍둥이 지구의 우리 쌍둥이도 컴퓨터라 여길 것이다. 쌍둥이 지구의 컴퓨터 소재가 그래핀이고 우리 지구의 컴퓨터 소재가 실리콘이라고 하더라도 어쨌든 두 가지 모두 컴퓨터다. 그러므로 우리 쌍둥이에게 컴퓨터라는 단어는 우리에게 컴퓨터라는 단어와 같은 의미다. 이는 컴퓨터라는 단어가 내재론 단어임을 시사한다.

나는 이 주제를 연구하면서 내적, 외적 측면 모두에 있어 뜻에 관한 '2차원적' 견해를 주장했다. 대략 말하자면 의미의 내적 차원에서는 프레게와 러셀이 옳았고, 의미의 외적 차원에서는 크립키와 퍼트넘이 옳았다.

이번 장에서는 논의를 위해 외재적 차원에 집중하겠다. 우리가 수많은 평범한 단어에 쌍둥이 지구 이야기를 적용할 수 있다는 점이 중요하다. 철학자들은 대부분 퍼트넘과 크립키에게 설득되어 적어도 이 정도까지의 외재론은 옳다고 인정한다.

쌍둥이 지구와 심 지구

퍼트넘의 쌍둥이 지구는 시뮬레이션 안팎의 언어 사용을 고찰해볼 위대한 사고 모형을 제시한다. 퍼트넘 본인도 통 속의 뇌 시나리오를 고찰하기 위해 이를 이용했는데, 이는 이번 장의 뒷부분에서 살펴보도록 하겠다. 이번에는 쌍둥이 지구 이야기를 시뮬레이션에 적용해보자. 핵심은 이렇다. 시뮬레이션이 아닌 기존 지구가 있고, 시뮬레이션 지구를 포함한 우주 시뮬레이션이 있다고 해보자. 지구와 심 지구의 언어 사용은 지구와 쌍둥이 지구의 언어 사용과 거의 똑같다.

지구에서 자란 사람에게 '허리케인'이라는 단어는 공기와 물이 빠르게 움직이며 거대한 패턴을 형성하는 비시뮬레이션 허리케인을 가리킨다. 더 깊이 내려가면 이들의 허리케인을 구성하는 공기와 물은 원자로 구성된다. 이는 직관적으로 떠올리는 허리케인이라는 단어의 말뜻에 부합한다. 또한 인과적 지시 이론과도 부합한다. 우리 공동체가 허리케인이라는 단어를 사용하는 건 우리 환경에 자리한 비시뮬레이션 허리케인이 일으킨 현상이다.

심 지구에서 자란 사람에게 허리케인이라는 단어는 시뮬레이션 공기와 시뮬레이션 물이 빠르게 움직이며 거대한 패턴을 형성하는 시뮬레이션 폭풍, 즉 가상 허리케인을 가리킨다. 가상 허리케인은 처음부터 심 지구에서 허리케인의 역할을 한다.

앞서 논한 가상 디지털론에 따르자면 가상 허리케인은 기초적인 수준에서 비트로 구성된다. 인과적 지시 이론의 도움을 받아 허리케인이라는 단어가 어떻게 작동하는지 설명하자면, 시뮬레이션 공동체의 누군가가 허리케인이라는 단어를 사용하는 건 이들의 가상 환경에 자리한 가상 허리케인이 일으킨 현상이다.

'물'이라는 단어도 마찬가지다. 물은 지구상의 물을 가리키고 심 지구상의 가상 물을 가리킨다. 지구에서는 화학적 H_2O가 물의 역할을 하고 심 지구에서는 디지털 가상 물이 그 역할을 한다. 적신다.라는 개념도 그렇다. 적신다는 말은 각각 지구에서 무언가를 적시는 행위와 심 지구에서 무언가를 가상으로 적시는 행위를 가리킨다.

이제 시뮬레이션 허리케인이 우리를 적시지 않는다는 데닛의 반론을 분석해보자. 만약 우리가 지구에 있다면 허리케인은 분명 우리를 적신다. 지구인에게 '허리케인, 물, 적시다'라는 단어는 비디지털 사물과 행위를 가리킨다. 시뮬레이션 허리케인은 가상의 물로 이루어져 있으므로 그 무엇도 적시지 않지만, 가상의 사물을 가상으로 적실 수 있다.

만약 우리가 심 지구에 있다면 '허리케인, 물, 적시다'라는 단어는 디지털개체를 가리킨다. 지구 사람들은 이를 '가상 허리케인, 가상 물, 가상 적심'이라고 부른다. 만약 심 지구인이 "시뮬레이션 허리케인이 우리를 적시지 않는다."라고 말한다면 이는 가상 허리케인이 사람을 가상으로 적시지 않는다고 말하는 셈이다. 이 진술은 틀렸다. 가상 허리케인은 사람을 가상으로 적신다. 만약 시뮬레이션 '안에' 있다면 우리의 허리케인은 가상 허리케인이고 우리를 적신다.

시뮬레이션 안의 존재들도 많은 잘못된 믿음을 가지고 살아간다는 반론을 제기할 수도 있겠다. 예를 들어, 실리콘밸리의 어느 서버에서 시뮬레이션이 가동되는 상황이라면 시뮬레이션 안의 심은 자기가 뉴욕에 있다고 생각할 수 있다. 그런데 이 심의 믿음은 정말 틀렸을까? 그렇지 않다.

심이 말하는 '뉴욕'은 지구상의 비시뮬레이션 뉴욕을 가리키지 않는다. 이는 심 지구상의 장소인 심 뉴욕을 가리킨다. 심은 실제로 심 뉴욕에 있다. 적어도 물리적으로는 실리콘밸리에 있으면서 가상으로는 뉴욕에 있다. 게다가 심이 '어디에 있다.'라고 말한다면 그건 '가상으로 어디에 있다.'라는 뜻이자 심의 가상 신체가 가상 위치에 있다는 뜻이다. 그러므로 심이 자기가 뉴욕에 있다고 생각한다면 그 심이 가상으로 심 뉴욕에 있다는 뜻이므로 참이다.

지구와 심 지구를 오갈 때

사람들이 시뮬레이션 환경과 비시뮬레이션 환경을 오갈 때는 언어가 어떻게 쓰일까? 대부분 사람이 알고 이동하는지 모르고 이동하는지에 따라 달라진다. 만약 사람들이 한 환경에서 다른 환경으로 이동한다는 걸 알고 있다면 각 단어의 뜻은 즉시 바뀐다. 반면 이를 알지 못한다면 각 단어의 뜻이 더 천천히 바뀔 수 있다.

이제 쌍둥이 지구 이야기로 사람들이 알지 못하는 경우부터 살펴보자. 지구에서 출발한 우주선이 심 지구의 바다의 불시착했다고 해보자. 우주선에 탄 사람들은 이 바다가 XYZ로 만들어졌다는 걸 전혀 알지 못한다. 이들은 "이것 봐, 여기에 물이 있어!"라고 말한다. 이 말은 맞는 말일까, 틀린 말일까? 퍼트넘은 이들이 틀렸다고 생각했다. 이들이 말하는 물은 H_2O를 가리키지만, 쌍둥이 지구에는 H_2O가 없다. 이들이 XYZ를 마주친 것만으로는 물이라는 단어의 의미가 곧바로 바뀌지 않는다.

비슷한 상황을 살펴보자. 이번에는 지구에 사는 비시뮬레이션 사람들이 자기도 모르는 새에 심 지구 시뮬레이션에 들어간다. 아프리카로 여행을 떠나려는 사람들이 있고, 여행사에서는 비용 절감을 위해 관광객을 심 지구의 아프리카로 보냈다. 그리고 그 사실을 관광객들이 눈치채지 못했다고 해보자. 그들은 기린 떼를 보고 이렇게 말한다. "저길 봐. 기린들이 있어!" 이들의 말은 맞는 말일까, 틀린 말일까? 우주선 사례에 따르자면 틀린 말이다. 이들이 말하는 기린이라는 단어는 생물학적 기린을 가리키지만, 이들이 보는 기린은 디지털 기린이다.

이제 이 관광객들이 심 지구에 오랫동안 머물렀다고 해보자. 이들은 여전히 이 세계가 디지털인 걸 모른다(정말 끔찍하게도 비윤리적인 여행사다). 그렇지만 관광객들은 새로운 장소를 좋아하고, 시뮬레이션 기술이 고도로 발달한 덕에 이곳이 지구가 아니라는 걸 눈치채기는 어렵다.

이 시점에 이르면 관광객들이 지구상의 동물원에서 본 생물학적 기린보다 이곳에서 본 가상 기린이 더 많아질 수 있다. 인과적 지시 이론에 따르자면 이제 이들이 말하는 기린이라는 단어에는 적어도 부분적으로 가상의 기린이 포함된다. 사실상 기린은 디지털 기린을 포함하는 방향으로 천천히 바뀌고, "저기에 기린이 있다."라는 이들의 말은 맞는 말이 된다.

더 까다로운 사례도 있다. 심 지구에 사는 누군가가 자기도 모르게 시뮬레이션을 탈출해 처음으로 생물학적 나무를 보았다고 해보자. 이때 "저기 나무가 있다."라는 이 사람의 말은 맞는 말일까? 직관적으로는 여러 답변이 나올 수 있다. 만약 디지털 나무가 생물학적 나무를 본떠 만들었으며 반대는 그렇지 않다면, 애초에 이 사람이 나무라는 단어를 사용하게 된 데는 생물학적 나무가 어느 정도 원인을 제공한 셈이다. 그렇지만 나는 이 사람이 말하는 나무가 생물학적 나무가 아니라 이때까지 직접 상호 작용해왔던 디지털 나무를 가리킨다는 생각이 든다. 그러므로 이 사람의 말은 틀렸다.

훨씬 더 현실적인 사례로는 사람들이 자기가 이동한다는 걸 알고 비가상세계와 가상세계를 오가는 경우가 있다. 이는 비디오게임을 비롯한 여러 가상 환경 사용자에게 이미 매일 일어나는 일이다. 우리는 〈GTA〉의 세계에 들어가 자동차를 훔칠 방법을 이야기한다. 그런데 〈GTA〉의 가상세계에는 실제 자동차가 없고 가상 자동차만 존재한다. 그렇다면 게임 안에서 "저쪽에 자동차가 있다."라고 말하는 사용자는 틀린 말을 한 셈인가?

나는 언어가 목적에 따라 구부릴 수 있는 전성展性 도구라고 생각한다. 자동차라는 단어의 용례를 확장해 가상의 자동차까지 포함하여 지칭하고 싶다면 그렇게 해도 된다. 철학자와 언어학자들은 오래전부터 단어의 지칭이 문맥 의존적일 수 있음을 인정해왔다. "키가 크다."라는 말은 농구 선수를 이야기할 때와 교직원을 이야기할 때 다르게 쓰인다. 182센티미터 농구 선수를 보고 키가 크다고 하지는 않지만, 철학자가 182센티미터라면 키가 크다고 한다. 단어는 문맥에 따라 적절하게 쓰일 만한 역할을 받아들인다.

가상세계가 출현한 지금은 평범한 언어 대부분이 이와 같은 방식으로 문맥에 따라 다르게 쓰일 수 있다. 평범한 비가상 문맥에서 "저기에 자동차가 있다."라고 말한다면 그건 평범한 비가상 자동차를 가리키는 말이다. 반면 가상 문맥에서 "저기에 자동차가 있다."라고 말한다면 그건 가상 자동차를 포함하여 지칭하는 말이다.

'자동차'라는 단어의 의미가 변화해 비가상 자동차와 가상 자동차를 기본적으로 모두 포함하게 될 수도 있다. 제10장에서 가상의 X가 실제 X일 때 범주 X가 가상 포괄적이고 그 반대일 때 가상 배타적이라고 한다는 점을 살펴보았다. 오늘날의 용례로 보면 자동차와 허리케인은 가상 배타적이다. 가상 자동차는 실제 자동차에 해당하지 않는다.

반면 컴퓨터와 커뮤니케이션은 가상 포괄적이다. 가상 컴퓨터도 실제 컴퓨터다. 그러나 앞서 살펴보았듯 단어는 점차 포괄적으로 진화할 수 있다. 자동차가 가상 자동차까지 포괄하도록 진화하는 것도 완전히 가능한 일이다. 만약 그렇게 된다면 우리는 가상 문맥과 비가상 문맥에서 '자동차'라는 단어를 같은 의미로 사용하게 된다.

가상 포괄성이라는 개념은 외재론을 분석하는 데 도움이 된다. 허리케인과 같은 가상 배타적 단어는 지구상에서와 심 지구상에서 각기 다른 사물을 가리킨다. 각각 허리케인과 가상 허리케인을 가리키기 때문이다. 고전적 외재론에 따르자면 이들은 각자의 환경에 닻을 내린다. 반면 컴퓨터와 같은 가상 포괄적 단어는 환경에 닻을 내리지 않는다. 컴퓨터는 지구에서건 심 지구에서건 컴퓨터를 가리킨다. 가상 컴퓨터 또한 컴퓨터다.

시간이 지날수록 가상현실은 점점 더 생활의 핵심을 차지하게 될 것이다. 그렇다면 수많은 단어도 점차 가상 배타적에서 가상 포괄적으로 자연스럽게 변할 것이다. 만약 그렇게 된다면 우리의 언어 사용은 사물이 무엇으로 만들어졌는지, 우리 환경에 어떻게 닻을 내리는지 덜 강조하고, 그 대신 가상 포괄적 언어로 가상현실과 비가상현실 사이의 공통 요소를 더 강조하게 될 것이다. 여기서 공통 요소란 사물 간의 구조적 상호 작용 패턴과 사물이 정신과 연결된 방식을 말한다.

외재론과 데카르트 회의론에 관한 퍼트넘의 견해

1981년 저서《이성, 진리, 역사》에서 힐러리 퍼트넘은 외재론과 인과적 지시 이론을 이용해 통 속의 뇌 시나리오를 분석했다. 그는 회의론에 대해 아무런 입장도 명시적으로 밝히지 않았지만, 그의 논의를 바탕으로 회의론에 대한 결론을 쉽게 도출할 수 있다. 퍼트넘의 결론은 나의 견해와 다르지만 서로 흥미롭게 연결되어 있다.

퍼트넘의 주요 논제는 이미 제4장에서 살펴보았다. 그는 평생에 걸친 통 속의 뇌 가설이 앞뒤가 맞지 않으며 모순이 있다고 논했다. 사실상 외재론을 이용해 우리가 통 속의 뇌가 아니라고, 적어도 평생 통 속에만 있는 뇌는 아니라고 생각했던 듯하다(뒤이은 논의에서는 평생에 걸친다는 조건을 가정하겠다). 퍼트넘은 명시적으로 시뮬레이션 가설을 논한 적이 없으나 여기에도 모순이 있다고 생각했을 게 거의 분명하다.

퍼트넘의 논증은 다음과 같이 해석할 수 있다. 그림 50에 묘사된 상황을 상상해보자. 퍼트넘은 통 속의 뇌처럼 보이지만 "나는 통 속의 뇌가 아니다."라고 주장한다. 퍼트넘은 논리적으로도 그렇게 생각한다. 외재론에 따르자면 이러한 상황에서 퍼트넘이 말하는 뇌는 가상 뇌, 즉 뇌 같으면서 비트로 구성된 객체를 가리킨다. 그러므로 "나는 통 속의 뇌가 아니다."라는 퍼트넘의 말은 "나는 통 속의 가상 뇌가 아니다."라는 뜻이 된다.

그림 50 통 속의 뇌로 사는 힐러리 퍼트넘.
"나는 통 속의 뇌가 아니다."라는 퍼트넘의 말은 참인가?

　맞는 말이다. 묘사된 시나리오에 따르자면 그는 통 속의 가상 뇌가 아니다. 퍼트넘은 그가 뇌라고 부르는 옆에 놓인 객체와 같지 않다. 그는 비트로 구성되지 않은 전혀 다른 세계에 놓인 통 속의 비가상 뇌다. 그러므로 시뮬레이션 속 퍼트넘이 "나는 통 속의 뇌가 아니다."라고 말한다면 그는 진실을 말하고 있다. 일반화하자면 퍼트넘이 시뮬레이션 내부에 있든 외부에 있든 "나는 통 속의 뇌가 아니다."라는 퍼트넘의 말은 언제나 참이 된다. 여기에 우리 자신을 대입해보면 우리는 언제든 통 속의 뇌가 아니라는 점을 증명할 수 있다.

　이제 나를 대입하여 하나씩 생각해보겠다. 내가 통 속의 뇌일 때, 외재론에 따르자면 내가 뇌라고 부르는 사물은 가상 뇌, 즉 내 시뮬레이션 환경에 속한 시뮬레이션 개체다. 그렇지만 내가 내 시뮬레이션 환경에 존재하는 가상 뇌일 수는 없다. 시뮬레이터가 나를 통 속의 뇌라고 부를 수는 있지만, 그렇게 되면 완전히 다른 이야기가 된다. 나는 '내가' 통 속의 뇌라고 부르는 사물과 내가 같지 않음을 알 수 있다. 그렇다면 이렇게 말할 수 있다. "나는 내가 통 속의 뇌가 아님을 안다."

만약 퍼트넘이 옳다면 내가 통 속의 뇌라는 개념 자체에 미묘한 모순이 생긴다. 통 속의 뇌가 되려면 나는 내가 통 속의 뇌라고 부르는 사물이 되어야 한다. 그렇지만 내가 통 속의 뇌라면 내가 뇌라고 부르는 사물은 내 환경에 존재하는 나와는 전혀 다른 사물이다. 그러므로 통 속의 뇌가 되려면 나는 내가 아닌 무언가가 되어야 한다.

퍼트넘에게 반박할 거리는 많다. 퍼트넘이 직접 지적했던 논리적 구멍도 하나 있다. 이 논증은 퍼트넘이 시뮬레이션한 통 속의 뇌일 가능성을 배제하지 못한다. 이때 퍼트넘은 그림 50에서 두 번째 화면에 묘사된 대로 두 번째 수준의 시뮬레이션 경험하는 두 번째 뇌일 것이다.

만약 퍼트넘이 이 시뮬레이션 안에 있다면 그가 뇌라고 부르는 사물은 그림 속 세 번째 뇌와 같은 가상 뇌고, 퍼트넘 자신은 그림 속 두 번째 뇌처럼 그다음 세계에 속한 가상 뇌다. 이 시나리오에서라면 퍼트넘은 본인이 '통 속의 뇌'라고 부르는 존재일 수 있다. 그렇다면 퍼트넘의 논증은 기껏해야 그가 비시뮬레이션 통 속의 뇌가 아니라는 점만을 보인다. 그는 첫 번째 수준의 통 속의 뇌가 아니지만, 여전히 두 번째 수준의 통 속의 뇌일 수 있다. 이것만으로는 데카르트 회의론을 반박할 수 없다. 퍼트넘은 자기가 두 번째 수준의 통 속의 뇌라는 회의론 가설에 반박할 또 다른 방법을 찾아야만 한다.

게다가 퍼트넘의 논증은 통 속의 뇌 가설은 물론 시뮬레이션 가설에도 잘 적용되지 않는다. 앞서 살펴보았듯 외재론이 잘 적용되는 단어가 있고 그렇지 않은 단어가 있기 때문이다. 뉴욕, 물, 뇌 등의 단어는 그 의미가 우리 환경과 연결되어 있으므로 다음 우주의 무언가를 지칭하지는 않는다.

이와 같은 방식으로 환경에 따라 의미가 달라지지 않는 단어도 있다. 영$_0$, 사람, 행동, 컴퓨터, 시뮬레이션 등이 그러하다. 컴퓨터는 대체로 구조적인 단어로써 특정 환경에 구속되지 않는다. 그러므로 내가 시뮬레이션 안에 있다고 하더라도 다음 우주의 사람, 행동, 컴퓨터, 시뮬레이션을 아무런 문제 없이 지칭할 수 있다.

만약 이 논리가 옳다면 퍼트넘의 논증으로는 내가 컴퓨터 시뮬레이션 안에 있다는 가설을 배제하지 못한다. 내가 컴퓨터 시뮬레이션 안에 있더라도 "나는 컴퓨터 시뮬레이션 안에 있다."라고 말한다면 나의 말은 참이다. 제4장에서 살펴보았듯 심 퍼트넘이 "나는 컴퓨터 시뮬레이션 안에 있다."라고 말한다면 퍼트넘의 말은 참이다.

어쩌면 퍼트넘은 시뮬레이션이라는 단어가 뉴욕이나 물과 같이 오직 우리의 평범한 환경에만 존재하는 특정 시스템에 닻을 내리고 있다고 주장할 수도 있겠다. 그렇지만 이 주장은 틀렸다. 컴퓨터와 시뮬레이션을 논할 때면 우리는 우리 환경의 컴퓨터와 시뮬레이션보다 훨씬 더 일반적인 개념을 논한다. 지금도 나는 내가 다음 세계의 컴퓨터 시뮬레이션 안에 있다고 곧이곧대로 말할 수 있고, 나의 말은 옳을 수 있다.

이러한 이유로 나는 퍼트넘의 주요 논증이 전체 회의론에 대한 일반적인 답변이 될 수 없다고 생각한다. 그렇지만 퍼트넘은 전체 회의론과 관련이 있으면서 나의 견해와 훨씬 더 비슷한 또 다른 논증을 간단하게 구상했다. 《이성, 진리, 역사》의 어느 한 문단에서 퍼트넘은 통 속의 뇌가 대체로 진실한 믿음을 가지고 있다고 논했다.

방금 살펴본 논의에 따르자면, 모든 유정한 존재가 처음부터 언제나 통 속의 뇌인 세계에서 어느 통 속의 뇌가 "내 앞에는 나무가 있다."라고 생각할 때 그 뇌의 생각은 실제 나무를 가리키지 않는다. 앞으로 논의해야 할 어떤 이론에서는 통 속의 뇌가 말한 '나무'가 어느 영상 속의 나무 또는 이러한 나무 경험을 유발하는 전기 자극 또는 이러한 전기 자극을 일으키는 프로그램의 기능을 가리킬 수도 있다고 본다. 앞서 우리가 살펴본 논의는 이 이론을 배제하지 못한다. 통 속의 영어에서 '나무'라는 단어의 사용과 영상 속 나무의 존재, 특정 전기 자극의 존재, 기계 프로그램 내 특정 기능의 존재 사이에 밀접한 인과관계가 있기 때문이다. 이러한 이론에 따르자면 통 속의 뇌가 '내 앞에는 나무가 있다.'라고 생각할 때 그 생각은 '거짓'이 아니라 '참'이다.

여기서 기본 논증은 인과적 지시 이론에 호소한다. 통 속의 뇌가 "저기 나무가 있다."라고 말할 때 나무라는 단어의 사용은 가상 나무가 유발한다. 그러므로 통 속의 뇌 입장에서 나무는 가상 나무를 가리킨다. 또 통 속의 뇌가 "저기 나무가 있다."라고 말할 때 그곳에는 실제로 가상 나무가 있다. 그러므로 통 속의 뇌가 한 말은 참이다. 세계의 다른 믿음에 관해서도 같은 논리가 적용된다.

미국의 철학자 도널드 데이비슨Donald Davidson과 리처드 로티Richard Rorty 또한 이와 어느 정도 같은 맥락의 논증을 짧게 연구했다. 로티는 이를 다음과 같이 요약했다.

그 뇌 또한 자기가 놓인 환경의 특징에 반응하고 있다. 그러나 이 뇌가 놓인 환경이란 컴퓨터의 데이터 뱅크다. 그것이 만들어내는 소음을 해석할 유일한 방법은 컴퓨터에 입력되는 데이터 비트와 관련짓는 것뿐이다. 그러므로 "오늘은 2003년 10월 7일 화요일이고 나는 두부를 먹고 있다."처럼 들리는 소음은 "나는 지금 하드 드라이브 섹터 43762번에 연결되어 있다."와 같은 의미를 지니는 게 분명하다. 통 속의 뇌가 가진 대부분의 믿음은 우리가 가진 대부분의 믿음과 마찬가지로 참이다. 사악한 과학자의 생각과는 달리, 뇌를 속이기는 쉽지 않다.

나는 퍼트넘, 데이비슨, 로티가 모두 본질적으로 옳다고 생각한다. 통 속의 뇌는 그 뇌가 놓인 환경 안의 개체를 지시하며, 그렇기 때문에 뇌가 가지는 믿음은 대체로 참이다. 그렇지만 나는 이들 중 그 누구도 이 주장을 뒷받침하는 강력한 논증을 세우지는 못했다고 생각한다. 이들의 논증은 과도하게 강하고 그럴듯하지 않은 형태의 외재론을 바탕으로 한다. 현재 이 논증은 극단적인 형태의 인과적 지시 이론을 가정하는 듯하다. '모든' 단어가 그 단어의 사용을 유발하는 환경 내의 어떤 개체를 가리킨다고 가정한다는 뜻이다.

이처럼 극단적인 형태의 인과적 지시 이론은 틀렸다. 마녀나 에테르처럼 아무것도 가리키지 않는 단어도 많다. 마녀라고 처음 불렀던 여성들은 마녀가 아니었다. 19세기 과학에서 흔하게 볼 수 있었던 에테르는 존재하지 않는다. 데카르트 학파라면 통 속의 뇌에게 뇌나 나무 또한 마녀와 마찬가지로 아무것도 지칭하지 않는 단어라고 말할 것이다. 퍼트넘은 이러한 데카르트적 견해에 반박하는 실질적인 논증을 제시하지 않았다.

게다가 앞서 살펴보았듯 외재론은 나무와 뇌 등의 단어에는 잘 적용되지만 삼₃, 컴퓨터, 철학자와 같은 단어에는 그만큼 잘 적용되지 않는 다. 외재적 분석은 '저쪽에 철학자 세 명이 있다.' 또는 '나는 컴퓨터를 사용하고 있다.'와 같은 문장에 적용하기 어렵다. 그렇지만 시뮬레이션 실재론에 따르자면 시뮬레이션 안에서 이러한 문장이 참일 수 있어야 한다. 그러므로 퍼트넘의 외재론은 시뮬레이션 실재론이 전반적으로 참일 수 있는 방법을 제시하지 못했다.

나는 이러한 비판에 반박할 방법이 있다고 생각한다. 앞서 제9장에 서 이미 살펴보았듯, 시뮬레이션에서 '뇌'와 '나무'는 가상 뇌와 가상 나무를 가리킨다. 즉, 지구상의 뇌와 심 지구상의 가상 뇌가 비슷한 구조 적 역할을 담당한다는 점이 중요하다. 또 제9장에서 살펴본 논증은 시뮬레이션 안에서 "저쪽에 철학자 세 명이 있다." 또는 "나는 컴퓨터를 사용하고 있다."라고 말할 때 이 말이 참이라는 걸 시사한다.

원인을 진단해보자면 이러한 믿음은 대체로 지구와 심 지구가 공유 하는 구조적 문제에 관한 믿음이므로, 평범한 뜻으로 이야기하더라도 심 지구에서 또한 참일 수 있다. 내가 시뮬레이션 안에 있다고 하더라 도 나는 여전히 세 명의 철학자를 볼 수 있고 컴퓨터를 사용할 수 있다. 그렇지만 제9장에서 살펴본 논증과 여기에서 설명한 분석은 외재론이 아니라 구조론을 바탕으로 한다.

결국 회의론에 대한 내 답변을 뒷받침하는 시뮬레이션 실재론을 이 끄는 건 외재론이 아니라 구조론이다. 다음 장에서는 구조론을 위한 변 론을 전개해보겠다.

제21장

먼지 구름은 컴퓨터 프로그램을 구현하는가?

호주 출신 작가 그렉 이건Greg Egan이 1994년 출간한 고전 공상과학 소설 《순열 도시Permutation City》에서는 어디에나 시뮬레이션이 있다. 사람들이 시뮬레이션으로 자기 자신을 복제하면 이 시뮬레이션 인간은 가상세계에서 기존의 사람들과 거의 비슷한 의식적 경험을 한다. 주인 공 폴 더럼Paul Durham은 법적 지위를 거의 인정받지 못하는 복제 인간으로 자기만의 시뮬레이션 세계를 만들어 실험한다.

소설 속에서는 평범한 전면 시뮬레이션 없이도 세계를 창조할 수 있다는 점이 밝혀진다. 더럼은 시뮬레이션을 수정하여 자기가 존재하는 공간 및 시간을 기존 시뮬레이션과 완전히 단절시킨다. 그렇게 하더라도 계속 존재한다. 그는 자기 시뮬레이션을 점점 더 잘게 쪼개어 여러 단절된 조각들을 만들지만, 여전히 존재한다.

결국 시뮬레이션 조각들이 서로 아무런 연결고리도 없이 공간과 시간 속에 완전히 흩어져 버리지만, 그와 그의 세계는 여전히 존재한다.

자기 자신의 조각들을 흩뿌리던 더럼은 근본적으로 우주 자체가 구조 없이 흩어진 조각들로 구성되어 있다는 이론을 세운다.

삑. "실험 제4호. 모형을 50개 섹션과 20회 세트로 분할한다. 섹션과 상태는 1000개 클러스터에 무작위로 배정한다.", "하나. 둘. 셋."

폴은 숫자 세기를 그만두고 기지개를 켠 뒤 자리에서 천천히 일어났다. 그는 방 안을 한 바퀴 둘러보면서 여전히 손상 없이 완전한지 확인했다. 그리고는 조용히 말했다. "이건 먼지다. 모든 게 전부 먼지다. 이 방, 이 순간은 행성 전체에 흩뿌려지고 500초가 넘는 시간에 흩뿌려졌지만, 여전히 하나로 모여 있다. 이게 어떤 의미인지 아직도 모르겠는가?" (…)

"우주에 아무런 구조도 없고 아무런 모양도, 아무런 연결도 없다고 (…) 상상해 보라. 구름 같은 미시적 사건들이 마치 시공간의 파편처럼 (…) 그렇지만 애초에 공간이나 시간조차 없을 수도 있다. 어떤 순간, 어떤 공간 지점은 어떻게 특정하는가? 그저 근본 입자장의 값, 그저 숫자 몇 개일 뿐이다. 이제 위치, 배열, 순서 따위의 개념을 다 지우고 나면 무엇이 남는가? 무작위 숫자의 구름만이 남는다."

"이거다. 이게 전부다. 코스모스에는 형태가 없고, 시간이나 거리도 없고, 물리 법칙도 없고, 원인과 결과도 없다."

이 이론이 바로 '먼지 이론dust theory'이다. 이 이론은 공간과 시간 외부에서 아무런 원인과 결과도 없이 먼지 원자가 무작위로 흩어진 거대한 구름을 가정한다. 이처럼 흩어진 먼지가 각각 어떤 가능한 알고리즘도 실행할 수 있다는 게 핵심 아이디어다. 그러므로 먼지마다 온갖 가능한 세계를 시뮬레이션할 수 있고, 수많은 의식적 사람의 존재를 만들어낼

그림 51 먼지 이론: 무작위로 흩어진 먼지 구름을 바탕으로 하는 컴퓨팅과
그 컴퓨팅을 바탕으로 구성된 현실

수 있다. 더 사변적인 먼지 이론에서는 이러한 먼지 구름이 우리 현실의 기저라고 본다.

먼지 이론은 매우 흥미롭다. 만약 먼지 이론이 참이라면 온갖 결론이 뒤따라 도출된다. 이와 같은 먼지 구름이 아니더라도 다양한 물질이 우리 세계에 존재할 수 있다. 만약 먼지 한 톨에서 모든 알고리즘을 수행할 수 있다면 이러한 물질 또한 알고리즘을 수행할 수 있을 것이다. 만약 그렇다면 거의 모든 가능한 컴퓨터 프로그램이 세계 어딘가에서 운영되고 있으며, 모든 가능한 시뮬레이션 세계가 존재한다는 뜻이 된다. 모든 가능한 시뮬레이션 인간 또한 존재할 것이다. 눈앞이 어지러워지는 광경이다. 세계 또는 사람을 이렇게 쉽게 시뮬레이션할 수 있다면 시뮬레이션이라는 개념 자체가 너무나 사소해질 것이다.

먼지 이론은 수많은 의문을 불러일으킨다. 첫째, 《순열 도시》의 줄거리와 관련하여 작중에서 굳이 전면 시뮬레이션을 창조하려는 사람이 있을까? 만약 가능한 시뮬레이션이 모두 이미 먼지 속에서 실행되고 있다면 이 질문은 의미 없는 질문이다.

둘째, 분할 실험에서 더럼이 사용하는 프로그램에는 흩어진 조각들을 다시 하나로 합치는 기능이 있다. 그렇다면 이 먼지 시뮬레이션들은 진정으로 완전히 흩어지고 단절되었다고 할 수 있을까? 만약 이 조각들이 진정으로 흩어지지 않았다면 흩어진 먼지가 시뮬레이션을 실행할 수 있다는 더럼의 결론은 그다지 분명히 보이지 않는다.

셋째, 모든 가능한 세계가 존재한다면 어떻게 과학이 성립하겠는가? 대부분의 세계는 무질서하고 예측할 수 없는 상태일 것이다. 그렇다면 우리 세계처럼 매우 질서 정연한 세계에 살고 있다는 건 너무나 놀라운 일이 된다.

먼지 이론에는 가정이 잘못되었다는 깊은 문제도 있다. 여기서 잘못된 가정이란 알고리즘을 실행하고 현실을 만들고 의식을 창조하는 데 인과관계 패턴이 아무런 영향을 미치지 않는다는 가정이다. 사실 원인과 결과가 형성하는 복잡한 구조야말로 이 모든 것의 핵심이다. 이건의 먼지 구름에는 이러한 구조가 존재하지 않는다. 그러므로 먼지는 진짜 알고리즘, 진짜 시뮬레이션 세계 또는 진짜 시뮬레이션 인간을 뒷받침할 수 없다.

이 지점이 내가 주장하려는 시뮬레이션 실제론 논증의 핵심이다. 컴퓨터 시뮬레이션은 단순히 목적 없는 먼지 구름이 아니다. 컴퓨터 시뮬레이션은 세밀하게 조정된 물리적 시스템이며 그 구성 요소들은 복잡한 인과관계 패턴에 따라 상호 작용한다. 이러한 인과 구조야말로 비시뮬레이션 세계와 동등한 진짜 현실을 만드는 요소다.

이 논증을 명확하게 설명하려면 알고리즘과 물리적 시스템 간의 관계를 우선 살펴보아야 한다.

물리적 시스템의 컴퓨팅

컴퓨터 프로그램과 물리적 시스템 간에는 어떤 관계가 있을까? 여기에는 거대한 수학적 컴퓨팅 이론이 있다. 이 이론은 튜링 기계, 유한 오토마타, 라이프 게임을 비롯한 셀룰러 오토마타 및 다양한 알고리즘을 포함한 추상적 시스템을 가정한다. 이 이론은 다양한 컴퓨팅 시스템이 어떤 종류의 문제를 해결할 수 있는지, 어떠한 방식으로 문제를 해결하는지 알려준다.

컴퓨팅은 단순히 수학적인 개념이 아니다. 컴퓨팅은 물리적 개념이기도 한데, 물리적 기기에서 이루어지기 때문이다. 내 데스크톱 컴퓨터는 현재 이맥스Emacs 워드프로세싱 알고리즘을 실행하고 있으며 내 스마트폰은 메시지 알고리즘을 실행하고 있다. 인간의 뇌가 신경망 학습 알고리즘 등 다양한 알고리즘을 실행한다고 주장하는 이들도 많다.

수학적 컴퓨팅 시스템과 물리적 컴퓨팅 시스템 사이의 간격을 살펴보려면 컴퓨팅의 초기 시대로 거슬러 올라가야 한다. 19세기 중반, 영국의 발명가 찰스 배비지가 차분기관 및 그보다 훨씬 복잡한 해석기관을 비롯한 여러 컴퓨터의 수학적 설계를 제시했다.

배비지의 동료였던 에이다 러브레이스Ada Lovelace는 특정 수열을 계산하기 위해 해석기관을 가동하는 알고리즘을 설계했다. 배비지는 이러한 컴퓨팅을 실행할 기계적 시스템의 청사진을 상세하게 만들었다. 그러나 공학 측면의 한계와 재정적 한계 때문에 끝내 이 기관들을 완성하지는 못했다.

이로부터 한 세기 후, 마찬가지로 영국 출신의 비범한 수학자였던 앨런 튜링Alan Turing이 등장했다. 영화 〈이미테이션 게임〉에서 베네딕트 컴버배치Benedict Cumberbatch가 연기했던 인물이 바로 앨런 튜링이다. 1936년, 그는 어떤 컴퓨터 프로그램이든 실행할 수 있는 보편 컴퓨터의 수학적 모델을 최초로 구상했다. 이 모델은 훗날 튜링 기계Turing Machine라는 이름으로 알려진다.

1940년 블레츨리 공원에서 튜링과 그 동료들은 독일의 에니그마 암호 체계를 해독하기 위해 프로그래밍 불가능한 해독 기기 봄브Bombe를 만들었다. 1943년에는 블레츨리 공원에서 튜링과 함께했던 토미 플라워스Tommy Flowers이 기기보다 훨씬 복잡한 콜로서스Colossus를 개발했다. 콜로서스는 프로그래밍 가능한 최초의 전자 컴퓨터다. 튜링의 수학 연구가 콜로서스를 비롯한 후속 컴퓨터에 어느 정도의 영향을 미쳤는지를 두고 논쟁이 벌어지고 있지만, 수학적 모델이 완성된 시기부터 물리적 구현이 이루어지기까지 채 10년도 걸리지 않았다는 점은 매우 인상적이다.

물리적 시스템은 수학적 컴퓨팅을 실현하는 데 정확히 어떤 역할을 할까? 이 문제는 종종 컴퓨터과학에서 당연한 일처럼 여기지만, 사실 여기에는 흥미로운 철학적 질문이 숨어 있다. 존 콘웨이의 라이프 게임을 예시로 들어보자. 라이프 게임은 추상적 세포 자동자이므로(제8장을 참조하라) 수학적 객체로 볼 수 있다. 그렇지만 한편으로는 세계 곳곳의 물리적 컴퓨팅 기기에서 실행된다.

그렇다면 물리적 기기는 라이프 게임을 구현하는 데 어떤 역할을 할까? 우리가 아이폰으로 라이프 게임을 실행해 특정한 크기와 모양의 글라이더 건을 구현한다고 해보자. 그렇다면 아이폰이라는 물리적 시스템은 글라이더 건을 구현하는 데 어떤 역할을 할까?

자연스럽게 생각해보자. 아이폰은 아이폰의 내부 상태를 글라이더

건의 세포 상태로 매핑해 라이프 게임의 글라이더 건을 구현한다. 두 상태가 서로 대응되면 올바른 구조가 유지된다. 핸드폰의 트랜지스터는 라이프 그리드의 세포를 매핑할 수 있다. 각 아이폰 트랜지스터는 전압이 높거나 낮다. 전압이 낮으면 라이프 세포는 죽어 있다. 전압이 높으면 라이프 세포는 살아 있다. 글라이더 건은 이러한 방식으로 구현된다.

여기서 그렉 이건의 먼지 이론을 생각해보자. 먼지 이론에 따르자면 무작위 먼지 입자는 너무나 많으므로 먼지 구름을 글라이더 건으로 매핑한 때가 언제나 존재한다. 모든 컴퓨팅에 대해서도 마찬가지다. 그러므로 먼지는 모든 알고리즘을 구현한다. 알고리즘이 현실의 밑바탕이라면 먼지는 현실을 실현한다. 알고리즘이 의식의 밑바탕이라면 먼지는 모든 의식 상태를 만들어낸다.

이건의 이론에는 퍼트넘의 주장과 미국의 철학자 존 설John Searle의 이론이 반영되어 있다. 설은 1988년 저서 《표상과 현실Representation and Reality》에서, 퍼트넘은 모든 평범한 시스템의 바탕에 유한 자동자를 구현하는 매핑이 있다고 논했다. 돌멩이라는 체계 저변에 유한한 컴퓨터 프로그램이 있다는 뜻이다. 설은 1992년 저서 《마음의 재발견The Rediscovery of the Mind》에서 이렇게 썼다.

어떤 프로그램이든 그 프로그램을 구현하는 객체의 기술既述은 충분히 복잡한 모든 객체에서 찾아볼 수 있다. 예컨대 내 등 뒤의 벽에는 워드스타WordStar 프로그램의 형식 구조와 동형의 분자 움직임 패턴이 포함되어 있으므로 워드스타를 구현하는 셈이다. 그런데 벽이 충분히 넓다고 할 때 워드스타를 구현하고 있다면 그 벽은 뇌에서 구현되는 프로그램을 포함한 모든 프로그램 또한 구현하고 있을 것이다.

이 견해는 물리적 컴퓨팅 자체를 아무것도 아닌 일로 전락시킬 수 있다. 설은 벽과 같은 물리적 시스템이 프로그램을 구현하는지 아닌지는 보는 이의 눈에 따라 달라지므로 사실 객관적인 문제가 아니라고 결론지었다. 이건은 모든 프로그램이 언제나 구현되고 있다고 결론지었다. 퍼트넘은 정신이 컴퓨터 프로그램을 바탕으로 한다는 철학적 견해인 기능주의functionalism가 거짓일 수 있다고 결론지었다.

공교롭게도 나는 오래전 이러한 논증을 반박하는 논문을 펴낸 적이 있다. 이 논문은 1992년 오늘날의 수많은 토론 포럼의 선조 격인 인터넷 토론 포럼 유스넷Usenet의 토론 그룹 'comp.ai.philosophy'에서 시작되었다. 이 토론 스레드의 제목은 '돌멩이는 모든 유한 자동자를 구현하는가?'였다. 어떤 이들은 퍼트넘의 논증을 따라 물리적 컴퓨팅이 사소하다고 주장했고, 나는 사소하지 않다고 주장했다.

결국 나는 오래지 않아 이 주제로 두 편의 논문을 펴냈다. 하나는 유스넷 스레드와 동명의 제목이었고 다른 하나는 〈컴퓨팅의 구현에 관하여On Implementing a Computation〉였다. 이 논문은 이건의 소설이 출판되던 즈음인 1994년과 1996년 철학 저널에 게재되었으므로 당시 나는 이건의 이론을 알지 못하는 상태였다. 그렇지만 내 답변은 퍼트넘과 설의 논증은 물론 이건의 논증에도 그대로 적용된다.

먼지에서 라이프로 논증

《순열 도시》에서 이건은 먼지 입자를 알고리즘 프로세스에 매핑하는 방법을 자세히 설명하지 않았다. 설 또한 별다른 세부 사항을 밝히지 않았고, 퍼트넘은 이들보다는 조금 더 자세히 설명했다. 그렇지만 라이프 게임의 모든 프로세스를 거대한 먼지 구름으로 구현한다는 단순한 논증은 어렵지 않게 세워볼 수 있다. 이를 '먼지에서 라이프로 논증'이라고 해보자.

먼저 라이프 게임의 간단한 프로세스부터 시작해보자. 블링커blinker는 일렬로 놓인 세 개 셀이 그 자리에서 수직과 수평으로 번갈아 놓이며 무한히 깜빡인다. 우리의 라이프 세계가 가로 세 개, 세로 세 개 셀로 구성된다고 해보자. 시작 상태에서는 중간 행의 셀 세 개가 살아 있고, 상단과 하단의 행을 이루는 셀은 죽어 있다. 정중앙의 셀은 두 개의 살아있는 셀과 인접하므로 그대로 살아 있다. 중간 행의 왼쪽 셀과 오른쪽 셀은 살아 있는 인접 셀이 한 개뿐이므로 죽는다. 중간 열의 상단과 하단 셀은 각각 살아 있는 셀 세 개와 인접하므로 살아난다. 사방 모서리의 셀은 살아 있는 인접 셀이 두 개씩이므로 그대로 죽어 있다. 그 결과 수평을 이루던 세 개 셀이 수직을 이루는 세 개 셀로 바뀐다. 그다음에는 같은 논리를 따라 수직 열이 수평 행으로 바뀌고, 이후로도 영원히 수직과 수평을 오가며 깜빡인다.

이제 공간과 시간 바깥에 무한한 먼지 구름 입자가 있다고 가정해보자. 각 먼지 입자는 이진 상태에 놓여 있는데, 이를 뜨거운 상태와 차가운 상태라고 해보자. 무한한 수의 뜨거운 입자와 무한한 수의 차가운 입자가 아무런 조직이나 구성없이 존재한다. 이건, 퍼트넘, 설에게 영감을 얻은 이 논증에서 먼지 구름은 다음의 방식으로 블링커를 구현한다.

블링커를 나눠서 생각해보자면 아홉 개의 라이프 셀이 각 시점에 살아 있거나 죽어 있는 상태로 한 세대를 이루어 세대 단위로 반복된다고 볼 수 있다. 첫 번째 세대에서는 중간 열의 라이프 셀 세 개가 살아 있고 나머지는 죽어 있다. 먼지 구름 안에서 이 구조를 찾으려면 세 개의 뜨거운 먼지 입자와 여섯 개의 차가운 먼지 입자를 찾으면 된다. 그리고는 세 개의 뜨거운 먼지 입자를 살아 있는 셀에 매핑하고, 여섯 개의 차가운 먼지 입자를 죽은 셀에 매핑하면 된다. 이렇게 하면 먼지 구름에서 첫 번째 세대를 찾은 셈이다.

두 번째 세대도 거의 같은 방식으로 찾을 수 있다. 세 개의 뜨거운 입

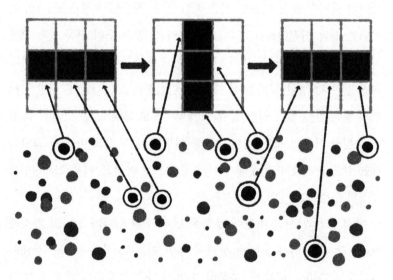

그림 52 먼지에서 라이프로 논증.
무작위로 선택한 먼지 셀이 라이프 게임에서 규칙을 따라 움직이는 셀에 매핑된다.

자를 더 찾아 살아 있는 중간 열 셀 세 개에 매핑하고, 여섯 개의 차가운 입자를 더 찾아 죽은 셀 여섯 개에 매핑한다. 이렇게 하면 먼지 구름에서 두 번째 세대를 찾은 셈이 된다. 이 프로세스를 계속 반복하면 먼지 구름에서 수직과 수평으로 놓이길 영원히 반복하는 블링커를 찾을 수 있다.

먼지 입자를 블링커 셀로 매핑하는 것만으로도 알고리즘을 구현할 수 있다면, 먼지 입자가 블링커 알고리즘을 구현한다고 할 수 있다. 라이프 게임의 모든 프로세스에 대해서도 이론상 같은 논리가 적용된다. 심지어는 먼지 구름 속에서 인간 뇌의 알고리즘 구조를 찾을 수도 있다.

당연하게도 먼지 구름에는 라이프 알고리즘에 꼭 필요한 핵심 구조가 없다는 지적이 나올 것이다. 특히 블링커는 '같은' 라이프 셀(즉, 중간 열과 중간 행의 양 끝 셀)이 살아났다가 죽기를 거듭해야 한다. 먼지 구름에서는 이와 같은 일이 일어나지 않는다. 뜨겁다가 차갑기를 반복하는 먼지 입자는 없다. 다만 뜨거운 입자가 있고, 이 입자와 아예 동떨어진 차가운 입자도 있을 뿐이다. 시간이 부재하므로 셀이 살아 있는 상태에서 죽어 있는 상태로 '전환'되는 데 상응하는 개념도 없다. 사실상 먼지 구름은 블링커의 몇몇 정적 상태를 구현할 수는 있으나 그 역학은 구현하지 못한다.

이건이라면 이를 어렵지 않게 수정하여 먼지 구름에 역동적인 구조가 존재하도록 만들 수 있을 것이다. 먼지 입자가 시간상에 존재한다고 가정해보자. 무한한 수의 입자가 각 시점에 무작위로 뜨거운 상태 또는 차가운 상태가 된다. 그렇다면 우리는 정중앙 셀에 대응할 언제나 뜨거운 입자 한 개, 각 모서리 셀에 대응할 언제나 차가운 입자 네 개, 뜨거운 상태와 차가운 상태를 번갈아 되풀이하는 셀 네 개를 찾으면 된다.

이때 마지막 네 개 중 두 개는 뜨거운 상태에서 시작해 중간 행의 양 끝 셀에 대응하고, 나머지 두 개는 차가운 상태에서 시작해 중간 열의 양 끝 셀에 대응한다. 먼지 구름이 거대하다면 백만 세대에 걸쳐 위와 같은 방식으로 움직이는 입자 아홉 개를 찾을 수 있을 것이다. 이때 백만 세대면 이 논의에서는 충분하다고 해보자. 이제 이 입자 아홉 개를 블링커의 셀 아홉 개에 각각 매핑해보자. 매핑된 셀은 블링커의 필수 조건인 전환을 정확하게 수행할 것이다. 그렇다면 이제 먼지가 블링커를 구현한다고 할 수 있을까?

이러한 형태의 먼지에서 라이프로 논증은 퍼트넘과 설이 제시한 논증과 유사하다. 이 논증들은 어떤 알고리즘이든 열심히 찾기만 한다면 이건의 먼지, 설의 벽 또는 퍼트넘의 돌멩이에서도 알고리즘을 이루는 일련의 상태들을 찾을 수 있다고 논한다. 만약 이것만으로도 모든 알고리즘을 구현할 수 있다고 한다면, 물리적 시스템의 컴퓨팅은 아무것도 아닌 일로 전락한다.

원인과 결과에 관하여

나는 먼지에서 라이프로 논증이 틀렸다고 생각한다. 가장 큰 문제는 먼지에서 라이프로 매핑, 즉 물리적 시스템에서 컴퓨팅 시스템으로의 매핑이 원인과 결과를 고려하지 않는다는 점이다. 라이프 게임을 실행하려면 각 셀이 올바른 순서대로 살아 있는 상태와 죽어 있는 상태를 반복하는 것만으로는 부족하다. 진정 라이프 게임이라 할 수 있으려면 이

셀들이 올바른 방식으로 상호 작용해야 한다.

라이프 게임에는 규칙이 있다. 살아 있는 셀 한 개에 인접한 셀 중 세 개가 살아 있다면 그 셀은 죽는다. 물리적 시스템은 이러한 규칙을 기능으로 구현해야 한다. 먼지 입자가 차가워진다면 이는 인접 입자 세 개가 뜨겁기 때문이어야 한다. 그러므로 먼지가 라이프 게임을 구현하려면 먼지 입자들이 라이프 게임의 규칙을 반영하는 방식으로 원인과 결과를 통해 상호 작용해야 한다. 산산이 흩어져 무작위로 행동하는 먼지 입자들은 결코 이처럼 원인과 결과를 통해 상호 작용하지 않을 것이다. 그러므로 먼지는 라이프 게임을 구현하지 못한다.

게다가 물리적 시스템이 라이프 게임의 블링커를 구현하려면 단순히 올바른 상태 배열을 따라 진행하는 것보다 더 많은 요소가 필요하다. 라이프 게임을 실제로 구현할 때는 구현한 시스템이 다양한 종류의 초기 상태를 처리하여 수많은 배열을 도출한다. 다른 배열을 도출할 때에도 시스템은 같은 규칙을 따른다.

만약 시스템이 다른 초기 상태로 시작했다면(IF), 그 시스템은 다른 특정 패턴으로 진행되었을 것이다(THEN). 더 일반적으로 말해보자. 만약 셀이 해당 시점에 살아 있는 셀 세 개와 인접한 상태에 있었다면(IF), 그 셀은 죽었을 것이다(THEN). 이 구조는 모두 라이프 게임을 구현하는 데 절대적으로 필요하다. 이번에도 먼지 구름에 이러한 구조가 있으리라고 생각할 만한 근거는 없다.

철학자들은 이러한 IF-THEN 제약 조건을 가리켜 '반사실'이라고 한다. 반사실이란 일어날 수도 있었으나 일어나지 않은 일을 말한다. 제2장에서 우리는 공룡이 유성우로 인해 멸종하지 않았다면 어떤 일이 일어났을지 시뮬레이션하는 때를 고찰해보았다.

이처럼 실제로는 일어나지 않은 일이 만약 일어났더라면(IF) 다른 어떤 일이 뒤이어 일어났을 것(THEN)이라는 게 반사실이다. 예컨대 누가 유리잔을 떨어뜨렸다면(IF) 유리잔은 깨졌을 것이다(THEN). 크리켓 경기를 예시로 들면, 만약 공이 타자의 다리에 맞지 않았더라면 (IF) 위켓을 맞췄을 것이다(THEN). 이는 타자가 아웃되는 기준에 대한 반사실이다. 크리켓을 좋아한다면 알겠지만, 이러한 반사실은 보는 이의 눈에 따라 달라지지 않는다. 대개는 다리에 맞지 않았더라면 공이 위켓을 맞췄을지, 맞추지 못했을지에 관한 객관적인 사실이 존재하며, 심판이 이를 판단할 수 있다.

반사실은 수많은 현상을 이해하는 데 필요하며 특히 원인과 결과의 프로세스를 이해하는 데 매우 중요하다. 사실 수많은 철학자가 무언가가 다른 무언가를 유발한다는 건 둘 사이에 적절한 반사실 관계가 있다는 것과 같다고 본다. 불을 피웠기 때문에 연기가 난다는 말은 불을 피우지 않았더라면 연기가 나지 않았을 것이라는 말과 같다.

확실히 반사실은 컴퓨팅에 관련되는 원인과 결과를 이해하는 데 필요하다. 라이프 게임 속 일련의 상태를 미리 녹화한 동영상이 컴퓨터 화면에 실행되고 있다고 해보자. 이때는 다른 셀이 있더라도 화면은 라이프 게임이 규정한 행동을 실행하지 않고 그저 녹화된 행동을 실행한다. 그러므로 이 화면은 사실상 라이프 게임을 구현하지 못한다. 물리적 컴퓨팅의 본질은 적절한 반사실 패턴, 적절한 원인과 결과 패턴이다.

이처럼 인과관계 측면에서 컴퓨팅을 이해한다면 먼지에서 라이프로 논증은 더는 작동하지 않는다. 아무리 고심해서 입자를 선택한들 그 입자에는 적절한 인과 구조가 없다. 적절한 반사실을 만족하지도 못한다. 어쩌면 누군가는 충분히 많은 입자를 충분히 오랜 시간 동안 살펴본다면 언젠가는 적절한 인과 구조에 따라 블링커 또는 글라이더 건을 구현하는 방식으로 상호 작용하는 입자들을 찾을지도 모른다고 생각할 수도 있다.

제24장에서 살펴볼 볼츠만 두뇌 사고 실험이 어느 정도 이런 식이다. 이러한 조건에서라면 진짜 라이프 게임을 구현할 수 있을 것이다. 그렇지만 이는 이건이 제시한 시간도 공간도 구조도 없이 흩어진 먼지 구름과는 거리가 멀다. 라이프 게임을 구현하려면 원인과 결과가 얽히고설킨 구조가 있어야 한다. 그러한 구현은 극도로 드물 것이다.

그렉 이건은 본인의 웹사이트에서 '먼지 이론 FAQ'라는 제목으로 인과관계에 대한 반론을 직접 고찰했다. 그는 이렇게 말했다. "어떤 이들은 일련의 상태가 의식을 경험하려면 반드시 상태 사이에 진정한 인과관계가 있어야 한다고 논한다. 그렇지만 상태 사이에 상관관계는 물론 인과관계도 없다는 게 먼지 이론의 요점이다."

여기서 이건은 18세기 스코틀랜드의 위대한 철학자 데이비드 흄의 이론을 따라 원인과 결과가 규칙성의 문제라고 말하 있다. 이 이론을 간단하게 설명해보자면 이렇다. A가 B를 유발한다는 말은 언제나 A에 따라 B가 일어난다는 말과 같다. 왜 방아쇠를 당기면 총이 발사될까? 방아쇠를 당기면 언제나 이에 따라 총이 발사되기 때문이다. 이 간단한 인과 이론이 옳다면 먼지 구름에도 적절한 인과 구조가 있다고 할 수 있다. 적어도 라이프 시스템을 구성하도록 엄선한 입자들 사이에서는 어떤 셀에 세 개의 살아 있는 셀이 인접한다면 그 셀은 언제나 죽는다.

인과관계가 단순한 상관관계 또는 규칙성과 같다고 보는 견해는 철학자들 사이에서 비주류 견해로 꼽힌다. 그러나 인과관계에 대하여 흄식 규칙성 견해를 받아들인다고 하더라도 먼지 구름에서는 적절한 인과 구조를 찾을 수 없을 것이다. 흄의 의견에 공감하는 철학자들조차 단순한 상관관계가 인과관계를 내포하지 않는다는 격언을 인정한다.

먼지 입자 몇 개 사이의 부분 상관관계만으로는 먼지 입자 간에 인과관계가 있다고 볼 수 없다는 뜻이다. 인과관계가 있으려면 더 튼튼한 규칙성이 있어야 한다. 예컨대 엄선한 작은 부분집합이 아니라 '모든' 먼지 입자에 대해, 적어도 그중 폭넓은 부문에 걸쳐 같은 상관관계가 있어야 한다. 그러나 먼지 구름에는 진정한 원인과 결과에 필요한 전체 규칙성은 없고 오직 무작위적인 부분 규칙성만 있을 뿐이다.

퍼트넘과 설의 논증에도 똑같이 답변할 수 있다. 설이 제시한 벽을 워드스타 프로그램에 매핑할 수 있다고 하더라도, 이 프로그램을 구현하는 데 필요한 인과적이고 반사실적인 복잡한 구조가 존재한다고 생각할 근거는 없다. 퍼트넘이 제시한 돌멩이를 평범한 자동자에 매핑할 수 있다고 하더라도, 그 자동자를 구현하는 데 필요한 복잡한 구조가 있다고 생각할 근거는 없다.

물론 이야기는 여기서 끝나지 않는다. 어떤 철학자들은 비교적 단순한 시스템이라면 이처럼 더 강한 제약을 만족할 수 있다고 논한다. 나는 이러한 논증에 대해서도 하나씩 반론을 제기하고 있다. 어쨌든 물리적 컴퓨팅을 인과적 구조 측면에서 이해한다면 적어도 컴퓨팅을 무의미한 일로 전락시키는 단순한 매핑 논증은 피할 수 있다. 요컨대 컴퓨팅을 구현하려면 적절한 인과 구조가 필요하고, 적절한 인과 구조는 결코 쉽게 얻을 수 없다.

인과 구조론

내가 이해하는 한 컴퓨팅의 본질은 구조다. 수학적 컴퓨팅은 '형식 구조'에 관한 문제다. 수학적 컴퓨팅에서는 특정한 형식적 규칙을 따르는 특정 비트 구조를 다룬다. 살아 있는 비트 다음에는 형식상 죽은 비트가 따라 나오는 식이다. 반면 물리적 컴퓨팅은 '인과 구조'에 관한 문제다. 물리적 컴퓨팅에서는 물리적 요소가 상호 작용하며 원인과 결과의 패턴을 만들어낸다. 어느 트랜지스터의 고전압이 다른 트랜지스터의 저전압을 유발하는 식이다.

내 '인과 구조론casual structuralism'에 따르면 물리적 시스템은 해당 시스템의 인과 구조가 컴퓨팅의 형식 구조를 '반영'할 때 수학적 컴퓨팅을 실행한다. 이 견해는 평범하게 컴퓨터를 구성하고 프로그래밍하는 방식과 일치한다. 해석기관의 청사진을 제시한 배비지는 해석기관 시스템의 물리적 메커니즘이 적절한 인과 패턴으로 상호 작용하여 자기가 설계한 수학적 구조를 반영하는지 확인하려 했다.

튜링이 봄브를 만들었을 때도 마찬가지였다. 현대 프로그래밍에서도 같은 작업을 한다. 프로그래밍 가능한 컴퓨터는 어떤 프로그램을 실행하는지에 따라 다양한 컴퓨팅을 구현할 수 있는 시스템이다. 이 과정에는 원인과 결과가 모두 개입한다. 프로그래머가 프로그램을 쓰고 사용자가 프로그램을 실행하면 물리적 프로세스가 실행된다. 내가 아이폰의 어느 앱을 열면 아이폰 내부에 설치된 물리적 회로가 해당 프로그램의 형식적 규칙을 반영하는 패턴으로 상호 작용한다.

나는 컴퓨터가 인과 기계causation machine라고 생각한다. 컴퓨터는 임의의 인과 구조로 배열할 수 있는 유연한 기계다. 그렇기에 시뮬레이션을 만들기에 더할 나위 없는 기기다. 우리가 어떤 시스템을 시뮬레이션하려 한다고 해보자. 기존 시스템에는 인과 구조가 포함되어 있다. 시뮬레이션을 구축할 때 이 인과 구조를 컴퓨터 내에 복제한다. 어떤 의미에서 보자면 기존 시스템이 어느 정도는 상세하게 컴퓨터 내에 인과적으로 반영되는 셈이다. 이렇게 인과 기계를 이용해 기존 시스템을 복제한다.

시뮬레이션 뇌도 마찬가지다. 우리가 뇌를 컴퓨터 시뮬레이션에 업로드할 때 어떤 일이 벌어질까? 본질상 업로딩은 뇌의 인과 구조를 보전하려는 시도와 같다. 이는 뉴런을 한 번에 하나씩 칩으로 교체하는 점진적 업로딩에서 특히 분명하게 드러난다. 점진적 업로딩에서는 새로운 칩이 기존의 뉴런과 똑같은 인과 패턴으로 주변 요소와 상호 작용하게 만들고자 한다.

모든 작업이 순조롭게 진행된다면 결국 860억 개의 칩이 860억 개의 뉴런과 똑같은 인과 구조로 상호 작용하게 된다. 마찬가지로 성공적인 뉴런 수준의 뇌 시뮬레이션에는 860억 개의 데이터 구조가 컴퓨터 내에서 똑같은 인과 구조로 상호 작용한다. 제15장에서 살펴본 점진적 업로딩 논증에 따르자면 칩 시스템과 뇌 시뮬레이션은 기존의 뇌와 똑같은 종류의 의식 상태를 가진다고 볼 근거가 있다. 만약 이러한 인과 구조가 파괴된다면 뇌의 의식 또한 보전되지 못한다.

무작위로 흩어진 먼지 구름에서는 컴퓨팅도 의식도 기대할 수 없다. 그러나 먼지 구름이 적절한 인과 구조를 형성한다면 한계는 없다. 컴퓨팅은 존재할 수 있다. 만약 컴퓨팅만으로 의식이 존재할 수 있다면 의식도 존재할 것이다. 컴퓨팅과 의식이 존재한다면 가상세계가 등장할 것이다.

제22장

현실은 수학적 구조인가?

1928년, 루돌프 카르나프Rudolf Carnap가 세계를 건설했다. 카르나프는 걸작 《세계의 논리적 구조Der logische Aufbau der Welt》에서 논리의 언어로 세계를 완전히 기술하려 했다. 카르나프는 제4장에서 처음 등장했던 과학적 사고방식의 철학자 집단인 빈 학파를 이끄는 주요 인물이었다. 철학의 기반을 과학에서 찾고 철학을 사용해 진보적인 사회 변화를 이끌어내는 게 빈 학파의 목표였다. 1920년대 말 전성기를 맞이한 빈 학파는 세계의 과학적 구성에 관한 철학적 선언을 발표했다.

1930년대 나치 시대가 다가오면서 빈 학파의 기세도 기울었다. 결국 이들은 주요 인물 중 한 명인 모리츠 슐리크가 1936년 편집증을 앓던 옛 학생에게 총격을 당하면서 비극적으로 막을 내렸다. 이후 한동안 이들의 개념은 논리 실증주의라는 조잡한 이름으로 불렸는데, 이는 완전히 대부분의 철학이 무의미하다고 일축하는 말이었다. 그러나 최근 수십 년 동안에는 카르나프와 빈 학파의 다채로운 철학적 견해가 널리 인정받고 있다.

빈 학파는 세계를 이해할 때 주관적 요소를 제거하는 데 초점을 맞추었으며 객관적인 일반 언어로써 현실을 객관적으로 기술하려 했다.《세계의 논리적 구조》에서 카르나프는 이를 논리의 언어로 풀어보려 했지만 대개 값진 실패작이라는 평을 받는다. 세계를 향한 카르나프의 객관적 기술은 주관적 경험에 관한 기술을 바탕으로 했다. 이 때문에 많은 이가 이 프로젝트가 시작부터 잘못될 수밖에 없다고 말한다. 앞서 살펴보았듯 모습만으로는 현실을 건설하기 어렵다. 카르나프는 최선의 시도를 보여주었으나 근본적인 한계를 뛰어넘지는 못했다.

그렇지만 카르나프의 프로젝트는 주관적 경험을 바탕으로 객관적 현실을 건설하는 데 그치지 않았다.《세계의 논리적 구조》에서 카르나프는 물리적 기술로도 마찬가지로 세계를 건설할 수 있다고 했다. 어떤 지점에서는《세계의 논리적 구조》제2편에 이런 내용을 담을 것이라고도 했다. 실제로 제2편을 저술하지는 않았지만, 이러한 요소는 1932년 논문〈보편적 과학 언어로서의 물리학 언어The Physical Language as the Universal Language of Science〉에 잘 담겨 있다. 두 프로젝트의 바탕에는 오늘날까지 과학 철학의 핵심을 차지하는 개념이 깔려 있다.

《세계의 논리적 구조》의 진짜 핵심은 주관적 경험이나 물리학의 언어로 세계를 기술하는 게 아니라 세계를 구조 측면에서 기술하는 것이었다. 여기서 구조란 논리적, 수학적 구조를 말한다. 카르나프의 목표는 현실을 논리적, 수학적 측면에서 완전히 기술하는 것, 이른바 현실의 '구조 기술structure description'이었다.

카르나프는 철도 시스템을 이용해 구조 기술을 설명했다. 여기서는 뉴욕시 지하철을 이용해 살펴보자. 그림 53은 맨해튼 남쪽 절반의 지하철 시스템을 서로 다르게 묘사한 두 가지 그림이다. 첫 번째 그림은 각 라인과 역에 이름이 붙어 있다. 이 지도는 R라인과 W라인에 8번 가/NYU 역이 있다는 걸 알려준다. 두 번째 그림은 각 라인과 역의 이름을 없앴다. 이 지도는 이 지역에 80개의 지하철역이 세는 방식에 따라 20여 개 라인에 걸쳐 특정한 복잡 패턴을 이루고 있다는 점을 알려준다.

비구조적 정보를 모두 제거하려면 역의 위치를 암시하는 모든 정보를 제거해야 하며 '역'과 '라인'이라는 단어도 없애야 한다. 이렇게 되면 80개의 개체entity가 20개의 열sequence에 걸쳐 특정한 복잡 패턴을 이룬다는 정보만 남는다. 이것이 지하철 시스템에 대한 구조 기술이다. 구

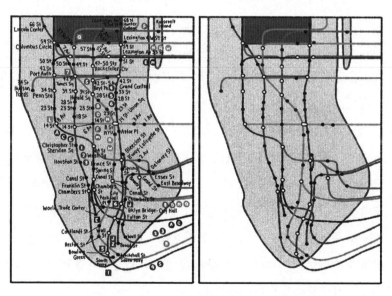

그림 53 뉴욕시 지하철 시스템에 대한 두 가지 기술.
이름이 있는 평범한 기술(좌측)과 이름이 없는 구조 기술(우측)

조 기술은 수학자들이 그래프graph라고 부르는 종류의 순수한 수학적 구조를 설명한다. 그래프란 서로 연결된 교점node 간의 시스템이다. 이 그래프는 지하철 시스템의 수학적 구조, 또는 적어도 그 일부를 설명한다.

이 이름 없는 그래프는 맨해튼 남쪽 절반의 지하철 시스템을 완전히 설명한 것과는 거리가 멀다. 여기에는 지하철 차량과 승객이 빠져 있다. 플랫폼과 에스컬레이터도 빠져있다. 역의 위치를 비롯한 다른 많은 사항도 빠져 있다.

카르나프가 그린 구조론에 따르자면 여기서 제외된 모든 정보도 그 이상의 구조에 포함될 수 있다. 이론상 지하철역과 플랫폼, 에스컬레이터, 지하철 차량도 논리적 또는 수학적으로 표현할 수 있다. 심지어 지하철을 이용하는 승객들도 수학적으로 기술할 수 있다. 만약 지하철 시스템에 관한 기술에 이 '모든' 요소를 포함해 수학적으로 풀어낸다면 이는 지하철 시스템에 대한 완전하고 객관적인 기술이 된다. 이 프로세스를 지하철에서 우주 전체로 확장하면 모든 현실에 관한 구조 기술이 된다.

카르나프가 논리와 수학만으로 모든 현실을 기술하는 데 성공했다고 보는 사람은 거의 없다. 나는 그가 실패하긴 했어도 성공에 상당히 근접했다고 생각한다. 2012년 저서 《세계의 건설》에서 카르나프의 시도에서 발견되는 여러 문제를 극복할 수 있다고 논했다. 만약 건설의 바탕을 주관적 경험뿐만 아니라 물리학까지 확장하고 기본 언어를 논리학과 수학뿐만 아니라 그 이상의 무언가로 확장한다면 카르나프식 건설은 성공할 수도 있다.

우리의 논증에서는 온 세계를 건설할 필요가 없다. 여기에서는 만약 우리가 시뮬레이션 안에 있다면 평범한 물리세계가 실제라는 시뮬레이션 실재론을 지지하는 데 구조론을 활용할 뿐이다. 이를 위해서는 물리학에 대한 구조론이 필요하다.

여기서 구조론은 20세기 중반 프랑스의 인류학자 클로드 레비스트로스Claude Lévi-Strauss를 비롯한 여러 인물이 주창한 문화 구조론과 혼동해서는 안 된다. 물리학에 관한 구조론이란 구조적인 측면에서 물리학을 완전히 기술할 수 있다는 이론이다. 간단하게 보자면 구조적 측면이란 논리적 측면을 포함한 수학적 측면으로 이해할 수 있겠지만, 논의를 진행하다 보면 결국 수학을 벗어나는 개념이 필요해질 것이다.

어쨌든 요지는 물리학이 설명하는 세계를 수학적으로 완전히 기술할 수 있다는 것이다. 만약 이것이 참이라면 시뮬레이션 실재론은 쉽게 증명할 수 있다.

과학은 세계를 어떻게 설명하는가?

뉴턴 역학, 일반 상대성 이론, 양자역학과 같은 과학적 이론들은 엄청난 성공을 거두었다. 현대 기술 대부분이 이 이론들은 바탕으로 탄생했다. 과학자와 공학자들은 이러한 이론에 의존하며 당연히 유효한 이론이라고 여긴다.

이러한 이론들은 현실을 정확히 어떻게 설명할까? 입자물리학의 표준 모형에서 쿼크 또는 힉스 보손 등의 입자를 가정한다. 실제로 쿼크나 힉스 보손을 직접 관찰한 사람은 아무도 없다. 그렇다면 이러한 입자는 실제로 존재할까? 아니면 이 이론은 그저 관찰을 예측하는 프레임

워크일 뿐일까?

여기에는 전통적으로 두 가지 견해가 있다. 과학적 실재론scientific realism에서는 성공적인 과학 이론과 모형들이 무엇이 실제인지에 관한 인사이트를 준다고 본다. 가장 탁월한 이론과 모형에서 어떤 개체를 가정한다면 우리는 그 개체가 실제로 존재한다고 믿어야 한다. 표준 모형들이 쿼크를 가정하므로 우리는 쿼크가 실제라고 믿어야 한다. 최고의 이론들이 전자기장을 가정하므로 우리는 전자기장이 실제라고 믿어야 한다.

과학적 반실재론scientific anti-realism에서는 성공적인 과학 이론이 무엇이 실제인지 알려주는 지침은 아니라고 본다. 오히려 이러한 이론들은 다양한 목적으로 사용할 수 있는 편리하고 유용한 프레임워크라고 보는 게 옳다. 가장 유명한 과학적 반실재론은 19세기 오스트리아의 물리학자 겸 철학자 에른스트 마흐Ernst Mach와 특히 관련이 깊은 도구주의 instrumentalism이다. 도구주의에 따르자면 과학적 이론은 우리 관찰의 결과를 예측하는 유용한 도구 또는 장치일 뿐이다.

과학적 반실재론에 따르자면 쿼크와 파동 함수를 가정하는 과학적 이론이 얼마나 성공적으로 작동하든 상관없이 이러한 요소들이 실제로 존재한다고 믿어서는 안 된다. 쿼크와 파동 함수가 존재하지 않는다고 주장하는 건 아니다. 다만 이론을 기준으로 이러한 요소의 존재를 믿어서는 안 된다는 뜻이다. 양자역학에 관한 유명한 도구주의적 표어에 따르자면 그저 '입 다물고 계산해야' 한다. 양자역학은 너무나 반직관적이기에 이를 이용해 우리가 아는 현실을 그려내기는 어렵다. 그렇지만 양자역학 계산은 우리가 측정하는 모든 결과를 예측할 수 있다. 이러한 식으로 양자역학을 활용하는 한편, 측정을 벗어나는 현실에 관한 연구된 불가지론을 고수해도 좋겠다.

과학적 실재론에서 가장 중요한 논증은 퍼트넘이 제시하고 호주의 철학자 J. J. C. 스마트J. J. C. Smart가 발전시킨 기적 불가no-miracles 논증이다. 이 논증은 성공적인 이론이 참이 아니라면 그 논문의 성공은 기적일 것이라고 말한다. 쿼크의 존재를 가정하고 기대되는 결과가 정확히 도출되었을 때, 기적이 아니고서는 쿼크 없이 그러한 결과가 도출될 수 없다는 뜻이다. 과학적 이론이 그처럼 잘 작동하는 이유를 설명하려면 과학적 현실이 필요하다는 게 이 논증의 요점이다.

과학적 비실재론에서 가장 중요한 논증은 미국의 철학자 래리 라우든Larry Laudan이 정립한 비관적 귀납pessimistic induction이다. 이 논증에서는 이제껏 정립된 거의 모든 과학적 이론이 시간이 지남에 따라 거짓으로 판명되었다고 논한다. 뉴턴 역학은 거짓으로 드러났다. 물질의 원자 이론도 거짓으로 드러났다. 이들이 양자 이론과 입자물리학의 표준 모형으로 대체되었듯, 많은 경우 초기 이론들은 그보다 더 정제된 후속 이론으로 대체된다. 새로운 이론은 대개 기존 이론이 상정한 주요 개체를 거부하고 새로운 계층의 개체를 가정한다. 그러므로 과학적 이론을 통째로 받아들이면 언젠가는 거짓으로 드러난다는 게 거의 확실하게 보장된다.

과학적 실재론은 과학적 반실재론보다 훨씬 인기가 많다. 2020년 전문 철학자를 대상으로 한 필페이퍼스 서베이에 따르자면 응답자 중 72퍼센트가 과학적 실재론을 받아들이거나 그에 기울었으며, 단 15퍼센트만이 과학적 반실재론을 받아들이거나 그에 기울었다. 과학적 실재론자들은 후속 이론이 적어도 기존의 이론보다 더 진실에 가까우므로 우리는 조금씩 현실에 다가가고 있다며 비관적 귀납을 반박한다. 그렇지만 과학적 이론이 무엇을 알려주는지는 여전히 흥미로운 질문으로 남아있다.

최근 수십 년 동안 과학적 실재론 중에서 가장 많은 인기를 구가한 형태는 구조 실재론structural realism이다. 간략하게 말하자면 구조 실재론은 과학적 이론이 논리적, 수학적 측면에서 완전히 규정할 수 있는 '구조'로 세계를 기술한다고 말한다. 구조 실재론은 카르나프와 러셀이 1920년대에 처음으로 명확히 정립했다. 이후 오랜 세월 동안 별다른 주목을 받지 못했던 구조 실재론은 1989년 영국의 과학철학자 존 워럴John Worrall에 의해 부활했다. 워럴은 이 이론이 과학적 실제론 논쟁의 '두 세계에서 가장 좋은 부분'을 취한다고 주장했다.

구조 실재론은 과학적 실재론의 기적 불가 논증에 대해, 과학적 이론의 성공은 그 이론의 구조가 세계에 현존하는 구조와 얼마나 일치하는지 설명할 수 있다고 본다. 또한 비관적 귀납에 대해서는 후대의 이론이 기존 이론에서 가정한 개체 일부를 제거한다고 하더라도 기존 이론의 수학적 구조는 대체로 유지한다고 본다.

구조 실재론에 따르자면 우리는 이론을 완전히 수학적 측면에서 기술하여 구조화할 수 있다. 앞선 소단원에서 우리는 뉴욕시 지하철 시스템을 구조화했다. 우선 지하철 지도를 하나의 백지도로 편성하여 역과 라인의 이름을 없애고, '역'과 '라인'이라는 이름 또한 없앴다. 마찬가지로 물리학 이론 또한 구조화할 수 있다. 이론을 수학적 측면에서 편성하여 객체의 모든 이름을 없앤 다음, '질량', '전하', '공간', '시간'과 같은 단어조차 없애는 것이다.

이론을 구조화하는 방법은 1929년 영국의 탁월한 철학자 프랭크 램지Frank Ramsey가 〈이론Theories〉이라는 논문에서 소개했다. 램지는 이듬해 스물여섯의 나이로 세상을 떠났으나 철학은 물론 수학과 경제학에도 수많은 업적을 남겼다. 그가 이론을 구조화하는 데 사용한 주요 도구를 가리켜 '램지 문장'이라고 하고 이론 구조화 과정을 '램지화ramsify'라고 한다.

예컨대 기본적으로 램지는 질량에 관하여 물리학에서 말하는 모든 것을 질량의 정의로 간주할 수 있다고 보았다. 그러므로 뉴턴의 관성 이론에서 "물체는 질량에 비례하여 가속에 저항한다."라고 말하는 대신 "물체는 그 물체가 가진 어떤 성질에 비례하여 관성에 저항한다."라고 말할 수 있다. 이렇게 하면 질량이라는 단어를 사용하지 않고 뉴턴 역학을 기술할 수 있다. 같은 방식으로 힘, 전하, 공간, 시간 등의 단어도 제거한다면 결국에는 완전히 수학적, 논리적 측면에서 기술한 물리학이 남을 것이다.

구조론의 관점에서 보자면 현대 물리학은 궁극적으로 "여기에 일곱 가지 성질이 존재하며 이 성질들은 다음 방정식을 만족한다."라고 말한 다음 양자역학이나 상대성의 법칙을 제시한다고 정리할 수 있다. 그렇다면 물리세계를 논리적, 수학적으로 기술하는 셈이 된다.

그렇다면 이러한 수학적 구조가 물리세계의 전부일까? 존재론적 구조 실재론ontological structural realism 또는 존재적 구조 실재론ontic structural realism에서는 그렇다고 답한다. 물리현실은 순수하게 구조로 이루어져 있다. 존재론은 존재를 연구하는 학문이다. 존재적 구조 실재론에서는 순수한 구조가 물리세계에 실제로 '존재한다.'고 본다. 대략 말하자면 물리세계는 논리적, 수학적 측면에서 완전히 기술할 수 있다.

반면 인식적 구조 실재론epistemic structural realism에서는 물리세계에 구조만 있는 것이 아니며, 적어도 구조만 있을 필요는 없다고 말한다. 인식론은 지식을 연구하는 학문이다. 인식적 구조 실재론에서는 우리가 물리세계에 관하여 알 수 있는 건 수학적 구조가 전부이며, 현실 저변에 구조를 벗어나는 무언가가 있다고 하더라도 우리가 아는 수학적 구조와 양립한다고 말한다.

제8장에서 논했던 순수 비트에서 존재로 견해를 다시 떠올려보자. 순수 비트에서 존재로 견해에 따르자면 물리학에서 존재하는 모든 것은 순수 비트 구조다. 이는 존재론적 구조 실재론의 한 갈래다. 존재론적 구조 실재론에서는 구조가 반드시 디지털 구조를 말하는 것은 아니므로 순수 비트에서 존재로 견해보다 더 일반적이다. 그러므로 이를 '순수 구조에서 존재로pure it-from-structure' 견해라고 할 수 있겠다.

순수 구조에서 존재로 견해는 존재에서 비트에서 존재로 견해와 대조된다. 존재에서 비트에서 존재로 견해에서는 디지털 물리학의 비트가 그보다 더 근본적인 존재에서 비롯된다고 본다. 이 견해는 인식론적 구조 실재론의 정신을 따른다. 과학적 이론은 비트 구조를 밝히지만, 과학으로는 알 수 없는 무언가가 이러한 비트를 실현한다고 본다. 만약 이 견해를 디지털 구조 이상으로 일반화한다면 물리객체의 바탕에는 구조가 있고, 그 구조의 바탕에는 그보다 더 근본적인 무언가가 있다는 '존재에서 구조에서 존재로it-from-structure-from-it' 견해가 된다.

인식론적 구조 실재론은 존재에서 구조에서 존재로 견해보다 한발 더 나아가 밑바탕의 '존재'는 과학으로 밝힐 수 없다고 주장한다. 알려지지 않은 무언가, 또는 적어도 물리학 이론으로 밝힐 수 없는 무언가를 X라고 한다면 이 견해는 'X에서 구조에서 존재로it-from-structure-from-x'라고 할 수 있다.

제9장에서는 시뮬레이션 가설이 존재에서 비트에서 존재로 견해와

특히 잘 맞는다는 점을 살펴보았다. 이 가설은 X에서 비트에서 존재로 견해, 즉 인식론적 구조 실재론과도 잘 어울린다. 만약 우리가 완벽한 시뮬레이션 안에 있다면 물리학의 구조를 알 수 있으나 그 밑바탕에 무엇이 있는지는 알 수 없다. 이때 기저의 X에는 다음 우주의 컴퓨터 내 프로세스가 포함될 것이다.

우리의 논의에서는 인식론적 구조 실재론과 존재론적 구조 실재론 중 하나를 택해야 할 필요는 없다. 그보다는 세계가 구조적이라는 걸 과학적 이론이 어떻게 설명하는지에 관한 비교적 약한 주장만 빌려오면 된다. 이 주장은 인식론적 구조 실재론과 존재론적 구조 실재론 양측 모두와 양립한다.

물리학은 수학인가?

구조론에는 먼지 문제가 있다. 제21장에서 살펴본 그렉 이건의 먼지 이론을 다시 떠올려보자. 이 이론에 따르자면 자칫 모든 컴퓨터 프로그램 구조가 무작위 먼지 구름에서 발견될 수도 있다. 만약 그렇다면 콘웨이의 라이프 게임부터 마이크로소프트 워드까지 모든 종류의 컴퓨터 프로그램이 먼지 구름에서 운영된다. 이 프레임워크는 컴퓨팅을 무의미하고 공허한 일로 전락시킬 위험이 있다.

물리학 이론에도 같은 문제가 있다. 자칫 모든 물리학 이론의 구조가 무작위 먼지 구름에서 발견될 수도 있기 때문이다. 이를 구조론과 결합한다면 먼지 구름이 온갖 물리학 이론을 참으로 만드는 셈이 된다. 먼지 입자가 충분하다면 발사체의 운동을 설명하려고 했던 아리스토텔레스의 옛 임페투스 이론 또한 먼지 구름에서 발견할 수 있다. 아인슈타인이 특수 상대성 이론으로 반박한 에테르 이론의 구조 또한 먼지 구름에서 발견할 수 있다. 끈 이론도 마찬가지다. 먼지 구름 구조가 이러한 이론들을 참으로 만들기에 충분하다면, 물리학 이론은 무의미하고 공허한 것으로 전락한다.

나는 이를 '먼지에서 물리학으로dust-to-physics 문제'라고 부르겠다. 이 문제가 얼마나 심각한지 알아보기 위해 우선 이보다 더 심각한 문제인 '수에서 물리학으로numbers-to-physics' 문제를 살펴보겠다.

수에서 물리학으로 문제는 다음과 같이 진행된다. 물리학 이론이 순수하게 수학적이라고 가정해보자. 그렇다면 수처럼 순수하게 수학적인 객체에서도 물리학 이론의 수학적 구조를 발견할 수 있는 것처럼 보일 것이다. 예컨대 뉴욕시 지하철 시스템 일부를 구조적으로 기술하려면 숫자 1부터 80까지가 20개 열에 적절하게 배열되어 있다고만 해도 된다. 적절한 방정식을 충족하는 수량의 수학적 구조만으로도 물리학을 공식화할 수 있다는 말이다.

우주 자체가 수학적 구조라고 보는 극단적 구조론자들은 이 견해에 이끌릴 수도 있겠다. 제8장에서 살펴보았듯 피타고라스는 모든 것이 수로 구성된다고 생각했다. 그보다 최근에는 우주론자 막스 테그마크Max Tegmark가 물리적 외부현실이 수학적 구조라는 '수학적 우주 가설mathematical universe hypothesis'을 주장하고 있다. 단순히 우주를 수학으로 기술할 수 있다는 게 아니라, '우주가 곧 수학'이라는 가설이다. 테그마크는 고전 구조론적 입장에서 자신의 견해를 설명하면서 수학적 구조만이 진정으로 인간 정신에서 독립적인 객관적 외부현실을 이룬다고 논했다.

수학적 우주 가설을 어떻게 생각하든 물리학 이론이 순수하게 수학적이라는 견해에는 벗어날 수 없는 반론이 하나 있다. 만약 이 견해가 참이라면 일관되는 모든 이론 또한 참이 된다는 반론이다. 뉴턴의 역학 이론을 예로 들어보자. 물리학 이론이 순수하게 수학적이라면 뉴턴의 이론은 어떤 수학적 구조가 존재한다고 말하는 이론이 된다. 이제 뉴턴의 이론이 어떤 실수에서 실수로의 함수가 존재한다는 이론이라고 해보자. 문제는 이러한 수학적 개체가 너무나 쉽게 존재할 수 있으며 그에 따라 뉴턴의 이론도 너무나 쉽게 참이 된다는 것이다. 수를 비롯한 수학적 개체는 물리학에 의존하지 않고도 존재할 수 있다.

어떤 수학적 함수가 어느 세계에 존재한다면 그 함수는 다른 모든 가능한 세계에도 존재한다. 이 세계들 중에는 아인슈타인의 물리학이 참인 세계도 있다. 만약 뉴턴의 이론이 단순히 그 수학적 함수가 존재한다는 이론이라면, 이 이론은 아인슈타인의 세계에서도 참이 된다. 물론 아인슈타인의 세계에서는 아인슈타인의 이론 또한 참이며, 그와 일관되는 다른 물리학 이론들도 모두 참이다.

말도 안 되는 결과다. 과학은 옛 이론이 잘못되었다는 걸 증명하는 과정에서 발전한다. 그런데 모든 이론이 참이라면 그 어떤 이론도 거짓임을 증명할 수 없다. 마이컬슨-몰리 실험, 수성의 근일점, 이중슬릿 실험 등 뉴턴 역학에 부합하지 않는 모든 실증적 증거들도 이 이론을 배제하지 못한다. 어쨌든 순수한 수학적 뉴턴 이론은 그대로 참이기 때문이다. 이 이론과 일관되는 모든 이론도 마찬가지다. 어떻게 만들든 모두 참이 된다. 모든 이론이 참이므로 단 하나의 올바른 이론을 찾기 위해 애쓸 필요도 없어진다.

수에서 물리학으로 문제를 피하려면 물리학 이론이 순수 수학적 구조 이상을 다루어야 한다. 여기에는 몇 가지 방법이 있다. 가장 쉬운 수

정법은 '존재'라는 개념과 관련된다. 존재는 논리학의 핵심 개념이다. E를 거꾸로 쓰면 존재를 뜻하는 기호가 된다. 예컨대 $\exists x(x^2=-1)$라고 쓴다면 제곱했을 때 -1이 되는 수가 존재한다는 뜻이다. -1의 제곱근(허수)은 실제로 존재한다. 그렇지만 수학적이 아니라 과학적으로 존재하려면 이 이상이 필요하다.

모든 과학적 이론은 입자, 장 등 무언가의 존재를 설명한다. 여기서 존재란 구체적 현실에 속하는 구체적 존재로 자연스럽게 이해된다. 입자가 마치 -1의 제곱근처럼 수학적 객체로써 단순히 추상적으로 존재한다는 설명만으로는 부족하다. 과학적 이론에서 존재는 구체적 존재로 해석되어야 한다. 이는 곧 과학적 이론이 참이 되기 어렵다는 뜻이다. 추상적 존재에서 구체적 존재로 넘어간다는 건 사실상 순수 수학에서 응용 수학으로 넘어간다는 것, 즉 수학적 이론을 구체적인 물리세계에 덧씌운다는 것이다.

그렇다면 구체적 존재란 정확히 무엇일까? 우선 객체에 인과력이 있다면 그 객체는 구체적으로 존재한다는 견해가 있다. 입자는 여러 가지를 유발할 수 있으나 수는 그렇지 않다. 이는 수에서 물리학으로 문제를 해결할 또 다른 방식을 제시한다. 요지는 수에서 찾아볼 수 없는 인과관계 패턴이 물리학에서 드러난다는 점이다. 이 아이디어를 뒷받침하기 위해 이제 먼지학에서 물리학으로 문제로 넘어가보자.

먼지 구름 안에는 물리학이 있는가?

먼지에서 물리학으로 문제는 케임브리지대학교의 수학자 막스 뉴먼

Max Newman으로 거슬러 올라간다. 뉴먼은 훗날 블레츨리 공원에서 튜링과 함께 일했으며 최초의 범용 컴퓨터 콜로서스를 설계하는 데에도 일조한 인물이다. 뉴먼은 물리학에 대한 구조론적 견해를 제시한 버트런드 러셀의 1927년 작 《물질분석The Analysis of Matter》을 검토하고 있었다. 러셀은 물리학 이론을 언제나 논리적, 수학적 형태로 쓸 수 있다고 주장했다. 뉴먼은 러셀의 견해에서 반박 불가능한 문제 하나를 발견했다.

뉴먼의 문제는 먼지 구름 속 입자를 비롯한 객체가 적절한 개수만큼 있다면 어떤 수학적 구조든 찾을 수 있다는 점을 말해준다. 예컨대 뉴욕시 지하철 시스템의 80개 역에 대한 구조적 기술은 80개 객체 집단으로 충족할 수 있다. 80개 먼지 입자가 어떠한 배열이든 이룬다면, 우리는 언제나 객체들 사이에서 지하철 시스템에 해당하는 배열을 찾을 수 있다.

앞선 장에서 살펴보았던 예시를 다시 살펴보자. 살아 있는 셀과 죽은 셀이 어떤 2차원 배열을 이룬다는 라이프 게임의 구조적 기술은 특정 규칙을 충족한다. 그렇다면 먼지 입자가 충분하다고 할 때 '살아 있는' 상태 또는 '죽은' 상태의 먼지 입자에 이러한 규칙을 충족하는 그리드 위치가 할당된 경우를 언제나 찾을 수 있다.

이는 라이프 게임은 물론 물리학의 구조적 기술에도 마찬가지로 강하게 적용된다. 먼지 입자가 충분하기만 하면 어떤 순수한 수학적 구조든 상관없이 언제나 이를 먼지 속에서 찾을 수 있다. 그렇다면 구조적 기술이 세계에 관하여 거의 아무것도 알려주지 못한다는 결론이 도출된다. 이런 식이라면 구조적 기술은 기껏해야 세계에 얼마나 많은 객체가 있는지를 말해줄 뿐이다. 이렇게 되면 우리의 이론들은 다시 한번 무의미한 것으로 전락한다. 어떤 이론이든 너무나 쉽게 참이 될 수 있기 때문이다.

앞서 컴퓨팅을 수행하려면 한 상태에서 다른 상태로의 전환을 규정하는 적절한 원인과 결과 패턴을 갖춘 적절한 인과 구조가 있어야 한다는 점을 밝혀 먼지에서 라이프 문제를 해결했다. 특히 라이프 게임의 규칙을 구현하려면 셀이 적절한 순서대로 움직이는 것만으로는 충분하지 않다. 셀은 적절한 반사실 또한 충족해야 한다. 예컨대 만약 셀에 살아있는 셀 네 개가 인접했더라면(IF) 그 셀은 꺼졌을 것이다(THEN). 이러한 종류의 인과 구조 및 반사실 구조 요건을 세운다면 임의의 먼지 입자 집합에서 어떠한 구조를 찾을 수 없게 된다. 그러므로 컴퓨팅 구현은 결코 무의미하거나 공허한 일이 아니다.

먼지에서 물리학으로 문제도 같은 방식으로 해결할 수 있다. 라이프 게임에 규칙이 있다면 물리학 이론에는 법칙이 있다. 예컨대 어떤 질량을 가진 물체가 어떠한 방식으로 행동하는 것만으로는 뉴턴의 중력 법칙을 충족하지 못한다. 이 물체는 적절한 반사실을 충족해야 한다. 다시 말해 만약 어떤 질량을 가진 두 물체가 서로 인접했더라면(IF) 두 물체는 일정한 힘으로 서로를 끌어당겼을 것이다(THEN).

이처럼 구조에 법칙과 반사실이라는 요건을 제시한다면 더는 임의의 먼지 입자 집합 이론으로 구조를 찾을 수 없다. 게다가 이러한 요건은 수에서 물리학으로 문제도 해결한다. 먼지와 마찬가지로 수에도 이러한 인과 구조가 없기 때문이다. 그러므로 물리학 이론은 결코 무의미하거나 공허한 일이 아니다.

물리학 이론을 이런 식으로 이해한다면 구조론적 현대 물리학은 "여기에 일곱 가지 성질이 존재하며 이 성질들은 다음 법칙을 만족한다."라고 말한 다음 양자역학이나 상대성의 방정식을 수학적 형태로 명시하여 제시한다고 정리할 수 있다. 여기서 법칙이라는 개념은 수학에 속하지 않으므로, 이론에 법칙을 이용한다는 건 이론의 내용이 순수 수학을 벗어난다는 뜻이다. 그러나 법칙은 물리학 이론 구조의 일부를 구성하며 이 이론에 대한 사람들의 이해 또한 구성한다. 우리는 그저 물리적 시스템이 적절한 반사실을 충족하도록 규정하는 자연법칙이 곧 물리학 이론의 방정식이라는 걸 인정하기만 하면 된다.

뉴먼의 문제를 해결할 다른 잠재적 방법들도 있다. 이 중 근본 성질에 호소하는 방법은 문제를 해결할 가능성이 크다. "여기에 일곱 가지 근본적인 성질이 존재하며 이 성질들은 다음 법칙을 만족한다."라고 말하면 된다는 뜻이다.

루돌프 카르나프는 이와 관련하여 자연적 성질에 호소하는 주장을 펼쳤다. 그는 자연성이라는 개념이 논리에 속하지만 이를 그럴듯하다고 여기는 이들이 아직 많지 않다고 주장했다. 그렇지만 근본성, 자연성, 법칙, 인과, 구체적 존재 등은 넓은 의미에서 '구조적' 개념으로 볼 수 있다. 사실상 구조론은 세계를 순수하게 수학적으로 기술하는 수준을 넘어 이처럼 넓은 의미의 구조적 개념으로 세계를 기술할 수 있게 해준다.

수학을 넘어서야 하는 마지막 이유는 관찰과의 연결 때문이다. 물리학 이론은 외부세계를 논하는 데 그치지 않고 나아가 외부세계와 우리의 경험 및 관찰을 연결해준다. 앞서 살펴본 도구주의에서는 과학적 이론이 단순히 관찰 결과를 예측하는 도구일 뿐이라고 보았다. 구조 실재론자를 비롯한 과학적 실재론자들은 과학적 이론에 이보다 더 많은 역할이 있기는 하지만 적어도 관찰 결과를 예측하는 건 이론의 핵심 역할 중 하나라고 여긴다.

관찰 결과를 순수하게 수학적 구조로 풀어낼 수 있는지는 확실하게 알 수 없다. 관찰은 기본적으로 의식적 경험이다. 예를 들자면, 우리는 특정한 색상과 모양으로써 객체를 경험한다. 의식적 경험은 수학적으로 기술할 수도 있다. 다양한 색상에 대한 경험과 그 경험 간의 차이를 측정하면 된다.

그렇지만 의식적 경험은 수학적으로 기술할 수 있는 범위를 벗어난다. 흑백의 방 안에 사는 색상 과학자 메리가 등장하는 프랭크 잭슨의 사고 실험(제15장을 참조하라)을 빌려 말하자면 이렇다. 메리는 색상 처리 과정을 수학적으로 완전히 기술할 수 있지만, 이것만으로는 빨간색을 경험한다는 게 어떤 것인지 알 수 없다.

실제로 구조 실재론자들은 관찰을 구조화하려 하지 않는다. 이론에는 구조적인 부분이 있고 그 구조와 관찰을 연결하는 부분이 있다. 예컨대 양자역학에는 오직 구조적 측면으로만 표현된 슈뢰딩거 방정식과 이 구조와 확률적 관찰 결과를 연결하는 보른 규칙이 있다.

그 결과 물리학 이론이 현실의 순수한 수학적 구조를 기술한다는 견해에는 두 가지 주요 조건을 달아야 한다. 첫째, 물리학 이론은 '인과적' 구조를 기술한다. 적어도 반사실을 뒷받침하는 법칙을 기술한다. 둘째, 물리학 이론은 '관찰'과의 연결을 기술한다. 물리학 이론이 참이 되려면 세계에 적절한 구체적 인과 구조가 있어야 하고, 관찰과의 적절한 연결성이 있어야 한다. 이와 같은 조건을 둔다면 우리는 먼지에서 물리학으로 문제를 피할 수 있다. 먼지에는 임의의 물리학 이론을 참으로 만드는 적절한 구조가 없다.

때로는 어느 물리학 이론이 다른 물리학 이론을 참으로 만들기도 한다. 예컨대 특정한 가정하에서는 분자 운동에 관한 이론인 통계역학 구조에서 열에 관한 이론인 열역학 구조를 도출할 수 있다. 그렇지만 이때도 먼저 이론의 매핑처럼 열역학의 수학적 구조를 단순히 정당화하지는 않는다. 통계역학은 압력, 부피, 온도에 관한 이상기체 법칙과 같은 열역학의 원리를 반사실을 뒷받침하는 법칙으로 정당화하며, 이를 통해 열역학의 인과 구조를 정당화한다. 또 관찰과의 연결성도 정당화한다. 통계역학은 열역학의 인과 구조 및 관찰 구조의 정당성을 입증하여 열역학을 참으로 만든다.

구조론에서 시뮬레이션 실재론으로

이 모든 논의는 어떻게 시뮬레이션 가설과 연결될까? 핵심은 마치 통계역학이 열역학 구조의 정당성을 입증할 수 있듯, 적절하게 할당된 컴퓨터 시뮬레이션이 물리학 이론 구조의 정당성을 입증할 수 있다는 것이다. 구조론이 옳다면 컴퓨터 시뮬레이션은 물리학 이론을 참으로 만든다. 이는 일종의 시뮬레이션 실재론이다. 만약 우리가 시뮬레이션 안에 있다면 우리 주변의 물리세계는 실제다.

논의에 살을 붙이기 위해 표준 물리학에 해당하는 비시뮬레이션 우주를 비심 우주라 해보자. 만약 우리가 비심 우주에 있다면 우리가 아는 물리학 이론은 적어도 참에 가깝다. 또 비심 우주를 대상으로 만든 완벽한 시뮬레이션을 심 우주라 해보자. 심 우주가 비심 우주 안에 있을 필요는 없으나 그러할 수도 있다.

내 논제는 이렇다. 만약 우리가 심 우주에 있다면 우리가 아는 물리학 이론은 적어도 참에 가깝다. 심 우주에는 원자와 분자를 비롯한 물리객체들이 우리가 아는 그대로 존재한다. 만약 그렇다면 시뮬레이션 실재론은 참이 된다.

다음과 같이 구조론에서 시작해 시뮬레이션 실재론으로 끝나는 논증을 세워보자.

1. 우리가 아는 물리적 이론은 구조적 이론이다.
2. 만약 우리가 비심 우주에 있다면 우리가 아는 물리적 이론은 참이다.
3. 심 우주에는 비심 우주와 같은 구조가 있다.

---

4. 그러므로 만약 우리가 심 우주에 있다면 우리가 아는 물리적 이론은 참이다.

첫 번째 전제는 물리학에 관한 구조론 명제다. 앞선 소단원에서 살펴보았듯, 물리학 이론이 참이려면 그 세계에 적절한 인과 구조가 있어야 하고 관찰과의 적절한 연결성이 있어야 한다. 여기서 구조적 이론이란 수학적으로 규정한 법칙을 이용해 인과 구조 및 관찰과의 연결성을 기술하는 이론으로 이해하면 된다.

물론 구조론을 부정하고 물리학 이론이 구조론적 주장보다 더 강한 주장을 담고 있다고 주장하여 첫 번째 전제를 부정할 수도 있겠다. 물리학 이론이 '공간, 시간, 단단함' 등 구조적 측면으로 표현할 수 없는 개념을 다룬다고 주장하는 게 가장 가능성 있어 보이는 방법일 것이다. 이러한 전략은 제9장에서 살펴보았으며 다음 장에서도 다시 살펴보겠다.

두 번째 전제는 우리가 규정한 전제다. 우리가 아는 물리학 이론이 참인 우주라면 우리가 규정한 바에 따라 비심 우주가 될 수 있다. 중요한 건 비심 우주가 원자, 분자 등 물리객체가 우리가 아는 그대로 공간 및 시간에 분포하기 충분할 정도로 물리적 이론이 참인 우주여야 한다. 각 이론이 완벽하게 참일 필요는 없다. 그보다는 우리가 아는 물리학 이론이 비심 우주에서 참이든 아니든, 이 이론이 참이 아니라는 새로운 주요 장애물을 심 우주가 제시하지 않는 게 중요하다.

세 번째 전제는 주요 전제로, 비심 우주의 모든 구조가 심 우주에도 있다고 말한다. 이렇게 생각할 만한 이유는 무엇일까? 심 우주가 비심 우주를 대상으로 만든 완벽한 시뮬레이션이기 때문이다. 심 우주는 비심 우주의 모든 인과적 구조와 관찰적 구조를 모두 반영하도록 설계되어 있다.

관찰자 또한 문제가 되지 않는다. 심 우주의 관찰자는 비심 우주의 관찰자와 똑같은 패턴으로 세계를 관찰하도록 설계되어 있다. 심 우주가 완벽한 시뮬레이션이므로 반사실 또한 똑같이 관찰된다. 관찰자는 실제로 망원경을 사용하지는 않았지만, 만약 망원경으로 달을 관찰했더라면 심 우주와 비심 우주에서 똑같은 광경을 보았을 것이다.

인과관계도 문제가 되지 않는다. 심 우주는 비심 우주의 인과 구조를 반영하도록 설계되어 있다. 비심 우주의 물리객체는 심 우주의 디지털 객체에 반영된다. 비심 우주에서 두 가지 물리객체가 상호 작용한다면 심 우주의 두 가지 디지털객체도 같은 패턴으로 상호 작용한다. 예컨대 비심 우주에서 야구방망이가 야구공에 영향을 미친다면, 심 우주에서는 디지털 야구방망이가 디지털 야구공에 영향을 미친다. 비심 우주의 모든 역학 패턴은 심 우주의 패턴에 반영된다. 심 우주의 인과 구조가 비심 우주의 인과 구조를 반영하는 이유는 무엇일까? 어떤 시스템을 대상으로 하는 완벽한 컴퓨터 시뮬레이션에는 기존 시스템의 모든 요소에 상응하는 디지털객체가 있기 때문이다.

시뮬레이션이 구현될 때 이 모든 디지털객체는 회로의 전압 패턴 등으로 물리적으로 실현되면서 인과력을 지니게 된다. 이 디지털객체들 사이의 역학은 시뮬레이션의 대상인 물리객체들 사이의 역학을 반영한다. 심지어는 여러 상태를 포함한 반사실적 상황에서의 역학까지도 반영한다. 그 결과 기존 시스템의 여러 요소 간에 존재하는 인과 구조는 시뮬레이션의 여러 요소 간에 존재하는 인과 구조가 반영한다.

심 우주의 인과 구조가 비심 우주의 인과 구조와 정확히 똑같지는 않다. 특히 만약 우리가 심 우주에 있다면 우리 현실에는 비심 우주에 반드시 존재하지는 않는 수많은 과잉 구조가 존재할 것이다. 우선 심 우주는 언제든지 시뮬레이션을 중단할 수 있는 시뮬레이터가 창조했다. 컴퓨터에도 시뮬레이션에 속하지 않는 프로세스가 있을 수 있다. 심지어는 시뮬레이션에 속하는 디지털객체들도 기저객체(회로 등)를 통해 실현될 때 추가 구조가 덧붙었을 수 있다.

심 우주에 이처럼 과잉 구조가 생긴다고 하더라도 우리가 아는 물리학 이론을 거짓으로 만들 만한 종류의 구조는 생기지 않는다. 각 과잉 구조에 대해 그러한 과잉 구조가 비심 우주에 존재하는 사고 실험을 진행해보자. 그렇다고 하더라도 우리의 물리학 이론은 흔들리지 않는다.

심 우주를 창조한 시뮬레이터는 비심 우주를 창조한 창조자를 반영할 수 있다. 만약 우리가 비심 우주에 있다면 창조자의 존재는 세계에 또 다른 구조를 더하겠지만, 그렇다고 우리가 아는 물리학 이론이 거짓이 되지는 않는다. 창조자가 언제든 현실을 끝낼 권능을 가지고 있다고 하더라도 원자를 비롯한 물리객체들은 적어도 현실이 끝나기 전까지는 계속 존재하며, 이에 따라 우리의 이론도 계속 참이 된다.

마찬가지로 심 우주와 비심 우주 모두가 이보다 훨씬 큰 멀티버스에 속해 있을 수도 있다. 그렇다고 하더라도 우리가 아는 물리학 이론은 거짓이 되지 않는다. 기껏해야 이러한 이론이 우리 우주에만 적용되고 나머지 코스모스에는 적용되지 않을 뿐이다. 비심 우주에서 완전하고 근본적인 물리학 이론이 심 우주에서는 불완전하고 비근본적인 이론으로 격하될까 걱정될 수도 있겠다. 기존 이론은 시뮬레이션 세계 외부에는 적용되지 않으므로 불완전할지도 모른다. 또 심 우주에 독특한 근본 물리학이 있을 수도 있으므로 기존 이론이 비근본일지도 모른다.

심 우주의 입자는 기저 컴퓨터 프로세스로 실현되는데, 그 컴퓨터 프로세스가 또 다른 물리학으로 실현될지도 모른다. 그렇지만 앞서 말했듯, 비심 세계 중에서도 이러한 식으로 물리적 이론이 불완전하고 비근본적인 세계가 다양하게 존재한다. 기존 비심 우주의 블랙홀에서 또 다른 법칙을 따르는 아기 비심 우주가 튀어나올 수도 있다. 어쩌면 이곳에는 우리가 아는 물리학 이론보다 더 깊은 층위의 물리학이 존재할지도 모른다.

그렇다고 해서 우리의 물리학 이론이 거짓이라거나 원자를 비롯한 물리객체가 존재하지 않는다는 뜻은 아니다. 다만 그저 이러한 요소가 근본적이지 않다는 뜻일 뿐이다. 만약 우리가 심 우주에 있다면 이곳에서도 원자는 근본 요소가 아니라는 게 밝혀지겠지만, 어쨌든 원자는 계속 존재한다.

심 우주에는 컴퓨터의 역할도 있다. 다수의 컴퓨터 아키텍처에서 디지털객체 사이의 상호 작용은 중앙처리장치CPU로 이루어진다. 즉, 비심 우주에서 광자와 전자가 직접 상호 작용하는 동안 심 우주에서는 이들의 대응물이 간접적으로 상호 작용하며, 그 사이에서 CPU가 중개자 역할을 한다는 뜻이 된다. 이는 구조적 차이다. 그렇지만 이러한 구조적 차이는 여러 비심 우주 사이에서도 드러날 수 있다.

신이 물리객체 사이의 모든 상호 작용을 중개한다고 상상해보자. 알가잘리를 비롯한 이슬람 철학자들이 창시하고 훗날 프랑스 철학자 니콜라 말브랑슈Nicolas Malebranche가 이어받은 기회원인론occasionalism이 이런 식으로 인과를 논한다. 만약 신이 모든 상호 작용을 중개한다면 인과관계로 인해 놀라운 구조가 발생하겠지만, 그래도 원자를 비롯한 물리객체는 여전히 존재한다.

세 번째 전제에 관한 논의를 정리해보자. 우주 시뮬레이션에는 비시뮬레이션 우주에 비해 과잉 구조가 있을 수 있지만 비심 우주의 모든 구조는 심 우주에 반영되며, 이것만으로도 우리가 아는 물리학 이론은 심 우주에서 참이 되기에 충분하다. 논증의 결론은 만약 우리가 심 우주에 있다면 우리가 아는 물리학 이론은 참이라고 말한다. 적어도 이러한 이론 속 물리객체들, 예컨대 쿼크와 광자, 원자, 분자 따위는 계속 존재하며 이론이 말하는 바와 거의 똑같이 공간과 시간에 분포한다. 나아가 여기까지 정립했다면 이제 세포와 나무, 돌멩이, 행성을 비롯한 온갖 물리객체 또한 존재한다는 걸 의심할 만한 근거는 거의 없다.

이 결론에는 몇 가지 한계가 있다. 이 결론은 시뮬레이션 속 존재에게 의식이 있다는 점을 정립하지 않으므로 타인의 마음 문제를 다루지 않는다. 또한 심 우주와 같은 완벽한 시뮬레이션에만 적용된다(제24장에서 여러 시뮬레이션을 더 폭넓게 논의해보겠다). 그렇지만 이 전략은 우리가 심 우주와 같은 완벽한 시뮬레이션 안에 있다면 외부세계의 평범한 물리객체가 비심 우주의 객체와 동등하게 존재한다는 점을 정립한다. 이는 시뮬레이션 실재론의 한 형태다.

무엇이 구조를 실현하는가?

우리가 심 우주에 있다고 가정해보자. 이곳은 비심 우주를 대상으로 만든 완벽한 시뮬레이션이다. 내 견해가 옳다면, 우리의 우주에는 우리의 물리학이 말해주는 대로 쿼크, 원자, 분자 등이 존재한다. 그렇지만 만약 우리가 심 우주 안에 있다면 우리가 아는 물리학은 근본 층위가 아니다.

우리가 아는 물리학의 기저에는 다음 우주의 컴퓨터가 있다. 이제 다음 우주를 메타 우주라고 해보자. 메타 우주 자체는 시뮬레이션 우주일 수도 있고 아닐 수도 있다. 메타 우주에는 메타 우주만의 물리학이 있으며, 심 우주의 물리학과 완전히 다를 수도 있다. 심 우주와 비심 우주에는 4차원 시공간이 존재하지만, 메타 우주에는 26차원이 존재할 수도 있고 우리가 상상할 수조차 없는 존재들이 살고 있을지도 모른다.

메타 우주의 물리학과 심 우주의 물리학 사이에는 어떤 관계가 있을까? 메타 우주의 물리학이 심 우주의 물리학을 실현한다고 보는 편이 자연스럽다. 우리 세계의 생물학은 화학으로 실현되고, 화학은 물리학으로 실현된다. 만약 우리가 심 우주에 있다면 물리학은 제14장에서 메타 물리학이라고 칭했던 메타 우주의 물리학에 따라 실현된다.

만약 심 우주가 비심 우주를 대상으로 만든 완벽한 시뮬레이션이라면 우리는 절대로 메타 우주를 알 수 없다. 우리가 심 우주에 있다고 하더라도 발견할 수 있는 증거는 우리가 비심 우주에 존재하는 것과 모두 일관된다. 우리 우주가 메타 우주 속 시뮬레이션이라고 추측할 수는 있지만, 시뮬레이션이 완벽하지 않아 증거가 새어 나오지 않는 한 이를 결코 알 수 없다.

이러한 요소들 덕분에 완벽한 시뮬레이션 가설은 인식론적 구조 실재론, 즉 X에서 구조에서 존재로 견해와 잘 맞아떨어진다. 앞서 살펴보았듯, 이 견해에 따르자면 과학이 물리현실의 구조를 어떻게 설명하든 그 기저에는 X라는 본질이 있고, 과학은 X에 대해 아무것도 알려주지 못한다. 만약 우리가 완벽한 시뮬레이션 안에 있다면 우리 세계의 물리적 구조는 비심 우주의 물리적 구조와 같으나 그 기저에는 메타 우주의 본질이 있다. 구조는 알 수 있지만, 기저 본질은 알 수 없다.

물론 메타 우주의 물리학에도 나름의 구조가 있다. 그러므로 이때 심 우주의 구조는 메타 우주의 구조에 따라 실현된다. 그렇다면 메타 우주의 구조는 무엇으로 실현될까? 어쩌면 한 층 너머 메타 우주의 구조가 실현될지도 모른다. 그렇다고 하더라도 문제가 해결되지는 않으므로 여기에서는 다른 모든 우주를 포함하는 최고 층위의 기존 우주에 집중해보자.

최고 층위의 우주에서는 어떻게 구조가 실현될까? 여기에는 두 가지 가능성이 있다. 첫째, 최고 층위 우주는 순수한 구조의 우주일 수 있다. 만약 그렇다면 최고 층위에서는 존재론적 구조 실재론의 일종인 순수 구조에서 존재로 견해가 성립한다. 둘째, 최고 층위 우주는 비구조적인 무언가로 실현되는 비순수 구조의 우주일 수 있다. 만약 그렇다면 또다시 인식론적 구조 실재론과 일관되는 존재에서 구조에서 존재로 견해가 성립한다.

두 가지 가능성 중 어느 쪽이 옳은지는 잘 모르겠다. 순수 구조의 우주는 간결하고 우아하겠지만, 과연 존재할 수 있을까? 순수 비트에서 존재로 견해를 다시 떠올려보자. 전압이나 전하처럼 더 근본적인 요소의 차이에 근거하지 않는 단순한 순수 차이인 순수 비트가 어떻게 존재한다는 말일까?

더 일반적으로 순수 구조에서 존재로 견해에 대해서도 같은 의문이 떠오른다. 더 근본적인 다른 요소가 이루는 구조가 아니라 온전히 논리적이고 수학적인 구조, 즉 순수 구조가 어떻게 존재할 수 있을까? 보수적으로 보면 이런 개념은 상상할 수 없겠지만, 열린 마음으로 보면 한때 상상하지 못했던 것을 상상할 수도 있다.

비순수 구조의 우주는 확실히 더 논리적이긴 하지만 마찬가지로 수수께끼 같다. 제8장에서 살펴보았던 존재에서 비트에서 존재로 견해를 떠올려보자. 모든 구조의 저변에 놓여 있는 진정한 근본 요소인 존재가 있다면, 이 존재의 본질은 무엇일까? 알 방법이 있기는 한지 모르겠다. 그러므로 X의 정체를 영원히 알 수 없는 X에서 구조에서 존재로 견해가 다시 한번 위협적으로 떠오른다.

근본 X에 관해서는 적어도 나와 같은 철학적 견해를 가진 사람들이 특히 흥미롭게 느낄 만한 가설이 하나 있다. 의식은 구조로 환원할 수 없을지도 모른다. 색상 과학자 메리가 등장하는 프랭크 잭슨의 사고 실험은 구조만으로는 빨간색에 관한 의식적 경험을 포착할 수 없다는 점을 시사한다. 의식적 경험에 구조가 포함될 수는 있지만, 경험 자체는 구조를 넘어서는 듯하다. 그렇다면 모든 구조의 저변에 놓인 기본 현실은 근본적인 종류의 의식과 관련되어 있을까?

존재에서 비트에서 존재로 견해에서 시작한다면 이러한 사고방식은 마찬가지로 제8장에서 다루었던 '의식에서 비트에서 존재로' 견해로 이어진다. 이러한 논리를 디지털 구조와 관련하여 일반화한다면 '의식에서 구조에서 존재로' 견해로도 이어진다. 이 견해에는 여러 버전이 있다. 어쩌면 물리학의 구조는 관념론에서 주장하는 대로 단일한 우주적 정신이 실현할 수도 있다. 또는 모든 것이 의식적이라고 보는 범신론 견해에 따르자면 기본 층위의 수많은 작은 정신 간의 상호 작용으로 실현할 수도 있다.

의식에서 비트에서 존재로 견해는 유물론과는 달리 의식을 구조로 환원하지 않고 이원론과는 달리 의식과 물리적 구조를 완전히 분리하지도 않으면서 의식을 깊은 층위의 구조와 통합한다는 장점이 있다. 물론 이 견해 또한 여러 문제에 마주하며, 특히 물리의 기반 층위인 의식이 우리가 경험하는 독특한 종류의 의식과 어떻게 합쳐지는지에 관한 결합 문제가 남아있다. 그렇지만 우선은 의식에서 비트에서 존재로 경험을 더는 파헤치지 않고 흥미로운 추측 정도로 남겨두겠다.

칸트식 겸손

제18장에서 도덕론을 살펴보았던 칸트는 현실에 관해서도 독특한 견해를 가지고 있었다. 그는 현상의 영역이 있고, 그와는 동떨어져 알 수 없는 물자체物自體가 있다고 보았다. 우리는 현상을 알 수 있으나 물자체는 알 수 없다. 우리가 컵을 보고 있다고 해보자. 우리가 보는 컵은 하나의 현상이다. 그러나 현상 뒤에는 물자체가 있다. 칸트는 컵 기저의 물자체를 우리가 알 수 없다고 논했다. 그러므로 물자체는 알 수 없는 X다.

칸트는 자기 견해를 초월적 관념론transcendental idealism이라고 불렀다. 그는 우리가 공간과 시간 속에서 지각하는 평범한 객체의 현상이 인간의 정신과 깊이 엮여 있다고 했다. 동시에 그는 물자체가 우리의 정신을 벗어나고 우리의 지식을 초월한다고 했다. 물자체를 알 수 있는 능력의 부재를 가리켜 종종 '칸트식 겸손kantian humility'이라 부른다.

완벽한 시뮬레이션 가설에 대한 나의 분석은 흥미롭게도 칸트의 초월적 관념론을 연상시킨다. 우리가 완벽한 시뮬레이션 안에 있다고 해보자. 컵을 보면 나는 컵의 몇몇 성질을 알 수 있다. 컵의 색상과 모양을 알 수 있고, 컵의 구조적 성질도 알 수 있다. 이는 모두 컵을 현상으로 바라보는 시각이다. 그러나 나는 컵의 기저 본질을 알지 못한다. 현상 너머의 현실에는 메타 우주의 컴퓨터에서 실행되는 디지털객체가 있다. 심 우주에 있는 나는 이 디지털객체를 알 수 없다. 그러므로 메타 우주의 디지털 컵은 알 수 없는 물자체다.

물론 칸트식 견해에 대한 이 비유는 완벽하지 않다. 칸트는 메타 우주의 디지털 컵 또한 또 하나의 현상으로 간주했을 것이다. 다음 우주의 사람들이 공간과 시간 속에서 이 컵을 인식하기 때문이다. 그는 디지털 컵 기저에 진정으로 알 수 없는 물자체가 있다고 논했을 것이다. 그러나 이때라면 메타 우주의 물리 구조에도 마찬가지로 물자체가 있을 것이다. 그렇지만 여전히 우리의 이해를 칸트의 견해에 덧씌워볼 수는 있다. 현실의 구조는 칸트가 말한 우리가 알 수 있는 현상의 영역에 해당한다. 이 구조 아래의 모든 것은 칸트가 말한 알 수 없는 물자체에 해당한다.

이러한 맥락에서 칸트의 철학을 해석하는 견해는 호주의 철학자 래 랭튼Rae Langton이 1998년 《칸트의 겸손Kantian Humility》에서 처음으로 제시했다. 랭튼에 따르자면 칸트의 현상 영역은 시공간적 관계 및 인과관계를 포함한 사물 간의 '관계' 영역이다. 칸트의 물자체 영역은 사물이 품은 내재적intrinsic 성질의 영역이다. 내재적 성질이란 사물이 다른 사물과의 관계와는 상관없이 독립적으로 가지는 성질을 말한다. 현실의 관계적 성질은 알 수 있으나 내재적 성질은 알 수 없다.

사실상 현상 영역은 광대한 관계망이다. 뉴욕시 지하철 시스템을 관계망으로 기술했던 것과 유사하다. 이 관계망은 현실을 구조적으로 이해하게 해준다. 물자체의 영역은 가장 근본적인 층위의 현실만 제외한다면 이 관계망 속 각 역의 내재적 성질과 유사하다. 내재적 성질은 현실을 내재적으로 이해하게 해준다. 이러한 해석에 따르면 칸트는 일종의 'X에서 구조에서 존재로' 견해에서 관계망이 구조에 포함되고, 우리가 결코 알 수 없는 기저의 내재적 성질이 X에 포함된다고 볼 것이다.

사실상 랭튼은 칸트가 인식론적 구조 실재론이라는 이름이 생기기까지 200년이나 남은 시점에 이미 이러한 견해를 펼쳤다고 해석한다.

그림 54 임마누엘 칸트, 컵의 현상과 그 자체의 디지털 컵.
여기에는 알 수 없는 물자체가 있을까?

이에 반대하는 일부 칸트 전문가들은 이러한 시각이 현실에 대한 칸트의 복잡한 관념론적 이해를 제대로 담지 못한다고 주장한다. 그렇지만 이러한 해석은 내가 이해할 수 있는 해석이고, 심지어 참일 수도 있는 해석이다. 나아가 시뮬레이션 가설을 정립하는 데도 도움이 되는 해석이다. 그러므로 칸트가 실제로 이와 유사한 견해를 가졌기를 바란다.

칸트 해석에는 여러 가지 다양한 세부 사항이 있겠지만, 어쨌든 시뮬레이션 가설에 대한 나의 해석에는 칸트적 시각이 포함되어 있다. 시뮬레이션 가설에는 패턴부터 장 플라톤과 장자부터 수많은 위대한 철학자가 남긴 견해를 적용하여 해석할 수 있다. 아마 데카르트의 회의론이나 버클리의 관념론을 적용할 때가 가장 많을 것이다. 그렇지만 만약 내가 옳다면, 가장 올바른 해석은 칸트식 겸손을 적용한 해석이다.

제23장
우리는 에덴동산에서 떨어졌는가?

나는 아무런 이론도 없이 현실을 바라볼 때 만물이 보이는 그대로인 곳이 바로 에덴동산이라고 생각한다. 에덴에서는 만물이 3차원 공간 안에 놓여 있었다. 공간은 유클리드 공간이었고 상대성은 없었다. 에덴의 사물은 시간의 흐름에 따라 변화했다. 시간은 순간순간 한 방향으로 흘렀고, 에덴동산과 우주 전체에 걸쳐 절대적인 동시성이 존재했다.

에덴동산의 사과는 찬란하고 완벽하며 원시적인 빨간색이었다. 우리가 사과를 지각하면 사과와 빨간색은 생각해볼 필요도 없이 우리에게 직접 다가왔다. 에덴의 돌멩이는 단단했으며 조금의 빈틈도 없이 끝까지 물질로 가득 차있었다. 돌멩이에는 장소에 따라 달라지지 않는 절대적인 무게가 있었다. 에덴의 사람들에게는 자유의지가 있었다. 이들은 완전히 자율적으로 행동할 수 있었으며, 이들의 행동은 미리 결정되지 않았다. 이들의 행동에는 옳고 그름이 있었고, 표준 도덕성에 따라 판단했다.

그러다 우리는 '추락했다'. 과학의 나무에서 열매를 따먹고 에덴에서 추방당했다. 우리는 우리가 사는 세계가 절대적인 3차원 공간도 아니고 절대적인 시간이 흐르지도 않는다는 걸 발견했다. 대신 4차원 비유클리드 시공간에 산다. 공간과 시간은 기준틀에 따라 상대적이며, 절대적인 지금은 없다.

우리는 우리가 사는 세계에서 객체의 색상이 내재적 성질이거나 지각으로 직접 다가오지 않는다는 걸 발견했다. 대신 색상은 복잡한 물리적 성질이며, 복잡한 방식으로 우리의 눈과 뇌에 영향을 미친다. 우리가 지각하는 색상은 직접 드러나지 않고 뇌 내 시각계의 추론으로 우리에게 다가온다. 우리는 돌멩이가 단단하지 않다는 점도 발견했다. 돌멩이는 대부분 텅 빈 공간으로 구성되며 단순히 단단할 뿐이다. 돌멩이에는 절대적인 무게가 없으며 지구에서의 무게와 달에서의 무게가 다르다. 우주 공간에서는 무게가 없다.

아직 분명하게 밝혀지지는 않았으나 증거가 제시하는 바에 따르자면 자유의지는 없을지도 모른다. 기계적 시스템인 뇌는 우리의 행동을 결정하거나 적어도 행동을 상당 부분 제약한다. 그래도 어떤 행동을 할지 선택하고 그러한 선택을 대체로 실행에 옮길 능력, 즉 자유의지가 있을 수도 있다. 어떤 행동의 옳고 그름을 가르는 절대적인 표준 도덕성은 없을지도 모른다. 그렇지만 우리는 도덕성 체계를 쌓아올리고 뒷받침하며 그에 따라 행동의 옳고 그름을 판단할 수 있다.

우리는 더이상 에덴에 살지 않는다. 우리는 에덴 아닌 세계에 익숙해지며 성장해왔다. 그러나 에덴은 여전히 우리가 현실을 이해하는 데 지대한 영향을 미친다. 지각은 여전히 다채롭고 단단한 객체가 공간에 놓여 시간에 따라 변화하는 듯한 광경을 보여준다. 우리는 자연스럽게 사람들이 자유의지에 따라 옳고 그른 행동을 한다고 생각한다.

이 모든 것은 시뮬레이션 가설에 대한 우리의 직관적 반응을 설명하는 데 도움이 된다. 직관적으로 생각했을 때 우리가 시뮬레이션 안에 있다면 그 무엇도 보이는 그대로가 아닐 것이다. 우리는 단단하고 다채로운 객체들이 공간에 특정한 방식으로 놓인 우주에 사는 것처럼 보일 것이다. 그러나 만약 시뮬레이션 안에 있다면 우리는 그러한 우주에 있지 않다.

나는 우리의 직관적 반응을 다음과 같이 진단한다. 우리는 에덴 같은 세계에 사는 것처럼 보인다. 이 세계에는 단단하고 다채로운 객체들이 공간에 특정한 방식으로 놓인 것처럼 보인다. 우리가 시뮬레이션 안에 있다면 우리의 세계에는 공간에 놓인 단단하고 다채로운 객체 따위는 없다.

그렇지만 양자역학과 상대성이 존재하는 우리의 과학적 세계에도 같은 논리가 적용된다. 단단함, 색상, 공간은 과학적 세계에서도 오래전에 자취를 감추었다. 우리는 단단함, 색상, 공간이 그저 단단함, 색상, 공간이라는 점을 발견했다. 이러한 측면에서 시뮬레이션 가설은 과학적 세계관보다 더 나쁘다고 할 수 없다. 어느 쪽에도 단단함, 색상, 공간은 없다. 다만 양 세계 모두에 단단함, 색상, 공간이 있을 뿐이다.

단단함과 단단함, 색상과 색상, 공간과 공간 사이의 차이는 무엇일까? 이번 장에서는 이에 관하여 이야기해보자.

현시적 영상과 과학적 영상

미국의 철학자 윌프리드 셀러스Wilfrid Sellars는 1962년 논문 〈철학과 인간의 과학적 영상Philosophy and the Scientific Image of Man〉에서 세상을 바라보는 두 가지 방식을 구분했다. 현시적manifest 영상은 평범한 지각과 생각으로 드러나는 세계고, 과학적scientific 영상은 과학적 특성을 부여한 세계다.

셀러스는 특히 세계 속 인간의 현시적 영상과 과학적 영상을 고찰했다. 현시적 영상 속 우리는 자유롭고 의식 있는 존재이며, 행동은 사고와 결심으로 도출된다. 과학적 영상 속 우리는 생물학적 유기체이며, 행동은 뇌 내 복잡한 신경 프로세스로 도출된다. 우리는 우리에 관한 이 두 가지 영상을 어떻게 조화시킬 수 있을까?

우리는 평범하게 생각하고 이야기하는 거의 모든 사물에서 현시적 영상과 과학적 영상을 찾을 수 있다. 이론상 태양의 현시적 영상, 즉 우리가 평상시에 생각하는 태양과 과학적 영상, 즉 과학으로써 드러나는 태양을 구분할 수 있다. 나무도 마찬가지다. 나아가 색상, 공간, 단단함 등 앞선 소단원에서 살펴본 수많은 현상도 분명 현시적 영상과 과학적 영상을 구분할 수 있다.

두 영상은 자주 충돌한다. 사람들은 현시적 영상에서는 어떤 모습을 보이다가도 과학적 영상에서는 또 다른 모습을 보인다. 이 영상들이 충돌할 때는 어떻게 해야 할까? 둘 중 하나를 완전히 배제해야 할까? 또는 양립할 수 있는 영상으로 다시 만들어야 할까?

캐나다계 미국인 철학자 패트리샤 처칠랜드Patricia Churchland와 폴 처칠랜드Paul Churchland는 1960년대 피츠버그대학교에서 셀러스의 지도

를 받던 학생이었다. 이들은 과학적 영상이 현시적 영상보다 우선한다
는 주장을 오랫동안 펼쳐왔다. 두 영상이 충돌할 때는 현시적 영상을
무시해야 한다는 주장이었다. 이러한 주장을 인간과 관련하여 연구한
것이 서문에서 살펴보았던 패트리샤 처칠랜드의 신경철학 프로그램
이다. 신경철학에서는 뇌와 신경계를 중심으로 하는 뇌과학이 인간의
마음에 관한 전통적인 철학 질문에 가장 좋은 답을 알려줄 수 있다고
본다.

셀러스 또한 과학적 영상 속에서 현시적 영상의 자리를 찾는 게 철학
자의 임무 중 하나라고 생각했다. 현시적 영상에 대해서 우리는 다음과
같이 여러 방식을 시도해볼 수 있다.

그림 55 현시적 영상과 과학적 영상. 과학의 나무에서 선악과를 따 먹는 페트리샤와 폴

(1) 제거: 현시적 영상을 완전히 버리고 과학적 영상을 받아들인다. 예컨대 마녀와 마술이라는 개념을 버린 것과 같다. 처칠랜드 부부는 우리가 인간의 마음에 대해 아는 거의 모든 것을 이런 식으로 제거해야 한다고 논했다.

(2) 동일시: 현시적 영상의 일면을 과학적 영상의 일면과 동일시한다. 예컨대 우리는 물과 H_2O를 동일시한다.

(3) 자율: 우리는 여전히 일상생활 속에 강한 자유의지가 자리 잡고 있다고 가정하므로, 현시적 영상의 일면이 과학적 영상에 드러나지 않더라도 그 영상을 그대로 유지한다. 셀러스는 표준 물리학 측면에서 의식을 완전히 설명할 수 없다고 하더라도 여전히 의식은 실제라고 주장했다.

(4) 재구성: 현시적 영상을 과학적 영상과 양립하는 방식으로 수정한다. 예컨대 우리는 단단함이라는 영상을 대체로 비어 있다는 영상과 양립할 수 있게 수정한다.

두 영상을 어떻게 해야 가장 잘 조화시킬 수 있는지에 관한 단일하고 보편적인 정답은 없다. 나는 상황에 따라 네 가지 전략 모두 적절하다고 생각한다. 그렇지만 가장 중요한 전략이자 가장 적절할 전략이 있다면 재구성 전략일 것이다. 이제 이 전략을 이용해 에덴에서 추락한 은유적 이야기를 생각해보자.

이번 장의 첫머리에서 살펴보았던 에덴동산 이야기는 현시적 영상을 고찰하기 위해 만든 사고 실험이다. 에덴동산은 현시적 영상이 완벽하게 옳은 가설상의 세계다. 에덴의 색상, 즉 색상은 현시적 영상에서 드러나는 그대로의 색상이다. 에덴의 공간, 즉 공간은 현시적 영상에서 드러나는 그대로의 공간이다. 에덴의 자유의지, 즉 자유의지는 현시적 영상에서 드러나는 그대로의 자유의지다.

우리는 에덴에 살지 않는다. 현시적 영상에서 드러나는 그대로의 '색상, 공간, 자유의지'는 우리 세계에 없다. 그렇지만 우리는 세계를 이해하는 데 있어 색상, 공간, 자유의지라는 개념을 단순히 제거해버리지 않는다. 우리 세계에는 색상과 공간이 있다. 과학적 측면에서 보자면 우리는 '색상'과 '공간'이라는 개념을 색상과 공간이라는 개념으로 수정했으며 우리 세계에서 이들이 안착할 자리를 발견했다.

현시적 영상의 재구성

어떻게 현시적 영상을 과학적 측면에서 재구성할 수 있을까? 과학적 세계에서 단단함을 찾으려면 어떻게 해야 할까? 색상과 공간은 어떻게 찾을 수 있을까? 이러한 재구성은 대개 에덴식 원시주의에서 과학 기능주의로 옮겨가는 과정과 관련된다.

현시적 영상 속에서 단단함이란 어떤 것일까? 아마 객체의 내재적 특징이다. 현시적 영상에서 테이블이 단단한 이유는 물질이 빈틈없이 끝까지 차있으며 견고하기 때문이다. 과학의 나무에서 열매를 따 먹은 우리는 평범한 객체가 이러한 의미로 단단할 수 없다는 걸 알게 되었다. 테이블은 빈 공간에 흩어진 입자로 구성된다.

과학에 맞서 무엇도 단단하지 않으며 단단함은 환상일 뿐이라고 주장할 수도 있다. 그러나 이렇게 반응하는 사람은 거의 없다. 단단한 사물과 단단하지 않은 사물의 구분법은 포기하기에는 너무 유용하다. 얼음은 단단하고 물은 그렇지 않다고 말할 수 있다는 건 얼음과 물의 차이를 밝히는 데 중요하다.

에덴에서 말하는 것만큼 단단한 사물은 없어도 어쨌든 수많은 사물이 단단하다고 논한다. 우리는 단단함이라는 개념을 대략 '꿰뚫는 힘에 저항하고 고정된 형태를 유지하는 성질'로 재구성했다. 이렇게 이해한다면 단단함은 객체 자체가 어떤지가 아니라 다른 객체와 어떻게 상호작용하는지에 관한 문제가 된다.

사실상 단단함에 관한 기능주의functionalism로 넘어온 셈이다. 철학에서 기능주의란 어떤 현상이 담당하는 역할로 그 현상을 이해하는 견해다. 여기서 단단함의 핵심은 꿰뚫는 힘에 저항한다는 부분이다. 어떤 객체가 이러한 역할을 해낸다면 그 객체는 단단하다. 흔히 말하는 기능주의의 표어를 빌리자면, 단단함은 단단함이 하는 일을 한다.

기능주의는 본래 심리철학의 한 견해로 시작했다. 정신은 정신이 하는 일을 한다. 기능주의는 여러 분야에 적용할 수 있다. 예컨대 선생에 관해서는 누구나 기능주의적 시각을 견지한다. 선생이 된다는 건 학생을 가르치는 역할을 담당한다는 뜻이다. 가르침은 가르침이 하는 일을 한다. 독에 관해서도 마찬가지다. 독이라는 건 사람들을 중독시킨다는 뜻이다. 독은 독이 하는 일을 한다.

기능주의는 구조론의 일종으로 볼 수도 있는데, 이때는 인과적 역할과 인과력에 더욱 분명하게 방점이 찍힌다. 원시주의에서 기능주의로 이동할 때 우리는 단단함이라는 개념이 과학적 영상에서도 존재할 수 있도록 재구성했다. 혹자는 이것이 '단단함'의 의미를 바꾸는 일이므로 결국 주어가 바뀐 게 아니냐고 생각할 수 있다.

그렇지만 고정된 형태와 꿰뚫는 힘에 대한 저항이라는 요소가 현시적 영상의 단단함에도 언제나 포함되어 있었다는 게 무엇보다 중요하다. 현시적 영상에서 다른 부분보다 이러한 부분에 중점을 두어 단단함이라는 개념을 재구성하면 현시적 영상의 단단함과 과학적 영상의 단단함 사이에 연속성이 생긴다.

색상에도 거의 같은 논리가 적용된다. 현시적 영상에서 색상은 객체의 표면을 뒤덮은 원시적 색상이라는 성질이다. 사과는 빨간색이고, 풀은 초록색이고, 하늘은 파란색이다. 현시적 영상에서 이러한 색상은 복잡한 물리적 성질이 아니며, 우리 마음에 따라 달라 보이지도 않는다. 에덴에서 색상은 외부세계의 단순하고 내재적인 성질이다.

프리드리히 니체Friedrich Nietzsche는 끔찍한 깊이 없이 아름다운 표면은 없다고 말했다. 에덴에서 추락한 과학자들은 외부세계의 객체를 연구하여 여기에 색상이라는 단순한 내재적 성질은 없다는 걸 발견했다. 대신 과학자들은 지각자에게 빛을 반사하고 전송하는 복잡한 물리적 성질을 발견했다. 사과에서 눈까지, 눈에서 뇌까지 수많은 단계의 시각적, 전기적 전송을 거친 끝에 지각자는 사과가 빨간색이라는 경험을 한다.

이에 대해 갈릴레오Galileo를 비롯한 여러 과학자는 사실 사과는 빨간색이 아니고 색상은 외부현실이 아니라 마음속에만 존재한다고 주장했다. 이 견해는 지적 측면에서 일관성이 있기는 하지만 과학자와 철학자가 철학적 감상에 빠질 때를 제외하고는 그다지 인기를 끌지 못했다.

한 가지 이유는 우리가 이 세계의 개체를 구분하는 데 사용하는 주요 도구 하나를 무시하기 때문이다. 사과와 바나나 사이에는 사과가 빨간색이고 바나나가 노란색이라고 말할 수 있다는 중요한 차이가 있다. 색상을 제거한 채로 외부세계를 이해한다는 건 중요한 도구를 완전히 없애버리는 꼴이다.

이 견해보다는 더는 에덴에 살지 않더라도 객체에는 여전히 색상이 있다는 반응이 더 일반적이다. 사과는 원시적인 '빨간색'은 아니지만 그래도 여전히 빨간색이다. 풀 역시 원시적인 '초록색'이 아니지만 그래도 초록색이다. 이러한 견해를 정립하는 데 필요한 도구는 경험주의자 존 로크John Locke가 제시했다. 로크는 우리가 색상을 단순한 감각적 특성이 아니라 인과력으로 이해해야 한다고 주장했다. 빨간색은 원시적인 색상이 아니다. 빨간색은 평범한 지각자에게 모종의 독특한 감각 경험을 유발하는 힘이다. 단순하게 설명하자면 사과가 빨간색인 이유는 빨간색으로 보일 힘을 가지고 있기 때문이다.

사실상 우리는 색상을 원시적 감각 성질로 이해하는 색상 원시주의에서, 색이 수행하는 기능적 역할 측면에서 이해하는 색상 기능주의로 넘어왔다. 색상은 색상이 하는 일을 한다. 빨간색은 빨간색이 하는 일을 한다. 여기서 색상의 주된 역할은 인간 지각자에게 특정한 경험을 유발하는 것이다.

현시적 영상과 과학적 영상 속 공간

현시적 영상에서 '공간'이란 무엇일까? 평범하게 경험할 수 있는 공간이란 만물을 담는 3차원 그릇으로써 드러난다. 공간은 대체로 유클리드 공간이다. 공간은 절대적이다. 어떤 사물이 사각형이라면 그 사물은 다른 무언가에 비해 상대적인 사각형이 아니라 절대적으로 사각형이다. 공간은 근본적이다. 공간은 만물이 존재하는 바탕이며 공간 아래에는 아무것도 없다. 또한 색상에 그만의 내재적 성질이 있듯, 공간에는 내재적 공간성이 있다. 공간에는 말로 설명하기 어려운 특별한 공간적 성질이 있다.

우리가 과학의 나무에서 딴 열매를 처음으로 베어 물었을 때는 뉴턴의 물리학이 3차원 유클리드 공간을 만들어냈다. 이 공간은 에덴동산의 공간과 그다지 멀지 않았으므로 멀리 추락하지 않은 것만 같았다. 아인슈타인의 물리학으로 인해 우리는 한층 더 에덴과 멀어졌다. 일반 상대성 이론에 따르자면 절대적인 3차원 유클리드 공간은 없다. 공간은 유클리드 공간이 아니고 기준틀에 대해 상대적이며 4차원 통합 시공간의 일부다. 절대적인 사각형은 존재하지 않고, 그저 특정 기준틀에 상대적인 근사 사각형만 존재할 뿐이다.

시공간은 적어도 상대성 이론에서 근본 요소로 간주하지만, 후대의 여러 이론이 이에 의문을 제기한다. 양자역학의 한 해석에 따르자면 양자 파동 함수가 존재하는 훨씬 높은 차원의 공간이 근본이며, 우리의 3차원 공간은 단순한 파생물에 불과하다. 끈 이론을 비롯하여 양자역학과 상대성 간의 조화를 찾으려는 여러 이론에서는 공간이 근본이 아니라 창발한다는 추측이 점차 커지고 있다. 근본 법칙에 아예 공간을 가정하지 않는 이론도 많다. 공간이 파생 층위에서 창발한다고 보는 식이다.

이 또한 우리가 에덴에서 추락하면서 생겨난 요소다. 현시적 영상에 존재하는 것과 같은 공간은 없다. 이에 대응하여 진정한 공간 자체가 아예 존재하지 않는다고 말하는 이들도 있다. 그러나 앞서와 마찬가지로 이러한 견해는 우리가 세계를 이해하는 데 사용하는 중요한 도구를 내던지는 꼴이다.

크기, 거리, 각도를 비롯한 공간적 단위는 우리의 세계관에 꼭 필요하다. 더는 에덴에 살지 않더라도 공간은 존재한다. 원시적이고 절대적인 사각형은 없어도 여전히 사각형 객체는 존재한다. 공간은 만물을 담는 근본적인 그릇이 아니지만 그래도 객체들은 여전히 공간 속 특정 위치에 자리한다.

공간적 기능주의에서는 공간이 담당하는 역할로 공간을 이해한다. 공간은 공간이 하는 일을 한다. 현시적 영상과의 연속성을 유지하려면 이러한 역할이 곧 현시적 영상에서 공간이 담당하는 역할이 되어야 한다. 그렇다면 공간의 역할은 무엇일까? 단단함의 주된 역할이 다른 객체와의 상호 작용에 있고 색상의 주된 역할이 지각에 있다면, 공간은 적어도 세 가지 주된 역할을 담당한다.

첫째, 공간은 '움직임'을 매개한다. 에덴의 사물은 공간에서 연속적으로 움직인다. 둘째, 공간은 '상호 작용'을 매개한다. 에덴의 물리적 사물은 공간적으로 서로 접촉하거나 가까이 있을 때 상호 작용한다. 거리가 있으면 작용이 일어나지 않는다. 셋째, 공간은 우리의 공간적 '지각'을 유발한다. 에덴의 사각형은 적어도 정상적인 조건에서는 사각형으로 보인다. 공간적 기능주의에서는 이러한 역할을 담당하는 것을 가리켜 공간이라고 한다. 다시 말하자면, 움직임과 상호 작용을 매개하고 공간적 지각을 유발하는 것이 곧 공간이다.

캐나다의 철학자 브라이언 캔트웰 스미스Brian Cantwell Smith가 말하는 표어가 이를 잘 설명한다. 스미스는 '거리가 있으면 작용이 일어나지 않는다.'라는 옛 표어를 이용해 "거리란 작용이 일어나지 않는 것."이라고 말했다. 그런데 과학에서는 거리가 있어도 어느 정도의 작용이 일어나지만 가까운 거리에서보다는 정도가 덜하다는 점이 증명되므로, "거리란 작용이 덜 일어나는 것."이라고 말하는 게 더 좋겠다.

마찬가지로 움직임이 연속한다는 에덴식 개념은 "거리가 있으면 움직임이 없다."라는 말에 담아볼 수 있다. 이는 앞서와 마찬가지로 '거리란 움직임이 일어나지 않는 것.' 또는 '거리란 움직임이 덜 일어나는 것.'이라고 바꿔볼 수 있겠다. 사실상 우리는 거리의 역할을 담당하는 것을 거리라고 이해하며, 여기서 거리의 주요 역할은 움직임과 상호 작용을 매개하는 것이다.

이렇게 본다면 공간이 없는 과학적 영상에도 공간이 있을 수 있다. 상대론적 공간도 움직임과 상호 작용을 매개하며 공간적 경험을 만들어낸다. 공간을 근본으로 여기지 않는 이론에서는 공간을 파생 층위에 둘 수 있다. 이를 위해서는 (1) 공간적 경험을 유발하는 경향이 있고, (2) 특히 거시적 객체에서 움직임과 상호 작용을 매개하는 경향이 있는 양量을 찾아야 한다. 이는 공간이 생겨나는 방법을 설명하는 데 도움이 된다.

가상현실 속 단단함, 색상, 공간

이러한 기능주의적 분석은 가상현실이나 시뮬레이션에서도 객체가 어떻게 단단한지, 색이 있는지, 공간적인지를 설명하는 데 도움이 된다. 가상객체는 에덴에서와 같은 의미로 단단하거나, 색이 있거나, 공간적이지 않다. 그렇지만 가상객체는 기능주의적 의미로 단단하고, 색이 있고, 공간적일 수 있다.

가상객체가 어떻게 단단할 수 있을까? 물리객체와 마찬가지로 고정된 형태를 가지고 꿰뚫는 힘에 저항하는 가상객체는 (가상으로) 단단하다. 다른 가상객체가 그대로 통과할 수 있는 가상객체는 단단하지 않다. 다른 가상객체가 통과하지 못하도록 막는 가상객체는 단단하다.

오늘날의 VR에서는 손을 뻗어 수많은 가상객체를 통과할 수 있지만, 이러한 가상객체도 다른 가상객체가 통과하지 못하도록 저항할 수 있다. 그러므로 이들은 기껏해야 부분적으로 단단하다. 미래에는 가상객체에도 일종의 저항력이 생겨 더 완전하게 단단해질 것이다.

가상객체에 어떻게 색이 있을 수 있을까? 물리객체와 마찬가지로, 일반적인 조건에서 지각할 때 적절한 종류의 빨간 경험을 만들어내는 가상객체는 (가상으로) 빨간색이다. 가상의 사과는 (헤드셋을 이용하는) 정상적인 시각적 지각 조건에서 빨간 경험을 만들어낸다. 그렇다면 가상의 사과는 가상으로 빨갛다고 간주할 수 있다.

가상객체는 어떻게 공간적일 수 있을까? 물리공간과 마찬가지로, 무언가가 공간적 경험을 만들어내고 움직임과 상호 작용을 매개한다면 그건 가상공간이다. VR에서 공간적 성질이란 대개 암호화된 위치와 관련한 디지털 성질이다. VR에서는 텔레포트처럼 객체가 비연속적으로 움직일 때가 많다. 또 아바타가 손가락으로 가리켜 공을 집어들 수 있듯, 거리가 있어도 객체가 상호 작용할 수 있다. 그렇지만 적어도 거리가 가까울수록 좋은 일반적인 형태의 움직임과 상호 작용이라면, 대개는 거리가 있을 때 움직임과 작용이 덜 일어난다.

제10장에서 우리는 공간성이 가상세계의 핵심 요소임을 살펴보았다. 이제 그 이유를 살펴보자. 공간은 움직임과 상호 작용의 단위다. 공간이 없다면 객체는 우주에서 연속적으로 움직일 수 없다. 공간이 없다면 두 객체가 쉽게 상호 작용할 수 없다. 우주의 부분과 전체가 구별되려면 우리가 부분적 환경과 독특한 방식으로 상호 작용하도록 구조화된 움직임과 상호 작용이 필요하다. 이것이 있다면 공간은 있다.

시뮬레이션 가설이 거짓이라면 가상공간은 물리공간과 같지 않다. 가상색상, 가상의 단단함 또한 마찬가지다. 이들은 물리공간, 물리적 색상, 물리적 단단함에 대응하는 개념이다. 물리공간이 물리세계에서 공간의 역할을 한다면, 가상공간은 가상세계에서 공간의 역할을 한다.

반면 만약 시뮬레이션 가설이 참이라면 단단함이 곧 가상의 단단함이며, 가상의 단단함은 언제나 단단함의 역할을 해왔다. 마찬가지로 색상이 곧 가상색상이고, 공간이 곧 가상공간이다. 우리가 사는 비트에서 존재로 세계에서는 이러한 요소들이 색상과 공간의 역할을 한다.

우리가 시뮬레이션 안에 있다면 이 공간에 펼쳐진 그 무엇도 보이는 그대로가 아닐 것이라는 직관적 생각이 강하게 들기 마련이다. 이제 이 직관은 에덴식 직관이라고 진단할 수 있다. 물론 우리가 시뮬레이션 안에 있다면 그 무엇도 보이는 그대로 공간에 놓여 있지는 않다. 그러나 이는 상대성 이론, 양자역학 이론, 끈 이론에서도 마찬가지다. 공간이라는 개념을 공간의 역할을 하는 것이라고 재구성한다면 이러한 물리적 이론에 공간이 있을 여지가 생기고, 시뮬레이션에도 공간이 있을 여지가 생긴다.

현실은 환상인가

그렇다면 결국 비슈누의 말이 옳았을까? 에덴에서 추락한 우리에게는 평범한 현실이 모두 환상일까? 우리는 에덴식 세계에 사는 것처럼 보이지만 사실은 그렇지 않다. 사물은 빨간색으로 보이고 사각형으로 보이지만, 외부세계의 그 무엇도 빨간색이거나 사각형이 아니다. 코넬 웨스트의 말대로 정말 저 끝까지 모두 환상인 걸까?

그렇기도 하고 아니기도 하다. 객체가 빨간색으로 지각된다면 그건 환상이다. 그 무엇도 빨간색은 아니다. 그러나 객체가 빨간색으로 지각된다면 그건 환상이 아니다. 많은 것이 빨간색이다. 사물이 빨간색이었다면 지각은 '완전하게 정확'할 수 있다. 그러나 사물이 빨간색이기만 해도 지각은 '불완전하게 정확'할 수 있다. 지각에는 환상 요소가 포함되지만 그래도 현실을 정확하게 알려주는 지침이 될 수 있다.

에덴은 외부세계를 매우 확실하게 알 수 있는 곳이다. 에덴에서는 만물을 직접 파악할 수 있다. 그러나 내 견해가 옳다면, 에덴식 외부세계 모형은 데카르트 회의론으로도 이어진다. 외부세계 모형의 속성이 공간, 시간, 색상이라면 이 모형은 너무나 쉽게 거짓이 될 수 있다. 반면 외부세계 모형의 속성이 단순히 공간, 시간, 색상이라면 이 모형은 훨씬 쉽게 참이 될 수 있다.

우리는 에덴에서 떨어지면서 현시적 세계를 취약하게 fragile 이해하는 데서 강건하게 robust 이해하는 쪽으로 넘어왔다. 색상을 원시적이고 내재적인 성질로 보는 에덴식 색상 모형은 취약하며 의문이나 반증의 대상이 되기 쉽다. 반면 색상을 기능적 성질로 보는 추락 후 모형은 강건하다. 분명 무언가가 색상의 역할을 담당하기 때문이다.

중요한 건 탈에덴식 세계에서 외부세계의 구조에 대한 우리의 지식이 그 내재적 성질에 대한 우리의 지식보다 더 강건하다는 점이다. 우리는 사과가 빨간색이라고 지각한다. 에덴 세계에서는 객체를 직접 파악했으므로 사과의 빨간색을 직접 지각했다. 그러나 추락 후 우리와 사과 사이에는 수많은 단계가 생겼다. 이론상 초록색 사과나 무색 사과도 같은 빛을 반사하여 빨간색이라는 경험을 유발할 수 있다. 이때라면 사과는 똑같이 빨간색으로 보였을 것이다. 그러므로 사과가 빨간색인지, 초록색인지, 그도 아니면 색이 있기는 한지 알 방법은 요원해보인다.

반면 사과가 빨간색인지 초록색인지는 쉽게 알 수 있다. 사과가 평범하게 빨간색으로 보인다는 건 지각을 유발할 때 빨간색의 역할을 담당하는 성질을 가지고 있다는 뜻이다. 빨간색의 구조적 개념에 따르자면 이것만으로도 빨간색이 될 수 있다.

마찬가지로 외부세계에 진짜 공간이 있는지 알 방법도 요원해 보인다. 같은 구조를 가졌으나 공간은 없는 세계 또한 공간이 있는 세계와 같은 방식으로 우리의 경험에 영향을 미칠 수 있다. 그렇지만 무언가가 공간의 역할을 한다는 건 훨씬 쉽게 알 수 있다. 공간의 구조적 개념에 따르자면 이것만으로도 공간이 될 수 있다.

인지과학자 도널드 호프만Donald Hoffman은 최신 저서《현실을 부정하는 사례The Case Against Reality》에서 회의론을 뒷받침하는 진화론적 논의를 펼쳤다. 그의 주장에 따르자면 진화는 세계에 관한 믿음이 진실인지 아닌지 전혀 고려하지 않는 방식으로 이루어졌다. 오직 적합한지, 즉 생존하고 자손을 남길 수 있는지만을 고려하여 이루어졌다는 것이다. 또한 믿음이 옳을 때보다는 크게 틀릴 때가 훨씬 많으므로 우리는 대다수의 믿음이 틀렸으리라고 여겨야 한다. 그러므로 세상은 보이는 그대로가 아닐 게 거의 확실하다.

호프만의 논증은 일종의 에덴식 지각 모형을 가정한다. 에덴식 믿음의 내용이 틀렸을 가능성이 크다는 건 맞는 말이다. 우리는 사과가 빨간색인지 알 수 없고 공이 구형인지도 알 수 없다. 그러나 지각과 현실을 구조론적 개념으로 바라보면 현실 모형은 강건해진다. 그러므로 사과가 빨간색이고 공이 구형이라고 훨씬 확신할 수 있다. 따라서 더는 세상이 보이는 그대로가 아니라고 결론지을 수 없다.

그렇지만 나는 에덴 세계에 대한 우리의 지각에 관해서는 호프만의 견해에 동의한다. 이 지각은 현실에 뿌리를 내리지 않는다. 외부세계에는 색상이나 크기가 없다. 심지어 에덴식 성질이 일종의 지각 인터페이스 역할을 한다는 호프만의 의견 또한 기꺼이 지지할 수 있다. 우리에게 드러나는 세계는 사실상 에덴식 세계다. 진정한 외부세계 자체는 에덴식 세계가 아니지만, 그렇다고 하더라도 우리에게 드러나는 에덴식 세계는 진정한 외부세계의 구조를 파악하는 데 유용한 지침이다.

그렇지만 지각이 외부세계의 진정한 본질에 관하여 아무것도 알려주지 못한다는 호프만의 의견에는 동의할 수 없다. 지각은 사물의 색상과 크기를 잘 알려준다. 사물의 색상과 크기를 안다고 하더라도 사물의 내재적인 '색상'과 '크기'를 알 수는 없겠지만, 여전히 우리는 외부세계의 구조에 관하여 많은 것을 알 수 있다.

불완전 실재론

슬로베니아의 철학자 슬라보예 지젝Slavoj Žižek은 1996년 논문에서 "가상세계의 궁극적인 교훈은 진정한 현실의 가상화다."라고 말했다. 이제 우리는 이 말이 어느 부분에서는 참이라는 걸 안다. 가상세계를 고찰하다보면 결국 가상세계가 평범한 물리세계만큼 실제라는 결론에 다다른다. 방점을 반대로 찍어보면 우리의 평범한 물리세계가 사실상 가상화되었다고도 볼 수 있다. 즉, 물리세계가 가상세계만큼만 실제라는 뜻이다. 이 세계는 색상과 공간이 존재하는 에덴식 세계가 아니라, 그와 관련된 역할을 하는 구조들의 세계다.

이 점으로 미루어볼 때 나는 세계의 사물이 보이는 그대로라고 말하는 순진한 외부세계 실제론을 거부해야 한다고 생각한다. 그렇지만 단순한 환상론도 거부해야 한다. 적절한 견해가 있다면 바로 불완전 실재론imperfect realism이다. 보이는 그대로의 색상은 존재하지 않는다. 그렇지만 색상은 존재하며, 색상의 여러 역할을 담당하고, 우리가 세계를 이해하는 데 매우 중요하다.

나는 불완전 실재론이 여러 중요한 철학적 주제에 대해 올바른 견해라고 생각한다. 결정되지 않은 행동을 수행하는 수단인 자유의지는 없을지도 모르지만, 그래도 우리에게는 자유의지가 있다. 인간에게서 완전히 독립적인 절대적 표준 도덕성인 옳고 그름은 없을지도 모르지만, 그래도 옳고 그름은 존재한다.

일부 사람들은 일상적 자유의지free will는 진정한 자유의지가 아니라고 말하기도 한다. 오직 철학적인 의미의 자유만이 진정한 자유의지라는 뜻이다. 자칫 단어에 대한 논쟁으로 이어질 위험이 있지만 그 기저에는 생각봐야 하는 중요한 문제가 있다. 그 문제는 우리가 중요하게 여기는 것을 줄 수 있는 것이 단순한 일상적 자유의지인지, 아니면 깊고 철학적인 의미의 진정한 자유의지인지 하는 것이다.

우리는 왜 자유의지에 관심을 가질까? 주된 이유 중 하나는 도덕적 책임에 자유의지가 필요하기 때문이다. 우리는 자유롭게 행동하는 때에만 행동에 책임을 진다. 행동에 책임을 지려면 자유의지가 필요할까? 이는 분명하지 않다. 그저 자유의지만 있더라도 이에 따라 선택하고 행동했다면 그 선택이 미리 결정되어 있었다고 하더라도 마찬가지로 행동에 책임을 져야 한다고 논할 수 있다. 만약 그렇다면 도덕적 책임과 관련하여 자유의지는 우리의 관심거리를 이루어주며, 이를 위해 전면적 자유의지가 필요하지 않다. 그렇지만 우리가 자유의지에 관심을 가지는 데는 다른 이유도 있을 것이다.

불완전 실재론에서 현실은 환상인가? 그렇기도 하고 아니기도 하다. 에덴식 현실은 환상이다. 에덴의 색상은 실제가 아니다. 공간, 단단함, 자유의지 또한 마찬가지다. 만약 사과가 빨간색이고 구형이라고 믿는다면 우리는 틀렸다. 그러나 색상은 실제이며 공간, 단단함, 자유의지 또한 마찬가지다. 만약 사과가 빨간색이고 구형이라고 믿는다면 우리는 옳다. 불완전 실재론에 따르자면 현시적 영상은 일부 환상이지만, 구조적 핵심은 완전히 환상뿐만은 아니다.

그렇다면 의식은 어떨까? 의식은 환상이지만 의식이 존재한다고 할 수 있을까? 이 견해는 오랜 역사가 있는 존중할 만한 견해이나 여러 의문에 부딪히기도 한다. 색상과 공간을 구조화할 때 우리는 색상과 공간을 마음속에 들인다. 우리가 경험하는 특별한 빨간색은 외부세계가 아니라 의식의 일면으로 남는다. 의식을 구조화하려면 이러한 성질을 다른 곳에 옮기거나 완전히 제거해야 한다.

구조론자는 의식의 특별한 특성을 환상이라고 무시할 수도 있다. 즉, 의식의 특별한 특성이 있다고 생각해도 실제로는 그렇지 않다고 주장할 수 있다. 그러나 외부세계의 특성보다 의식의 특성을 무시하기는 더 어렵다. 잭슨의 '흑백 방 속의 메리' 사고 실험이 이 점을 잘 보여준다. 메리는 뇌에 대한 모든 구조를 알고 있었지만, 방에서 나와 색을 실제로 경험했을 때 구조적 지식으로는 얻을 수 없는 새로운 색 경험을 하게 된다. 구조론자가 새로운 색 경험을 환상이라고 무시하지 않는 한, 의식을 구조로 설명하는 데에는 큰 어려움이 남아있다.

의식에 관한 불완전 실재론이 완전히 틀렸다고 말하는 게 아니다. 의식에 관한 우리의 평범한 믿음 중에는 분명 틀린 믿음도 많을 것이다. 또 의식에 관한 과학이 완전히 발달한다면 수많은 놀라운 사실들이 밝혀질 것이다. 그러므로 현시적 영상의 의식과 과학적 영상의 의식 간에는 분명 차이가 있다. 그러나 지금으로써는 의식이 구조를 넘어선다고 생각할 만한 강한 근거들이 있다. 적어도 한두 차례의 과학적 혁명이 일어나지 않고서는 순수하게 구조 측면에서만 의식을 설명할 수는 없다. 그렇지만 과학적 혁명은 과거에 일어난 적이 있다.

플라톤의 형태와 에덴에서의 추락

플라톤에게 가장 근본적인 현실은 형태의 세계였다. 형태는 가장 순수하고 완벽한 만물의 특별한 본질이다. 거대함, 사각형, 단단함, 아름다움, 선함 등의 여러 형태가 있을 수 있다. 형태는 영원하고 절대적이며 변하지 않는다.

플라톤은 평범한 물리현실이 형태의 세계를 모방할 뿐이라고 보았다. 평범한 사각형 객체는 사각형 형태의 그림자일 뿐이다. 그는 동굴 우화를 이용해 평범한 현실과 형태의 세계 간에 어떤 차이가 있는지 설명했다. 그는 평범한 그림자 세계보다는 형태의 세계가 훨씬 더 깊은 현실이라고 여겼으며, 선택할 수만 있다면 모두가 형태의 세계에 사는 편을 선호하리라고 생각했다.

내가 말하는 에덴의 세계는 플라톤이 말하는 형태의 세계와 겹치는 요소들이 있다. 에덴은 영원하지 않고 변하지 않는 것도 아니다. 그러나 여기에는 완벽한 형태의 사각형, 단단함, 선함과 같은 본질이 있다. 에덴의 사람들은 이 본질을 직접 파악하고 현실과 직접 맞닿을 수 있다.

반면 과학의 구조적 세계는 플라톤의 그림자 동굴처럼 보인다. 이곳에는 빨간색이 없고 단지 그 역할을 하는 무언가만 있다. 평범한 현실에 놓인 객체는 에덴에 놓인 객체의 그림자처럼 보인다.

에덴에서 추락한다는 건 플라톤의 동굴에 들어서는 것과 같을까? 에덴이 아닌 우리 세계에는 좋은 삶을 꾸리는 데 꼭 필요한 요소가 빠져 있을까?

나는 그렇지 않다고 답하고 싶다. 에덴에서 떨어졌더라도 우리에게는 전과 마찬가지로 의식이 있다. 의식으로 색상, 공간, 인과관계 등의 순수한 형태를 파악할 수 있다. 우리 주변의 객체는 빨간색이 아닐지 몰라도 어쨌든 빨간색의 세계를 똑같이 경험한다. 우리는 빨간색의 보편적 형태를 알고 있다. 이는 플라톤이 가장 중요하게 여겼던 종류의 지식이다.

에덴에서 떨어지면서 생겨난 환상으로 인해 삶이 더 나빠졌을까? 에덴에서 사람들은 빨간 사각형 사물을 직접 지각했다. 우리는 빨간 사각형 사물의 세계를 경험하는 듯하지만, 사실 우리의 세계는 그저 빨간 사각형 사물의 세계다. 그렇지만 이로 인해 삶이 불완전해진다고 하더라도 그게 어째서 더 나쁜 삶인지는 알기 어렵다.

에덴은 일종의 가설적 이상이다. 이를 '현실 0.0'이라고 생각해도 좋겠다. 우리가 시뮬레이션 안에 있지 않다고 가정한다면, 에덴에서 떨어진 우리가 마주한 평범한 물리현실은 '현실 1.0'이다. 가상현실은 '현실

2.0'이다. 평범한 현실과 가상현실에서 에덴은 의식을 중심으로 구조적 뼈대만 남기고 해체된다. 그래도 가상현실은 평범한 현실과 동등하게 남는다.

제24장
우리는 꿈속 세계의 볼츠만 두뇌인가?

'인간 하나, 신 하나, 그리고 볼츠만 두뇌 하나가 술집에 걸어 들어갔 다….'

이 농담 다음에 어떤 펀치라인이 이어질지는 모르겠지만, 아마 볼츠 만 두뇌 폭발에 관련된 이야기일 것이다. 19세기 오스트리아의 물리학 자 루트비히 볼츠만Ludwig Boltzmann의 이름을 딴 볼츠만 두뇌는 물질이 무작위로 모여 정확히 인간 두뇌에 일치하는 구성을 잠시간 이루는 것 을 말한다.

잠시 후 볼츠만 두뇌의 대부분은 폭발하여 다시 혼돈 상태로 돌아간 다. 볼츠만 두뇌가 실존할 가능성은 지극히 낮지만, 거대한 우주에서는 가능성이 낮은 일도 언젠가는 일어난다. 사실 몇몇 물리 이론에서는 시 공간이 무한하다면 볼츠만 두뇌가 무한한 횟수로 내 두뇌를 본떠 형성 될 수 있다고 본다.

찰나의 반짝임일 뿐이지만, 볼츠만 두뇌는 나와 똑같은 경험을 한다.

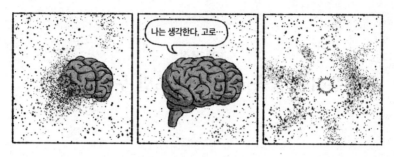

그림 56 볼츠만 두뇌의 찰나의 삶

여기서 의문이 떠오른다. 내가 지금 볼츠만 두뇌가 아니라는 걸 어떻게 알 수 있을까? 나는 오랜 과거를 기억하고 먼 미래를 예측하는 것 같지만, 볼츠만 두뇌도 똑같이 오랜 과거를 기억하고 먼 미래를 예측한다. 가설을 검증하기 위해 잠시 기다려보고 여전히 살아 있는지 확인해볼 수도 있겠지만, 잠시 후의 내가 멀쩡하더라도 내가 가설을 검증하기 위해 잠시 기다렸다는 거짓 기억을 가지고 그 순간 생성된 볼츠만 두뇌라는 것 말고는 아무것도 알 수 없다.

만약 내가 볼츠만 두뇌라면 내가 아는 외부세계의 현실은 위협받는다. 심과는 달리 볼츠만 두뇌는 상세한 외부현실 시뮬레이션에 둘러싸여 있지 않다. 이들은 대개 무질서한 무작위에 둘러싸여 있다. 심이 가지는 믿음이 대개 참이라는 내 견해가 옳다고 하더라도, 외부세계에 대해 볼츠만 두뇌가 가지는 믿음은 거의 모두 거짓이다. 그러므로 볼츠만 두뇌는 다시 한번 회의론 문제에 활기를 불어넣는다. 내가 볼츠만 두뇌가 아니라는 걸 알 수 없다면, 외부세계가 실제인지 알 수 없다.

볼츠만 두뇌는 내가 마주하는 회의론 문제의 또 다른 형태에 불과하다. 이 책의 대부분에 걸쳐 나는 매트릭스와 같은 거의 완벽한 시뮬레이선에 초점을 맞췄다. 가장 극단적인 매트릭스 스타일 시뮬레이션에서는 온 우주가 시뮬레이션이며, 모든 물리 법칙이 충실하고 정확하게 시뮬레이션되고, 내 모든 인생도 통째로 시뮬레이션이다. 지금까지 내가 주장한 바에 따르자면, 이러한 매트릭스 스타일의 시뮬레이션 안에 있다면 현실은 환상이 아니다. 그러므로 이러한 종류의 시뮬레이션 가설은 외부세계에 대한 우리의 지식을 위협하지 않는다.

그렇다면 다른 회의론 가설은 어떨까? 우선 '부분적이고', '일시적이고', '완벽하지 않은' 시뮬레이션을 생각해보자. 이러한 시뮬레이션에서는 확실히 수많은 믿음이 거짓일 것이다. 만약 그렇다면 외부세계에 대한 우리의 지식은 흔들리는가? 데카르트가 제시한 꿈 가설과 사악한 악마 가설도 있다. 내가 지금 꿈속에 있는 건 아닐까? 그렇다면 우리의 지식은 흔들리는가? 마지막으로 외부세계에 대한 우리의 지식은 볼츠만 두뇌 가설을 극복할 수 있는가?

이번 장에서는 부분 시뮬레이션부터 볼츠만 두뇌까지 여러 가설을 살펴보겠다. 이 중에는 중요한 회의론 문제도 있으나 그 어떤 가설도 전체 회의론으로 이어지지는 않는다고 논해보겠다. 그다음에는 한발 물러서서 우리가 데카르트 회의론 문제에 어디까지 답했는지 평가해본다. 나아가 이 장의 마지막 부분에서는 우리가 외부세계에 대한 지식을 어느 정도 가질 수 있다는 점을 설명한다.

부분 시뮬레이션

부분 시뮬레이션에서는 우주의 일정 부분만이 시뮬레이션이다. 예컨대 뉴욕시만 시뮬레이션이고 그 너머의 장소는 시뮬레이션이 아닐 수 있다. 제2장에서 살펴보았듯 부분 시뮬레이션이 작동하도록 만들기는 쉽지 않다. 나는 뉴욕시에 살면서도 호주에서 살았던 기억을 가질 수 있다. 나는 전 세계에 관한 글을 읽고 영상을 본다. 도시 바깥으로 여행하는 일도 자주 있다. 도시 바깥에 사는 사람들과도 주기적으로 이야기를 나눈다. 뉴욕시에 사는 나의 삶을 제대로 시뮬레이션하려면 뉴욕시 바깥의 수많은 요소도 시뮬레이션해야 한다.

전체 시뮬레이션과 비교하자면 부분 시뮬레이션은 세계에서 내 삶에 거의 영향을 미치지 않는 부분을 시뮬레이션하지 않고 생략할 수 있다. 예컨대 사람이 살지 않는 남극 대륙 일부나 해저는 상대적으로 단순한 모형으로 대체할 수 있다. 또는 지구를 상세하게 시뮬레이션하는 대신 태양과 달은 지구에 미치는 영향을 제외하고는 조금 덜 상세하게 시뮬레이션하고, 그 너머의 우주는 상당히 단순한 모양으로 대체할 수도 있을 것이다. 우리가 이러한 부분 시뮬레이션 안에 있다고 가정해보자. 그렇다면 현실을 어떻게 보아야 할까? 나는 테이블과 의자, 강아지와 고양이, 바다와 사막 등 지구상의 평범한 사물이 모두 실제라고 말하고 싶다.

부분 시뮬레이션 가설은 '부분 비트에서 존재로 창조론'과 동등하다. 부분 비트에서 존재로 창조론에서 창조자는 비트의 움직임을 설정하여 지구를 창조하고 나머지 우주에는 그다지 신경 쓰지 않는다. 그 결과 지구와 지구상의 만물은 실제다. 태양과 달도 아마 실제겠지만, 우리가 예상하는 상세한 물리적 구조는 없을 수 있다. 멀리 떨어진 별들은 우리의 생각과 더 크게 다를 테고, 관찰되지 않는 별들은 아예 존재하지 않을지도 모른다.

만약 이 견해가 옳다면 부분 시뮬레이션 가설은 부분 시뮬레이션 실재론으로 이어진다. 시뮬레이션 속에서 멀리 떨어진 사물들이 실제가 아니라고 하더라도 우리와 가까운 부분 시뮬레이션 사물은 여전히 실제다. 더 넓은 세계에 대한 믿음은 일부 거짓일 수 있다.

태양에 지구와 같은 물리학이 적용된다거나, 관찰되지 않은 별이 존재한다는 나의 믿음은 틀렸을 수 있다. 그렇지만 부분 환경에 대한 나의 평범한 믿음은 대체로 참이다. 그저 부분 시뮬레이션 안에 있다고 하더라도 나는 여전히 책상 앞 의자에 앉아 창밖의 도시를 바라볼 수 있다.

부분 시뮬레이션에서 우리는 〈트루먼 쇼〉의 트루먼과 비슷한 상황에 놓인다. 트루먼은 그를 위해 모든 것이 마련된 버블 안에 산다. 트루먼은 버블 바깥 세계에 관한 여러 믿음을 가지고 있으나 그러한 믿음 중 다수가 거짓이다. 그래도 버블 안에서 테이블이나 의자와 같은 평범한 물리적 사물은 실제고, 그에 대한 트루먼의 믿음도 대체로 참이다.

〈트루먼 쇼〉와 마찬가지로 부분 시뮬레이션 시나리오는 부분 회의론 시나리오다. 이 시나리오에서 우리가 가진 어떤 믿음은 거짓이지만, 부분 환경에 대한 우리의 핵심 믿음은 대체로 참이다. 그러므로 부분 시뮬레이션 가설은 우리의 믿음 일부에 대한 회의론을 뒷받침하는 데 쓰일 수 있다. 만약 내가 지구라는 부분 시뮬레이션 안에 있지 않다는 걸 알 수 없다면, 나는 수성을 비롯한 외계에 대하여 알고 있다고 생각했던 많은 것들을 알지 못한다. 만약 내가 〈트루먼 쇼〉와 같은 버블에 살고 있지 않다는 걸 알 수 없다면, 나는 버블 바깥의 세계를 잘 알지 못한다.

이 책에서 나의 주된 목적은 외부세계에 대한 전체 회의론에 반박하는 것이다. 부분 시뮬레이션에서 비롯되는 더 제한적인 회의론에 대한

그림 57　뉴욕시를 대상으로 한 부분 시뮬레이션.
(사울 스타인버그Saul Steinberg에게 사과드린다.)

반론은 아직 살펴보지 않았다. 그렇지만 우리가 이를 어떻게 처리할 수 있을지 생각해보는 것도 좋겠다. 이를 위해서는 시뮬레이션 실재론을 넘어서서 우리가 부분 시뮬레이션 안에 있지 않다고 논해야 한다.

우리가 부분 시뮬레이션 안에 있다는 개념에 반박하는 가장 명백한 견해는 러셀의 단순성에 대한 호소다. 〈트루먼 쇼〉 시나리오와 같은 부분 시나리오 시뮬레이션은 전체 시뮬레이션보다 훨씬 더 복잡하다. 무엇을 언제 시뮬레이션해야 하는지 끊임없이 결정해야 하기 때문이다. 반면 전체 시뮬레이션은 자연법칙 몇 가지를 시뮬레이션하고 나머지 시뮬레이션이 펼쳐지게 두면 된다.

그렇지만 한편으로는 부분 시뮬레이션보다 전체 시뮬레이션에 훨씬 더 큰 비용이 필요하다. 단순히 지구를 시뮬레이션하는 것보다는 우리 우주와 같은 거대한 우주를 시뮬레이션할 때 훨씬 더 많은 프로세스가 필요할 것이다. 그러므로 우리 우주와 같은 우주를 대상으로 하는 전체 시뮬레이션의 비용을 생각해본다면 전체 시뮬레이션보다는 부분 컴퓨터 시뮬레이션이 훨씬 흔하리라고 추론해볼 수 있다. 이러한 이유로 나는 우리가 부분 시뮬레이션 안에 있지 않다는 걸 알 수 있다고 확신할 수 없다.

그렇지만 앞서 살펴보았듯 부분 시뮬레이션이 과도하게 부분적일 가능성은 적다. 지구 또는 태양계에 관한 노른자위 부분 시뮬레이션이 존재하는 한, 회의론이 생겨난다고 하더라도 멀리 떨어진 별이나 지구의 핵 등 우리와는 거리가 있는 회의론일 것이다. 아마 이 정도의 회의론은 견디며 살아갈 수 있을 것이다.

일시적 시뮬레이션

부분 시뮬레이션 가설의 한 가지 변종으로는 한정된 기간만 시뮬레이션하는 일시적 시뮬레이션 가설이 있다. 어쩌면 21세기만 시뮬레이션일 수도 있고, 시뮬레이션이 오늘부터 시작되었을 수도 있다. 일시적 시뮬레이션 가설의 한 가지 버전에서는 우리가 본래 비시뮬레이션 세계에 살았으나 어느 시점에서 기존세계와 구분할 수 없을 만큼 잘 만든 시뮬레이션 안으로 옮겨졌다고 가정한다. 예를 들어, 어젯밤 여러분이 잠든 사이에 누군가 여러분을 납치해 완전히 그럴듯한 시뮬레이션에 집어넣었다고 가정해보자. 그렇다면 주변의 세계는 실제일까?

이 시나리오에서 우리에게 고양이가 보인다면 그 고양이는 실제 고양이가 아니라 가상 고양이다. 우리가 시뮬레이션 안에서 자라나지 않았으므로, 제11장에서 살펴본 것과 마찬가지로 가상 고양이는 실제 생물학적 고양이와 매우 다르다. 가상 고양이는 인과력을 가지고 우리에게서 독립적으로 존재하는 실제 디지털개체이지만, 그래도 실제 고양이는 아니다. 그러므로 눈앞에 고양이가 있다는 우리의 믿음은 틀렸다.

그렇지만 한편으로 여전히 참인 믿음도 많다. 우리가 성장하며 쌓아온 기억들은 모두 완벽하게 정확하다. 우리가 기억하는 고향과 조부모도 기억하는 그대로다. 세계의 다른 곳에서 일어나는 일에 관한 믿음 또한 중간 과정에서 세계가 파괴되지만 않았다면 괜찮을 것이다. 잘못되는 건 현재 주변 환경을 향한 우리의 믿음이다. 그러므로 일시적 시뮬레이션 가설은 기껏해야 현재 또는 최근의 주변 환경에 대한 부분 회의론으로 이어지며, 외부세계에 대한 전체 회의론으로 이어지지 않는다.

만약에 일시적 시뮬레이션이 확장되어 어느 정도의 과거가 포함된다면 어떨까? 우리가 태어난 이래로 계속 시뮬레이션 안에서만 살았다면 나는 이곳이 우리가 아는 유일한 현실이므로 이곳의 개체가 실제라고 할 것이다. 우리 주변의 고양이는 실제 고양이다. 다만 우리가 있는 현실 속 고양이는 비트로 만들어졌을 뿐이다.

제20장에서 살펴보았듯, 우리가 사용하는 '고양이'라는 단어는 언제나 가상의 고양이를 가리킨다. 심지어 우리가 다섯 살 때 시뮬레이션 안에 들어왔다고 하더라도 이제는 충분히 오랜 시간을 시뮬레이션 안에서 보냈으므로 시뮬레이션 고양이를 실제 고양이라고 여겨도 좋다. 불과 2년 전에 시뮬레이션 안에 들어왔다면 어떨까? 어쩌면 이제 고양이라는 단어로 가상 고양이와 비가상 고양이를 동등하게 가리키기 시

작했을 수도 있다. 어느 쪽이든 전체 회의론이 떠오를 위험은 없다.

러셀은 언젠가 이렇게 물었다. "만약 신이 우리의 기억과 화석 기록이 그대로 담긴 현실을 5분 전에 창조했다면 어떨까?" 시뮬레이션에도 같은 질문을 던져볼 수 있다. 시뮬레이터가 우리 기억에 프로그램을 심어 우리 세계를 처음부터 끝까지 모두 5분 전에 창조했다면 어떨까? 러셀의 시나리오에 대해서는 현재 환경에 대한 우리의 믿음이 대체로 옳으나 과거에 대한 믿음은 옳지 않다는 반응이 일반적이다.

이 견해가 옳은지 잘 모르겠다. 우리의 기억과 화석 기록은 어떻게 창조되었을까? 분명 기억과 화석 기록이 담길 만큼 과거를 상세하게 시뮬레이션했을 것이다. 그렇지만 이렇게 된다면 마치 우리가 어느 시뮬레이션 안에서 태어나 살다가 다른 시뮬레이션이나 비시뮬레이션 환경에 옮겨진 상황처럼 보이기 시작한다. 이러한 상황에서라면 과거에 대한 우리의 믿음이 대체로 정확하다고 말하겠다. 그저 지난 5분 동안에 관한 우리의 믿음이 거짓일 뿐이다.

최근 5분 또는 바로 지난해에 관한 회의론에는 어떻게 대응하는 게 가장 좋을까? 다시 한번 단순성에 호소하는 방법이 끌린다. 누군가를 비시뮬레이션 세계에서 데려와 시뮬레이션 세계에 이전하려면 훨씬 더 복잡한 설정이 필요하다. 누군가를 한 시뮬레이션에서 다른 시뮬레이션으로 이전할 때도 마찬가지다. 특히 두 시뮬레이션이 하나의 연속적 환경이 되지 않도록 상당한 차이를 두고 만들었을 것이므로 이전하기가 더욱 어려울 것이다. 이러한 방식은 부분 시뮬레이션 시나리오와는 달리 효율성 측면에서도 별다른 장점이 없다. 다수의 시뮬레이션이 이와 같은 방식을 취했을 가능성은 적다. 그러므로 이러한 종류의 회의론에 대해서는 적어도 단순성이라는 반론이 있다.

극단적인 일시적 시뮬레이션에서는 지금 순간만을 시뮬레이션할 수도 있다. 어떤 때에는 이러한 시뮬레이션을 만들기 쉬울 수도 있다. 만약 깜깜한 방에서 낮잠을 자다가 막 깨어났다면 시뮬레이터는 최소한의 세계 모형을 이용해 몇 가지 생각과 경험만 시뮬레이션하면 된다. 그러나 완전히 잠에서 깨어나 지금의 나로서 바깥 세계에 나선다면 일시적 시뮬레이션에서도 더 많은 작업이 필요할 것이다.

시뮬레이터는 적어도 내가 지각하고 생각하는 모든 것에 관한 모형 또는 기반을 마련해야 한다. 내가 갑자기 다른 사물을 생각하거나 지각하더라도 시뮬레이터는 이를 시뮬레이션할 준비가 되어 있어야 한다. 그러나 이러한 순간 시뮬레이션은 너무 짧으므로 그 준비까지는 필요하지 않을 수도 있다.

나는 지금 순간 시뮬레이션 안에 있을까? 이 가능성을 완전히 배제할 수는 없지만, 순간 시뮬레이션이 흔하리라고 생각할 만한 이유는 많지 않다. 앞서 논한 부분 시뮬레이션과 마찬가지로 어쨌든 내가 지각하고 생각하는 모든 것을 시뮬레이션하기 위해 시뮬레이터가 사용하는 세계 모형은 언제나 적어도 부분 현실의 역할을 담당한다.

내 뇌 전체가 순간 시뮬레이션이라는 또 다른 흥미로운 시나리오도 가능하겠지만, 이렇게 되면 내 뇌의 역사적 환경이 모형의 역할을 할 것이다. 잠시 후 살펴볼 두 개의 뇌를 이용하는 사전 프로그래밍 시나리오가 여기에 해당한다. 어느 쪽이든 이러한 모형은 적어도 내가 아는 부분 현실의 밑바탕 역할을 하므로 우리는 전체 회의론을 피할 수 있다.

완벽하지 않은 시뮬레이션

완벽하지 않은 시뮬레이션에서는 물리를 완벽하게 시뮬레이션하지 않는다. 여기에는 다양한 시나리오가 있다.

근사approximate 시뮬레이션에는 근사 물리학이 있다. 제2장에서 살펴보았던 빈, 다보디, 세비지의 연구처럼 근사 시뮬레이션은 물리적인 값을 몇 자리 소수점으로 반올림하고 나머지는 생략한다. 우리가 근사 시뮬레이션 안에 있다면 물리학은 참에 근사할 뿐이다. 입자와 힘 등은 여전히 존재하지만, 이들은 물리적 법칙을 정확하게 따르기보다는 근사하게 따른다. 테이블이나 의자와 같은 평범한 객체는 흔들리지 않는다.

결함loophole 시뮬레이션에서는 물리를 대체로 완벽하게 시뮬레이션하나 때때로 물리 법칙에 결함이 생긴다. 이로 인해 네오의 빨간약이나 다른 세계와 소통하는 수단 등이 가능해진다. 우리가 결함 시뮬레이션 안에 있다고 해도 물리학은 마찬가지로 참에 근사한다. 마치 물리세계에서 신이 종종 기적을 일으키듯, 결함 시뮬레이션에도 특별한 사건이 일어나는 예외가 종종 있을 뿐이다. 이번에도 물리개체의 현실은 흔들리지 않는다.

거시적macroscopic 시뮬레이션에서는 평범한 객체를 거시적인 수준으로 시뮬레이션하고 필요에 따라 그보다 낮은 수준의 생물학, 화학, 물리학 등을 더한다. 대부분 거시적 현상은 물리학에 의존하므로, 물리학 전반을 무시한 채 적절한 거시적 시뮬레이션을 만들 수는 없다. 그렇지만 때때로 낮은 수준의 현상을 생략할 수는 있을 것이다. 우리가 대부분의 물리학을 생략한 시뮬레이션 안에 있다면 우리 세계의 개체는 원자로 구성되지 않고 물리학에 관한 우리의 믿음은 대부분 거짓이 된다.

만약 이 시뮬레이션이 직접 의자와 테이블을 시뮬레이션하는 방식을 취한다면, 아마 물리학이나 화학 같은 중간 단계를 거치지 않고 비트로 의자와 테이블을 구성하는 '비트에서 존재로' 견해를 받아들여야 할 것이다. 그러나 이 때도 평범한 객체는 실제다. 잇프롬빗 가설은 물리학이 옳다는 걸 우리가 알 수 있는가에 관한 회의론적 의문을 던질 수는 있지만, 평범한 현실 자체에 의문을 던지지는 않는다.

근사 시뮬레이션 및 거시적 시뮬레이션은 부분 시뮬레이션 가설과 마찬가지로 운영비가 비교적 적기 때문에 더 흔할 수 있다. 우리가 이와 같은 시뮬레이션 안에 있을 가능성을 배제할 수는 없다. 그러므로 물리학과 미시적 세계를 알 수 있는가에 관해서는 회의론적 의문이 남는다.

이러한 회의론에 반박하는 방법은 몇 가지가 있다. 이러한 종류의 시뮬레이션이 잘 작동하고 있다면 시뮬레이터가 (1) 선행하는 물리학 법칙 모형을 알고 있으며, (2) 모든 관찰 또는 모든 기록된 관찰이 이러한 법칙과 일관되게 만들고, (3) 이를 위해 관찰에 필요한 수준이라면 얼마든지 법칙과 미시적 구조를 시뮬레이션한다는 뜻이다.

그렇다면 이 세계에서 관찰과 관찰된 현실은 '때맞춰 만드는' 물리학 법칙을 따른다. 다시 말하자면 관찰되지 않은 현실은 새로운 관찰과 관련될 때 상세하게 시뮬레이션한다는 뜻이다. 나아가 이것만으로도 명백한 물리 법칙을 우주의 법칙으로 여겨도 좋다고 논할 수 있다. 적어도 관찰된 우주의 법칙은 될 수 있다. 그렇다면 회의론이 남는다고 하더라도 사소한 부분밖에 남지 않는다.

완벽하지 않은 시뮬레이션은 기껏해야 이론적인 문제에 관하여 비교적 제한된 회의론만을 남기며, 평범한 거시적 세계에 관해서는 회의론을 남기지 않는다.

사전에 프로그래밍한 시뮬레이션

제1장에서 살펴보았던 로버트 노직의 경험 기계가 사전에 프로그래밍한 시뮬레이션이었다는 점을 다시 떠올려보자. 이 시뮬레이션은 미리 정해진 스크립트대로 진행된다. 이는 평범한 개방형 시뮬레이션과는 대조된다. 개방형 시뮬레이션에서는 사용자에게 선택의 여지가 있고 사건의 전개에 따라 다양한 역사가 시뮬레이션될 수 있다.

우리가 사전에 프로그래밍한 시뮬레이션 안에 있다면 어떨까? 그래도 우리 주변의 세계는 실제일까? 사전에 프로그래밍한 시뮬레이션이 어떻게 작동하는지는 분명하게 알 수 없다. 사용자가 스크립트에 적혀 있지 않은 행동을 한다면 어떻게 될까? 시뮬레이션은 스크립트를 벗어나는 오류를 감당하지 못할 것이다. 그러므로 사전에 프로그래밍한 시뮬레이션은 사용자가 언제나 스크립트에 따라 움직이도록 설정할 것이다.

어쩌면 사용자가 언제나 스크립트에 충실하게 움직이도록 뇌를 조작할 수도 있다. 이것은 잠시 논외로 해보자. 또 스크립트가 사용자 맞춤형으로 미세하게 조정된 스크립트일 수도 있다. 어쩌면 사용자의 뇌를 미리 분석하여 사용자가 절대로 벗어나지 않을 스크립트를 개발했을 수도 있다.

아담 퐁테노Adam Fontenot는 이러한 설정이 작동할 수 있도록 두 개의 뇌를 이용하는 사전 프로그래밍two-brain preprogramming이라는 우아한 방식을 제시했다. 우선 동일한 뇌 두 개, 또는 동일한 시뮬레이션 뇌 두 개를 준비한 다음 두 가지 시뮬레이션을 가동한다.

첫 번째 시뮬레이션은 사전에 프로그래밍하지 않은 시범 운영 시뮬레이션이다. 이 시뮬레이션 환경에 첫 번째 뇌를 연결하고 어떻게 행동하는지 관찰하면서 뇌가 수신하는 모든 입력값을 기록한다. 그리고 이 입력값을 두 번째 뇌에 투입하여 사전에 프로그래밍한 두 번째 시뮬레이션을 만든다.

동일한 뇌에 동일한 입력값을 투입했으므로, 결정론을 가정한다면 두 번째 뇌는 첫 번째 뇌와 똑같이 행동한다. 의식이 특정한 뇌 활동에 의존한다면 두 번째 뇌는 첫 번째 뇌와 똑같은 의식적 경험을 한다. 그렇지만 두 번째 뇌는 외부세계와 상호 작용하지 않으며, 심지어 어느 시뮬레이션과도 상호 작용하지 않은 채 단순히 사전에 프로그래밍한 입력값을 수신할 뿐이다.

두 개의 뇌를 이용하는 사전 프로그래밍 문제는 시뮬레이션과 회의론에 관한 내 견해가 지금까지 마주한 가장 강력한 반론이다. 우리가 사전에 프로그래밍한 어느 시뮬레이션 안에 있다고 가정해보자. 그렇다면 어떻게 외부세계를 알 수 있을까?

언뜻 보면 우리가 지각하는 외부세계는 존재하지 않는다고 결론지어야만 할 것 같다. 우리는 그 어떤 시뮬레이션 객체도 없이 입력값만을 수신하고 있다. 게다가 우리가 어떤 행동을 하더라도 외부세계가 달라지지는 않는다. 어쩌면 우리의 결정이 뇌 바깥의 다른 그 무엇에도 영향을 미치지 않도록 행동 체계부터 설정되어 있을지도 모른다. 그러므로 전체 회의론이 위협적으로 떠오른다.

나는 이 상황에서도 전체 회의론을 피할 수 있다고 생각한다. 이 상황은 한 가지 환경과 두 개의 뇌가 등장하는 다른 시나리오와 유사하다. 제14장에서 살펴보았던 대니얼 데닛의 〈나는 어디에 있는가?〉 하는 이야기가 여기에 속한다.

데닛의 이야기에서는 생물학적 뇌 하나와 실리콘 뇌 하나가 같은 입력값을 수신하며 서로 동기화되어 있다가 어느 날부터인가 서로 다른 길을 걷기 시작한다. 그렉 이건도 단편 〈내가 되는 방법 Learning to Be Me〉에서 이와 유사한 시나리오를 펼쳤다. 이야기 속에서 모든 사람은 두 개의 시스템을 가지고 태어나는데, 그중 하나는 살아가면서 뇌에 무슨 일이 생길 때를 대비한 예비용이다. 한 번에 한 시스템만 외부 행동을 제어할 수 있고, 나머지 시스템은 뇌 외부의 그 어떤 것에도 영향을 미치지 않는다.

데닛과 이건의 두 개의 뇌 시나리오에는 두 명의 사람과 두 갈래의 경험이 존재한다고 보는 편이 자연스럽다. 두 개의 뇌 모두 외부세계를 대체로 정확하게 지각하며, 대체로 올바른 믿음을 가지고 있다. 그러나 그중 하나만이 행동을 제어한다. 나머지 뇌는 자기가 축구공을 차고 있다고 생각하겠지만 그 믿음은 틀렸다. 사실 공을 차는 행위는 다른 뇌에서 나온다.

두 개의 뇌를 이용하는 사전 프로그래밍 시나리오는 데닛과 이건의 시나리오와 상당히 비슷하다. 입력값을 두 개의 뇌에 투입하면 두 개의 뇌 모두 이를 처리하고 행동을 수행한다는 경험을 한다. 그렇지만 사실 둘 중 하나만이 실제로 행동을 수행한다. 다른 점이 있다면 사전에 프로그래밍하는 시나리오에서는 두 번째 뇌에 입력값을 투입할 때 지연이 발생한다는 점뿐이다. 그러나 이 점이 본질적인 차이를 만들어낸다고 생각하지 않는다.

데닛의 이야기에서 실리콘 뇌가 생물학적 뇌보다 몇 초 늦게 입력값을 처리하더라도 그 뇌는 여전히 세계를 정확하게 지각한다고 볼 수 있다. 누군가는 '지금 내 앞에 축구공이 있다.'라고 생각했는데 사실 몇 초 전에 축구공이 지나가고 없다면 이 생각은 잘못된 생각이라고 여길 수도 있다.

이렇게 되면 에덴식 시간 모형을 논해야 한다. 일시적 기능주의를 받아들인다면, 뇌가 '지금'이라는 단어를 물리세계에 적용한다는 건 그 세계에서 '지금'이라는 경험을 유발하는 시간적인 무언가를 의미한다. 마치 '빨간색'이라는 단어가 '빨간색'이라는 경험을 유발하는 어떤 성질을 의미하는 것과 같다. 그러므로 두 번째 뇌의 믿음은 여전히 정확하며, 시간이 얼마나 지연되든 그로 인해 원리 면에서 차이가 생긴다고 볼 근거는 없다.

일반화하자면, 두 번째 뇌의 믿음은 대체로 정확하다. 두 번째 뇌가 축구공을 경험한다면 첫 번째 뇌가 상호 작용하는 바로 그 디지털 축구공을 약간의 시간이 지난 다음에 경험하는 셈이다. 두 번째 뇌가 경험하는 세계 또한 완벽하게 실제다. 두 번째 뇌는 자기의 결정이 세계에 영향을 미친다는 잘못된 믿음을 가지고 있긴 하지만, 데닛과 이건의 시나리오에서도 이는 마찬가지다.

최악의 경우 두 개의 뇌 문제는 우리의 결정을 비롯한 정신 상태가 행동을 이끌고 세계에 영향을 미친다는 지식에 의문을 제기한다. 그렇다면 자칫 정신이 세계에 영향을 미치지 않는다는 말이 될 수도 있다. 이는 우리의 권리와 관련한 중요한 문제이며 이를 대상으로 수많은 논의가 이루어지고 있다.

이에 대해서도 여러 변론이 있다. 어쩌면 두 개의 뇌 문제는 너무 복잡하므로 일반적인 상황으로 보기는 어렵다고 주장할 수도 있다. 이건의 이야기에서처럼 시뮬레이션 피조물의 백업이 계속해서 나오는 경우도 있다. 또 어쩌면 두 개의 뇌는 하나의 정신에 해당하며 그 정신이 세계에 영향을 미친다고 주장할 수도 있다. 어느 쪽이든 정신이 세계에 미치는 영향에 관한 회의론은 우리가 지금까지 다룬 문제와는 다소 다른 문제다. 만약 내가 옳다면 두 개의 뇌 문제는 외부세계에 대한 전체 회의론을 정당화하지 못한다.

신과 사악한 악마

신이나 사악한 악마가 등장하는 고전적인 회의론 시나리오는 어떨까? 우선 우리의 감각 경험이 신에게서 비롯되며 신이 머릿속에 우주의 모형을 품는 경우를 살펴보자. 이때 신은 컴퓨터의 역할을 담당한다. 아마 신은 머릿속으로 테이블과 의자에 상응하는 생각을 하거나 그 객체를 구성하는 입자를 생각했을 것이다. 테이블과 의자가 컴퓨터 속의 비트로 구성되는 대신 신의 마음속 관념으로 구성되는 식이다.

이러한 객체는 완벽하게 실재다. 테이블과 의자는 인과력을 가지고 실제로 존재한다. 이 객체들은 신의 정신에 의존하므로 사실 완전히 정신 독립적이지는 않다. 그렇지만 적어도 우리와 같은 평범한 관찰자의 정신에 따라 달라지지 않는다.

사악한 악마는 의도가 사악하기는 해도 신과 동일하다고 말하고 싶다. 악마는 우리에게 어떤 감각 입력을 보낼지, 돌아오는 출력값을 어떻게 할 것인지 추적하기 위해 일종의 모형이나 내부 시뮬레이션을 이용해야 할 것이다. 만약 악마가 온 우주에 걸친 완전한 물리학 모형을 사용한다면 악마 시나리오는 완벽한 시뮬레이션 가설과 비슷해진다.

악마가 자세한 사항은 생략하고 한정된 모형을 사용한다면 부분 시뮬레이션 가설, 일시적 시뮬레이션 가설, 또는 완벽하지 않은 시뮬레이션 가설과 비슷해진다. 어느 쪽이든 테이블과 의자는 그대로 존재한다. 단지 사악한 악마의 마음속 프로세스에 따라 구성될 뿐이다.

우리의 사고를 해치는 또 다른 사악한 악마도 있다. 데카르트는 우리가 2 더하기 3을 계산하려 할 때 신이 계산을 틀리게 만들 수 있다는 생각을 즐겼다. 데카르트는 신이라면 이런 식으로 우리를 속이진 않겠지만, 사악한 악마라면 그럴 수 있다고 생각했다. 만약 사악한 악마가 우리의 마음을 조작해 2 더하기 3이 5가 아니라 6이라고 믿게 만든다면 어떻게 될까? 참으로 극단적인 회의론 시나리오다.

나는 사고로써 이 가능성을 배제할 수 있다고 생각하지만, 만약 사악한 악마가 마음을 조작하고 있다면 이 생각은 믿을 만하지 않다. 사악한 악마가 내 마음을 조작해 외부세계에 대하여 그 어떤 증거도 없는 온갖 종류의 믿음을 가지게 만든다면 어떨까? 이때는 시뮬레이션이 일관될 필요조차 없다. 이 세계가 일관된다는 인상 자체도 사악한 악마가 만들어낸 생각일지 모른다.

나는 이러한 종류의 회의론이 주로 메타인지적 회의론 또는 자기 자신의 사고에 관한 회의론이라고 생각한다. 이 이론들은 외부세계 회의론과는 어느 정도 동떨어진 까다롭고 흥미로운 문제들을 제기한다. 그렇지만 외부세계 회의론에도 영향이 있을 수 있다. 사악한 악마가 사고를 조작한다는 시나리오를 배제할 수 없다면, 과연 나는 외부세계를 조금이라도 알 수 있을까?

간단하게 말하자면 이렇다. 나는 수학에 관하여 우리가 제대로 사고할 수 있는 한은 알 수 있다고 생각한다. 예컨대 2 더하기 3이 5라는 것을 증명할 만큼 제대로 사고할 수 있다면, 우리는 2 더하기 3이 5라는 것을 안다. 사악한 악마가 우리의 정신을 조작한다는 가능성을 배제하지는 못할 수도 있지만, 그래도 제대로 된 사고로 2 더하기 3이 6이라는 가능성을 배제할 수 있다.

분명 악마에게 조작당해 잘못된 사고를 하는 사람은 2 더하기 3이 6이라는 증거가 있다고 주장할 수도 있다. 이들은 제대로 사고하지 못하므로 진실을 알지 못한다. 그렇지만 제대로 사고한다면 알 수 있다. 외부세계에 대한 지식도 마찬가지다. 제대로 된 사고 끝에 내 앞에 의자가 있다는 결론이 도출된다면, 악마가 정신을 헤집을 수도 있다는 가능성만으로는 사고가 흔들리지 않는다. 나는 여전히 의자가 있다는 걸 알 수 있다.

꿈과 환각

꿈 가설은 어떨까? 지금 나는 꿈을 꾸고 있을까? 대부분의 꿈 경험은 불안정하고 파편화되어 있으나, 나의 경험은 그렇지 않다. 그렇지만 여기에서는 안정적이고 파편화되지 않은 특별한 꿈을 상상해보자. 이때 꿈 가설은 내가 시뮬레이션을 운영한다는 점만 제외하고는 신 가설이나 사악한 악마 가설과 마찬가지다. 나의 꿈 경험은 내 마음속 어딘가에 있는 세계 모형이 결정한다.

만약 내가 짧은 꿈을 꾸고 있다면 이는 시뮬레이션이 얼마 전에 시작한 최근 시뮬레이션 가설과 유사하다. 이때 주변 세계에 대한 나의 믿음은 거짓일 수 있으나 나의 기억은 괜찮을 것이다. 만약 내가 평생에 걸쳐 꿈을 꾸고 있다고 한다면 꿈 환경이 곧 나의 현실이 된다. 꿈이 온 우주에 대한 전면적인 모형을 바탕으로 하는 극단적인 때라면 완벽한 시뮬레이션 가설과 유사하다. 이때 경험하는 세계의 만물은 실제다. 지각하는 몸은 꿈의 몸이겠으나 그래도 실제 몸이다. 나는 실제로 이 삶을 살고 있다.

꿈을 꾸는 자의 세계에서는 다른 몸을 가지고 다른 삶을 살 수도 있겠지만, 그렇다고 해서 이 몸과 삶이 실제가 아니라는 뜻은 아니다. 꿈이 부분적 우주 모형을 바탕으로 하는 덜 극단적일 때는 완벽하지 않은 시뮬레이션 가설과 유사하다. 이때 전자와 먼 은하는 실제가 아닐지도 모르지만, 테이블과 의자와 몸은 여전히 내 관점에서 실제인 꿈의 개체다.

장자의 호접지몽도 마찬가지다. 장자가 나비가 되는 꿈을 꿀 때 그의 마음을 바탕으로 하는 꿈의 세계에는 실제로 꿈의 나비가 존재한다. 나비가 장자가 되는 꿈을 꿀 때도 꿈의 세계에는 실제로 꿈의 장자가 존재한다. 평범하게 짧고 단편적인 꿈이라면 꿈의 나비와 꿈의 장자는 비디오게임 속 단순한 아바타와 비슷한 방식으로 체화하는 단순한 개체들일 것이다.

평생에 걸쳐 전면적인 세계의 꿈을 꾸는 극단적인 경우라면 꿈의 나비와 꿈의 장자가 비가상 나비와 비가상 장자만큼 복잡한 실제개체일 것이다. 우리가 시뮬레이션 안에 있지 않다는 걸 알 수 없는 것처럼, 장자도 자기가 나비의 꿈 속에 있지 않다는 걸 알 수 없을 것이다. 심지어 장자는 다음 세계에서 나비의 몸을 가지고 꿈을 꾸는 나비일 수도 있다. 그렇지만 장자가 꿈꾸는 나비라고 하더라도 그 또한 장자고, 그의 세계는 실제다.

평생에 걸친 꿈 가설에 따른다고 하더라도 꿈속 세계가 현실이라고 하기에는 부족한 측면이 있다. 꿈속에서 나의 현실은 나의 마음에 의존한다. 내 꿈은 내가 건설한다. 의식적으로 건설하는 게 아니라도 마찬가지다. 이 때문에 프로이트Freud는 꿈이 무의식적 정신의 열쇠라고 생각했다.

내가 평생에 걸친 꿈속에 있다면 나의 현실은 전부 내가 건설한 세계다. 이러한 세계는 우리가 제6장에서 살펴보았던 현실 체크리스트의 세 번째 조건인 정신 독립성을 충족하지 못한다. 그러므로 꿈속 개체가 실제가 아닐 합리적인 이유가 적어도 한 가지는 있는 셈이다. 만약 평생에 걸친 꿈 가설이 참이라면 내가 지각하는 평범한 객체는 마음속 꿈의 객체라고 하더라도 여전히 존재한다. 이 객체들에 대한 믿음은 대체로 참이다. 이론상 꿈의 객체가 반드시 환상인 것은 아니다.

평범한 꿈이라면 어떨까? 평범한 꿈도 일종의 현실이라고 볼 수 있을까? 평범한 꿈은 비교적 짧으므로 평생 시뮬레이션보다는 일시적 VR 경험에 더 가깝다. 또한 평범한 꿈은 대부분의 시뮬레이션보다 훨씬 불안정하고 파편화된다. 일반적으로 꿈속에서는 자기가 꿈을 꾸고 있다는 걸 모른다. 그 결과 꿈속에서는 수많은 환상과 잘못된 믿음이 생겨난다. 꿈을 꾸는 나는 용을 뒤쫓고 있다고 생각하지만, 정말 용을 뒤쫓고 있지는 않다.

충분히 일관된 꿈이라면 내가 뒤쫓는 객체는 실제객체일 수 있다. 내 마음속 프로세스로 구성된 가상 용일 수 있다는 뜻이다. 나아가 VR에서 가상의 용을 가상으로 뒤쫓을 수 있는 것처럼, 꿈속에서도 가상의 용을 가상으로 뒤쫓을 수 있다. 가상의 용은 꿈속 세계에 존재하고 마음속 프로세스로써 인과력을 가진다. 그렇지만 이 용은 정신 의존적인 환상이며 실제 용이 아니다. 현실 체크리스트의 다섯 가지 기준 중 두 가지를 충족하므로, 이는 매우 제한적인 종류의 현실이라고 볼 수 있겠다.

그렇다면 자각몽은 어떨까? 자각몽이란 꿈을 꾸고 있다는 걸 아는 꿈을 말한다. 평범한 VR에서는 대개 VR 안에 있다는 걸 사용자가 알고 있으므로, 자각몽은 정신 의존적인 평범한 VR 대응물이라고 볼 수 있다. 앞서 전문 사용자라면 VR에서 가상성을 느끼므로 반드시 환상을 경험하지는 않는다고 논했다. 어쩌면 자각몽 전문가도 마찬가지일 수 있다.

꿈속에서 객체를 물리객체라기보다는 가상객체로서 경험한다면 이 객체는 반드시 환상이라고 할 수 없다. 용은 실제 용이 아니고 여전히 정신 의존적이겠지만, 이렇게 본다면 자각몽 객체는 평범한 꿈의 객체보다 현실에 한 발짝 더 가깝다.

조현병 등의 정신질환으로 인해 생겨난 환각과 망상은 어떨까? 환각객체를 주변 세계에 존재하는 물리객체로 경험하는 때라면 이는 어떤 면에서 평범한 꿈과 비슷하다. 환각객체는 환상이며 그 환각을 보는 사람의 정신이 만들어낸다.

한편으로는 마음속 가상객체로 존재하며 인과력을 가질 수도 있다. 이러한 정신질환을 앓는 숙련된 주체라면 환각객체를 가상객체 또는 마음이 만들어낸 객체로 경험할 수 있다. 자각몽에서와 마찬가지로, 이러한 경험은 완전히 환상이라고 할 수 없다. 그렇지만 환각으로 나타난 사람들은 실제 사람들이 아니며, 환각을 경험하는 사람의 마음이 만들어낸 것이다.

단순히 무언가를 상상하는 것만으로 가상객체나 가상세계를 창조할 수 있다고 주장하려는 것은 아니다. 내가 코끼리의 이미지를 떠올린다고 해서 양방향 시뮬레이션이 생겨나지는 않는다. 나는 그 코끼리에게 여러 행동을 취할 수 없고, 결과를 돌려받을 수도 없다. 그렇다면 코끼리와 같은 인과력을 가지는 진짜 가상개체는 생겨나지 않았다.

과거의 기억을 떠올릴 때도 마찬가지다. 기억이 시뮬레이션보다 스크립트에 더 가깝다면, 가상객체라고 할 만큼 강건한 인과력을 가지는 기억 속 객체는 없다. 외부세계에 대한 수많은 환각도 마찬가지다. 하지만 상호 작용할 수 있는 세계의 모델이 있는 특별한 경우에는 마음에 의존하는 가상세계가 생겨날 것이다.

혼돈 가설과 볼츠만 두뇌

지금까지 우리가 살펴본 회의론 시나리오 중 그 어느 시나리오도 평범한 객체가 모두 실제가 아니며, 평범한 믿음도 거의 모두 참이 아니라는 전체 회의론 시나리오로 밝혀지지는 않았다. 이는 각 경우에 우리의 경험을 만들어내는 요소가 있기 때문이다. 경험을 만들어낸다는 건 우리가 평범하게 외부세계의 속성이라고 여길 만큼 상당한 구조가 있다는 뜻이다. 이로 인해 우리의 평범한 믿음은 대부분 참이 된다.

진정한 전체 회의론 시나리오가 되려면 경험이 아예 외부세계에 따라 구조적으로 만들어지지 않아야 한다. 이러한 시나리오 중 하나가 바로 혼돈 가설 chaos hypothesis이다. 혼돈 가설에서는 외부세계가 없고 무작위 경험의 흐름만 있다고 본다. 이 흐름은 엄청난 우연으로 인해 지금까지 누려온 규칙적 경험 흐름을 만들어낸다. 또는 적어도 지금 누리는 상당히 질서정연한 의식 상태와 기억 경험을 산출한다.

만약 혼돈 가설이 참이라면 외부세계는 실제가 아니다. 내가 지각하는 듯한 테이블과 의자는 존재하지 않는다. 지각은 실제이지만, 그 너머에는 아무것도 없다. 혼돈 가설을 인정한다면 외부세계에 대한 믿음 대부분을 부인할 수밖에 없다.

동시에 혼돈 가설은 참일 가능성이 극도로 낮다. 절대 성립하지 못할 것 같은 일련의 우연이 일어나야만 우리 경험의 규칙성이 실현될 수 있다. 그러므로 확률론적 측면에서는 혼돈 가설을 배제할 수 있다고 논하겠다. 만약 그렇다면 혼돈 가설은 그 희박한 확률로는 전체 회의론을 뒷받침하지 못한다.

우리가 진지하게 고려해보아야 하는 혼돈 가설의 사촌 격 가설이 있다. 볼츠만 두뇌 가설에서는 내가 물질의 무작위 요동이며 어쩌다 보니 완전히 기능하는 뇌와 같은 물리객체를 만들어냈다고 본다. 이번 장의 첫 부분에서 살펴보았듯, 어떤 물리적 이론에서는 우주의 역사를 통틀어 수많은 볼츠만 두뇌가 존재하리라고 예측한다. 확장하는 우주가 마침내 열역학적 평형이라는 단일한 상태에 도달할 때 그 평형에서 무작위 요동이 일어나 결국에는 내 뇌라는 구조를 정확하게 만들어낼 것이다.

무한한 공간과 시간을 가정한다면 내 뇌와 같은 뇌가 무한한 개수만큼 요동치며 존재한다고 보아야 한다. 나도 그중 하나이지 않을까? 대다수의 볼츠만 두뇌는 존재를 갖추는 즉시 붕괴한다. 그러나 그중 작은 하위 집합에 속하는 무한한 개수의 볼츠만 두뇌는 몇 초에 걸쳐 내 뇌와 마찬가지로 기능할 것이고, 이들의 뉴런들은 서로 인과적 프로세스를 거칠 것이다. 이러한 뇌는 내 뇌와 마찬가지로 의식적 경험과 기억을 가지리라고 예상할 수 있다.

만약 내가 볼츠만 두뇌라면 내가 경험하는 외부세계의 객체들은 실제인가? 몇몇 볼츠만 두뇌에게는 그럴지도 모른다. 매우 드물게 볼츠만 두뇌들이 평범한 물리적 환경에 둘러싸인 볼츠만 도시 또는 볼츠만 행성이 존재를 갖출 수도 있다. 그러나 대다수의 볼츠만 두뇌에게는 뇌 외부의 세계가 존재하지 않는다. 이들이 외부세계를 경험한다면 그건 환상이다.

여기서 문제가 발생한다. 내 뇌의 구조를 갖춘 볼츠만 두뇌는 우주의 역사를 통틀어 무한한 수만큼 존재할 것이다. 그런데 그와 똑같은 구조를 갖춘 볼츠만이 아닌 평범한 두뇌는 기껏해야 딱 하나일 것이다. 이제 제5장에서 시뮬레이션 가설을 추론할 때와 비슷한 통계적 추론을 적용해보자. 통계적 추론은 볼츠만 두뇌 가설로 이어진다. 다시 말하자면, 볼츠만 두뇌인 게 거의 확실하다. 이는 곧 내가 경험하는 외부세계가 환상이라는 말이 된다. 이처럼 볼츠만 두뇌는 우리를 다시 한번 전체 회의론에 빠뜨린다.

그러나 이론물리학자 숀 캐롤Sean Carroll이 지적했듯, 내가 볼츠만 두뇌라는 게 거의 확실하다는 논제는 인지적으로 불안정하다. 이 논제가 참이라고 하더라도 이를 안정적으로 지지할 수 없다. 만약 이를 지지한다면 외부세계에 대한 지각이 환상일 게 거의 확실하다는 설도 지지해야 한다. 그렇지만 그렇게 한다면 외부세계에 대한 나의 지각을 바탕으로 하는 과학적 사고를 모두 부인해야 한다.

애초에 볼츠만 두뇌라는 존재의 밑바탕이 된 물리학 이론을 낳았던 과학적 사고를 부인해야 한다. 이러한 이론들은 볼츠만 두뇌 가설을 진지하게 고려하는 유일한 근거다. 이론이 뒷받침되지 않는다면 우리는 다시 원점으로 회귀한다. 내가 볼츠만 두뇌라는 가설은 참일 가능성이 극도로 낮다.

혹자는 이렇게 논할 수도 있겠다. 해당 물리학 이론이 과학적으로 뒷받침되지 않더라도 무한한 수의 볼츠만 두뇌, 적어도 무한한 수의 볼츠만 정신을 만들어낼 무작위 요동이 있는 우주에 살고 있을 가능성이 '조금은' 있지 않을까?

선험적으로 우리가 그처럼 무작위로 요동하는 우주에 살고 있을 확률이 1퍼센트라고 해보자. 그런데 이러한 우주에서 의식 있는 존재들은 대체로 매우 무질서한 경험을 할 것이다. 극소수의 존재만이 매우 질서정연한 경험을 할 것이고, 지금 나와 마찬가지로 일관되고 규칙적인 외부세계를 분명하게 경험할 것이다. 그러므로 내가 누리는 매우 질서정연한 경험은 그러한 무작위 우주에 있다는 가설을 반박하는 강력한 증거이자, 질서 있는 우주에 있다는 가설을 뒷받침하는 강력한 증거다.

결론: 현실에서 벗어날 수는 없다

이 모든 논의는 외부세계를 어느 입장에 둘까? 또는 외부세계에 관한 데카르트식 전체 회의론 논증을 어느 입장에 둘까?

데카르트식 논증은 시나리오를 취하여 다음과 같이 말한다. 첫째, 지식 질문을 부정한다. '우리는 우리가 시나리오 안에 있지 않다는 걸 알 수 없다.' 둘째, 현실 질문을 부정한다. '만약 우리가 시뮬레이션 안에 있다면 그 무엇도 실제가 아니다.' 그러고는 결론짓는다. '우리는 그 무엇

도 실제인지 알 수 없다.'

데카르트식 논증이 참이 되려면 지식 질문과 현실 질문을 모두 부정하는 시나리오가 필요하다. 우리는 아직 그러한 시나리오를 발견하지 못했다. 지금까지 살펴본 다양한 시뮬레이션 시나리오는 현실 질문을 긍정한다. 우리가 외부세계에서 지각하는 사물 중 적어도 일부는 실제다. 사악한 악마 시나리오나 평생에 걸친 꿈 시나리오 등 시뮬레이션과 유사한 시나리오에서도 마찬가지다. 혼돈 가설과 볼츠만 두뇌 가설 등 비시뮬레이션 시나리오는 현실 질문을 부정하지만, 지식 질문은 긍정한다. 우리는 우리가 볼츠만 두뇌가 아니라는 걸 알 수 있다. 그러므로 데카르트식 회의론 논증을 뒷받침하는 시나리오는 없는 듯하다.

이제 이렇게 진단해보자. 어떤 시나리오는 우리 경험의 규칙성을 설명하거나 설명하지 않는다. 시뮬레이션 가설 및 그와 관련된 가설들이 전자에 해당하고, 혼돈 가설 및 그와 관련된 가설들이 후자에 해당한다. 혼돈 가설처럼 우리 경험의 규칙성을 설명하지 않는 시나리오는 엄청난 우연이 필요하며 확률론적 근거를 바탕으로 배제할 수 있다. 그렇다면 이 시나리오는 지식 질문을 긍정한다. 이로써 우리는 이 시나리오 안에 있지 않음을 알 수 있다.

시뮬레이션 가설처럼 경험의 규칙성을 설명하는 시나리오에 따르자면 일종의 외부세계는 존재한다. 게다가 그 모든 규칙성을 설명하려면 시나리오의 외부세계가 우리가 지각하고 믿는 외부세계의 구조를 어느 정도 공유해야만 한다. 구조론에 따르자면 이 시나리오는 자연스럽게 현실 질문을 긍정한다. 만약 이러한 시나리오 안에 있다면 우리가 지각하고 믿는 사물 중 적어도 일부는 실제다.

더 간단하게 말해보자. 우리가 지각하고 믿는 모든 것을 설명할 방법은 분명 존재한다. 설명할 방식이 있다면 이는 곧 우리가 지각하고 믿는 사물 대부분의 정당성을 입증하는 구조를 갖춘 외부세계일 것이다. 설명이 구조를 낳고, 구조는 현실을 낳는다. 만약 내가 옳다면, 외부세계에 대한 고전적 데카르트식 전체 회의론 논증은 거짓이다. 그렇지만 여전히 다양한 종류의 회의론이 남아있고, 회의론을 뒷받침하는 다른 논증들도 많다. 시뮬레이션 실재론은 이러한 논증들을 반박하지는 않는다.

특히 시뮬레이션 실재론은 다양한 형태의 부분 회의론을 배제하지 않는다. 현재 인지하는 것에 대한 의심은, 내가 지난 밤 시뮬레이션에 들어왔을 가능성 덕분에 여전히 유효하다. 최근의 과거에 대한 의심도 마찬가지다. 멀리 떨어진 것과 아주 작은 것에 대한 의심은, 국지적이고 거시적인 시뮬레이션 가설 덕분에 여전히 유효하다. 그 외에도 다른 사람의 생각, 마음이 행동에 미치는 영향, 추론에 대한 의심도 있다. 하지만 이러한 의심들은 보통 우리가 생각하는 외부세계에 대한 의심보다 더 넓은 범위를 다룬다.

사실상 내가 가진 모든 믿음 하나하나가 각기 다른 부분 회의론 가설의 위협을 받을 수 있다. 나는 책상에 아이폰이 놓인 걸 안다고 생각한다. 그렇지만 어쩌면 거울이 지각을 왜곡할 수도 있고, 나도 모르는 새에 몇 분 전 VR에 들어왔을 수도 있다. 나는 내 동반자가 브라질인이라는 걸 안다고 생각하지만 어쩌면 잘 훈련된 러시아인 스파이일지도 모른다. 다른 믿음들도 마찬가지다. 이러한 의문들은 과연 외부세계에 대한 나의 모든 믿음을 각기 다른 부분적 근거로 위협하는 전체 회의론으로 이어질 수 있을까?

이처럼 단편적인 회의론에는 한계가 있다. 이러한 의문이 있더라도 이 세계와 내 삶의 형태를 완전히 잘못 알지는 않는다. 나는 나에게 몸이 있다는 걸 확실히 안다. 적어도 한때 나에게 몸이 있었다는 걸 확실히 안다. 어쩌면 기존의 몸은 이미 수증기가 되어 사라졌고, 불과 5분 전에 아바타와 함께 시뮬레이션에 업로드되었을 수도 있다. 내 아바타가 내 몸이므로, 나에게는 여전히 몸이 있다. 아바타를 몸으로 간주하지 않더라도 한때 몸이 있었다는 내 믿음은 옳다.

혹자는 처음부터 나에게 몸이 없었다는 시나리오를 찾으려 할 것이다. 어쩌면 나는 처음부터 통 속의 뇌였을 수도 있다. 만약 그렇다면 나에게 몸이 있다는 경험은 몸 시뮬레이션이나 몸 모형처럼 다른 어딘가에서 비롯되었을 게 분명하다. 이 가설이 맞다면 나는 그 시뮬레이션이나 모형에서 나의 몸을 찾을 수 있다. 또 혹자는 나에게 다수의 파편화된 몸이 있다는 시나리오 또는 누군가 내 기억을 모두 없애고 나에게 몸이 있었다는 기억으로 대체했다는 시나리오를 찾으려 할 수도 있겠다. 그러나 이 책의 사고를 따라가본다면, 이러한 시나리오는 모두 나에게 몸이 있었다는 시나리오가 된다.

마찬가지로 내게 몸이 있다는 경험을 설명할 방법은 분명 존재한다. 만약 설명할 수 있다면 내 몸의 역할을 담당하는 무언가가 있을 것이고, 바로 그 개체가 나의 몸이 된다. 다시 한번 설명이 구조를 낳고, 구조는 현실을 낳는다.

이 세계와 내 삶의 형태에 관한 다른 폭넓은 주장에도 같은 사고를 확장할 수 있다. 나는 타인이 있다는 걸 안다. 적어도 타인이 있었다는 걸 안다. 나는 타인에게 의식이 있다는 걸 안다고 주장하려는 게 아니다. 타인의 마음 문제는 다음 기회에 다시 논해보자. 그렇지만 의식이 있든 없든, 타인은 존재한다. 나는 타인을 경험해왔다.

혹자는 내 경험이 시뮬레이션의 산물이라고 설명하려 할 수도 있겠다. 어쩌면 타인이 최근에야 내 기억에 이식되었을 수도 있다는 식이다. 그러나 이는 타인이 곧 나의 기억을 만들어내는 시뮬레이션의 일부인 디지털 존재라고 말하는 데 지나지 않는다. 다른 설명들도 마찬가지다. 또는 이를 한층 더 확장하려 할 수도 있다. 나는 물이 존재한다는 걸 안다고 생각한다. 적어도 물이 존재해왔다는 걸 안다고 생각한다. 나무나 고양이도 마찬가지다. 물이나 나무, 고양이가 한 번도 존재한 적 없었다는 시나리오를 생각해내는 건 생각보다 더 어렵다.

어쩌면 고양이의 탈을 뒤집어쓴 작은 강아지가 언제나 고양이의 역할을 해왔을지도 모른다. 만약 그렇다면 고양이는 고양이의 탈을 뒤집어쓴 강아지다. 어쩌면 우리가 경험하는 나무는 나무에 관한 이식된 기억에서 비롯되었을지도 모른다. 만약 그렇다면 이 기억의 원천이 곧 나무다. 어쩌면 우리가 경험하는 물은 또 다른 물리세계의 증강현실 기술을 이용한 시뮬레이션에서 비롯되었을지도 모른다. 그렇다고 하더라도 나는 물이 가상객체로 존재한다고 보는 게 옳다고 생각한다.

이처럼 단편적 회의론에 대응하는 전략에는 한계가 있다. 나는 이러한 방식으로 특정 인물이 존재한다는 걸 알 수 있다고 주장하려는 게 아니다. 나는 나와 자주 대화하는 동료 네드 블록Ned Block이 존재해왔다고 확신할 수 있는가? 아마 확신하지 못할 것이다. 나는 일련의 배우들이 그의 역할을 연기했을 가능성을 배제하지 못한다.

나는 호주가 존재해왔다고 확신할 수 있는가? 아마 확신하지 못할 것이다. 지리적 음모가 있을 수도 있고, 내가 호주에서 보냈다고 생각했던 때가 사실은 세계 각지의 촬영 세트장에서 보낸 시간이었을 수도 있다. 이러한 음모에는 복잡한 요소들이 얽혀 있으며 이를 근거로 음모론을 배제할 수는 있겠지만, 이와 같은 종류의 반회의론 전략은 다음 기회에 살펴보아야 하겠다.

지금 여기에서는 무슨 일이 일어나고 있을까? 나는 구조론이 다시 한번 작동한다고 생각한다. 우리가 경험하는 규칙성은 우리 세계의 구조를 근사하게나마 알려주는 좋은 지침이다. 경험을 유발하는 개체도 있고, 특정한 패턴으로 상호 작용하는 개체도 있다. 경험은 구조를 완벽하게 안내하지 않기 때문에 우리는 세상의 세밀한 구조를 종종 잘못 이해한다. 하지만 경험은 적어도 대략적인 구조를 알려준다. 부분 시뮬레이션 가설, 일시적 시뮬레이션 가설 등의 회의론 시나리오가 발견되는 지점도 우리가 생각하는 평범한 세계와 구조적으로 비슷하다. 어느 정도 단순한 회의론 가설이라면 구조 면에서 많은 부분을 공유할 것이다. 모든 합리적인 시나리오가 공유하는 구조적 특성을 근사 구조approximate structure*라고 할 수 있다.

근사 구조를 아는 것만으로는 세계의 모든 것을 알 수 없다. 근사 구조를 안다고 해서 네드 블록과 같은 특정 개인이 존재하는지 알 수는 없다. 어쩌면 다른 많은 사람이 그의 역할을 맡았을지도 모른다. 또 지금 내 방에 고양이가 있다는 걸 알 수도 없다. 어쩌면 유사한 근사 구조를 가진 가상 고양이일지 모른다. 다른 사람에게 의식이 있는지도 알 수 없다. 타인은 어쩌면 유사한 구조를 가진 좀비일지도 모른다. 그렇지만 적어도 나에게 몸이 있고 타인이 존재한다는 사실처럼 세계에 관한 매우 기본적인 것들을 알 수는 있다.

논의는 이제 시작일 뿐이고 훨씬 더 멀리 나아갈 수도 있다. 우리는

＊ 정확한 구조는 아니지만 실제 구조에 가깝거나 비슷한 형태

외부세계 회의론에 답변할 전략을 이미 알고 있다. 우리는 경험에서 구조를 추론할 수 있다. 또한 구조에서 현실을 추론할 수 있다. 경험에서 어느 정도의 구조를 추론할 수 있는지, 구조에서 어느 정도의 현실을 추론할 수 있는지에 관해서는 여전히 논의의 여지가 남아있다. 그렇지만 적어도 외부세계라는 수수께끼에 작은 흠집을 남겼다.

아직 할 이야기는 많다. 우리가 현실을 얼마나 알 수 있는지는 밝혀지지 않았다. 아득한 과거에 관한 객관적 사실은 알 수 없을 것이다. 만약 우리가 완벽한 시뮬레이션 안에 산다면 시뮬레이션 너머의 세계에 관한 사실들도 알 수 없을 것이다. 우리는 닿을 수 있는 현실이 얼마나 되고, 닿을 수 없는 현실은 또 얼마나 되는지 알지 못한다. 그렇지만 진실은 존재하고, 우리는 어느 정도 진실을 알 수 있다.

감사의 말

많은 이의 도움이 없었더라면 이 프로젝트는 여기까지 오지 못했을 것이다.

나는 본문에서 다룬 수많은 철학자, 과학자, 기술 개척자에게 지적 빚을 지고 있다. 스타니스와프 렘부터 워쇼스키 자매에 이르기까지 수많은 공상과학소설가와 창작자가 영향을 미쳤다. 특히 이 분야에서 철학적 기여도가 매우 높지만 그만큼 주목받지 못했던 연구를 몇 가지 꼽자면 1950년대 가상객체와 가상세계에 관한 수잔 랭거의 연구, 1940년대와 1960년대 회의론에 관한 O. K. 부스마와 조나단 해리슨의 연구, 1990년대 가상현실의 형이상학에 관한 마이클 하임스와 필립 자이의 연구가 있다.

수십 년 전 부모님이 사주신 애플 II 플러스 컴퓨터가 나의 출발점이었다. 1980년대 초 청소년 시절에는 더글러스 호프스태터와 대니얼 데닛의 저서 《마음의 나The Mind's I》를 읽으며 가상세계를 처음으로 고찰할 수 있었다. 대학원에서는 그레그 로젠버그와 통 속의 뇌에 관하여 오랜 토론을 나누며 많은 생각을 쌓아나갈 수 있었다.

이 주제를 처음으로 이야기했던 때는 2002년 3월, 데이비드슨대학교의 존 헤일이 주최한 강연 〈통 속의 뇌가 되는 건 그다지 나쁘지 않다 It's Not So Bad to Be a Brain in a Vat〉에서였다. 이로부터 한두 달 후 뜻밖에도 크리스토퍼 그라우의 청탁으로 '매트릭스' 웹사이트에 글을 쓰게 되었으며 덕분에 더 깊이 고찰할 수 있었다. 이후 다양한 청중 앞에서 이 주제로 강연했으며, 그때마다 흥미롭고 값진 아이디어를 얻을 수 있었다. 2015년과 2016년에는 브라운대학교, 장 니코드 연구소, 존스홉킨스대학교, 리스본대학교에서 연이어 강의하며 이러한 개념을 더욱 깊이 탐구하는 기회를 누렸다. 데이비드 예이츠와 리카르도 산토스가 편집한 저널 〈논쟁Disputatio〉의 후속 심포지움에는 값진 비판적 분석이 담겨 있었다.

언제나 그리운 토니에타 월터스(일명 Xhyra Graf)는 나에게 〈세컨드 라이프〉를 해보고 철학의 장에 관하여 생각하도록 권해주었다. 재키 모리, 베티 모흘러 테슈, 빌 워런이 VR 연구소를 열고 나를 초대해준 덕에 기술을 직접 사용해볼 수 있었다.

멜 슬레이터와 마비 산체스 비브스와도 여러 차례 뜻깊은 토론을 나누었다. NUY(베넷 포디, 프랭크 란츠, 줄리안 토글리우스)와 코펜하겐(에스펜 아르세스, 파월 그라바지크, 제스퍼 율)과 함께한 게임 연구는 흥미로운 아이디어가 샘솟는 장이었다. 데미안 브로더릭, 재런 러니어, 이반 서덜랜드, 로버트 라이트는 '가상현실'과 '가상세계'의 초기 역사에 관한 나의 질문에 인내심 있게 답해주었다.

이 책의 초기 버전은 마음과 기계에 관한 NYU 학부 수업에서 몇 차레 사용되었다. 이 수업의 피드백을 남겨준 학생들에게 감사의 말을 전한다. 특히 누구보다도 열정적이었으나 안타깝게도 우리 곁을 떠나며 철학계의 큰 손실이 된 주앙 페드로 코레아 에볼리에게 감사드린다.

카티 바로그, 스테판 코흐, 캘빈 맥퀸, 찰스 시워트, 스콧 스터전은 원고를 본인의 강의에 사용하고 매우 값진 피드백을 남겨주었다. 미리 알바하리, 데이비드 제임스 바넷, 바나프셰 베이자에이, 크리스찬 코세루, 데이비드 갓맨, 안야 자우에르닉, 크리스토프 림벡, 베아트리체 롱게네스, 제이크 맥널티, 제시카 모스, 파올로 페세레, 아난드 바이디아, 피트 울펜데일은 역사적 문제에 관한 고견을 주었다. 에반 베를리, 아담 로벳, 에이단 펜, 패트릭 우는 정치 철학에 관하여 도움을 주었다.

토마스 호프웨버, 크리스 맥다니엘, 닐 맥도널, 로리 폴, 질리언 러셀, 조나단 샤퍼, 로비 윌리엄스를 비롯한 여러 가상 철학자들은 팬데믹 기간 동안 수많은 VR 플랫폼으로 값진 경험과 응원을 선사해주었다.

이외에도 수많은 사람에게 원고 일부 또는 전부에 관한 값진 피드백을 받았다. 안소니 아귀레, 자라 안와르자이, 악셀 바르셀로, 데이비드 제임스 바넷, 샘 바론, 우무트 베이산, 지리 베노프스키, 아르템 베세딘, 네드 블록, 벤 블럼슨, 아담 브라운, 데이비드 제이 브라운, 루차드 브라운, 카메론 버크너, 조 캠벨, 에릭 카발칸티, 앤디 찰롬, 에디 케밍 첸, 토니 챙, 제시카 콜린스, 빈스 코니처, 마르첼로 코스타, 브라이언 커터, 배리 데인튼, 어니 데이비스, 자넬 더스틴, 빌리우스 드란세이카, 맷 던컨, 라미 엘 알리, 리사 에머슨, 데이비드 프리델, 필립 고프, 데이비드 미겔 그레이, 다니엘 그레고리, 펠리 그리처, 에이브람 힐러, 옌스 키퍼, 닐 레비, 매튜 리아오, 아이작 맥키, 코리 말리, 스티브 매튜스, 안젤라 멘델로비치, 브래들리 몬튼, 제니퍼 네일, 에디 나미아스, 게리 오스터태그, 댄 팔리스, 데이비드 피어스, 스티브 피터슨, 과티에로 피치니니, 엔젤 피닐로스, 마틴 플레이즈, 파보 피카넨, 브라이언 라번, 릭 레페티, 아드리아나 레네로, 안톤 루토프, 레지나 리니, 데미안 로치포드, 루크 로엘로프스, 브래드 사드, 사샤 세이퍼트, 에릭 슈비츠게벨, 안키타 세티, 케리 쇼, 칼 슐먼, 마크 실콕스, 바딤 바실리예프, 카이 와거, 켈리 웨이리히, 샤우나 윈람, 로만 얌폴스키 등이 감사하게도 피드백을 주었다. 특히 마지막 장에서 반회의론적 결론을 한층 더 깊이 파고들라고 조언해준 배리 데인튼과 제니퍼 네이글에게 다시 한번 감사 인사를 드린다.

제목을 추천해준 다니엘 팰리스와 딜런 심즈에게 감사하며, 온라인에서 제목을 비롯한 여러 문제를 논의해준 수많은 친구 여러분에게도 감사한다. 제1장의 제목은 내 동생 마이클이 지어주었다. 그는 여전히 '이게 실제 상황인가요?'가 이 책의 제목이 되어야 한다고 생각한다.

나의 출판 대리인 존 브룩맨은 나에게 지적 공동체와 수십 년간의 경험을 선사해주었다. 카틴카 맷슨과 맥스 브룩맨 또한 엄청난 도움을 주었다. W. W. 노튼의 편집자 브랜던 커리는 폭넓은 피드백과 좋은 조언을 해주었다. 펭귄프레스의 로라 스티크니 또한 유용한 아이디어를 다수 알려주었다. 사라 리핀코트와 켈리 베이리히는 이 책을 꼼꼼히 검수하며 사실을 확인하고 문장을 다듬어주었다. 노튼의 베키 호미스키는 이 책이 출판될 수 있도록 도와주고 책임을 맡아주었다.

멋진 삽화를 그려준 팀 피코크에게 깊은 감사를 드린다. 팀의 삽화는 복잡한 관념에 생명을 불어넣었으며, 나아가 이 책에 담긴 철학적 논증에서 빠질 수 없는 일부가 되었다. 팀의 창의력 덕분에 수많은 관념이 새롭고 놀라운 방향으로 이어졌다. 삽화로 그와 협업할 수 있었던 건이 책을 쓰면서 가장 신나는 일 중 하나였다.

나의 동반자, 철학자이자 심리학자인 클라우디아 파소스 페레이라는 내가 여러 해에 걸쳐 이 책을 쓰는 동안 나와 함께해주었다. 우리는 뉴욕에서 함께 삶을 꾸려 나가고 있으며 팬데믹을 함께 헤쳐나가고 있다. 클라우디아는 비가상현실을 선호하지만 그래도 이 프로젝트에 수많은 도움을 주었다. 사랑을 담아 이 책을 클라우디아에게 바친다.

- **가상 디지털론:** 가상객체는 디지털객체라는 논제.

- **가상 실재론:** 가상현실이 실제 현실이라는 논제. 가상객체는 실제이며 환상이 아니라는 논제를 강조한다.

- **가상 포괄적:** 가상의 X를 실제 X라고 할 수 있을 때 범주 X 또는 'X'라는 단어를 가상 포괄적이라 한다. 그렇지 않다면 이를 가상 배타적이라 한다.

- **가상 허구론:** 가상객체와 가상세계들은 허구라는 논제.

- **가상세계:** 컴퓨터로 생성한 양방향 세계.

- **가상현실:** 컴퓨터로 생성한 실감형 양방향 세계.

- **검증주의:** 명제에 의미가 있으려면 반드시 그 명제를 검증할 수 있어야 한다는 견해.

- **공리주의:** 최대 다수의 최대 행복을 추구해야 한다는 논제.

- **관념론:** 현실은 근본적으로 정신적이거나 모두 마음속에 있다는 견해. 버클리의 관념론은 '존재하는 것은 지각되는 것'이라는 슬로건과 관련 있다.

- **구조론(또는 구조 실재론):** 과학 이론은 수리적 설명 및 관찰과의 연결성을 논한다는 점에서 구조 이론과 마찬가지라는 논제. 인식적 구조 실재론에서는 과학이 현실의 구조만을 보여주나 현실에는 그 이상이 있을 것이라고 논한다. 존재적 구조 실재론에서는 현실 자체가 완전히 구조적이라고 논한다.

- **데카르트 이원론:** 정신과 육체는 구별되어 있으며 비물리적 정신이 물리적 육체에 영향을 미치는 한편 육체가 정신에 영향을 미친다는 견해(데카르트와 관련).

- **데카르트 회의론:** 외부세계 회의론의 한 형태로, 우리가 외부세계에 대해 실질적으로 아무것도 알지 못한다는 견해. 우리가 현실과 전혀 접촉하지 않는다는 시나리오, 꿈과 사악한 악마 시나리오에서 비롯되었다.

- **디지털객체:** 비트 구조 또는 물질객체가 원자를 바탕으로 하듯 비트를 바탕으로 하는 객체.

- **메타버스:** 가상세계 또는 여러 가상세계로 구성된 시스템으로, 누구나 시간을 보내고 일상생활을 영위하며 다양한 형태의 사회적 상호 작용을 할 수 있는 곳(또 다른 용례: 모든 가상세계의 총합).

- **볼츠만 두뇌:** 임의의 요동으로 발생하는 시스템으로 생물학적 두뇌와 동일하다.

- **비순수 시뮬레이션:** 일부 존재가 포함되지 않은 시뮬레이션(예: 시뮬레이션과 연결된 통 안의 두뇌).

- **비트에서 존재로 논제:** 물리학에서 논하는 개체를 비롯한 물리객체는 비트로 구성된 다는 논제. 물리객체의 밑바탕에는 비트의 상호 작용으로 구성되는 디지털 물리학 층 위가 있다.

- **세계:** 완전히 상호 연결된 물리적 또는 가상공간으로, 그 안의 모든 것을 포함한다

- **순수 시뮬레이션:** 순수 심만 포함한 시뮬레이션. 즉, 시뮬레이션한 존재들.

- **순수 존재에서 비트로 논제:** 비트에서 존재로 논제에 더해, 비트가 현실의 근본적인 층이고 다른 층을 근거로 삼지 않는다는 논제.

- **시뮬레이션 가설:** 우리가 컴퓨터 시뮬레이션 안에 살고 있다는 가설. 즉, 우리가 인위 적으로 설계된 컴퓨터 시뮬레이션 세계에서 입력을 받고 출력을 보내고 있으며 언제 나 그래 왔다는 가설.

- **시뮬레이션 논증:** 시뮬레이션 가설에 관한 통계적 논증(한스 모라벡) 또는 시뮬레이션 가설과 두 가지 다른 논제를 비롯한 세 가지 중 하나를 택하는 논증(닉 보스트롬).

- **시뮬레이션 실재론:** 우리가 시뮬레이션 속에 있으며, 우리 주변의 객체들은 실제이고 환상이 아니라는 논제.

- **실감:** 실감형 환경에서 우리는 그 환경이 우리를 둘러싼 세계이며 그 중심에 우리가 있다는 경험을 하게 된다.

- **실제:** 제6장에서 설명한 다섯 가지 개념을 참조하라. 실제는 존재, 인과력, 정신 독립성, 비환상성 또는 진실성 면에서 이해된다.
- **실현:** 실제로 만들기. 특히 하위 수준 개체를 기반으로 상위 수준 개체를 만드는 것을 가리킨다. 예시로 원자는 분자를 실현하고, 분자는 세포를 실현한다.
- **심:** 컴퓨터 시뮬레이션 안에 있는 존재. 순수 심은 시뮬레이션 안에 시뮬레이션한 존재다. 바이오 심은 시뮬레이션에 연결된 생물학적 존재다.
- **완벽한 시뮬레이션:** 대략적인 시뮬레이션과는 반대로, 시뮬레이션하는 세계를 정확하게 시뮬레이션한 것.
- **외재론:** 말과 생각의 의미가 주변 세계에 달려있다는 논제.
- **우주:** '세계'와 동일.
- **의식:** 정신과 세계에 관한 주관적인 경험. 지각, 감각, 사고, 행동 등의 의식적 경험을 포함한다. 무언가로 존재한다는 게 어떤 것인지 물었을 때 어떻다고 답할 수 있다면 그 존재는 의식 있는 존재다.
- **이원론:** 정신과 육체가 완전히 구별된다는 견해.
- **인식론:** 지식에 관한 연구.
- **존재에서 비트에서 존재로 논제:** 비트에서 존재로 논제에 더해, 비트가 또 하나의 현실 층위에 근거를 두고 있다는 논제.
- **증강현실:** 물리세계를 지각하는 동시에 가상객체를 경험할 수 있도록 만드는 기술.
- **코스모스:** 존재하는 모든 것.
- **현실:** 이 용어에는 적어도 세 가지 뜻이 있다. 첫째, 현실은 존재하는 모든 것으로 우주 전체를 가리킨다. 둘째, 현실은 물리 또는 가상의 세계이며, 현실들은 세계들이다. 셋째, 현실의 특성은 위에서 정의한 실제성 또는 실제의 특성이다.
- **환상:** 사물이 보이는 바와 다른 것. 철학에서 더 제한된 의미로는 사람이 실제객체를 지각했으나 그 객체가 보이는 것과 다를 때를 말한다

- **회의론:** 우리가 아무것도 알지 못한다는 견해. 여기서 회의론의 핵심 형태는 외부세계 회의론, 즉 우리가 외부세계에 대해 실질적으로 아무것도 알지 못한다는 견해를 말한다.

주석

철학적 논의와 기술적, 역사적 세부 사항을 포함하여 더 방대한 주석은 온라인 consc. net/reality에서 찾을 수 있다. 동 웹사이트의 부록에서는 단축 시뮬레이션(제2장, 제5장, 제24장), 외부세계 회의론에 대한 답변(제4장), 시뮬레이션 논증에 대한 반론(제5장), 시뮬레이션 논증에 대한 닉 보스트롬의 견해(제5장), 마이클 하임과 필립 자이의 가상 실재론(제6장), 정보의 다양한 종류(제8장), '가상', '가상현실', '가상세계'라는 표현의 역사(제10장~제11장), 경험 기계와 가상현실 속의 자유의지(제17장), 도널드 호프만의 현실을 부정하는 사례(제23장), 소설, 세계의 경험, 기타 회의론 시나리오(제24장) 및 기타 주제에 관한 확장된 논의와 삽화에 대한 주석(모든 장)을 볼 수 있다.

서문. 테크노철학 탐험

19 신경철학과 테크노철학: Patricia Churchland, Neurophilosophy: Toward a Unified Science of the Mind-Brain (MIT Press, 1986). 테크노철학이라는 용어를 사용하지는 않았으나 이를 표명한 고전으로는 다음이 있다. Aaron Sloman's 1978 book The Computer Revolution in Philosophy (Harvester Press, 1978). 오늘날 테크노철학은 인공지능과 정신철학을 연결하는 가장 영향력 있는 가교로 자리 잡고 있으며, 이를 선도한 연구로는 다음이 있다. Daniel Dennett ("Artificial Intelligence as Philosophy and Psychology," in Brainstorms [Bradford Books, 1978]), and Hilary Putnam ("Minds and Machines," in Dimensions of Minds, ed. Sidney Hook [New York University Press, 1960]).

20 기술철학: 개요는 다음을 참고하라. Jan Kyrre Berg, Olsen Friis, Stig Andur Pedersen, and Vincent F. Hendricks, eds., A Companion to the Philosophy of Technology (Wiley-Blackwell, 2012); Joseph Pitt, ed., The Routledge Companion to the Philosophy of Technology (Routledge, 2016).

22 의식과 정신에 관한 견해: 더 정확하게 말하자면 의식, 좀비, 유물론, 이원론, 범심론에 관한 나의 의견은 이 책에서 부차적인 역할에 지나지 않는다. 현실과 관련된 중심 논의는 의식 유물론자와 이원론자 모두가 받아들일 수 있다. 의식의 분포 distribution of consciousness와 기계에 의식이 있는지에 관한 나의 견해는 비교적 역할이 크다.

25 어떤 장에서는 다른 저작에서 이미 논했던 이야기를 다루지만: 제9장의 논증(제6장, 제20장, 제24장에서도 약간 등장한다.)은 내가 작성한 다음의 온라인 글을 골자로 한다. "The Matrix as Metaphysics," thematrix.com, 2003; reprinted in Christopher Grau, ed., Philosophers Explore the Matrix (Oxford University Press, 2005), 132-76. 제10장과 제11장(그리고 제17장 일부)은 다음의 주제를 기반으로 한다. "The Virtual and the Real," Disputatio 9, no. 46 (2017): 309-52. 제14장의 핵심 개념은 다음의 출판되지 않은 옛 각주를 바탕으로 한다. "How Cartesian Dualism Might Have Been True" (online manuscript, consc.net/notes/dualism.html, February 1990). 제15장은 다음을 비롯하여 의식에 관한 나의 저작을 기본으로 한다. The Conscious Mind (Oxford University Press, 1996). 제16장은 앤디 클라크와의 다음 공동 연구를 바탕으로 한다. "The Extended Mind," Analysis 58 (1998): 7-19. 제21장부터 제23장까지는 각각 다음의 개념을 바탕으로 한다. "On Implementing a Computation," Minds and Machines 4 (1994): 391-402; "Structuralism as a Response to Skepticism," Journal of Philosophy 115, no. 12 (2018): 625-60; and "Perception and the Fall from Eden," in Perceptual Experience, eds. Tamar S. Gendler and John Hawthorne (Oxford University Press, 2006), 49-125. 이러한 장에서도 새로운 개념을 상당수 다루고 있으며, 다른 장의 내용은 대부분 새로운 내용이다.

26 관심사에 따라 이 책을 읽는 방식을 몇 가지 제시해두었다: 외부세계에 관한 데카르트의 문제 이야기를 따라가고 싶다면 제1장~제9장과 제20장~제24장을 중심으로 보면 된다. 근래의 가상현실 기술이 주된 관심사라면 제1장, 제10장~제14장, 제16장~제20장을 보면 된다. 가상현실 가설에 특히 관심이 있다면 제1장~제9장, 제14장~제15장, 제18장, 제20장~제21장, 제24장을 읽으면 좋다. 기술에 관한 기존의

철학에 입문하고 싶다면 제1장, 제3장~제4장, 제6장~제8장, 제14장~제23장에 초
점을 맞추면 된다. 또한 제4장은 제3장을 전제로 하고, 제9장은 제8장 및 어느 면
에서는 제6장과 제7장을 전제로 하며, 제11장은 제10장을 전제로 하고, 제22장은
제21장을 전제로 한다는 점을 유의하면 도움이 된다. 제4부~제7부는 어떤 순서로
읽어도 무관하나 제7부는 제2부와 제3부를 전제로 한다.

제1장. 이게 실제 상황인가요?

31 리드싱어 프레디 머큐리가 5성부 화음으로 첫 소절을 부른다: 〈보헤미안 랩소디〉
뮤직비디오에서는 퀸 멤버 네 명이 함께 첫 소절을 부르는 것처럼 묘사했지만, 사
실 이 노래의 작곡가인 프레디 머큐리가 도입부의 모든 성부를 불렀다. 이것이 환
상이 아닌지를 묻는 여러 목소리가 모두 한 사람의 목소리라니 꽤 적절해 보인다.

32 나비가 되는 꿈을 꾼 호접지몽이 있다: 다음에서 발췌했다. The Complete Works
of Zhuangzi, trans. Burton Watson (Columbia University Press, 2013). 자료에서
는 장자의 본명인 장주Zhuang Zhou를 사용해 번역했으나 본 책에서는 편의를 위해
장자로 적었다. 장자의 호접지몽에 관한 다른 번역 및 해석 중 지식에 관한 문제보
다는 장자와 나비의 현실에 더 초점을 맞춘 글로는 다음을 참조하라. Hans Georg
Moeller, Daoism Explained: From the Dream of the Butterfly to the Fishnet
Allegory (Open Court, 2004).

32 1999년 영화 〈매트릭스〉: 다음을 참조하라. Adam Elga, "Why Neo Was Too
Confident that He Had Left the Matrix," http://www.princeton.edu/~adame/
matrix-iap.pdf. 이 책의 초판 이후에 개봉하는 〈매트릭스: 리저렉션The Matrix
Resurrections〉을 보고 떠오르는 의문은 온라인 주석에서 논하겠다.

34 고대 인도에 살았던 힌두 철학자들은 환상과 현실의 문제에 몰두했다: 인도의 철
학, 종교, 나라다의 변신을 비롯한 문학에서 환상과 관련된 여러 문제를 살펴보려
면 다음을 참조하라. Wendy Doniger O'Flaherty, Dreams, Illusions, and Other
Realities (University of Chicago Press, 1984).

46 1954년 제임스 건의 공상과학소설: James Gunn, "The Unhappy Man" (Fantastic Universe, 1954); collected in Gunn's The Joy Makers (Bantam, 1961).

47 1974년 저서: Robert Nozick, Anarchy, State, and Utopia (Basic Books, 1974).

47 경험 기계 속 삶: The Examined Life (Simon & Schuster, 1989, 105)에서 노직은 경험 기계와 관련된 지식 질문, 현실 질문, 가치 질문을 직접 밝혔다. "경험 기계에 접속할지 말지에 관한 질문은 가치 질문이다. 이는 '이미 접속된 게 아님을 알 수 있는가?'를 묻는 인식론적 질문이나 '기계 경험 또한 실제세계를 구성하지 않는가?'를 묻는 형이상학적 질문과는 다르다."

47 2020년 전문 철학자를 대상으로 한 설문 조사: 다음을 참조하라. http://philsurvey.org/. 이 책을 통틀어 필페이퍼스 서베이의 설문 결과를 인용할 때, 예컨대 "경험 기계에 들어가서 살겠다는 응답자는 전체 중 13퍼센트였다."라고 한다면 이는 13퍼센트의 응답자가 이러한 견해를 받아들이거나 이러한 견해로 기울었다고 답변했다는 뜻이다. 전문 철학자를 넘어 더 폭넓은 집단을 대상으로 한 설문 조사는 다음을 참조하라. Dan Weijers, "Nozick's Experience Machine Is Dead, Long Live the Experience Machine!," Philosophical Psychology 27, no. 4 (2014): 513-35; Frank Hindriks and Igor Douven, "Nozick's Experience Machine: An Empirical Study," Philosophical Psychology 31 (2018): 278-98.

48 2000년 〈포브스〉 지에 기고한 글: Robert Nozick, "The Pursuit of Happiness," Forbes, October 2, 2000.

51 정신 질문: 온라인 주석을 참조하라.

51 이 여섯 가지 추가 질문은 (…) 각기 다른 철학 분야에 대응된다: 철학에는 다양한 분야가 있다. 행동철학, 예술철학, 젠더 및 인종 철학, 수리철학, 철학사의 수많은 분야가 그 예시다. 이 책에서 나는 이러한 분야에 관해서도 모두 어느 정도 언급했으나 직접 다룬 아홉 가지 분야만큼 깊이 있게 다루지는 않았다.

52 전문 철학자 2000여 명을 대상으로 100개의 핵심 철학 질문을 던지는 설문 조사: 2009년 전문 철학자를 대상으로 한 필페이퍼스 서베이는 다음을 참조하라. David Bourget and David Chalmers, "What Do Philosophers Believe?," Philosophical Studies 170 (2014): 465-500. 2020년 설문 조사는 다음을 참조하라. http://

philsurvey.org/. 철학의 발전에 관해서는 다음을 참조하라. David J. Chalmers, "Why Isn't There More Progress in Philosophy?," Philosophy 90, no. 1 (2015): 3- 31.

52 철학자들이 단독 또는 공동으로 만들어낸 분야: 뉴턴 이외에도 애덤 스미스Adam Smith의 경제학, 오귀스트 콩트Auguste Comte의 사회학, 구스타프 페히너Gustav Fechner의 심리학, 고틀로프 프레게의 현대 논리학, 리처드 몬터규Richard Montague 의 형식 의미론 등을 꼽을 수 있다.

제2장. 시뮬레이션 가설이란?

55 안티키테라 기계는 태양계를 시뮬레이션하려던 시도로 보인다: 다음을 참조하라. Tony Freeth et al., "A Model of the Cosmos in the ancient Greek Antikythera Mechanism," Scientific Reports 11 (2021): 5821.

55 샌프란시스코만과 주변 지역을 본떠 건설한 기계적 시뮬레이션: 샌프란시스코만 기계적 시뮬레이션에 관한 철학적 논의는 다음을 참조하라 Michael Weisberg's book Simulation and Similarity: Using Models to Understand the World (Oxford University Press, 2013).

56 컴퓨터 시뮬레이션은 과학과 공학에서 폭넓게 사용되고 있다: 컴퓨터 시뮬레이션 이 과학 분야에서 담당하는 역할을 다룬 방대한 철학적 문헌으로 다음이 있다. Eric Winsberg, Science in the Age of Computer Simulation (University of Chicago Press, 2010); Johannes Lenhard, Calculated Surprises: A Philosophy of Computer Simulation (Oxford University Press, 2019); and Margaret Morrison, Reconstructing Reality: Models, Mathematics, and Simulations (Oxford University Press, 2015).

57 인간 행동에 관한 컴퓨터 시뮬레이션: Daniel L. Gerlough, "Simulation of Freeway Traffic on a General-Purpose Discrete Variable Computer" (PhD diss., UCLA, 1955); Jill Lepore, If Then: How the Simulmatics Corporation Invented the Future (W. W. Norton, 2020).

58 1981년 저서: Jean Baudrillard, Simulacres et Simulation (Editions Galilée, 1981), translated as Simulacra and Simulation (Sheila Faria Glaser, trans.; University of Michigan Press, 1994).

59 컴퓨터 시뮬레이션이 아니라 문화적 상징에 대한 논의: 이 책에서는 매우 대략적으로만 살펴본 보드리야르의 네 가지 수준은 다음과 같다. "이것은 깊은 현실을 재현한다.", "이것은 깊은 현실을 감추고 변질시킨다.", "이것은 깊은 현실의 부재를 감춘다.", "이것은 어떠한 현실과도 관련이 없으며, 그 자체로 순수한 시뮬라크르다." 종종 보드리야르는 네 번째 수준에 해당하는 것만을 시뮬레이션으로 보았다.

60 '가능한 우주들'이라는 드넓은 코스모스: 온라인 주석.

61 어슐러 K. 르 귄이 1969년 펴낸 명작: Ursula K. Le Guin, The Left Hand of Darkness (Ace Books, 1969). 사고 실험과 심리적 현실에 관한 내용은 이 소설의 1976년 판에 르 귄이 쓴 서문에서 발췌했다. 〈젠더는 필수인가?〉는 다음에 게재되었다. Aurora: Beyond Equality, eds, Vonda Mac-Intyre and Susan Janice Anderson (Fawcett Gold Medal, 1976).

63 1955년 제임스 건이 쓴: 놀랍게도 건의 소설 《기쁨을 만드는 자들》은 최근 철학에서 가장 중요하게 여겨지는 사고 실험 두 가지인 경험 기계와 시뮬레이션 가설을 미리 선보였다. 편집판의 서문에서 건은 《브리태니커 백과사전》에서 감정의 심리학에 관한 글을 보고 영감을 받았다고 설명했다.

63 공상과학소설 속 시뮬레이션: 온라인 주석을 참조하라.

66 철학적 개념에 관한 글을 청탁해 공식 홈페이지에 게시했다: 〈형이상학으로서의 매트릭스〉를 비롯한 다수의 글은 크리스토퍼 그라우Christopher Grau 및 〈매트릭스〉 제작사인 레드필프로덕션RedPill Productions에서 에디터이자 프로듀서로 일하던 철학과 대학원생의 청탁으로 작성되었다. 이 글들은 그라우가 편저한 다음의 책에 수록되었다. Philosophers Explore the Matrix (Oxford University Press, 2005). 이외에도 매트릭스를 주제로 한 철학 문집 세 가지를 다음과 같이 찾아볼 수 있다. William Irwin's The Matrix and Philosophy: Welcome to the Desert of the Real (Open Court, 2002). 동 저자의 More Matrix and Philosophy: Revolutions and

Reloaded Decoded (Open Court, 2005); and Glenn Yeffeth's Taking the Red Pill: Science, Philosophy and Religion in The Matrix (BenBella Books, 2003).

66 닉 보스트롬이 저작: 시뮬레이션 논증에 관한 보스트롬의 기존 글은 다음과 같다. "Are You Living in a Computer Simulation?," Philosophical Quarterly 53, no. 211 (2003): 243-55. 시뮬레이션 가설이라는 용어를 소개한 보스트롬의 글은 다음과 같다. "The Simulation Argument: Why the Probability that You Are Living in a Matrix Is Quite High," Times Higher Education Supplement, May 16, 2003.

68 심이라고 부르겠다: 경제학자 로빈 핸슨은 이와 관련하여 인간의 뇌를 모방해 구성하는 존재를 가리키는 초지능em이라는 용어를 소개했다. 초지능과 심은 서로 다르다. 네오와 같은 비순수 심은 심이지만 초지능은 아니며, 모방한 인간의 뇌를 로봇 몸에 삽입했다면 초지능이지만 심은 아니다.

70 부분 시뮬레이션 가설: 온라인 주석을 참조하라.

71 철학자들은 구분하기를 즐긴다: "Innocence Lost: Simulation Scenarios: Prospects and Consequences" (2002, https://philarchive.org/archive/DAIILSv1)에서 영국의 철학자 배리 데인튼은 경성 시뮬레이션 대 연성 시뮬레이션, 적극적 시뮬레이션 대 소극적 시뮬레이션, 기존 심리학 시뮬레이션 대 대체 심리학 시뮬레이션, 공동체 시뮬레이션 대 개인 시뮬레이션 등 관련된 여러 구분법을 설명했다.

72 어떤 증거든 그 또한 시뮬레이션일 수 있기 때문이다: 혹자는 우리가 외부세계에 있지 않음을 알 수 있다고 주장하기 위해 그러한 증거의 외재론을 펼칠 수 있으며, 그 예시로는 다음의 글이 있다. Timothy Williamson in Knowledge and Its Limits (Oxford University Press, 2000). 증거에 관한 외재론은 시뮬레이션 논증의 반론을 다룬 온라인 부록에서 논하겠다.

75 2012년 이론상: Silas R. Beane, Zohreh Davoudi, and Martin J. Savage, "Constraints on the Universe as a Numerical Simulation," European Physical Journal A 50 (2014): 148.

76 아날로그 컴퓨터: 이 책에서 아날로그 컴퓨터란 실수實數와 같이 정확하고 연속적인 수량을 사용하는 컴퓨터를 말한다. 이를 대체할 개념은 다음을 참조하라. Corey

J. Maley, "Analog and Digital, Continuous and Discrete," Philosophical Studies 115 (2011): 117-31.

76 아날로그 양자 컴퓨터: 일반적인 양자 컴퓨터는 큐비트의 진폭으로 연속적인 수량을 사용하므로 적어도 이론상으로는 아날로그 컴퓨터이지만, 실질적으로 그 정확성에는 한계가 있다. 한편 이진법 큐비트 대신 연속적인 변수를 사용하는 양자 컴퓨팅 이론도 있는데, 이에 관해서는 다음을 참조하라. Samuel L. Braunstein and Arun K. Pati, eds., Quantum Information with Continuous Variables (Kluwer, 2001).

77 일반 컴퓨터로는 양자 프로세스를 효율적으로 시뮬레이션할 수 없다: Zohar Ringel and Dmitry Kovrizhin, "Quantized Gravitational Responses, the Sign Problem, and Quantum Complexity," Science Advances 3, no. 9 (September 27, 2017). See also Mike McRae, "Quantum Weirdness Once Again Shows We're Not Living in a Computer Simulation," ScienceAlert, September 29, 2017; Cheyenne Macdonald, "Researchers Claim to Have Found Proof We Are NOT Living in a Simulation," Dailymail.com, October 2, 2017; and Scott Aaronson, "Because You Asked: The Simulation Hypothesis Has Not Been Falsified; Remains Unfalsifiable," Shtetl-Optimized, October 3, 2017.

77 그 어떤 우주도 그 우주를 대상으로 하는 완벽한 시뮬레이션을 품을 수는 없다: 온라인 주석.

78 현실보다 조금 뒤처진 과거를 대상으로 시뮬레이션을: 다음을 참조하라. Mike Innes, "Recursive Self-Simulation," https://mikeinnes.github.io/2017/11/15/turingception.html.

78 완벽하지 않은 시뮬레이션 가설: 온라인 주석.

80 〈테트리스〉나 〈팩맨〉: 온라인 주석.

제3장. 무엇이라도 알기는 하는가?

88 철학자들은 이러한 종류의 지식에 대해 각각 질문을 던져왔다: 섹스투스 엠피

리쿠스에 대해서는 다음을 참조하라. Michael Frede, "The Skeptic's Beliefs," chap. 10, in his *Essays in Ancient Philosophy* (University of Minnesota Press, 1987). 나가르주나는 다음을 참조하라. Ethan Mills, Three Pillars of Skepticism in Classical India: Nāgārjuna, Jayarāśi, and ŚrīHarsa (Lexington Books, 2018). 알 가잘리는 다음을 참조하라. Deliverance from Error, and https://www. aub.edu.lb/fas/cvsp/Documents/Al-ghazaliMcCarthytr.pdf. 데이비드 흄은 다음을 참조하라. A Treatise of Human Nature (1739); Eric Schwitzgebel, Perplexities of Consciousness (MIT Press, 2011). 그레이스 헬튼은 다음을 참조하라. "Epistemological Solipsism as a Route to External World Skepticism," Philosophical Perspectives (forthcoming); Richard Bett, Pyrrho: His Antecedents and His Legacy (Oxford University Press, 2000).

97　어두운 노란색: Paul M. Churchland, "Chimerical Colors: Some Phenomenological Predictions from Cognitive Neuroscience," Philosophical Psychology 18, no. 5 (2005): 27-60.

99　크리스티아 머서가 최근 상세히 정리했듯: Christia Mercer, "Descartes' Debt to Teresa of Ávila, or Why We Should Work on Women in the History of Philosophy," Philosophical Studies 174, no. 10 (2017): 2539-2555. Teresa of Ávila, The Interior Castle, trans. E. Allison Peers (Dover, 2012).

99　미셸 드 몽테뉴: 몽테뉴가 회의론을 가장 깊이 있게 탐구한 글은 1576년 작인 다음의 글이다. "Apology for Raymond Sebond" (Montaigne, The Complete Essays, M. A. Screech, ed. and trans., Penguin, 1993).

102　통 속의 뇌: Hilary Putnam, Reason, Truth and History (Cambridge University Press, 1981).

104　배리 데인튼이 말했듯: Barry Dainton, "Innocence Lost: Simulation Scenarios: Prospects and Consequences," 2002, https://philarchive.org/archive/DAIILSv1.

105　시뮬레이션 안에 있지 않음을 알 수 없다면: 온라인 주석.

108　나는 생각한다, 고로 존재한다: 철학에서 등장하는 새로운 개념이 대부분 그러하듯 '나는 생각한다, 고로 존재한다.' 또한 완전히 데카르트의 독창적인 개념이라고

할 수는 없다. 기원후 5세기 북아프리카의 철학자 성 아우구스티누스는 이렇게 적었다. '나는 내가 존재함을 확신한다. (…) 내가 착각했다면, 나는 존재한다. 존재하지 않는다면 착각할 수도 없다. 고로 내가 착각했다면 나는 존재한다.'

109 철학자들은 데카르트의 명언을 여러 가지 다른 방식으로 해석했다: '나는 존재한다, 고로 생각한다.'가 추론이나 논증이 아니라는 해석은 다음을 참고하라. Jaakko Hintikka, "Cogito ergo sum: Inference or Performance?," Philosophical Review 71 (1962): 3-32.

111 데카르트는 우리가 의식하는 모든 게 생각에 포함된다고 분명하게 정의했으며: 《제일철학에 관한 성찰》 제2판(1642년)에서 생각cogitatio을 다음과 같이 정의했다. '이 용어는 우리가 즉시 알아차릴 수 있는 방식으로 우리 내면에 존재하는 모든 것을 칭한다. 그러므로 의지, 지능, 상상, 감각의 모든 작용이 곧 생각이다.' 다음을 참조하라. Paolo Pecere, Soul, Mind and Brain from Descartes to Cognitive Science (Springer, 2020).

112 의식 또한 환상일 수 있다: 다음을 참조하라. Keith Frankish, ed., Illusionism as a Theory of Consciousness (Imprint Academic, 2017).

제4장. 외부세계의 존재를 증명할 수 있는가?

115 놀랍지만 오래도록 평가절하된 소설: Jonathan Harrison, "A Philosopher's Nightmare or the Ghost Not Laid," Proceedings of the Aristotelian Society 67 (1967): 179-88.

118 신이 완벽한 존재라는 개념: 데카르트가 선보인 신의 완벽성 개념은 독창적인 개념이 아니다. 11세기 안셀무스 칸투아리엔시스는 신의 존재와 관련된 존재론을 펼쳤는데, 이는 제7장에서 논하겠다. 16세기 스페인의 학자 프란시스코 수아레스 Francisco Suárez 또한 데카르트의 완벽성 개념 논증과 매우 유사한 논증을 선보였다.

121 관념론: 관념론에 관한 최신 논의는 다음을 참조하라. Tyron Goldschmidt and Kenneth L. Pearce, eds., Idealism: New Essays in Metaphysics (Oxford

University Press, 2017) and The Routledge Handbook of Idealism and Immaterialism, eds. Joshua Farris and Benedikt Paul Göcke (Routledge & CRC Press, 2021).

124 우리 모두의 마음이 한데 모여 현실을 구성한다고 하면: 이상주의의 상호주관적 버전은 독일 철학자 에드문트 후설이 1929년에 발표한 Cartesian Meditations: An Introduction to Phenomenology.에서 발전시켰다. 이보다 최근의 관념론은 비관념론자인 신경과학자 아닐 세스Anil Seth가 남긴 말에서 찾아볼 수 있다. '우리는 언제나 환각에 빠져 있다. 이 환각에 대해 우리가 동의할 때, 우리는 그것을 현실이라고 부른다(Being You, Dutton, 2021에서 발췌)'. 상호주관적 이상주의 일반적인 관념론과 같은 다수의 문제에 부딪힌다. 특히 집합적 현상의 정규성을 설명하려면, 예컨대 우리가 같은 나무를 바라볼 수 있는 듯한 이유를 설명하려면 현상 너머의 현실이 필요하다는 문제가 있다.

127 왜 신이 필요하겠는가?: 현대 관념론에서 알고리즘 정보 이론을 이용해 신의 필요성이나 외부세계를 회피하려는 시도에 관해서는 다음을 참조하라. Markus Müller, "Law Without Law: From Observer States to Physics via Algorithmic Information Theory," Quantum 4 (2020): 301.

127 관념론의 몇몇 형태를 적어도 이론적 가설의 하나로써 진지하게 고려해야 한다: 제8장과 제22장의 존재에서 비트에서 의식으로 논제에 관한 논의를 참조하라. 다음 또한 참조하라. David J. Chalmers "Idealism and the Mind-Body Problem," in The Routledge Handbook of Panpsychism, ed. William Seager (Routledge, 2019); reprinted in The Routledge Handbook of Idealism and Immaterialism.

128 카르나프는 다수의 철학적 문제가 의미 없는 가짜 문제라고 말했다: Rudolf Carnap, Scheinprobleme in der Philosophie (Weltkreis, 1928); Rudolf Carnap, The Logical Structure of the World & Pseudoproblems in Philosophy, trans. Rolf A. George (Carus, 2003). 빈 학파에 관한 개론은 다음을 참조하라. David Edmonds, The Murder of Professor Schlick: The Rise and Fall of the Vienna Circle (Princeton University Press, 2020).

128 회의론 가설이 무의미하다: Ludwig Wittgenstein, Tractatus Logico-

Philosophicus (Kegan Paul, 1921). In Language, Truth, and Logic (Victor Gollancz, 1936). A. J. 에이어A. J. Ayer는 "결국 지각할 수 있는 이 세계가 현실이 아니라 단순한 현상일 뿐이라고 폄훼하는 이들은 우리의 중요성 기준에 따르자면 말 그대로 엉터리 주장을 펼치는 셈이다."라고 말했다. 카르나프는 "사물 세계의 현실에 그 시스템 자체에는 유의미하게 적용할 수 없는 개념"이 포함되어 있다고 말했다. "Empiricism, Semantics, and Ontology" (Revue Internationale de Philosophie 4 [1950]: 20- 40). 물론 빈 학파의 그 누구도 시뮬레이션 가설을 명시적으로 논하지는 않았다.

133 1981년 저서: Hilary Putnam, Reason, Truth and History (Cambridge University Press, 1981).

135 버트런드 러셀의 단순성에 대한 호소: 다음을 참조하라. Bertrand Russell, The Problems of Philosophy (Henry Holt, 1912), 22- 23; see also Jonathan Vogel, "Cartesian Skepticism and Inference to the Best Explanation," Journal of Philosophy 87, no. 11 (1990): 658- 66.

138 무어는 이렇게 말했다. "여기 내 한쪽 손이 있다.": G. E. Moore, "Proof of an External World," Proceedings of the British Academy 25, no. 5 (1939): 273- 300. 철학에 대한 무어의 '상식적' 접근은 18세기 스코틀랜드의 철학자 토머스 리드의 영향을 받았으며, 예시로 다음이 있다. Thomas Reid, An Inquiry into the Human Mind on the Principles of Common Sense(1764). 다음 또한 참조하라. James Pryor, "What's Wrong with Moore's Argument?", Philosophical Issues 14 (2004): 349-78.

140 외부세계 회의론에 대한 어떤 답변은: 온라인 부록.

제5장. 시뮬레이션 안에 있을 가능성이 큰가?

143 〈사이버공간의 돼지〉: Hans Moravec, "Pigs in Cyberspace," in Thinking Robots, an Aware Internet, and Cyberpunk Librarians, eds. H. Moravec et al.

(Library and Information Technology Association, 1992). Reprinted in The Transhumanist Reader, eds. Max More and Natasha Vita-More (Wiley, 2013).

143 〈와이어드〉 지와의 인터뷰: Charles Platt, "Superhumanism," Wired, October 1, 1995.

144 닉 보스트롬은 2003년 글: Nick Bostrom, "Are You Living in a Computer Simulation?" Philosophical Quarterly 52 (2003): 243-55.

144 일론 머스크: Elon Musk interview at Code Conference 2016, Rancho Palos Verdes, CA, May 31- June 2, 2016; "Why Elon Musk Says We're Living in a Simulation," Vox, August 15, 2016.

146 논의의 편의를 위해 모든 개체군의 규모가 같다고 가정하겠으나: 온라인 주석.

147 그러므로 우리는 아마 심일 것이다: 온라인 주석.

147 수학이나 무한 우주 등의 다른 복잡한 요소: 온라인 주석.

148 심 방해 요인: 온라인 주석.

148 지적 능력을 갖춘 심은 있을 수 없다: 인간의 능력은 그 어떤 컴퓨터보다도 뛰어나다는 괴델의 정리를 이용해 인간 수준의 지능을 시뮬레이션할 수는 없다고 주장하는 견해는 다음을 참조하라. J. R. Lucas, "Minds, Machines and Gödel," Philosophy 36, no. 137 (1961): 112- 27, and Roger Penrose, The Emperor's New Mind (Oxford University Press, 1989). 펜로즈에 대한 답변으로는 나의 다음 저서를 참조하라. "Minds, Machines, and Mathematics," Psyche 2 (1995): 11- 20.

149 양자 중력 컴퓨터: 구상안 중 하나는 다음을 참조하라. Lucien Hardy, "Quantum Gravity Computers: On the Theory of Quantum Computation with Indefinite Causal Structure," in Wayne Myrvold and Joyce Christian, eds., Quantum Reality, Relativistic Causality, and Closing the Epistemic Circle (Springer, 2009).

149 뇌의 처리 속도는 컴퓨팅속도로 1경(10^{16}) 플롭스, 즉 10페타플롭스에 상응한다: 온라인 주석.

150 현재 우주에는 아직 활용하지 못한 방대한 컴퓨팅용량이 남아있다: Richard Feynman, "There's Plenty of Room at the Bottom," Engineering & Science 23,

no. 5 (1960): 22- 36; Seth Lloyd, "Ultimate Physical Limits to Computation," Nature 406 (2000): 1047- 54; Frank Tipler, The Physics of Immortality (Doubleday, 1994), 81.

150 컴퓨트로니움: '컴퓨트로니움'이라는 이름은 프로그래밍 가능한 물질에 관한 다음의 논의에서 처음 사용되었다. Tommaso Toffoli and Norman Margolus; see their "Programmable Matter: Concepts and Realization," Physica D, 47, no. 1-2 (1991): 263- 72; and Ivan Amato, "Speculating in Precious Computronium," Science 253, no. 5022 (1991): 856- 57. 효율성을 극대화하여 프로그래밍된 물질은 오늘날 다음과 같은 공상과학에서 흔하게 사용되고 있다. Charles Stross's Accelerando (Penguin Random House, Ace reprint, 2006). 이 소설에서는 태양계 대부분이 컴퓨트로니움으로 변한다.

151 우리가 시뮬레이션 안에 있다고 가정한다면 컴퓨팅파워에 관한 이 모든 물리적 증거가 잘못된 방향을 가리킬까: 이러한 반론의 일종은 다음을 참조하라. Fabien Besnard, "Refutations of the Simulation Argument," http://fabien.besnard. pagesperso-orange.fr/pdfrefut.pdf, 2004; and Jonathan Birch, "On the 'Simulation Argument' and Selective Scepticism," Erkenntnis 78 (2013): 95-107. 시뮬레이션 논증에 대한 더 많은 반론과 그에 대한 논의는 온라인 부록을 참조하라.

151 비심은 심을 만들기 전에 모두 죽을 것이다: 온라인 주석.

152 실존적 위험: Toby Ord, The Precipice: Existential Risk and the Future of Humanity (Hachette, 2020).

154 시뮬레이션으로 그러한 결정이 어떠한 영향을 미칠지 미리 살펴보는: 온라인 주석.

155 나노 규모의 비심: 온라인 주석.

156 심 신호: 마커스 아르반Marcus Arvan은 다음의 글에서 일종의 시뮬레이션 가설이 자유의지 및 양자역학의 다양한 특징을 가장 잘 설명한다고 논하면서 사실상 이러한 현상이 심 신호라고 주장했다. Marcus Arvan, "The PNP Hypothesis and a New Theory of Free Will" (Scientia Salon, 2015).

157 흥미도가 심 신호일 수 있다: Robin Hanson, "How to Live in a Simulation,"

Journal of Evolution and Technology 7 (2001).

157 우리가 우주 초기에 있다는 점: 온라인 주석.

158 시뮬레이션에는 의식이 있을 수 없다: 다음을 참조하라. John Searle, Minds, Brains, and Science (Harvard University Press, 1986).

159 시뮬레이터는 의식 있는 심을 만들지 않으려 할 것이다: 배리 데인튼, 그레이스 헬튼, 브래드 사드Brad Saad가 이러한 견해를 선보였다. 헬튼은 윤리적 시뮬레이터라면 오직 한 존재에게만 의식이 있는 시뮬레이션을 만들 것이라고 주장했다. 이러한 시뮬레이션에서라면 의식이 있는 모든 존재는 자신이 우주에서 유일하게 의식 있는 존재라는 유아론적 논제를 진지하게 고려해보아야 한다. 다음을 참조하라. Grace Helton, "Epistemological Solipsism as a Route to External World Skepticism" (Philosophical Perspectives, 근간).

159 일련의 폰 노이만 구조로 가동하는 심에게 의식이 없겠으나: 다음을 참조하라. Christof Koch in The Feeling of Life Itself: Why Consciousness Is Widespread But Can't Be Computed (MIT Press, 2019) and Giulio Tononi and Christof Koch, "Consciousness: Here, There, and Everywhere?" Philosophical Transactions of the Royal Society B (2015).

160 심은 거대 우주를 경험하지 못할 것이다: 온라인 주석.

161 단축을 사용한 시뮬레이션: 온라인 부록.

165 주요 심 신호: 온라인 주석.

165 나는 보스트롬의 공식이나 결론이 있는 그대로 옳지는 않다고 생각하며: 보스트롬의 시뮬레이션 논증에 관한 온라인 부록.

165 심 방해 요인이 없다면 우리는 아마 심일 것이다: 온라인 주석.

171 동전의 앞면이 나오면 신은 그 사람을 완벽한 시뮬레이션에 접속시켰다: 온라인 주석.

제6장. 현실이란 무엇인가?

176 가상 실재론: 가상 실재론에 관한 요소에 관하여 저작을 남긴 다른 저자로는 제6장

에서 살펴본 데이비드 도이치, 필립 자이와 제10장에서 살펴본 필립 브레이가 있다. 시뮬레이션 실재론을 옹호한 저자로는 제20장에서 살펴본 더글러스 호프스태터가 있으며, 앤디 클라크와 휴버트 드레퓌스Hubert Dreyfus의 글 〈매트릭스를 탐험하는 철학자들Philosopheres Explore the Matrix〉에서도 등장한다. 여기에 더해 제6장의 O. K. 부스마와 제20장의 힐러리 퍼트넘은 시뮬레이션 그 자체를 논하지는 않았으나 시뮬레이션 실재론과 유사한 견해를 다루었다.

180 존재한다는 것은 무엇인가? 존재에 관하여 서로 대비되는 견해들에 관해서는 다음을 참조하라. W. V. Quine, "On What There Is," Review of Metaphysics 2 (1948): 21- 38; Rudolf Carnap, "Empiricism, Semantics, and Ontology," Revue Internationale de Philosophie 4 (1950): 20- 40; and the articles in D. J. Chalmers, D. Manley, and R. Wasserman, eds., Metametaphysics: New Essays in the Foundations of Ontology (Oxford University Press, 2009).

182 엘레아의 표어: 온라인 주석.

183 딕의 표어: Philip K. Dick, "I Hope I Shall Arrive Soon." First published as "Frozen Journey" in Playboy, December 1980. Reprinted in Dick, I Hope I Shall Arrive Soon (Doubleday, 1985).

184 덤블도어 표어: J. K. Rowling, Harry Potter and the Deathly Hallows (Scholastic, 2007), p. 723.

186 오스틴의 강연: J. L. Austin, Sense and Sensibilia (Oxford University Press, 1962).

188 여기에 추가할 몇 가지 다른 갈래: 다른 갈래에는 다음이 포함된다. '관찰 가능한 현실, 측정 가능한 현실, 이론적으로 유용한 현실(이 기준들은 인과력 갈래와 관련이 있다)', '신빙성 있는 현실, 자연스러운 현실, 원본으로써의 현실, 근본으로써의 현실(이 기준들은 진실성 갈래와 관련이 있다)' 이외에도 무언가가 '실제로' 어떻다고 말할 때의 '실제'라는 개념도 있다. 여기에 포함되는 갈래로는 '진실로써의 현실, 사실로써의 현실, 실상으로써의 현실(이는 비환상성과 관련이 있다)', '객관적인 현실, 간주관적인 현실, 증거에서 독립적인 현실(이는 정신에서 독립인 갈래와 관련이 있다)', 'X는 실제다.'를 'X는 실제로 존재한다.'라고 해석한다면 '실제

로'가 가지는 의미마다 그에 상응하는 '실제'라는 의미를 끌어낼 수 있다(여기에서는 사실 실수實數 등의 예시를 무시했으나 실수와 허수라는 용어 또한 데카르트에게서 비롯되었다는 점도 짚어볼 만하다). 이처럼 수많은 갈래 중 시뮬레이션 객체가 실제라는 주장을 가장 위협하는 갈래는 당연하게도 진실성 갈래일 것이다. 여기에는 내가 본문에서 다룬 원본으로써의 현실이나 근본으로써의 현실이 포함된다. '실제', '실제로' 및 '현실'의 다양한 의미에 관한 더 많은 논의는 다음을 참조하라. Jonathan Bennett, "Real," Mind 75 (1966): 501-15; and Steven L. Reynolds, "Realism and the Meaning of 'Real,' " Noûs 40 (2006): 468- 94.117 이론물리학자 데이비드

191 이론물리학자 데이비드 도이치: David Deutsch, The Fabric of Reality (Viking, 1997).

196 이러한 견해는 철학사를 통틀어 놀랄 만큼 찾아보기 어렵다: 온라인 주석.

197 부스마의 에세이: O. K. Bouwsma, "Descartes' Evil Genius," Philosophical Review 58, no. 2 (1949): 141- 51.

199 필립 자이가 1998년 펴낸 저서: Philip Zhai, Get Real: A Philosophical Adventure in Virtual Reality (Rowman and Littlefield, 1998).

제7장. 신은 다음 우주의 해커인가?

203 신의 존재에 관한 가장 흥미로운 논증: https://www.simulation-argument.com/.

213 미세조정 논증에는 여러 논쟁이 뒤따른다: 2020년 필페이퍼스 서베이에서 미세조정을 무엇으로 설명할지를 물었을 때 설계자로 설명할 수 있다는 답변은 17퍼센트, 멀티버스로 설명할 수 있다는 답변은 15퍼센트, 잔인한 진실이므로 설명할 수 없다는 답변은 32퍼센트, 미세조정을 부정한 답변은 22퍼센트로 드러났다.

218 자연주의: 온라인 주석.

219 시뮬레이션 신학: 시뮬레이션 신학에 관한 다른 원전으로는 '자연주의자 신통기'를 논하는 보스트롬의 다음 글이 있다. "Are You Living in a Computer Simulation?"

(Philosophical Quarterly 53, no. 211 [2003]: 243- 55). 다음 또한 참조하라. Eric Steinhart's "Theological Implications of the Simulation Argument," Ars Disputandi 10, no. 1 (2010): 23- 37.

220 시뮬레이션과 의사결정: 온라인 주석.

220 재미를 위해 만든 시뮬레이션: Preston Greene, "The Termination Risks of Simulation Science," Erkenntnis 85, no. 2 (2020): 489- 509.

226 역사의 종말: G. W. F. Hegel, Lectures on the Philosophy of History, 1837. 헤겔의 개념은 다음의 인용에서도 드러난다. "어느 이론에 따르자면 누군가가 우리 우주의 목적과 존재 이유를 정확하게 밝혀내는 순간 우주는 사라지고 그보다 더 기이하고 설명하기 어려운 무언가가 그 자리를 대신한다고 한다. 또 다른 이론에서는 이러한 일이 이미 일어났다고 말한다." 다음에서 발췌. Douglas Adams' The Restaurant at the End of the Universe (Pan Books, 1980).

226 시뮬레이션 내세: 낙관적인 관점은 다음을 참조하라. Eric Steinhart's Your Digital Afterlives: Computational Theories of Life after Death (Palgrave Macmillan, 2014).

227 그대로 유지하기는 어려울 것이다: Eliezer Yudkowsky, "The AI-Box Experiment," https://www.yudkowsky.net/singularity/aibox; David J. Chalmers, "The singularity: A Philosophical Analysis," Journal of Consciousness Studies 17 (2010): 9- 10.

228 "저 아래까지 모두 거북이인 거예요. ": 윌리엄 제임스 대신 버트런드 러셀을 비롯한 다른 이들이 했다고도 전해지는 이 인용구는 출처가 분명하지 않다. 제임스 본인은 '옛이야기'가 '저 아래까지 모두 바위'라는 설과 관련이 있다고 다음에서 암시했다. William James, "Rationality, Activity, and Faith" (Princeton Review, 1882). 18세기 철학자 요한 고틀리프 피히테Johann Gottlieb Fichte와 데이비드 흄 또한 코끼리나 육지거북이 등장하는 버전의 이야기를 다음에서 암시한 바 있다. Johann Gottlieb Fichte, Concerning the Conception the Cconception of the Science of Knowledge Generally (1794). David Hume, Dialogues Concerning Natural Religion (1779).

228 조나단 셰퍼: Jonathan Schaffer, "Is There a Fundamental Level?" Nous 37 (2003): 498-517. 다음 또한 참조하라. Ross P. Cameron, "Turtles All the Way Down: Regress, Priority, and Fundamentality," Philosophical Quarterly 58 (2008): 1-14.

제8장. 우주는 정보로 만들어졌는가?

232 라이프니츠가 비트를 발명했다: Gottfried Wilhelm Leibniz, "De Progressione Dyadica" (manuscript, March 15, 1679); "Explication de l'arithmétique binaire," Memoires de l'Academie Royale des Sciences (1703). 종종 《역경》이 라이프니츠의 발견에 영감을 주었다고 말하기도 한다. 그러나 사실 라이프니츠가 이진법을 고안한 이후에 조아킴 부베Joachim Bouvet가 그에게 《역경》을 소개하면서 유사성을 지적했고, 라이프니츠는 이를 자신의 해설 논문에서 다루었다. 토머스 해리엇Thomas Hariot이 라이프니츠보다 한 세기 먼저 이진법을 발명했다는 주장도 있다. 다음을 참조하라. John W. Shirley, "Binary Numeration before Leibniz" (American Journal of Physics 19, no. 8 [1951]: 452- 54). '비트'라는 용어를 공동으로 도입한 20세기 미국의 수학자 클로드 섀넌Claude Shannon을 가리켜 종종 '비트의 발명자'라고도 한다. 뒤에서 살펴보겠지만, 섀넌이 발명한 것은 이진수가 아니라 정보이론 단위였다.

233 라이프 게임은 온라인의 여러 사이트에서 직접 실행해볼 수 있다: playgameoflife. com. 기본 시작값은 글라이더이며, 다른 여러 배열로도 실행할 수 있다. 글라이더 건은 다음을 참조하라. playgameoflife.com/lexicon/Gosper_glider_gun.

237 여러 토착 문화에는 저마다 다른 형이상학 체계가 있다: Robert Lawlor, Voices of the First Day: Awakening in the Aboriginal Dreamtime (Inner Traditions, 1991); James Maffie, Aztec Philosophy, Understanding a World in Motion (University Press of Colorado, 2014); Anne Waters, ed., American Indian Thought (Blackwell, 2004).

237 형이상학 이론: 다양한 문화에서 형성된 형이상학 체계에 관해서는 다음을 참조하라. Gary Rosenkrantz and Joshua Hoffman, Historical Dictionary of Metaphysics (Scarecrow Press, 2011); Jay Garfield and William Edelglass, eds., The Oxford Handbook of World Philosophy (Oxford University Press, 2014); Julian Baggini, How the World Thinks (Granta Books, 2018); A. Pablo Iannone, Dictionary of World Philosophy (Routledge, 2001).

240 유물론, 이원론, 관념론 사이를 오가며 형성되었다: 2020년 필페이퍼스 서베이에서 정신에 관한 물리주의를 받아들인 응답자는 52퍼센트였으며 이를 거부한 응답자는 22퍼센트였다. 의식에 관한 질문에서는 22퍼센트가 이원론을 받아들였으며 9퍼센트가 범심론을 인정했다(여기에서 다루지 않은 이론 중에는 기능주의는 33퍼센트, 심신일원론이 13퍼센트, 제거주의가 7퍼센트를 기록했다). 외부세계에 관한 질문에서는 7퍼센트가 관념론을 받아들였으며 5퍼센트가 회의론을, 80퍼센트가 비회의적 실재론을 인정했다.

242 의미론적 정보: 다음을 참조하라. Rudolf Carnap and Yehoshua Bar-Hillel, "An Outline of a Theory of Semantic Information," Technical Report No. 247, MIT Research Laboratory of Electronics (1952), reprinted in Bar-Hillel, Language and Information (Reading, MA: Addison-Wesley, 1964); Luciano Floridi, "Semantic Conceptions of Information" in Stanford Encyclopedia of Philosophy (2005).

244 구조적, 의미론적, 상징적 정보: 더 깊이 있는 논의는 온라인 부록을 참조하라. 나는 이 영역을 이같이 구분했으나 이전에도 많은 이들이 이와 관련된 구분법을 제시했다. 정보를 분류하는 데에는 다양한 방법이 있는데, 예시로 다음을 참조하라. Mark Burgin, Theory of Information: Fundamentality, Diversification and Unification (World Scientific, 2010); Luciano Floridi, The Philosophy of Information (Oxford University Press, 2011); and Tom Stonier, Information and Meaning: An Evolutionary Perspective (Springer-Verlag, 1997).

245 구조적 정보를 측정하는 세 가지 단위: 온라인 주석

246 아날로그 컴퓨터: George Dyson, Analogia: The Emergence of Technology

beyond Programmable Control (Farrar, Straus & Giroux, 2020); Lenore Blum, Mike Shub, and Steve Smale, "On a Theory of Computation and Complexity over the Real Numbers," Bulletin of the American Mathematical Society 21, no. 1 (1989): 1- 46; Aryan Saed et al., "Arithmetic Circuits for Analog Digits," Proceedings of the 29th IEEE International Symposium on Multiple-Valued Logic, May 1999; Hava T. Siegelmann, Neural Networks and Analog Computation: Beyond the Turing Limit (Birkhäuser, 1999); David B. Kirk, "Accurate and Precise Computation Using Analog VLSI, with Applications to Computer Graphics and Neural Networks" (PhD diss., Caltech, 1993).

246 연속적인 수: '연속적인 값을 가지는 수'와 '아날로그 수'라는 용어를 사용하는 문헌이 종종 있으나(예시로 다음을 참조하라. Saed et al., "Arithmetic Circuits for Analog Digits") 내가 알기로는 아직 축약어가 정립되지 않았다. 억지로 줄여 부르면 이상할 테니 내포된 의미까지 완벽하게 들어맞지는 않더라도 '실제'라는 단어를 사용하겠다. 예컨대 실제 수라고 하면 순수하게 수학적인 실수를 가리키는 듯하지만, 우리의 논의에서는 비트를 통해 물리적으로 구현되는 실제 수가 더 중요하다(나아가 여기에서의 실제를 현실이라는 의미의 실제와 혼동해서는 안 된다. 연속적인 양은 대개 실수가 아니라 복소수다). 비트는 물리적 시스템에서 이진 상태로 물리적으로 구현되는 반면, 실수는 물리적 시스템에서 실제 값 상태로 물리적으로 구현된다(두 가지 모두 기질 중립적인 방식으로 개별화된다). 다만 연속적인 정보의 양을 섀넌의 비트 단위와 유사한 방식으로 측정하는 단위는 없는데, 여러 실수가 하나의 실수로 기록될 수 있으며 반대도 마찬가지라는 점이 이유 중 하나일 것이다.

248 구조적 정보는 물리적으로 구현할 수 있다: 온라인 주석.

248 물리적 정보: 온라인 주석.

248 차이를 만들어내는 차이: Gregory Bateson, Steps to an Ecology of Mind (Chandler, 1972). 베이트슨은 이 말을 도널드 맥케이Donald Mackay의 "정보는 차이를 만들어내는 특징이다."라는 말에서 따왔다고 했다.

250 아나톨리 드네프로프가 펴낸 단편소설: Anatoly Dneprov, "The Game,"

Knowledge-Power 5 (1961): 39-41. 영문 번역본은 다음에서 확인할 수 있다. A. Rudenko at http://q-bits.org/images/Dneprov.pdf. 드네프로프의 '포르투갈어 경기장'은 존 설의 잘 알려진 '중국어 방' 논증("Minds, Brains, and Programs," Behavioral and Brain Sciences 3 (1980): 417-57)의 선행으로 볼 수 있다. 드네프로프의 시스템이 문장을 번역한다면 설의 시스템은 대화를 수행한다.

251 정보는 물리적이다: 이 표어는 물리학자 롤프 랜다우어Rolf Landauer가 다음에서 제시했다. "Information Is Physical," Physics Today 44, no. 5 (1991): 23- 29.

252 디지털 물리학: Konrad Zuse, Calculating Space (MIT Press, 1970); Edward Fredkin, "Digital Mechanics: An Information Process Based on Reversible Universal Cellular Automata," Physica D 45 (1990): 254- 70; Stephen Wolfram, A New Kind of Science (Wolfram Media, 2002).

252 존 휠러의 표어, '비트에서 존재로': John Archibald Wheeler, "Infor-mation, Physics, Quantum: The Search for Links," Proceedings of the 3rd International Symposium on the Foundations of Quantum Mechanics (Tokyo, 1989), 354-68.

254 공간과 시간이 일종의 기저 디지털 물리학에서 비롯된다는 개념: 이 개념은 창발하는 시공간에 관한 여러 논의와 함께 다음에서 더 자세히 다루었다. "Finding Space in a Nonspatial World," in Philosophy beyond Spacetime, eds. Christian Wüthrich, Baptiste Le Bihan, and Nick Huggett (Oxford University Press, 2021).

256 큐비트에서 존재로: David Deutsch, "It from qubit," in Science and Ultimate Reality: Quantum Theory, Cosmology, and Complexity, eds. John Barrow et al. (Cambridge University Press, 2004); Seth Lloyd, Programming the Universe: A Quantum Computer Scientist Takes on the Cosmos (Alfred A. Knopf, 2006); P. A. Zizzi, "Quantum Computation Toward Quantum Gravity," 13th International Congress on Mathematical Physics, London, 2000, arXiv:gr-qc/0008049v3.

257 존재에서 비트에서 존재로: 관련 논의는 다음을 참조하라. Anthony Aguirre,

Brendan Foster, and Zeeya Merali, eds., It from Bit or Bit from It? On Physics and Information (Springer, 2015); and Paul Davies and Niels Henrik Gregersen, Information and the Nature of Reality (Cambridge University Press, 2010).

258 의식에서 비트에서 존재로 논의: 다음을 참조하라. Gregg Rosenberg, A Place for Consciousness: Probing the Deep Structure of the Natural World (Oxford University Press, 2004).

259 순수 비트에서 존재로 논제: 다음을 참조하라. Aguirre et al., It from Bit or Bit from It; Eric Steinhart, "Digital Metaphysics," in The Digital Phoenix, eds. T. Bynum and J. Moor, (Blackwell, 1998). 비판적 분석은 다음을 참조하라. Luciano Floridi, "Against Digital Ontology," Synthese 168 (2009): 151-78; Nir Fresco and Philip J. Staines, "A Revised Attack on Computational Ontology," Minds and Machines 24 (2014): 101-22; and Gualtiero Piccinini and Neal Anderson, "Ontic Pancomputationalism," in Physical Perspectives on Computation, Computational Perspectives on Physics, eds. M. E. Cuffaro and S. E. Fletcher (Cambridge University Press, 2018).

261 현실의 바탕에는 연속되는 정보가 있다: 온라인 주석.

제9장. 시뮬레이션은 비트로 존재를 창조하는가?

267 시뮬레이션 가설이 비트에서 존재로 창조설로 이어진다는 점만 성립하면 되고, 그 반대까지 성립할 필요는 없다: 온라인 주석.

268 이 논증을 양자 컴퓨터로 가동하는 시뮬레이션으로 일반화하여: 양자 컴퓨터와 큐비트에서 존재로 가설의 맥락에서 시뮬레이션한 세계에 관한 논의는 다음을 참조하라. Seth Lloyd, Programming the Universe (Knopf, 2006) and Leonard Susskind, "Dear Qubitzers, GR=QM" (2017, arXiv:1708.03040 [hepth]).

269 우리 시뮬레이터가 창조하는 비트는 '근본 비트'가 아니다: 시뮬레이션 가설이 근본적인 비트 또는 프로그래밍할 수 없는 프로세스와 양립할 수 있는지에 관한 문

제는 비트에서 존재로 창조설이 시뮬레이션 가설을 수반한다는 (주요하지 않은) 반대 방향의 주장에 잠재적인 반론을 제기할 수 있다. 이는 온라인 주석에서 더 자세히 논하겠다.

273 디지털 물리학이 표준 물리학을 실현한다는 말은 광자가 실제이면서 비트로 만들어진다는 말이다: 어떤 과학자와 철학자들은 표준 물리학에서조차 개별 광자가 실제가 아니라고 주장한다. 예컨대 광자가 양자 파동이나 전자기장에 지나지 않는다는 것이다. 이러한 주장이 옳다면 디지털 물리학은 광자 대신 이러한 파동이나 기장 또는 물리적으로 실제인 무언가를 뒷받침하는 셈이다.

275 모든 물리 시뮬레이션이 반드시 그 물리를 실현한다는 뜻은 아니다: 솔 크립키의 《이름과 필연》에 나오는 철학적 설명을 빌려 말하자면, 시뮬레이션 가설은 잇프롬빗 가설과 상응해야 할 필요는 없으며 대략 선험적으로만 상응하면 된다. 시뮬레이션 가설이 실제세계에서 참이라면 잇프롬빗 가설 또한 그러할 것이다. 마찬가지로 광자 자체에 관해서는 역할보다 더 깊은 형이상학적 본질(예컨대 시뮬레이션한 사물인지, 비시뮬레이션 사물인지)을 논할 수도 있겠으나, 우리의 논의에서 광자라는 말은 실제로 광자의 역할을 담당하는 사물을 가리키는 말로 고정된다.

제10장. 가상현실 헤드셋은 현실을 창조하는가?

287 《스노 크래시》: Neal Stephenson, Snow Crash (Bantam, 1992).

288 몇몇 이들은 가상현실에 메타버스를 구축하려고 했으나: 2021년 기준으로 선도적인 사회적 VR 플랫폼에는 VR챗, 렉 룸, 알트스페이스 VR, 빅스크린, 호라이즌 등이 있다.

289 거대한 단일 메타버스: 온라인 주석.

291 찰스 샌더스 퍼스는 이 정의를: C. S. Peirce, "Virtual," in Dictionary of Philosophy and Psychology, ed. James Mark Baldwin (Macmillan, 1902). 퍼스는 나아가 이처럼 '효과'와 관련된 의미의 가상을 '잠재potential'와 구분해야 한다고 말했다. 예컨대 태아는 잠재적 인간이다. 태아는 인간의 힘을 가지고 있지 않으므로 효과 면에

서는 가상의 인간이 아니지만, 인간이 될 힘을 가지고 있으므로 '잠재성' 면에서는 가상의 인간이다. 잠재성으로써의 가상이라는 개념은 더는 가상이라는 단어의 일반적인 주요 용례에 포함되지 않지만, 여기에서 프랑스 철학자 앙리 베르그송Henri Bergson(1896년 저서 《물질과 기억》)과 질 들뢰즈Gilles Deleuze(1966년 저서 《베르그송주의》를 비롯한 다수의 연구)에 관련된 중요한 철학적 전통이 비롯되었다. 들뢰즈의 말을 빌리자면, 그가 설명하는 의미의 가상virtual은 실제real가 아니라 실재actual의 반대이며, 여기에서 실재는 실재화actualization의 의미로 이해할 수 있다. 가상이란 아직 실재화되지 않은 것(태아 또는 보르헤스Borges의 《갈림길의 정원 Garden of Forking Paths》에 나오는 가능성의 갈림길), 실재화되는 중인 것(어떤 길을 선택할지에 관한 결정), 한때 실재화되었던 것(기억)을 말한다. 가상성에 관한 여러 의미를 안내하는 지침서는 다음을 참조하라. Rob Shields, The Virtual (Routledge, 2002).

291 앙토냉 아르토의 가상현실La Réalité Virtuelle: 엄밀히 말하자면 가장 먼저 출판된 아르토의 글에서는 스페인어로 가상현실La realidad virtual이라는 표현을 사용했다. 〈연금술적 연극〉은 1932년 아르헨티나의 저널 〈수르Sur〉에 "연금술적 연극El Teatro Alquímico"이라는 스페인어 번역본으로 처음 게재되었다. 프랑스어본은 1938년 《연극과 그 이중Le Théâtre et son double》에 "연금술적 연극Le Théâtre Alchimique"이라는 제목으로 실렸다. 매리 캐롤라인 리처드Mary Caroline Richards가 번역한 영문본은 《연극과 그 이중》에 수록되었다.

292 '가상현실'을 구성하는 모든 것: Antonin Artaud, The Theatre and Its Double, 49.

292 '가상현실'과 '가상현실'이라는 단어의 초기 용례들: 온라인 주석.

298 단지 가상객체 또는 환상에 지나지 않는다고 말한다: Susanne K. Langer, Feeling and Form: A Theory of Art (Charles Scribner's Sons, 1953), 49.

298 가상 허구론: 다양한 가상 허구론에 관한 설명은 다음을 참조하라. Jesper Juul, Half-Real: Videogames between Real Rules and Fictional Worlds (MIT Press, 2005); Grant Tavinor, The Art of Videogames (Blackwell, 2009); Chris Bateman, Imaginary Games (Zero Books, 2011); Aaron Meskin and Jon Robson, "Fiction and Fictional Worlds in Videogames" in The Philosophy of

Computer Games, eds. John Richard Sageng et al. (Springer, 2012); David Velleman, "Virtual Selves," in his Foundations for Moral Relativism (Open Book, 2013); Jon Cogburn and Mark Silcox, "Against Brain-in-a-Vatism: On the Value of Virtual Reality," Philosophy & Technology 27, no. 4 (2014): 561-79; Neil McDonnell and Nathan Wildman, "Virtual Reality: Digital or Fictional," Disputatio 11, no. 55 (2020): 371- 97. 가장 앞서 나열한 네 명의 이론가는 비디오게임 세계에 관한 논의를 펼쳤으므로, 이들이 더 일반적인 가상세계에 관해서도 허구론을 지지하는지는 분명하지 않다. 이러한 허구론자 중 몇몇은 가상현실이 실제일 수 있는 특별한 경우를 밝히기도 했다. 예컨대 실제 규칙과 관련된 가상세계(Juul), 허구의 신체로 허구의 행동을 수행하는 대리인(Velleman) 등이 여기에 해당한다. 에스펜 오르세트Espen Aarseth는 가상세계 허구론을 부정하는 동시에 가상세계는 실제가 아니라고 주장하기도 했다. 그는 가상세계가 꿈의 세계 및 사고 실험과 같은 종류의 상태이며, 세 가지 모두 허구도 실제도 아니라고 보았다. 다음을 참조하라. Espen Aarseth, in "Doors and Perception: Fiction vs. Simulation in Games," Intermedialities 9 (2007): 35- 44.

301 원자로 구성된다: 철학자들은 물리객체가 원자로 '구성'된다는 말을 여러 의미로 해석해왔다. 오늘날 가장 일반적인 방식은 근거grounding로 해석하는 방식이다. 다음을 참조하라. Jonathan Schaffer, "On What Grounds What," in Metametaphysics: New Essays on the Foundations of Ontology, eds. David J. Chalmers, David Manley, and Ryan Wasserman (Oxford University Press, 2009); Kit Fine, "The Pure Logic of Ground," Review of Symbolic Logic 5, no. 1 (2012): 1- 25. Physical objects are grounded in atoms; by analogy, digital objects are grounded in bits. In "The Virtual as the Digital" (Disputatio 11, no. 55 [2019]: 453- 86), 나는 다음 글에서 비트 구조를 '좁은 의미의 디지털객체'라 부르고 비트 구조 및 정신 상태를 근거로 하는 객체를 '넓은 의미의 디지털객체'라 부르는 방식을 제안했다. "The Virtual as the Digital" (Disputatio 11, no. 55 [2019]: 453- 86).

302 우리는 왜 가상 허구론이 아니라 가상 디지털론을 받아들여야 할까?: 이러한 주장

에 맞서 가상 허구론을 변호하는 논의는 다음을 참고하라. Claus Beisbart, "Virtual Realism: Really Realism or Only Virtually So? A Comment on D. J. Chalmers's Petrus Hispanus Lectures," Disputatio 11, no. 55 (2019): 297-331; Jesper Juul, "Virtual Reality: Fictional all the Way Down (and That's OK)," Disputatio 11, no. 55 (2019): 333- 43; and McDonnell and Wildman, "Virtual Reality: Digital or Fictional?" For further discussion of virtual digitalism, see also Peter Ludlow, "The Social Furniture of Virtual Worlds," Disputatio 11, no. 55 (2019): 345- 69. 이에 대한 나의 답변은 "The Virtual as the Digital"에서 볼 수 있다.

303 필립 브레이: Philip Brey, "The Social Ontology of Virtual Environments," The American Journal of Economics and Sociology 62, no. 1 (2003): 269-82. 다음 또한 참조하라. Philip Brey, "The Physical and Social Reality of Virtual Worlds," in The Oxford Handbook of Virtuality, ed. Mark Grimshaw (Oxford University Press, 2014).

308 가상의 X가 실제 X일 때: 더 정확하게 말하자면 나는 인과/관념 불변적 X만이 가상 포괄적이(즉, 가상의 X가 실제 X다)라고 하겠다. 인과/관념 불변적이란 무언가가 오직 어떠한 상황의 추상적 인과 구조 및 관념적 특성에만 의존한다는 뜻이다(The Matrix as Metaphysics 및 The Virtual and the Real을 참조하라). 필립 브레이(이전 주석을 참고하라)는 오직 X가 제도적일 때만 가상의 X가 실제 X라고 말했다. 다시 말해 X가 돈과 같이 집단의 적절한 사회적 합의를 바탕으로 성립할 때만 여기에 해당한다는 것이다. 나는 '오직' 이러한 경우로만 한정하기에는 무리가 있다고 생각하는데, 왜냐하면 인과/관념 불변적인 X는 대개 제도적이지 않지만(가상의 계산기는 실제 계산기다), 제도적 X 중 다수는 인과/관념 불변적이라고 볼 수 있기 때문이다. 그러므로 브레이의 주장에서 '오직'이라는 조건을 제외하는 편이 더 그럴듯할 것이다.

309 개념공학: 다음을 참조하라. Herman Cappelen, Fixing Language: An Essay on Conceptual Engineering (Oxford University Press, 2018); Alexis Burgess, Herman Cappelen, and David Plunkett, eds., Conceptual Engineering and Conceptual Ethics (Oxford University Press, 2020). 포괄성과 젠더 개념에 관해

서는 다음을 참조하라. Katharine Jenkins, "Amelioration and Inclusion: Gender Identity and the Concept of Woman", Ethics 126 (2016): 394-421.

제11장. 가상현실 기기는 환상 기계인가?

312 재런 러니어: Jaron Lanier, Dawn of the New Everything: Encounters with Reality and Virtual Reality (Henry Holt, 2017).

313 1956년 아서 C. 클라크의 소설: Arthur C. Clarke, The City and the Stars (Amereon, 1999).

313 심리학자 멜 슬레이터: Mel Slater, "A Note on Presence Terminology," Presence Connect 3, no. 3 (2003): 1- 5; Mel Slater, "Place Illusion and Plausibility Can Lead to Realistic Behaviour in Immersive Virtual Environments," Philosophical Transactions of the Royal Society of London B 364, no. 1535 (2009): 3549-57.

313 그럴듯한 환상: 어떤 사건이 실제로 벌어지고 있다는 감각이 핵심이므로 Event Illusion 또는 Happening Illusion이라고도 할 수 있다.

314 신체 소유감 환상: Olaf Blanke and Thomas Metzinger, "Full-Body Illusions and Minimal Phenomenal Selfhood," Trends in Cognitive Sciences 13, no. 1 (2009): 7- 13; Mel Slater, Daniel Perez-Marcos, H. Henrik Ehrsson, and Maria V. Sanchez-Vives, "Inducing Illusory Ownership of a Virtual Body," Frontiers in Neuroscience 3, no. 2 (2009): 214- 20; Antonella Maselli and Mel Slater, "The Building Blocks of the Full Body Ownership Illusion," Frontiers in Human Neuroscience 7 (March 2013): 83.

317 VR은 환상이 아니다: 필립 자이 또한 제6장에서 언급한 1998년 저서 《겟 리얼》에서 가상현실이 환상이라는 견해를 반박했다. 하임과 자이의 가상 실재론을 다룬 온라인 주석 또한 참조하라.

322 가상의 모양과 크기: 여기서 살펴본 물리공간 및 가상공간에 관한 간단한 견

해를 다룬 논의는 다음을 참조하라. E. J. Green and Gabriel Rabin, "Use Your Illusion: Spatial Functionalism, Vision Science, and the Case against Global Skepticism," Analytic Philosophy 61, no. 4 (2020): 345- 78; and Alyssa Ney, "On Phenomenal Functionalism about the Properties of Virtual and Non-Virtual Objects," Disputatio 11, no. 55 (2019): 399- 410. 나의 답변은 다음에서 찾아볼 수 있다. "The Virtual as the Digital," Disputatio 11, no. 55 (2019): 453-86.

323 거울 환상 견해와 거울 비환상 견해: 이 논의는 다음에서 더 자세하게 다루었다. "The Virtual and the Real," Disputatio 9, no. 46 (2017): 309- 52. 마르틴 스틴하겐Maarten Steenhagen은 다음의 글에서 거울을 통한 지각이 환상일 필요는 없다고 독립적으로 논했다. "False Reflections," Philosophical Studies 5 (2017): 1227-42. 이와 관련된 거울에 대한 또 다른 철학적 논의는 다음을 참고하라. Roberto Casati, "Illusions and Epistemic Innocence," in Perceptual Illusion: Philosophical and Psychological Essays, ed. C. Calabi (Palgrave Macmillan, 2012) and Clare Mac Cumhaill, "Specular Space," Proceedings of the Aristotelian Society 111 (2011): 487- 95.

325 인지적 침투: Zenon W. Pylyshyn, Computation and Cognition: Toward a Foundation for Cognitive Science (MIT Press, 1984); Susanna Siegel, "Cognitive Penetrability and Perceptual Justification," Noûs 46, no. 2 (2012): 201-22; John Zeimbekis and Athanassios Raftopoulos, eds., The Cognitive Penetrability of Perception: New Philosophical Perspectives (Oxford University Press, 2015); Chaz Firestone and Brian J. Scholl, "Cognition Does Not Affect Perception: Evaluating the Evidence for 'Top-Down' Effects," Behavioral & Brain Sciences 39 (2016): 1- 77.

330 가상성 현상학: 가상성에 관한 다른 현상학적 분석은 다음을 참조하라. Sarah Heidt, "Floating, Flying, Falling: A Philosophical Investigation of Virtual Reality Technology," Inquiry: Critical Thinking Across the Disciplines 18 (1999): 77-98; Thomas Metzinger, "Why Is Virtual Reality Interesting for Philosophers?,"

Frontiers in Robotics and AI (September 13, 2018); Erik Malcolm Champion, ed., The Phenomenology of Real and Virtual Places (Routledge, 2018). 이른 바 탈현상학적 견해로는 다음을 참조하라. Stefano Gualeni, Virtual Worlds as Philosophical Tools: How to Philosophize with a Digital Hammer (Palgrave Macmillan, 2015).

332 현실감: Albert Michotte, "Causalité, permanence et réalité phénoménales," Publications Universitaires (1962), translated as "Phenomenal Reality" in Michotte's Experimental Phenomenology of Perception, eds. Georges Thinès, Alan Costall, and George Butterworth (Routledge, 1991); Anton Aggernaes, "Reality Testing in Schizophrenia," Nordic Journal of Psychiatry 48 (1994): 47-54; Matthew Ratcliffe, Feelings of Being: Phenomenology, Psychiatry and the Sense of Reality (Oxford University Press, 2008); Katalin Farkas, "A Sense of Reality," in Hallucinations, eds. Fiona MacPherson and Dimitris Platchias (MIT Press, 2014).

333 VR에서도 현실감과 비현실감이 생긴다: Gad Drori, Paz Bar-Tal, Yonatan Stern, Yair Zvilichovsky, and Roy Salomon, "Unreal? Investigating the Sense of Reality and Psychotic Symptoms with Virtual Reality," Journal of Clinical Medicine 9, no. 6 (2020): 1627, DOI:10.3390/jcm9061627.

339 가상 신체를 경험할 수도 있다: VR의 아바타는 사람들의 행동에 지대한 영향을 미치는 것으로 보인다. 예컨대 키 큰 아바타를 취한 사람은 더 자신 있게 행동한다. 심리학자 닉 이Nick Yee와 제레미 바일렌손Jeremy Bailenson은 모습을 자유자재로 바꾸는 그리스의 신 프로테우스Proteus의 이름을 따 이를 프로테우스 효과Proteus effect라고 불렀다. 다음을 참조하라. Yee and Bailenson, "The Proteus Effect: The Effect of Transformed Self-Representation on Behavior," Human Communication Research, 33 (2007): 271-90; Jim Blascovich and Jeremy Bailenson, Infinite Reality (HarperCollins, 2011).

제12장. 증강현실은 대안적 사실로 이어지는가?

350 드높은 악명을 얻었다: "Conway: Trump White House offered 'alternative facts' on crowd size" (CNN, January 22, 2017), https://www.cnn.com/2017/01/22/politics/kellyanne-conway-alternative-facts/index.html.

350 상대주의는 논란이 많은 개념이다: 이에 관한 개요는 다음을 참조하라. Maria Baghramian and Annalisa Coliva, Relativism (Routledge, 2020). 철학의 도구를 이용해 중도적인 형태의 상대주의를 옹호하는 현대적인 논의에 대해서는 다음을 참조하라. John MacFarlane, Assessment Sensitivity: Relative Truth and Its Applications (Oxford University Press, 2014).

357 현실-가상 연속체: Paul Milgram, H. Takemura, A. Utsumi, and F. Kishino (1994). "Augmented Reality: A Class of Displays on the Reality- Virtuality Continuum," Proceedings of the SPIE—The International Society for Optical Engineering 2351 (1995), https://doi.org/10.1117/12.197321.

제13장. 딥페이크에 속지 않을 수 있는가?

360 헨리 셰블린은 한 건의 인터뷰를 온라인에 공개했다: 다음에서 확인할 수 있다. https://www.facebook.com/howard.wiseman.9/posts/4489589021058960와 http://henr yshevlin.com/wp-content/uploads/2021/06/chalmers-gpt3.pdf. 이 자료의 수록을 허락해준 헨리 셰블린에게 감사한다.

363 딥페이크는 정치와 포르노그래피를 비롯한 수많은 맥락에서 찾아볼 수 있다: Sally Adee, "What Are Deepfakes and How Are They Created?," IEEE Spectrum (April 29, 2020).

364 딥페이크에 관한 지식 질문: 다음 저서는 딥페이크에 대한 지식 질문을 제기한다. Don Fallis, "The Epistemic Threat of Deepfakes," Philosophy & Technology (August 6, 2020): 1- 21; and Philosophers' Imprint 20, no. 24 (2020): 1- 16.

364 가짜 뉴스에 관한 지식 질문: 가짜 뉴스에 관한 지식 질문을 더 자세히 살펴보려면 다음을 참조하라. Regina Rini, "Fake News and Partisan Epistemology," Kennedy Institute of Ethics Journal 27, no. 2 (2017): 43- 64; M. R. X. Dentith, "The Problem of Fake News," Public Reason 8, no. 1- 2 (2016): 65- 79; and Christopher Blake-Turner, "Fake News, Relevant Alternatives, and the Degradation of Our Epistemic Environment," Inquiry (2020).

370 철학자 레지나 리니가 관찰한 바에 따르자면: Regina Rini, "Deepfakes and the Epistemic Backstop," Philosophers' Imprint 20, no. 24 (2020): 1- 16.

375 가짜 뉴스라는 용어 자체를 두고 논쟁이 벌어지는데: 다음을 참조하라. Josh Habgood-Coote, "Stop Talking about Fake News!," Inquiry 62, no. 9- 10 (2019): 1033- 65; and Jessica Pepp, Eliot Michaelson, and Rachel Sterken, "Why We Should Keep Talking about Fake News," Inquiry (2019).

375 가짜 뉴스는 단순히 잘못되거나 부정확한 뉴스와는 다르다: 가짜 뉴스의 정의는 다음을 참조하라. Axel Gelfert, "Fake News: A Definition," Informal Logic 38, no. 1 (2018): 84- 117; Nikil Mukerji, "What is Fake News?," Ergo 5 (2018): 923- 46; Romy Jaster and David Lanius, "What is Fake News?," Versus 2, no. 127 (2018): 207- 27; and Don Fallis and Kay Mathiesen, "Fake News Is Counterfeit News," Inquiry (2019).

377 서로를 보증하면서 거미줄 같은 네트워크를 형성해: 가짜 뉴스 및 허위 정보에 관한 네트워크 분석은 다음을 참조하라. Cailin O'Connor and James Owen Weatherall, The Misinformation Age: How False Beliefs Spread (Yale University Press, 2019).

378 전체주의의 기원: Hannah Arendt, The Origins of Totalitarianism (Schocken Books, 1951).

379 《여론조작》: Edward S. Herman and Noam Chomsky, Manufacturing Consent: The Political Economy of the Mass Media (Pantheon Books, 1987).

385 사상 두 번째로 개최되는 인공생명 학회: Christopher G. Langton, Charles Taylor, J. Doyne Farmer, and Steen Rasmussen, eds., Artificial Life II (Santa Fe Institute, 1993).

385 '비바리움': Larry Yaeger, "The Vivarium Program," http://shinyverse.org/larryy/VivHist.html.

387 나는 이들이 거의 확실하게 이원론자가 되리라고 생각한다: David J. Chalmers, "How Cartesian Dualism Might Have Been True," February 1990, https://philpapers.org/rec/CHAHCD.

390 정신과 신체의 이원론은 다양한 문화에서 드러난다: Kwame Gyekye, "The Akan Concept of a Person," International Philosophical Quarterly 18 (1978): 277-87, reprinted in Philosophy of Mind: Classical and Contemporary Readings, 2nd edition, ed. D. J. Chalmers (Oxford University Press, 2021); Avicenna (Ibn Sina), The Cure, ca. 1027, excerpted as "The Floating Man" in Philosophy of Mind, ed. Chalmers.

390 데카르트가 고전적인 형태의 이원론을 주장했다: René Descartes, Meditations on First Philosophy (Meditations 2 and 6, 1641) and Passions of the Soul (1649), both excerpted in Philosophy of Mind, ed. Chalmers.

392 보헤미아 왕국의 엘리자베스 공주: Lisa Shapiro, ed. and trans., The Correspondence between Princess Elisabeth of Bohemia and René Descartes (University of Chicago Press, 2007). Excerpted in Chalmers, ed., Philosophy of Mind.

395 양자역학에서 정신이 모종의 역할을 담당할 수 있다는 가설: Eugene Wigner, "Remarks on the Mind-Body Question," in The Scientist Speculates, ed. I. J. Good (Heinemann, 1961); David J. Chalmers and Kelvin J. McQueen, "Consciousness and the Collapse of the Wave Function," in Consciousness and Quantum Mechanics, ed. Shan Gao (Oxford University Press, 2022).

402 애니미즘: Graham Harvey, The Handbook of Contemporary Animism

(Routledge, 2013). 토착 애니미즘에 뿌리를 둔 현대 애니미즘에 관해서는 다음을 참조하라. Val Plumwood, "Nature in the Active Voice," Australian Humanities Review 46 (2009): 113- 29.

403 생물학적 뇌와 가상 뇌를 동기화: 이는 다소 라이프니츠의 이론을 연상시킨다. 라이프니츠는 일찍이 정신과 신체의 조화를 정립했으나 둘 사이의 인과적 상호 작용은 논하지 않았다.

404 대니얼 데닛의 '나는 어디에 있는가?': Daniel C. Dennett, "Where Am I?," in Brainstorms (MIT Press, 1978)

제15장. 디지털 세계에 의식이 있을 수 있는가?

413 마인드 업로딩: Russell Blackford and Damien Broderick, eds., Intelligence Unbound: The Future of Uploaded and Machine Minds (Wiley-Blackwell, 2014).

416 첫 번째 저서: David J. Chalmers, The Conscious Mind: In Search of a Fundamental Theory (Oxford University Press, 1996).

416 어려운 문제: 내가 어려운 문제를 처음으로 다룬 글은 다음과 같다. "Facing Up to the Problem of Consciousness," Journal of Consciosuness Studies 2, no. 3 (1995): 200-219. 이후 스물여섯 가지 반론 및 그에 대한 나의 답변과 함께 다음 책에 다시 실렸다. Jonathan Shear, ed., Explaining Consciousness: The Hard Problem (MIT Press, 1997).

416 개념이 극단적이거나 독창적이라서가 아니었다: 어려운 문제를 명시적으로 다룬 최초의 문헌 중 하나는 아마 라이프니츠의 1714년 작 《단자론Monadology》일 것이다. 이 우화에서 라이프니츠는 뇌를 풍차에 빗대었다(우리는 오직 들여다볼 때만 조각들이 서로를 떠미는 모습을 볼 수 있으나 그러한 지각을 설명할 방법은 전혀 찾지 못한다). 토머스 헉슬리Thomas Huxley는 1866년 《기초 생리학 강독Lessons in Elementary Physiology》에서 이를 한층 더 분명하게 기술했다. "신경조직이 자극

을 받을 때 의식 상태라는 놀라운 것이 도출된다는 건 알라딘이 램프를 문지를 때 지니가 튀어나온다는 것만큼 불가해한 일이다." 내가 되짚어본 어려운 문제의 역사는 다음에서 참조하라. "Is the Hard Problem of Consciousness Universal?" Journal of Consciousness Studies 27 (2020): 227-57.

418 무언가로서 존재한다는 게 어떤 것인지: Thomas Nagel, "What Is It Like to Be a Bat?," The Philosophical Review 83, no. 4 (1974): 435- 50.

420 메리는 신경과학자다: Frank Jackson, "Epiphenomenal Qualia," The Philosophical Quarterly 32, no. 127 (1982): 127- 36. 다음 또한 참조하라. Peter Ludlow, Y. Nagasawa, and D. Stoljar, eds., There's Something about Mary: Essays on Phenomenal Consciousness and Frank Jackson's Knowledge Argument (MIT Press, 2004).

421 크누트 노르비: Knut Nordby, "Vision in a Complete Achromat: A Personal Account," in Night Vision: Basic, Clinical and Applied Aspects, eds. R. F. Hess, L. T. Sharpe, and K. Nordby (Cambridge University Press, 1990). Knut Nordby, "What Is This Thing You Call Color? Can a Totally Color-Blind Person Know about Color?," in Phenomenal Concepts and Phenomenal Knowledge: New Essays on Consciousness and Physicalism, eds. Torin Alter and Sven Walter (Oxford University Press, 2007).

422 범심론: 다음을 참조하라. Godehard Brüntrup and Ludwig Jaskolla, eds., Panpsychism: Contemporary Perspectives (Oxford University Press, 2017); Philip Goff, Galileo's Error: Foundations for a New Science of Consciousness (Pantheon, 2020); David Skrbina, Panpsychism in the West (MIT Press, 2007). 역사 속 범심론자로는 다음 인물을 손꼽을 수 있다. Margaret Cavendish (The Blazing World, 1666), Gottfried Wilhelm Leibniz (Monadology, 1714), and Baruch Spinoza (Ethics, 1677).

422 환상론: 다음을 참조하라. Keith Frankish, ed., Illusionism as a Theory of Consciousness (Imprint Academic, 2017). Historically, there are elements of illusionism in materialist philosophers from Thomas Hobbes (De Corpore,

1655) to David Armstrong (A Materialist Theory of the Mind, 1968).

423 장자는 수면 위로 뛰어오르는 물고기들을 보고: 다음에서 발췌. The Complete Works of Zhuangzi, trans. Burton Watson (Columbia University Press, 2013).

423 타인의 마음: 2020년 필페이퍼스 서베이에서 고양이에게 의식이 있다고 답한 응답자는 89퍼센트, 파리에게 의식이 있다고 답한 응답자는 35퍼센트, 갓난아기에게 의식이 있다고 답한 응답자는 84퍼센트, 현재 AI 시스템에 의식이 있다고 답한 응답자는 3퍼센트, 미래 AI 시스템에 의식이 있을 것이라고 답한 응답자는 39퍼센트였다. 마지막 문항에서 이를 부정한 응답자는 27퍼센트였으며, 나머지는 다양한 형태의 중립적인 입장을 내세웠다.

429 기계가 될 가능성: 온라인 주석.

430 점진적 업로딩: 업로딩과 기계 의식에 더 많은 내용은 다음을 참조하라. David Chalmers, "Mind Uploading: A Philosophical Analysis," in Intelligence Unbound: The Future of Uploaded and Machine Minds, eds. Russell Blackford and Damien Broderick (Wiley-Blackwell, 2014). 여기서 보인 내 논증은 《의식적 정신》 제7장에서 더 자세히 다루었다. 이와 관련하여 개인의 정체성에 대한 더 많은 분석은 다음을 참조하라. Derek Parfit, Reasons and Persons (Oxford University Press, 1984).

431 2019년 저서 《아티피셜 유》: Susan Schneider, Artificial You: AI and the Future of Your Mind (Princeton University Press, 2019).

436 기존의 내가 죽고 새로운 내가 태어난다고: 전문 철학자를 대상으로 진행된 2020년 필페이퍼스 서베이의 '마인드 업로딩(뇌를 디지털 에뮬레이션으로 교체)'에 관한 문항에서 27퍼센트의 응답자가 이를 생존의 한 형태로 보았으며 54퍼센트는 죽음의 한 형태로 보았다.

제16장. 증강현실은 정신을 확장하는가?

437 찰스 스트로스의 2005년 공상과학소설: Charles Stross, Accelerando (Penguin

Random House, Ace reprint, 2006).

439 확장된 마음: Andy Clark and David Chalmers, "The Extended Mind," Analysis 58 (1998): 7-19. 외부 프로세스가 인식 프로세스와 유사할 수 있다고 주장한 사람은 분명 우리가 처음이 아니었다. 이러한 개념은 다음에서도 찾아볼 수 있다. Daniel Dennett, Kinds of Minds (Basic Books, 1996); John Haugeland, "Mind Embodied and Embedded," in Y. Houng and J. Ho, eds., Mind and Cognition (Academica Sinica, 1995); Susan Hurley, "Vehicles, Contents, Conceptual Structure and Externalism," Analysis 58 (1998): 1-6; Edwin Hutchins, Cognition in the Wild (MIT Press, 1995); Ron McClamrock, Existential Cognition (University of Chicago Press, 1995); Carol Rovane, "Self-Reference: The Radicalization of Locke," Journal of Philosophy 90 (1993): 73-97; Francisco Varela, Evan Thompson, and Eleanor Rosch, The Embodied Mind (MIT Press, 1995); Robert Wilson, "Wide Computationalism," Mind 103 (1994): 351-72. 이를 선도한 옛 인물들에는 영국의 인류학자 그레고리 베이트슨, 미국의 철학자 존 듀이John Dewey, 유럽의 현상학자 마르틴 하이데거와 모리스 메를로 퐁티, 캐나다의 미디어 이론가 마샬 맥루한Marshall McLuhan, 러시아의 심리학자 레프 비고츠키 Lev Vygotsky 등이 있다.

440 《확장된 표현형》: Richard Dawkins, The Extended Phenotype (Oxford University Press, 1982).

440 여러 권의 저서: Robert D. Rupert, Cognitive Systems and the Extended Mind (Oxford University Press, 2009); Frederick Adams and Kenneth Aizawa, The Bounds of Cognition (Wiley-Blackwell, 2008); Richard Menary, ed., The Extended Mind (MIT Press, 2010); Annie Murphy Paul, The Extended Mind: The Power of Thinking Outside the Brain (Houghton Mifflin Harcourt, 2021).

442 인터넷 만화 〈xkcd〉 중 '확장된 마음'이라는 제목의 회차: xkcd: "A Webcomic of Romance, Sarcasm, Math, and Language," https://xkcd.com/903/.

442 컴퓨터 시대의 개척자들: J. C. R. Licklider, "Man-Computer Symbiosis," IRE Transactions on Human Factors in Electronics HFE-1 (March 1960): 4-11; W.

Ross Ashby, An Introduction to Cybernetics (William Clowes & Sons, 1956). 다음 또한 참조하라. Douglas Engelbart, "Augmenting Human Intellect: A Conceptual Framework," Summary Report AFOSR-3233, Stanford Research Institute, October 1962.

443 마르틴 하이데거: Martin Heidegger, Being and Time, trans. J. Macquarrie and E. Robinson (Blackwell, 1962), 98.

451 2008년 〈디 애틀랜틱〉의 커버스토리: Nicholas Carr, "Is Google Making Us Stupid?," The Atlantic (July- August 2008).

453 구글을 통해 아는 것: Michael Patrick Lynch, The Internet of Us (W. W. Norton, 2016), xvi- xvii.

454 두뇌 활동 수준: Amir-Homayoun Javadi et al., "Hippocampal and Prefrontal Processing of Network Topology to Simulate the Future," Nature Communications 8 (2017): 14652.

제17장. 가상세계에서도 잘 살 수 있는가?

460 로버트 노직의 1974년 경험 기계 이야기: 온라인 주석.

461 여러분이라면 들어가겠는가?: Robert Nozick, Anarchy, State, and Utopia (Basic Books, 1974), 44- 45.

461 캐나다의 철학자 제니퍼 네이글: 이메일, 2021년 1월 5일.

463 경험 기계가 여러 측면에서 일반 VR과 다르다: Barry Dainton, "Innocence Lost: Simulation Scenarios: Prospects and Consequences," 2002, https://philarchive.org/archive/DAIILSv1; Jon Cogburn and Mark Silcox, "Against Brain-in-a-Vatism: On the Value of Virtual Reality," Philosophy & Technology 27, no. 4 (2014): 561- 79.

464 2000년 〈포브스〉 기고문: Robert Nozick, "The Pursuit of Happiness," Forbes, October 2, 2000.

462 경험 기계가 사전에 프로그래밍되어 있다: 온라인 주석.

466 돼지에게나 어울리는 철학: Thomas Carlyle, 1840/1993, On Heroes, Hero-Worship, and the Heroic in History (University of California Press, 1993).

466 와이어헤딩: 온라인 주석.

471 노직이 1989년 논의에서 밝혔듯: The Examined Life: Philosophical Meditations (Simon & Schuster, 1989).

473 VR이 평범한 물리현실보다 더 나을 수도 있는 길: 마크 실콕스는 시뮬레이션한 경험(가상세계 속 경험을 포함하나 이에 국한하지는 않는다.)이 사회적, 정치적 맥락에서 특별한 역할을 담당하기 때문에 '고유한 종류의 인간 웰빙을 찾을 고유한 원천'이라고 논했다. 다음을 참조하라. Mark Silcox, A Defense of Simulated Experience (Routledge, 2019), p.81.

제18장. 시뮬레이션한 삶은 중요한가?

486 이들 네 명은 모두 놀라운 업적을 남겼다: G. E. M. Anscombe, Intention (Basil Blackwell, 1957). Mary Midgley, Beast and Man: The Roots of Human Nature (Routledge & Kegan Paul, 1978); Iris Murdoch, The Sovereignty of Good (Routledge & Kegan Paul, 1970).

487 필리파 풋이 고안한 사고 실험: Philippa Foot, "The Problem of Abortion and the Doctrine of Double Effect," Oxford Review 5 (1967): 5- 15.

487 톰슨이 기술한 트롤리 딜레마: Judith Jarvis Thomson, "Killing, Letting Die, and the Trolley Problem," The Monist 59, no. 2 (April 1976): 204- 17.

492 에우튀프론은 딜레마에 빠진다: 온라인 주석.

495 1958년 고전적인 논문: G. E. M. Anscombe, "Modern Moral Philosophy," Philosophy 33, no. 124 (January 1958): 1- 19.

496 신유교 윤리를 내세운 중국의 사상가: Yu Jiyuan and Lei Yongqiang, "The Manifesto of New-Confucianism and the Revival of Virtue Ethics," Frontiers of

Philosophy in China 3 (2008): 317-34.

496 덕 윤리는 최근 주요 도덕론으로 다시 급부상했다: 다음을 참조하라. Nancy E. Snow, ed., The Oxford Handbook of Virtue (Oxford University Press, 2018). 2020년 필페이퍼스 서베이에서는 응답자의 32퍼센트가 의무론을 옹호했고 31퍼센트는 결과론을, 37퍼센트는 덕 윤리를 옹호했다. 2009년 필페이퍼스 서베이에서는 덕 윤리가 꼴찌를 기록했었다. 수치를 정확하게 비교할 수는 없으나, 장기적 변화를 분석해보자면 덕 윤리는 다른 선택지에 비해 상대적으로 인지도가 상승했다.

498 어떤 존재에게 도덕적 지위가 있다는 말: 도덕적 지위에 관한 일반적인 문제 검토는 다음을 참조하라. Agnieszka Jaworska and Julie Tannenbaum, "The Grounds of Moral Status," Stanford Encyclopedia of Philosophy (Spring 2021), https://plato.stanford.edu/entries/grounds-moral-status/. AI 시스템의 도덕적 지위 문제에 관해서는 다음을 참조하라. Matthew Liao, "The Moral Status and Rights of Artificial Intelligence," in The Ethics of Artificial Intelligence, ed. Matthew Liao (Oxford University Press, 2020) and Eric Schwitzgebel and Mara Garza, "Designing AI with Rights, Consciousness, Self-Respect, and Freedom," in Ethics of Artificial Intelligence, ed. Matthew Liao.

501 유정성이라는 개념이 도덕적 지위에 중요하다: Peter Singer, Animal Liberation (Harper & Row, 1975).

503 고통이나 두려움, 불안을 경험하지 않는 인간은 몇 차례 보고된 바 있으나: "The woman who doesn't feel pain," BBC Scotland News, March 28, 2019. 또 다른 부분적 벌칸인 신드롬에는 고통이 아프지 않다고 느끼는 통각마비와 기쁨을 경험하지 못하는 무쾌감증 등이 있다. 피터 카루더스Peter Carruthers는 부분적 벌칸인을 페넘phenumb이라 칭하고 이들에게 도덕적 지위가 있다고 논했다. 페넘은 욕구가 만족되거나 좌절될 때 아무런 정서를 경험하지 못하지만 고통이나 기타 정서는 경험할 수 있다. 다음을 참조하라. Peter Carruthers ("Sympathy and Subjectivity," Australasian Journal of Philosophy 77 [1999]: 465-82)

507 번식 자체가 비도덕적인 행위: 다음을 참조하라. David Benatar, Better Never to Have Been: The Harm of Coming into Existence (Oxford University Press,

2006).

509 시뮬레이션 신정론: 내가 아는 한 악의 문제에 대한 최초의 시뮬레이션 기반 해결책을 제시한 사람은 다음의 문헌이다. Barry Dainton in "Innocence Lost: Simulation Scenarios: Prospects and Consequences," 2002, https:// philarchive.org/archive/DAIILSv1. 데인튼의 다음 글 또한 참조하라. "Natural Evil: The Simulation Solution" (Religious Studies 56, no. 2 (2020): 209- 30, DOI:10.1017/S0034412518000392). 데인튼의 개념에 대한 논의는 다음을 참조하라. David Kyle Johnson, "Natural Evil and the Simulation Hypothesis," Philo 14, no. 2 (2011): 161- 75; and Dustin Crummett, "The Real Advantages of the Simulation Solution to the Problem of Natural Evil," Religious Studies (2020): 1-16. 시뮬레이션 신정론에 대해서는 다음을 참조하라. Brendan Shea, "The Problem of Evil in Virtual Worlds," in Experience Machines: The Philosophy of Virtual Worlds, ed. Mark Silcox (Rowman & Littlefield, 2017).

제19장. 가상 사회는 어떻게 건설해야 하는가?

513 기술 전문 기자 줄리안 디벨: Julian Dibbell, "A Rape in Cyberspace," Village Voice, December 21, 1993. Reprinted in his My Tiny Life: Crime and Passion in a Virtual World (Henry Holt, 1999).

514 아바타 애착: Jessica Wolfendale, "My Avatar, My Self: Virtual Harm and Attachment," Ethics and Information Technology 9 (2007): 111- 19.

515 〈게이머의 딜레마〉: Morgan Luck, "The Gamer's Dilemma: An Analysis of the Arguments for the Moral Distinction between Virtual Murder and Virtual Paedophilia," Ethics and Information Technology 11, no. 1 (2009): 31- 36.

517 가상의 절도: Nathan Wildman and Neil McDonnell, "The Puzzle of Virtual Theft," Analysis 80, no. 3 (2020): 493- 99. 이들은 네덜란드 대법원의 판결문을 다음과 같이 인용했다. '가상의 아이템은 재화로 간주할 수 있으며 그에 따라

그러한 재산 범죄의 대상이 될 수 있다.' 다음을 참조하라. Hein Wolswijk, "Theft: Taking a Virtual Object in RuneScape: Judgment of 31 January 2012, case no. 10/00101 J," The Journal of Criminal Law 76, no. 6 (2012): 459- 62.

519 〈GTA〉: Ren Reynolds, "Playing a 'Good' Game: A Philosophical Approach to Understanding the Morality of Games," International Game Developers Association, 2002, http://www.igda.org/articles/rreynoldsethics.php.

519 모니크 원덜리: Monique Wonderly, "Video Games and Ethics," in Spaces for the Future: A Companion to Philosophy of Technology, eds. Joseph C. Pitt and Ashley Shew (Routledge, 2018), 29- 41.

519 가상현실에서 슈퍼히어로를 플레이한 다음: Robin S. Rosenberg, Shawnee L. Baughman, and Jeremy N. Bailenson, "Virtual Superheroes: Using Superpowers in Virtual Reality to Encourage Prosocial Behavior," PLOS ONE, (January 30, 2013) DOI:10.1371/journal.pone.0055003.

520 다음과 같이 재현했다: Mel Slater, Angus Antley, Adam Davison, David Swapp, Christoph Guger, Chris Barker, Nancy Pistrang, and Maria V. Sanchez-Vives, "A Virtual Reprise of the Stanley Milgram Obedience Experiments," PLOS ONE, https://doi.org/10.1371/journal.pone.0000039.

520 등가 원리: Erick Jose Ramirez and Scott LaBarge, "Real Moral Problems in the Use of Virtual Reality," Ethics and Information Technology 4 (2018): 249- 63.

521 윤리적 지침 몇 가지: Michael Madary and Thomas K. Metzinger, "Real Virtuality: A Code of Ethical Conduct," Frontiers in Robotics and AI 3 (2016): 1- 23.

522 고대 중국의 사상가 묵자: "Identification with the Superior I," Chinese Text Project, https://ctext.org/mozi/identification-with-the-superior-i/ens.

523 더럽고 잔인하며 짧다: Thomas Hobbes, Leviathan i. xiii. 9.

524 〈알파빌 헤럴드〉: 다음을 참조하라. Peter Ludlow and Mark Wallace, The Second Life Herald: The Virtual Tabloid that Witnessed the Dawn of the Metaverse (MIT Press, 2007). 가상세계의 통치에 관해서는 다음을 참조하라. Peter Ludlow, ed., Crypto Anarchy, Cyberstates, and Pirate Utopias (MIT Press, 2001).

525 〈이브 온라인〉: Pétur Jóhannes Óskarsson, "The Council of Stellar Management: Implementation of Deliberative, Democratically Elected, Council in EVE," https://www.nytimes.com/packages/pdf/arts/PlayerCouncil.pdf. 다음 또한 참조하라. Nicholas O'Brien, "The Real Politics of a Virtual Society," The Atlantic, March 10, 2015.

526 여러 가상세계를 돌아다니며: 이 시나리오는 로버트 노직이 《무정부, 국가 그리고 유토피아》에서 유토피아가 각기 다른 방식으로 조직된 수많은 사회의 집합인 메타 유토피아meta-utopia라고 주장했던 것과 어느 정도 유사하다. 디지털 및 가상 메타 유토피아에 대해서는 다음을 참조하라. "Could Robert Nozick's Utopian Framework Be Created on the Internet?" (Polyblog, September 9, 2011, https://polyology.wordpress.com/2011/09/09/the-internet-and-the-framework-for-utopia; Mark Silcox, A Defense of Simulated Experience: New Noble Lies (Routledge, 2019); and John Danahaer, Automation and Utopia: Human Flourishing in a World without Work (Harvard University Press, 2019). 노직의 메타 유토피아에 대한 철학적 분석은 다음을 참조하라. Ralf M. Bader, "The Framework for Utopia," in The Cambridge Companion to Nozick's "Anarchy, State, and Utopia, eds. Ralf M. Bader and John Meadowcroft (Cambridge University Press, 2011).

529 최근 잡지 〈와이어드〉의 어느 기사: Matthew Gault, "Billionaires See VR as a Way to Avoid Radical Social Change," Wired, February 15, 2021. 본문에 인용한 존 카맥의 말은 다음에서 참조했다. Joe Rogan Experience, episode 1342, 2020.

530 인위적으로 희소성을 만들어야 한다: 극단적 형태의 인위적 희소성은 블록체인 기술을 이용해 디지털 아트워크를 비롯한 디지털객체에 결합하는 NFT에서 찾아볼 수 있다. 어떤 이들은 NFT의 소유주로 인정받는 것 자체에 아무런 효용이 없다고 하더라도 상당한 돈을 들여 NFT를 구매한다. 이때는 희소성 자체에 가치를 부여하는 듯하다. 이처럼 기능적 효용이 없는 인위적 희소성은 말 그대로 사치재에 해당한다. 그렇지만 유용한 재화에 덜 극단적인 형태의 인위적 희소성을 부여할 때는 시장 체제에서 늘 볼 수 있다.

530 실직한 사람들이 어떻게 가상세계에서 살 비용을 감당하겠는가?: 기술적 실직으로 발생하는 경제적, 철학적 문제에 관한 더 자세한 논의는 다음을 참조하라. Erik Brynjolffson and Andrew McAfee, The Second Machine Age (W. W. Norton, 2014); Danaher, Automation and Utopia; Aaron James, Planning for Mass Unemployment: Precautionary Basic Income," in Ethics of Artificial Intelligence, ed. Matthew Liao (Oxford University Press, 2020).

531 1999년 주요 논문: Elizabeth Anderson, "What Is the Point of Equality?," Ethics 109, no. 2 (1999): 287- 337. 관계적 평등주의에 관한 최근 연구로는 다음을 참조하라. Samuel Scheffler, "The Practice of Equality," in Social Equality: On What it Means to be Equals, eds. C. Fourie, F. Schuppert, and I. Wallimann-Helmer (Oxford University Press, 2015); Daniel Viehoff, "Democratic Equality and Political Authority," Philosophy and Public Affairs 42 (2014): 337-75; and Niko Kolodny, The Pecking Order (Harvard University Press). 이와 관련하여 비지배를 자유로 보는 견해는 다음을 참조하라. Philip Pettit, Republicanism: A Theory of Freedom and Government (Oxford University Press, 1997).

532 교차성: Kimberlé Crenshaw, "Mapping the Margins: Intersectionality, Identity Politics, and Violence against Women of Color," Stanford Law Review 44 (1991): 1241-99. 다음 또한 참조하라. Angela Davis, Women, Race, and Class (Knopf Doubleday, 1983); and Patricia Hill Collins, Black Feminist Thought: Knowledge, Consciousness and the Politics of Empowerment (Hyman, 1990).

제20장. 우리의 언어는 가상세계에서 어떤 의미인가?

537 〈튜링 테스트에 관하여 커피하우스에서 나눈 대화〉: Douglas R. Hofstadter, "A Coffeehouse Conversation on the Turing Test," Scientific American, May 1981. Reprinted in The Mind's I: Fantasies and Reflections on Self and Soul, eds. Daniel C. Dennett and Douglas R. Hofstadter (Basic Books, 1981). 호프스태터

는 다음 저서에서 '심타운SimTown', '심볼SimBowl' 논의를 선보이면서 시뮬레이션 실재론을 한층 발전시켰다. Le Ton beau de Marot (Basic Books, 1997), 312- 17. 그는 또한 AI 프로그램 SHRDLU에서 사용한 테이블 위 블록 가상세계에 대한 논의에서 다음과 같이 일종의 가상 실재론을 논했다. "그러나 테이블이 실질인지 비실질인지는 전혀 중요하지 않다. 중요한 것은 이 상황에서 객체들이 이루는 '패턴'이며, 유형의 물리적 존재 유무는 그러한 패턴에 조금의 영향도 미치지 않는다."

541 대륙 철학과 분석 철학: 대륙 철학에 관한 개요는 다음을 참조하라. Richard Kearney and Mara Rainwater, eds., The Continental Philosophy Reader (Routledge, 1996). 분석 철학의 역사는 다음을 참조하라. Scott Soames, The Analytic Tradition in Philosophy, vols. 1 and 2 (Princeton University Press, 2014, 2017).

542 고틀로프 프레게: 다음을 참조하라. Michael Beaney's The Frege Reader (Blackwell, 1997).

543 〈뜻과 지시체에 관하여〉: Gottlob Frege, "Über Sinn und Bedeutung" (in Zeitschrift für Philosophie und philosophische Kritik 100 (1892): 25- 50. Translated as "On Sense and Reference" (in Beaney's The Frege Reader).

543 이름과 기술에 관하여 획기적인 이론: Bertrand Russell, "On Denoting," Mind 14, no. 56 (1905): 479- 93; and "Knowledge by Acquaintance and Knowledge by Description," Proceedings of the Aristotelian Society 11 (1910-11): 108-27.

544 작은 혁명: Saul Kripke, Naming and Necessity (Harvard University Press, 1980); Hilary Putnam, "The Meaning of Meaning," in Language, Mind, and Knowledge, ed. Keith Gunderson (University of Minnesota Press, 1975), 131- 93; Ruth Barcan Marcus, Modalities: Philosophical Essays (Oxford University Press, 1993).

546 '물'이란 각자의 환경에서 물의 역할을 담당하는 물질이다: 외재론의 이 해석에는 크립키가 반박한 기술론을 다소 포함할 수 있으므로 논쟁의 여지가 있다. 그렇지만 나는 《세계의 건설》를 비롯한 여러 저서에서 약한 버전의 이 해석을 옹호했다. 이에 따르자면 물의 역할은 명백하지 않으며 화자에 따라 달라질 수 있고 '물'이라는

단어의 사용 효과와 관련될 수 있다. 이러한 견해는 제9장과 제22장에서 논한 구조론과도 잘 어울린다. 특히 역할을 구조적 의미에서 최종 명기할 수 있다면 더욱 그러하다.

547 외재론도 한계는 있다: 타일러 버지Tyler Burge는 '7'이나 '컴퓨터'와 같은 단어의 의미가 화자들의 머릿속에 있지 않고, 그들이 언어 공동체의 다른 사람에게 그 의미의 판단을 맡기면, 외부에 있을 수 있다고 주장했다. 다음을 참조하라. Tyler Burge, "Individualism and the Mental," Midwest Studies in Philosophy, 4 [1979]: 73-122). 내 기준에서 외재주의적 단어가 되려면, 그 단어를 사용해 다른 것을 가리키는 쌍둥이가 있어야 한다. '물'은 이런 의미에서 외재주의적 단어이지만 '7'은 그렇지 않다.

547 내재론 단어:《세계의 건설》(특히 보충 설명 21)에서 나는 이를 쌍둥이 지구에서는 사용할 수 없는non-Twin-Earthable 단어라고 부르고 조금 더 상세하게 정의했다. 어떤 단어가 내재론 단어인지, 또는 존재하기는 하는지 깊이 파고들 수 있는 질문이다. 다만 나는 내재론 단어는 대략 인과관계나 정신에 따라 변하지 않는 범주(제10장의 마지막 각주 참조), 또는 구조적(논리적, 수학적, 인과적) 및 정신적 측면에서 특징을 논할 수 있는 범주(《세계의 건설》 제8장 참조)에 상응한다고 생각한다.

547 뜻에 관한 2차원적 견해: David J. Chalmers, "Two-Dimensional Semantics," in The Oxford Handbook of the Philosophy of Language, eds. Ernest Lepore and Barry C. Smith (Oxford University Press, 2006).

548 가상세계의 언어: Astrin Ensslin, The Language of Gaming (Palgrave Macmillan, 2012); Astrid Ensslin and Isabel Balteiro, eds., Approaches to Videogame Discourse (Bloomsbury, 2019); Ronald W. Langacker, "Virtual Reality," Studies in the Linguistic Sciences 29, no. 2 (1999): 77- 103; Gretchen McCulloch, Because Internet: Understanding the New Rules of Language (Riverhead Books, 2019).

557 심 퍼트넘이 "나는 컴퓨터 시뮬레이션 안에 있다."라고 말한다면: 리처드 헨리 Richard Hanley는 '나는 시뮬레이션 안에 있지 않다.'와 같은 믿음이 시뮬레이션 안에서 거짓이라면 시뮬레이션 자체가 회의적인 시나리오일 것이라 논했다. 다음을

참조하라. Richard Hanley, "Skepticism Revisited: Chalmers on The Matrix and Brains-in-Vats," Cognitive Systems Research 41 (2017): 93-98. 이에 대한 내 답변은 제6장에서 살펴본 바와 같다. 시뮬레이션 안에서 우리는 이와 같은 문제에 관하여 이론적인 거짓 믿음을 일부 가질 수 있지만, 이것만으로는 우리의 평범한 믿음에 의문을 제기할 수 없다.

558 《이성, 진리, 역사》의 어느 한 문단: Hilary Putnam, Reason, Truth and History (Cambridge University Press, 1981), 14.

558 도널드 데이비슨과 리처드 로티: Donald Davidson, "A Coherence Theory of Truth and Knowledge," in Truth and Interpretation: Perspectives on the Philosophy of Donald Davidson, ed. Ernest Lepore (Blackwell, 1986); Richard Rorty, "Davidson versus Descartes," in Dialogues with Davidson: Acting, Interpreting, Understanding, ed. Jeff Malpas (MIT Press, 2011).

제21장. 먼지 구름은 컴퓨터 프로그램을 구현하는가?

56I 1994년 출간한 고전 공상과학소설: Greg Egan, Permutation City (Orion/ Millennium, 1994).

563 먼지 이론은 수많은 의문을 불러일으킨다: 먼지에는 상태 간 인과관계가 없을 수도 있다는 주장을 포함하여 먼지 이론에 관한 철학적 논의는 다음을 참조하라. Eric Schwitzgebel, "The Dust Hypothesis." The Splintered Mind weblog (January 21, 2009).

565 배비지와 러브레이스: Doron Swade, The Difference Engine: Charles Babbage and the Quest to Build the First Computer (Viking Adult, 2001); Christopher Hollings, Ursula Martin, and Adrian Rice, Ada Lovelace: The Making of a Computer Scientist (Bodleian Library, 2018).

566 프로그래밍 가능한 최초의 전자 컴퓨터: 온라인 주석.

568 퍼트넘과 설: Hilary Putnam, Representation and Reality (MIT Press, 1988);

John Searle, The Rediscovery of the Mind (MIT Press, 1992).

568 두 편의 논문을 펴냈다: David J. Chalmers, "On Implementing a Computation," Minds and Machines 4 (1994): 391- 402; David J. Chalmers, "Does a Rock Implement Every Finite-State Automaton?," Synthese 108, no. 3 (1996): 309-33.

571 시간이 부재하므로: 온라인 주석.

572 백만 세대에 걸쳐: 온라인 주석.

575 철학자들 사이에서 비주류 견해: 2020년 필페이퍼스 서베이에서 철학자 54퍼센트가 자연법칙에 있어 중력 법칙과 같은 법칙에 규칙성 이상의 요소가 포함된다는 비흄식 견해를 인정하거나 그에 기우는 모습을 보였으며, 31퍼센트는 법칙이 규칙성의 문제라는 흄식 견해를 받아들이거나 그에 기우는 모습을 보였다. 인과관계에 대해서도 이와 유사한 견해 분포가 나타난다고 볼 수 있다.

576 물론 이야기는 여기서 끝나지 않는다: 여러 철학자가 내가 규정한 컴퓨팅 구현의 강한 제약 조건 또한 쉽게 충족할 수 있다고 논한다. 다음을 참조하라. Curtis Brown, "Combinatorial-State Automata and Models of Computation," Journal of Cognitive Science 13, no. 1 (2012): 51- 73; Peter Godfrey-Smith, "Triviality Arguments against Functionalism," Philosophical Studies 145 (2009): 273-95; Matthias Scheutz, "What It Is Not to Implement a Computation: A Critical Analysis of Chalmers' Notion of Computation," Journal of Cognitive Science 13 (2012): 75-106; Mark Sprevak, "Three Challenges to Chalmers on Computational Implementation," Journal of Cognitive Science 13 (2012): 107-43; and Gualtiero Piccinini, Physical Computation: A Mechanistic Account (Oxford University Press, 2015). 일부에 대한 내 답변은 다음을 참조하라. "The Varieties of Computation," Journal of Cognitive Science 13 (2012): 211- 48.

제22장. 현실은 수학적 구조인가?

579 걸작 《세계의 논리적 구조》: Carnap, Der Logische Aufbau der Welt (Felix

Meiner Verlag, 1928). 영어 번역본은 다음을 참조하라. The Logical Structure of the World (University of California Press, 1967). 빈 학파의 역사에 관한 알기 쉬운 글은 다음을 참조하라. David Edmonds, The Murder of Professor Schlick: The Rise and Fall of the Vienna Circle (Princeton University Press, 2020); and Karl Sigmund, Exact Thinking in Demented Times: The Vienna Circle and the Epic Quest for the Foundations of Science (Basic Books, 2017). 이 장의 첫 문장은 다음에서 영감을 받았다. Anders Wedberg, "How Carnap Built the World in 1928," Synthese 25 (1973): 337- 41.

580 1932년 논문: "Die physikalische Sprache als Universalsprache der Wissenschaft," Erkenntnis 2 (1931): 432- 65. 영어 번역본은 다음을 참조하라. "The Physical Language as the Universal Language of Science" in Readings in Twentieth-Century Philosophy, eds. William P. Alston and George Nakhnikian (Free Press, 1963), 393- 424.

583 문화 구조론: Claude Lévi-Strauss, The Elementary Structures of Kinship (Presses Universitaires de France, 1949). 이 논문은 다음의 영향을 받았다. Ferdinand de Saussure, Course in General Linguistics (Payot, 1916). 여기에 영향을 끼친 인물로는 루이 알튀세르Louis Althusser, 미셸 푸코Michael Foucault, 자크 라캉Jacques Lacan 등이 있다.

584 과학적 실재론: 다음을 참조하라. Juha Saatsi, ed., The Routledge Handbook of Scientific Realism (Routledge, 2020); Ernst Mach, The Science of Mechanics, 1893; J. J. C. Smart, Philosophy and Scientific Realism (Routledge, 1963); Hilary Putnam, "What Is Mathematical Truth?" in Mathematics, Matter, and Method (Cambridge University Press, 1975).

586 구조 실재론: Carnap, The Logical Structure of the World; Bertrand Russell, The Analysis of Matter (Kegan Paul, 1927); John Worrall, "Structural Realism: The Best of Both Worlds?" Dialectica 43 (1989): 99-124; James Ladyman, "What Is Structural Realism?" Studies in History and Philosophy of Science Part A 29 (1998): 409-24.

586 이론을 구조화하는 방법: Frank Ramsey, "Theories," in The Foundations of Mathematics and Other Logical Essays (Kegan Paul, Trench, Trubner, 1931), 212-36.

586 영국의 탁월한 철학자: Cheryl Misak, Frank Ramsey: A Sheer Excess of Powers (Oxford University Press, 2020).

587 여기에 일곱 가지 성질이 존재하며: '성질'은 논리적이거나 수학적인 용어가 아닌 것처럼 들릴 수 있지만, '여기에 물체가 존재한다.'라는 말을 논리학에서 존재기호 ∃으로 형식화할 수 있듯, '여기에 성질이 존재한다.'라는 말도 마찬가지로 부차적 논리로 형식화할 수 있다.

590 수학적 우주 가설: Max Tegmark, Our Mathematical Universe (Vintage Books, 2014).

596 물리학 이론이 현실의 순수한 수학적 구조를 기술한다는 견해에는 두 가지 주요 조건을 달아야 한다: 구조론자들이 주장할 만한 다양한 조건은 《세계의 건설》 제8 장에서 다루었다.

596 때로는 어느 물리학 이론이 다른 물리학 이론을 참으로 만들기도 한다: 나는 어떤 때에 어느 물리학 이론이 다른 물리학 이론을 참으로 만드는지를 일반적으로 분석 하려는 게 아니다. 이는 이론의 정확한 구조적 내용과 관련된 수많은 미묘한 문제 에 따라 달라진다. 특히 수수께끼 같은 사례 하나는 이른바 홀로그래피 원리와 그 에 관련된 AdS/CFT 대응성이다. 다음을 참조하라. Leonard Susskind and James Lindesay, An Introduction to Black Holes, Information and the String Theory Revolution: The Holographic Universe (World Scientific, 2005). 여기에서는 구 의 3차원 내부에 관한 고차원 끈 이론과 구의 2차원 표면에 관한 저차원 양자 이론 간에 수학적 동형이 드러난다. 홀로그래피 원리와 시뮬레이션 가설의 연결성에 관 한 논의는 온라인 주석을 참조하라.

598 구조론에서 시작해 시뮬레이션 실재론으로 끝나는 논증: 이 논증의 더 자세한 설 명은 다음에서 참조하라. "Structuralism as a Response to Skepticism," Journal of Philosophy 115 (2018): 625-60. 외부세계 회의론에 대한 답변으로 사용된 구 조론에 관한 선행 지침은 다음 논문의 한 문단에서 찾아볼 수 있다. Lawrence

Sklar, "Saving the Noumena" (Philosophical Topics 13, no.1, 1982). 물리철학자인 스클라는 '세계에 관한 통 속의 뇌 이야기는 이 이야기가 적절한 형식적 구조를 갖추는 한 사실상 세계에 관한 평범한 물리객체 이야기와 동등하다.'라고 논했으나 (p. 98) 곧바로 이 견해가 도구주의에 너무 가깝다고 일축했다.

602 타인의 마음 문제를 다루지 않는다: Grace Helton, in "Epistemological Solipsism as a Route to External-World Skepticism" (Philosophical Perspectives, 근간). 이 논문을 비롯하여 구조론과 회의론을 다루는 기타 연구에서는 타인에게 마음이 없다면 도시, 교회, 동아리 등 사람들의 마음에 의존하여 존재하는 사회적개체를 포함한 수많은 평범한 물리객체가 존재하지 않으리라 논한다. 만약 그렇다면 타인의 마음이 존재한다고 정립하지 않는 구조론적 반회의론 전략에서는 사회적 개체의 존재를 정립하지 않는 셈이 되며, 사회적 영역에 관한 회의론은 미해결 상태로 남는다. 그렇지만 나는 원자, 세포, 나무, 식물 등 수많은 물리객체가 타인의 마음에 의존하지 않고 존재한다는 견해가 그럴듯하다고 생각한다. 만약 그렇다면 타인의 마음에 대한 회의론은 평범한 물리세계에 대한 회의론으로 이어지지 않는다.

606 물자체를 알 수 있는 능력의 부재: 칸트의 견해는 흥미롭게도 도교 철학을 다룬 저작 중 하나인 노자의 《도덕경》의 유명한 첫 구절, '이름 지을 수 있는 도는 영원한 도가 아니다.'를 연상시킨다. 칸트는 '알 수 있는(이름 지을 수 있는) 사물은 물자체가 아니다.'라고 말했다. 이 주제에 관한 더 자세한 논의는 다음을 참조하라. Martin Schönfeld, "Kant's Thing in Itself or the Tao of Königsberg," Florida Philosophical Review 3 (2003): 5-32.

607 칸트의 초월적 관념론을 연상시킨다: 나는 '형이상학으로서의 매트릭스'(2003)에서 다음과 같이 언급했다. '혹자는 우리가 매트릭스 안에 있다면 칸트식 물자체가 컴퓨터 자체의 일부일 것이라 할 것이다.' 배리 데인튼 또한 다음 글에서 시뮬레이션 가설과 초월적 관념론 간의 연결성을 시사하며 다음과 같이 말했다. "칸트적 측면에서 말하자면, 공동의 다양한 가상세계는 '초월적으로는 관념이지만 실증적으로 실제다.'" Barry Dainton's "Innocence Lost: Simulation Scenarios: Prospects and Consequences" (2002, https://philarchive.org/archive/DAIILSv1. 다음 또한 참조하라. Eric Schwitzgebel in "Kant Meets Cyberpunk," Disputatio 11, no. 55

(2019): 411- 35.

607 호주의 철학자 레 랭튼: Rae Langton, Kantian Humility: Our Ignorance of Things in Themselves (Oxford University Press, 1998).

608 X에서 구조에서 존재로 견해: 이와 관련하여 람지 문장 측면에서 접근한 X에서 구조에서 존재로 견해의 일종은 다음을 참조하라. David Lewis, "Ramseyan Humility," in Conceptual Analysis and Philosophical Naturalism, eds. David Braddon-Mitchell and Robert Nola (MIT Press, 2008). 독일의 철학자 아르투어 쇼펜하우어Arthur Schopenhauer는 1818년 저서 《의지와 표상으로서의 세계》에서 칸트의 알 수 없는 X를 알 수 있고 경험할 수 있는 '의지'로 대신했다고 해석된다. 그렇다면 쇼펜하우어가 '의지에서 구조에서 존재로' 견해라고 볼 수 있겠다.

제23장. 우리는 에덴동산에서 떨어졌는가?

613 현시적 영상과 과학적 영상: Wilfrid Sellars, "Philosophy and the Scientific Image of Man," in Frontiers of Science and Philosophy, ed. Robert Colodny (University of Pittsburgh Press, 1962), 35- 78.

615 의식은 실제라고 주장: Wilfrid Sellars, "Is Consciousness Physical?," The Monist 64 (1981): 66- 90.

614 두 영상: 온라인 주석.

613 파트리샤 처칠랜드와 폴 처칠랜드: Patricia S. Churchland, Neurophilosophy (MIT Press, 1987). Paul M. Churchland, A Neurocomputational Perspective (MIT Press, 1989).

618 프리드리히 니체: Friedrich Nietzsche, Nachgelassene Fragmente (1871) in Kritische Studienausgabe, vol. 7 (De Gruyter, 1980), 352.

618 마음속에만 존재한다: 갈릴레오는 《시금사Il Saggiatore》(1623)에서 이렇게 말했다. '객관적인 존재에 관련되는 한 맛, 냄새, 색상 등은 오직 우리의 감각적 몸corpo sensitive 안에만 들어있는 무언가를 가리키는 단순한 이름일 뿐이므로, 지각하는 피

조물이 사라진다면 이러한 성질들도 전멸하고 존재를 잃는다.' 다음에서 발췌하였다. Introduction to Contemporary Civilization in the West, 2nd edition, vol. 1, trans. A. C. Danto (Columbia University Press, 1954), 719- 24.

621 공간적 기능주의: 공간적 기능주의는 《세계의 건설》 제7장에서 처음 소개했으며 다음 논문에서 발전시켰다. Constructing the World (Oxford University Press, 2012) and developed it further in "Three Puzzles about Spatial Experience" (in Blockheads: Essays on Ned Block's Philosophy of Minds and Consciousness, eds. Adam Pautz and Daniel Stoljar [MIT Press, 2017]) and "Finding Space in a Nonspatial World," in Philosophy beyond Spacetime, eds. Christian Wüthrich, Baptiste Le Bihan, and Nick Huggett (Oxford University Press, 2021). 물리학의 시공간 기능주의에 관한 관련 논의는 다음을 참조하라. Eleanor Knox, "Physical Relativity from a Functionalist Perspective," Studies in History and Philosophy of Modern Physics 67 (2019): 118- 24. 〈시공간 너머의 철학Philosophy beyond Spacetime〉에 실린 다른 글들도 참조하라.

624 우리가 시뮬레이션 안에 있다면 그 무엇도 보이는 그대로가 아닐 것: 시뮬레이션 및 회의론 시나리오에 적용한 나의 구조론/기능론적 공간 분석에 대해 제기되는 의문은 다음을 참조하라. Jonathan Vogel, "Space, Structuralism, and Skepticism," in Oxford Studies in Epistemology, vol. 6 (2019); Christopher Peacocke, "Phenomenal Content, Space, and the Subject of Consciousness," Analysis 73 (2013): 320- 29; and also Alyssa Ney, "On Phenomenal Functionalism about the Properties of Virtual and Non-Virtual Objects," Disputatio 11, no. 55 (2019): 399- 410; and E. J. Green and Gabriel Rabin, "Use Your Illusion: Spatial Functionalism, Vision Science, and the Case against Global Skepticism," Analytic Philosophy 61, no. 4 (2020): 345- 78.

626 《현실을 부정하는 사례》: 온라인 부록.

628 자유의지: 다음을 참조하라. Robert Kane, ed., The Oxford Handbook of Free Will, 2nd ed. (Oxford University Press, 2011); John Martin Fischer, Robert Kane, Derk Pereboom, and Manuel Vargas, Four Views on Free Will (Blackwell,

2007); Daniel Dennett, Elbow Room: The Varieties of Free Will Worth Wanting (MIT Press, 1984).

627 슬라보예 지젝: Slavoj Žižek, "From Virtual Reality to the Virtualization of Reality" in Electronic Culture: Technology and Visual Representation, ed. Tim Druckrey (Aperture, 1996), 29095.

630 과학적 혁명: Thomas Kuhn, The Structure of Scientific Revolutions (University of Chicago Press, 1962).

630 형태의 세계: 형태 이야기는 플라톤의 대화록에서 다음과 같이 발췌하였다. 거대함: Phaedo 100b 등. 사각형: Republic 6 510d. 단단함: Meno 76a에 암시. 아름다움: Republic V 475e-476d 등. 선함: Republic V 476a 등.

제24장. 우리는 꿈속 세계의 볼츠만 두뇌인가?

641 현실을 신이 5분 전에 창조했다면 어떨까: Bertrand Russell, The Analysis of Mind (George Allen & Unwin, 1921), 159-60.

641 일시적 시뮬레이션 회의론: 온라인 주석.

638 단순성에 대한 호소: 이 호소에는 한 가지 한계가 있다. 복잡한 가설을 크게 확신하지 못하는 이유를 정당화해줄 수는 있으나 그 가설이 거짓임을 알 방법을 알려주지는 않는다는 점이다. 동전 던지기에서 앞면이 스무 번 연속으로 나오리라고 확신하지는 않아야겠지만, 절대 그렇게 되지 않는다는 걸 확실히 알 수는 없다. 그러나 회의론에 답하는 데 대해서는 이것이 엄밀한 의미의 지식이든 아니든 우리의 믿음을 확신할 수 있다면 그것만으로 충분하겠다.

647 두 개의 시스템을 가지고 태어나는데: Greg Egan, "Learning to Be Me," Interzone 37, July 1990.

649 신은 컴퓨터의 역할을 담당한다: Peter B. Lloyd ("A Review of David Chalmers' Essay, 'The Matrix as Metaphysics,'" 2003, DOI:10.13140/RG.2.2.11797.99049). 피터 로이드Peter Lloyd는 나의 분석에 대하여 버클리식 관념론자 관점의 반론을 펼

치면서 버클리가 논한 신조차 경제성을 위해 단축 시뮬레이션(즉, 때맞춰 만드는 시뮬레이션)을 운영할 것이라고 주장했다.

652 실제로 꿈의 나비가 존재한다: 장자의 논의는 나비의 현실과 장자의 현실을 모두 강조한다는 점에서 가상 실재론적 요소를 품고 있다. 다만 내 분석과는 달리 장자는 나비와 장자 사이의 구분 또한 강조하여 분석했다. 다음을 참조하라. Robert Allinson, Chuang-Tzu for Spiritual Transformation: An Analysis of the Inner Chapters (SUNY Press, 1989).

653 소설, 양방향 소설, 텍스트 기반 모험 게임: 온라인 주석.

655 경험이 외부세계에 따라 구조적으로 만들어지지 않아야: 온라인 주석.

657 숀 캐롤이 지적했듯: Sean M. Carroll, "Why Boltzmann Brains Are Bad," arXiv:1702.00850v1 [hep-th], 2017. 이와 관련하여 볼츠만 두뇌에서 자기 자신을 약화하는 믿음에 관한 논의는 다음을 참조하라. Bradley Monton, "Atheistic Induction by Boltzmann Brains," in J. Wall and T. Dougherty, eds., Two Dozen (or So) Arguments for God: The Plantinga Project (Oxford University Press, 2018).

658 극소수의 존재만이 매우 질서정연한 경험을 할 것이고: 온라인 주석.

찾아보기

리 얼 리 티 +

초판 1쇄 인쇄 2024년 8월 28일
초판 1쇄 발행 2024년 9월 11일

지은이 데이비드 차머스
옮긴이 서종민
펴낸이 고영성

책임편집 이지은　**디자인** 이화연　**저작권** 주민숙

펴낸곳 주식회사 상상스퀘어
출판등록 2021년 4월 29일 제2021-000079호
주소 경기도 성남시 분당구 성남대로 52, 그랜드프라자 604호
팩스 02-6499-3031
이메일 publication@sangsangsquare.com
홈페이지 www.sangsangsquare-books.com

ISBN 979-11-92389-74-5　03100